潜变量
结构方程

[美] 肯尼斯·A.博伦（Kenneth A.Bollen） 著

赵联飞 等 译

重庆大学出版社

图书在版编目(CIP)数据

潜变量结构方程 / (美) 肯尼斯 · A. 博伦 (Kenneth A. Bollen) 著; 赵联飞等译. -- 重庆 : 重庆大学出版社, 2020. 10
(万卷方法)
书名原文: Structural Equations with Latent Variables
ISBN 978-7-5689-2372-9

Ⅰ. ①潜… Ⅱ. ①肯… ②赵… Ⅲ. ①统计模型—统计分析 Ⅳ. ①C81

中国版本图书馆 CIP 数据核字(2020)第 201157 号

潜变量结构方程
[美]肯尼斯 · A. 博伦(Kenneth A. Bollen) 著
赵联飞 等 译
策划编辑:林佳木
责任编辑:姜 凤　　版式设计:林佳木
责任校对:文 鹏　　责任印制:张 策
*
重庆大学出版社出版发行
出版人:饶帮华
社址:重庆市沙坪坝区大学城西路 21 号
邮编:401331
电话:(023)88617190　88617185(中小学)
传真:(023)88617186　88617166
网址:http://www. cqup. com. cn
邮箱:fxk@ cqup. com. cn (营销中心)
全国新华书店经销
重庆升光电力印务有限公司印刷
*
开本:787mm × 1092mm　1/16　印张:23. 25　字数:544 千
2020 年 12 月第 1 版　2020 年 12 月第 1 次印刷
印数:1—4 000
ISBN 978-7-5689-2372-9　定价:89. 00 元

译者前言

结构方程模型是研究者在20世纪70年代初提出的一项重要分析方法,这一方法的核心特征是能同时考虑变量的测量误差和多个变量间的关联,该特征很好地契合了社会科学定量研究的特点。众所周知,测量是社会科学研究的“阿喀琉斯之踵”,而在第二次世界大战后发展起来的第一代和第二代早期的统计分析技术均未很好地处理测量误差问题,结构方程模型的出现改变了这一状况。除了能够分析测量误差外,结构方程模型还可用来处理变量之间的作用路径分析,这为检验涉及多个变量的成组假设提供了便利,从而使得定量研究能够更好地服务于理论验证。经过40余年的发展,结构方程模型已成为社会学、心理学、教育学、政治学等诸多社会科学领域内广泛应用的分析技术。

中文文献对结构方程模型的介绍和引进集中出现在2000年以后。目前国内市面上关于结构方程模型的教材主要由港、台作者撰写,与英文同类原著相比,这些作品大多针对初学者,强调结构方程模型的实际运用,对其原理的介绍和讨论略显不足,这实际上不利于人们深入理解结构方程模型的内涵。

本书的作者博伦(Kenneth A. Bollen)毕业于美国布朗大学,现为美国北卡罗来纳大学教堂山分校社会学系教授,同时也是该校人口研究中心的研究员。他长期从事结构方程模型研究,是全球公认的该领域领军人物之一。*Structural Equation Model with Latent Variables* 是博伦在Wiley公司出版的一本专著,它对结构方程模型的介绍清晰、完整、权威,可适用于多层级读者的需要。该书出版之后影响很大,宾西法尼亚大学的克洛格(Clifford C. Clogg)曾在书评中称其为“无疑是迄今为止最好的一本协方差结构分析教程”,而威斯康星麦德逊学院的松井田(Ross A. Matsueda)也认为该书是一本全方位地介绍结构方程模型的优秀著作。作为译者,我们十分高兴,有机会将这样一本得到广泛赞誉的社会学研究方法著作介绍给读者。

本书的翻译分工如下:赵联飞负责前言、第1章、第2章、第3章,附录A和附录B,巫锡炜负责第8章、第9章,焦开山、李丁、王军和许琪分别负责第4章、第5章、第6章、第7章,最后由赵联飞对全书进行了统稿并制作中文索引。

本书译者投入了大量精力来进行这本书的翻译,但由于水平有限,书中难免会存在疏漏之处,恳请广大读者批评指正。

译　者

2020年9月

前　言

在过去的十年中,社会科学中的大量定量研究都发生了改变。LISREL、协方差矩阵、潜变量、多指标以及通径模型这样的术语成了常识。隐藏在这些术语之后的是结构方程模型,它是很多早期统计探究的一个强有力的归纳和概括。这些知识正在改变研究者看待统计模型的视角,并且在社会科学家思考实质性问题和分析数据的方法之间架起了桥梁。

我们可以从几个方面来观察这些模型。这些模型由一些回归方程构成,这些方程的限制性假定较少,允许解释变量和因变量带有测量误差。它们由允许因子间存在着直接效应和间接效应的因子分析构成,通常包含多个指标和潜变量。简而言之,这些模型包含并且延展了回归分析、计量经济学分析和因子分析过程。

这本书对通常被称为 LISREL 的一般性的结构方程体系进行了综合性的介绍。本书的目的之一是展示这一模型的通用性。我没有将路径分析、递归和非递归模型、经典计量模型以及验证性因子分析视为独特的模型来对待,而是将它们视为更一般模型的特殊例子。本书的另一个目的是强调应用这些技术。我从头到尾都使用的真实的案例。为了掌握这些分析过程,我鼓励读者对这些模型进行重新估计,并设定和估计新的模型。有几章中含有一些 LISREL 和 EQS 模型,我用它们来获得经验案例的分析结果。我尽量真实地保留这些案例。这意味着一些最初的设定拟合得并不好。根据我和学生、同事的交流,以及我自己的工作经验,我经常发现最初设定的模型并不能充分地描述数据。重新设定模型是经常发生的。我提醒你们注意由此在恰当解释统计检验结果时所带来的困难及重复验证的重要性。

本书的最后一个目的是强调实质性问题的专家在模型拟合过程中所发挥的关键作用。如果你对所研究的对象知之甚少的话,结构方程模型对你的帮助是非常有限的。为了能够对模型进行拟合,必须建立方程组来对所有潜变量、干扰项以及指标之间的关系进行设定。此外,当重新设定模型或者对最终模型进行解读时,必须转向使用实质性信息。经验分析结果可以暴露最初模型的设定错误,或者对如何修订模型提出建议,但只有在具有实质意义的模型中,这样做才有意义。

这里有两种方式介绍结构方程模型:一种方式是先从一般性的模型入手,然后介绍作为特例的较简单模型。另一种方式是先从较简单的模型入手,然后逐步扩展至一般性的模型。我选择了第二种方式,即从回归模型/计量经济学模型和因子分析模型开始,并从结构方程模型的一般性视角来分析它们。这样做的好处是,可以在读者较为熟悉的模型基础上逐步纳入一些新的材料。同时,也鼓励从新的视角来观察一些旧的技术,并揭示在标准回归/计量经济学和因子分析中暗含的不现实的假定。

具体来说,我按照如下方式来组织全书。

第2章介绍了一些方法意义上的工具,如模型标记法、协方差和方差代数,同时对路径分析做了详细的说明。本书的附录A和附录B分别提供了矩阵代数和渐进分布理论的介绍。第3章主要讨论因果关系问题。因果关系问题暗含地充斥在大部分的结构方程著作之中。关于因果关系的意涵有着太多的争议,我列出了这些争议背后的一些事项,并从结构方程模型的视角展示了对因果关系的意义的理解。

第4章的主题是关于观测变量的回归/计量经济学模型。尽管很多作者有接触这些模型的经验,但对许多人来说,以协方差结构的视角来看待它们是新鲜的。第5章的主题是讨论观察变量中的随机测量误差带来的后果。这一章展示了我们为什么以及何时应该关注观测变量中的测量误差。

一旦认识到变量的测量中含有误差,我们就需要考虑不含误差的变量与观察变量之间的关系。第6章是对这种关系的一个检验,介绍了完善测量的方法,并探究了信度和效度的概念。第7章是验证性因子分析,它主要用于估计像第6章中列出的那些测量模型。

最后,第8章和第9章提供了带有潜变量的一般性结构方程模型。第8章强调了基础,而第9章则讨论了更复杂的主题,例如,任意分布的估计量及分类观察变量的处理。

写这本书的主要驱动力来自我1980—1988年在密歇根大学的政治和社会研究校际联合会(Interuniversity Consortium for Political and Social Research,ICPSR)这一机构讲授暑期方法培训课程的经历。我找不到一本合适的教科书来适应来自不同学科的研究生和专业人员,也找不到对这些方法的综合性介绍。本书为社会科学家、市场研究者、应用统计学家以及其他计划使用结构方程模型或者LISREL的分析人员而作。我假定这些人员已经先行学习过矩阵代数和回归分析。如果有因子分析的知识背景将会有帮助,但这并不是必需的。约斯库革(Jöreskog)和松波(Sörbom)1986年推出的LISREL以及本特勒(Bentler)1985年推出的EQS软件是两个最为流行的结构方程模型软件包,我经常引用它们,但这本书的目标并不局限于介绍任何具体的分析软件。

要感谢许多人在我准备这本书的过程中给予的帮助。密歇根大学(安娜堡)的

ICPSR 允许我在过去 9 年在他们的暑期定量方法课程上讲授这些技术。鲍勃·霍耶让我从这里起步。汉克·海特维特以及 ICPSR 的工作人员持续为我提供了理想的教学环境。数以百计的研究生、教授以及其他参加这门课程的专业人员提出了广泛而具体的建议,对书的完善很有帮助。格哈德·阿明热(伍珀塔尔大学)、简·德·莱乌(莱顿大学)、雷蒙德·霍顿(理海大学)、弗里德里克·劳伦兹(爱荷华州立大学)、约翰·福克斯(纽约大学)、罗伯斯·斯泰恩(宾夕法尼亚大学)、布恩·图尔西(北卡罗来纳大学)以及北卡罗来纳大学的统计和数学社会学小组的成员为本书的好几章提供了宝贵的评论意见。芭芭拉·恩特·威斯尔·博伦阅读了大多数章节的好几稿草稿,她的反馈和思想在全书多处皆有反映。如果没有她的鼓励,我大概都不能够完成这本书。

达特茅斯学院的布伦达·勒布朗、普里西拉·普雷斯顿以及北卡罗来纳大学(教堂山)的詹妮·内维尔完成了专家级的打印工作,这完全超出了她们的职责范围。斯蒂芬·伯索尔、杰克·卡萨尔达和拉里·莱文在我从达特茅斯学院转到北卡罗来纳大学的时候多次帮忙。我要感谢北卡罗来纳大学的学术出版、艺术展览和表演委员会提供了完成本书所必需的财政支持。

肯尼斯·A. 博伦

北卡罗来纳州教堂山

目　录

第1章　引　言 …… 1
　历史背景 …… 3

第2章　模型标记法、协方差和路径分析 …… 7
　模型标记法 …… 7
　协方差 …… 14
　路径分析 …… 23
　小结 …… 27

第3章　因果关系及因果模型 …… 28
　因果关系的本质 …… 28
　孤立 …… 31
　关联 …… 39
　因果关系的方向 …… 42
　因果模型的限制 …… 46
　小结 …… 54

第4章　观测变量的结构方程模型 …… 55
　模型设定 …… 55
　内隐协方差矩阵 …… 58
　识别 …… 59
　估计 …… 70
　进一步的问题 …… 85
　小结 …… 90
　附录4A　F_{ML}的推导（**y** 和 **x** 服从多元正态分布） …… 90
　附录4B　F_{ML}的推导（**S** 服从 WISHART 分布） …… 92
　附录4C　最小化拟合函数的数值方法 …… 93
　附录4D　LISREL 和 EQS 程序示例 …… 99

第5章　测量误差的后果 …… 105
　对单变量统计的影响 …… 105
　双变量与简单回归后果 …… 107
　在多元回归中的后果 …… 110

测量误差相关 …… 115
在多方程系统中的后果 …… 116
小结 …… 122
附录 5A LISREL 和 EQS 程序示例 …… 122

第 6 章 测量模型:潜变量和观察变量的关系 …… 125
测量模型 …… 125
效度 …… 128
信度 …… 143
原因指标 …… 153
小结 …… 154
附录 6A 多特质-多方法案例的 LISREL 程序 …… 154

第 7 章 验证性因子分析 …… 156
探索性和验证性因子分析 …… 156
模型设定 …… 161
内隐协方差矩阵 …… 163
模型识别 …… 165
模型估计 …… 177
模型评估 …… 178
模型比较 …… 203
重新设定模型 …… 208
扩展 …… 215
小结 …… 223
附录 7A 程序实例 …… 223

第 8 章 一般模型第一部分:潜变量模型与测量模型的组合 …… 226
模型设定 …… 226
内隐协方差矩阵 …… 229
模型识别 …… 230
估计与模型评价 …… 235
标准化与非标准化系数 …… 248
均值与方程截距 …… 249
群体比较 …… 252
缺失值 …… 262
总效应、直接效应和间接效应 …… 266
小结 …… 276
附录 8A 效应的渐近方差 …… 276

附录 8B　缺失值例子的 LISREL Ⅵ程序 …… 278

第 9 章　一般模型第二部分:模型扩展 …… 280
替代标识符号/表达 …… 280
相等和不等约束 …… 284
二次项和交互项 …… 285
工具变量(IV)估计量 …… 289
分布假定 …… 293
分类观测变量 …… 305
小结 …… 314
附录 9A　图 9.1(c)中模型的 LISREL 程序 …… 315

附录 A　矩阵代数回顾 …… 317
常量、向量和矩阵 …… 317
矩阵运算 …… 318

附录 B　渐近分布理论 …… 329
依概率收敛 …… 329
依分布收敛 …… 330

参考文献 …… 332

索引 …… 346

英汉人名对照表 …… 356

后记 …… 359

第1章 引 言

许多应用统计学的研究者用个体观测数据建模方式进行思考。比如说,在多元回归或者方差分析(analysis of variance,ANOVA)中,我们最小化所有个体的预测值和观测值的差值平方和来获得回归系数或误差方差估计。残差分析则显示了每一个样本的拟合值和观测值之间的差异。

本书介绍的方法要求我们调整一下思路。这一分析过程强调的是协方差而不是个体。① 我们最小化的并不是个体观测值和预测值的函数,而是样本协方差和模型所预测的协方差之间的差异。观测的协方差减去模型预测的协方差就得到了残差。对结构方程分析来说,基本的假设是"观测变量的协方差矩阵是一组参数的函数"。如果模型是正确的,并且我们知道了这些参数,那么总体协方差矩阵可以完全"再生"出来。这本书的大部分内容就是关于一些方程,这些方程表达了如下基本假设:

$$\Sigma = \Sigma(\boldsymbol{\theta}) \tag{1.1}$$

在方程(1.1)中,Σ(sigma)是观测变量的总体协方差矩阵。$\boldsymbol{\theta}$(theta)是包含模型参数的一个向量,$\Sigma(\boldsymbol{\theta})$ 则是写成 $\boldsymbol{\theta}$ 的函数形式的协方差矩阵。这一方程十分简洁,且具备极高的通用性。它提供了统一的形式将社会科学中应用最为广泛的多项统计技术包含起来。回归分析、联立方程组、验证性因子分析、典型相关、面板数据分析、方差分析、协方差分析、多指标模型都是方程(1.1)的特殊情况。

举例说明。在简单回归方程中,有 $y=\gamma x+\zeta$,这里 γ(gamma)是回归系数,ζ(zeta)是干扰变量,与 x 以及 ζ 的期望值都不相关,并且 $E(\zeta)$ 等于0。y,x 和 ζ 都是随机变量。这一模型用方程(1.1)的形式表示为②:

$$\begin{bmatrix} \mathrm{VAR}(y) & \\ \mathrm{COV}(x,y) & \mathrm{VAR}(x) \end{bmatrix} = \begin{bmatrix} \gamma^2\mathrm{VAR}(x)+\mathrm{VAR}(\zeta) & \\ \gamma\mathrm{VAR}(x) & \mathrm{VAR}(x) \end{bmatrix} \tag{1.2}$$

这里 VAR( )和 COV( )分别指的是括号中的元素的总体方差和协方差。在方程(1.2)中,左边是 Σ,右边是 $\Sigma(\boldsymbol{\theta})$,其中 $\boldsymbol{\theta}$ 包括参数 γ,$\mathrm{VAR}(x)$ 和 $\mathrm{VAR}(\zeta)$。这一方程表示,方程左边的每一项元素和右边相应的元素相等。比如说,$\mathrm{COV}(x,y)=\gamma\mathrm{VAR}(x)$,$\mathrm{VAR}(y)=\gamma^2\mathrm{VAR}(x)+\mathrm{VAR}(\zeta)$。我可以在其中加入解释变量来构造一个多元回归,也可以像经典的计量经济学那样,增加更多的方程和变量来构成一个联立方程组。正如我将在第4章中指出的那样,这两种情况都可以作为方程(1.1)的特殊情形的代表。

---

① 作为奇异值的个体案例能够严重影响协方差和参数估计值,这一点在本书的很多地方都清楚地得到体现。因此,在使用这些技术时,研究者仍然需要检查奇异值。此外,在很多情况下(如回归模型),基于个体取值的最小化和基于预测矩阵和观测矩阵差值的最小化会得到相同的参数估计值。

② 由于协方差矩阵的对称性,这里仅列出矩阵的下半部分。

除了回归模型,我们来考虑两个随机变量 x_1 和 x_2,它们是因子(或者说潜在随机变量)ξ 的指标。变量对因子的依赖关系为 $x_1=\xi+\delta_1$ 和 $x_2=\xi+\delta_2$,这里的 δ_1(delta)和 δ_2 是随机干扰项,它们与 ξ 不相关,彼此之间也不相关,并且有 $E(\delta_1)=E(\delta_2)=0$。方程(1.1)具体为:

$$\begin{bmatrix} \mathrm{VAR}(x_1) & \\ \mathrm{COV}(x_1,x_2) & \mathrm{VAR}(x_2) \end{bmatrix} = \begin{bmatrix} \phi+\mathrm{VAR}(\delta_1) & \\ \phi & \phi+\mathrm{VAR}(\delta_2) \end{bmatrix} \tag{1.3}$$

这里,ϕ(phi)是潜在因子 ξ 的方差。$\boldsymbol{\theta}$ 由 3 个元素组成:ϕ, $\mathrm{VAR}(\delta_1)$ 和 $\mathrm{VAR}(\delta_2)$。观测变量的协方差矩阵是这 3 个参数的函数。我可以加入更多的指标和潜在因子,允许观测变量和因子之间存在相关系数(因子负载),并且允许干扰项之间相关,从而构建最具一般性的因子分析模型。正如第 7 章所显示的那样,这也是协方差结构方程(1.1)的一个特殊例子。

最后,将前面这两个例子直接综合起来就建立了一个简单的方程组。第一部分是一个回归方程 $y=\gamma\xi+\zeta$,此处和前面回归方程所不同的是自变量是不可直接观测的。后两个方程和因子分析案例中的方程相同:$x_1=\xi+\delta_1$, $x_2=\xi+\delta_2$。我这里假定 ζ, δ_1 和 δ_2 都与 ξ 不相关,并且它们之间也无关,同时每一个变量的期望值都为 0。由此得到的结构方程组是一个因子分析和回归模型的结合,但它仍然是方程(1.1)的一个特殊情况。

$$\begin{bmatrix} \mathrm{VAR}(y) & & \\ \mathrm{COV}(x_1,y) & \mathrm{VAR}(x_1) & \\ \mathrm{COV}(x_2,y) & \mathrm{COV}(x_2,x_1) & \mathrm{VAR}(x_2) \end{bmatrix} = \begin{bmatrix} \gamma^2\phi+\mathrm{VAR}(\zeta) & & \\ \gamma\phi & \phi+\mathrm{VAR}(\delta_1) & \\ \gamma\phi & \phi & \phi+\mathrm{VAR}(\delta_2) \end{bmatrix} \tag{1.4}$$

这些案例预示了我探讨的模型所具有的一般特点。我的重点在于线性方程体系。线性一词意味着所有潜变量和观测变量之间的关系可以用线性结构方程来表示,或者说可以转换为线性的形式。① 参数间的非线性结构方程被排除在外。不过,在协方差结构方程 $\boldsymbol{\Sigma}=\boldsymbol{\Sigma}(\boldsymbol{\theta})$ 中,参数的非线性函数则是常见的。比如说,最后一个例子有 3 个线性结构方程:$y=\gamma\xi+\zeta$, $x_1=\xi+\delta_1$ 和 $x_2=\xi+\delta_2$。每一个方程中的变量和参数之间的关系是线性的。然而这一模型的协方差结构(1.4)表明 $\mathrm{COV}(x_1,y)=\gamma\phi$,这意味着 $\mathrm{COV}(x_1,y)$ 是一个 γ 和 ϕ 的非线性函数。因此,观测变量、潜变量和干扰变量之间的联系是线性的,而协方差结构方程不一定是线性的。

"结构"这一术语表示了一个假定,即这些参数不仅仅是相关系数的描述性测量,它们还展现了某种不变的"因果"关系。我在第 3 章中还会就这些模型对"因果"的意涵进行更多的讨论。就现在来说,我们并不能说这一分析技术"发现"了因果关系。至多是它们显示了模型所蕴含的因果关系假定与样本数据是相符合的。另外,这些模型适用于连续潜变量和观测变量。关于观测变量是连续的这一假定在实践中经常被违反。在第 9 章中,我会讨论标准分析方法的稳健性,以及针对非连续变量的一些新方法的发展。

① 尽管线性方程包括范围异常宽广的处理办法,这里仅探讨这些可能的一般结构模型的一个特殊类别。

历史背景

谁发明了一般结构方程模型？这个问题没有简单的答案，因为众多学者对其发展都有贡献。这个问题的答案更复杂之处在于，这一模型持续展开并且变得越来越通用和灵活。但是，大致勾勒那些对这些模型演进有贡献的研究进路是可能的。

我的回顾是选择性的。从社会学的视角(Bielby & Hauser, 1977)、心理学的视角(Bentler, 1980, 1986)以及经济学的视角(Goldberger, 1972; Aigner et al., 1984)可以获得更全面的讨论。戈登伯格和邓肯(Goldberger & Duncan, 1973)以及布莱洛克[Blalock, (1971) 1985]这两本文集显示了这些分析技术的多学科源头。其他近来的文集则包括艾格纳和戈登伯格(Aigner & Goldberger, 1977)、约斯库革和沃尔德(Jöreskog & Wold, 1982)、《市场研究》(*Journal of Marketing Research*)1982年第11期以及《计量经济学》(*Journal of Econometrics*)1983年5月号和6月号。

我从辨识当今一般线性结构方程模型呈现的3个组成部分开始:(1)路径分析;(2)潜变量和测量模型的概念综合;(3)一般的估计过程。通过追踪每一个部分的出现，将对这些方法的起源获得更好的认识。

首先考虑路径分析。生物统计学家休厄尔·怀特(Sewall Wright, 1918, 1921, 1934, 1960)是其最初的发明者。路径分析包括三个方面，即路径图、将参数和方程联系起来的相关系数或协方差以及效应的分解。第一个方面，路径分析是联系方程的图示化呈现，显示了包括干扰项和误差在内的所有变量之间的相关。图1.1给出了前一节最后一个案例的路径图。它对应于以下结构方程:

$$y = \gamma\xi + \zeta$$
$$x_1 = \xi + \delta_1$$
$$x_2 = \xi + \delta_2$$

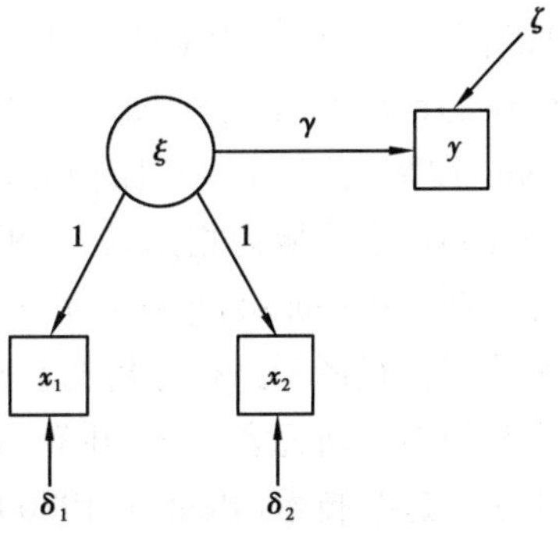

图1.1　路径图示例

这里，ζ、δ_1 和 δ_2 彼此不相关且均与 ξ 不相关。直线单向箭头表示箭头底部的变量对箭头所指的变量具有单向的因果影响。ξ 对 x_1 和 x_2 的潜在影响通过影响系数1这一点在图中明确地表示出来。

通过路径图，怀特就如何写出将变量的相关系数(或协方差)与模型参数关联起来的方程提出了一套规则，这就构成了路径分析的第二个方面。这些方程等价于协方差结构方程，方程(1.4)显示了这种情况的一个例子。于是，他提出通过求解这些方程来获得未知参数，并且用案例相关系数或协方差来代替对应的总体参数从而获得参数估计。

路径分析的第三个方面提供了区分某个变量对另一个变量的直接效应、间接效应和总效应的方法。直接效应是未经任何其他变量调节的作用；间接效应是至少通过一个调节变量所发挥的作用；总效应则是直接效应和所有间接效应的总和。①

① 在第2章和第8章中，我将对路径分析进行更多的回顾。

怀特对路径分析的应用被证明是令人惊叹的。他在1918年的第一篇文章是一项因子分析(用现在的术语说),在这篇文章中,他阐述并估计了一个关于骨骼测量构成成分大小的模型。这一模型是在不知晓斯皮尔曼(Spearman,1904)关于因子分析的研究工作的情况下发展出来的(Wright,1954)。不可观测变量也出现在他的其他研究应用中。戈登伯格(Goldberger,1972)认为怀特在估计供需平衡时采用了比同时代计量经济学家的作品更具一般性的识别和估计方式。怀特采用模型参数方法对变量协方差方程的发展和方程(1.1)中是一样的,唯一不同的是他的发展是基于路径图而不是今天的矩阵方法。

尽管有这样的成就,但令人惊讶的是,社会科学家和统计学家对他的工作并不关注。正如本特勒(Bentler,1986)指出的那样,心理测量学家们对待怀特的路径分析也不够认真(如 Dunlap & Cureton,1930;Englehart,1936)。戈登伯格(Goldberger,1972)用摘录的方式记载了经济计量学家和统计学家对怀特的忽视(如 Fox,1958;Tukey,1954;Moran,1961;Dempster,1971)。在1960年代以前,怀特的工作在社会学中也被忽视,部分是受到西蒙(Simon,1954)、图基(Tukey,1954)以及特纳和史蒂文(Tuner & Stevens,1959)等研究工作的影响,但布莱洛克(Blalock,1961,1963,1964)、布东(Boudon,1965)以及邓肯(Duncan,1966)等社会学家看到了路径分析以及有关的偏相关分析技术作为非实验数据分析工具的潜质。在这些研究之后,尤其是在邓肯(Duncan,1966)的注解说明之后,1960年代后期和1970年代早期在社会学期刊中出现了许多路径分析的应用。路径分析在社会学中的重新发现也扩散到了政治科学和其他几个社会科学领域。沃茨和林(Werts & Linn,1970)撰写了一个路径分析的注解性处理办法,但是路径分析在社会学领域的发展与在心理学领域的相比,还是相对滞后的。路径分析在社会科学中的第二次快速发展是在约斯库革(Jöreskog,1973)、基辛(Keesing,1972)和威利(Wiley,1973)在他们的报告中整合了路径图和路径分析的其他特征之后才出现的。这几位作者提出了一般性的结构方程模型。研究者通过“JKW 模型”这一缩写或者是通过 LISREL 这一更为普遍的模型来了解这些技术(Bentler,1980)。LISREL 模型的广为流行促进了路径分析的扩散。这些年,路径分析不断发展。其当前的形式包括用路径图中的符号进行的阐述,也包括将协方差和参数联系起来的方程,这些参数是从矩阵运算中推导出来的,而不是通过“读”路径图得到的,对直接效应、间接效应和总效应的定义和分解更为精准(参见 Duncan,1971;Alwin & Hauser,1975;Fox,1980;Graff & Schmidt,1982)。但是,怀特所做工作的贡献仍然是显而易见的。

除了路径分析,对潜变量的概念综合和测量模型对当代结构方程技术来说是至关重要的。斯皮尔曼(Spearman,1904)提出的因子分析传统强调潜在因子和观测变量的关系。其核心关注的是我们现在称之为测量模型的部分。除了潜变量之间相关(或不相关)未被检验外,潜变量之间的结构关系也没有得到检验。在计量经济学中,核心则是观测变量之间的结构关系,偶尔会提及变量误差(error-in-the-variable)的情况。

怀特的路径分析案例示范了由带有测量误差的变量所构成的计量经济学类模型可以被识别和估计。在社会学领域内,对含有结构性相关的潜变量模型以及更复杂的测量模型这两者的概念综合在1960年代和1970年代的早期得到了广泛发展。例如,在1963年,布莱洛克争论说,社会学家应当基于观察指标的协方差来使用包含指标和潜在变量的模型进行因果推论。他建议说,观测变量可以是潜在变量的原因或效应,观测变量也可以直接互相影响。布莱洛克将这一看法和因子分析关于所有指标都被看成潜变量的效应这一潜在假定进行了对比。邓肯、哈勒和波茨(Duncan,Haller & Portes,1968)发展了关于同龄人对中学生志向影响的联立方程模型。这一模型包括两个相互影响的潜变量、潜变量的多个指标,以及一些直接影响潜变量的背景特征。海斯(Heise,1969)和其他人则应用路径分析将潜变量的稳定性与测量的信度分离开来。这些以及社会学领域在1960 年代和 1970 年代早期的相关研究,展示了综合带有潜变量而不仅是观测变量的计量经济学类模型以及带有多指标潜变量的心理测量学类模型的可能。但这些研究的取向是借助案例,他们并没有建立起能够应用于任何具体问题的一般模型。一直等到约斯库革(Jöreskog,1973)、基辛(Keesing,1972)以及威利(Wiley,1973)的研究出现,才提出了进入实际应用的一般模型。他们的模型包括两个部分:第一部分是潜变量模型,这一模型除了所有变量都是潜变量外,其他和计量经济学的联立方程模型相似。第二部分是测量模型,这一模型跟因子分析中的一样,指标作为潜变量的效应。这些模型的矩阵表达被介绍出来,从而使得它们可以解决个体数量众多的问题。约斯库革和松波的 LISREL 软件在很大程度上使得结构方程模型流行起来,同时约斯库革的众多出版物和应用(Jöreskog,1967,1970,1973,1977,1978)对此也有贡献。

本特勒和维克斯(Bentler & Weeks,1980)、麦卡德尔和麦克唐纳(McArdle & McDonald,1984)以及其他一些人提出了另一种一般结构方程模型的表达方式。尽管这些模型在当初比 JKW 模型看起来更具一般性,但是大多数分析人员现在都同意新旧两种表达方式均能处理实践中出现的线性模型。我在整本书中使用后来广为人知的"LISREL 表示法"。到目前为止,这是最为通行的表达方式。我在其他章中将示范如何修改这一表达方式来处理非标准的应用。

结构方程模型的最后一个特点是一般的估计过程。怀特对于路径分析的早期应用以及受他影响的社会学家都采用特定方法来产生参数估计。关于统计推论以及如何结合参数的多个估计来进行优化的讨论非常少。计量经济学和心理测量学的研究在这里被证明是不可或缺的。在计量经济学中,带有观测变量的结构方程的估计品质可以得到很好的确定(例如,可参见 Goldberger,1964)。在心理测量学中,劳利(Lawley,1940)、安德森和鲁宾(Anderson & Rubin,1956)以及约斯库革(Jöreskog,1969)等人的研究帮助奠定了因子分析中假设检验的基础。博克和巴格曼(Bock & Bargmann,1966)建议了一种方法,该方法用来估计在多元正态分布变量的条件下由潜变量导致的方差成分。约斯库革(Jöreskog,1973)推荐了一种最大似然估计(基于观测变量的多元正态性)来用于一般结构方程模型,这一估计在今天使用得最为广泛。约斯库革和戈登伯格(Jöreskog & Goldberger,1972)以及布朗尼(Browne,1974,1982,1984)提出了广义最小二乘法(generalized least squares,GLS),这一方法在满足所需假定的时候提供了额外的灵活性。例如,布朗尼(Browne,1982,1984)提出了观测变量为任意分布或者椭圆分布时的估计公式。本特勒(Bentler,1983)提出了处理观测变量高阶积距的估计公式。他示范了这些积距有助于识别那些不能由协方差识别的模型参数以及由此可能带来的效率。此外,穆腾(Muthén,1984,1987)将这些模型通用化后使其应用于序次变量和受限的观测变量。

最后,如果不考虑那些涌现的计算机软件,对结构方程模型发展过程的这一概述肯定也是不完全的。我已经说过约斯库革和松波的 LISREL 软件可能是导致这些技术在整个社会科学领域扩散的最重要的单个因素。现在,这一软件已经是第七版。①

本特勒(Bentler,1985)提出的 EQS 软件近来也进入了这一领域并且可能被广泛使用。麦克唐纳(McDonald,1980)和舍恩伯格(Schoenberg,1987)以及其他人也写了软件,但发行较为有限。软件发展的两个方向是提供更通用、灵活的模型以及更为"用户友好"的软件。前者的例子是 LISREL Ⅶ和 EQS 允许包括任意分布估计在内的众多估计公式以及穆腾(Muthén,1987)的 LISCOMP 允许序次和有限观测的变量。后者的代表是允许通过设定方程(例如,EQS 以及约斯库革和松波的 SIMPLIS)而不是矩阵来编程。

① 这里指原书出版时。LISREL 这一软件近年来一直保持着版本更新。——译者注

第 2 章　模型标记法、协方差和路径分析

本书读者的统计学知识背景可能千差万别，因此有必要建立一些基本常识。这里，我假定读者先前都接触过矩阵代数。本书结尾部分的附录 A 为那些希望复习矩阵代数的读者提供了有关基本知识的概要。附录 B 则提供了渐近分布理论的概览，我在有些章中使用这一理论。本章讨论对理解结构方程模型来说十分重要的三个基本工具。它们是模型标记法、协方差和路径分析。

模型标记法

约斯库革（Jöreskog，1973，1977）、威利（Wiley，1973）和基斯林（Keesling，1972）提出了我所使用的标记法。约斯库革和松波的 LISREL（LInear Structural RELationships）软件使得这一标记法广为流传，很多人也将它称为 LISREL 标记法。在这一节中，我只介绍基本的标记法，更复杂的符号留到后面章节，我们在需要时再来介绍。

完整的模型由结构方程组（system of structural equations）组成。方程式中包含随机变量和结构参数，有时还包括非随机变量。随机变量有三类：潜变量、观测变量和干扰/误差变量。非随机变量则是那些在重复随机抽样中保持不变的解释变量（固定变量或非概率性的变量）。它们比起随机解释变量来说较为少见。

变量之间的联系用结构参数（structural parameter）来概括。结构参数是一些恒定常量，这些常量指定了变量之间的“因果”关系。结构参数可以描述不可观测变量之间、观测变量之间以及不可观测变量与观测变量之间的因果关系。我在第 3 章中将进一步讨论因果关系的含义及结构参数。结构方程组有两个主要的子系统：潜变量模型和测量模型。

潜变量模型

潜在随机变量就其最根本的意义来说是表示单一维度的概念，潜在随机变量还可以表述为不可观测（unobserved）或不可测量（unmeasured）变量以及因子（factor）。潜变量的观测变量或指标包含随机误差或者系统测量误差，但潜在随机变量则不包含这些误差。既然所有的潜变量与概念是对应的，那么它们就是假说性（hypothetical）变量。不过，概念以及潜变量在抽象程度上的差异很大。智力、社会阶层、权力以及期望对很多社会科学理论来说是处于核心地位的高度抽象的潜变量。另外，一些变量也很重要，但是不那么抽象，比如说收入、教育、人口规模及年龄。后一种类型是可以直接测量的潜变

量,而前一种类型则是只能间接测量的潜变量。同时包含两种潜变量的一个例子是埃米尔·涂尔干(Emile Durkheim)关于“社会团结与自杀之间负向关系”的假说。社会团结指的是群体稳固程度,这是一个相当抽象的潜变量。自杀则是可以直接观察到的。但是,如果考虑一些自杀被掩盖或者错误地划分为其他形式的死亡,这一直接-非直接的划分就变得模糊了。因此,对自杀的测量可能并不像最初看起来那样直接。我在潜变量模型中对直接测量的潜变量和非直接测量的潜变量不做区分。在分析层面,它们可以同样对待。第6章将对潜变量的特质、测量方法以及测度做进一步的讨论。

潜变量模型包含描述潜变量之间关系的结构方程式。有时候,这部分模型被称为结构方程或者因果模型。我不同意这种提法,因为它可能被误解。模型中的所有方程,包括关于潜变量的方程和测量模型的方程,其实都是在描述结构关系。仅仅将结构这一称谓应用于整个模型的潜变量部分实际上是在暗示测量部分是非结构化的。

我采用“发展中国家的政治民主与工业化关系”这一案例来介绍潜变量模型的标记法。国际发展研究者在第三世界国家的工业化与政治民主是否有正向关联上意见不统一。一些社会中,专制和选举制度的交替使得确认存在一般性关联成为一件困难的事情。政治民主指的是一个国家中政治权利(如选举公平)和政治自由(如新闻自由)的程度。工业化是指某个社会的经济活动中实现生产机械化的程度。人们认为,正是工业化的一些后果(例如,社会富足、教育大众化、生活标准的提高)提高了民主的可能性。不过,为了保持模型的简单,我并未纳入这些中介变量。假设我有三个潜在随机变量:1965年和1960年的政治民主,还有1960年的工业化。我假定1965年的政治民主是1960年的政治民主和工业化的函数,1960年的工业化水平对1960年的政治民主水平也有影响。工业化的决定因素则位于模型之外,没有提及。工业化是一个外生(exogenous)(独立)潜变量,用符号 ξ_1(xi)来表示。外生是因它的原因位于模型之外。潜在的政治民主变量是内生的(endogenous),它们是由模型内的变量决定的。每个内生潜变量由 η_i(eta)来表示。1960年的政治民主由 η_1 来表示,1965年的政治民主由 η_2 来表示。潜在内生变量仅部分地被模型所解释。未被解释的部分由 ζ_i(zeta)来表示,它是方程中的随机干扰项。

外生和内生关系是就具体模型而言的。一个模型中的外生变量可能在另一个模型中是内生变量。或者,虽然在模型中显示为外生变量但实际上可能受到模型中某个变量的影响。不管这些可能的情形是什么,习惯上是基于变量在某个特定模型中所代表的对象来指明它们是外生还是内生的。

当前案例的潜变量模型为:

$$\eta_1 = \gamma_{11}\xi_1 + \zeta_1 \tag{2.1}$$

$$\eta_2 = \beta_{21}\eta_1 + \gamma_{21}\xi_1 + \zeta_2 \tag{2.2}$$

上述方程中的变量和参数都是线性的(linear in the variables and linear in the parameters)。我们在有些时候也可以像回归分析中那样,估计变量是非线性的但参数是线性的方程,不过,到目前为止,对于带有测量误差的潜变量来说,其非线性函数的估计在实践和一般性方法上都不存在(参见第9章)。

随机误差 ζ_1 和 ζ_2 的期望值(均值)为0且它们与外生变量工业化程度(ξ_1)无关。方程中没有常数项,因为变量表示的是偏离均值的量。[①] 采用偏离量的形式可以简化代数运算但不会影响分析的一般性。系数 β_{21}(beta)是结构参数,它表明在保持 ξ_1 不变的情况下,η_1 增加一个单位所引起的 η_2 期望值的变化。对回归系数 γ_{11} 和 γ_{21} 的解释与此类似。系数 β_{21} 和内生潜变量相联系,而 γ_{11} 和 γ_{21} 与外生潜变量相联系。

方程(2.1)和方程(2.2)可以用矩阵标记法来改写为:

$$\begin{bmatrix}\eta_1\\ \eta_2\end{bmatrix} = \begin{bmatrix}0 & 0\\ \beta_{21} & 0\end{bmatrix}\begin{bmatrix}\eta_1\\ \eta_2\end{bmatrix} + \begin{bmatrix}\gamma_{11}\\ \gamma_{21}\end{bmatrix}[\xi_1] + \begin{bmatrix}\zeta_1\\ \zeta_2\end{bmatrix} \tag{2.3}$$

还可以更简洁地写为:

$$\boldsymbol{\eta} = \mathbf{B}\boldsymbol{\eta} + \boldsymbol{\Gamma}\boldsymbol{\xi} + \boldsymbol{\zeta} \tag{2.4}$$

方程(2.4)是带有潜变量的结构方程模型的通用性矩阵表达。表 2.1 总结了和潜变量模型相关的模型标记符号,包括每一个符号的名称、读音、维度及定义。

我们从第一个变量开始。$\boldsymbol{\eta}$ 是一个代表内生随机潜变量 $m \times 1$ 的向量。在工业化-政治民主这一案例中,m 等于 2。$\boldsymbol{\xi}$ 是一个 $n \times 1$ 的向量,它代表 n 个外生潜变量。在大多数情况下,这里的 $\boldsymbol{\xi}$ 是一个随机变量向量。在某些情况下,一个或多个 ξ 变量是非随机的。在当前案例中,n 的取值为 1,因为只有工业化是外生的。方程中的误差或者说干扰项由 $\boldsymbol{\zeta}$ 表示,它是一个 $m \times 1$ 的向量。ζ_i 和每一个 η_i 相联系,i 的取值从 1 到 m。本例中含有两个 ζ_i 变量。ζ 变量通常是随机变量。[②] 对于回归分析来说,ζ_i 包含了那些影响 η_i 但并没有纳入 η_i 的回归方程的变量。假定这些众多被省略变量的影响包含在 ζ_i 之中,且有 $E(\zeta_i)=0$,并且与外生变量 ξ 不相关。如果违反这些假定,可能会出现不一致的系数估计。

表 2.1　潜变量(不可观测)模型的标记符号

潜变量结构方程模型

$$\boldsymbol{\eta} = \mathbf{B}\boldsymbol{\eta} + \boldsymbol{\Gamma}\boldsymbol{\xi} + \boldsymbol{\zeta}$$

假定

$E(\boldsymbol{\eta}) = 0$

$E(\boldsymbol{\zeta}) = 0$

$E(\boldsymbol{\xi}) = 0$

$\boldsymbol{\zeta}$ 与 $\boldsymbol{\xi}$ 不相关

$(\mathbf{I} - \mathbf{B})$ 非奇异(满秩)

符号	名称	读音	维度	定义
		变量		
$\boldsymbol{\eta}$	eta	ā′tə　或者 ē′tə	$m \times 1$	潜内生变量
$\boldsymbol{\xi}$	xi	zī̂或者 ksē	$n \times 1$	潜外生变量
$\boldsymbol{\zeta}$	zeta	zā′tə　或者 zē′tə	$m \times 1$	方程中的潜误差

① 第 4 章、第 7 章和第 8 章将阐释如何估计带有常数项的模型。

② 一个例外的情况是,如果某个方程是确定的,例如,$\eta_1 = \eta_2 + \eta_3$,那么 ζ_1 为 0 从而是一个常数。

续表

符号	名称	读音	维度	定义
		系数		
B	beta	bā′tə 或者 bē′tə	$m \times m$	潜内生变量的系数矩阵
Γ	gamma	gam′ə	$m \times n$	潜外生变量的系数矩阵
		协方差矩阵		
ϕ	phi	fī 或者 fē	$n \times n$	$E(\xi\xi')\xi$ 的协方差矩阵
ψ	psi	sī或者 psē	$m \times m$	$E(\zeta\zeta')\zeta$ 的协方差矩阵

我们同时假定 ζ_i 具备方差齐性(homoscedastic)且没有自相关。为了阐明这一假定,假设我对 ζ_i 变量加上观察索引编号,这样 ζ_{ik}就指的是第 k 个观测案例的 ζ_i 取值,而 ζ_{il}则指的是第 l 个案例的 ζ_i 取值。方差齐性假定指的就是 $\text{VAR}(\zeta_i)$在所有的案例上相等[也就是说,$E(\zeta_{ik}^2)=\text{VAR}(\zeta_i)$]。假定没有自相关则意味着,对于所有的 k 和 l 来说,当 $k \neq l$ 时,ζ_{ik}和 ζ_{il}不相关[也就是说,当 $k \neq l$ 时,$\text{COV}(\zeta_{ik},\zeta_{il})=0$]。对异方差(heteroscedastic)或者自相关干扰的校正在计量经济学模型中十分常见,但在一般性的潜变量结构方程模型中却很少研究。方差齐性和不存在自相关的假定并不意味着来自两个不同方程的干扰项必须不相关,也不要求它们具有相同的方差。也就是说,$E(\zeta_{ik}^2)=\text{VAR}(\zeta_i)$和 $E(\zeta_i^2)=E(\zeta_j^2)$是不一样的,同时,$\text{COV}(\zeta_{ik},\zeta_{il})=0$ 也不意味着 $\text{COV}(\zeta_i,\zeta_j)=0$,这里的 ζ_i 和 ζ_j 来自不同的方程。

B 和 Γ 是系数矩阵。**B** 矩阵是一个 $m \times m$ 的内生潜变量系数矩阵,它的特有元素是 β_{ij},这里的 i 和 j 表示的是行和列的位置。模型假定($\mathbf{I}-\mathbf{B}$)是非奇异阵,因此$(\mathbf{I}-\mathbf{B})^{-1}$是存在的。这一假定使得方程(2.4)可以用简化形式表示。算术求解方程(2.4)使得仅有 η 显示在方程左边,这样得到我在第4 章中讨论的简化形式。Γ 矩阵是一个 $m \times n$ 的外生变量系数矩阵,它的元素用符号 γ_{ij}来表示。对于工业化-政治民主例子来说,

$$\mathbf{B}=\begin{bmatrix}0 & 0\\ \beta_{21} & 0\end{bmatrix},\boldsymbol{\eta}=\begin{bmatrix}\eta_1\\ \eta_2\end{bmatrix},\boldsymbol{\zeta}=\begin{bmatrix}\zeta_1\\ \zeta_2\end{bmatrix},\Gamma=\begin{bmatrix}\gamma_{11}\\ \gamma_{21}\end{bmatrix},\boldsymbol{\xi}=[\xi_1] \tag{2.5}$$

B 矩阵的主对角线元素都为0,这用来保证将 η_i 从第 i 个方程的右侧中移除,在第 i 个方程中,η_i 是因变量。也就是说,我们假定某个变量并非其自身的直接影响因素。**B** 矩阵中的0 还表示一个内生潜变量对另一个内生潜变量没有影响。也就是说,在方程(2.5)中的 **B** 矩阵中处于(1,2)位置的0 表明 η_2 对 η_1 没有影响。在方程(2.5)中的 Γ 矩阵是一个 2×1 矩阵,因为有两个内生潜变量和一个外生潜变量。由于 ξ_1 同时影响 η_1 和 η_2,所以 Γ 里面的元素都不为0。

表2.1 中的两个协方差矩阵也是潜变量模型的一部分。一个协方差矩阵是“未标准化的相关矩阵”,其主对角线上是变量的方差,而对角线之外的则是所有成对变量的协方

差(两个变量的相关系数和它们的标准差的乘积)。[①]

外生潜变量(或者说 ξ)之间的 $n \times n$ 协方差矩阵是 $\boldsymbol{\phi}$(phi),其元素为 ϕ_{ij}。和所有协方差矩阵一样,它是一个对称阵。如果所有的 ξ 变量的方差为 1,则 $\boldsymbol{\phi}$ 是一个相关系数矩阵。在工业化-政治民主案例中,只有一个 ξ 变量,因此 $\boldsymbol{\phi}$ 是一个等于 ξ_1 方差的标量(也就是说,只有 ϕ_{11})。

方程中,$m \times m$ 的误差协方差矩阵称为 ψ(psi),其元素为 ψ_{ij}。ψ 矩阵对角线上的每一个元素(ψ_{ii})代表第 i 个方程中,相应的 η_i 没有被解释变量所解释的变异部分。在当前这个例子中,ψ 是一个 2×2 矩阵,元素(1,1)是 ζ_1 的方差,元素(2,2)是 ζ_2 的方差,而对角线之外的元素——(1,2)和(2,1)都等于 ζ_1 和 ζ_2 之间的协方差。在本例中,我假定对角线之外的元素为 0。[②] 如同我在第 4 章和第 8 章中指出的那样,η 的协方差矩阵是 $\mathbf{B}$,Γ,ϕ 以及 ψ 的函数,没有专门的符号来表示它。

对计量经济学比较熟悉的读者或许会注意到表 2. 1 中的潜变量结构方程模型和联立方程组的一般表达形式之间的相似性(例如,$\mathbf{By} + \Gamma\mathbf{x} = \mathbf{u}$,参见 Johnston,1984:450)。所不同的是,内生和外生变量都可以写在左边,在方程右边仅留下 ζ:$\mathbf{B}^* \boldsymbol{\eta} + \Gamma^* \boldsymbol{\xi} = \boldsymbol{\zeta}$,其中,$\mathbf{B}^* = (\mathbf{I} - \mathbf{B})$,$\Gamma^* = -\Gamma$。在大多数情况下,除了 ζ,在方程中也用其他一些符号来表示误差(如 u)。这些替换性的表达没有什么影响。其他的差异是,在计量经济学中,$\boldsymbol{\eta}$ 用 $\mathbf{y}$ 表示,而 $\boldsymbol{\xi}$ 则用 $\mathbf{x}$ 表示。这些差异不过是符号的不同。在传统的计量经济学中,观察值 y 和 x 分别是对潜变量 η 和 ξ 的完美测量。带有潜变量的结构方程模型不再使用这一假定。实际上,这些模型的第二个部分将潜变量(η 和 ξ)与测量变量(y 和 x)联系起来。这一部分就是测量模型。

测量模型

和潜变量一样,观测变量也有很多名称,包括操作变量、测量值、指标及代表变量。我会交叉地使用这些术语。我们所使用的工业化和政治民主化潜变量模型到目前为止仅涉及不可观测的变量。但仅当我们收集了这些潜变量的观测值后,对这一理论的检验才有可能。一种处理策略是采用单个的指标或者代表变量来代表政治民主化和工业化。另一个选择是为每一个概念构建带有两个或者更多变量的指标。经验分析针对这些指标来展开,研究者用这些分析结果来检验潜变量之间的关系。

前一个策略的潜在假定是观测变量和它们所测量的潜变量完全相关(或者至少是很接近于完全相关)。在大多数情况下,这不是真的。几乎所有对类似于政治民主化这样的抽象因子的测量与因子本身的联系都远远不是完全相关。测量模型中有表示潜变量和观测变量关联的结构化方程,这些方程表示的更多是非完全相关而非决定式的。就本例来说,我选择了 1960 年工业化程度的三个指标:人均国民生产总值(x_1)、人均非生物能量消耗量(x_2)以及工业中的劳动力比例(x_3)。对于政治民主化来说,我采用四个相同

---

① 我在本章稍后会进一步讨论协方差。

② ζ_1 和 ζ_2 可能会正相关,因为它们影响同一变量并且只相隔了 5 年。在其他更为复杂的模型中,ψ_{12} 可以是一个自由估计的参数,但如果在这个案例中设定为自由估计,则模型将不正定。我会在第 4 章中回到正定这一议题。

的指标来测量 1960 年和 1965 年的情况：专家对新闻出版自由状况的评价(1960 年为 y_1，1965 年为 y_5)、政治对立的自由状况(y_2 和 y_6)、选举的公正性(y_3 和 y_7)以及由选举产生的立法机构的有效性(y_4 和 y_8)。因此，每个潜变量都是由几个观测变量来进行测量的。

方程(2.6)和方程(2.7)为这些变量提供了测量模型。

$$\begin{aligned} x_1 &= \lambda_1\xi_1 + \delta_1 \\ x_2 &= \lambda_2\xi_1 + \delta_2 \\ x_3 &= \lambda_3\xi_1 + \delta_3 \end{aligned} \tag{2.6}$$

$$\begin{aligned} y_1 &= \lambda_4\eta_1 + \varepsilon_1, y_5 = \lambda_8\eta_2 + \varepsilon_5 \\ y_2 &= \lambda_5\eta_1 + \varepsilon_2, y_6 = \lambda_9\eta_2 + \varepsilon_6 \\ y_3 &= \lambda_6\eta_1 + \varepsilon_3, y_7 = \lambda_{10}\eta_2 + \varepsilon_7 \\ y_4 &= \lambda_7\eta_1 + \varepsilon_4, y_8 = \lambda_{11}\eta_2 + \varepsilon_8 \end{aligned} \tag{2.7}$$

与潜变量模型一样，测量模型中的变量取值也偏离于其均值。变量 $x_i(i=1,2,3)$ 代表对工业化程度 ξ_1 的三次测量，y_1 到 y_4 测量 1960 年的政治民主化 η_1，y_5 到 y_8 测量 1965 年的政治民主化 η_2。注意，所有这些显性变量都依赖于潜变量。在一些情况下，指标变量会引起潜变量变化。在第 3、第 6 及第 7 章会进一步讨论这种情况。

λ_i 系数表示潜变量变化一个单位所引起的观测变量变化期望值的大小。这些系数也是表示潜变量对观测变量影响的回归系数。我们必须为潜变量设定一个尺度来清楚地解释这一系数。通常，分析者会将某一个潜变量的尺度设定为和某一个指标相同或者将该潜变量的方差标准化为 1。我在第 6 章和第 7 章中将进一步探讨这一话题。

δ_i(delta)和 ε_i(epsilon)变量分别是 x_i 和 y_i 的测量误差(error of measurement)。它们是妨碍潜变量和观测变量之间关系的干扰项。这里的假定是，测量误差的期望值为 0，它们和所有的 ξ，η 和 ζ 都不相关，并且对于所有的 i 和 j 来说，δ_i 和 ε_j 均不相关。

δ_i 以及 ε_j 和任意 ξ 或者 η 的相关将导致不一致的参数估计，这种影响方式和回归分析中的误差项与解释变量相关的情形是一样的。有时，在因子分析中，δ_i 和 ε_j 也被称为独立因子，每一个 δ_i 和 ε_j 被分成设定和非设定成分两个部分。我在第 6 章和第 7 章中将进一步讲这个问题，但在那个时候，会将它们作为测量误差。最后，假定每一个 δ_i 或 ε_i 具有方差齐性并且所有的观测之间不存在自相关。这一假定类似于对潜变量模型中的误差 ζ_i 的假定。

方程(2.6)和方程(2.7)可以用矩阵形式来表达得更为简洁：

$$\mathbf{x} = \Lambda_x\boldsymbol{\xi} + \boldsymbol{\delta} \tag{2.8}$$

$$\mathbf{y} = \Lambda_y\boldsymbol{\eta} + \boldsymbol{\varepsilon} \tag{2.9}$$

这里有

$$\mathbf{x} = \begin{bmatrix} x_1 \\ x_2 \\ x_3 \end{bmatrix}, \Lambda_x = \begin{bmatrix} \lambda_1 \\ \lambda_2 \\ \lambda_3 \end{bmatrix}, \boldsymbol{\xi} = [\xi_1], \boldsymbol{\delta} = \begin{bmatrix} \delta_1 \\ \delta_2 \\ \delta_3 \end{bmatrix} \tag{2.10a}$$

$$\mathbf{y}=\begin{bmatrix} y_1\\ y_2\\ y_3\\ y_4\\ y_5\\ y_6\\ y_7\\ y_8 \end{bmatrix}, \Lambda_y=\begin{bmatrix} \lambda_4 & 0\\ \lambda_5 & 0\\ \lambda_6 & 0\\ \lambda_7 & 0\\ 0 & \lambda_8\\ 0 & \lambda_9\\ 0 & \lambda_{10}\\ 0 & \lambda_{11} \end{bmatrix}, \boldsymbol{\eta}=\begin{bmatrix} \eta_1\\ \eta_2 \end{bmatrix}, \boldsymbol{\varepsilon}=\begin{bmatrix} \varepsilon_1\\ \varepsilon_2\\ \varepsilon_3\\ \varepsilon_4\\ \varepsilon_5\\ \varepsilon_6\\ \varepsilon_7\\ \varepsilon_8 \end{bmatrix} \tag{2.10b}$$

方程(2.8)和方程(2.9)在表 2.2 的顶部也有显示,它提供了测量模型的标记法。向量 $\mathbf{x}$ 中的随机变量是外生潜变量($\boldsymbol{\xi}$)的测量指标。[①] 向量 $\mathbf{y}$ 中的随机变量是内生潜变量($\boldsymbol{\eta}$)的测量指标。一般来说,$\mathbf{x}$ 是一个 $q\times 1$ 的向量(q 是 $\boldsymbol{\xi}$ 的指标个数),$\mathbf{y}$ 是一个 $p\times 1$ 的向量(p 是 $\boldsymbol{\eta}$ 的指标个数)。

Λ_y 和 Λ_x 矩阵包含有 λ_i 参数,λ_i 参数是连接潜变量和操作变量的结构系数。Λ_x 是一个 $q\times n$ 的矩阵(n 是 $\boldsymbol{\xi}$ 的指标个数),而 Λ_y 则是一个 $p\times m$ 的矩阵(m 是 $\boldsymbol{\eta}$ 的指标个数)。在验证性因子分析或者在 $\mathbf{y}=\boldsymbol{\eta}$ 和 $\mathbf{x}=\boldsymbol{\xi}$ 的模型中,我为 λ 使用双下标(λ_{ij})。其中,i 用来标识 $x_i(y_i)$,j 用来标识影响 $x_i(y_i)$ 的潜变量 $\xi_j(\eta_j)$。当 $\mathbf{x}$,$\boldsymbol{\xi}$,$\mathbf{y}$ 和 $\boldsymbol{\eta}$ 用在像方程(2.10)这样的模型中时,双下标也会引起误会,因为双下标的 λ_{ij} 意味着有两个不同的参数。因此,在这些情形下,我使用单个的下标来连续标记 λ。$\mathbf{x}$ 的测量误差形成的向量为 $\boldsymbol{\delta}$,它是一个 $q\times 1$ 的向量。$\mathbf{y}$ 的测量误差形成的向量为 $\boldsymbol{\varepsilon}$,它是一个 $p\times 1$ 的向量。通常来说,$\boldsymbol{\delta}$ 和 $\boldsymbol{\varepsilon}$ 包含的都是随机变量组成的向量。[②]

最后两个矩阵 Θ_δ 和 Θ_ε 是测量误差的协方差矩阵。主对角线元素为对应测量误差的方差。非对角线元素是不同指标的测量误差之间的协方差。Θ_δ 是一个 $q\times q$ 的矩阵,包含 x 变量测量误差的方差和协方差。Θ_ε 是一个 $p\times p$ 的矩阵,包含 y 变量测量误差的方差和协方差。在这个例子中,我假定工业化的三个测量指标(x_1 至 x_3)的测量误差彼此之间不相关,因此 Θ_δ 是一个对角阵(diagonal matrix)。对于 Θ_ε 来说,这一假定不大经得起推敲,因为我使用的是两个不同时点的同一套指标。在测量 1960 年某一指标中出现的误差很可能和测量 1965 年该指标中出现的误差相关。此外,1960 年对 y_2 和 y_4 的测量以及 1965 年对 y_6 和 y_8 的测量来自同一个数据源,相应的测量误差有可能由于数据源中的系统误差而出现正相关。因此,Θ_ε 中的非对角阵(4,2),(5,1),(6,2),(7,3),(8,4)和(8,6)这几个元素可能不为 0。

这个例子揭示了带有潜变量的结构方程模型和标准回归比起来具有显著不同的特征。结构方程模型在允许观测变量存在测量误差方面更符合实际情况。它们允许测量误差 $\boldsymbol{\varepsilon}$ 和 $\boldsymbol{\delta}$ 的存在,并且测量尺度的系统性差异也随着 λ 系数而引入。一个变量的测量误差可以和另一个变量的测量误差相关。多个指标可以用来测量一个潜变量。此外,研究者可以分析未被测量误差所遮蔽的潜变量关系。所有这些特征使得我们离检验理论

---

① 当 $\mathbf{x}=\boldsymbol{\xi}$ 以及 $\mathbf{x}$ 为固定值时,$\mathbf{x}$ 中的观测变量不是随机变量。参见第 4 章中关于固定 $\mathbf{x}$ 变量的讨论。

② 当任意一个 $\mathbf{y}$ 或者 $\mathbf{x}$ 没有测量误差时,$\boldsymbol{\varepsilon}$ 和 $\boldsymbol{\delta}$ 中的相应元素为常数 0。

中提出的假设更为接近。

表 2.2　测量模型的标记法

测量模型的结构方程

$$\mathbf{x} = \Lambda_x \boldsymbol{\xi} + \boldsymbol{\delta}$$

$$\mathbf{y} = \Lambda_y \boldsymbol{\eta} + \boldsymbol{\varepsilon}$$

假定

$E(\boldsymbol{\eta}) = 0, E(\boldsymbol{\xi}) = 0, E(\boldsymbol{\varepsilon}) = 0$ 和 $E(\boldsymbol{\delta}) = 0$

$\boldsymbol{\varepsilon}$ 与 $\boldsymbol{\eta}, \boldsymbol{\xi}$ 和 $\boldsymbol{\delta}$ 不相关

$\boldsymbol{\delta}$ 与 $\boldsymbol{\xi}, \boldsymbol{\eta}$ 和 $\boldsymbol{\varepsilon}$ 不相关

符号	名称	读音	维数	定义
		变量		
$\mathbf{y}$	—	—	$p \times 1$	$\boldsymbol{\eta}$ 的观测指标
$\mathbf{x}$	—	—	$q \times 1$	$\boldsymbol{\xi}$ 的观测指标
$\boldsymbol{\varepsilon}$	epsilon	ep′sə lon′ (ep′sə len)	$p \times 1$	$\mathbf{y}$ 的测量误差
$\boldsymbol{\delta}$	delta	del′tə	$q \times 1$	$\mathbf{x}$ 的测量误差
		系数		
Λ_y	lambda y	lam′da y	$p \times m$	$\mathbf{y}$ 和 $\boldsymbol{\eta}$ 之间的关联系数
Λ_x	lambda x	lam′da x	$q \times n$	$\mathbf{x}$ 和 $\boldsymbol{\xi}$ 之间的关联系数
		协方差矩阵		
Θ_ε	theta-epsilon	thā′tə (thē′tə) ep′sə lon′	$p \times p$	$E(\boldsymbol{\varepsilon}\boldsymbol{\varepsilon}')$（$\boldsymbol{\varepsilon}$ 的协方差矩阵）
Θ_δ	theta-delta	thā′tə (thē′tə) del′tə	$q \times q$	$E(\boldsymbol{\delta}\boldsymbol{\delta}')$（$\boldsymbol{\delta}$ 的协方差矩阵）

协方差

对于结构方程模型来说，协方差是一个核心概念。实际上，一般性的结构方程技术还有另一个名字，那就是协方差结构分析(analysis of covariance structures)。我在这里回顾有关协方差的两个内容：一个是协方差代数，可以帮助我们得到潜变量和测量模型的特征。另一个是影响样本协方差的因素，这些因素进一步影响参数估计。首先来看协方差代数。

协方差代数

表2.3提供了协方差代数定义和通则的概要。在表2.3中，$E(\cdot)$代表括号中表达式的期望值。表2.3上半部分定义协方差和方差。大写的X_1，X_2和X_3表示的是原始随机变量而不是平均偏差。当X_1和X_2之间存在线性正相关时，$COV(X_1,X_2)$为正。如果它们之间存在线性负相关，则$COV(X_1,X_2)$为负。如果它们之间不存在线性相关，$COV(X_1,X_2)$为0。请注意，在这一协方差定义中，我采用大写的字母COV来表示总体协方差(population covariance)。观察变量的总体协方差矩阵为Σ，后文我将讨论样本协方差。方差是一个变量和它自己之间的协方差，大写的$VAR(X_1)$表示x_1的总体方差。Σ的主对角元素包含观察变量的方差。

表2.3　协方差的定义和一般规则

定义

$$\begin{aligned}COV(X_1,X_2)&=E[(X_1-E(X_1))(X_2-E(X_2))]\\&=E(X_1X_2)-E(X_1)E(X_2)\\VAR(X_1)&=COV(X_1,X_1)\\&=E[(X_1-E(X_1))^2]\end{aligned}$$

规则

c为常数

X_1,X_2,X_3为随机变量

(1) $COV(c,X_1)=0$

(2) $COV(cX_1,X_2)=cCOV(X_1,X_2)$

(3) $COV(X_1+X_2,X_3)=COV(X_1,X_3)+COV(X_2,X_3)$

我们用几个例子来阐释协方差规则。在这些例子中，我假定所有干扰项的期望值为0，所有的随机变量表示对它们均值的离差。除非特别说明，小写的x和y分别表示对原始变量X和Y的离差。对第一个例子来说，设想已知潜变量ξ_1和观测变量x_1的协方差。如果把x_1加上一个常数c，协方差将会是：

$$\begin{aligned}COV(\xi_1,x_1+c)&=COV(\xi_1,x_1)+COV(\xi_1,c)\\&=COV(\xi_1,x_1)\end{aligned}$$

因此，如果将一个常数加上观测变量，潜变量和观测变量之间的协方差是不变的。考虑到社会科学概念测量中的基线(零点)很少取得广泛一致这一事实，这一结果是十分重要的。它显示了，如果测量值变化某个常数值，将不会影响观测变量和潜变量之间的协方差。这一个例子还说明了另外一点。假设c就是X_1在原始取值下的均值，那么x_1+c得到X_1。前面的案例表明，不管变量是原始值还是离差值，任意一个随机变量和另一个随机变量的协方差都保持不变。但是，如果其大小变为cx_1，那么会使协方差变为$cCOV(\xi_1,x_1)$。

第二个例子解决测量中的另一个问题。在心理测量学和其他社会科学的研究报告中,人们经常争论一个问题,就是如果两个指标中的每一个都和同一个概念正向关联,那么它们两个之间是否有正的协方差。假设我们有两个指标,每一个都和同一个 ξ_1 相关,因此有 $x_1 = \lambda_1\xi_1 + \delta_1, x_2 = \lambda_2\xi_1 + \delta_2$, $\mathrm{COV}(\xi_1,\delta_1) = \mathrm{COV}(\xi_1,\delta_2) = 0$,同时,$\lambda_1$ 和 λ_2 大于0。那么 $\mathrm{COV}(x_1,x_2)$一定为正吗?

$$\begin{aligned}\mathrm{COV}(x_1,x_2) &= \mathrm{COV}(\lambda_1\xi_1 + \delta_1, \lambda_2\xi_1 + \delta_2)\\ &= \lambda_1\lambda_2\phi_{11}\end{aligned}$$

对非零的 ϕ_{11} 来讲,指标 x_1 和 x_2 肯定有正的协方差(因为 ϕ_{11} 是一个方差值,对于所有非常数的 ξ_1 来说,ϕ_{11} 一定会是正的)。接下来,考虑 x_1 和 x_2 是 ξ_1 的测量指标,也就是说,$\xi_1 = \lambda_1 x_1 + \lambda_2 x_2 + \delta_1$, $\mathrm{COV}(x_1,\delta_1) = \mathrm{COV}(x_2,\delta_1) = 0$,并且 λ_1 和 λ_2 大于0。那么 $\mathrm{COV}(x_1,x_2) > 0$ 一定成立吗?

$$\mathrm{COV}(x_1,x_2) = ?$$

x_1 和 x_2 为外生变量。它们的协方差并非在模型内决定,即便是 x_1 和 x_2 都和 ξ_1 正相关,协方差也可以为正,为0或者为负。举一个例子说明,如果潜变量是遭受歧视(ξ_1),两个测量指标分别为种族(x_1)和性别(x_2)。尽管 x_1 和 x_2 都是遭受歧视的指标,但是我们并不指望它们之间存在着正相关。或者说,潜变量可以是社会互动(ξ_1),指标是和朋友度过的时间(x_1)以及和家人度过的时间(x_2)。这些指标甚至可能存在着负的协方差。这一个简单的例子表明,关于同一概念的指标一定正相关的这一笼统的表述需要加以限制。①

协方差定义和规则同样适用于矩阵和向量。例如,如果 $\mathbf{c}'$ 是一个适合与 $\mathbf{x}$ 相乘的常数向量,那么有 $\mathrm{COV}(\mathbf{x},\mathbf{c}') = 0$。$\mathrm{VAR}(\mathbf{x}) = \mathrm{COV}(\mathbf{x},\mathbf{x}') = \Sigma$,这里的三个符号均代表 $\mathbf{x}$ 的总体协方差。一般来说,我用 Σ,有时候也加上下标来指明相关的变量(例如,Σ_{xy} 表示 $\mathbf{x}$ 和 $\mathbf{y}$ 的协方差)。

样本协方差

到目前为止,我将讨论限定在总体协方差和方差。实际上,我们只能够得到方差和协方差的样本估计。协方差的无偏样本估计量为:

$$\mathrm{cov}(X,Y) = \frac{\sum_{i=1}^{N}(X_i - \bar{X})(Y_i - \bar{Y})}{N-1} \tag{2.11}$$

这里,$\mathrm{cov}(X,Y)$ 代表 X 和 Y 的 N 个随机样本观测值。X_i 和 Y_i 代表第 i 个样本的 X 和 Y 的观测值。$\bar{X}$ 和 $\bar{Y}$ 是样本均值。在附录 A 中,我指出了样本协方差矩阵可以表示为:

$$\mathbf{S} = \left(\frac{1}{N-1}\right)\mathbf{Z}'\mathbf{Z} \tag{2.12}$$

此处 $\mathbf{Z}$ 是 $p+q$ 个观测变量的离差(距离平均数的)所形成的一个 $N\times(p+q)$ 矩阵。$\mathbf{S}$ 是

---

① 这一点所具有的关于测量的内在一致性意涵在 Bollen(1984)的著作中有讨论。

一个方阵，同时也是一个对称阵，观测变量的样本方差沿主对角线分布，非对角线元素为样本协方差。

样本协方差矩阵对于结构方程模型的估计来说至关重要。在 LISREL、EQS 和其他分析协方差结构的计算机程序中，样本协方差（或者相关）矩阵通常是分析中仅有的数据。参数估计值是样本方差和协方差的函数。例如，在简单回归分析中，回归系数的最小二乘法估计是 y 和 x 的样本协方差与 x 的方差比值[即 $\mathrm{cov}(x,y)/\mathrm{var}(x)$]。在更一般的结构方程体系中，估计值从更复杂的运算得出。不论是简单的还是复杂的情形，影响样本协方差矩阵 **S** 的因素对参数估计有着潜在的影响。

尽管平均来说，样本协方差矩阵 **S** 等于总体协方差矩阵 Σ，但一些样本会导致 **S** 更接近于 Σ。除了抽样波动影响 **S** 外，其他一些因素会影响 **S** 的元素。因素之一是变量之间的非线性相关。样本协方差或者相关是线性（linear）关联的测量。如同相关一样，协方差也会对存在着曲线相关的两个变量之间的关系产生误导印象。在某些知识领域，研究的成熟度十分高，足以提醒研究者意识到可能存在非线性关联，并且这一认识可以结合到模型中去。例如，人口转变理论指出，国家的人口死亡率下降遵循典型的曲线模式。另一个例子是，收入最开始随着年龄的增长而增长，而当个体年龄越来越大时，收入将最终趋于稳定甚至减少。更一般的是，当确切的关系模式为未知的情况时，散点图（scatter plots）、偏散点图（partial plots）、在变量转换基础上的方程拟合比较以及其他一些有关的策略可以帮助我们检测观察诸如回归模型这样的观测变量方程中的非线性关系（Belsley, Kuh and Welsch, 1980）。对含有潜变量的模型中非线性关系的探讨是一个相对落后的领域。麦克唐纳（McDonald, 1967a, 1967b）提出了一些在因子分析中探索非线性关系的方法，但要发展出在所有类型的结构方程模型中都能应用的程序，还需要做更多的工作。

奇异值（outliers）是影响样本协方差和相关的第二个因素。奇异值是这样一些观察案例，它们的取值显著地与整个数据主体有差异。奇异值对一项分析的影响或大或小。那些导致重大变化的奇异值被称为有影响的（influential）观测。当存在有影响的案例时，协方差会对大多数案例之间的关系概括产生误导。

表 2.4　用美元不变价格计算的美国人均可支配收入与人均消费

年份	可支配收入 （收入）	消费支出 （消费）
1922	433	394
1923	483	423
1924	479	437
1925	486	434
1926	494	447
1927	498	447
1928	511	466
1929	534	474

续表

年份	可支配收入（收入）	消费支出（消费）
1930	478	439
1931	440	399
1932	372	350
1933	381	364
1934	419	392
1935	449	416
1936	511	463
1937	520	469
1938	477	444
1939	517	471
1940	548	494
1941	629	529

资料来源：Haavelmo（1953）。

对奇异值的检测可以从检查观测变量的单变量分布开始。为了说明这一点，我使用哈韦尔莫（Haavelmo，1953）的数据。他的目标是基于美国汇总数据将边际消费倾向（marginal propensity to consume）作为收入的函数来进行分析的。也就是说，他致力于估计美国人均可支配收入中用于消费支出（consumers' expenditure）的比例而不是投资支出（investment expenditure）的比例。他的分析所使用的两个变量是美国人均可支配收入（income）和美国人均消费支出（consum），两个变量都是以美元不变价格为单位，均从 1922 年到 1941 年。表 2.4 列出了有关数据。

```
            消费
 茎叶                    #
   5 3                   1
   4 55677779            8
   4 0223444             7
   3 5699                4
   3
     ----+----+----+----+
 茎叶数值乘以100

            收入
 茎叶                    #
   6 3                   1
   5 5                   1
   5 011223              6
   4 5888899             7
   4 234                 3
   3 78                  2
     ----+----+----+----+
 茎叶数值乘以100
```

图 2.1　Haavelmo（1953）中的美国消费和收入数据（1922—1941）的茎叶图

一个概括样本单变量分布的方便方法是茎叶图（stem-and-leaf diagrams）。图 2.1 展示了支出和收入这两个变量的茎叶图。为了构成这一展示，每个变量个位四舍五入。例如，1930 年的收入值为 478，取整为 480。然后，将每一个变量的两位取值按顺序排列。每个值的第一位数是茎，它标注在茎叶图的第一栏。第二位数是叶，被放在与其茎相应的位置。在茎叶图的底部是以 10 为底的幂，它表示数值应该被乘以多少以恢复原始数据的小数点位置。来看图 2.1 中收入的第一行。茎为 6，叶为 3，乘数是 10^2，从而得到 630（1941 年的收入 629 取整后的结果）。底部的倒数第二行代表 420，430 和 440，它们是 419（1934 年）、433（1922 年）和 440（1931 年）的取整结果。茎叶图像一个侧向放置的直方图(histogram),但是和直方图不同的是,它允许恢复有两位数精度的原始数据。[①]

茎叶图反映出大多数收入取值在450到500之间,同时大多数消费取值位于400到490之间。

收入值中630最大,它是距离其他取值最远的。对于消费来说,最大值为530,它离其他样本值的距离不那么远。两个最高值都是出现在1941年,这表明,这一观测值应在后续分析中给予特别注意。对变量的转换可能改变该年为奇异值的状态,但为了和哈韦尔莫的分析保持一致,我仍然使用原始数据。

对于只有两个变量来说,散布图可以帮助确定奇异值。图2.2是消费变量(consum)对收入的散布图。这张图表明了在变量之间存在着非常紧密的线性关联。在右上方离数据点主体最远的点代表1941这一年的数据。如果我们构想一条穿过这些点的直线,那么最后一个案例将紧挨着落在这条直线的下方。这个点是否会严重影响参数估计,可以通过比较包含这个案例的分析和不包含这个案例的分析及估计参数来进行判断。

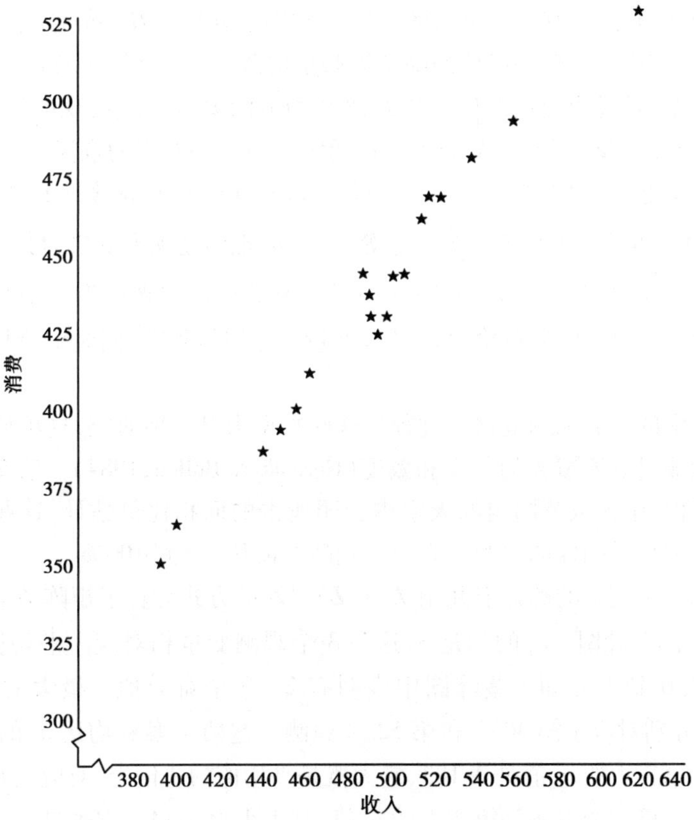

图2.2　美国1922—1941年的消费和收入散布图

包含1941年和不包含1941年的消费和收入协方差矩阵分别如下:

① 在Leinhardt and Wasserman(1978)中有关于茎叶图和其他探索性数据分析的简要介绍。此外,如果数值足够大,茎可以是两位或者更多,从而数据的精度可以超过两位。

$$\mathbf{S}=\begin{bmatrix}1889 & \\ 2504 & 3421\end{bmatrix},\quad \mathbf{S}_{(i)}=\begin{bmatrix}1505 & \\ 1863 & 2363\end{bmatrix}$$

这里,$\mathbf{S}_{(i)}$是移除了第 i 个观测(在这个例子中是 1941 年)后的协方差矩阵。当 1941 年被剔除后,方差和协方差显著降低。这是否意味着 1941 年的观测值对作为协方差矩阵函数的所有估计值有重大影响呢?不一定,因为这依赖于这些元素是如何组合来构成估计值的。举例来说,相关系数是两个变量的协方差除以它们的标准差乘积。剔除 1941 年的消费和收入数据对相关系数基本上没有影响($r=0.985, r_i=0.988$)。如果研究对象是相关关系,那么我们可以得出结论说这一奇异值没有影响。但是我们不能将对相关的影响概化至其他估计,这些估计是 **S** 矩阵元素的各种函数。在第 4 章中,我将用其他更为复杂的 **S** 函数来检验这一案例。

消费和收入案例仅包含两个变量,因而不算典型。标准的应用涉及更多的变量。双变量散布图通常可以确认偏离的案例,但这些图不能揭示高维数据的异常值(Daniel & Wood,1980:50-53)。高维数据中的异常值检测是一个尚待解决的难题。在某些领域,比如说单个方程的回归分析,有一些可行的办法。[①]在因子分析或者一般性的结构方程体系中,这一技术相对滞后。一个一般性的筛选策略是构造一个 $N\times(p+q)$ 矩阵 $\mathbf{Z}$,这一矩阵包含所有观测变量,且观测变量的值是以距离平均值的离差形式出现的。然后,定义一个 $N\times N$ 矩阵 $\mathbf{A}=\mathbf{Z}(\mathbf{Z}'\mathbf{Z})^{-1}\mathbf{Z}'$。**A** 的主对角元素 a_{ii} 有一些有用的意涵。首先,a_{ii} 给出了第 i 个案例离所有变量均值的"距离"。其取值范围从 0 到 1,且越接近 1,距离就越远;而越接近 0,观测值就越接近平均值。$\sum_i^N a_{ii}$ 等于 $p+q$,也即是观测变量的数目。这意味着 a_{ii} 的平均大小是 $(p+q)/N$,可以将 a_{ii} 同这一平均值进行比较来作为一个判断其大小的方法。a_{ii} 的相对大小也可以通过检验 a_{ii} 的单变量分布进行判断,同时记录那些比其他取值大得多的值。

我用表 2.5 中的数据来示范这一过程。这些数据来自一项研究,这项研究用于对比人类感知和物理测量云团覆盖的信度和效度(Cermak & Bollen,1984)。表 2.5 的前三列包含对 60 张幻灯片中视域范围内的天空中云团所占的面积比例估计,这些幻灯片在不同的日子和时间中显示同样的景观。人们的判断取值从 0% 到 100%。

我构造了每一个变量的离差值并用 $\mathbf{Z}(\mathbf{Z}'\mathbf{Z})^{-1}\mathbf{Z}'$ 的方式计算了矩阵 **A**。图 2.3 给出了主对角元素 a_{ii} 的茎叶图。a_{ii} 的和是 3,这与 3 个观测变量相对应。平均值是 0.05,且所有的 a_{ii} 取值在 0 到 1 之间。茎叶图中表明有 2 ~ 3 个奇异值。最大的两个 a_{ii} 值是 0.301 和 0.307,分别对应于第 40 个和第 52 个观测。这两个案例均比 a_{ii} 的平均值 0.05 的 6 倍还要大。第三大的 a_{ii} 值是 0.183,它大概是平均值的 3 倍半,对应的观测是 51 号,另一个相对不那么极端的案例是第四大的 a_{ii} 值,其大小为 0.141,它也是一个奇异值。不过我集中分析前三个案例。

我先分别计算含有和不含有这三个奇异值案例的协方差矩阵,然后来评估三个奇异值的影响。

① 参见例如 Belsley, Kuh, and Welsch(1980),Cook and Weisberg(1982)或者 Bollen and Jackman(1985)。

$$\mathbf{S}=\begin{bmatrix}1301 & & \\ 1020 & 1463 & \\ 1237 & 1200 & 1404\end{bmatrix},\mathbf{S}_{(i)}=\begin{bmatrix}1129 & & \\ 1170 & 1494 & \\ 1149 & 1313 & 1347\end{bmatrix}$$

这里，$\mathbf{S}_{(i)}$ 指的是移除了奇异值后的协方差矩阵，i 指的是 40，51 和 52 这三个案例的集合。在消费和收入案例中，当奇异值移除后，协方差的所有元素取值都变小了。但在这个案例中，一些元素的值变大，而另一些则变小了。例如，第一个云覆盖变量的方差从 1301 下降到 1129，但第一个云覆盖和第二个云覆盖变量的协方差从 1020 上升到 1170。在这些变量的相关矩阵中，变化最大的当属第二个云覆盖变量。当移除了奇异值之后，第一个云覆盖和第二个云覆盖变量的相关系数从 0. 74 变化至 0. 90，而第二个云覆盖和第三个云覆盖变量的相关系数则从 0. 84 上升至 0. 93。因而，这些奇异值影响协方差和相关矩阵。我在第 7 章中将指出奇异值也会影响对这些数据的验证性因子分析。

```
茎叶                                     #
 30 17                                   2
 28
 26
 24
 22
 20
 18 3                                    1
 16
 14 1                                    1
 12
 10 56                                   2
  8 2590                                 4
  6 123588                               6
  4 445682799                            9
  2 002456                               6
  0 44613333456667778888888888888       29
    ----+----+----+----+----+
茎叶值乘以-0.01
```

图 2. 3　云覆盖数据的 a_{ii} 茎叶图展示

表 2. 5　对 60 张幻灯片中云覆盖比例的百分比估计

OBS	COVER1	COVER2	COVER3
1	0	5	0
2	20	20	20
3	80	85	90
4	50	50	70
5	5	2	5
6	1	1	2
7	5	5	2
8	0	0	0
9	10	15	5
10	0	0	0
11	0	0	0
12	10	30	10
13	0	2	2
14	10	10	5
15	0	0	0
16	0	0	0
17	5	0	20
18	10	20	20
19	20	45	15
20	35	75	60

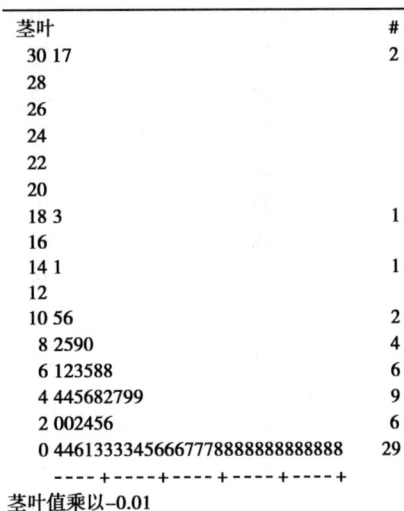

续表

OBS	COVER1	COVER2	COVER3
21	90	99	100
22	50	90	80
23	35	85	70
24	25	15	40
25	0	0	0
26	0	0	0
27	10	10	20
28	40	75	30
29	35	70	20
30	55	90	90
31	35	95	80
32	0	0	0
33	0	0	0
34	5	1	2
35	20	60	50
36	0	0	0
37	0	0	0
38	0	0	0
39	15	55	50
40	95	0	40
41	40	35	30
42	40	50	40
43	15	60	5
44	30	30	15
45	75	85	75
46	100	100	100
47	100	90	85
48	100	95	100
49	100	95	100
50	100	99	100
51	100	30	95
52	100	5	95
53	0	0	0
54	5	5	5
55	80	90	85
56	80	95	80
57	80	90	70
58	40	55	50
59	20	40	5
60	1	0	0

对于这样一些有影响的案例来说,有必要探究为何它们会成为奇异值。表 2.5 中案例 40,51 和 52 的云覆盖估计彼此之间差别很大。举例来说,52 号观测的三次估计分别是 100%,5% 和 95%。相应于这一奇异值的幻灯片显示了图片是在有相当程度薄雾的情况下拍摄的。在这种条件下,判断者不容易估计云覆盖的比例,这将导致在估计上出现差异。奇异值表明,在有雾的情况下,这种估计云覆盖的方法是不恰当的,同时也表明在这些情况下评价幻灯片的说明应该如何得以改进。①

一般来说,奇异值可以增大或减小协方差,当然也可以没有影响。为了检测可能的结果到底是哪一种,研究者需要筛选他们的数据来发现与众不同的观测值,并且在有这些观测值和没有这些观测值的情况下分别进行分析。一项详尽的奇异值检测可以指出应被省略的变量、不正确的函数形式、誊写错误以及一项研究中其他被忽略的方面。从这个意义上说,奇异值可以被视为一项分析中最有价值的案例。

路径分析

在第 1 章中曾经提到,休厄尔·怀特(Sewall Wright,1918,1921)提出的路径分析是一种分析结构方程组的方法。当代的应用强调路径分析的三个组成部分:①路径图;②以模型参数的形式分解协方差和相关;③一个变量对另一个变量作用的直接效应、间接效应和总效应。我将逐一进行讲解。

路径图

路径图(path diagram)是联立方程系统的图形化展示。路径图的主要优势之一是它展示了一幅假定成立的关系图。对许多研究者来说,这幅图可以比方程式更为清晰地展示关系。为了理解路径图,有必要定义用到的符号。表 2.6 提供了基本的符号。将观测变量放置在矩形或正方形之中,不可观测的或者说潜变量用圆形圈起来,但干扰项例外,它们没有被圈起来。单箭头直线代表两个用箭头连接起来的变量之间有因果关系。

双箭头曲线表明两个变量之间存在关联。变量之间可以有任何理由关联起来。这一关联可能是由于两个变量都依第三个变量而变化,或者两个变量之间有因果关系但没有被指明。

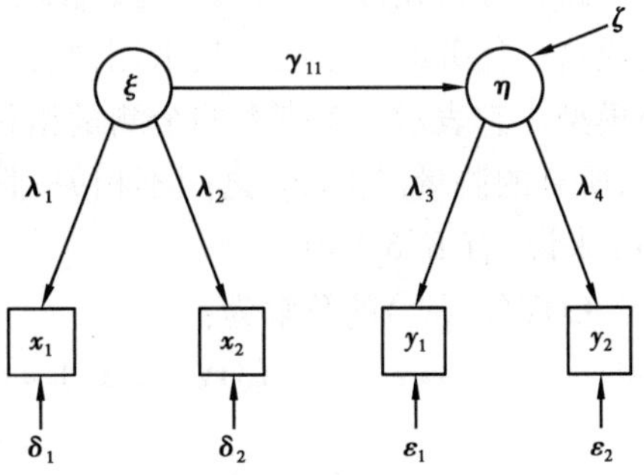

图 2.4　路径图的一个例子

图 2.4 中的路径图等价于下列联立方程组:

$$\eta = \gamma_{11}\xi + \zeta$$

$$x_1 = \lambda_1\xi + \delta_1, x_2 = \lambda_2\xi + \delta_2$$

$$y_1 = \lambda_3\eta + \varepsilon_1, y_2 = \lambda_4\eta + \varepsilon_2$$

假定

$$\mathrm{COV}(\xi,\delta_1) = 0 \quad \mathrm{COV}(\xi,\delta_2) = 0 \quad \mathrm{COV}(\xi,\varepsilon_1) = 0 \quad \mathrm{COV}(\xi,\varepsilon_2) = 0$$

---

① 也可能是云覆盖测量误差的方差和起雾程度有关,这是 Ron Schoenberg 给我提出的建议。

$COV(\xi,\zeta)=0$ $COV(\eta,\varepsilon_1)=0$ $COV(\eta,\varepsilon_2)=0$ $COV(\delta_1,\delta_2)=0$
$COV(\delta_1,\varepsilon_1)=0$ $COV(\delta_1,\varepsilon_2)=0$ $COV(\delta_2,\varepsilon_1)=0$ $COV(\delta_2,\varepsilon_2)=0$
$COV(\varepsilon_1,\varepsilon_2)=0$ $COV(\delta_1,\zeta)=0$ $COV(\delta_2,\zeta)=0$ $COV(\varepsilon_1,\zeta)=0$
$COV(\varepsilon_2,\zeta)=0$

尽管同样的信息已经非常明晰地展示在路径图中,我仍然特意写出了所有关于误差项的假定。实际上,所有的这些关系都已经展示在路径图中。例如,在 δ_1 和 δ_2 之间或者说 ξ 和 ε_1 之间没有箭头相连的事实等价于这些变量之间的相关为0。因而,路径图是方程组的另一种表达形式。

表 2.6 路径分析中使用的基本符号

	矩形或者正方形盒子表示观测或者操作变量
	圆形或者椭圆形表示一个不可观测变量或者潜变量
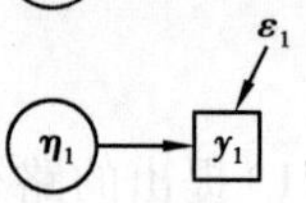	没有围起来的变量表示干扰项(方程或者测量中的误差) 直线箭头表示假定在箭头底部的变量对箭头顶部的变量有因果作用
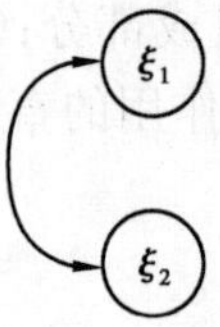	双箭头曲线表示两个变量间未被分析的关联
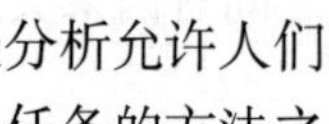	两条单箭头直线连接两个变量表示在变量之间存在着反馈作用或者互为因果关系

协方差和相关系数的分解

路径分析允许人们将两个变量之间的协方差或者相关系数写成模型参数的函数。完成这一任务的方法之一是采用协方差代数。① 为了举例说明此点,来看图 2.5 中的简单模型。它表示一个带有四个测量指标(x_1 到 x_4)的单个潜变量(ξ_1)。除了 δ_2 和 δ_3 相关,所有的测量误差(δ_i)之间不相关,假定所有的测量误差(δ_i')与 ξ_1 不相关,且对于所有的 i 来说,有 $E(\delta_i)=0$。

$COV(x_1,x_4)$的分解为:

$$\begin{aligned}COV(x_1,x_4)&=COV(\lambda_{11}\xi_1+\delta_1,\lambda_{41}\xi_1+\delta_4)\\&=\lambda_{11}\lambda_{41}\phi_{11}\end{aligned}$$

上述方程右边的部分从路径分析图中关于 x_1 和 x_4 的定义得来。这一结果显示了 $COV(x_1,x_4)$是一个 ξ_1 对 x_1,x_4 的影响(也即是 λ_{11} 和 λ_{41})以及潜变量 ξ_1 的方差这三者的

① 另一个更为复杂的分解方式是应用"路径分析的首要法则"(first law of path analysis),关于此点的讨论参见肯尼(Kenney,1979)。

函数。

对于复杂模型来说,协方差代数可能很冗长。另一种方法是使用矩阵代数将协方差(或相关系数)分解为模型参数的表达式。例如,所有 **x** 变量的协方差矩阵或者说 Σ 。**x** 的协方差矩阵是 **xx′**的期望值,这里,$\mathbf{x} = \Lambda_x \xi + \delta$。

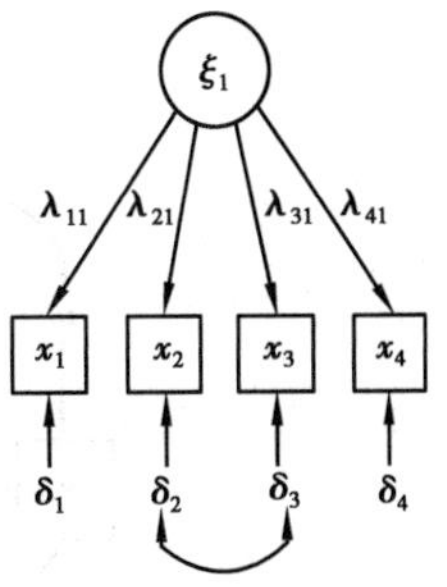

图 2.5　单个潜变量和四个指标的路径图

$$
\begin{aligned}
\mathbf{xx}' &= (\Lambda_x \boldsymbol{\xi} + \boldsymbol{\delta})(\Lambda_x \boldsymbol{\xi} + \boldsymbol{\delta})' \\
&= (\Lambda_x \boldsymbol{\xi} + \boldsymbol{\delta})(\boldsymbol{\xi}'\Lambda_x' + \boldsymbol{\delta}') \\
&= \Lambda_x \boldsymbol{\xi\xi}'\Lambda_x' + \Lambda_x \xi \boldsymbol{\delta}' + \boldsymbol{\delta\xi}'\Lambda_x' + \boldsymbol{\delta\delta}'
\end{aligned}
$$

$$E(\mathbf{xx}') = \Lambda_x E(\boldsymbol{\xi\xi}')\Lambda_x' + \Lambda_x E(\xi\boldsymbol{\delta}') + E(\boldsymbol{\delta}\xi')\Lambda_x' + E(\boldsymbol{\delta\delta}')$$

$$\Sigma = \Lambda_x \boldsymbol{\Phi} \Lambda_x' + \boldsymbol{\Theta}_\delta$$

在该例中,Σ 是 **x** 变量的协方差矩阵,被分解成由 Λ_x,$\boldsymbol{\Phi}$ 和 $\boldsymbol{\Theta}_\delta$ 所含的元素来表达。如同我在第 4、第 7 和第 8 章中将要展示的那样,所有观测值的协方差可以用相似的方式分解成模型参数的表达式。这些分解十分重要,因为它们显示了这些参数与协方差有关并且不同的参数值会导致不同的协方差。

总效应、直接效应和间接效应

路径分析区别了三种不同类型的效应:直接效应、间接效应和总效应。直接效应是一个变量对另一个变量的未经任何变量中介的影响。某个变量的间接效应是至少经过一个中介变量介入后产生的影响。直接效应和间接效应的和就是总效应。

总效应 = 直接效应 + 间接效应

对效应的分解始终和具体的模型有关。如果方程组发生改变,纳入或者排除变量,那么对总效应、直接效应和间接效应的估计都会发生变化。

为了使得这些类型的效应更加具体,来看一看在模型标记法部分介绍的关于发展中国家 1960 年工业化水平对 1960 年和 1965 年政治民主化影响的模型。将这一模型列入方程(2. 3)、方程(2. 10)、方程(2. 11),以及那些围绕这些方程所进行的讨论的假定之中。图 2. 6 展现了这些方程的路径和假定。这里,ξ_1 是工业化水平,带有 x_1 至 x_3 这三个指标。η_1 是 1960 年的政治民主化,带有 γ_1 至 γ_4 这四个指标,η_2 是 1965 年的政治民主化,带有 γ_5 至 γ_8 这四个指标。直接效应的例子是 η_1 对 η_2 的影响,即 β_{21}。不考虑 ξ_1 的作用,η_1 一个单位的变化会引起 η_2 有 β_{21} 大小的变化。在 η_1 和 η_2 之间没有中介变量。ξ_1 对 η_2 的直接效应是 γ_{21},而 λ_8 则是 η_2 对 γ_5 的直接效应。

为了展示间接效应,先考虑 ξ_1 对 η_2 的影响。在这个例子中,η_1 是中介变量。ξ_1 一个单位的变化将引起 η_1 有 γ_{11} 大小的变化。η_1 上的 γ_{11} 大小的变化将引起 η_2 上 β_{21} 大小的变化。因而 ξ_1 对 η_2 的间接效应是 $\gamma_{11}\beta_{21}$。按照同样的办法,η_1 对 γ_7 的间接效应是 $\beta_{21}\lambda_{10}$。

一个变量对另一个变量的总效应则是它的直接效应和间接效应之和。例如,ξ_1 对 η_2 的总效应为:

总效应 = 直接效应 + 间接效应

$$= \gamma_{21} + \gamma_{11}\beta_{21}$$

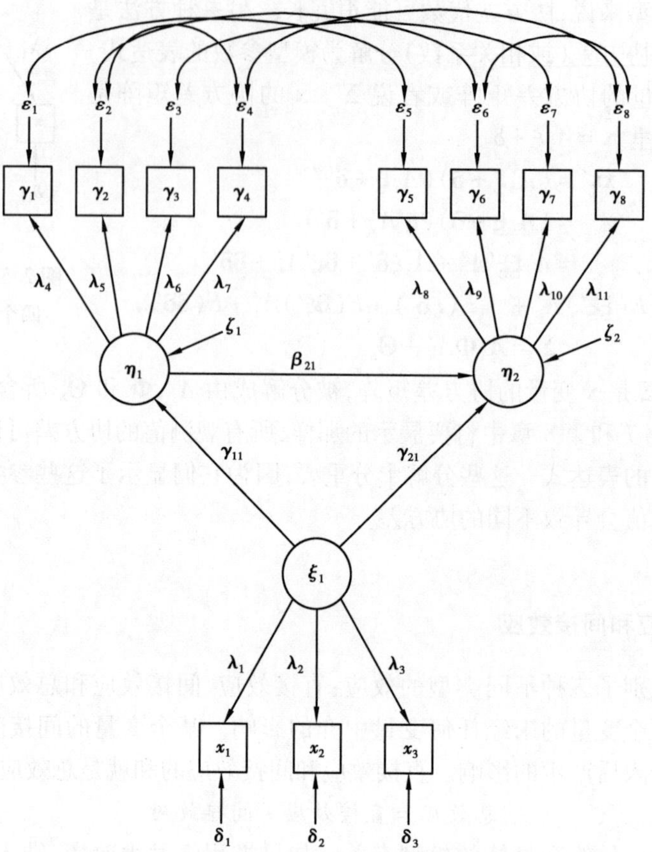

图 2.6　工业化与政治民主化模型的路径图

ξ_1 对 γ_8 的总效应为：

$$\text{总效应} = \text{直接效应} + \text{间接效应}$$
$$= 0 + (\gamma_{21}\lambda_{11} + \gamma_{11}\beta_{21}\lambda_{11})$$

由于 ξ_1 对 γ_8 没有直接效应，总效应仅由间接效应构成。

与不区分影响类型相比，考虑每一类影响会使我们对变量之间的关系理解得更为透彻。在典型的回归分析中，回归系数是对某个变量直接影响的估计。如果我们忽略一个变量可能通过其他变量产生的间接影响，我们可能在评估其总影响上有所损失。举例来说，如果在图 2.6 中，我们宣称工业化（ξ_1）对 1965 年政治民主化（η_2）的影响是 γ_{21}，我们将忽略 $\gamma_{11}\beta_{21}$ 这个有可能很大的影响。同样地，如果我们基于一个不显著的 γ_{21} 估计宣称工业化对 1965 年政治民主化没有影响，在 $\hat{\gamma}_{11}\hat{\beta}_{21}$ 这一间接影响显著的情况下，我们同样会犯错误。我在第 8 章中将会指出，矩阵代数提供了较为容易的方式来推导各种结构方程模型中的这些效应。

作为本小节的结束，我要提到一些关于路径分析的误解。一个理念是路径分析仅在不存在互为因果关系和反馈作用时应用才是恰当。这一理念似乎是从社会科学中许多早期的路径分析中滋生出来的，这些路径分析局限于没有任何反馈作用的单向因果关系。但是，路径图、协方差分解或者对总效应、直接效应和间接效应的测定并不仅限于这种模式。实际上，我曾经在第 1 章中提到，怀特在估计非递归模型中已经率先使用了路径分析。

第二个理念是路径分析仅仅只处理标准化回归系数。标准化系数的定义是：常见的非标准化系数乘以解释变量的标准差与被解释变量的标准差的比值（参见第 4 章）。到目前为止，很多研究在路径分析中报告了标准化系数。但是，路径分析并不仅限于标准化系数。实际上，我展示的大部分案例使用了非标准化系数。第三个关于路径分析的错误理念是曲线关系在路径分析中是不可能的。这也不是真的。就如线性回归技术一样，在路径分析中也可以通过对变量的转换来把握曲线关系。但是，我此前曾经提到，如果潜变量之间有曲线关系，情况将变得复杂（参见第 9 章）。

最后一个误解是路径分析假定一个拟合甚好的路径模型可以证实因果关系。我在下一章中将要讨论到，我们用任何技术都无法证实因果关系。路径分析的目的是检测某个研究者的因果推论是否和数据一致。如果路径模型和数据不吻合，那么修订是必要的，因为一个或多个关于模型的假定是错误的。如果路径模型和数据一致，这并不证实因果，而只是表明我们的假定不互相矛盾并且可能是正当的。我们仅仅能够说“可能是正当的”，因为其他模型和假定也有可能拟合这一数据。

小　结

本章提供了对这本书后续章节来说至关重要的三个工具。我在整本书中将不断地使用标记符号、协方差以及路径分析。下一章则检视因果关系这一暗含于各种结构方程技术中的思想。

第 3 章　因果关系及因果模型

这本书的大部分内容是关于统计学和数据分析：估计量、拟合函数、模型拟合及识别。在结构方程模型中，很容易忘掉因果关系是假定的这一普遍存在的事实。这一章算是提醒。它是关于因果关系假定及其意义的提醒。其目的是探索因果关系的本质、因果关系的方向及因果模型的限制。

因果关系的本质

关于因果关系思考的历史令人肃然起敬[参见华莱士(Wallace,1972)]。这一术语在科学、人文学科及其他领域中被频频使用，但并没有一个统一的定义。实际上，内格尔(Nagel,1965:18)在 20 年之前的概括至今有效，"……原因这一术语没有唯一正确的阐释"。① 我没有那么大的野心去展现因果关系的种种意涵。在本章中，我将讨论在结构方程模型中所用到的因果关系的本质。②

我的出发点是一般性的定义。考虑某个变量，例如 y_1，它除了受到第二个变量 x_1 的影响外，孤立于任何其他影响。如果 y_1 伴随着 x_1 的变化而变化，那么 x_1 是 y_1 的原因。对原因的定义有三个要素：孤立、关联和影响的方向。仅两个变量的关联是不够的，这一点已经从相关并不意味着因果关系这一众所周知的常识中得到认识。首先是孤立，其次是关联。即使这样，我们还必须确认这一关联是 x_1 影响 y_1 而不是 y_1 影响 x_1。

一些人，例如霍伦(Holland,1986)争论说，仅当某个变量能够被人工操纵时，它才可能是原因。根据这一观点，举个例子，性别或者种族就不可能导致受到歧视。这种看法会得出其他一些违反直觉的因果关系理念：月亮不会导致潮汐，龙卷风或者飓风不会导致财产被破坏，等等。我对于何者可能成为原因没有这样的限制。孤立、关联和影响的方向是原因的三个要求。人工操纵经常在实验中使用，它们对创造孤立并确立影响方向起到了巨大作用，但是操纵既不是因果关系的必要条件，也不是充分条件。

有绝对把握断言某一变量是原因的途径是确证 y_1 除了受 x_1 影响之外不受任何其他

---

① 对这种含混性的一种反应是伯兰特·罗素(Bertrand Russell)在 1912—1913 年提出的拒绝因果关系理念。罗素把这一概念看成"过去时代的遗物"，并且弊大于利。他的观点是，传统意义上的寻求因果的愿意应该让位于一系列不同方程所表达的函数关系。他宣称，这在很多更为"成熟的"的科学领域中就是这样做的，在这些领域中，不再讨论因果关系。罗素的观点在两个方面受到批评。首先，即使在罗素认为更为成熟的领域中，仍然使用原因或者因果关系，这和罗素的论断相矛盾(Suppes,1970:5-6)。其次，麦凯(Mackie,1974)以及其他科学哲学家将函数关系视为传统的因果关系的延伸，而不是什么在根本上不同的某种东西。

② 我自己在本章中对因果关系的思考受沃尔德(Wold,1956)、布莱洛克(Blalock,1964)、坎贝尔和斯坦利(Campbell & Stanley,1966)、西蒙(Simon,1954)以及其他人关于结构方程模型中因果关系的先行研究的影响。

因素影响。当 y_1 和 x_1 处于能排除任何其他影响因素的“真空”中时，孤立是存在的。在现实中，诸如 y_1 这样的变量所代表的特征是个体、群体或者其他研究对象所具有复杂特征的一部分。变量 y_1 不可能孤立出现，因为分析单位除了在 x_1 上有所不同之外，还具有许多别的特征，其中一部分特征可能对 y_1 施加影响。许多关于某一关联的因果关系状态的争论来自怀疑 y_1 和 x_1 之间的关系是否为其他因素导致。在没有孤立 y_1 的情况下，我们永远不能确认 x_1 是 y_1 的原因。各种各样的实验、准实验以及观察研究都在试图通过某种形式的控制或者随机化处理来实现大体上的孤立。不管采用什么技术，关于孤立的假定在推论因果和效应时始终保持微弱的联系。

为了更好地理解因果关系意涵，我引入了一个由浅入深的案例。我从只有一个观测变量 y_1 开始，它的原因是调查研究的对象。关于 y_1 的原始模型如下：

$$y_1 = \zeta_1 \tag{3.1}$$

由于 ζ_1 是一个未命名或者未知的干扰变量，方程(3.1)实际上没有提供太多信息。实质上，我们除了干扰因素外没有断言任何原因。通常，我们假定是随机干扰影响 y_1 而不是 y_1 影响随机干扰。我们可以将方程(3.1)看成极端怀疑主义的代表，它坚信 y_1 是一个不能系统地和其他变量发生关联的随机变量，因此我们最好说它是一个随机干扰的函数。作为例子，假定 y_1 是美国各个州在指定年份的机动车致死人数(Motor Vehicle Fatalities, MVF)。对方程(3.1)的一个论述是所有的机动车致人死亡都是由于偶然事故，而偶然事故具有独特且不可预测的起因，因此随机干扰是最好的解释。

进一步考察干扰性非常有必要。方程(3.1)中 ζ_1 的构成对于解释 y_1 的可能性来说是关键。如前所述，一种情况是，这是一个内在的随机变量，该变量不包含任何可以被分离且明确代入方程的成分。如果这是真的，我们几乎没有任何希望来进一步解释 y_1。如果 ζ_1 包含一个或多个我们可以代入模型的变量，分析前景会乐观很多。

最简单的分解是，如果 ζ_1 仅仅由一个变量，也即是说，x_1 构成，且有 $\zeta_1 = f(x_1)$ 和

$$y_1 = f(x_1) \tag{3.2}$$

作为进一步的简化，我假定 $f(x_1) = \gamma_{11}x_1$，因此，$f(x_1)$ 是 x_1 的简单线性函数

$$y_1 = \gamma_{11}x_1 \tag{3.3}$$

方程(3.3)是一个决定型的关系。因为有孤立的假定，除了 x_1 之外没有其他变量影响 y_1。如果从 x_1 到 y_1 的影响方向是正确的，改变 y_1 的唯一办法是改变 x_1。从而可知，只要 y_1 在 x_1 不变的情况下发生了改变，那么方程(3.3)就不可能成立，而且 y_1 就不可能是孤立的。关联的理解十分直接，因为 x_1 每变化一个单位，y_1 将出现 γ_{11} 大小的变化。

方程(3.3)在两个方面和早期历史上的因果阐述相对应。一个是处理双变量的倾向：单一的原因导致单一的结果。另一个是假定因果效应关系是决定性的。大卫 · 休谟[David Hume, (1739) 1977]关于“恒常的连接”说明了第二个倾向：每一次出现和原因相似的对象，一个和结果类似的事件将会随着出现。在方程(3.3)中，x_1 每变化一个单位，将会在 y_1 上引起 γ_{11} 大小的变化。这里给这些变量加上名称，我继续把 y_1 作为机动车致死人数，同时 x_1 可能是该州所有机动车行驶的英里数，行驶的英里数增加了人口在事故面前的暴露，方程(3.3)表明，行驶的英里数每增加一个单位，导致机动车致死人数有 γ_{11} 大小的上升。

大多数读者可能对方程(3.3)感到不舒服。它反映了一种决定论的关系,很少有人愿意认为这是合理的。不符合这一方程的例子只要一个就足以证伪它。这一限制过于严格。更为合理的一种标准是 x_1 对 y_1 影响大小的期望值为 γ_{11},但实际上 y_1 的取值围绕着 y_1 的预测值分布。包含这一随机因素来替代方程(3.3)的是

$$y_1 = \gamma_{11}x_1 + \zeta_1 \tag{3.4}$$

注意:方程(3.4)中的 ζ_1 与方程(3.1)中的 ζ_1 不同,原因在于方程(3.4)中的 ζ_1 是一个不包含 x_1 的干扰项。为了避免过多的符号标记,我并未使用新符号来表示不同的干扰项。我希望读者时刻记住,当新变量加入一个方程中时干扰项会改变。我做的是惯常的假定,即 $E(\zeta_1)=0$。

尽管加入一个干扰项看起来只是一个小小的变化,但它对于因果关系的概念来说具有非常重要的意涵。因为相对于决定型的情形来说,关于孤立和关联的双重要求的评估要难得多。为了确立 x_1 是 y_1 的原因,x_1 必须孤立于 ζ_1。因为 ζ_1 是一个不可观察的干扰项,我们无法用任何直接的方式控制它。作为替代,我们对其作用进行假定来创造一个虚假孤立(pseudo-isolation)状态。最常见的假定是 ζ_1 与 x_1 不相关。这在回归分析中是一个标准的假定,它使得我们可以评价 x_1 孤立于 ζ_1 之外对 y_1 的影响。但是这一孤立并不完美,因为对任何观测来说,y_1 和 x_1 的关系都受到干扰项的干扰。不管 x_1 是观察对象随机化分组的实验中的处理变量,还是说从其他非实验环境得来,都是这种情况。

进一步说,休谟关于恒常连接状态或者其他需要通过原因来准确预测效应的因果定义都不再可行。作为替代的是,我们迈向了一种概率论式的因果关系(Suppes,1970)。y_1 的可预测性位于方程(3.1)所展示的所有变化都不可解释和方程(3.3)所展示的 y_1 的所有变化都可由 x_1 来进行说明这两种情形之间。

如果期望 x_1 和 ζ_1 不相关,那么即使是含有 x_1 和 ζ_1 的方程(3.4)也只是一个粗略的简化模型。除 x_1 之外,许多影响 y_1 的因素很可能包含在干扰项中,从而导致这一干扰项和 x_1 相关。尽管理想中的随机化实验可以满足方程(3.4)的要求,但为 y_1 设定多个解释变量是更为典型的做法。

$$\begin{aligned} y_1 &= \gamma_{11}x_1 + \gamma_{12}x_2 + \cdots + \gamma_{1q}x_q + \zeta_1 \\ y_1 &= \boldsymbol{\Gamma}_1\mathbf{x} + \zeta_1 \end{aligned} \tag{3.5}$$

这里,Γ_1 是$[\gamma_{11},\cdots,\gamma_{1q}]$这样一个 $1\times q$ 的行向量。我们假定有 $E(\zeta_1)=0$,并且虚假孤立条件为 $\mathrm{COV}(\mathbf{x},\zeta_1)=\mathbf{0}$。$\gamma_{1j}$给出了关联大小,它是当其他 x 取常数值时,对于 x_j 每变化一个单位,在 y_1 上期望得到的变化。因为我们并没有控制 ζ_1,因此当其他 x 保持不变,x_j 每变化一个单位时,在 y_1 处并不会获得大小刚好等于 γ_{1j}的变化,这一点和只有单个解释变量的情况一样。即使平均起来说,干扰项不影响 x_j 和 y_1 的关联,但它可以在任何单个的实验中影响 x_j 和 y_1 的关联。

到目前为止,我只是评论了含有 y_1 和一些 x 的观测变量模型。同样的要点也适用于所有的结构方程模型。例如,关于某个测量指标 x_1 和它所测量的潜变量(如 ξ_1)之间的典型且不言自明的测量模型为:

$$x_1 = \lambda_{11}\xi_1 \tag{3.6}$$

从本质上来说,这和方程(3.3)一样,是一个决定式的模型。ξ_1 一个单位的变化导致

x_1 刚好有 λ_{11} 大小的变化。通常，λ_{11} 的大小为 1，因而 x_1 和 ξ_1 有同样的测量尺度。和方程(3.3)主要的不同在于，方程(3.6)中的解释变量是一个潜变量，但此前两个变量都是观测变量。方程(3.6)中的决定式关系消除了潜变量和观测变量之间的分野。如果除了 ξ_1，其他因素对 x_1 的影响都不存在，那么，孤立的假定成立。但即使假定这一孤立成立且表现出完美的关联，研究者还是必须指明从 ξ_1 到 x_1 的因果关系。

大多数回归和经典的计量经济学模型隐含地假定了测量和构念之间具有决定式的关系。但是，实际的模型一般允许存在干扰项或测量误差：

$$x_1 = \lambda_{11}\xi_1 + \delta_1 \tag{3.7}$$

这里有 $E(\delta_1)=0$。方程(3.7)中的虚假孤立由假定 $\mathrm{COV}(\xi_1,\delta_1)=0$ 来表示。我们甚至可以允许有多个潜变量影响 x_1：

$$x_1 = \lambda_{11}\xi_1 + \lambda_{12}\xi_2 + \cdots + \lambda_{1n}\xi_n + \delta_1$$

$$x_1 = \boldsymbol{\Lambda}_1\boldsymbol{\xi} + \delta_1 \tag{3.8}$$

虚假孤立的条件是 $\mathrm{COV}(\xi,\delta_1)=\mathbf{0}$。当然，我可以用 y，η 和 ε 而不是用 x，ξ 和 ζ 来表述类似的模型，因此，要建立测量模型中的结构或者是因果关系，须满足先前模型中的同样条件：孤立、关联和因果关系的方向。这里我们同样需要设定虚假孤立，因为不可能做到理想化的孤立。这对于潜变量模型来说同样如此。

在接下来的几个小节中，我将更为细致地检查关于因果关系的三个条件。

孤　立

我刚才已经解释过了，我们无法将因变量孤立于除单个解释变量之外的其他影响因素，因此，要得出确切的因果陈述是不可能的。我们通过假定干扰项（也即是说，所有被省略了的决定因素）与某一方程外生变量无关的这一虚假孤立假定来代替完美孤立。

为了使得讨论更具体，我们来观察方程(3.5)中的观测变量模型

$$y_1 = \gamma_{11}x_1 + \gamma_{12}x_2 + \cdots + \gamma_{1q}x_q + \zeta_1$$

干扰项 ζ_1 是一个和 x_1 至 x_q 都不相关的随机变量。典型情况是，ζ_1 代表的是许多对 y_1 有着较小影响的变量或者是那些研究者还不知晓的变量。这些省略的变量构成了干扰项。

$$\zeta_1 = f(x_{q+1},\cdots,x_\omega) \tag{3.9}$$

此处，$f(x_{q+1},\cdots,x_\omega)$ 是 x_{q+1} 到 x_ω 这些变量的某种函数。如果我们知道方程(3.9)等号右边的这一函数，并且将其代入方程(3.5)，那么，$x_i(i=1,2,\cdots,\omega)$ 和 y_1 之间的关系将是确定的。但我们并没有 $f(x_{q+1},\cdots,x_\omega)$，因此有必要在未确定 ζ_1 的具体构成的情况下将其纳入。如果下式成立，虚假孤立假定将被违反

$$\mathrm{COV}(\mathbf{x},\zeta_1) = \mathrm{COV}(\mathbf{x},f(x_{q+1},\cdots,x_\omega)) \neq \mathbf{0} \tag{3.10}$$

此处 $\mathbf{x}'=[x_1 \quad x_2 \quad \cdots \quad x_q]$。当虚假孤立假定不成立时，关于 $\mathbf{x}$ 对 y_1 具有影响的因果推论就变得危险了。即使假定 ζ_1 是一个不含其他成分的固有随机变量，我们仍然会面临由于 $\mathrm{COV}(\mathbf{x},\zeta_1)$ 非零带来的虚假孤立假定不成立的危险。

违反虚假孤立假定的一个常见情形是，当某一个变量没有纳入 $\mathbf{x}$ 而这个变量又是 ζ_1

的组成部分时会导致 ζ_1 和 $\mathbf{x}$ 之间相关。这样的被省略变量可能是中介变量，也可能是 y_1 和 $\mathbf{x}$ 组成成分的共同原因，或者该变量同时与 $\mathbf{x}$ 和 y_1 之间存在不明确的关联。

首先从中介变量开始，考虑最简单的两个方程模型

$$y_1 = \gamma_{11}x_1 + \zeta_1 \tag{3.11}$$

$$y_2 = \beta_{21}y_1 + \gamma_{21}x_1 + \zeta_2 \tag{3.12}$$

此处，$\mathrm{COV}(\zeta_1,\zeta_2)=0$，$\mathrm{COV}(x_1,\zeta_1)=0$，$\mathrm{COV}(x_1,\zeta_2)=0$。路径图如图 3.1 所示，它是一个递归模型，不存在互为因果或者反馈的因果关系，同时每个方程的干扰项之间不相关（参见第 4 章）。干扰项 ζ_1 和 ζ_2 可能包含大量被省略的变量[与方程(3.9)一样]，但我这里假定 ζ_1 和 ζ_2 的组成成分都和 x_1 不相关。x_1 是外生变量，这意味着该变量由模型之外的因素决定，其原因没有设定。y_1 和 y_2 是内生变量，因为它们是由模型内部的因素决定的。y_1 是一个中介变量，因为 x_1 对 y_2 的部分影响是通过 y_1 实现的。在第 2 章中提到的路径分析术语 γ_{21}，$\gamma_{11}\beta_{21}$ 和 $\gamma_{21}+\gamma_{11}\beta_{21}$ 分别是直接效应、间接效应和总效应。

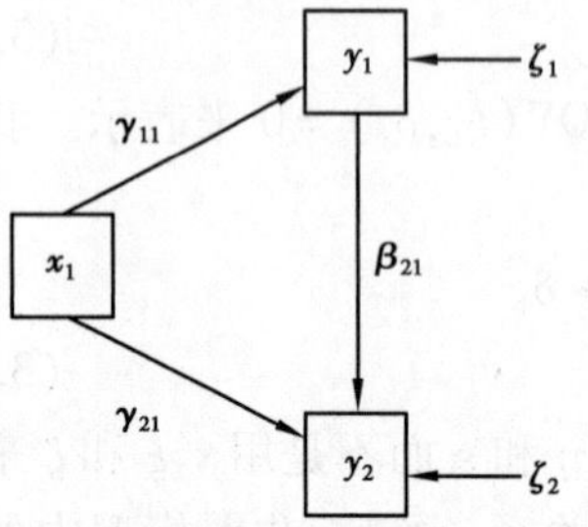

图 3.1　两方程递归模型的路径图

设想某研究者错误地省略了方程(3.12)的中介变量 y_1，并使用如下方程

$$y_2 = \gamma_{21}x_1 + \zeta_2^* \tag{3.13}$$

此处，$\zeta_2^* = \beta_{21}y_1 + \zeta_2$。$\mathrm{COV}(x_1,\zeta_2^*)$ 为：

$$\begin{aligned}\mathrm{COV}(x_1,\zeta_2^*) &= \mathrm{COV}(x_1,\beta_{21}y_1 + \zeta_2)\\ &= \mathrm{COV}(x_1,\beta_{21}(\gamma_{11}x_1 + \zeta_1) + \zeta_2)\\ &= \beta_{21}\gamma_{11}\mathrm{VAR}(x_1)\end{aligned} \tag{3.14}$$

这样，$\mathrm{VAR}(x_1)$ 为正，$\beta_{21}\neq 0$，$\gamma_{11}\neq 0$，$\mathrm{COV}(x_1,\zeta_2^*)$ 就不等于 0，虚假孤立假定就被违反。

在方程(3.13)中省略 y_1 的后果是什么？最小二乘法（OLS）估计，也即是说，$\hat{\gamma}_{21}^*$ 为 $[\mathrm{COV}(y_2,x_1)]/\mathrm{VAR}(x_1)$。其概率极限（参见附录 B）为：

$$\begin{aligned}\mathrm{plim}(\hat{\gamma}_{21}^*) &= \mathrm{plim}\left[\frac{\mathrm{COV}(y_2,x_1)}{\mathrm{VAR}(x_1)}\right]\\ &= \frac{\mathrm{COV}(y_2,x_1)}{\mathrm{VAR}(x_1)}\\ &= \gamma_{21} + \beta_{21}\gamma_{11}\\ &\equiv \gamma_{21}^*\end{aligned} \tag{3.15}$$

因此，$\hat{\gamma}_{21}^*$ 并不收敛于直接效应 γ_{21}，而是收敛于 x_1 对 y_2 的总效应 $\gamma_{21}+\beta_{21}\gamma_{11}$。仅当间接效应 $\beta_{21}\gamma_{11}$ 为零时，直接效应和总效应才会相等。否则，总效应 $\gamma_{21}^*(=\gamma_{21}+\beta_{21}\gamma_{11})$ 可能会大于或小于 γ_{21}。

在实践中，省略中介变量实际上在所有的方程中都存在。例如，某一方程检查生育率和教育之间的关系，省略了婚龄、儿童的花费、家庭规模愿望、避孕药的使用等诸如此类的变量。我们可以把没有这些变量的方程中教育变量的系数视为一个假设性的、设定更为完整的方程中教育变量的“总效应”。设定不充分的方程不如包括中介变量的方程受欢迎，因为当调节变量被明确纳入时，对作用产生过程的理解要完整得多。不过，省略

这些变量通常不会十分有害，只要我们记住，纳入变量的系数是包含被省略的中介变量影响的净效应。

一种潜在的严重误导人们的情况是，对于一个设定得十分完备的模型来说，其直接效应和间接效应的符号相反，但大小相当。这种情况下，一个被排斥在外的干扰变量可能导致总效应的绝对值比其所包含的直接效应或间接效应的绝对值还要小。这是抑制关系的一种类型。迈克菲特（McFatter，1979：128）提供了一个有意思的案例。假设 y_2 代表装配线工人的犯错数量，y_1 代表工人的无聊程度，x_1 代表他/她的智商。假定智商（x_1）对无聊程度的影响大小是 0.707（$=\gamma_{11}$）、无聊程度（y_1）对犯错数量（y_2）的影响是同样大小（$\beta_{21}=0.707$），同时，智商（x_1）对犯错数量（y_2）的影响大小为 -0.50（$=\gamma_{21}$）。如果在 y_2 的方程中省略了无聊，该方程中智商（x_1）的系数将会是 0（$\gamma_{21}^{*}=0$）。智商对犯错数量的负的直接效应被抑制了，除非我们控制无聊程度这一变量。尽管这就是原来模型中 x_1 对 y_2 的总效应，γ_{21}^{*} 为零可能会被误读，除非研究者认识到无聊程度在模型中的作用。在有更多解释变量的复杂模型中，也可能出现抑制关系。

一个潜在的困惑来源是，如果我们知道我们已经省略了两个变量之间的中介变量，那么如何判断一个纳入的解释变量的系数代表的到底是直接效应、间接效应还是总效应。布莱洛克（Blalock，1964：20）建议我们将中介变量、直接效应、间接效应和总效应这些术语针对某一具体（specific）模型中的变量来使用。某个变量为中介变量是针对某一具体模型来说的。当深入研究时，研究者可能会引入更多的中介变量，但对于每一个具体模型来说，如果我们遵从这一建议，则直接效应和间接效应将是清楚的。

尽管大多数关于中介变量的讨论关心的是观测变量回归模型，但这一概念在测量模型中也会涉及。来看一下图 3.2。在图 3.2（a）部分，η_1 对 y_1 有直接效应；图 3.2（b）部分则显示 η_2 在 η_1 和 y_1 中间有一个中介效应。图 3.2（b）部分中的 η_2 对 y_1 有直接效应，而 η_1 对 y_1 仅有间接效应。假设 η_1 是某个消费者的通货膨胀预期，y_1 是消费者相信房子价格在 6 个月后将要上升的幅度。η_2 变量可能是消费者对所有耐用消费品（如房子、汽车、洗衣机、烘干机）的通货膨胀预期。如果这一模型成立，总的期待（η_1）仅仅通过耐用消费品通货膨胀期待（η_2）来对 y_1 产生影响。进一步的研究也许会建立更为详尽的模型，从而 η_2 不再对 y_1 有直接效应，但是就任意给定的模型来说，每一个变量的直接效应和间接效应将是清晰的。

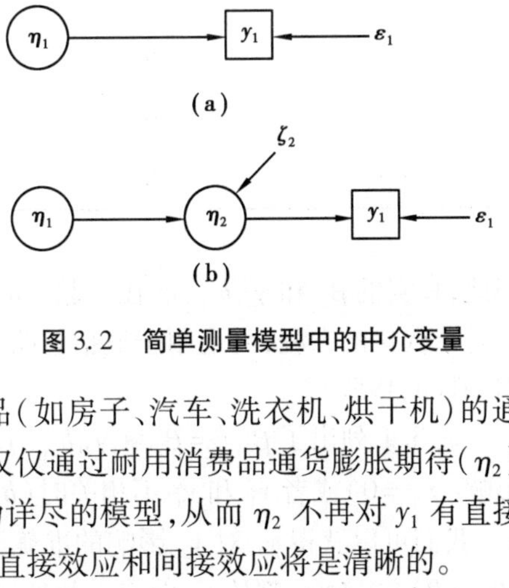

图 3.2　简单测量模型中的中介变量

中介变量是导致违反虚假孤立条件的省略变量的一类。解释变量和因变量的共同原因被排除在外，通常会产生更为严重的威胁。这一情形也可以参考图 3.1 以及方程（3.11）和方程（3.12）来进行解释。现在看关于 y_2 的方程（3.12）。

$$y_2=\beta_{21}y_1+\gamma_{21}x_1+\zeta_2$$

对于像方程（3.11）和方程（3.12）中的递归模型以及与其相伴的假定来说，很容易得到 $COV(y_1,\zeta_1)=0$。意味着在关于 y_2 的方程中，ζ_1 和 y_1 以及 x_1 都是不相关的。假设由于错误，x_1 从上述方程中省略了，这导致有

$$y_2 = \beta_{21}y_1 + \zeta_2^* \tag{3.16}$$

这里 $\zeta_2^* = \gamma_{21}x_1 + \zeta_2$。方程(3.16)是模型忽略了共同原因的一个例子,因为 x_1 既影响 y_2,也影响 y_1,违反了 $COV(y_1,\zeta_2^*) = 0$ 这一假定。实际上,$COV(y_1,\zeta_2^*) = \gamma_{11}\gamma_{21}VAR(x_1)$,因此,除非 γ_{11} 或者 γ_{21} 等于0,虚假孤立是不成立的。进一步说,最小二乘法估计为 $\hat{\beta}_{21}^* = [COV(y_1,y_2)]/VAR(y_1)$,[1]它收敛于

$$\begin{aligned} \operatorname{plim}(\hat{\beta}_{21}^*) &= \frac{COV(y_1,y_2)}{VAR(y_1)} \\ &= \frac{COV(y_1,\beta_{21}y_1 + \gamma_{21}x_1 + \zeta_2)}{VAR(y_1)} \\ &= \beta_{21} + \gamma_{21}\frac{COV(y_1,x_1)}{VAR(y_1)} \\ &= \beta_{21} + \gamma_{21}b_{x_1y_1} \\ &\equiv \beta_{21}^* \end{aligned} \tag{3.17}$$

表3.1 当忽略共同原因时,$\beta_{21}^*(=\beta_{21}+\gamma_{21}b_{x_1y_1})$ 和 β_{21} 的绝对值之间的关联

β_{21}	$\gamma_{21}b_{x_1y_1}$	$\lvert\beta_{21}^*\rvert$ 和 $\lvert\beta_{21}\rvert$ 比较	y_1 和 y_2 的关系
≠0	0	=	无影响
0	≠0	>	完全虚假
>0	>0	>	部分虚假
<0	<0	>	部分虚假
>0	<0	<	抑制
<0	>0	<	抑制

因此,真实的 β_{21} 和 $\gamma_{21}b_{x_1y_1}$ 混在一起。$b_{x_1y_1}$ 系数来自一个 x_1 对 y_1 的辅助回归。辅助回归不是结构化的方程,而是用于概括省略变量 x_1 和纳入变量 y_1 的关系的便捷方式[参见泰尔(Theil,1957)]。

表3.1列出了 $\beta_{21}^*(=\beta_{21}+\gamma_{21}b_{x_1y_1})$ 和 β_{21} 在一些不同情况下的关系。当 x_1 对 y_2 没有影响($\gamma_{21}=0$)或者 x_1 和 y_1 不相关时($b_{x_1y_1}=0$),相对来说没有什么影响,因为此时 $\beta_{21}^* = \beta_{21}$,我们可以获得 y_1 对 y_2 影响的准确测量。危害最大的是,当 y_1 对 y_2 没有因果作用时($\beta_{21}=0$),y_1 对 y_2 都依 x_1 而变。此处,β_{21}^* 取值可以非零,导致 y_1 对 y_2 出现彻底的虚假关系。出现这种虚假关系的可能性是"相关不意味着因果关系"这一说法恰当存在的理由。举一个例子,假设 y_2 是一个人的视力,y_1 是他/她的花白头发的比例,这两个变量的相关并不意味着是花白头发导致视力低下,而是因为两者都依赖于年龄(x_1)。从另一方面来说,我们也不能自动假定所有相关都是虚假的,这也需要示范一下。例如,烟草工业的代

① 修正公式 $\hat{\beta}_{21}^* = [COV(y_1,y_2)]/VAR(y_1)$。

表有时反驳说,吸烟和癌症之间的关联是虚假的。一种意见是,一部分人在基因上有易于吸烟和易于得肺癌的倾向。如果能发现这样的因素,可以造就一个更强的虚假相关的案例,但如果没有这样的因素,这样的宣称在很大程度上是值得怀疑的。

表 3.1 的第三行和第四行代表的是部分虚假案例,这里 β_{21} 和 $\gamma_{21}b_{x_1y_1}$ 具有同样的符号。这导致方程中的系数 β_{21}^* 绝对值出现膨胀,该系数将共同的原因(x_1)排除在外。和彻底虚假相关的情况一样,我们错误地将 x_1 对 y_2 的部分影响归咎于 y_1。

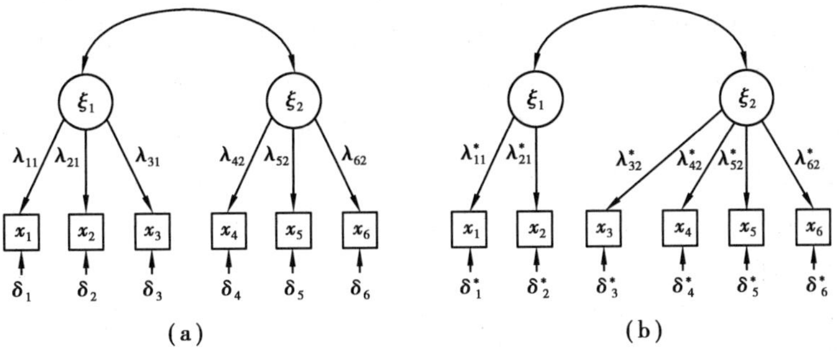

图 3.3　测量模型的虚假关系案例

虚假关系也可以像影响观测变量那样影响测量模型。用图 3.3 作为例子,假设 ξ_1 代表个体的保守主义,ξ_2 代表权威主义。变量 x_1 至变量 x_3 用来测量保守主义,而变量 x_4 至变量 x_6 是权威主义的测量指标。某一研究者可能错误地把 x_3 作为权威主义(ξ_2)的测量指标并估计模型(b)。估计 $\hat{\lambda}_{32}^*$ 可能符号方向正确并且统计显著,但它是关于 ξ_1 对 x_3 影响以及 ξ_1 和 ξ_2 之间关系的虚假结果。如果允许 ξ_1 对 x_3 有直接影响,那么我们可能期望新的 $\hat{\lambda}_{32}^*$ 的值处于围绕零的统计波动范围之内。当我们错误的设定潜变量影响某一指标且潜变量之间存在相关的情况时,其他统计模型中可能会出现同样的虚假关系。

当我们假定两个观测变量有直接的因果关系而实际上它们的关系是由于共同依赖于某一潜变量引起时,就会出现另一类测量模型的虚假关系。例如,两轮智商测试结果有关联不是因为它们之间有因果关系,而是因为它们都依赖于智商这一潜变量。测量模型中的虚假关系可以和观测变量模型中的虚假关系一样常见。实际上,如果缺乏系统性的考虑,这一问题在测量模型中的情形可能更糟糕。

回到表 3.1 以及它涉及的观测变量模型(3.11)和(3.12),最后两行列出了抑制关系的情况。当 β_{21} 和 $\gamma_{21}b_{x_1y_1}$ 具有方向相反的影响且共同的原因(x_1)被排除在 y_2 方程之外时,就会出现这两种情况。这里 y_1 对 y_2 的影响被低估或者被抑制了。此前,我曾解释了省略中介变量是如何导致抑制关系的。和当下这一情形不同的是,此前的抑制作用是对纳入变量总影响的测量,而现在的抑制作用是共同的原因而不是中介变量。β_{21}^* 并没有估计出 y_1 对 y_2 的总影响,而是反映出混合了 $\gamma_{21}b_{x_1y_1}$ 的直接影响。

作为示例,考虑一下先前的例子,这里 x_1 代表智商,y_1 代表工人的无聊程度,y_2 代表装配线工人的犯错数量(参见图 3.1)。假定我们从 y_2 方程中移除 y_1 和 y_2 的共同影响因素 x_1。在 $\gamma_{11}=0.707$、$\gamma_{21}=-0.500$ 和 $\beta_{21}=0.707$ 的情况下,我们得到比 β_{21} 小的 β_{21}^* ($=\beta_{21}+\gamma_{21}b_{x_1y_1}$),从而无聊程度对犯错数量的影响被抑制了。

和虚假关系一样,抑制影响在相关和回归模型中受到了广泛关注,但这一影响可以出现在带有潜变量的模型中。图 3.4 展示了这样一个案例。图 3.4(a)是真实的模型;而图 3.4(b)则是错误设定的模型,在这一模型中,η_1 没有作为 y_3 的决定因素被纳入。如果 β_{21} 和 λ_{32} 为正,而 λ_{31} 为负,我们可以发现,相对于正确模型中的 $\hat{\lambda}_{32}$ 绝对值来说,$\hat{\lambda}^*_{32}$ 的绝对值被抑制了。如果 $\hat{\lambda}^*_{32}$ 十分接近于 0,我们可能错误地得出结论说 η_2 对 y_3 没有影响。

很多研究者建议,在原因和结果之间的双变量关联是因果关系的必要条件。抑制关系的出现对这一宣称提出了质疑:尽管两个变量之间因果相关但却没有双变量关联。过去说的"相关并不证明因果"(correlation does not prove causation)应该加上一句,那就是"不存在相关并不能证明不存在因果关系"(a lack of correlation does not disprove causation)。仅当我们将原因和结果变量孤立于其他影响因素时,相关才是因果关系的必要条件。从而,在不存在孤立或者至少是虚假孤立的条件下,相关既不是因果关系的必要条件也不是充分条件。

遗漏中介变量和遗漏共同原因是违反虚假孤立条件的两种情况。第三种情况是被省略变量与解释变量之间存在含混的关系。作为例子,我们来看图 3.5,它有方程

$$y_1 = \gamma_{11}x_1 + \gamma_{12}x_2 + \zeta_1 \tag{3.18}$$

这里,对 $i=1,2$ 来说,有 $COV(\zeta_1, x_i)=0$,同时有 $E(\zeta_1)=0$。如果研究者错误地将 x_2 置于方程(3.18)之外,那么有

$$y_1 = \gamma_{11}x_1 + \zeta_1^* \tag{3.19}$$

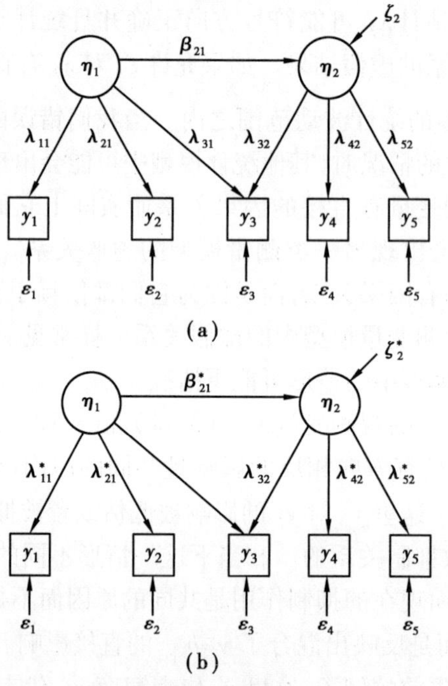

图 3.4 带有潜变量的模型中的抑制关系

此处,$\zeta_1^* = \gamma_{12}x_2 + \zeta_1$。$COV(x_1, \zeta_1^*)$ 大小为 $\gamma_{12}COV(x_1, x_2)$,当 γ_{12} 和 $COV(x_1, x_2)$ 不等于 0 时,它为非零。对 $\hat{\gamma}^*_{11}$ 的 OLS 估计收敛于

$$
\begin{aligned}
\operatorname{plim}(\hat{\gamma}_{11}^{*}) &= \frac{\mathrm{COV}(x_1, y_1)}{\mathrm{VAR}(x_1)} \\
&= \gamma_{11} + \gamma_{12}\frac{\mathrm{COV}(x_1, x_2)}{\mathrm{VAR}(x_1)} \\
&= \gamma_{11} + \gamma_{12} b_{x_2 x_1} \\
&\equiv \gamma_{11}^{*}
\end{aligned}
\tag{3.20}
$$

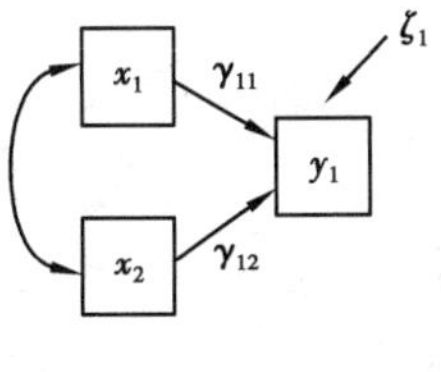

图 3.5　单个方程模型的路径图

比较 γ_{11} 和 γ_{11}^{*}，我们发现其结果类似于表 3.1 中的结果，只不过用 γ_{11} 替代了 β_{21}，同时用 $\gamma_{12} b_{x_2 x_1}$ 替代了 $\gamma_{21} b_{x_1 y_1}$。也就是说，$\hat{\gamma}_{11}^{*}$（$=\gamma_{11}+\gamma_{12} b_{x_2 x_1}$）可以大于、小于或等于 γ_{11}。最主要的差别在于，我们不知道在目前的模型中，被省略的变量 x_2 是一个中介变量还是 x_1 和 y_1 的共同原因，或者是否还存在着其他关系。我们知道的只是 x_1 和 x_2 相关，这一点我们通过图 3.5 中连接它们的双箭头得知。因此，不知道 x_1 和 x_2 之间本质关系的代价就是我们无法过多谈论从 y_1 的方程中省略 x_2 所带来的后果。出于解释的目的，我们尽量使省略变量的模型简单一些。不管有无潜变量，在带有更多解释变量的模型中，虚假关系、抑制关系和其他关系都会存在。总的来说，省略变量会导致违反外生变量与方程干扰项的相关为 0 这一虚假孤立条件。如果我们忽视了这一问题，会因此导致参数估计的不一致。

省略解释变量是违反虚假孤立假定的最明显的情形。另一种情形是，一个或者多个解释变量包含有测量误差。例如，假设真实的模型为：

$$
y_1 = \gamma_{11}\xi_1 + \gamma_{12}\xi_2 + \zeta_1 \tag{3.21}
$$

这里，$E(\zeta_1)=0$、$\mathrm{COV}(\zeta_1,\xi_1)=0$，且 $\mathrm{COV}(\zeta_1,\xi_2)=0$。同时还假设 x_1 是 ξ_1 的一个代理变量，可以像这样：

$$
x_1 = \xi_1 + \delta_1 \tag{3.22}
$$

这里，$E(\delta_1)=0$，有 $\mathrm{COV}(\xi_i,\delta_1)=0(i=1,2)$。结合方程(3.21)和方程(3.22)，我们有

$$
\begin{aligned}
y_1 &= \gamma_{11}(x_1-\delta_1) + \gamma_{12}\xi_2 + \zeta_1 \\
&= \gamma_{11}x_1 + \gamma_{12}\xi_2 + \zeta_1 - \gamma_{11}\delta_1 \\
&= \gamma_{11}x_1 + \gamma_{12}\xi_2 + \zeta_1^{*}
\end{aligned}
\tag{3.23}
$$

最后一行是用 x_1 代替了 ξ_1 后得到的方程。显然，虚假孤立假设 $\mathrm{COV}(x_1,\zeta_1^{*})=0$ 很可能不成立，并且方程(3.23)的 OLS 估计不具有一致性。在很大程度上，方程(3.23)和省略变量的情形很像，此处的 ξ_1 是未被纳入的变量，它同时影响 x_1 和 y_1。第 5 章将对测量误差的后果进行更为全面的讨论。

另一种不那么明显的违反虚假孤立假定的情况是“因变量”影响一个或多个“外生”[①]变量。当主要的影响方向设定错误或者存在互为因果关系时会出现这种情况。例如，我早些时候谈论到机动车行驶里程对机动车事故死亡人数有正影响。也有可能是机

① 这里的引号为英文原文所加，作者的意思是，因为有了所描述的情况，因变量不再是通常意义上的因变量。“外生变量”也不是真正意义上的外生变量。

动车事故死亡人数导致驾驶员减少从而减少机动车行驶里程。在这一个以及其他的例子中,内生变量影响了某个外生变量,关于干扰项与 x_1 不相关的假定不再成立。解决的办法是将原来的外生变量转化为一个内生变量,并且它用另一个方程来表述。如果这个模型可以被识别,其干扰项和真正的外生变量不相关,那么我们有 OLS 之外的其他方法来处理这样的非递归方程组,只要它是一个可识别的模型,其中干扰项与真正的外生变量无关。第 4 章讨论这样的模型。

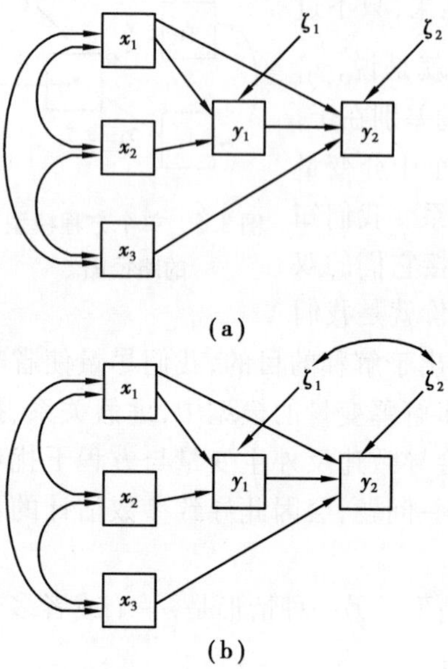

图 3.6 两方程模型的误差不相关及误差相关的路径图

第三种不那么直观的情形是,在解释变量和干扰项之间出现相关,这种情况可以用一个例子来加以展示。来看图 3.6(a)部分,它是一个 ζ_1 和 ζ_2 不相关、带有 x_1 至 x_3 的递推模型。在这些假定下,$\mathrm{COV}(y_1,\zeta_2)$ 为 0,对于 y_2 来说,OLS 估计是参数的一致性估计。图 3.6 的(b)部分和(a)部分的不同仅仅在于 $\mathrm{COV}(\zeta_1,\zeta_2)$ 不等于零。这一看起来无害的改变足够使得 $\mathrm{COV}(y_1,\zeta_1)\neq 0$ 并导致第二个方程的 OLS 估计不具有一致性。我们可以得到替代的一致性估计(参见第 4 章),但是这一个案例展示了干扰性非零协方差足以"制造"干扰项和解释变量之间的相关,而这一相关在干扰项没有关联时本不存在。

第四种违反虚假孤立假定的情形是研究者对两个变量之间的关系进行了错误的设定。例如,设定 y_1 和 x_1 之间为线性相关,但正确的设置应为曲线相关。在很多案例中采取了转换手段,因而,在转换形成的变量之间的关系是线性的。如果没有这样做,方程干扰项和解释变量之间的非零相关是可能存在的,同时虚假孤立假定不成立。

其他一些情形也会破坏虚假孤立假定。例如,如果某一时点滞后的内生变量作为解释变量出现,方程的干扰项之间存在自相关,这时将违反关于干扰项和解释变量之间不存在相关的一般性虚假孤立假定[如约翰逊(Johnson,1984:360-371)]。总体的非随机子样本[参见赫克曼(Heckman,1979)]是违反虚假孤立假定的另一种情形。有专门的方法来处理这些问题,但如果这些问题被忽略,那么很可能出现错误的因果推论。

总的来说,有很多因素对构建两个变量之间的因果关系所必须具备的虚假孤立条件产生威胁。省略变量会夸大或削弱关系。测量误差、非随机样本选择、误差相关以及其他不那么明显的问题都会破坏虚假孤立假定,尽管一些研究设计能够减少这些潜在的问题,但确保两个变量完全孤立于其他影响是不可能的。因此,我们应当认识到,任何关于因果关系的断定都具有暂时性,同时要尽可能地消除对虚假孤立假定的各种威胁。

关　联

在前一节中,我检查了孤立或虚假孤立所面临的威胁。现在,我进一步来探究关联以及那些导致关联难以确定的因素。除非特别说明,我假定满足虚假孤立条件并且所有的参数都是可识别的。如果能够获得每一个自由参数的确定值,所有参数可识别这种情形是存在的。我将在其他几章中回到识别这一话题,但现在我假定所有参数都可以被识别。

当某个设想中的原因和它的效应都孤立于其他影响因素时,这两个变量应该存在关联。对因果关系来说,双变量之间的关联既不是必要条件,也不是充分条件。不如说,扣除了其他影响之后,关联是建立因果关系的必要条件。当然,如果某一方程只包含单个解释变量以及与其不相关的干扰项,我们所需的所有条件就是因变量和自变量之间的双变量的关联。例如,大多数测量模型都假定指标受一个潜变量和测量误差的影响[例如,$x_1 = \lambda_{11}\xi_1 + \delta_1$, $\mathrm{COV}(\xi_1, \delta_1) = 0$, $E(\delta_1) = 0$],因此我们期望测量和潜变量之间有双变量关联。用因子分析的术语来说,变量的因子复杂性为 1。

假定观测变量和潜变量之间存在双变量关系,这一常见实际操作是否有道理呢?在很多情况下,这并不成立。为了说明这一点,来看一下从某个广泛使用的量表中抽取出来的项目:"从寻求未来发展的角度来说,将一个孩子带入这个世界很难说是公平的"。应答者被要求表明是同意还是不同意这一说法。得到的响应将形成观察变量。许多潜变量可能对同意或者不同意这一陈述产生影响。一个潜变量可能是应答者的生育期望或者实际的生育经验。那些期望有孩子或者那些已经有孩子的人很可能不同意这一说法。关于核战争可能性的信念或者关于世界人口的态度也可能成为影响应答者的潜变量,那些坚信战争不可避免和人口是一个问题的人比起其他人来说更可能同意这一说法。实际上,这一项目来自斯洛尔(Srole,1956)的无力感量表。无力感是社会学和社会心理学中与个体孤立无援感受有关的一个概念。作为一个潜变量,无力感可能在这里对观察变量有因果关系作用,但其他潜变量可能也有影响。对许多其他指标来说,也可能是这种情况。在这种情况下,潜变量和其测量指标之间的双变量关联对他们之间的因果关系来说既不是必要条件也不是充分条件。不过,如果存在因果关系,指标和潜变量之间关联相对应的偏系数,也就是说,扣除了其他变量的影响后,应该非零。

即使在理想状况下,建立这一联系也面临很多复杂情况。为了说明这一点,我们再看一下方程(3.11)和方程(3.12),我在这里重复一下(参见图 3.1):

$$y_1 = \gamma_{11}x_1 + \zeta_1$$

$$y_2 = \beta_{21}y_1 + \gamma_{21}x_1 + \zeta_2$$

γ_{11} 系数展示了 x_1 和 y_1 之间的关联。γ_{11} 是总体参数,我们得到的是 $\hat{\gamma}_{11}$,即 γ_{11} 的一致性估计,这是做出关于 γ_{11} 推断的基础 。在任何一个给定样本中,由于存在抽样误差,$\hat{\gamma}_{11}$ 的值都与 γ_{11} 不同。通常来说,我们可以估计 γ_{11} 取特定值的概率。但是它们是概率而不是确定性,在判断关联过程中会出现错误。不过,只要我们知道抽样误差的可能大小,我们在实践中并不排斥抽样误差。

标准误或者作为统计显著性检验基础的检验统计量不正确是更大的问题。前面 y_1 方程的 ζ_1 存在异方差性或者自相关就属于这样一种情况。OLS 回归仍然提供关于 γ_{11} 的一致性估计,但用于系数估计的常规标准误和检验统计量将变得不可靠,从而我们有可能做出关于 x_1 和 y_1 之间联系的错误推论,因为我们使用 $\hat{\lambda}_{11}$ 的错误标准误。众所周知,回归方程的其他一些估计可以将异方差或者自相关问题纳入考虑并提供合适的标准误和检验统计量(Johnson,1984),但是对于含有潜变量的模型来说,异方差或者自相关问题的检验和校正没有得到足够的重视。因此,对这些模型来说,可能存在关于关联的错误推论。

决定关联的另一个复杂性是多重共线性。多重共线性指的是某个解释变量和同一方程的其他解释变量之间存在线性依赖的关系。解释变量之间的简单的双变量相关不足以检测多重共线性的强度。对每一个解释变量就其他解释变量进行回归得到的复相关更能测量这种依赖。在单个方程的回归模型中,有许多关于共线性的诊断技术可以使用[有关例子参见贝思利、库和韦尔斯(Belsley, Kuh and Welsch, 1980)],但此处不予讨论。

共线性是非实验研究中的一个问题,非实验研究中,研究中的许多变量是高度相关的。在实验中,研究者通常可以设计解释变量,因而这些变量大致(或确切)不相关。共线性通常会增加共线变量的系数的标准误(或其他同样的后果)。增加标准误意味着我们在做关于参数的推论时面临更大的不确定性。用直观的话来说,如果某个变量总是和其他原因变量一起变动,我们便很难估计它的独特效果。这一问题基本上只在回归模型中讨论,但它在测量模型中也提出了难题[参见林德斯科普夫(Rindskopf, 1984a)]。图 3.7 提供了一个例子。它有两个潜变量:士气(ξ_1)和归属感(ξ_2)。七个测量指标包括三个士气测量指标(x_1 至 x_3)、归属感的三个指标(x_5 至 x_7)以及被 ξ_1 和 ξ_2 共同影响的一个指标(x_4)。测量指标 x_4 实际上是士气的测量指标,为了阐明共线性问题,允许 ξ_2 也影响它。我在一所男女同校的大学中收集 x_1 至 x_7 的数据。第 8 章中有更多关于数据的细节。在这里使用女性样本。士气(ξ_1)和归属感(ξ_2)高度相关(0.9)。当我估计这一模型时,所有展示在图 3.7 中的系数估计均统计显著,但 ξ_1 和 ξ_2 对 x_4 的影响例外:$\hat{\lambda}_{41}=1.61$,其 z 值为 1.5;而 $\hat{\lambda}_{42}=-0.62$,其 z 值为 -0.7(z 值是系数同它们的标准误之比)。这些估计展示了共线性的经典症状。它们具有相反的符号,并且负的系数和我预测的(归属关系)相对立。标准误很大,导致这两个系数不具有显著性。此外,这两个参数之间的相关估计为 -0.977,这样 ξ_1 和 ξ_2 之间的共线性就使得了解到底是一个还是两个变量对 x_4 有直接影响变得特别困难。

在最极端的共线性情况下,某一变量是其他变量的完美线性组合,从而不可能对孤立因果效应作出唯一的估计。例如,考虑方程(3.24)

$$x_2 = \lambda_{21}\xi_1 + \lambda_{22}\xi_2 + \delta_2 \tag{3.24}$$

假设有 $\xi_1=\gamma_{12}\xi_2$,并将这一关系代入方程(3.24)

$$\begin{aligned} x_2 &= \gamma_{12}\lambda_{21}\xi_2 + \lambda_{22}\xi_2 + \delta_2 \\ &= \lambda^{*}\xi_2 + \delta_2 \end{aligned}$$

这里

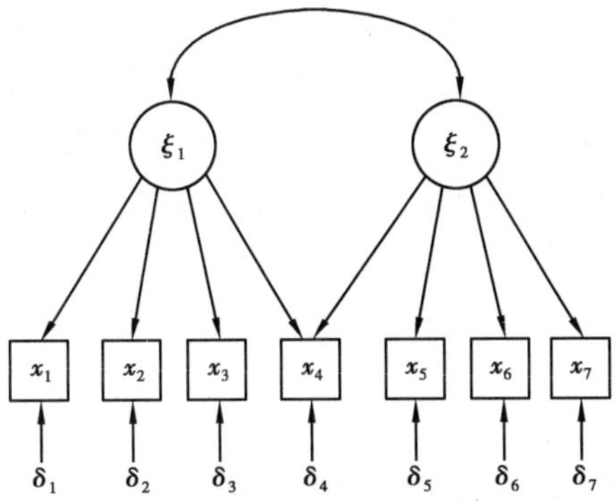

图3.7　女性的士气和归属感测量模型中的共线性

$$\lambda^* = \gamma_{12}\lambda_{21} + \lambda_{22} \tag{3.25}$$

方程(3.25)表明,实质上只需要一个独特的解释变量 ξ_2 即可。虽然可获得关于 λ^* 的唯一估计,但无法获得对 λ_{21} 和 λ_{22} 的唯一估计。因而,测量模型中的共线性有和回归问题中的情况类似的后果。

重复是对关联是否因抽样侥幸所造成的重要检查。尽管重复的重要性在理论上被广泛认同,实践中的重复研究十分少见。最重要的关注和奖励似乎都是为那些新奇的发现和研究所准备的。这一强调无疑是误导性的,因为,如果某一关联仅仅被发现了一次或两次,那么是没有足够的正当性来认为它是一个因果关系。用波普尔(Popper,1959:45)的话来说,我们不要把自己的观察太当回事,或者将它们作为科学观察予以接受,除非我们重复并且验证过它们。对重复的需要程度有赖于某一领域研究的发展情况。例如,在早期阶段,只要发现两个变量之间具有符号相同的显著系数就能满足可重复这一微弱需求。然而在另一些领域则要求参数具有相同的数值。结果越接近,可重复性就越高。

重复还提供了对虚假孤立假定的检查,因为如果一个模型是正确的,我们期望它在不同类型的数据和样本中都成立。一个在横截面和时间序列数据中都能被发现、同时在实验研究和观察研究中也都成立的关系比起仅在其中一个环境下成立的关系更有可能是因果关系。当结果不同时,这是一个不妙的信号,因为它表明了有设定错误但没有给出错误的根源。西蒙(Simon,1968,1969)提供了一个试图解决多截面数据和时间序列结果相矛盾的很好案例,用到的数据是关于收入与生育率以及收入与自杀的关系。在其他领域的类似努力也会大有裨益。

由于有典型的模型拟合过程,重复性研究有一个额外的作用。研究者通常从一个简约的模型开始,通常这些模型不能拟合数据,因此会被修改。这一过程的结果是最终模型报告的显著度水平趋于一个未知的水平。在独立样本中的重复可以用来检验最终模型反映的究竟是某个样本偶然性的结果还是某种稳定的关联。

尽管重复有着种种优点,其局限性也应该被认识。虚假和因果关系一样都能够被重复。这里用一个老案例来说明,我们可以发现火灾现场消防车的数量和破坏程度之间有一个紧密的关联。我们可以用横截面数据和时间序列数据来重复这一结论。但是,即使能够重复,有一点也很清楚,那就是控制火灾的大小就会表明最初得到的关系是虚假的。

总的来说,关联是建立因果关系的第二个条件。在两个变量都虚假孤立后,原因变量应该与效应之间有关联。抽样波动对于评估这样的关联来说是一个威胁,即便当方程设置正确时也是这样的。当因异方差性、干扰性自相关或者测量误差等未被纠正的问题使标准误和检验统计量有偏误时,其他一些问题也会出现。在独立的样本中再现关联是增强对关联稳定性信心的手段。

因果关系的方向

关联成为因果关系的可接受性有赖于是否提出了正确的因果关系方向。在休谟[Hume,(1739)1977]广为影响的关于因果关系的阐述中,他提出时间先后顺序是因果关系的一个条件。也就是说,被断言为原因的必须先于结果,并且这是确定解释变量具有原因地位的首要方式。

休谟的时间顺序对结构方程模型提出了问题。如果需要时间顺序,同时关系就被排除在外。原因必须先于结果,同时反馈因果关系——就像在非递归结构方程模型中一样——就是不可能的。[①] 进一步说,如果我们接受原因和结果之间有间隔,随之产生的问题就是这一间隔有多长?如果我们太早或者太晚去寻找影响,我们可能错过它。为了说明这一点,我们假设一个研究者想分析广告和产品销售之间的因果关系。他/她推理说广告使得人们多买某一种产品。更多的产品销售导致更多的广告。期望广告展示和产品购买之间有一个时间滞后是合理的。相似地,销售激发更多的广告也有一个时间滞后。这样,在这个案例以及大多数案例中,因果关系中的时间滞后是令人信服的。但如果仅能获得年度数据而我们又怀疑这一因果滞后期比一年短呢?在观察周期比时间滞后期长且两个变量相互影响的情形下,这种关系有时大致是一种双向因果关系(Fisher,1970)。也就是说,即使存在更短的观察单位(例如,月、周、天),并且因果关系的单向特质和时间滞后清晰可见,分析者也会估计允许反馈关系的模型。

这里假定已知有反应滞后。即使我们有完善的时间刻度,也无法解决时间滞后难题。因为这一原因,调查者必须依赖于先前的实质性或者理论性工作。在大多数情形下,这些信息来源没有详细到足以将时间滞后期具体化,其结果是只能经常采用经验性的技术。总之,我们预料到原因和结果之间有一个时间滞后期,不管这一滞后期有多小。但是在实践中,这一时间滞后期可能要小于观察间隔。在这些情形下,原因和结果被置于同一时间段之中。如果两个变量互相影响,我们允许存在反馈性的因果关系。

未来的事件会成为现在或者过去事件的原因吗?有时候这种情况可以出现,举例来说,未来的选举导致当下的竞选活动,未来的征税引起当下的避税行为。在类似的情形下,时间顺序性并没有被违反。未来并非原因,不如说,对选举或者征税的预期才是原因。并且,这一预期先于选举运动或者避税行为。

一些研究者坚信,如果一个变量滞后于第二个变量且出现显著的系数,这将对建立起滞后变量的因果顺序有帮助。或者,如果一个解释变量在因变量之后被测量,批评的

① 对时间优先性的一种批评是,如果我们在因果关系中允许一个时间差,那么一个变量的影响必须经过一个时间段才能施加它的影响。在这个时间段内,可能有中介变量进入并阻止原因变量发挥作用。

意见会指责说,这样估计出来的结果不能代表因果性的影响。

这些实践中的局限可以在双变量案例中得到解释。假设方程(3.26)和方程(3.27)代表了真实的关系:

$$y_t = \gamma x_t + \zeta_t \tag{3.26}$$

$$x_t = \alpha x_{t-1} + \nu_t \tag{3.27}$$

这里有 $\mathrm{COV}(x_t,\zeta_t)=0$,$\mathrm{COV}(x_{t-1},\zeta_t)=0$,$\mathrm{COV}(x_{t-1},\nu_t)=0$,并且对于所有的 i 和 j 来说,有 $\mathrm{COV}(\zeta_{t-i},\nu_{t-j})=0$。某研究者错误地相信 y 是 x 的原因,为了检验 y 的原因优先顺序,y 被滞后。

$$x_t = \gamma^* y_{t-1} + \zeta_t^* \tag{3.28}$$

该研究者坚信,非零的 γ^* 将支持 y 的原因优先顺序,但系数如果为0则不支持。γ^* 的最小二乘法估计的概率极限为:

$$\begin{aligned}\mathrm{plim}(\hat{\gamma}^*) &= \frac{\mathrm{COV}(x_t,y_{t-1})}{\mathrm{VAR}(y_{t-1})}\\ &= \frac{\mathrm{COV}(\alpha x_{t-1}+\nu_t,\gamma x_{t-1}+\zeta_{t-1})}{\mathrm{VAR}(y_{t-1})}\\ &= \frac{\alpha\gamma \mathrm{VAR}(x_{t-1})}{\mathrm{VAR}(y_{t-1})}\end{aligned} \tag{3.29}$$

如果 γ 和 α 都不为零,那么方程(3.29)表明,即使因变量滞后于自变量,也会有一个非零的系数出现。因而,简单的变量滞后并不能建立起因果顺序。

在第二种情况中,解释变量可能要在获得因变量之后一段时期才能得到测量。这在方程(3.30)中得到了展示:

$$y_t = \gamma^* x_{t+1} + \zeta_t^* \tag{3.30}$$

这里得到的系数结果是:

$$\begin{aligned}\mathrm{plim}(\hat{\gamma}^*) &= \frac{\mathrm{COV}(y_t,x_{t+1})}{\mathrm{VAR}(x_{t+1})}\\ &= \frac{\mathrm{COV}(\gamma x_t+\zeta_t,\alpha x_t+\nu_{t+1})}{\mathrm{VAR}(x_{t+1})}\\ &= \frac{\alpha\gamma \mathrm{VAR}(x_t)}{\mathrm{VAR}(x_{t+1})}\\ &= \alpha\gamma \quad (\text{当 } \mathrm{VAR}(x_t) \text{ 等于 } \mathrm{VAR}(x_{t+1}) \text{ 时})\end{aligned}$$

注意:在这种情况下,结果和真实因果模型参数的差别仅在 γ 被乘以 α。如果可以得到 α 的大致估计,那么同样可以获得对 γ 的一个估计。因此,在确切的时间滞后期无法获取时,使用原因变量的提前测量也会得到有用的结果。当然,这比起使用准确滞后时间的变量来说要差一些。这两个案例给我们的主要告诫(可以一般化到多变量情形)是,将变量滞后或者提前并不能建立起因果顺序。

与此有关的一种看法是,如果我们用 y 和 x 过去的取值来预测 y,比仅仅使用 y 过去的取值得到的结果要好,那么可以将 x 作为 y 的原因。例如,考虑方程(3.31)

$$y_t = \sum_{t=1}^{k}\beta_i y_{t-i} + \sum_{j=1}^{l}\gamma_j x_{t-j} + \zeta_t \tag{3.31}$$

这里ζ_t不存在自相关，且对于所有的i和j大于零来说，ζ_t与y_{t-i}和x_{t-j}都不相关。如果我们能够对所有的j拒绝$\gamma_j=0$这一假设，那么x是y_t的一个原因。如果我们不拒绝H_0：$\gamma_j=0$，那么x不是y_t的原因。我们可以为使用x_t的滞后值以及y的滞后值作为解释变量，来为x_t写下同样的方程。

在一些领域，类似的办法已经出现，用来帮助评估因果方向或者用于外生性检验。例如，坎贝尔(Campbell,1963)推荐了交叉滞后相关$r_{y_t x_{t-1}}$和$r_{y_{t-1}x_t}$来评估面板数据的因果方向，此处对于同一个单位来说，可以获得两个时间点上的y和x取值。社会学家海斯(Heise,1970)和伯恩斯泰特(Bohrnstedt,1969)在论述了一种基于回归的方法时指出，为了这一目的使用相关系数有些似是而非。他们的推荐和方程(3.31)类似，但将y和x的滞后轮数延长至面板数据的一轮或者多轮。最后，计量经济学家格兰杰(Granger,1969)、沈(Sim,1972)以及其他人为稳定的时间序列数据提出了类似于方程(3.31)的方法。

尽管这些方法在探索时间滞后期和滞后因变量方面十分有吸引力，但它们都不能免除干扰项ζ_t与滞后的y和x取值不相关这一虚假孤立条件的要求。当ζ_t自相关时，这一假定自动被违反。哪怕是仅仅把y和x的滞后值纳入作为y_t的潜在原因，省略变量也很可能破坏这一假定。前面关于省略变量的所有讨论对这些模型同样适用。这些方程可以扩展来容纳额外的解释变量，但迄今为止很少有应用这么做。对这些关于因果关系探究的其他评论在邓肯(Duncan,1969)、泽尔纳(Zellner,1984)和霍兰德(Holland,1986)的研究中可以得到。

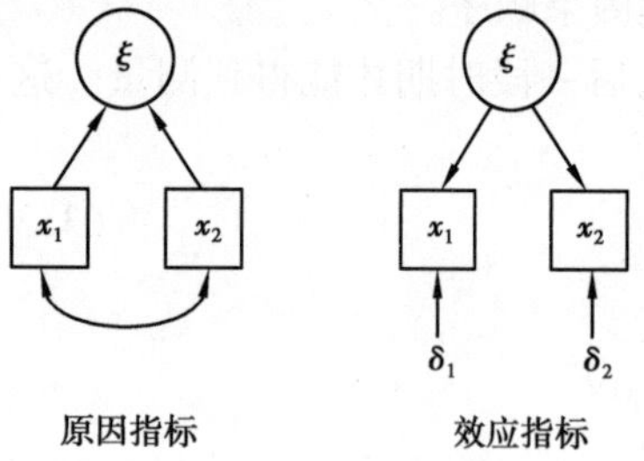

图3.8　原因和效应指标的简单例子

决定测量模型中潜变量和指标之间因果作用的方向是一个比较棘手的事情。按照布莱洛克的建议(Namboodiri, Carter and Blalock, 1975:569-572)，我区分了原因(形成性或者导致性的)指标和效应(反应性的)指标(图3.8)。原因指标被假定为影响一个潜变量的观测变量。效应指标则是受潜变量影响的观测变量。大多数社会科学研究者假定指标为效应指标，尽管原因指标在很多例子中有合宜性，但被忽略了。

建立因果顺序需要确定指标是潜变量的原因还是效应。例如，假设我们用种族和性别来作为暴露于歧视的指标。由于暴露于歧视并不改变一个人的种族和性别，因此这两个指标都是原因指标。在关于紧张暴露的研究中，分析人员对受试者经历过的重大的、破坏性的事件进行测量。这些事件包括结婚、离婚、失业以及职务提升。显然，这些观测变量导致紧张暴露因而是原因指标。[①] 类似的争论还展示了国内生产总值是一个国家商品和服务价值的原因指标。在另一方面，许多态度测量工具是效应指标。例如，假定潜变量是自尊，我们要求表明他/她对如下陈述的同意程度："我觉得我周围的人一样好"。当一个人的自尊增加时，我们预期对这一陈述的同意程度增加，虽然他/她的应答对潜变量几乎没有影响。

---

① 人们可能也会争论说，对于一个较长的时间滞后期来说，高度的紧张水平对离婚或者离职的风险也有影响。但是，这些效应不大可能出现在测量模型中通常所假定的短期时间范围。

时间顺序可以是确定测量模型因果顺序的一种方法。因此，比起测量所使用的问题来说，我们更为急切地想知道对这些问题的应答是怎样的。教育、收入以及职业声望的改变可以暂时导致社会经济地位（socioeconomic status，SES）的变化［参见豪泽（Hauser，1973）］。但是，对所有这些例子来说，检验时间顺序都是困难的，因为潜变量是不可观察的。这种情况下，我们必须在很大程度上依赖“头脑实验”来决定因果顺序。在这样的头脑实验中，想象潜变量有变化，然后研究者必须决定在观测变量上出现随后的变化是否合理。倒过来的过程也需要进行。也就是说，设想观测变量有变化，然后研究者决定潜变量出现随后的变化是否合理。举例来说，考虑教育作为 SES 指标的情况。如果一个人的 SES 上升，我们并不一定期望教育程度提高。但如果教育程度提高，我们可以预见到 SES 上升。因此，认为教育是 SES 的原因指标比认为是效应指标要更合理。

从理论上说，在指标和潜变量之间存在同时反馈的因果关系是可能的。当指标和潜变量都被合理地认定是对方的原因且观察周期超过了因果滞后时间段时，这种情况可能出现。例如，潜变量由股票价格来测量的公司“财务状况良好”就有这样一种关系。更好的财务状况会导致高的股价，而高的股价能够增进财务状况良好。或者，考虑学术评分期望作为潜变量而测量评分作为指标。高的学术成绩期望可能影响测量评分，而评分也能影响期望。据我所知，还没有经验性的工作来检验这样的可能性，但显然估计这样的模型可能会很困难。①

偶然情况下，经验性的方法可以被设计用于检测是原因指标还是效应指标。下面的案例展示了这一设计。在早一些的研究中（Bollen，1982），我估计了人们评价空气质量的一个验证性因子分析模型。数据是由四个问题的回答组成的，这四个问题关于对弗吉尼亚州仙纳度国家森林公园内一个固定地点的空气颜色、透明度、气味以及整体质量。假设的模型是这四个测量值为主观空气质量的效应指标。作为备择的观点是，“总体”质量的测量结果是潜变量（主观空气质量）的效应指标，但其他三个测量（颜色、透明度和气味）是潜变量的原因指标。

瑟马克（Cermak，1983）设计了一个实验来检验对整体质量、颜色及透明度问题的备择观点。他的理论是，如果第二个模型成立，并且根据空气质量成分来形成对空气质量的评价，这一评价转而引起对空气质量的总体评价。那么个体用于应答整体质量评价问题的时间应该比应答其他问题的时间要长。如果第一个模型是合理的，并且所有的测量都依赖于潜变量，那么应答时间应该在本质上来说是相同的。② 瑟马克（Cermak，1983）使用和最初调查数据所用的同样地点和时间的幻灯片，但幻灯片的排列是随机的，并且呈现给被试者的空气质量问题也是随机顺序的。他并没有发现应答时间有统计显著的不同，因而支持了关于这些测量都是效应指标的假定。这是一个研究被设计用来检验指标和潜变量因果顺序的例子。类似的方法可以应用于其他领域。

实验对于确立两个直接观察变量（也即是说 x_1 和 y_1）之间的因果方向是有帮助的。如果干预 x_1 的施加是随机化的，并且 y_1 也有变化，那么说 y_1 影响 x_1 就比较牵强。当然，

---

① 第 4、第 7、第 8 章中讨论的识别问题就是这样的一个困难。

② 某些关于知觉的理论可能导致对响应时间的预测有所不同。因此，这一实验是以瑟马克关于知觉的假定为条件。

这里仍然需要满足虚假孤立的假定,但这样的实验操纵是因果顺序的极好证据。

总之,确定两个变量之间影响的方向对确定因果关系来说是必不可少的。知道一个变量在时间上发生于另一个变量之前可能是确定影响方向的最有效方式,但是本节中的一些例子表明了这一方法并不总是行得通,同时,时间顺序也不总是十分清晰(例如,在带有潜变量和测量指标的模型中)。有时实验设计与非实验设计联合起来可以提供关于因果方向的令人信服的证据,但即使在这种情况下,也必须满足虚假孤立条件。

因果模型的限制

我在本章中已经描述了结构方程模型的一些局限。这里我集中讨论几点。接下来的三个小节分别是:模型-数据的一致性与模型-真实的一致性、实验和非实验研究设计以及对结构方程模型的批评。

模型-数据的一致性与模型-真实的一致性

当评价一个模型时,至少与两个广泛应用的标准有关。一个标准是模型是否与数据一致。另一个标准是模型是否与“真实世界”一致。大多数结构方程模型的应用技术在检测前者时十分明确,但对后者的检测却是含含糊糊的。

模型-数据的一致性是检测由模型及其假定所预测的关系与那些呈现在数据中的关系进行对比。在结构方程模型中,一些模型检验测量样本协方差矩阵(**S**)和模型预测的协方差矩阵 ($\hat{\Sigma}$) 之间的差距,如果抽样波动不能解释他们之间的差距,那么模型和数据是不一致的。我们也会通过将参数估计值的大小、符号以及统计显著性与模型中的假设进行比较,从而检查模型-数据的一致性。总之,模型暗示了数据应该具有某种我们可以核对的特征。

模型-真实的一致性是一个更难把握的事情,此处的问题是,模型是否反映了真实世界的过程。例如,一个关于美国经济的计量经济学模型是否真的符合经济表现?完全来评价模型-真实的一致性是不可能的,因为这样要假设我们有“真实”世界的完全知识,这些知识是我们评价模型时将要用到的。在实践中,我们不完整地从几个方面评估模型-真实的一致性。一个是将某个模型得出的预测与那些在某一背景中观察到的情况进行比较,这个背景和支持模型参数的数据不同。例如,我们可以将某个计量经济学模型所预测的通货膨胀率与未来观察的结果相比较,从而检查该模型的真实性。如果我们足够幸运,能够操纵模型中的变量,那么我们可以这样做,来看模型是否正确地预测了结果。或者,我们可以基于其他的经验和洞见来检验嵌入在某个模型中的假定和关系并讨论其合理性。

人们很容易将模型-数据的一致性来作为模型-真实的一致性的证据,但我们会因此被误导。这一问题主要在于这两种一致性检查之间的不对称性。如果某个模型与真实一致,那么数据将会与模型一致;但如果数据与某个模型一致,这不并能引申出模型能对应于真实。

思考这两个陈述中的第一个陈述。如果我们有一个合理的模型,然后数据以和模型相一致的方式被产生出来,模型和数据之间的经验性匹配程度应在抽样误差的范围内。如果不能发现模型-数据的一致性意味着模型未能捕获实际的过程。因此,通过检查模型-数据的不一致性,我们揭示了模型与真实之间的差距。此处蕴含着因果模型的真正力量:我们可以拒绝与数据不一致的模型。

但是我们不能忘记第二个陈述:模型-数据的一致并不能引申出模型-真实的一致。这个问题是因为真模型只是和数据相符合的众多模型之一。当我们发现模型-数据的一致时,我们不知道我们获得的是否是真模型或者众多虚假模型中的一个。此处存在着因果模型的弱点:模型-数据的一致不足以证明模型-真实的一致。

例如,先前我曾经提到,模型-数据的一致性检验之一是模型所预测的协方差矩阵($\hat{\boldsymbol{\Sigma}}$)和样本协方差矩阵($\mathbf{S}$)相符合的程度。即使这些矩阵完美相符,模型仍有可能是错的。实际上,对任何恰好识别的模型,我们有 $\mathbf{S}=\hat{\boldsymbol{\Sigma}}$。此外,对于任何变量集来说,许多大相径庭的模型具有同样的模型-数据拟合度。

图3.9展示了涉及三个观测变量 y_1, y_2, y_3 的这种情况。所有的这些模型对数据具有同样的拟合度,即使它们代表截然不同的因果关系。例如,在一些模型中,y_1 影响 y_2,但在另一些模型中展示的情况则刚刚相反。还有,在另一些模型中,三个变量都依赖于某个潜变量,并且它们互相之间没有因果关系。如果你想到这些只是那些有 $\mathbf{S}=\hat{\boldsymbol{\Sigma}}$ 的模型的一个样本,并且当纳入三个以上变量时,可能的模型将成倍增加,你就会明白模型-数据一致不能向我们承诺模型-真实的一致。

为了从经验上展示这一点,我采用克鲁吉尔等人(Kluegel et al.,1977)使用的教育(y_1)、职业声望(y_2)和收入(y_3)的协方差矩阵

$$\mathbf{S}=\begin{bmatrix} 2.739 & & \\ 17.431 & 452.711 & \\ 1.448 & 13.656 & 4.831 \end{bmatrix}$$

然后我估计和图3.9顶排相应的三个模型。对第一个模型来说,系数矩阵 $\hat{\mathbf{B}}$ 为:

$$\begin{bmatrix} 0 & 0 & 0 \\ 0.495 & 0 & 0 \\ 0.336 & 0.126 & 0 \end{bmatrix}$$

它们是标准化回归系数。我将在第4章更为详细地谈到标准化系数,但概略地说,它们测量的是在其他解释变量保持不变的情况下,一个解释变量变化一个单位的标准差在因变量上引起的以标准差为单位的变化。使用第一个模型的所有参数估计,最初的协方差矩阵可以被完美地再生出来。

第一行的第二个和第三个模型的 $\hat{\mathbf{B}}$ 系数矩阵分别为:

$$\begin{bmatrix} 0 & 0 & 0 \\ 0.450 & 0 & 0.113 \\ 0.398 & 0 & 0 \end{bmatrix} \quad \begin{bmatrix} 0 & 0.495 & 0 \\ 0 & 0 & 0 \\ 0.336 & 0.126 & 0 \end{bmatrix}$$

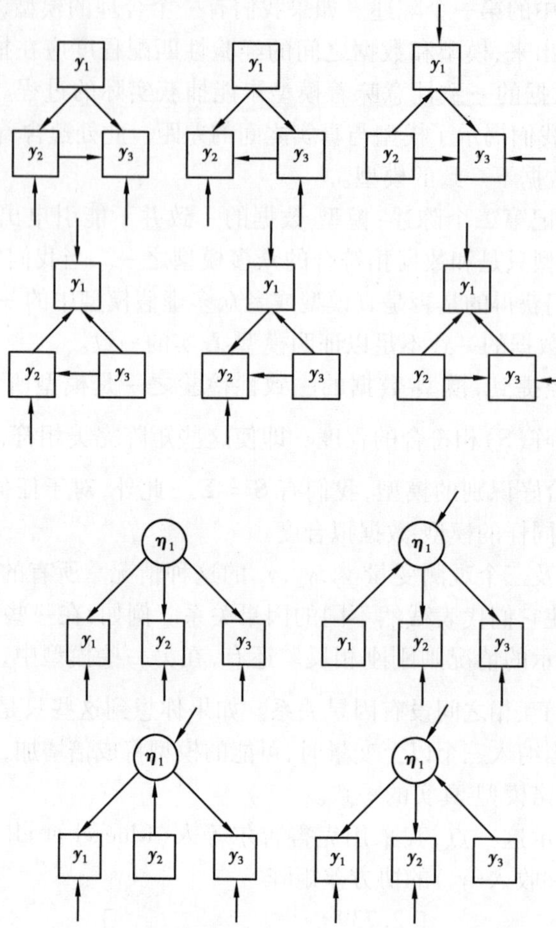

图 3.9　对 y_1 到 y_3 协方差矩阵具有完美拟合的三个观测变量的 10 个模型

再一次预测的协方差矩阵($\hat{\Sigma}$)等于样本协方差矩阵 **S**。这三个模型具有相同的拟合度,但是它们蕴藏着不同的因果关系。例如,第三个模型具有职业声望(y_2)影响某人教育程度(y_1)这一不太可能的关系。第二个模型表明收入(y_3)是职业声望(y_2)的原因。由于获得工作在先,取得收入在后,因此这一关系并不合理。

单靠模型拟合并不能告诉我们哪一个模型更为合宜。

在排除某些可能性的过程中,理论知识起着关键性的作用。在此同时,我也意识到,某一领域的知识往往不足以排除错误的模型,研究者提出模型有助于阐明真实世界中的关系。与此相关的另一个难题是无法评价和数据有着良好拟合度的貌似可信的全部模型。正如图 3.9 展示的那样,即便只有三个变量,我们也可以提出很多模型。当我们有更多的变量时,可能的关系将大幅地成倍增加。近来,格利穆尔、蔡尼斯、斯波特斯和凯利(Glymour, Scheines, Spirtes and Kelly, 1987)提出应用人工智能和计算机来自动搜选新模型。无疑,相当一部分由计算机生成的模型在实质上并不合理,但这一过程能够产生可选模型的合理集合。不过,要判断这样的方法是否有效目前还言之尚早。

一旦我们有了一套实质上合理的模型,第二步就是设计用新的数据来进行附加检验,这能够帮助我们排除其中的部分模型。例如,如果两个变量之间的关系是模棱两可的,我们可以设定一个允许反馈因果关系的模型并检验每一个因果效应的统计显著性。或者,我们可以设计一个实验来提供因果关系方向的证据,就像我早些时候描述的空气质量案例那样。我们通过排除模型而不是证明模型来进行这一过程。卡尔·波普尔(Karl Popper,1968)和其他人所倡导的证伪视角坚持认为,通过用数据来检验比较并决定哪一个模型是值得保留的"最佳拟合",能促进某一领域的研究进步。这里的假定是,那些没有被数据检验淘汰的模型最接近于真实情况。

任何一个模型都是对真实的大体近似。理论是一套观点的抽象集合,它将种种概念连接在一起。模型则是某个理论的正式表达。理论和真实最为近似,从理论推导出来的模型在这一点上不能超越理论。模型的建构和修正是一个持续渐进的过程(Jeffreys,1983:79)。由于模型持续渐进的特征以及因果关系的不可直接观察性,所有的因果推论在绝对意义上来说都是不确定的,尽管在主观上我们对因果关系有不同程度的信心。渐进是物理定律的特征,同时也是模型的特征(Cartwright,1983),因此,读者不应该认为这仅仅只是社会科学或者是结构方程模型的特征。格利穆尔等人(Glymour et al. ,1987:32-33)指出:"在自然科学中,几乎每一条曾经提出的确切的量化定律都已经被知道在字面上是错误的,如开普勒定律是错的,欧姆定律是错的,等等。这些定律在物理、化学和工程学中仍然在使用,即使知道它们是错的。尽管它们是错的,但我们仍然使用它们的原因是因为它们大致是对的。渐进是科学的灵魂。"

因此,尽管认识到模型在某种程度上和实际情况不一致,我们仍然进行模型建构。模型的渐进特征可能有几种形式。一是假定结构方程是参数的线性关系。如果我们没有违背这一点的证据,这是一个合理的开始。有时我们可以通过转换变量来将变量间的曲线或者非线性关系纳入方程,从而得到被转换变量的线性方程。同时,我们应遵循简约性原则。如果我们判断好几个模型拟合数据和逼近现实的程度相当,我们将选择最简单的模型。我们可能会发现,一个具有很多参数的复杂模型仅仅比一个不那么复杂的模型在拟合数据方面好那么一点点。如果我们认为较简单的模型比较复杂的模型更有可能推广至其他样本,那么我们仍然会选择简单一些的模型。至少在应用其他数据样本来进行检验以前,我们可能愿意暂时悬置判断。

总之,结构方程模型和其他经验方法一样面临同样的限制。我们能做的仅仅是拒绝一个模型——我们从来无法证明一个模型是有效的。好的模型-数据拟合并不意味着我们拥有真模型。我们需要检验其他同样拟合数据的可行设定;我们需要探索评估模型合理反映真实的不同路径。

实验和非实验研究设计

关于结构方程模型的两个常见误解:一是结构方程模型是针对非实验(观察)数据的统计分析技术;二是真正的实验能够解决省略变量这一困扰非实验数据结构方程模型分析的问题。本节的目的就在于解释为什么这两个观点都是不正确的。

在第一种误解的情形下,大多数结构方程模型应用的是非实验数据,而实验统计分析则采用ANOVA或者回归技术,这一点没错。如果我们意识到ANOVA和回归分析是结构方程模型的特例时,这一显然的分野就变得不那么重要了(参见第4章)。这两种方法的特殊之处在于都假定了解释变量的测量没有误差。ANOVA进一步限定于类别解释变量。结构方程模型则在较少限制性假定下使用。多年以前,科斯特纳(Costner,1971)、米勒(Miller,1971)、布莱洛克(Blalock,1971)以及其他一些人建议,实验数据分析可以借鉴结构方程模型允许测量误差、多指标测量和交叉从属变量。因此,我们可以看到,结构方程模型仅能够应用于非实验数据这一看法有两点是不对的:一是实验中通常使用的ANOVA和回归分析是结构方程模型,尽管它们是一些特殊情况。二是一般性的结构方程模型可以允许更为符合实际的实验数据分析,这些数据承认测量误差并且带有潜变量。

第二个声称——实验解决省略变量问题——也是误导性的。前面已经解释过了,省略变量是虚假孤立假定被违反的重要原因之一。分析人员有三种控制这些无关因素的一般性办法:观察选择、统计控制和随机化。在观察选择中,仅仅针对潜在地引起变化的变量的某一类别进行分析。例如,在一项关于培训课程和工作表现关系的研究中,如果我们认识到性别可能会影响这一关系,我们可能会将样本限于女性。这一类型的控制既可以在实验中进行,也可以在非实验数据中进行。它的主要缺点在于,我们不清楚是否这一结果对于未被分析的组别也成立,并且我们必须事先决定控制哪一个变量。

第二种主要的控制方式贯穿于整个统计分析过程中。这一工作是明确地将那些被怀疑既影响因变量同时又和其他解释变量有关联的变量纳入分析之中。对实验数据和非实验数据都可以应用统计控制。在前一个关于职业培训和工作表现的研究中,我们可以引入一个虚拟变量来区分男性和女性,并同时引入性别和培训的交互项,从而在统计上控制性别。如果年龄或者资历有可能引起混淆,它们也可以在统计学上得到控制。统计控制相比观察选择的主要优点在于,推论可以应用至更大的总体。它和观察选择的共同缺点在于,研究者必须知道并测量可能的混淆因素。在实际中,我们并不了解所有的干扰因素,或者没有测量它们。这导致我此前所讨论的省略变量问题,所以我建议读者参考虚假孤立章节去了解更详细的内容。

理想化的实验研究采用第三种更强大的控制方式。它通过随机化来最小化潜在混淆变量的影响。为实验或者控制条件随机指派被试或案例做不到对潜在混淆因素进行明确控制,但它能够使我们建立对混淆因素的随机化反应。例如,假设我们希望检验一个新的囚犯康复方案的效果。一旦我们选择某个群体来进行研究,随机选择过程将用来决定某个囚犯分配到实验组还是控制组。尽管许多因素都影响囚犯对实验或者传统处置的反应,但一般来说,随机指派防止了这些系统性的偏差在一个组别中比在另一个组别中影响更大。它的一个缺点是,许多影响被随机化的变量本身是干扰的一部分,这增加了干扰的变异,相比于明确将那些外部干扰变量纳入方程而言,这种方法使得探测实验效果变得更难。

在观察研究中,对随机化的控制无法实现。例如,一项对囚犯的非实验研究可能用来比较新的康复方案和传统康复方案,在这项研究中,囚犯并非被随机指派给处置。假设那些参加新康复方案的是志愿者。志愿者可能具有影响方案效果的某种特性,他们可能更愿意接受改变或者更愿意合作,或者他们可能和非志愿者比起来在其他一些方面不同,而这些方面对判定新方案的效果产生困扰。在这样的观察研究中,研究者必须使用统计控制并且要将那些被怀疑影响因变量的变量明确纳入模型。这可能会导致复杂模型。例如,布莱洛克(Blalock,1979:881)提出,如果我们需要厘清社会学家感兴趣的诸多变量之间的关系,我们可能需要"多达 50 个变量"。关于美国经济的计量经济学模型通常涉及相当多的变量。其他社会科学问题中可能需要同样多的变量。

随机化是某些人相信实验设计能够解决省略变量的原因。尽管随机化作为一种最小化某些外部因素影响的方法的优点无可置疑,但它并不能总是保证虚假孤立假定成立。也就是说,和非实验设计一样,实验研究同样被有影响的省略变量所困扰。为了说明这一点,假设我们有一个关于挫折和攻击行为的实验。我们随机指派个体到实验组和控制组。为了引入挫折,我们在实验组的被试试图完成一项工作的时候对其施加电击,然后,我们让实验组和控制组来回答一个测量他们攻击感受的量表。使用 ANOVA 或者与其等效的带有虚拟变量的回归分析方法,我们估计在两组之间是否存在统计和实质上都显著的差别。

显著的系数是否意味着挫折导致侵略?答案是并不必然如此,并且结构方程模型可以阐释这一原因。图 3. 10(a)给出了研究者分析的这两个观测变量之间的路径图。第一个图是一个哑变量显示被试是否接受了电击。第二个图是自我报告的侵略性。这一被估计的模型是一个隐含的、更为复杂的基本模型。我将其显示在图 3. 10(b)中。这里我明确地将假设的因果结构纳入其中:电击导致挫折、挫折导致侵略,而侵略决定自我报告的侵略测量水平。这一实验背后涉及两个潜变量,即挫折和侵略,它们是电击和侵略性测量之间被省略的中介变量。假设电击对挫折的影响基本上为零或者自我报告的侵略

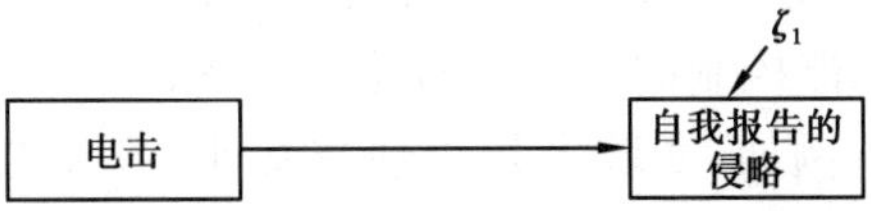

(a)

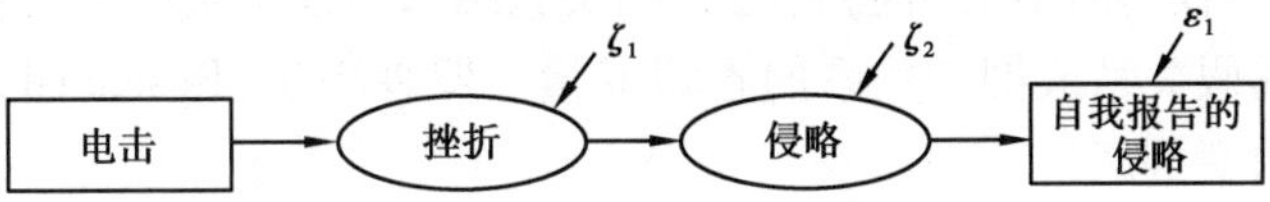

(b)

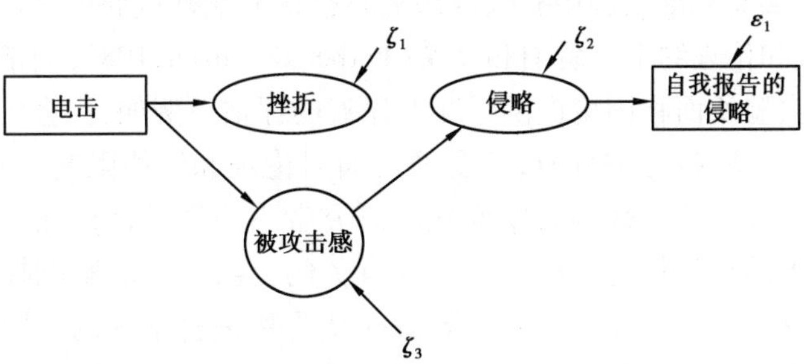

(c)

图 3. 10　三种挫折-攻击实验的模型

测量的信度很低。那么,即便挫折和侵略这两个潜变量之间有很强的关系,上述情况也会导致观察变量之间联系的估计接近于零。更一般地,许多实验分析假定有一系列的中介变量,通过这些中介变量,某一处置导致一个指标发生变化,但这些中介变量极少被纳入分析之中。随机化并不能控制这一类型的中介变量。

当实验操作导致非意向中的变量发生改变时,出现了另一种可能的混淆。例如,在图3.10(c)中,我认为电击除了影响挫折这一意向变量之外,还会导致被试产生被攻击感。但可能侵略感上升的原因主要是觉察到这种攻击而不是遭受到挫折。仅仅估计图3.10(a)中的模型,我们可能错误地将一种基于被攻击而产生的效果归因于挫折。实验处置的随机化并没有消除这一问题。采用结构方程模型的方法能够帮助查清那些替代模型是否真正合理。例如,如果研究者收集了自我报告的挫折感、处于攻击以及侵略的多个指标,他们可以估计一个带有潜变量的一般性结构方程模型并检验在实验变量和潜变量之间是否有显著的路径或者是否存在令人混淆的效应。在任何实验中,我们必须清楚一点,那就是,除了所考虑的变量,其他变量也可能被处置所影响,并且那些未被考虑的变量可能是我们所发现的效应的原因。

其他类型的省略变量错误也可能出现。当一个实验的时间相对较长时,由于疲劳、积极性降低或者厌烦而不是由于处置变量而产生的影响可能会出现。需求特征也可能成为干扰因素。这里指的是被试对实验的觉察,这一觉察会影响他们的表现。如果他们觉察到一项实验在测量他们的智力,他们可能努力表现得更聪明,或者如果他们认为实验的目的是测量合作,为了将自己展现为正面形象,他们会更多地合作。反之,如果他们觉察到一项处置是为了操纵他们的行为,他们可能会采取措施来避免出现预期的行为,从而显示他们的独立性。霍桑(Hawthorne)实验效应,即意识到处于实验之中会影响被试的表现,提供了关于随机化未能控制的另一类省略变量的例子。除了这些被试的影响外,实验的特征也会干扰分析。例如,实验者是男性或女性、黑人或白人、富有吸引力或没有吸引力,都可能影响某个被试对某些类型实验的反应。实验者的经验丰富程度或者个人性格(热情或冷漠、内向或外向)也会影响实验结果。甚至实验者对实验结果的期待也可能成为导致虚假关系或抑制关系的省略变量。罗森塔尔(Rosenthal,1966)提供了很多这类实验效应的案例。

坎贝尔和斯坦利(Campbell & Stanley,1966)以及库克和坎贝尔(Cook and Campbell,1976)提供了一个实验和准实验中有效因果关系推论的额外威胁的有用清单。除了这些因素外,还有实践和伦理约束。费伯和赫希(Ferber & Hirsch,1982)对诸如美国收入维持这样大规模社会实验所面临困境提供了发人深省的评估。例如,社会实验花费了数百万美元,需要数年来准备、执行和分析,还要经常面对伦理和法律限制。此外,这样的实验用暂时性的处置来评估持久性的政策变化。研究者不能知道被试在这种条件下的行为是否和长期计划下的行为相符。和这一实验有关的公共性可能影响控制组或者实验组参与者的行为。这一清单还在延长。如果有人认为物理科学中的实验可以免于这一矛盾,他/她可以参考格利穆尔等(Glymour et al.,1987:28-29)找到物理和化学中的案例。

我提出这些问题并非主张我们放弃实验研究。恰恰相反,我相信社会科学可以通过更多的随机化的实验获益,我希望这些要点能够帮助纠正对实验研究缺点的忽视。对非实验设计研究的批评通常将理想化(ideal)的实验与实际中(in practice)的观测研究进行对比。最有意义的是将实际中的实验研究和实际中的非实验研究进行对比。这样的对比能够显示各自的优点和局限。

总之,结构方程模型分析既可用于实验数据,也可用于非实验数据。实际上,它们可以帮助阐明很多用通常的 ANOVA 或回归分析无法检验的问题。处置的随机化赋予实验设计一个高于非实验设计的强有力优点。但是如果我们相信随机化能够解决所有的省略变量问题,那就太天真了。尽管这些省略变量的类型有别于那些非实验研究中的常见类型,但其后果对作出因果推论同样有致命影响。非实验研究设计和实验研究设计都要求研究者利用自身的大量专门知识来考虑那些可能违反虚假孤立的省略变量。显然,在实验数据和非实验数据中同时进行检验是一个强有力的结合。在每一个背景下都能重复结果将增强对假定关系有效性的信心。

对结构方程模型的批评

尽管很少有人质疑作为结构方程模型基础的统计理论,一些人对这一技术的典型应用提出了批评。在前面部分,我已经提到了许多这样的批评。这里,我请大家注意三点:模型的可证伪性、潜变量的使用以及对分布的假定。

第一点批评提出,不可能证明某个结构方程模型不对。例如,凌(Ling,1983)曾说:"……只要那些声称具有因果关系的变量相关,不管样本规模多大或者有什么证据,研究者永远无法驳斥某个假的因果假定。"我们很难理解这一论断的基础,因为在结构方程模型中,我们经常发现,只要控制了其他变量,两个相关的变量之间没有关系。对单个系数或者成组系数估计的统计显著性检验是行得通的。

弗里德曼(Freedman,1986:112)争论说:"路径分析并非从数据中推导出含有因果关系的理论,也不依靠数据来验证其主要内容"。大多数结构方程模型拟合者都会同意他们不能"从数据中推导出理论"。实际上,在数据分析之前有一个初始模型。认为模型主要部分不可验证这一评论的正当性是不清楚的。正如我在模型-数据的一致性部分所讨论的那样,我们可以检验并拒绝结构方程(路径)模型。在第 4 章和第 7 章中介绍的总体模型拟合检验是这些分析方法的优点之一。因此,断言这些模型不能被证伪并没有什么基础。这些模型不能被证明为有效,但可以被拒绝。

第二点批评提出,结构方程模型并不可信,因为它们有时加上了潜变量。这里的假定是,潜变量仅仅是研究者想象的结果,因此它们没有科学上的有效性。如果我们接受这样一种观点并清除所有关于潜变量的科学和统计工作,那么我们将消除现代科学和统计学的大部分内容。统计模型通常包括潜在的干扰项或者潜在的概率。在物理学中,量子力学中的粒子在原则上是不可观测的(Wallace,1972:3),生物种类也是一个并不总能直接观测的抽象。症状通常是医学家可以用来判断某种疾病存在的唯一途径。即使基本的概念,比如说时间和空间,依据相对论之前的认识来看,它们也很少被直接观察到。这个清单还可以延长。实际上,潜变量是许多科学理论的组成部分,且必不可少。

一个有关的问题是潜变量的"命名问题"(Cliff,1983)。我们可能会对哪一个潜变量和指标有关给出不正确的描述。这是一个有效性问题:被命名和确定的潜变量真的和指标相关吗?或者是其他的潜变量和测量结果联系在一起?很不幸,在很多应用中,这是一个真问题。通常,潜变量所代表的概念并没有清楚的定义,并且没有给予测量效度检验足够的重视。第6章和第7章将更详细地处理这些测量事宜。

第三点批评认为,如果观测变量不具备多元正态分布,那么结构方程模型的估计就没有价值。我将在第4章、第7章和第9章中来检验这一事宜,但现在需要指出的是,当仅有观测变量为非正态分布是唯一被违反的假定时,我所使用的所有估计都是一致性估计。对统计显著性的检验有赖于更严格的假定,但即使在这样的情况下,与分布无关的渐近估计可以作为一个选择(参见第9章)。这样,关于观测变量的分布假定不再严格,甚至比ANOVA和回归分析中通常的假定更不严格。

小 结

因果关系的概念具有许多含义。在本章中,我提出了一个针对结构方程模型的因果关系定义。孤立、联系和因果关系的方向是3个用来建立一个因果关系的条件。每一个条件都很难满足,但也许确定某个原因和结果独立于所有其他变量是不可能的。我们必须将所有的模型视为对真实的大体接近。统计检验仅仅能够推翻模型,它们永远不能证明模型或者模型所蕴含的因果关系。当我们检验本书中的经验案例以及在研究中应用这些方法时,记住这一点很有帮助。最后,我们应该认识到,证明孤立、联系和因果关系方向的问题是非常古老的议题,本章仅仅是当它们在结构方程模型中表现出来时对其予以描述的。

第 4 章　观测变量的结构方程模型

以回归为基础的模型普遍存在于社会科学中。它们可能只包括一个方程,也可能包括多个方程,前者的目标是解释单个内生变量(因变量),后者包括多个内生变量以及双向关系。这些模型有时被称为“经典计量经济学模型”,它们有一个共同的假定,即内生变量和外生变量能被直接观测且没有测量误差。即使允许存在测量误差,也只是假定存在于一些内生变量中,而且这些内生变量不能在其他任何方程中作为解释变量。因此,除了少数例外,观测变量 y 和 x 被假定等同于相应的 η 和 ξ。

在本章中,我将考察观测变量的结构方程模型。之所以这样做有两个原因:首先,它们是最常见的结构方程模型。事实上,许多读者都会有一些估计诸如此类的回归模型或者路径分析模型的经验。其次,这些模型只是在后面的章节中所讨论的更一般的具有潜变量的结构方程模型的特例。本章的主要议题是模型设定、隐含协方差矩阵、识别以及估计,这些议题将再次出现在其他模型中。

模型设定

方程(4.1)是观测变量结构方程模型的一般表达方式(经典的计量经济学模型):

$$y = \mathbf{By} + \mathbf{\Gamma x} + \boldsymbol{\zeta} \tag{4.1}$$

式中　$\mathbf{B}$——$m \times m$ 系数矩阵;

$\mathbf{\Gamma}$——$m \times n$ 系数矩阵;

$\mathbf{y}$——$p \times 1$ 内生变量向量;

$\mathbf{x}$——$q \times 1$ 外生变量向量;

$\boldsymbol{\zeta}$——$p \times 1$ 方程中的误差项向量。

由于误差项 ζ 代表的是 y 和 x 之间关系中的随机误差,这些模型有时被称为方程中的误差(errors in the equation)模型 。这些模型的标准假设是误差项 ζ 与 x 无关。

对于观测变量的结构方程模型,其暗含的测量模型为:

$$\begin{aligned} \mathbf{y} &= \boldsymbol{\eta} \\ \mathbf{x} &= \boldsymbol{\xi} \end{aligned} \tag{4.2}$$

式中　$\mathbf{y}$——$p \times 1$ 外显(观测)变量向量;

$\mathbf{x}$——$q \times 1$ 外显(观测)变量向量。

简言之,$\mathbf{y}$ 和 $\mathbf{x}$ 被假定完全代表了潜变量 $\boldsymbol{\xi}$ 和 $\boldsymbol{\eta}$,而且对于每个潜变量只使用了一个指标变量。y 变量的数量等于 η 变量的数量($p = m$),x 变量的数量等于 ξ 变量的数量($q = n$)。

观测变量的结构方程模型主要有两种类型:递归模型和非递归模型。递归模型是一个不包含互为因果和反馈回路的方程组。在这种情况下,我们有可能把 **B** 写作一个下三角矩阵。此外,方程中误差的协方差矩阵(Ψ)是对角线矩阵①。这意味着一个方程的干扰项与另一个方程的干扰项无关。例如,如果 y_1 影响了 y_2,y_2 就不能直接地或者通过其他变量而影响 y_1。此外,y_1 方程中的干扰项 ζ_1 与 y_2 方程中的干扰项 ζ_2 无关。图 4.1 提供了两个假设的递归模型的例子。

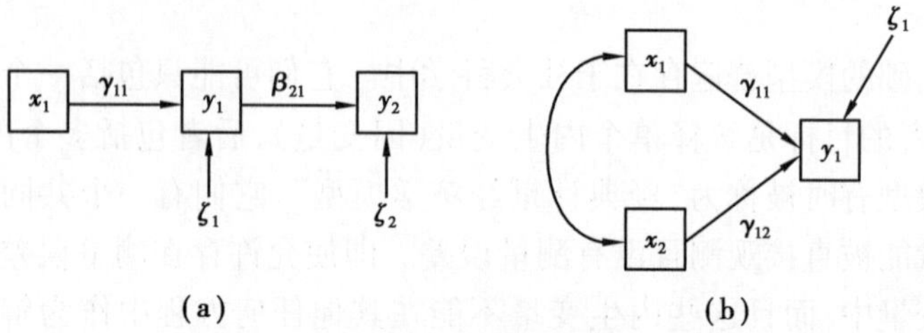

图 4.1　两个递归结构方程模型示例

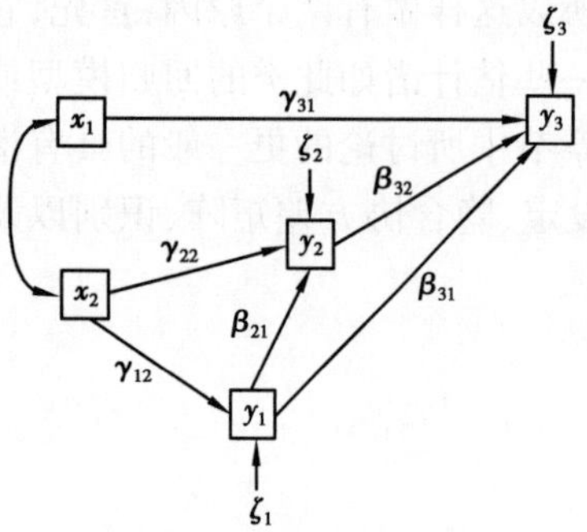

图 4.2　南部地区的纺织工人的工会情感模型

图 4.2 是一个实际例子的路径图。数据来自一项有关南部地区非工会纺织工人的工会情感研究(McDonald & Clelland,1984)。变量包括在纺织厂的年数(x_1)、年龄(x_2)、对管理者的尊重(或顺从)(y_1)、对劳工运动的支持程度(y_2)以及对工会的情感(y_3)。② 除了建立工人态度之间的关系,此模型分别考察了资历和年龄的影响。我们设定了年龄(x_2)影响了尊重(y_1)和对劳工运动的态度(y_2),但是不影响对工会的情感(y_3)。资历(x_1)只影响了对工会的情感(y_3)。麦克唐纳(McDonald) 和克莱兰(Clelland)所假设的内生变量中的因果顺序是尊重(y_1)影响了对劳工运动的态度(y_2)以及对工会的情感(y_3),而对劳工运动的态度影响了对工会的情感。不同方程中的干扰项(ζ)是不相关的。关于这个模型的矩阵方程是:

$$\begin{bmatrix} y_1 \\ y_2 \\ y_3 \end{bmatrix} = \begin{bmatrix} 0 & 0 & 0 \\ \beta_{21} & 0 & 0 \\ \beta_{31} & \beta_{32} & 0 \end{bmatrix} \begin{bmatrix} y_1 \\ y_2 \\ y_3 \end{bmatrix} + \begin{bmatrix} 0 & \gamma_{12} \\ 0 & \gamma_{22} \\ \gamma_{31} & 0 \end{bmatrix} \begin{bmatrix} x_1 \\ x_2 \end{bmatrix} + \begin{bmatrix} \zeta_1 \\ \zeta_2 \\ \zeta_3 \end{bmatrix} \qquad (4.3)$$

因为 **B** 是下三角矩阵以及 Ψ 是对角线矩阵,以上所述的工会情感模型是递归模型。

观测变量结构方程模型的第二种类型是非递归模型。非递归模型包含了互为因果、反馈回路或者相关的干扰项。不同于递归模型的是,**B** 不是下三角矩阵,Ψ 也不是对角线矩阵。图 4.3 显示了非递归模型的两个例子。

---

① 如果 Ψ 不是对角线,但递归模型的其他条件是满足的,这样的模型有时被称为部分递归。偶尔,所谓递归指的是 **B** 为下三角矩阵的任何模型,而不管其 Ψ 是否为对角线。本书均不遵循此惯例。

② 这是麦克唐纳和克莱兰(McDonald & Clelland,1984)所提出模型的一个简化版本。我把在纺织厂的年数变量取了对数,因为不取对数的话,此变量有偏且存在极端值。其他变量并不需要转换。

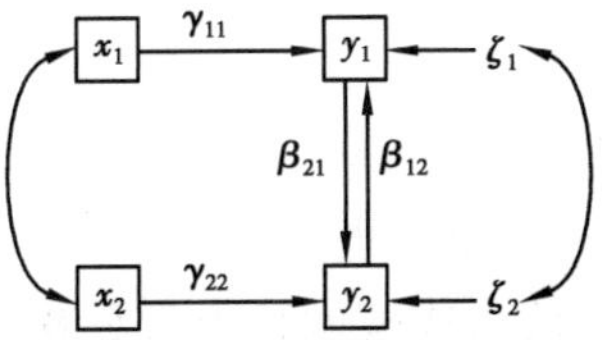

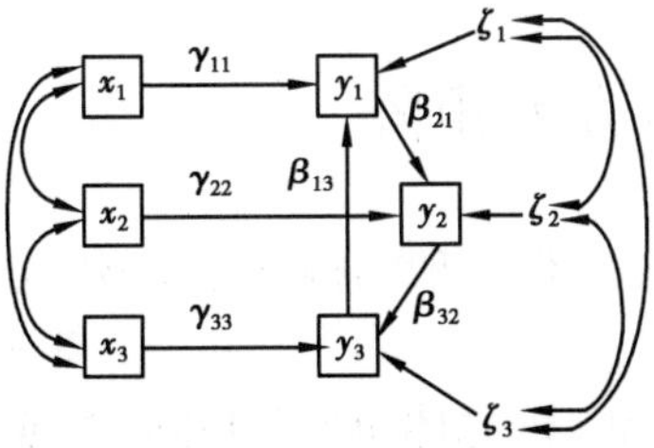

图 4.3　非递归结构模型的两个例子

我使用社会经济地位的客观测量与个人对自身社会地位的知觉之间的关系作为一个实证例子。共有 5 个变量：收入(x_1)、职业声望(x_2)、主观的收入(y_1)、主观的职业声望(y_2)以及主观的综合社会地位(y_3)。

前两个变量(x_1 和 x_2)是对实际的收入和职业声望的测量。y_1 和 y_2 分别是个人知觉的收入和知觉的职业声望，它们未必等同于 x_1 和 x_2，这是因为个人的实际收入和职业可能不同于他们在这两个变量上的社会地位的评价。最后一个变量 y_3 是个人对他们社会地位的综合性评价。与 y_1 和 y_2 一样，y_3 也是一种主观性测量。

针对这些变量的一个合理模型就是实际的收入(x_1)直接影响了主观的收入(y_1)，实际的职业声望(x_2)直接影响了主观的职业声望(y_2)，主观的收入(y_1)和主观的职业声望(y_2)直接相互影响并且同时影响了主观的综合性社会地位(y_3)。

以上想法体现在图 4.4 的路径图上。此模型的 **B**，Γ，Ψ 以及 Φ 分别是：

$$\mathbf{B} = \begin{bmatrix} 0 & \beta_{12} & 0 \\ \beta_{21} & 0 & 0 \\ \beta_{31} & \beta_{32} & 0 \end{bmatrix}, \Gamma = \begin{bmatrix} \gamma_{11} & 0 \\ 0 & \gamma_{22} \\ 0 & 0 \end{bmatrix} \tag{4.4}$$

$$\Psi = \begin{bmatrix} \psi_{11} & & \\ \psi_{12} & \psi_{22} & \\ \psi_{13} & \psi_{23} & \psi_{33} \end{bmatrix}, \Phi = \begin{bmatrix} \phi_{11} & \\ \phi_{21} & \phi_{22} \end{bmatrix} \tag{4.5}$$

不同于递归模型的是，**B** 不能再写作一个下三角矩阵，**Ψ** 也不是对角线矩阵。

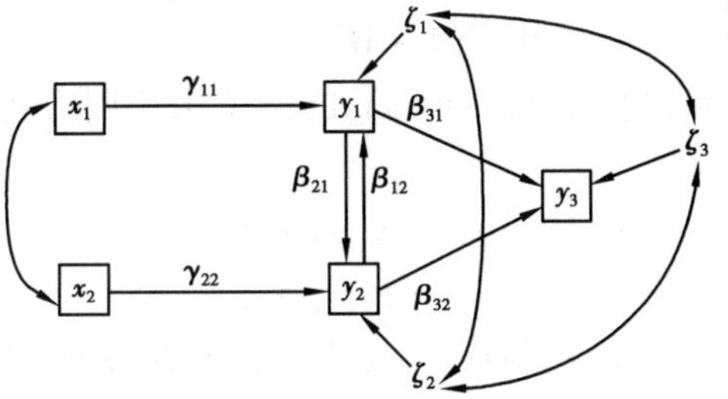

图 4.4　客观和主观社会地位非递归模型示例

在本章中，我将多次回到工会情感以及客观和主观知觉社会地位的例子。

内隐协方差矩阵

如第 1 章所述，一般结构方程模型的基本假定是：

$$\Sigma = \Sigma(\boldsymbol{\theta}) \tag{4.6}$$

其中，Σ 是 y 和 x 的总体协方差矩阵，$\Sigma(\boldsymbol{\theta})$ 是一个被写成模型自由参数 $\boldsymbol{\theta}$ 函数的协方差矩阵。方程(4.6)意味着协方差矩阵的每一个元素就是一个或多个模型参数的函数。在本节中，我将推导针对观测变量的方程(4.6)的特殊形式。Σ 和 $\Sigma(\boldsymbol{\theta})$ 的关系是理解模型识别、模型估计和模型拟合度评价的基础。

$\Sigma(\boldsymbol{\theta})$ 由三个部分所组成：(1) $\mathbf{y}$ 的协方差矩阵；(2) $\mathbf{x}$ 和 $\mathbf{y}$ 的协方差矩阵；(3) $\mathbf{x}$ 的协方差矩阵。首先考虑 $\mathbf{y}$ 的内隐协方差矩阵 $\Sigma_{yy}(\boldsymbol{\theta})$：

$$\begin{aligned}
\Sigma_{yy}(\boldsymbol{\theta}) &= E(\mathbf{yy}') \\
&= E[(\mathbf{I}-\mathbf{B})^{-1}(\Gamma\mathbf{x}+\zeta)((\mathbf{I}-\mathbf{B})^{-1}(\Gamma\mathbf{x}+\zeta))'] \\
&= E[(\mathbf{I}-\mathbf{B})^{-1}(\Gamma\mathbf{x}+\zeta)(\mathbf{x}\Gamma'+\zeta')(\mathbf{I}-\mathbf{B})^{-1'}] \\
&= (\mathbf{I}-\mathbf{B})^{-1}(E(\Gamma\mathbf{xx}\Gamma')+E(\Gamma\mathbf{x}\zeta')+E(\zeta\mathbf{x}\Gamma')+E(\zeta\zeta'))(\mathbf{I}-\mathbf{B})^{-1'} \\
&= (\mathbf{I}-\mathbf{B})^{-1}(\Gamma\Phi\Gamma'+\Psi)(\mathbf{I}-\mathbf{B})^{-1'}
\end{aligned} \tag{4.7}$$

式中 Φ——$\mathbf{x}$ 的协方差矩阵；

Ψ——ζ 的协方差矩阵。

$\mathbf{x}$ 的内隐协方差矩阵 $\Sigma_{xx}(\boldsymbol{\theta})$ 等于 Φ，或者

$$\begin{aligned}
\Sigma_{xx}(\boldsymbol{\theta}) &= E(\mathbf{xx}') \\
&= \Phi
\end{aligned} \tag{4.8}$$

内隐协方差矩阵的最后一部分是 $\Sigma_{xy}(\theta)$，它是 $\mathbf{x}$ 和 $\mathbf{y}$ 的内隐协方差：

$$\begin{aligned}
\Sigma_{xy}(\boldsymbol{\theta}) &= E(\mathbf{xy}') \\
&= E[\mathbf{x}((\mathbf{I}-\mathbf{B})^{-1}(\Gamma\mathbf{x}+\zeta))'] \\
&= \Phi\Gamma'(\mathbf{I}-\mathbf{B})^{-1'}
\end{aligned} \tag{4.9}$$

把方程(4.7)至方程(4.9)组合在一起之后，$\mathbf{x}$ 和 $\mathbf{y}$ 的内隐协方差矩阵是：

$$\Sigma(\boldsymbol{\theta}) = \begin{bmatrix} (\mathbf{I}-\mathbf{B})^{-1}(\Gamma\Phi\Gamma'+\Psi)(\mathbf{I}-\mathbf{B})^{-1'} & (\mathbf{I}-\mathbf{B})^{-1}\Gamma\Phi \\ \Phi\Gamma'(\mathbf{I}-\mathbf{B})^{-1'} & \Phi \end{bmatrix} \tag{4.10}$$

我用一个假设的因果链模型 $x_1 \to y_1 \to y_2$ 的例子来说明方程(4.10)[路径图参见图 4.1(a)]：

$$y_1 = \gamma_{11}x_1 + \zeta_1 \tag{4.11}$$

$$y_2 = \beta_{21}y_1 + \zeta_2 \tag{4.12}$$

这里 $\mathrm{COV}(\zeta_1, x_1)$、$\mathrm{COV}(\zeta_1, \zeta_2)$ 和 $\mathrm{COV}(x_1, \zeta_2)$ 等于 0，此模型的矩阵分别是：

$$\mathbf{B} = \begin{bmatrix} 0 & 0 \\ \beta_{21} & 0 \end{bmatrix}, \Gamma = \begin{bmatrix} \gamma_{11} \\ 0 \end{bmatrix} \tag{4.13}$$

$$\Psi = \begin{bmatrix} \psi_{11} & 0 \\ 0 & \psi_{22} \end{bmatrix}, \Phi = [\phi_{11}] \tag{4.14}$$

把方程(4.13)和方程(4.14)代入方程(4.10)，并且利用方程(4.6)得：

$$\Sigma = \Sigma(\boldsymbol{\theta}) \tag{4.15}$$

$$\begin{bmatrix} \mathrm{VAR}(y_1) & & \\ \mathrm{COV}(y_2,y_1) & \mathrm{VAR}(y_2) & \\ \mathrm{COV}(x_1,y_1) & \mathrm{COV}(x_1,y_2) & \mathrm{VAR}(x_1) \end{bmatrix} = \begin{bmatrix} \gamma_{11}^2\phi_{11}+\psi_{11} & & \\ \beta_{21}(\gamma_{11}^2\phi_{11}+\psi_{11}) & \beta_{21}^2(\gamma_{11}^2\phi_{11}+\psi_{11})+\psi_{22} & \\ \gamma_{11}\phi_{11} & \beta_{21}\gamma_{11}\phi_{11} & \phi_{11} \end{bmatrix}$$

方程(4.15)的左手边是 y_1,y_2 和 x_1 的总体协方差矩阵,而右手边表示的是未知模型参数的方差和协方差。只有每个矩阵的下半部分是已知的。主对角线以上的元素和主对角线以下的元素相同。一般而言,一个 $p+q$ 变量的协方差矩阵总共有 $(1/2)(p+q)(p+q+1)$ 非冗余元素。在本例中,共有 $6(=(1/2)(3)(4))$ 个元素,这意味着有 6 个方程。比如,方程(4.15)显示 $\mathrm{VAR}(y_1)=\gamma_{11}^2\phi_{11}+\psi_{11}$ 和 $\mathrm{COV}(x_1,y_1)=\gamma_{11}\phi_{11}$。这 6 个方程阐明了总体方差和协方差对模型参数的依赖性。

对于工会情感、客观和知觉社会地位的例子以及任何观测变量的结构方程模型而言,我们都可以采用同样的方法来显示 Σ 和 $\Sigma(\boldsymbol{\theta})$ 的关系。把模型的 $\mathbf{B}$,Γ,Ψ 和 Φ 代入方程(4.10)。工会情感和社会地位模型每个有 5 个变量,在协方差矩阵中就有 $15(=(1/2)(5)(6))$ 个非冗余元素,这意味着对于每个模型而言就有 15 个方程。实际上,当 $\mathbf{B}$ 较大时,在计算方程(4.10)所需要的 $(\mathbf{I}-\mathbf{B})^{-1}$ 时会比较烦琐。

如果研究人员感兴趣的主要是协方差矩阵中相当少的几个元素,协方差代数提供了一种替代的推导。分析人员只是简单地采用了在第 2 章所回顾的结构方程(如果需要)的代数运算以及协方差代数规则。例如,对于知觉收入(y_1)方程和知觉职业声望方程(y_2)[参见图 4.4 或者方程(4.4)]:

$$y_1 = \beta_{12}y_2 + \gamma_{11}x_1 + \zeta_1 \tag{4.16}$$

$$y_2 = \beta_{21}y_1 + \gamma_{22}x_2 + \zeta_2 \tag{4.17}$$

把方程写成简化形式。也就是说,方程右边的变量只能是外生变量。方程(4.16)的简化形式为:

$$y_1 = (1-\beta_{12}\beta_{21})^{-1}(\gamma_{11}x_1 + \beta_{12}\gamma_{22}x_2 + \zeta_1 + \beta_{12}\zeta_2) \tag{4.18}$$

[方程(4.18)就是通过用方程(4.17)的右边替代方程(4.16)中的 y_2,再求解 y_1 获得]

客观收入(x_1)和知觉收入(y_1)的协方差是:

$$\begin{aligned} \mathrm{COV}(x_1,y_1) &= \mathrm{COV}(x_1,(1-\beta_{12}\beta_{21})^{-1}(\gamma_{11}x_1+\beta_{12}\gamma_{22}x_2+\zeta_1+\beta_{12}\zeta_2)) \\ &= (1-\beta_{12}\beta_{21})^{-1}(\gamma_{11}\phi_{11}+\beta_{12}\gamma_{22}\phi_{12}) \end{aligned} \tag{4.19}$$

通过一系列的相似步骤,可获得任意的其他方差或者协方差方程。

总之,一旦我们设定了一个模型,方差和协方差就是模型参数的函数。尝试为这些参数寻找唯一的取值就引出了接下来讨论的模型识别问题。

识　别

识别是适用于所有结构方程模型的一个话题。在本节中,我首先对此问题进行一般性的解释。然后,对于观测变量结构方程模型的识别给出具体的解释和规则。

对识别问题的考察开始于和已知与未知参数相关的一个或多个方程。说到“已知的”参数,我并不是说这些参数的精确数值是已知的,而是说这些参数已知是能够被识别的。一般而言,这些参数都是观测变量分布的总体特征,如它们的方差和协方差,其一致的样本估计量很容易获得,从而对它们的识别通常也不是问题。"未知的"参数指的是那些识别状况未知的参数。研究者必须确定这些参数的唯一取值是否存在。未知的参数来自结构方程模型。能不能识别主要是通过把未知的参数表达为仅包括已经识别参数的函数以及这些函数导致唯一的解来证明。如果能做到这一点,未知的参数就是能被识别的。否则,一个或多个参数是不能被识别的。因此,我们的目标是根据已知的能被识别的参数去解未知的参数。

我用一个简单的例子来说明这一点。假设 $\mathrm{VAR}(y)$ 是已知的参数,θ_1 和 θ_2 是未知的参数以及与这些参数相关的方程是 $\mathrm{VAR}(y)=\theta_1+\theta_2$。识别问题就是 θ_1 和 θ_2 的值能否从这个方程中求出。很明显,在一个方程中有两个未知的参数 θ_1 和 θ_2,它们是不能被识别的。对于任意给定的 $\mathrm{VAR}(y)$ 取值,θ_1 和 θ_2 取值的任何组合都能满足 $\mathrm{VAR}(y)=\theta_1+\theta_2$。不过,我们加入另一个方程 $\theta_1=\theta_2$,将确保每个参数的识别等于 $\mathrm{VAR}(y)/2$。对于任意给定的 $\mathrm{VAR}(y)$ 取值,$\mathrm{VAR}(y)/2$ 是唯一的取值,θ_1 和 θ_2 是可被识别的参数。

这个一般性原则同样也适用于更加复杂的结构方程模型。已知的可被识别的参数就是观测变量的总体协方差矩阵 $\boldsymbol{\Sigma}$ 中的元素。识别情况不明的那些参数是 $\boldsymbol{\theta}$,其中 $\boldsymbol{\theta}$ 包含了 t 个自由的(非冗余的)和限制性参数 $\mathbf{B},\boldsymbol{\Gamma},\boldsymbol{\Phi}$ 和 $\boldsymbol{\Psi}$。关联 $\boldsymbol{\Sigma}$ 到 $\boldsymbol{\theta}$ 的方程就是我们在上一节中所提到的协方差结构假设,即 $\boldsymbol{\Sigma}=\boldsymbol{\Sigma}(\boldsymbol{\theta})$。如果 $\boldsymbol{\theta}$ 中的某个未知参数可以被写成 $\boldsymbol{\Sigma}$ 中一个或多个元素的函数,那么这个参数就是可识别的。[①] 如果 $\boldsymbol{\theta}$ 中所有的未知参数都是可识别的,那么整个模型就是可识别的。

关于识别的另一种定义可先考虑两个 $t\times1$ 向量 $\boldsymbol{\theta}_1$ 和 $\boldsymbol{\theta}_2$,每个向量中包含了 $\boldsymbol{\theta}$ 中未知参数的具体数值。对于每个解向量,我可以建立内隐协方差矩阵 $\boldsymbol{\Sigma}(\boldsymbol{\theta}_1)$ 和 $\boldsymbol{\Sigma}(\boldsymbol{\theta}_2)$。如果此模型是可被识别的,$\boldsymbol{\Sigma}(\boldsymbol{\theta}_1)=\boldsymbol{\Sigma}(\boldsymbol{\theta}_2)$ 中所有的 $\boldsymbol{\theta}_1$ 和 $\boldsymbol{\theta}_2$ 的解都必须是 $\boldsymbol{\theta}_1=\boldsymbol{\theta}_2$。如果 $\boldsymbol{\Sigma}(\boldsymbol{\theta}_1)=\boldsymbol{\Sigma}(\boldsymbol{\theta}_2)$ 中存在一对向量解 $\boldsymbol{\theta}_1$ 和 $\boldsymbol{\theta}_2$ 并且 $\boldsymbol{\theta}_1\neq\boldsymbol{\theta}_2$,那么 $\boldsymbol{\theta}$ 就是不能被识别的。

一个参数的过度识别指的是识别信息的过量。例如,假定对未知的参数 ϕ_{11},我们有 $\phi_{11}=\mathrm{VAR}(x_1)$ 以及 $\phi_{11}=\mathrm{COV}(x_1,y_1)$,其中 $\mathrm{VAR}(x_1)$ 和 $\mathrm{COV}(x_1,y_1)$ 能被识别。任意一个等式独自将能够确保 ϕ_{11} 的识别。如果利用两个等式,ϕ_{11} 就是过度识别的。一种可能的误解就是因为 ϕ_{11} 有两个方程,它会有两个不同的取值。这是不正确的。当模型是正确时,在总体中 $\mathrm{VAR}(x_1)$ 和 $\mathrm{COV}(x_2,y_1)$ 有相同的取值,因此 ϕ_{11} 只有一个取值。

当模型的每个参数都是可被识别的并且至少有一个参数是过度识别时,模型就是过度识别的。当模型的每个参数都是可被识别的并且没有模型参数是过度识别的,模型就是恰好识别的。类似的区分也存在于方程组。实际上,所谓可识别的模型(或者方程组)指的是恰好识别和过度识别模型(或者方程组)。一个欠识别模型(或方程)至少有一个参数不能被识别。通常,在一个欠识别的模型中,可被识别的参数能够获得一致性估计,尽管这对那些欠识别的参数来说是不正确的。有时,欠识别参数的函数是能够被识别

---

① 我假定 $\boldsymbol{\Sigma}$ 的函数能够导致唯一的解。在大部分情况下,这是正确的,但是,$\boldsymbol{\Sigma}$ 的函数也有可能导致多个解。例如,θ_1 等于 $\mathrm{VAR}(y_2)$ 的平方根。这个解就是 $\mathrm{VAR}(y_2)$ 的正负平方根。其他信息通常会排除掉只剩下一个解。在本例中,如果 θ_1 是一个方差参数,就不可能取负值。通常,如果一个未知的参数是识别参数的一个函数,存在多个解的情况并不常见。

的。在前面的那个单一方程 $VAR(y)=\theta_1+\theta_2$ 中，$\theta_1+\theta_2$ 的和是能够被识别的，尽管单个参数 $\theta_1+\theta_2$ 不能被识别。欠识别参数的可识别函数通常能够被一致性地估计，尽管这对于单个欠识别的参数来说是不正确的。

正如前面讨论所解释的那样，根据观测变量 y 和 x 的分布信息其识别是可能的。如果变量是多元正态分布，那么表征观测变量分布的那些参数就是总体均值($\boldsymbol{\mu}$)和总体协方差矩阵(Σ)。它们是分布的一阶和二阶矩。三阶和更高阶矩要么是0，要么是低阶矩的函数。它们是冗余的，不能提供任何有助于模型识别的信息。对于那些不是多元正态分布的变量，分布的高阶矩可能有助于识别参数。我这里就不讨论这个问题了[参见本特勒(Bentler，1983)]。至于一阶和二阶矩，我们已经表明二阶矩 Σ 是协方差结构假设 $\Sigma=\Sigma(\boldsymbol{\theta})$ 的核心。而且，我们已经根据 Σ 的元素对 $\boldsymbol{\theta}$ 的识别进行了定义。现在，我忽略一阶矩 $\boldsymbol{\mu}$，因为所有的变量都是离差形式并且 $\boldsymbol{\mu}$ 没有被结构化为 $\boldsymbol{\theta}$ 的函数。后面，当我估计方程的回归常数项时，我将使用 μ。所以在我看来，观测变量的总体协方差矩阵包括了已知的可被识别的参数，据此我们必须表明 $\boldsymbol{\theta}$ 中未知的参数也能够被识别。

识别并不是一个在少部分案例中发生的问题，它是根据总体的参数来定义的。总体协方差矩阵是识别信息的来源。参数指的是总体而不是样本的数值。因此，无论样本量多么大，一个欠识别的参数仍然是不能被识别的。

显而易见的是，如果不对模型的参数施加限制，观测变量结构方程模型的识别就是不可能的。一个研究者为了"让数据告诉我们"这些变量是如何相关的，可能会指定 Γ，Φ，Ψ 和 $\mathbf{B}$ 中的所有参数都是自由的。很不幸，这对数据的要求超过了数据所能提供的，因为这样的一个模型是不能被识别的，而且参数的真实取值不能与无限数量的错误取值区分开来。为了让数据告诉我们变量之间的关系，我们必须在要求数据说话之前对参数进行限制。最常见的限制就是把 $\mathbf{B}$，Γ，Φ 和 Ψ 中的一些元素设置为零或者其他常数。其他限制包括对参数施加相等或不相等的限制。

尽管不是很明显，为了识别我已经施加了两个必要的限制。它们都出现在方程(4.1)中，即结构方程 $\mathbf{y}=\mathbf{B}\mathbf{y}+\Gamma\mathbf{x}+\boldsymbol{\zeta}$。首先，$\mathbf{B}$ 的主对角线元素都被固定为零。如果不这样做，每个内生变量将表示为对自身有一个直接的效应。我遵循了把 $\mathbf{B}$ 的对角线元素设定为零的标准惯例，从而每个方程的因变量出现在左边，其隐含的系数为1。有时，这被称为标准化惯例。如果没有这种限制，结构方程模型就不能被识别。

第二种理所当然的识别惯例就是方程(4.1)中 ζ 的系数矩阵总是一个单位矩阵。这意味着每一个 ζ 只出现在一个方程中，其系数值为1。ζ 向量包含的变量不同于 y 和 x，它们不可能被直接观测。这些潜变量必须有一个尺度以使它们能够被解释。有两种方法可以做到这一点，一种方法是把潜变量的方差设定为一个常数(如设定为1)，另一种方法是通过把它的系数设定为1从而把它的尺度等同于某一个观测变量。虽然在第6和第7章我将会谈论更多有关尺度转换的惯例，但这里指出的是，通常是通过把它们在各自方程中的系数设定为1而不是把它们的方差固定为一个常数值而给定的。

由于这两种识别限制被经常使用，许多分析者并没有意识到当他们在估计一个回归或者计量经济学模型时正在使用这种限制。在大部分情况下，这些惯例对于识别多方程模型并不充分，还必须借用其他信息进行设定。

一个可识别模型的实例来自哈维尔莫(Haavelmo,1953)的一个宏观经济学模型。在第2章中,我们曾经考察了此模型的一些数据。哈维尔莫的兴趣是边际消费倾向。这是可支配收入的一部分,用来购买消费品。总的可支配收入(y_1)等于投资支出(x_1)加上消费支出(y_2)。消费支出(y_2)是可支配收入(y_1)的函数加上一个干扰项。这两个方程组是:

$$y_1 = y_2 + x_1 \tag{4.20}$$

$$y_2 = \beta_{21} y_1 + \zeta_2 \tag{4.21}$$

其中,$\mathrm{COV}(\zeta_2, x_1)$等于零。第一个方程是一个恒等式。$\mathbf{B},\boldsymbol{\Gamma},\boldsymbol{\Phi}$和$\boldsymbol{\Psi}$是:

$$\mathbf{B} = \begin{bmatrix} 0 & 1 \\ \beta_{21} & 0 \end{bmatrix}, \boldsymbol{\Gamma} = \begin{bmatrix} 1 \\ 0 \end{bmatrix} \tag{4.22}$$

$$\boldsymbol{\Psi} = \begin{bmatrix} 0 & 0 \\ 0 & \psi_{22} \end{bmatrix}, \boldsymbol{\Phi} = [\phi_{11}] \tag{4.23}$$

在本章后面我们将使用哈维尔莫的数据来估计此模型,但是现在,我考察它的识别问题。为了做到这一点,把方程(4.22)和方程(4.23)代入方程(4.10),导致

$$\boldsymbol{\Sigma}(\boldsymbol{\theta}) = \begin{bmatrix} (1-\beta_{21})^{-2}(\phi_{11}+\psi_{22}) & & \\ (1-\beta_{21})^{-2}(\beta_{21}\phi_{11}+\psi_{22}) & (1-\beta_{21})^{-2}(\beta_{21}^2\phi_{11}+\psi_{22}) & \\ (1-\beta_{21})^{-1}\phi_{11} & (1-\beta_{21})^{-1}\phi_{11}\beta_{21} & \phi_{11} \end{bmatrix} \tag{4.24}$$

当一个模型包含一个恒等式时,参见方程(4.20),$\boldsymbol{\Sigma}$和$\boldsymbol{\Sigma}(\boldsymbol{\theta})$矩阵是奇异的。几乎所有的有关识别和估计的讨论都假定这些矩阵是非奇异的。一个简单的解决方法就是消除那些只是其他变量线性组合的变量并且使用线性的因变量的一个子集来建立$\boldsymbol{\Sigma}$和$\boldsymbol{\Sigma}(\boldsymbol{\theta})$。在方程(4.24)中,我通过消除$y_2$和$\boldsymbol{\Sigma}(\boldsymbol{\theta})$中对应于$y_2$的第二行和列而做到了这一点。产生的结果是一个$2\times2$ $\boldsymbol{\Sigma}(\boldsymbol{\theta})$和$\boldsymbol{\Sigma}$。$\boldsymbol{\Sigma}=\boldsymbol{\Sigma}(\boldsymbol{\theta})$的协方差结构假设有3个未知的参数($\boldsymbol{\theta}'=[\beta_{21}\ \psi_{22}\ \phi_{11}]'$)。如果我们能把$\theta$的每个元素写成只是$\boldsymbol{\Sigma}$元素的一个函数,此模型就是可被识别的。

考虑取自$\boldsymbol{\Sigma}=\boldsymbol{\Sigma}(\boldsymbol{\theta})$的三个方程:

$$\begin{aligned} \mathrm{VAR}(x_1) &= \phi_{11} \\ \mathrm{COV}(x_1, y_1) &= (1-\beta_{21})^{-1}\phi_{11} \\ \mathrm{VAR}(y_1) &= (1-\beta_{21})^{-2}(\phi_{11}+\psi_{22}) \end{aligned} \tag{4.25}$$

ϕ_{11}的解显而易见,通过代数运算,有

$$\begin{aligned} \phi_{11} &= \mathrm{VAR}(x_1) \\ \beta_{21} &= 1 - \frac{\mathrm{VAR}(x_1)}{\mathrm{COV}(x_1, y_1)} \\ \psi_{22} &= \left[\frac{\mathrm{VAR}(x_1)}{\mathrm{COV}(x_1, y_1)}\right]^2 \mathrm{VAR}(y_1) - \mathrm{VAR}(x_1) \end{aligned} \tag{4.26}$$

方程(4.26)显示哈维尔莫的两方程模型是可识别的。

虽然$\boldsymbol{\Sigma}=\boldsymbol{\Sigma}(\boldsymbol{\theta})$方程的代数运算有助于确定模型的识别,但是当模型的复杂性增加时,它就失去了可行性。考虑有5个观测变量和15个方程的工会情感或者社会经济地位实例,试图通过代数运算求解未知参数不仅容易出错而且耗时。幸运的是,我们可以利

用其他方法来鉴定模型的识别问题。

t 法则

即将用到的最简单检验是模型识别的一个必要但非充分条件。[①] 这个必要条件完全是一般性的，它既可用在本章中讨论的所有模型，也可用在后面所讨论的所有模型。模型识别的 t 规则指的是观测变量协方差矩阵非冗余元素的数量必须大于或者等于 θ 中未知参数的数量。

$$t \leqslant \left(\frac{1}{2}\right)(p+q)(p+q+1) \tag{4.27}$$

其中，$p+q$ 是观测变量的数量，t 表示的是 θ 中自由参数的数量。方程(4.27)右边表示的是 Σ 中非冗余元素的数量。我们知道每个方差或者协方差都能够被识别，而且方程(4.10)也显示了每个方差或者协方差都是 θ 中一个或多个 t 元素的函数。这将导致 $\left(\frac{1}{2}\right)(p+q)(p+q+1)$ 等于 t 个未知的参数。如果未知的参数数量超过了方程的数量，就不可能识别 θ。对于社会经济地位的例子而言，方程(4.4)和方程(4.5)有 15 个未知的参数，而且 $\left(\frac{1}{2}\right)(p+q)(p+q+1)$ 等于 15，因此满足了 t 法则。工会情感的例子[参见方程(4.3)]也满足 t 法则。

识别的必要条件是非常有用的，因为它允许我们快速地发现欠识别的模型。它的主要局限是满足必要条件并不能保证模型能够被识别。幸运的是，其他针对特定形式的观测变量结构方程模型的识别规则已经被提出来。

零 B 规则

在一个多方程模型中，如果没有内生变量影响其他任意的内生变量，$\mathbf{B}$ 矩阵就等于 0。下面是一个两方程模型的例子：

$$\begin{aligned} y_1 &= \gamma_{11}x_1 + \gamma_{12}x_2 + \zeta_1 \\ y_2 &= \gamma_{21}x_1 + \gamma_{23}x_3 + \zeta_2 \\ \mathrm{COV}(x_i,\zeta_j) &= 0，其中\ i = 1,2,3, j = 1,2 \end{aligned} \tag{4.28}$$

由于 y_1 不影响 y_2，而且 y_2 也不影响 y_1，因此 $\mathbf{B}$ 矩阵等于 0。

为了确定任意的 $\mathbf{B}$ 矩阵为 0 模型的识别，我把 Γ, Φ, Ψ 中未知的参数表示为 Σ 中可识别参数的函数。把 $\mathbf{B}=0$ 代入方程(4.10)，然后把 Σ 分解成四部分，于是有

$$\Sigma = \Sigma(\boldsymbol{\theta}) \tag{4.29}$$

$$\begin{bmatrix} \Sigma_{yy} & \Sigma_{yx} \\ \Sigma_{xy} & \Sigma_{xx} \end{bmatrix} = \begin{bmatrix} (\Gamma\Phi\Gamma' + \Psi) & \Gamma\Phi \\ \Phi\Gamma' & \Phi \end{bmatrix} \tag{4.30}$$

---

① 在讨论识别问题时，我忽略了有助于识别的对参数施加的不相等限制。正如我前面所述，我假定 Σ 和 $\Sigma(\boldsymbol{\theta})$ 是非奇异的。

方程(4.30)的右下角象限显示 $\Phi=\Sigma_{xx}$,因此 Φ 是能被识别的。使用方程(4.30)的左下角象限,会有

$$\begin{aligned}\Phi\Gamma' &= \Sigma_{xy}\\ \Sigma_{xx}\Gamma' &= \Sigma_{xy}\\ \Gamma' &= \Sigma_{xx}^{-1}\Sigma_{xy}\end{aligned} \tag{4.31}$$

方程(4.31)的第二步是通过用 Σ_{xx} 代替 Φ 求得,而在最后一步中,在方程的两边都左乘 Σ_{xx}^{-1},其中 Σ_{xx} 必须是非奇异的。在方程(4.30)的最后一行确认了 Γ 是已知能被识别的协方差矩阵的函数并且自身也能够被识别。最后,方程(4.30)的左上角象限可以用来求解 Ψ:

$$\begin{aligned}\Psi &= \Sigma_{yy}-\Gamma\Phi\Gamma'\\ &= \Sigma_{yy}-\Sigma_{yx}\Sigma_{xx}^{-1}\Sigma_{xx}\Sigma_{xx}^{-1}\Sigma_{xy}\\ &= \Sigma_{yy}-\Sigma_{yx}\Sigma_{xx}^{-1}\Sigma_{xy}\end{aligned} \tag{4.32}$$

因此,当 $\mathbf{B}=0$ 时,Φ,Γ 和 Ψ 都可被写成可被识别的观测变量协方差矩阵的函数,从而它们也能够被识别。我把这个识别条件称为零 **B** 规则。如果在一个方程组中一个方程的干扰项与另外其他方程的干扰项无关(即 Ψ 是对角阵),那么这些方程就可被看成是独立的或者是不相关的。如果 Ψ 不是对角阵,从而至少有两个方程的干扰项是相关的,那么这样的模型有时被称为“看似无关的回归”[参见克门特(Kmenta,1986)]。在任一种情况下,Γ,Ψ 和 Φ 中未知的参数都是可识别的。

零 **B** 规则是模型识别的充分条件,这意味着如果 **B** 为零,未知参数就是能被识别的。不过,零 **B** 规则并不是模型识别的必要条件。

递归规则

与零 **B** 规则一样,递归规则也是模型识别的充分条件,但是它并不是必要条件。与零 **B** 规则不同,递归规则并不需要 $\mathbf{B}=\mathbf{0}$。要使用递归规则,**B** 矩阵必须是三角矩阵并且 Ψ 矩阵必须是对角矩阵。对于 **B** 条件的一个更加精确的描述就是此矩阵必须被写成一个下三角矩阵。这个条件是必需的,因为在一些模型中 y 的下标或者次序可能掩盖了一个下三角矩阵 **B**。如果两个条件都成立,那么模型就是能被识别的。

工会情感模型提供了一个范例。**B** 是一个下三角矩阵,Ψ 是一个对角线阵[参见方程(4.3)]。它的三个方程分别是:

$$y_1=\gamma_{12}x_2+\zeta_1 \tag{4.33}$$

$$y_2=\beta_{21}y_1+\gamma_{22}x_2+\zeta_2 \tag{4.34}$$

$$y_3=\beta_{31}y_1+\beta_{32}y_2+\gamma_{31}x_1+\zeta_3 \tag{4.35}$$

所有递归模型的一个特性就是,对一个给定的方程,干扰项与解释变量无关。这对于外生解释变量而言并不奇怪,因为我们假设了 ζ 与 x 无关。例如,在工会情感方程中,$\mathrm{COV}(x_2,\zeta_2)$、$\mathrm{COV}(x_2,\zeta_1)$ 和 $\mathrm{COV}(x_1,\zeta_3)$ 都等于 0。不过,干扰项与在一个方程中为解释变量的内生变量的协方差为 0 是不太明显的。为了解释这是如何发生的,考虑方程(4.34)。$\mathrm{COV}(\zeta_2,y_1)$ 为:

$$\begin{aligned} COV(\zeta_2, y_1) &= COV(\zeta_2, \gamma_{12}x_2 + \zeta_1) \\ &= 0 \end{aligned} \tag{4.36}$$

因此，ζ_2 与第二个方程中的两个解释变量 y_1 和 x_2 都不相关。类似地，对于第三个方程，$COV(\zeta_3, y_1)$ 和 $COV(\zeta_3, y_2)$ 都等于 0。$COV(\zeta_3, y_1)$ 等于 0 是因为 y_1 是 x_2 和 ζ_1 的函数，并且两者都与 ζ_3 无关。$COV(\zeta_3, y_2)$ 等于 0 是因为 y_2 是 x_2，ζ_1 和 ζ_2 的函数，并且三者都与 ζ_3 无关。一般而言，对于任何递归模型中的第 i 个方程而言，ζ_i 与在其他方程中为解释变量的内生变量无关。因为这些内生变量是外生变量和其他方程里干扰项的函数，并且两者与 ζ_i 无关。

在证明递归模型中，$\mathbf{B}, \Gamma, \Phi$ 和 Ψ 能被识别时，我将采用这一特性。直观上，如果一个方程中的所有解释变量与干扰项无关，那么它就是一个标准的回归方程并且这样的方程能够被识别。我更加严格地来证明这些参数的可识别性。我一次只处理一个方程并且使用一种稍微不同的符号。一个递归模型的第 i 个方程是：

$$y_i = [\boldsymbol{\beta}_i' \mid \boldsymbol{\gamma}_i'] z_i + \zeta_i \tag{4.37}$$

其中，y_i 是因变量，ζ_i 是第 i 个方程的干扰项。$\boldsymbol{\beta}_i'$向量是 $\mathbf{B}$ 的第 i 行，消除了所有的 0 值，只保留了自由参数。$\boldsymbol{\gamma}_i'$对于 Γ 来说，有相似的定义。z_i 是 y 和 x 中变量的子集，其对 y_i 有直接的影响。换句话说，列向量 z_i 只包括那些属于 y_i 方程的变量，$[\boldsymbol{\beta}_i' \mid \boldsymbol{\gamma}_i']$ 包含了它们的系数。作为一个例子，在工会情感模型的方程(4.35)中，z_3'是$[y_1 \; y_2 \; x_1]^1$，$\boldsymbol{\beta}_3'$是$[\boldsymbol{\beta}_{31} \; \boldsymbol{\beta}_{32}]$，$\boldsymbol{\gamma}_3'$是$[\boldsymbol{\gamma}_{31}]$。

在方程(4.37)的两边乘以 z_i'，并且取期望值，有

$$\boldsymbol{\sigma}'_{y_iz_i} = [\boldsymbol{\beta}_i' \mid \boldsymbol{\gamma}_i'] \Sigma_{z_iz_i} + \boldsymbol{\sigma}'_{\zeta_iz_i} \tag{4.38}$$

其中，$\boldsymbol{\sigma}'_{y_iz_i}$是 y_i 与其解释变量的协方差行向量，$\Sigma_{z_iz_i}$ 是 z_i 的非奇异协方差矩阵，$\boldsymbol{\sigma}'_{\zeta_iz_i}$是 ζ_i 与第 i 个方程中解释变量的协方差向量。如前所述，ζ_i 与第 i 个方程中的解释变量无关，因此，$\boldsymbol{\sigma}'_{\zeta_iz_i}$等于 0。将方程(4.38)中的最后一项消除，然后求解$[\boldsymbol{\beta}_i' \mid \boldsymbol{\gamma}_i']$，结果是①

$$[\boldsymbol{\beta}_i' \mid \boldsymbol{\gamma}_i'] = \boldsymbol{\sigma}'_{y_iz_i} \Sigma^{-1}_{z_iz_i} \tag{4.39}$$

观测变量的协方差 $\boldsymbol{\sigma}'_{y_iz_i}$和 $\Sigma^{-1}_{z_iz_i}$ 能被识别，因为$[\boldsymbol{\beta}_i' \mid \boldsymbol{\gamma}_i']$是可识别参数的函数，故它也是可被识别的。

为了证明 ψ_{ii}的可识别性，在方程(4.37)的两边乘以 y_i'并且取期望值，在简化之后，这就是

$$VAR(y_i) = [\boldsymbol{\beta}_i' \mid \boldsymbol{\gamma}_i'] \Sigma_{z_iz_i} \begin{bmatrix} \boldsymbol{\beta}_i \\ \boldsymbol{\gamma}_i \end{bmatrix} + \psi_{ii} \tag{4.40}$$

为了求 ψ_{ii}，解方程(4.40)，并且将方程(4.39)代入以替换$[\boldsymbol{\beta}_i' \mid \boldsymbol{\gamma}_i']$，

$$\psi_{ii} = VAR(y_i) - \boldsymbol{\sigma}'_{y_iz_i} \Sigma^{-1}_{z_iz_i} \boldsymbol{\sigma}_{z_iy_i} \tag{4.41}$$

ψ_{ii}已是可识别的方差和协方差的函数，因此它也是可被识别的。

这些结果充分表明递归模型中的 $\mathbf{B}, \Gamma, \Phi$ 和 Ψ 是可被识别的。方程(4.39)证明了第 i 方程、$\mathbf{B}$ 和 Γ 中第 i 行的自由参数能被识别，方程(4.41)显示了 ψ_{ii}能被识别。因为

① 注意到如果使用与总体协方差矩阵相对应的样本协方差矩阵，方程(4.39)的转置就是普通 OLS 的回归系数算法。不应该奇怪的是，OLS 是递归模型中系数的一致估计量。

这些关系在所有模型中都成立，**B**，**Γ** 和 **Ψ** 可被识别。此外，对于本章所有的模型而言，由于 $\Phi = \Sigma_{xx}$［参见方程(4.10)］，它也是可被识别的。因此，递归模型中的所有参数都是可被识别的。

由于递归规则是模型识别的充分条件，即使 **B** 是非奇异矩阵或者 **Ψ** 是非对角矩阵，模型仍然可被识别。这引出了下面的识别规则。

秩和阶条件

除了 t 法则之外，其他的识别规则要么对 **B** 施加限制，要么对 **Ψ** 施加限制。非递归模型不能满足这些限制，必须用其他方法建立它们自己的识别规则。在本节中，我提出了秩和阶条件，它们能应用于许多非递归的方程组。与零 **B** 规则和递归规则一样，模型识别的秩和阶条件是针对那些没有测量误差并且所有的外生变量(x)与方程中的误差项(ζ)无关的模型。不过，它们在其他方面与前面提到的识别规则有所不同。首先，秩和阶条件应用于 **B** 被假定为任何形式的地方，只要($\mathbf{I}-\mathbf{B}$)是非奇异的。其次，它们有助于每次只决定一个方程的识别情况。对于零 **B** 规则和递归规则而言，如果条件满足，整个模型的识别就确定了。为了显示一个满足秩和阶条件的模型能够识别，每个方程必须满足这些条件。

第三个方面的差异比较细微，秩和阶条件假设 **Ψ** 不包含任何限制，即 **Ψ** 中的元素没有被限制为一个固定的值(比如0)或者任意的其他限制。这样做的优势是，如果一个模型中的所有方程都满足秩和阶条件，我们知道 **Ψ** 的所有元素是可被识别的并且能被估计。缺点是如果我们认识到 **Ψ** 的某些元素应该被限制，而这种认识并没有被利用。事实上，就像在递归模型中一样，限制 **Ψ** 中的某些元素有助于识别一个或多个参数，否则这些参数将不会被识别。

阶条件是最容易应用的。如果在一个方程中唯一的一种限制类型就是排除变量，那么阶条件可以表示如下：一个方程可被识别的必要条件是从这个方程中排除的变量数量至少为 $p-1$。为了了解这条规则的基础，考虑来自以下模型的单一方程：

$$y_i = [\boldsymbol{\beta}_i' \mid \boldsymbol{\gamma}_i']z_i + \zeta_i \tag{4.42}$$

方程(4.42)与递归模型一节中的方程(4.37)有着相同的标号。其主要差异是我拥有 z_i 中除了 y_i 之外的所有 y 和 x 变量。$\boldsymbol{\beta}_i'$向量等于 **B** 矩阵的第 i 行，排除了标准化系数0的元素，其维度是 $1\times(p-1)$。$\boldsymbol{\gamma}_i'$是 $1\times q$ 并且等于 **Γ** 矩阵的第 i 行。

在方程(4.42)的两边右乘 x'并取期望值：

$$\boldsymbol{\sigma}_{y_i x}' = [\boldsymbol{\beta}_i' \mid \boldsymbol{\gamma}_i']\Sigma_{z_i x} \tag{4.43}$$

如果 $\boldsymbol{\beta}_i'$和 $\boldsymbol{\gamma}_i'$只是 $\boldsymbol{\sigma}_{y_i x}'$和 $\Sigma_{z_i x}$ 中可识别的协方差元素的函数，它们就是可识别的。一个必要非充分的条件是方程(4.43)隐含的方程数应至少等于$[\boldsymbol{\beta}_i' \mid \boldsymbol{\gamma}_i']$中未知的自由的参数数目。方程数就是$\boldsymbol{\sigma}_{y_i x}'$中的元素数量 q。这是因为在 x 中有 q 个变量，与 y_i 的协方差就会有 q 个。$\boldsymbol{\beta}_i'$中的未知参数有($p-1$)个，在 $\boldsymbol{\gamma}_i'$中有 q 个，这是因为没有对这些向量施加限制。很明显，q 个方程中有($p-1$)+q 个未知参数，$\boldsymbol{\beta}_i'$和 $\boldsymbol{\gamma}_i'$是不能被识别的。识别的一个必要条件是对 $\boldsymbol{\beta}_i'$和 $\boldsymbol{\gamma}_i'$的元素施加($p-1$)个限制。最常见的限制就是将某些元素设定为

0,以便从方程中忽略掉相应的变量。如果限制的类型只是排除变量,那么($p-1$)个变量必须从第 i 个方程中排除掉,从而 β_i'和 γ_i'才有可能被识别。这就是阶条件(order condition)。

我使用客观和主观的社会经济地位的例子作为说明。此模型的矩阵方程是:

$$\begin{bmatrix} y_1 \\ y_2 \\ y_3 \end{bmatrix} = \begin{bmatrix} 0 & \beta_{12} & 0 \\ \beta_{21} & 0 & 0 \\ \beta_{31} & \beta_{32} & 0 \end{bmatrix} \begin{bmatrix} y_1 \\ y_2 \\ y_3 \end{bmatrix} + \begin{bmatrix} \gamma_{11} & 0 \\ 0 & \gamma_{22} \\ 0 & 0 \end{bmatrix} \begin{bmatrix} x_1 \\ x_2 \end{bmatrix} + \begin{bmatrix} \zeta_1 \\ \zeta_2 \\ \zeta_3 \end{bmatrix}$$

假设对第 1 个方程中的 β_{13}和 γ_{12}没有限制为 0:

$$y_1 = \beta_{12}y_2 + \beta_{13}y_3 + \gamma_{11}x_1 + \gamma_{12}x_2 + \zeta_1 \tag{4.44}$$

这是方程(4.42)的形式。下面将两边乘以外生变量并取期望值:

$$\mathrm{COV}(y_1,x_1) = \beta_{12}\mathrm{COV}(y_2,x_1) + \beta_{13}\mathrm{COV}(y_3,x_1) + \gamma_{11}\mathrm{VAR}(x_1) + \gamma_{12}\mathrm{COV}(x_2,x_1) \tag{4.45}$$

$$\mathrm{COV}(y_1,x_2) = \beta_{12}\mathrm{COV}(y_2,x_2) + \beta_{13}\mathrm{COV}(y_3,x_2) + \gamma_{11}\mathrm{VAR}(x_1,x_2) + \gamma_{12}\mathrm{VAR}(x_2) \tag{4.46}$$

结果是两个方程中有四个未知参数($\beta_{12},\beta_{13},\gamma_{11},\gamma_{12}$),很明显,获得这些参数的唯一解是不可能的。阶条件需要从第 1 个方程中排除掉($p-1$)或者 2 个变量。由于原来的设定 $\beta_{13}=0$ 和 $\gamma_{12}=0$ 满足了这个条件,故原来的第 1 个方程满足了识别的阶条件。

对一个模型中所有方程的阶条件进行检查的一种方法是建立一个矩阵,比如说 **C**,它就是$[(\mathbf{I}-\mathbf{B}) \mid -\Gamma]$。那么,对于此矩阵的每一行,计算零元素的数量。如果一行有($p-1$)或更多的零元素,它就满足阶条件。对于客观和主观的社会经济地位的例子,**C** 为:

$$\mathbf{C} = \begin{bmatrix} 1 & -\beta_{12} & 0 & -\gamma_{11} & 0 \\ -\beta_{21} & 1 & 0 & 0 & -\gamma_{22} \\ -\beta_{31} & -\beta_{32} & 1 & 0 & 0 \end{bmatrix} \tag{4.47}$$

C 的每一行有($p-1$)或者 2 个排除变量,因此每个方程都满足了阶条件。

对于 $\boldsymbol{\Psi}$ 为自由参数的非递归模型,阶条件是排除欠识别方程的一种简单方法。作为一个必要但不充分的条件,通过阶条件并不能保证模型识别。如果通过使用模型中其他方程的一个线性组合有可能产生一种与旧方程形式相同但是参数不同的一种新方程,欠识别(underidentification)就可能会发生。当在两个或两个以上的方程中有相同的限制时,这样的情况就会发生。

下列两个方程提供了一个说明:

$$y_1 = \beta_{12}y_2 + \gamma_{11}x_1 + \gamma_{12}x_2 + \zeta_1 \tag{4.48}$$

$$y_2 = \beta_{21}y_1 + \gamma_{22}x_2 + \zeta_2 \tag{4.49}$$

假设我们从两个方程中把 x_2 排除($\gamma_{12}=\gamma_{22}=0$)。**C** 矩阵为:

$$\mathbf{C} = \begin{bmatrix} 1 & -\beta_{12} & -\gamma_{11} & 0 \\ -\beta_{21} & 1 & 0 & 0 \end{bmatrix} \tag{4.50}$$

由于每个方程有 1($=p-1$)个变量被排除,则两个方程均满足阶条件。把 **C** 的第 2

行乘以一个常数 a，然后把它加到第 1 行：

$$\begin{bmatrix} 1-\beta_{21}a & -\beta_{12}+a & -\gamma_{11} & 0 \\ -\beta_{21} & 1 & 0 & 0 \end{bmatrix} \tag{4.51}$$

接下来，把第 1 行的每个元素除以 $(1-a\beta_{21})$：

$$\mathbf{C}^* = \begin{bmatrix} 1 & -\beta_{12}^* & -\gamma_{11}^* & -0 \\ -\beta_{21} & 1 & 0 & 0 \end{bmatrix} \tag{4.52}$$

其中

$$-\beta_{12}^* = \left(\frac{-\beta_{12}+a}{1-a\beta_{21}}\right);\ -\gamma_{11}^* = \frac{-\gamma_{11}}{(1-a\beta_{21})}.$$

$\mathbf{C}^*$ 第 1 行所显示的第 1 个方程与方程(4.50)中 $\mathbf{C}$ 第 1 行所显示的第 1 个方程有着相同的形式和排除变量。我们可以创建一个无穷集合的 β_{12}^* 和 γ_{11}^* 值，它们不等于真实的 β_{12} 和 γ_{11}。因此，β_{12} 和 γ_{11} 是不能被识别的，即使第 1 个方程满足了阶条件。

我用一个类似的方法考察第 2 个方程。在方程(4.50) $\mathbf{C}$ 的第 1 行乘以 a，然后将其加到第 2 行：

$$\mathbf{C}^* = \begin{bmatrix} 1 & -\beta_{12} & -\gamma_{11} & 0 \\ -\beta_{21}+a & 1-a\beta_{12} & -a\gamma_{11} & 0 \end{bmatrix} \tag{4.53}$$

$\mathbf{C}^*$ 的新第 2 行与 $\mathbf{C}$ 的第 2 行相比有不同的形式。$\mathbf{C}^*$ 的(2,3)位置是 $-a\gamma_{11}$，而 $\mathbf{C}$ 中的对应元素是 0。假如 $-\gamma_{11}$ 或 a 不等于 0，就不存在一个 a 值导致与 $\mathbf{C}$ 的第 2 行有相同的形式。因此，从第 1 个方程的线性组合中并不能产生一个与旧方程没有区分的新的第 2 个方程。第 2 个方程是可识别的。

尽管在两个方程组中能够容易地确定“冒名顶替”方程是否有可能，但是在更加复杂的多方程组中，以上方法比较难使用。识别的秩条件可以用较少的努力来完成相同的目的。秩规则开始于矩阵 $\mathbf{C}$，即 $\left[(\mathbf{I}-\mathbf{B}) \mid -\boldsymbol{\Gamma}\right]$。要检查第 i 个方程的识别情况，删除在 $\mathbf{C}$ 矩阵第 i 行上没有 0 的所有列。使用剩下的列建立一个新的矩阵 $\mathbf{C}_i$。第 i 个方程识别的必要并且充分条件是 $\mathbf{C}_i$ 的秩等于 $(p-1)$。这就是秩条件。作为一个具体的例子，考虑方程(4.48)和方程(4.49)的两方程模型。$\mathbf{C}$ 矩阵就是方程(4.50)。这里我考察了第 1 个方程的识别情况。第 1 行中唯一的 0 是在第 4 列，因此删除前三列，$\mathbf{C}_1$ 为：

$$\mathbf{C}_1 = \begin{bmatrix} 0 \\ 0 \end{bmatrix} \tag{4.54}$$

一个矩阵或一个向量的秩就是独立的行和列的数量。由于 $\mathbf{C}_1$ 的两个元素等于 0，因此它的秩为 0。由于秩小于 1，因此前述第 1 个方程是不能被识别的。对于方程(4.50)中 $\mathbf{C}$ 的第 2 个方程，$\mathbf{C}_2$ 为：

$$\mathbf{C}_2 = \begin{bmatrix} -\gamma_{11} & 0 \\ 0 & 0 \end{bmatrix} \tag{4.55}$$

除非 γ_{11} 等于 0，秩$(\mathbf{C}_2)$等于 1，满足了秩条件，因此第 2 个方程能够被识别。

秩条件也可用于检查客观和主观社会经济地位的例子。此模型的 $\mathbf{C}$ 矩阵是方程(4.47)。对于第 1 个方程，$\mathbf{C}_1$ 为：

$$\mathbf{C}_1 = \begin{bmatrix} 0 & 0 \\ 0 & -\gamma_{22} \\ 1 & 0 \end{bmatrix}$$

除非 γ_{22} 等于 0，$\mathbf{C}_1$ 有两个独立的行和列，因此它的秩是 2，满足了秩条件。相似地，$\mathbf{C}_2$ 和 $\mathbf{C}_3$ 的秩也是 2，因此所有的模型都能被识别。

有恒等关系的方程组也是一样的，除非表示恒等关系的方程根据其定义就能被识别从而不需要秩和阶条件。我用哈维尔莫边际消费倾向模型[参见方程(4.20)到方程(4.23)]说明这一点。此模型的 **C** 矩阵为：

$$\mathbf{C} = \begin{bmatrix} 1 & -1 & -1 \\ -\beta_{21} & 1 & 0 \end{bmatrix}$$

第 1 行就是能够被识别的恒等方程。$\mathbf{C}_2$ 矩阵为：

$$\mathbf{C}_2 = \begin{bmatrix} -1 \\ 0 \end{bmatrix}$$

此矩阵的秩为 1，满足了秩条件，因此这个方程也能被识别。

对 **B** 和 Γ 的元素施加的最常见类型的限制就是排除限制。通过把 **B** 或者 Γ 中的相应系数设定为 0，可以把一个变量从一个方程中排除出去。虽然我把秩和阶条件的讨论局限在排除限制上，但是其他类型的限制也是可能的。例如，假设在一个方程中两个外生变量的影响是未知的但被假定是相等的。或者，两个或者多个参数的线性组合可能等于一个已知的常量。不平等或者非线性的限制也是可能的。虽然我在这里不讨论这些问题，但是推荐读者参看费歇尔(Fisher，1966)和约翰逊(Johnson，1984)。

请记住秩和阶条件假设对 Ψ 没有施加任何限制。如果对 Ψ 施加限制，模型识别仍然是有可能的，即使模型不满足秩和阶条件。比如，如果我把阶条件应用于工会情感模型的例子[参见方程(4.3)]，最后一个方程不能满足阶条件，然后这个方程是可识别的。原因在于工会情感模型是递归的，从而 Ψ 是被限制的。正如在递归模型一节所示，这些限制以及三角阵 **B** 使此模型可被识别。因此，当对 Ψ 施加限制时，阶规则不再是必要的，秩规则也不再是必要的和充分的。

秩和阶条件确定了方程的识别情况。如果每个方程满足秩规则，那么模型整体上就是可识别的。这两个条件的优势在于它们不需要一种特殊形式的 **B** 矩阵。它们假设对 Ψ 矩阵没有施加限制。如果有针对 **B**、Ψ 或 Γ 矩阵的其他合适的限制，那么这两个条件就可能是一个缺点。

识别规则小结

表 4.1 总结了在本节中所讨论的识别规则。*t* 法则、零 **B** 规则和递归规则是模型整体能够识别的条件。第 1 个只是必要条件，而第 2 个和第 3 个规则是充分条件。*t* 法则是最普遍使用的规则，能够应用于本章中讨论的所有模型。不管 Ψ 的形式如何，无论什么时候 **B** = 0，零 **B** 规则都是合适的。递归规则只适用于 **B** 为三角矩阵以及 Ψ 是对角线矩阵的模型。

最后,秩和阶条件确定了方程的识别情况。如果每个方程都满足秩条件,那么模型整体上就是可识别的。两个条件都允许(**I** − **B**)为任意的非奇异矩阵以及假设对 Ψ 矩阵没有任何限制。

表 4.1 观测变量结构方程模型的识别规则(假定没有测量误差)($\mathbf{y}=\mathbf{B}\mathbf{y}+\Gamma\mathbf{x}+\boldsymbol{\zeta}$)

识别规则	求值	条件	必要条件	充分条件
t 法则	模型	$t\leqslant\left(\frac{1}{2}\right)(p+q)(p+q+1)$	是	否
零 **B** 规则	模型	$\mathbf{B}=\mathbf{0}$	否	是
递归规则	模型	**B** 为三角矩阵 Ψ 为对角阵	否	是
阶条件	方程	限制的数量 $\geqslant p-1$ Ψ 是自由矩阵	是[a]	否
秩条件	方程	$(\mathbf{C}_i)$ 的秩等于 $p-1$ Ψ 是自由矩阵	是[a]	是[a]

注:a 表示秩和阶条件的这种特征假设 Ψ 的所有元素都是自由的。

虽然这些识别规则覆盖了大部分的观测变量结构方程模型,但它们还不够全面。对于块递归(block-recursive)以及一些其他模型的识别规则可参考[福克斯(Fox,1984:247-251);贝克和波洛克(Bekker & Pollock,1986)]。

估 计

估计的方法来自观测变量的协方差矩阵与结构参数的关系。在本章的前面部分,我提出 $\Sigma(\boldsymbol{\theta})$ 为:

$$\Sigma(\boldsymbol{\theta})=\begin{bmatrix}(\mathbf{I}-\mathbf{B})^{-1}(\Gamma\Phi\Gamma'+\Psi)(\mathbf{I}-\mathbf{B})^{-1'} & (\mathbf{I}-\mathbf{B})^{-1}\Gamma\Phi\\ \Phi\Gamma'(\mathbf{I}-\mathbf{B})^{-1'} & \Phi\end{bmatrix}\tag{4.56}$$

如果结构方程模型是正确的并且总体的参数是已知的,那么 Σ 等于 $\Sigma(\boldsymbol{\theta})$。例如,考虑一个简单的结构方程:

$$y_1=x_1+\zeta_1\tag{4.57}$$

在方程(4.57)中,我已经让 γ_{11} 等于 1。y_1 和 x_1 的总体协方差矩阵为:

$$\Sigma=\begin{bmatrix}\mathrm{VAR}(y_1) & \mathrm{COV}(y_1,x_1)\\ \mathrm{COV}(x_1,y_1) & \mathrm{VAR}(x_1)\end{bmatrix}\tag{4.58}$$

根据结构参数建立的 Σ 矩阵为:

$$\Sigma(\boldsymbol{\theta})=\begin{bmatrix}\phi_{11}+\psi_{11} & \phi_{11}\\ \phi_{11} & \phi_{11}\end{bmatrix}\tag{4.59}$$

假定此模式是正确的并且总体的参数是已知的,方程(4.58)中的每个元素应该等于方程(4.59)中相应的元素。ϕ_{11} 参数是过度识别的,因为它等于 $\mathrm{VAR}(x_1)$ 和

COV (x_1, y_1)。

实际上,我们既不知道总体的协方差和方差,也不知道总体的参数。我们的任务就是根据协方差矩阵的样本估计产生未知参数的估计。对于 y_1 和 x_1 来说,样本协方差矩阵 **S** 为:

$$\mathbf{S} = \begin{bmatrix} \mathrm{var}(y_1) & \mathrm{cov}(y_1, x_1) \\ \mathrm{cov}(x_1, y_1) & \mathrm{var}(x_1) \end{bmatrix} \text{①} \tag{4.60}$$

一旦我们为 ϕ_{11} 和 ψ_{11} 选择了取值(用 $\hat{\phi}_{11}$ 和 $\hat{\psi}_{11}$ 表示),通过把 $\hat{\phi}_{11}$ 和 $\hat{\psi}_{11}$ 代入方程(4.59),建立内隐的协方差矩阵 $\hat{\Sigma}$:

$$\hat{\Sigma} = \begin{bmatrix} \hat{\phi}_{11} + \hat{\psi}_{11} & \hat{\phi}_{11} \\ \hat{\phi}_{11} & \hat{\phi}_{11} \end{bmatrix} \tag{4.61}$$

$\hat{\Sigma}$ 代表了内隐的协方差矩阵 $\Sigma(\boldsymbol{\theta})$,其中用 $\hat{\boldsymbol{\theta}}$ 替代了 $\boldsymbol{\theta}$ [即 $\hat{\Sigma} = \Sigma(\hat{\boldsymbol{\theta}})$]。我们为 $\hat{\phi}_{11}$ 和 $\hat{\psi}_{11}$ 选择数值以便让 $\hat{\Sigma}$ 尽可能地接近 **S**。

为了说明这个过程,假设 **S** 为:

$$\mathbf{S} = \begin{bmatrix} 10 & 6 \\ 6 & 4 \end{bmatrix} \tag{4.62}$$

接下来,我们让 $\hat{\phi}_{11} = 7$,$\hat{\psi}_{11} = 3$,使得方程(4.61)变为:

$$\hat{\Sigma} = \begin{bmatrix} 10 & 7 \\ 7 & 7 \end{bmatrix} \tag{4.63}$$

残差矩阵 $(\mathbf{S} - \hat{\Sigma})$ 表示了 $\hat{\Sigma}$ 与 **S** 的接近程度:

$$(\mathbf{S} - \hat{\Sigma}) = \begin{bmatrix} 0 & -1 \\ -1 & -3 \end{bmatrix} \tag{4.64}$$

尽管这组估计导致了与样本 $\mathrm{var}(y_1)$ 的一个完美匹配,但是对于 $\mathrm{cov}(x_1, y_1)$ 和 $\mathrm{var}(x_1)$ 的拟合度仍然不够。$\hat{\Sigma}$ 过度预测了这些元素。

考虑一组新的取值,让 $\hat{\phi}_{11} = 5$,$\hat{\psi}_{11} = 5$。现在 $\hat{\Sigma}$ 表示为:

$$\hat{\Sigma} = \begin{bmatrix} 10 & 5 \\ 5 & 5 \end{bmatrix} \tag{4.65}$$

残差矩阵 $(\mathbf{S} - \hat{\Sigma})$ 为:

$$(\mathbf{S} - \hat{\Sigma}) = \begin{bmatrix} 0 & 1 \\ 1 & -1 \end{bmatrix} \tag{4.66}$$

尽管这些值并没有导致 $\hat{\Sigma}$ 和 **S** 的完美匹配,但是第二组数值似乎比第一组数值导致了一个更好的拟合度。

对一般的观测变量结构方程模型,这个过程相同但是会更加复杂。我们估计 **B**,Γ,Φ

---

① 这里的 var 和 cov 小写应该是作者刻意所为,因为 S 代表样本,所以用 var 和 cov 的小写来表示。而在表示总体之中,VAR 和 COV 用了大写。—— 译者注

和 Ψ 中的未知参数从而使内隐的协方差矩阵 $\hat{\Sigma}$ 接近于样本的协方差矩阵 $\mathbf{S}$。为了知道我们的估计在什么时候尽可能地“接近”,我们必须定义“接近”,也就是说,我们需要一个能取最小值的函数。有许多不同的拟合度函数可以完成此项任务。拟合度函数 $F[\mathbf{S}, \Sigma(\boldsymbol{\theta})]$ 是基于样本协方差矩阵 $\mathbf{S}$ 和结构参数的内隐协方差矩阵 $\Sigma(\boldsymbol{\theta})$ 。如果把 θ 的估计值代入 $\Sigma(\boldsymbol{\theta})$,则会有内隐的协方差矩阵 $\hat{\Sigma}$ 。$\hat{\boldsymbol{\theta}}$ 的拟合函数值是 $F(S,\hat{\Sigma})$ 。在前一节中,我们把 $(\mathbf{S}-\hat{\Sigma})$ 看成在拟合度上偏离的指标,而且我试图减少 $\hat{\Sigma}$ 中每个元素与 $\mathbf{S}$ 中每个元素的差异程度。这里,我提出的拟合函数有如下性质:(1) $F(\mathbf{S},\Sigma(\boldsymbol{\theta}))$ 是一个标量;(2) $F(\mathbf{S},\Sigma(\boldsymbol{\theta}))\geqslant 0$;(3)只有并且只有 $\Sigma(\boldsymbol{\theta})=\mathbf{S}$ 时, $F(\mathbf{S},\Sigma(\boldsymbol{\theta}))=0$;(4)在 $\mathbf{S}$ 和 $\Sigma(\boldsymbol{\theta})$ 中, $F(\mathbf{S},\Sigma(\boldsymbol{\theta}))$ 是连续的。根据布朗尼(Browne,1984:66),对满足这些条件的拟合函数求最小值可以获得 θ 的一致性估计。我提出了三个这样的函数:最大似然法(ML)、未加权最小二乘法(ULS)以及广义最小二乘法(GLS)。这些拟合函数的使用可以扩展到本书的所有模型。

最大似然法(ML)

到目前为止,对于一般结构方程模型应用最广泛的拟合函数是最大似然函数。被最小化的拟合函数是:

$$F_{\mathrm{ML}}=\log|\Sigma(\boldsymbol{\theta})|+\operatorname{tr}(\mathbf{S}\Sigma^{-1}(\boldsymbol{\theta}))-\log|\mathbf{S}|-(p+q) \tag{4.67}$$

一般而言,我们假定 $\Sigma(\boldsymbol{\theta})$ 和 $\mathbf{S}$ 是正定的,这意味着它们是非奇异的。否则,在 F_{ML} 中有可能出现未能定义的0 的对数。附录4A 和附录4B 提供了方程(4.67)的推导过程,它是基于这样一个假定,即 y 和 x 服从多元正态分布或者 $\mathbf{S}$ 服从一个威沙特分布(Wishart distribution)。

为了验证当 $\hat{\Sigma}=\mathbf{S}$ 时,F_{ML}的值为0,用 $\hat{\Sigma}$ 替代 $\Sigma(\boldsymbol{\theta})$,以及在方程(4.67)中,$\hat{\Sigma}=\mathbf{S}$ 。在这种情况下:

$$F_{\mathrm{ML}}=\log|\mathbf{S}|+\operatorname{tr}(\mathbf{I})-\log|\mathbf{S}|-(p+q)$$

其中,$\operatorname{tr}(I)=p+q$,$F_{\mathrm{ML}}=0$。因此,当我们有一个模型完全地预测了样本协方差矩阵的值时,一个完美的拟合度由0 来表示。

为了进一步说明此函数的操作,我们返回到结构方程 $y_1=x_1+\zeta_1$,$\mathbf{S}$ 和 $\Sigma(\boldsymbol{\theta})$ 在方程(4.60)和方程(4.59)中。在用 $\hat{\Sigma}$ 替代 $\Sigma(\boldsymbol{\theta})$ 之后,F_{ML}为:

$$\begin{aligned}F_{\mathrm{ML}}=&\log(\hat{\psi}_{11}\hat{\phi}_{11})+\hat{\psi}_{11}^{-1}(\operatorname{var}(y_1)-2\operatorname{cov}(y_1,x_1)+\operatorname{var}(x_1))+\hat{\phi}_{11}^{-1}\operatorname{var}(x_1)-\\&\log[\operatorname{var}(y_1)\operatorname{var}(x_1)-(\operatorname{cov}(y_1,x_1))^2]-2\end{aligned} \tag{4.68}$$

求 F_{ML}最小值的一个必要条件是所选择的 $\hat{\phi}_{11}$ 和 $\hat{\psi}_{11}$ 应使 F_{ML}对 $\hat{\phi}_{11}$ 和 $\hat{\psi}_{11}$ 的偏导数为0。其偏导数为:

$$\frac{\partial F_{\mathrm{ML}}}{\partial\hat{\phi}_{11}}=\hat{\phi}_{11}^{-1}-\phi_{11}^{-2}\operatorname{var}(x_1) \tag{4.69}$$

$$\frac{\partial F_{\mathrm{ML}}}{\partial\hat{\psi}_{11}}=\hat{\psi}_{11}^{-1}-\hat{\psi}_{11}^{-2}(\operatorname{var}(y_1)-2\operatorname{cov}(y_1,x_1)+\operatorname{var}(x_1)) \tag{4.70}$$

把方程(4.69)和方程(4.70)设定为 0 并且求解 $\hat{\phi}_{11}$ 和 $\hat{\psi}_{11}$,结果是:

$$\hat{\phi}_{11} = \text{var}(x_1) \tag{4.71}$$

$$\hat{\psi}_{11} = \text{var}(y_1) - 2\text{cov}(y_1, x_1) + \text{var}(x_1) \tag{4.72}$$

为了使 F_{ML} 最小化,针对这些值的一个充分条件是求拟合函数关于 $\hat{\phi}_{11}$ 和 $\hat{\psi}_{11}$ 的二阶偏导数所建立的矩阵必须是正定的。这个矩阵是:

$$\begin{bmatrix} -\hat{\phi}_{11}^{-2} + 2\hat{\phi}_{11}^{-3}\text{var}(x_1) & 0 \\ 0 & -\hat{\psi}_{11}^{-2} + 2\hat{\psi}_{11}^{-3}(\text{var}(y_1) - 2\text{cov}(y_1, x_1) + \text{var}(x_1)) \end{bmatrix} \tag{4.73}$$

把 $\hat{\phi}_{11}$ 和 $\hat{\psi}_{11}$ 设定为方程(4.71)和方程(4.72)中的值并进行简化,显示出对于 $\hat{\phi}_{11}$ 和 $\hat{\psi}_{11}$ 取正数值而言方程(4.73)是正定的。因此,求解方程(4.71)和方程(4.72)中的参数能最小化 F_{ML}。假设在样本中我们有 $\text{var}(y_1)=10$, $\text{cov}(x_1, y_1)=5$ 以及 $\text{var}(x_1)=8$, $\hat{\phi}_{11}$ 和 $\hat{\psi}_{11}$ 的估计值都将等于 8。

这个例子说明了最小化 F_{ML} 的结构参数的明确解是存在的。一般情况下,F_{ML} 是一个更加复杂的结构性参数的非线性函数,并不能总是找到明确的解。相反,需要数值迭代方法去寻找使 F_{ML} 最小化的 $\mathbf{B}$、Γ、Φ 及 Ψ 中自由的和均等限制的未知参数。有几个数值方法可以使用。在附录 4C 中我描述和说明了这样的一种方法。

ML 估计量有几个重要的性质。这些性质都是渐近的,以便在大样本中也能成立(参见附录 B)。第一,虽然在小样本中它们是有偏的,但是 ML 估计量是渐近无偏的。第二,ML 估计量是一致性的($\text{plim}\hat{\theta}=\theta$, $\hat{\theta}$ 是 ML 估计量,θ 是总体参数)。第三,它们是渐近有效的,由此在所有的一致性估计量中没有一个拥有更小的渐近方差。此外,随着样本量的增加,估计量的分布近似于一个正态分布(即它们是渐近正态分布的)。最后一个性质表明如果我们知道所估计参数的标准误,那么估计参数与其标准误的比率对于大样本而言应是渐近 Z 分布。

在附录 4B,我表明 $\boldsymbol{\theta}$ 的 ML 估计量的渐近协方差矩阵是:

$$\left(\frac{2}{N-1}\right)\left\{E\left[\frac{\partial^2 F_{\text{ML}}}{\partial\boldsymbol{\theta}\partial\boldsymbol{\theta}'}\right]\right\}^{-1}$$

当用 $\hat{\boldsymbol{\theta}}$ 替代 $\boldsymbol{\theta}$ 时,我们有一个估计的渐近协方差矩阵,$\hat{\boldsymbol{\theta}}$ 的渐近方差正好在主对角线上,而估计的协方差在非对角线元素上。因此,对 $\hat{\boldsymbol{\theta}}$ 进行统计显著性检验是有可能的。在 $y_1 = x_1 + \zeta_1$ 的例子中,F_{ML} 关于 $\hat{\phi}_{11}$ 和 $\hat{\psi}_{11}$ 的二阶偏导数矩阵就是方程(4.73)。求期望值和逆矩阵,然右乘以 $2/(N-1)$,就给出了渐近协方差矩阵,$\hat{\phi}_{11}$ 和 $\hat{\psi}_{11}$ 的方差处在这个矩阵的主对角线上。采用样本的方差、协方差,以上的 $\hat{\phi}_{11}(=8)$ 和 $\hat{\psi}_{11}(=8)$ 以及 N 为 201,所估计的 $\hat{\phi}_{11}$ 和 $\hat{\psi}_{11}$ 的渐近标准误都是 0.8。每一个估计都是非常统计显著的。

另一个重要特征就是除了极少数例外,ML 估计量具有尺度不变性(scale invariant)和无尺度性(scale free)[参见斯瓦米纳坦和阿吉娜(Swaminathan & Algina,1978)]。这个性质与改变一个或多个观测变量的测量单位(如美元到美分,或者从0~10变为0~100)的后果有关。比如说,如果 $F(\mathbf{S},\Sigma(\boldsymbol{\theta})) = F(\mathbf{DSD},\mathbf{D}\Sigma(\boldsymbol{\theta})\mathbf{D})$,其中 $\mathbf{D}$ 是一条对角线的非奇异矩阵,其正元素正好在对角线上, $F(\mathbf{S},\Sigma(\boldsymbol{\theta}))$ 就具有尺度不变性。比如,如果 $\mathbf{D}$ 的主对角线包括观测变量标准差的倒数,那么 $\mathbf{DSD}$ 就是一个相关矩阵。尺度不变特性意味着当我们用 $\mathbf{DSD}$ 替代 $\mathbf{S}$ 和用 $\mathbf{D}\Sigma(\boldsymbol{\theta})\mathbf{D}$ 替代 $\Sigma(\boldsymbol{\theta})$ 时,拟合函数值保持不变。在方程(4.67)的 $F_{\mathrm{ML}}(\mathbf{S},\Sigma(\boldsymbol{\theta}))$ 中进行如此替代,显示它是尺度不变的。因此,拟合函数值对于相关矩阵和协方差矩阵来说是相同的,或者更一般地讲,对于尺度任何变化,它们都是一样的。

一个相关的概念是无尺度性。这能够保证原始变量模型中的结构参数和估计与线性转换变量模型中的参数和估计是等价的。为了理解这个性质,考虑原始变量的结构方程:

$$\mathbf{y} = \mathbf{B}\mathbf{y} + \boldsymbol{\Gamma}\mathbf{x} + \boldsymbol{\zeta} \tag{4.74}$$

假设对 $\mathbf{y}$ 和 $\mathbf{x}$ 的尺度进行了调整,有 $\mathbf{y}^* = \mathbf{D}_y\mathbf{y}, \mathbf{x}^* = \mathbf{D}_x\mathbf{x}$,其中 $\mathbf{D}_y$ 和 $\mathbf{D}_x$ 分别是包含了 $\mathbf{y}$ 和 $\mathbf{x}$ 尺度因子的对角线矩阵。现在,结构方程是:

$$\mathbf{y}^* = \mathbf{B}^*\mathbf{y}^* + \boldsymbol{\Gamma}^*\mathbf{x}^* + \boldsymbol{\zeta}^* \tag{4.75}$$

原始尺度的方程(4.74)和尺度转换后的方程(4.75)是等价的,原始的方程首先左乘 $\mathbf{D}_y$:

$$\mathbf{y}^* = \mathbf{D}_y\mathbf{y} = \mathbf{D}_y\mathbf{B}\mathbf{y} + \mathbf{D}_y\boldsymbol{\Gamma}\mathbf{x} + \mathbf{D}_y\boldsymbol{\zeta} \tag{4.76}$$

方程(4.76)的左边等同于方程(4.75)的左边。为了等同于方程(4.76)的右边,方程(4.75)右边的三个部分必须等于方程(4.76)的相应部分。比如,$\mathbf{B}^*\mathbf{y}^*$ 必须等于 $\mathbf{D}_y\mathbf{B}\mathbf{y}$。要让此式成立,$\mathbf{B}^*$ 必须等于 $\mathbf{D}_y\mathbf{B}\mathbf{D}_y^{-1}$。同样地,我们必须有 $\Gamma^* = \mathbf{D}_y\Gamma\mathbf{D}_x^{-1}, \zeta^* = \mathbf{D}_y\zeta, \Phi^* = \mathbf{D}_x\Phi\mathbf{D}_x$ 以及 $\Psi^* = \mathbf{D}_y\Psi\mathbf{D}_y$。具有这些性质的参数及估计量都是无尺度性的。这意味着只要知道对角线尺度矩阵,我们可以不用管那些转换后和未转换的数据取值。通常来说,F_{ML}是没有尺度的。因此,当一个或多个变量的尺度发生了变化,转换变量模型的ML估计与未转换变量模型的ML估计一般有一个简单的关系。一些例外大部分是这样的情况,即参数元素被限制为非零常数值或者施加相等的限制,或者施加与新的尺度相反的不相等限制(Browne,1982:75-77;Swaminathan & Algina,1978)。方程 $y_1 = x_1 + \zeta_1$ 提供了一个例子。如果γ_{11}保持在1以及分析的是相关矩阵而不是协方差矩阵,那么参数及其估计就不是没有尺度的。这样的例子只是例外而不是普遍规则。

F_{ML}估计量的最后一个重要的方面就是它为过度识别模型提供了一个模型整体拟合度的检验。$(N-1)F_{\mathrm{ML}}$的渐近分布是一个卡方(χ^2)分布,其自由度为$\frac{1}{2}(p+q)(p+q+1)-t$,其中,$t$ 为自由参数的数量,F_{ML}为最后一次迭代估计时的拟合函数值。卡方检验的零假设是 $H_0:\Sigma = \Sigma(\boldsymbol{\theta})$ 。这意味着对模型的过度识别限制是正确的。拒绝 H_0 则表明至少有一个限制是错误的,从而 $\boldsymbol{\Sigma} \neq \boldsymbol{\Sigma}(\boldsymbol{\theta})$。在第7章中我将详细讨论卡方检验,但是现在,我们需要意识到卡方检验的合理性依赖于一个充分大的样本、观测变量的多元正态分布以及 $\boldsymbol{\Sigma} = \boldsymbol{\Sigma}(\boldsymbol{\theta})$ 的有效性。

方程 $y_1 = x_1 + \zeta_1$ 的例子提供了过度识别模型的一个说明。协方差结构 $\boldsymbol{\Sigma} = \boldsymbol{\Sigma}(\boldsymbol{\theta})$ 意味着 $\phi_{11} = \mathrm{COV}(x_1, y_1)$ 以及 $\phi_{11} = \mathrm{VAR}(x_1)$。由此可知,过度识别限制就是

$COV(x_1, y_1) = VAR(x_1)$。如果模型是正确的，这种关系在总体中成立，但并不一定在任意样本中都成立。卡方检验给出了在给定 **S** 的条件下过度识别限制正确的概率。使用之前的数值，$\hat{\phi}_{11} = 8$，$\hat{\psi}_{11} = 8$，$var(y_1) = 10$，$cov(x_1, y_1) = 5$ 以及 $var(x_1) = 8$，F_{ML} 为 0.152。由于 $N = 201$，卡方估计值是 30.4，自由度为 $1\left(=\left(\frac{1}{2}\right)(2)(3)-2\right)$，卡方估计统计上非常显著（$p < 0.001$），模型的有效性是不可能的。

无加权最小二乘法（ULS）

ULS 的拟合函数是：

$$F_{ULS} = \left(\frac{1}{2}\right)\mathrm{tr}[(\mathbf{S} - \boldsymbol{\Sigma}(\boldsymbol{\theta}))^2] \tag{4.77}$$

尽管不是很明显，但 F_{ULS} 是将残差矩阵（$\mathbf{S} - \boldsymbol{\Sigma}(\boldsymbol{\theta})$）每个元素平方之和的二分之一最小化。明显的是，这与普通最小二乘回归类似。在 OLS 中，最小化残差项平方之和。误差指的是观测的因变量取值与模型预测的因变量取值之间的差异。关于 F_{ULS}，我们最小化残差矩阵（$\mathbf{S} - \boldsymbol{\Sigma}(\boldsymbol{\theta})$）每个元素平方之和。在此种情况下，残差矩阵包括了样本方差、协方差与模型预测的方差、协方差之间的差异。

为了弄清这个函数的运作，考虑结构方程 $y_1 = x_1 + \zeta_1$。此模型的 **S** 和 $\boldsymbol{\Sigma}(\boldsymbol{\theta})$ 即是方程(4.60)和方程(4.59)所列的内容。用 $\hat{\Sigma}$ 替代 $\boldsymbol{\Sigma}(\boldsymbol{\theta})$，$F_{ULS}$ 是：

$$F_{ULS} = \frac{1}{2}\left((var(y_1) - \hat{\phi}_{11} - \hat{\psi}_{11})^2 + 2(cov(y_1, x_1) - \hat{\phi}_{11})^2 + (var(x_1) - \hat{\phi}_{11})^2\right) \tag{4.78}$$

正如方程(4.78)所表明的，所选择的 $\hat{\phi}_{11}$ 和 $\hat{\psi}_{11}$ 估计值就是减少 $var(y_1)$ 和 $(\hat{\phi}_{11} + \hat{\psi}_{11})$ 之间、$cov(y_1, x_1)$ 和 $\hat{\phi}_{11}$ 之间以及 $var(x_1)$ 和 $\hat{\phi}_{11}$ 之间差值的平方。

最小化 F_{ULS} 的一个必要条件是所选择的 $\hat{\phi}_{11}$ 和 $\hat{\psi}_{11}$ 使拟合函数关于 $\hat{\phi}_{11}$ 和 $\hat{\psi}_{11}$ 的偏导数为 0。故偏导数为：

$$\frac{\partial F_{ULS}}{\partial \hat{\phi}_{11}} = -var(y_1) - 2cov(y_1, x_1) - var(x_1) + 4\hat{\phi}_{11} + \hat{\psi}_{11} \tag{4.79}$$

$$\frac{\partial F_{ULS}}{\partial \hat{\psi}_{11}} = -var(y_1) + \hat{\phi}_{11} + \hat{\psi}_{11} \tag{4.80}$$

让方程(4.79)和方程(4.80)等于 0，根据 y_1 与 x_1 的方差和协方差解两个方程以求 $\hat{\phi}_{11}$ 和 $\hat{\psi}_{11}$，结果如下：

$$\hat{\phi}_{11} = \frac{var(x_1) + 2cov(y_1, x_1)}{3} \tag{4.81}$$

$$\hat{\psi}_{11} = var(y_1) - \frac{var(x_1) + 2cov(y_1, x_1)}{3} \tag{4.82}$$

求拟合函数关于 $\hat{\phi}_{11}$ 和 $\hat{\psi}_{11}$ 的二阶偏导数所建立的矩阵是正定矩阵，因此让 $\hat{\phi}_{11}$ 等于方程

(4.81)以及让 $\hat{\psi}_{11}$ 等于方程(4.82)可以最小化 F_{ULS}。

如方程(4.81)所示,在估计 $\hat{\phi}_{11}$ 时,F_{ULS} 拟合函数给 $\mathrm{cov}(y_1,x_1)$ 的权重要大于给 $\mathrm{var}(x_1)$ 的权重。之所以是这样的结果是因为在确定 $(\mathbf{S}-\hat{\Sigma})$ 的平方时,非对角线元素出现了两次,而主对角线元素只出现了一次[参见方程(4.78)]。

像以前一样,使用相同的协方差矩阵,$\mathrm{var}(y_1)=10$,$\mathrm{cov}(x_1,y_1)=5$ 以及 $\mathrm{var}(x_1)=8$,所估计的 $\hat{\phi}_{11}=6$,$\hat{\psi}_{11}=4$。记住,对于这样的模型 $y_1=x_1+\zeta_1$,$\mathrm{VAR}(x_1)$ 和 $\mathrm{COV}(x_1,y_1)$ 都应等于总体中的 ϕ_{11}。ϕ_{11} 是过度识别的,它主要是通过把 $\mathrm{var}(x_1)$ 和 $\mathrm{cov}(x_1,y_1)$ 合并起来进行估计,这就给了 $\mathrm{cov}(x_1,y_1)$ 更大的权重。ULS 估计的 $\hat{\phi}_{11}$ 是 6,比 $\mathrm{cov}(x_1,y_1)$ 的 5 多一个单位,比 $\mathrm{var}(x_1)$ 的 8 少了两个单位。ULS 估计的 $\hat{\phi}_{11}$ 和 $\hat{\psi}_{11}$ 都小于 ML 估计($\hat{\phi}_{11}=\hat{\psi}_{11}=8$)。由于最小化的是不同的拟合函数,估计结果出现差异在预料之中,尽管 ULS 和 ML 的估计非常接近。在更复杂的模型中,对未知参数的简单 ULS 解是不能获得的。与 ML 方法一样,这就需要迭代数值技术(参见附录4C)。

由于它的简单性,F_{ULS} 具有直观的优势。同本书中提到的所有拟合函数一样,它对 θ 的估计是一致的,并且这无须假设观测变量服从一个特定的分布,只要 θ 可被识别。布朗尼(Browne,1982)为 ULS 的估计提出了一些方法来计算统计显著性检验。简言之,ULS 是一种容易理解的拟合函数,对 θ 的估计是一致的,并有利于发展统计显著性检验。

不过,缺点也是有的。首先,ULS 不能产生 θ 的渐近最有效估计量。ML 估计量具有更高的有效性。其次,F_{ULS} 既不具有尺度不变性,也不是无尺度的。在 F_{ML} 小节中,我描述了这些属性。当分析相关矩阵而不是协方差矩阵时,F_{ULS} 估计的值是不同的,或者更一般地讲,随着测量尺度的变化,估计值也是不同的。缺乏无尺度性意味着当使用不同尺度的变量时参数和估计之间可能不存在一个相对简单的关系。当我在本章后面考虑实例时,我会说明这些属性。最后,如同 F_{ML} 一样,对于 F_{ULS},对过度识别的检验也不是很容易获得[参见布朗尼(Browne,1984,1982)]。

广义最小二乘法(GLS)

F_{ULS} 用一种与 OLS 回归类似的方式最小化观测的 $\mathbf{S}$ 元素和相应的预测的 $\Sigma(\boldsymbol{\theta})$ 元素之间的差值平方。其主要差异是 OLS 把观测的和预测的 y 值看成个体观测值(individual observation),而观察和预测的协方差是 F_{ULS} 的重点。F_{ULS} 的问题是它对 $(\mathbf{S}-\Sigma(\boldsymbol{\theta}))$ 的所有元素进行了加权,好像它们都有相同的方差和协方差。这有点类似于当一个回归方程中的干扰项是异质性或者自相关时不恰当地使用了 OLS。在回归分析中解决的办法是使用广义最小二乘法(GLS),它对观测值进行加权以修正不相等的方差或者非零的干扰项协方差。基于这样的类比,应用 GLS 拟合函数似乎是合理的,GLS 根据其他元素的方差和协方差对 $(\mathbf{S}-\Sigma(\boldsymbol{\theta}))$ 的元素进行加权。

GLS 拟合函数的一般形式为:

$$F_{\mathrm{GLS}}=\left(\frac{1}{2}\right)\mathrm{tr}(\{[\mathbf{S}-\Sigma(\boldsymbol{\theta})]\mathbf{W}^{-1}\}^{2}) \qquad (4.83)$$

其中,$\mathbf{W}^{-1}$是残差矩阵的加权矩阵。加权矩阵$\mathbf{W}^{-1}$要么是一个随着$N\to\infty$以一定的概率收敛于一个正定矩阵的随机矩阵,要么是一个正定常量矩阵。F_{ULS}是F_{GLS}的一个特例,其中$\mathbf{W}^{-1}=\mathbf{I}$。使用任何满足前述条件的$\mathbf{W}^{-1}$的$F_{\mathrm{GLS}}$估计值$\hat{\theta}$,有一些可取的性质。与$F_{\mathrm{ML}}$和$F_{\mathrm{ULS}}$相同,来自$F_{\mathrm{GLS}}$的$\hat{\boldsymbol{\theta}}$是$\boldsymbol{\theta}$的一致性估计量。此外,$\hat{\boldsymbol{\theta}}$的渐近分布是具有已知渐近协方差矩阵的多元正态分布,从而有可能进行统计显著性检验[参见布朗尼(Browne,1982,1984)]。不过,并不是所有选择的$\mathbf{W}^{-1}$都能导致有效的估计,渐近协方差矩阵可能是非常复杂的。$\mathbf{W}^{-1}=\mathbf{I}$的$F_{\mathrm{GLS}}$(即$F_{\mathrm{ULS}}$)是一个例子。

有两个关于$\mathbf{S}$矩阵元素的假设,它们能为选择"正确的"(correct)加权矩阵$\mathbf{W}^{-1}$以及为了让GLS估计下的$\hat{\boldsymbol{\theta}}$具有优良性质提供一个简单的条件。假设(1)$E(s_{ij})=\sigma_{ij}$;(2)$\mathbf{S}$元素的渐近分布是多元正态分布,其期望值为$\sigma_{ij}$,$s_{ij}$和$s_{gh}$的渐近协方差等于$N^{-1}(\sigma_{ig}\sigma_{jh}+\sigma_{ih}\sigma_{jg})$。第一个假设简单地要求$E(s_{ij})$是存在的并且$s_{ij}$是$\sigma_{ij}$的无偏估计量。$\mathbf{S}$元素的渐近多元正态分布相当普遍。它成立的一个充分条件是观测值是独立且相同分布以及存在x和y的四阶矩。关键假设是$\mathrm{ACOV}(s_{ij},s_{gh})=N^{-1}(\sigma_{ig}\sigma_{jh}+\sigma_{ih}\sigma_{jg})$。如果$x$和$y$服从多元正态分布,这个假设就是成立的,但是,只要$x$和$y$没有超值峰度(excessive kurtosis),即使服从其他分布,这个假设也是成立的(Browne,1974)。在第9章中,我将讨论更多有关峰度以及非正态数据下具有优良性质的估计量问题,但是现在,注意到这些假设比在F_{ML}的限制要低一些。

如果这些假设满足的话,那么所选择的$\mathbf{W}^{-1}$应使$\mathrm{plim}\mathbf{W}^{-1}=c\Sigma^{-1}$,其中$c$为任意常数(通常$c=1$)。使用这样选择的$\mathbf{W}^{-1}$的GLS估计的$\hat{\boldsymbol{\theta}}$与来自$F_{\mathrm{ML}}$的$\hat{\boldsymbol{\theta}}$一样,有许多可取的渐近性质。也就是说,GLS估计量服从一个渐近多元正态分布以及它是渐近有效的。此外,当$\mathrm{plim}\mathbf{W}^{-1}\neq c\Sigma^{-1}$时,来自$F_{\mathrm{GLS}}$的$\hat{\boldsymbol{\theta}}$的渐近协方差矩阵采用了一个比真实更加简单的形式。$\hat{\boldsymbol{\theta}}$的渐近协方差是信息矩阵$(2/(N-1))[E(\partial^2 F_{\mathrm{GLS}}/\partial\boldsymbol{\theta}\partial\boldsymbol{\theta}')]^{-1}$期望值倒数的$(2/(N-1))$倍(Jöreskog,1981)。用$\hat{\boldsymbol{\theta}}$替代$\boldsymbol{\theta}$可以得到估计的渐近协方差和标准误。

虽然许多$\mathbf{W}^{-1}$是Σ^{-1}的一致估计量,最普遍的选择是$\mathbf{W}^{-1}=\mathbf{S}^{-1}$:

$$
\begin{aligned}
F_{\mathrm{GLS}} &= \left(\frac{1}{2}\right)\mathrm{tr}(\{[\mathbf{S}-\sum(\boldsymbol{\theta})]\mathbf{S}^{-1}\}^2) \\
&= \left(\frac{1}{2}\right)\mathrm{tr}\{[\mathbf{I}-\sum(\boldsymbol{\theta})\mathbf{S}^{-1}]^2\}
\end{aligned}
\tag{4.84}
$$

在LISREL和EQS中都能找到F_{GLS}。因此,除非另有说明,我使用的F_{GLS}为$\mathbf{W}^{-1}=\mathbf{S}^{-1}$的GLS拟合函数。

在$\mathrm{plim}\mathbf{W}^{-1}=\Sigma^{-1}$的情况下,$\mathbf{W}^{-1}$的另一种选择是$\mathbf{W}^{-1}=\Sigma^{-1}(\hat{\boldsymbol{\theta}})$,其中$\hat{\boldsymbol{\theta}}$最小化$F_{\mathrm{ML}}$。如同在$F_{\mathrm{ML}}$发现的一样,使用$F_{\mathrm{GLS}}(\mathbf{W}^{-1}=\Sigma^{-1}(\hat{\boldsymbol{\theta}}))$也会产生相同的GLS的$\hat{\boldsymbol{\theta}}$(Lee & Jennrich,1969)。在这个意义上,F_{ML}是方程(4.83)所给出的F_{GLS}的一员。因此,ML$\hat{\boldsymbol{\theta}}$的渐近性质并不依赖于我过去推导$F_{\mathrm{ML}}$时$\mathbf{y}$和$\mathbf{x}$的多元正态性(参见附录4A和附录4B)。宁可说,ML$\hat{\boldsymbol{\theta}}$的渐近正态分布和渐近有效性成立的条件比保证$\mathrm{plim}\mathbf{W}^{-1}=\Sigma^{-1}$的GLS估计量为合理的假定来得要弱一些。

不同于F_{ULS}但是与F_{ML}一样,F_{GLS}具有尺度不变性和无尺度性。这些可取的性质在F_{ML}一节中已经描述过了,在这里同样成立。F_{GLS}的一个额外优势是,当模型正确时,在最后估计时计算的$(N-1)F_{GLS}$服从渐近卡方分布。自由度(df)是$(1/2)(p+q)(p+q+1)-t$。因此,类似于$(N-1)F_{ML}$,只要 $\text{plim}\mathbf{W}^{-1}=\Sigma^{-1}$,$(N-1)F_{GLS}$在大样本中就近似于一个卡方变量。如果模型是有效的,$(N-1)F_{ML}$和$(N-1)F_{GLS}$是渐近等同的,从而在大样本中,这些估计的卡方值应是接近的。

再次考虑$y_1=x_1+\zeta_1$这个方程,$\text{var}(y_1)=10$,$\text{cov}(x_1,y_1)=5$以及$\text{var}(x_1)=8$。GLS估计量是$\hat{\phi}_{11}=6.03$,$\hat{\psi}_{11}=6.03$。它们低于对两个参数进行 ML 的估计值 8,也分别不同于 ULS 估计值 6 和 4。在样本量为 201 的情况下,$(N-1)F_{GLS}$的卡方估计值为 24.7,自由度为 1,略低于 ML 估计的 30.4。两种卡方估计都是非常显著的,这表示我们应该拒绝$H_0:\Sigma=\Sigma(\boldsymbol{\theta})$。

虽然F_{GLS}有可取的性质,但是它也有一些限制。如果观测变量的分布有非常"胖"或者"瘦"的尾部,s_{ij}和s_{gh}的渐近协方差可能会偏离于$N^{-1}(\sigma_{ig}\sigma_{jh}+\sigma_{ih}\sigma_{jg})$,从而违反了假定。如果是这样,对于显著性检验来说,通常的渐近标准误和卡方检验未必是准确的。这些估计量稳健性的研究一直在进行(比如,Satorra & Bentler,1986)。另一个考虑是即使满足了有关 $\mathbf{S}$ 的假设,估计的性质仍然是渐进性的。我们很少从F_{GLS}知道$\hat{\boldsymbol{\theta}}$在小样本中的表现,但看起来它在小样本中有朝向 0 的偏误。

其他估计量

那些熟悉回归和计量经济学方法的人也会熟悉观测变量结构方程的其他估计量。普通最小二乘法(OLS)适合于递归方程组。对于非递归模型,两阶段最小二乘法(two-stage least square,2SLS)是最常使用的估计方法,但是诸如三阶段最小二乘法(three-stage least square,3SLS)、完全信息最大似然法(full-information maximum likelihood,FIML)等方法也是比较有名的。虽然传统的计量经济学方法和本章中所提到的方法在几个方面上有所不同,但是也存在一些共同点。例如,约斯库革(Jöreskog,1973)表明,对于本章讨论的观测变量模型,F_{ML}等价于 FIML 估计。而且,对于递归模型,如果ζ服从正态分布,OLS 估计就是最大似然估计。对于 OLS,2SLS,3SLS 及相关方法的进一步信息可参见约翰逊(Johnson,1984)、旺纳克特和旺纳克特(Wonnacott & Wonnacott,1979)或者福克斯(Fox,1984)。

经验实例

我用社会经济地位、工会情感及边际消费倾向的例子来说明 ML,ULS 以及 GLS。社会经济地位模型的路径图如图 4.4 所示。它表示了三个自我知觉的社会经济地位测量[知觉的收入(y_1)、知觉的职业声望(y_2)及知觉的综合地位(y_3)]和两个客观的测量[收入(x_1)和职业声望(x_2)]。路径图的矩阵表示是方程(4.30)。秩和阶条件确立了模型的识别性。因为θ中未知的数量等于 $\mathbf{S}$ 中非冗余协方差元素的数量,模型是恰好识别的。

我利用克吕杰尔(Kluegel et al. ,1977)[①]提供的数据并且把我的分析限制在白人样本($N=432$)的协方差矩阵。y_1, y_2, y_3, x_1 和 x_2 的协方差矩阵是:

$$\mathbf{S}=\begin{bmatrix} 0.449 & & & & \\ 0.166 & 0.410 & & & \\ 0.226 & 0.173 & 0.393 & & \\ 0.564 & 0.259 & 0.382 & 4.831 & \\ 2.366 & 3.840 & 3.082 & 13.656 & 452.711 \end{bmatrix}$$

附录 4D 列出了用 ML 拟合函数对参数进行估计的 LISREL 和 EQS 程序。

表 4.2 报告了用 ML,ULS 及 GLS 拟合函数对以上模型参数进行估计的结果。所有的估计都是相同的。这是因为模型是恰好识别的,而且对于恰好识别的模型,$\hat{\Sigma}$ 必须等于 **S**。为了产生相同的 $\hat{\Sigma}$,ML,ULS 及 GLS 估计必须是相同的。

表 4.2　主观和客观社会地位模型的 ML,ULS 以及 GLS 估计($N=432$)

参数	ML,ULS 以及 GLS 估计(标准误)
β_{21}	0.29 (0.12)
β_{12}	0.25 (0.18)
β_{31}	0.43 (0.14)
β_{32}	0.54 (0.19)
γ_{11}	0.10 (0.02)
γ_{22}	0.007 (0.001)
ϕ_{11}	4.83 (0.33)
ϕ_{21}	13.66 (2.35)
ϕ_{22}	452.71 (30.84)
ψ_{11}	0.34 (0.03)

① 受访者样本来自 1969 印第安纳大学社会研究所 1969 年的“加里地区项目”。

续表

参数	ML,ULS 以及 GLS 估计(标准误)
ψ_{21}	-0.06 (0.08)
ψ_{22}	0.33 (0.02)
ψ_{31}	-0.03 (0.05)
ψ_{32}	-0.10 (0.06)
ψ_{33}	0.29 (0.04)
$R^2_{y_1}$	0.24
$R^2_{y_2}$	0.20
$R^2_{y_3}$	0.26
决定系数	0.32

这个例子的参数估计结果可靠吗?至少,在效应的方向上看起来是合理的。$\hat{\gamma}_{11}$和$\hat{\gamma}_{22}$显示,实际的收入(x_1)对个人所感觉的自己的收入等级(y_1)有一个正影响,职业声望(x_2)对主观职业声望(y_2)的影响也是正的①。类似地,$\hat{\beta}_{31}$和$\hat{\beta}_{32}$显示一个人知觉的收入(y_1)和知觉的职业声望(y_2)越高,其知觉的综合社会地位(y_3)也倾向越高。最后,$\hat{\beta}_{21}$和$\hat{\beta}_{12}$显示主观的收入和主观的职业声望之间存在正向的互惠关系。对于 ML 和 GLS 估计,可以得到估计量的渐近标准误。对于两种估计来说,这些标准误是相等的,它们在系数下方的括号内。对于系数为 0 的零假设,ML 和 GLS 估计与渐近标准误的比率近似于 Z 检验统计量。对于一个双尾检验来说,一个约等于其标准误 2 倍的估计,在 $\alpha=0.05$ 水平上是统计显著的。除了$\hat{\beta}_{12}$,$\hat{\psi}_{21}$,$\hat{\psi}_{31}$和$\hat{\psi}_{32}$,所有的估计都满足这个标准。尽管 Ψ 的非对角线元素没有一个是统计显著的,我们还是惊讶地发现它们是负值。如果存在任意的非零的方程干扰项之间的协方差,我预期它们应是正值。主观职业声望(y_2)对主观收入(y_1)影响的估计小于 1 并且是其标准误的 0.5 倍。这使得了我们怀疑主观职业声望(y_2)影响主观收入(y_1)假设的有效性。

① γ_{22}的估计值是0.007。它是因为与主观职业声望变量相比,实际职业声望变量的测量单位较大。实际职业声望变量(x_2)的均值为36.7,标准差为21.3,而主观职业声望变量(y_2)的均值为1.5,标准差为0.64。

在系数估计的下方是 $R^2_{y_i}$ 和决定系数。$R^2_{y_i}$ 的计算公式如下[①]：

$$R^2_{y_i} = 1 - \frac{\hat{\psi}_{ii}}{\hat{\sigma}^2_{y_i}} \tag{4.85}$$

其中，$\hat{\sigma}^2_{y_i}$ 是来自 $\hat{\Sigma}$ 的 y_i 的预测方差。对于合理的解，$\hat{\psi}_{ii}$ 是非负值，因此 $R^2_{y_i}$ 的最大值为 1。其值越接近于 1，拟合度就越高。与通常截面调查研究中的多元相关系数的平方相比，表 4.2 中的 $R^2_{y_i}$ 是中等大小的。

决定系数：

$$\text{决定系数} = 1 - \frac{\left|\hat{\Psi}\right|}{\left|\hat{\Sigma}_{yy}\right|} \tag{4.86}$$

其中，$\hat{\Sigma}_{yy}$ 是 $\hat{\Sigma}$ 中 y 的协方差矩阵。$\left|\hat{\Psi}\right|$ 是方程误差项协方差矩阵估计的行列式。它表示了模型变量对内生变量的联合效应。其取值范围是 0 到 1。

研究者应注意到决定系数的一些性质。其中的一点就是它可能对 $\hat{\Psi}$ 主对角线上的一些小数是敏感的。比如，假设

$$\hat{\Psi} = \begin{bmatrix} 0 & & \\ 0 & 10 & \\ 0 & 0 & 10 \end{bmatrix} \tag{4.87}$$

如果方程一是一个恒等关系，就可能出现这种情况。即使方程二和方程三可能有较大的未能解释的方差项，$\left|\hat{\Psi}\right|$ 也是 0 并且决定系数为 1。在不是很极端的情况下，一个方程可能有一个较小的 $\hat{\psi}_{ii}$ 项，尽管其他方程可能有较大的未解释方差。由于这个较小的 $\hat{\psi}_{ii}$，行列式的系数可能是误导性的较小值。

第二个要记住的性质用下面的例子说明：

$$\hat{\Psi} = \begin{bmatrix} 0.5 & 0 \\ 0 & 0.5 \end{bmatrix}, \hat{\Sigma}_{yy} = \begin{bmatrix} 1 & 0.5 \\ 0.5 & 1 \end{bmatrix} \tag{4.88}$$

$$\hat{\Psi} = \begin{bmatrix} 0.5 & 0 & 0 \\ 0 & 0.5 & 0 \\ 0 & 0 & 0.5 \end{bmatrix}, \hat{\Sigma}_{yy} = \begin{bmatrix} 1 & 0.5 & 0.5 \\ 0.5 & 1 & 0.5 \\ 0.5 & 0.5 & 1 \end{bmatrix} \tag{4.89}$$

在方程(4.88)中，第一个和第二个方程的 R^2 是 0.5。在方程(4.89)中，所有三个方程的 R^2 也是 0.5。然而，决定系数是不同的，对于两方程模型是 0.67，对于三方程模型是 0.75。因此，即使一个模型中的每个方程有着相同的 R^2，对于有较多方程的模型，决定系数也有可能是较大的。此例中决定系数为 0.32，中等大小。这个数值高于任何一个单一方程的 R^2，因此它不是模型“典型的”R^2 的一个好标准。

---

① 在 LISREL Ⅵ中，R^2 的计算在分母中使用了 y_i 的样本方差而不是方程(4.85)中的 $\hat{\sigma}^2_{y_i}$。在大多数情况下（但并非全部），这是相同的。

总之,基于系数估计的符号和显著性、$R^2_{y_i}$和决定系数,模型似乎与数据一致。主要的例外是$\hat{\beta}_{12}$和$\hat{\Psi}$非对角线元素都不统计显著。由于此模型是恰好识别的,过度识别的卡方检验并不能有助于模型拟合度的评价。

第二个例子分析了来自麦克唐纳和克莱兰(McDonald & Clelland,1984)的工会情感(图4.2)数据。样本包括173名南部地区纺织工人和5个变量:对管理人员的尊重(或者顺从)(y_1)、对劳工运动的支持(y_2)、对工会的情感(y_3)、在纺织厂的年数(x_1)和年龄(x_2)。此模型的矩阵方程是:

$$\begin{bmatrix} y_1 \\ y_2 \\ y_3 \end{bmatrix} = \begin{bmatrix} 0 & 0 & 0 \\ \beta_{21} & 0 & 0 \\ \beta_{31} & \beta_{32} & 0 \end{bmatrix} \begin{bmatrix} y_1 \\ y_2 \\ y_3 \end{bmatrix} + \begin{bmatrix} 0 & \gamma_{12} \\ 0 & \gamma_{22} \\ \gamma_{31} & 0 \end{bmatrix} \begin{bmatrix} x_1 \\ x_2 \end{bmatrix} + \begin{bmatrix} \zeta_1 \\ \zeta_2 \\ \zeta_3 \end{bmatrix}$$

如上一节所示,基于递归规则,此模型是可识别的。协方差矩阵为:

$$\mathbf{S} = \begin{bmatrix} 14.610 & & & & \\ -5.250 & 11.017 & & & \\ -8.057 & 11.087 & 31.971 & & \\ -0.482 & 0.677 & 1.559 & 1.021 & \\ -18.857 & 17.861 & 28.250 & 7.139 & 215.662 \end{bmatrix}$$

在$\mathbf{S}$中变量的顺序从上到下依次为y_1,y_2,y_3,x_1和x_2。用第2章中我描述的方法对此数据的极端值进行了审查。我们发现有几个极端值,但它们的影响是很小的。

表4.3报告了此模型的ULS,GLS及ML估计结果。在尊重(y_1)模型中年龄的系数是负值,这表明年长工人的顺从态度要低于年轻工人。年龄(x_2)对劳工运动的支持(y_2)具有正影响($\hat{\gamma}_{22}$),顺从对劳工运动的支持具有负影响($\hat{\beta}_{21}$)。工会情感(y_3)与顺从具有负相关(见$\hat{\beta}_{31}$),而与劳工运动(见$\hat{\beta}_{32}$)和在纺织厂的年数(见$\hat{\gamma}_{31}$)具有正相关。在顺从($R^2_{y_1}$)方程中大约只有10%的变异被年龄所解释,而在劳工运动($R^2_{y_2}$)方程中大约有23%的变异被年龄和顺从所解释。最高的R^2是0.4,它是把在纺织厂的年数、顺从及劳工运动支持程度作为解释变量的工会情感模型。所有的GLS和ML估计至少是它们各自标准误的两倍。GLS和ML的估计及其标准误都非常接近。除了$\hat{\gamma}_{31},\hat{\beta}_{31},\hat{\psi}_{33}$以及$\hat{\phi}_{11}$,ULS的估计也几乎相同。这可能是由于ULS缺乏尺度不变性或者无尺度性,以及与分析中的其他变量相比年龄具有较大的方差。

为了说明ULS的尺度依赖性,我建立$\mathbf{y}^* = \mathbf{D}_y\mathbf{y}$和$\mathbf{x}^* = \mathbf{D}_x\mathbf{x}$,其中

$$\mathbf{D}_y = \begin{bmatrix} 1 & 0 & 0 \\ 0 & 1 & 0 \\ 0 & 0 & 1 \end{bmatrix}, \mathbf{D}_x = \begin{bmatrix} 1 & 0 \\ 0 & 0.1 \end{bmatrix} \tag{4.90}$$

表 4.3　工会情感模型的 ULS,GLS 以及 ML 估计($N=173$)

参数	ULS 估计	GLS 估计 (标准误)	ML 估计 (标准误)
γ_{12}	-0.087	-0.088 (0.019)	-0.087 (0.019)
γ_{22}	0.058	0.058 (0.016)	0.058 (0.016)
γ_{31}	1.332	0.861 (0.342)	0.860 (0.340)
β_{21}	-0.284	-0.288 (0.062)	-0.285 (0.062)
β_{31}	-0.192	-0.214 (0.098)	-0.218 (0.097)
β_{32}	0.846	0.853 (0.112)	0.850 (0.112)
ψ_{11}	12.959	12.904 (1.395)	12.961 (1.398)
ψ_{22}	8.475	8.444 (0.913)	8.489 (0.915)
ψ_{33}	18.838	19.343 (2.092)	19.454 (2.098)
ϕ_{11}	0.774	1.014 (0.110)	1.021 (0.110)
ϕ_{21}	7.139	7.139 (1.256)	7.139 (1.256)
ϕ_{22}	215.663	214.843 (23.23)	215.662 (23.255)
$R^2_{y_1}$	0.113	0.113	0.113
$R^2_{y_2}$	0.229	0.233	0.229
$R^2_{y_3}$	0.410	0.392	0.390
决定系数	0.229	0.206	0.205
$\chi^2(\mathrm{df}=3)$	—	1.25	1.26

这样做的影响是 $\mathbf{y}^*$ 和 x_1^* 分别保持与 $\mathbf{y}$ 和 x_1 相同的尺度,但是 x_2^*(年龄)乘以了0.1以减少方差的幅度。ULS 拟合函数应用于 x_2 尺度下降的新协方差矩阵并没有导致无尺度的估计。例如,对应于原始变量的 $\hat{\Gamma}$ 和调整尺度后的 $\hat{\Gamma}^*$ 是:

$$\hat{\Gamma}=\begin{bmatrix}0 & -0.087\\ 0 & 0.058\\ 1.332 & 0\end{bmatrix},\hat{\Gamma}^*=\begin{bmatrix}0 & -0.839\\ 0 & 0.604\\ 1.096 & 0\end{bmatrix} \tag{4.91}$$

如果这是无尺度估计,那么 $\hat{\boldsymbol{\Gamma}}^* = \mathbf{D}_y\hat{\boldsymbol{\Gamma}}\mathbf{D}_x^{-1}$。正如早些时候证明的那样,这个关系并不存在。也注意到 $\hat{\gamma}_{31}$ 和 $\hat{\gamma}_{31}^*$ 是不相等的,即使我没有改变 y_3 和 x_1 的尺度。

方程(4.91)对应的 ML 估计是:

$$\hat{\boldsymbol{\Gamma}} = \begin{bmatrix} 0 & -0.087 \\ 0 & 0.058 \\ 0.860 & 0 \end{bmatrix}, \hat{\boldsymbol{\Gamma}}^* = \begin{bmatrix} 0 & -0.874 \\ 0 & 0.579 \\ 0.860 & 0 \end{bmatrix} \tag{4.92}$$

在误差范围内我们预期 $\hat{\boldsymbol{\Gamma}}^* = \mathbf{D}_y\hat{\boldsymbol{\Gamma}}\mathbf{D}_x^{-1}$,因为 ML 估计是无尺度的。此外,对于原始的变量和调整尺度后的变量,ULS 拟合函数在最后估计得到的值是不同的,尽管它们对 ML 拟合函数来说是相同的。这个例子说明了 ULS 尺度依赖的缺陷。

对于 GLS 和 ML 的解,很容易获得一个卡方估计。两个卡方估计都是 1.3,自由度是 3,因此,我们不能拒绝 $H_0:\Sigma = \Sigma(\boldsymbol{\theta})$, 内隐协方差矩阵 $\hat{\Sigma}$ 完美地复制了样本协方差矩阵 $\mathbf{S}$。

最后一个经验例子是哈维尔莫的边际消费倾向模型。这个模型是:

$$\begin{bmatrix} y_1 \\ y_2 \end{bmatrix} = \begin{bmatrix} 0 & 1 \\ \beta_{21} & 0 \end{bmatrix}\begin{bmatrix} y_1 \\ y_2 \end{bmatrix} + \begin{bmatrix} 1 \\ 0 \end{bmatrix}[x_1] + \begin{bmatrix} 0 \\ \zeta_2 \end{bmatrix}$$

其中,y_1 是人均可支配收入,y_2 是人均消费支出,x_1 是人均投资支出。样本协方差矩阵是:

$$\mathbf{S} = \begin{bmatrix} 3421 & & \\ 2504 & 1889 & \\ 916 & 616 & 301 \end{bmatrix}$$

因为 $y_1 = y_2 + x_1$,所以 $\mathbf{S}$ 矩阵是奇异的。一个奇异的 $\mathbf{S}$ 矩阵对于 F_{ML} 和 F_{GLS} 来说是一个问题,因为它们分别涉及 $\log|\mathbf{S}|$ 和 $\mathbf{S}^{-1}$。一个简单的解决办法就是删除其中一个涉及奇异性的变量(如 y_1)并且表明(有关系数矩阵和误差向量)删除的变量完全是其他变量的一个线性函数[参见约斯库革和松波(Jöreskog & Sörbom,1986b:Ⅲ.42-Ⅲ.54)]。第二个方程的 ML 估计是:

$$y_2 = \underset{(0.035)}{0.672}y_1 + \zeta_2$$

这意味着人均可支配收入每变化 1 美元,平均而言有 67% 是用于消费的。在离开本例之前,我在第 2 章中发现 1941 年是这些数据的一个奇异值。为了考察它对模型拟合的影响,我忽略此案例后重新估计方程:

$$y_2 = \underset{(0.038)}{0.715}y_1 + \zeta_2$$

删除 1941 的观测值导致对边际消费倾向的估计值更高。

总之,本节介绍和说明了三个拟合函数,它们是 $\boldsymbol{\theta}$ 的一致估计量。当多元正态性假设成立或者当变量的分布具有正常峰度时,ML 和 GLS 的估计是渐近有效的,不过 ULS 的估计一般效率较低。对于我们的例子而言,从所有拟合函数得到的估计通常很接近,尽管这对于所有的参数并不正确。

进一步的问题

在本节中,我将讨论利用观测变量模型时会出现的几个其他问题，包括标准化和非标准化系数、x 的替代假设、交互项及截距的方程。

标准化和非标准化系数

在表 4.2 和表 4.3 中报告的根据 ML,ULS 和 GLS 估计的 $\hat{\mathbf{B}}$ 和 $\hat{\Gamma}$ 包括非标准化系数,它们依赖于变量的测量单位。如果方程中的两个解释变量有相同的单位,那么对它们的非标准化系数的比较可以看出它们的相对影响。例如,考虑这样一个方程:

$$Y_1 = \alpha_1 + \gamma_{11}X_1 + \gamma_{12}X_2 + \zeta_1 \tag{4.93}$$

其中 Y_1 是工作满意度,X_1 是年收入,X_2 是年薪奖金。假设 X_1 和 X_2 的测量单位是百美元。因为收入和奖金有相同的单位,我们可以比较 γ_{11} 和 γ_{12} 以考察哪个变量对工作满意度的影响最大。

通常解释变量有不同的尺度。这使得对解释变量相对直接影响的评价比较困难。假设在方程(4.93)中 X_2 是受教育年数而不是年薪奖金。对 γ_{11} 和 γ_{12} 进行比较并不是有价值的,因为 X_1 的单位是美元,X_2 的单位是年数。对于表 4.3 中的工会情感模型,我们很难比较激进主义和在纺织厂年数的影响,因为它们的单位是不同的。为了缓解这种困难,分析人员需要对非标准化系数进行调整以使它们是“无量纲”(dimensionless)的。也就是说,分析人员对系数进行修改以便它们有相同的单位。经济学家经常使用变量的弹性(elasticite),所谓弹性指的是在控制其他解释变量的条件下某个解释变量变化 1%,预期因变量变化的百分比。在一个点上的弹性是($\partial Y/\partial X$)(X/Y)对在这里提到的线性模型,($\partial Y/\partial X$)等于与 X 有关的非标准化系数。你也必须选择一个计算弹性的点(X/Y)。最普遍的选择就是在样本均值 $\bar{X}/\bar{Y}$。对于方程(4.93),在 X_1 和 X_2 的均值点上,所估计的弹性是 $\hat{\gamma}_{11}(\bar{X}_1/\bar{Y}_1)$ 及 $\hat{\gamma}_{12}(\bar{X}_2/\bar{Y}_1)$。对它们进行比较,你可以估计哪一个自变量 1% 的变化会导致因变量一个更大百分比的变化。由于两个变化都是百分比单位,这比它们为原始单位时更容易比较它们的效应。除了方程(4.93),我介绍的例子并没有在均值点上计算弹性,因为这些变量是关于 0 均值的离差形式。即使采用原始得分,弹性也未必是有意义的。弹性需要 X 和 Y 有一个明确的 0 点以及相邻点之间的间隔相等(如比率水平测量)。

当这个不正确时,社会学家、心理学家及政治科学家经常使用另一种考察相对影响的无量纲测量,称为标准化回归系数。$\hat{\beta}_{ij}$的标准化系数是 $\hat{\beta}_{ij}(\hat{\sigma}_{Y_j}/\hat{\sigma}_{Y_i})$,$\hat{\gamma}_{ij}$的标准化系数是 $\hat{\gamma}_{ij}(\hat{\sigma}_{X_j}/\hat{\sigma}_{Y_i})$,其中 $\hat{\sigma}_{Y_j}$,$\hat{\sigma}_{Y_i}$和 $\hat{\sigma}_{X_i}$是模型预测的 Y_j,Y_i 和 X_j 的标准差。标准化回归系数表示了在模型中其他变量保持不变的情况下,一个解释变量变化一个标准差单位,因变量平均变化多个标准差单位。因此,你可以比较随着解释变量一个标准差的变动引起的因变量变动的标准差倍数,以此作为一种考察相对效应的方法。

在均值点上的弹性和标准化回归系数具有一个有趣的相似之处。它们只是在非标准化系数相乘的倍数上有所不同。比如,对于弹性,它是$(\bar{X}/\bar{Y})$,而对于标准化系数,它是$(\hat{\sigma}_X/\hat{\sigma}_Y)$。我们可以把在均值上的弹性解释为 Y 随着 X 从 0 到 $\bar{X}$ 的变化而出现的与 $\bar{Y}$ 成比例的变动情况。然后,标准化回归系数则是 Y 随着 X 从 0 到 $\hat{\sigma}_X$ 的变化而出现的与 $\hat{\sigma}_Y$ 成比例的变动情况。从这个角度看,标准化回归系数是弹性计算的一个特例,它是在 X 为 $\hat{\sigma}_X$ 值和 Y 为 $\hat{\sigma}_Y$ 值的点上计算弹性。

有几点需要注意的是:第一,根据标准化系数评估相对重要性未必与均值点计算的弹性是相同的,也不是对变量重要性的一个确定性测量。如果是其中任何一个问题,研究人员必须决定哪一种测量对所研究的问题是合适的。第二,非标准化系数可以乘以$(\hat{\sigma}_X/\hat{\sigma}_Y)$或者是$(s_X/s_Y)$,其中 s_X 和 s_Y 是 X 和 Y 的样本标准差。在恰好识别的模型中(如典型的回归方程),这是没有差异的。不过,在一些过度识别的情况下,所施加的限制可能就是模型隐含的标准差不等于样本标准差。而且,在一些过度识别模型中,隐含标准差与样本标准差的接近程度依赖于最优化的拟合函数。为了保持一致,我将一直使用模型隐含标准差的倍数。

另一个容易混淆的是标准化系数或者弹性的统计显著性检验。与标准化系数有关的通常做法是基于变量的相关系数矩阵执行一个多元回归分析。虽然这会产生标准化回归系数,但是当 x 是随机变量时,与系数有关的标准误是不正确的。问题在于标准化系数是非标准化系数的一个函数,同时也是 $\hat{\sigma}_X/\hat{\sigma}_Y$ 这一比率的一个函数。$\hat{\sigma}_X/\hat{\sigma}_Y$ 的倍数是一个随机变量,随着样本的不同采取不同的数值。它的分布有助于确定标准化系数的分布,并且这种分布并没有被通常的标准误计算公式所考虑进来(Bentler & Lee,1983;Browne,1982)。在均值点上计算的弹性也是相同的问题(Valentine,1980)。

另一点就是在比较不同群体中相同变量的标准化系数或者弹性时面临的风险。比如,一个研究人员可能想确定教育对收入的影响是否在男性和女性中是相同的。他们可能发现了在标准化系数上的差异,这只是因为样本隐含的标准差在男性和女性中是不同的,即使非标准化系数是相同的。对于弹性也有类似的问题。$(\bar{X}/\bar{Y})$在不同的群体中可能是不同的,因此,即使在$\hat{\beta}$(或者$\hat{\gamma}$)相等的情况下,变量之间的关系也是不同的。因此,对不同群体中的变量影响进行比较应根据非标准化系数。在第 8 章中,我将重新回到这一点上。

作为一个标准化系数的例子,考察表 4.3 中的激进主义(y_2)方程。年龄(x_2)和顺从(y_1)对激进主义的影响,非标准化的 ML 系数为 0.058 和 -0.285。年龄用年数进行测量,但是顺从是一个综合指标,因此很难判断这些变量的相对重要性。年龄的标准化系数为 0.26,顺从的标准化系数为 -0.33。这表明在控制其他变量的情况下,对于在顺从上一个标准差的差异所带来的激进主义的平均标准差变化要大于在年龄上一个标准差的差异所带来的相应变化。

x 的替代假定

F_{ML}的导数假定$(\mathbf{y}',\mathbf{x}')'_i(i=1,2,\cdots,N)$是独立地抽取自一个多元正态分布。在很多应用中,多元正态性假设,尤其是对于 $\mathbf{x}$ 而言,甚至不能近似地正确。例如,$\mathbf{x}$ 可能包含虚拟变量、交互项或者其他的外生变量的乘数项，这些都不具有正态分布。

如果 **x** 的多元正态性假设不能满足，对于 F_{ML} 的估计量来说会发生什么结果？令人惊讶的是，即使在弱限制条件下，这个估计量也具有良好的性质（参见 F_{GLS} 部分）。首先，F_{ML}（或者 F_{GLS} 和 F_{ULS}）估计量的一致性并不依赖于 **x** 的多元正态性（Browne，1982）。只要 N 逐渐增大，这些估计量最终会收敛于总体参数。当然，这并不是针对常规的对模型和系数的统计显著性检验的有效性问题。但是，如果我们假设 **x** 和 ζ 是独立的、ζ 服从一个均值为 **0**，协方差矩阵为 Ψ 的多元正态分布以及 **x** 的分布并不依赖于参数 **B**，Γ 和 Ψ，那么 F_{ML} 拟合函数会导致与完全信息最大似然函数（Full-information Maximum Likelihood，FIML）相同的 ML 估计量。这个之所以成立是因为在以上假设成立的条件下，不管 **x** 的分布形式如何，为求 **B**，Γ 和 Ψ 而最大化最终的似然函数会导致 F_{ML} 估计量（Jöreskog，1973：94；Johnston，1984：281-285）①。因此，当 **x** 不是正态分布时，F_{ML} 在以上假设下仍然是合理的，我们可以使用常规的统计显著性检验。

在这种情况下，我们仍需要把 **y** 和 **x** 看成独立抽取的随机变量，而不是两个变量具有一个多元正态分布，即以 **x** 为条件的 **y** 的分布是多变量正态分布。当 **x** 独立于 $\boldsymbol{\zeta}$ 时，在 **x** 取任意值的条件下以上性质仍然成立，因此条件分布假设并没有像表面上显示的那样具有限制性。

在回归的经典方法中，另一个假定为 **x** 是固定的。将 **x** 固定或者非随机的外生变量意味着 **x** 的取值集合不随样本发生变化。不同于以往，**x** 是一组常数，并不是随机变量。不过，与以往相同，**y** 是随机的。对于每个样本来说 **x** 是相同的，就没有必要为 **x** 假设一个总体分布。仍然坚持 $\boldsymbol{\zeta}$ 服从均值为 0，协方差矩阵为 $\boldsymbol{\psi}$ 的多元正态分布假设，当 **x** 固定时，F_{ML} 估计量就是 FIML（Johnston，1984：490-492）。我们可以将此看成 **y** 基于 **x** 条件下多元正态性假定的一个特例，但是这里 **x** 的分布是退化（degenerate）的，因为它在重复的样本中取值是相同的。

通常 Φ 的 F_{ML} 估计量是 **x** 的无偏的样本协方差矩阵 $\mathbf{S}_{xx}$。在分母中，样本的协方差和方差有 $N-1$ 个。当 **x** 固定时，并不需要对“样本偏误”（Sample bias）进行修正。在 **x** 并没有抽样误差，**x** 的“协方差”保持不变。因此，$\mathbf{S}_{xx}$ 中的元素应除以 N 而不是 $N-1$。一个简单的调整是用 $(N-1)/N$ 乘以 $\mathbf{S}_{xx}$。对于大样本，这只会导致微小的变化②。

总之，关于 **y** 和 **x** 独立地抽取自一个多元正态分布的假定可以用两个假定中的任意一个进行替代，由此得到的 **B**，Γ 和 Ψ 的 ML 估计量、标准误和显著性检验结果与之前相同。第一个替代假设是 **x** 是独立于 $\boldsymbol{\zeta}$ 的一个随机变量，而第二个假设是在重复样本中 **x** 是一个常数。两个替代假设都假设 $\boldsymbol{\zeta}$ 服从协方差矩阵为 Ψ 的多元正态分布。尽管这样的选择具有吸引力，它们并不总是合适的。例如，在大部分非实验研究中，**x** 是随机的而

---

① 一般而言，Φ 的估计量与 x 的协方差矩阵相同。当 x 是多元正态分布时，这尤其正确。

② 当“固定的 x”选项被选择时，LISREL Ⅵ并没有进行这样的调整。而且，当 x 固定时，可能会混淆关于模型卡方检验的自由度。正常地，$df=(1/2)(p+q)(p+q+1)-t$。然而，在 x 固定的情况下，Φ 的元素不再是计数为 t 的自由参数，$\mathbf{S}_{xx}$ 中的非冗余元素 $(1/2)(q)(q+1)$ 不应该被计数为 **S** 中非冗余元素的总数。如果 t 不包括来自 Φ 的任何元素，那么，$df=(1/2)(p)(p+2q+1)-t$；如果 Φ 中的元素被计数为自由的参数，通常的自由度公式将给出正确的自由度。

不是固定的,并且由于新的单位被抽取,**x** 是变化的。或者,**x** 包含滞后的内生变量(**y** 的滞后值),我们就不能假定 **x** 是固定的。但是更为重要的是,**x** 和 $\boldsymbol{\zeta}$ 不再是独立分布的,尽管它们可能是不同时相关的(Johnston,1984:360-361)。而且,当我们知道一些 **x** 变量包含随机测量误差(如 $\mathbf{x}=\boldsymbol{\xi}+\boldsymbol{\zeta}$)或者一个或多个 **x** 变量至少被其中的一个 **y** 变量影响时,**x** 就是一个随机的而不是固定的向量(或者 **x** 中至少有一个变量是随机的)。此外,随机测量误差或者 **y** 和 **x** 中变量之间的相互影响破坏了 **x** 和 $\boldsymbol{\zeta}$ 的独立性(及不相干性)假设,因此,破坏了 F_{ML} 和其他估计量的一致性。在存在回馈的 $\mathbf{y}-\mathbf{x}$ 的关系情况下,所涉及的 **x** 变量应被看成内生变量,只保留 **x** 中那些真正的外生变量。在第5章中,我将讨论 **x** 中变量的随机测量误差所带来的后果。

另一种我没有讨论的可能性是基于 **x**(或者固定的 **x**)的条件下 **y** 的分布不是多元正态分布。尽管参数估计量仍然是一致的,它们的渐近协方差矩阵可能是不准确的。布朗尼(Browne,1984)、阿明热和舍恩伯格(Arminger & Schoenberg,1987)给出了非正态条件下的渐近协方差矩阵的正确公式。在第 9 章中,我提出了其他的估计量作为替代选择,它们并不需要多元正态性假设。

交互项

有时,变量的联合效应要大于它们的线性效应之和。例如,在工会情感的例子中,较长的资历与较高的年龄一起对遵从的减少效应要大于这些变量的单独的线性效应。我们可以像在回归分析中那样在观测变量结构方程中加入交互效应:定义一个新变量,它是两个或多个变量的联合,然后将它作为一个解释变量包括进模型。

我用工会情感模型中的遵从(Y_1)方程来说明这个问题。假设交互项是资历(X_1)和年龄(X_2)的乘积,从而有 $X_3=X_1X_2$。有线性和交互项的方程为:

$$Y_1 = \alpha_1 + \gamma_{11}X_1 + \gamma_{12}X_2 + \gamma_{13}X_3 + \zeta_1 \tag{4.94}$$

在大部分的情况下,我们将用惯常的方法进行分析,把 X_3 看成一个外生变量加入 **S** 和 Φ 中,它的系数成为 Γ 的一个元素。不过,这会导致两个比较复杂的问题。一个是交互项系数的解释问题。通常,在诸如方程(4.94)的没有交互项的模型中(比如,没有 $\gamma_{13}X_3$),我们可以说在控制 X_2 的情况下,X_1 变化一个单位,我们预期 Y_1 平均会变化 γ_{11}。如果在模型中包含了与 X_1 有关的交互项,我们需要调整这个解释。对于 X_1 的 1 个单位的变化,我们预期平均会变化 $\gamma_{11}+\gamma_{13}X_2$。$X_1$ 的影响依赖于 γ_{13} 和 X_2 的值。对于 X_2 的影响,我们也需要一个相似的解释[参见施托尔岑贝格(Stolzenberg,1979)]。

第二个比较复杂的问题是我不能再假设方程(4.94)中的观测变量服从一个多元正态分布,即使 Y_1,X_1 和 X_2 仍然服从正态分布。问题是两个正态分布变量的乘积(如 X_2)不是正态分布。不过,如果我们假设 **x** 独立于 $\boldsymbol{\zeta}$ 或者 **x** 是固定的,以及 $\boldsymbol{\zeta}$ 服从一个多元正态分布,那么在上一节中所描述的 F_{ML} 估计量的惯常性质仍然成立。在方程(4.94)中系数的 F_{ML} 估计和标准误如下:

$$\begin{array}{l} \hat{Y}_1 = 16.031 + 0.792X_1 - 0.076X_2 - 0.013X_3 \\ \qquad\ (1.345) \quad (0.926) \quad (0.033) \quad (0.019) \end{array}$$

为了检验交互效应是否存在,我们需要检查 $\hat{\gamma}_{13}$ 和它的统计显著性。与预期一样,它的取值是负的,但是估计值小于它的标准误,因此统计不显著。看起来,资历(X_1)和年龄(X_2)对遵从(Y_1)没有显著的交互效应。需要注意的是变量的平方项也可被看成交互项。

截距

有时我们需要一个方程的截距。在大部分的回归和计量经济学软件中,截距是自动给出的。在本节,我将说明如何用 LISREL Ⅵ获得截距,因为截距并不是标准输出的一部分。这个方法共有三步:一是分析矩阵;二是加入一个新的只包含1的 X 变量;三是使用"固定的 x"选项。

考虑工会情感模型的三个方程,其截距项用 α_i 表示:

$$\begin{bmatrix} Y_1 \\ Y_2 \\ Y_3 \end{bmatrix} = \begin{bmatrix} 0 & 0 & 0 \\ \beta_{21} & 0 & 0 \\ \beta_{31} & \beta_{32} & 0 \end{bmatrix} \begin{bmatrix} Y_1 \\ Y_2 \\ Y_3 \end{bmatrix} + \begin{bmatrix} 0 & \gamma_{12} & \alpha_1 \\ 0 & \gamma_{22} & \alpha_2 \\ \gamma_{31} & 0 & \alpha_3 \end{bmatrix} \begin{bmatrix} X_1 \\ X_2 \\ 1 \end{bmatrix} + \begin{bmatrix} \zeta_1 \\ \zeta_2 \\ \zeta_3 \end{bmatrix} \tag{4.95}$$

除了 Γ 的最后一列包含了截距项以及 $\mathbf{x}$ 的最后一个元素是常数1之外,方程(4.95)与原来的模型是相同的。矩量矩阵(moment matrix)包括每一对变量原始形式的乘积之和除以 N[即$(\Sigma X_1X_2)/N$]。矩量矩阵的最后一行包含了所有观测变量的均值,最后一个元素是常数项的均值。最后,把 $\mathbf{x}$ 矩阵看成固定的。基于 ML 拟合函数对方程(4.81)中 α_i 的估计结果和标准误是:

$$\begin{aligned} \alpha_1 &= 16.764 \\ &\quad (0.871) \\ \alpha_2 &= 9.134 \\ &\quad (1.257) \\ \alpha_3 &= 8.694 \\ &\quad (1.930) \end{aligned}$$

包括截距之后,其他变量的系数保持不变。约斯库革和松波(Jöreskog & Sörbom,1986:V.14-V.17)描述了另一种方法,其可以应用于 $\mathbf{x}$ 变量(除了常数项)被看成随机的情况。

方差分析(ANOVA)及相关技术

众所周知,方差分析是回归分析的一个特例,其中解释变量只包含虚拟变量。比如,考虑下面的模型:

$$Y_1 = \alpha + \gamma_{11}X_1 + \gamma_{12}X_2 + \gamma_{13}X_3 + \zeta \tag{4.96}$$

其中,X_1 和 X_2 是虚拟变量,X_3 等于 $X_1^*X_2$,一个交互项。这个回归方程等于一个有两个"因子"(X_1 和 X_2)和一个交互项(X_3)的 ANOVA。类似地,我可以在模型中加入连续型变量以表示协方差分析模型,或者为其他的 Y 加入更多的方程以表示多元方差分析(multivariate analysis of variance,MANOVA)模型(Pedhazur,1982)。由于单一和多方程回归模型是观测变量结构方程的特例,方差分析、协方差分析及多元方差分析是本章模型的特例(参见肯尼(Kenny,1979:184-205)。通过比较限制这些差异为0的方程的拟合度与不强迫进行此项限制的方程的拟合度,对在均值、斜率及交互项上差异的检验是有可能的。针对这样的比较,第7章提出了拟合度测量和统计显著性检验。如果干扰项的方程在虚拟变量的不同类上也是不同的,那么在第8章所描述的多组分析就可能是一个选项。

小　结

本章回顾了有观测变量的结构方程。这个领域对应用过回归分析的读者来说是熟悉的,尽管我们是在一般结构方程模型的背景下来陈述这个问题。这里提到的许多理念在后面的章节中还会出现。例如,观测变量的协方差矩阵与模型参数的关系对于我所考虑的所有模型来说都是根本的。估计方法具有广泛的应用。我所探究的模型拟合度测量与回归分析中通常采用的拟合度测量以及整体模型拟合度的卡方检验紧密相关。在第7章中,我会提出更多的适合所有结构方程模型的拟合度测量。下一章将讨论一个或多个变量包含测量误差的情况下观测变量模型估计的结果问题。

附录4A　F_{ML}的推导(**y** 和 **x** 服从多元正态分布)

ML 拟合函数推导自 **y** 和 **x** 的多元正态分布①。有两种方法可以展示这一点:一种是直接来自多元正态概率分布;另一种是开始于样本协方差矩阵(**S**)的 Wishart 分布。在本节附录中,我介绍第一种导数,而在附录4B中我将介绍第2种推导方法。

开始,我先回顾一下 ML 估计。ML 估计开始于一个随机样本,它包括了一个随机变量 Z 的 N 个独立同分布的观测。每个 Z_i(对于 $i=1,2,\cdots,N$)的概率密度函数是 $f(Z_i;\theta)$,其中 θ 是一个固定参数,它有助于决定 Z 的概率密度。当每个 Z_i 都保持独立时,它们的联合概率密度函数是:

$$f(Z_1,Z_2,\cdots,Z_N;\theta)=f(Z_1;\theta)f(Z_2;\theta)\cdots f(Z_N;\theta) \qquad (4A.1)$$

由于 $Z_1,Z_2,\cdots,Z_N$ 是独立的,联合密度就是 Z_i 边际密度的乘积。

一旦我们观测到了样本中 $Z_1,Z_2,\cdots,Z_N$ 的具体取值,我们可以写出一个函数:

$$L(\theta;Z_1,Z_2,\cdots,Z_N)=L(\theta;Z_1)L(\theta;Z_2)\cdots L(\theta;Z_N) \qquad (4A.2)$$

其中,$L(\theta;Z_i)$是 Z_i 取样本值时 $f(Z_i;\theta)$的值。方程(4A.2)是似然函数,缩写为 $L(\theta)$或者仅仅是 L。虽然方程(4A.1)和方程(4A.2)看起来相似,它们有很重要的差异。在方程(4A.1)中,θ 是固定参数而 Z_i 为随机变量。在方程(4A.2)中,Z_i 是一个特定样本中的固定取值,$L(\theta)$的数量是 θ 的一个函数。虽然 θ 在总体中是一个固定参数,但它是未知的,我们可以尝试它的不同取值以观察 $L(\theta)$的变化。定义 $\hat{\theta}$ 是 θ 的一个估计。在最大似然估计中,我们期望 $\hat{\theta}$ 会导致一个给定样本取值 Z_i 的概率(或者似然值)是最大的。

① 在本章中的"**x** 替代假定"一节显示在不满足多元正态分布的条件下 F_{ML} 估计量也是合理的。

也就是说，对于 $Z_1, Z_2, \cdots, Z_N$ 的样本取值，我们选择的 $\hat{\theta}$ 能使方程(4A.2)取最大值。

要找到 $L(\theta)$ 最大值，通常求 $L(\theta)$ 对数(log)的最大值更方便。由于一个数值的对数是这个数值的单调函数，这不会改变 θ 的取值。要找到 θ，取 $\log L(\theta)$ 对于 θ 的导数，即 $[\mathrm{d}\log L(\theta)]/\mathrm{d}\theta$，让这个数量等于 0，然后求解 θ。如果这个数值替代 $\log L(\theta)$ 对于 θ 的二阶导数中的 θ 并且结果是负值，那就充分表明 θ 的取值使 $\log L(\theta)$ 取最大值。

总之，在 ML 估计中我们假设一个随机变量有一个已知的概率密度函数。对于一个给定的随机变量观测样本，我们可以写一个似然函数 $L(\theta)$，它是 θ 的一个函数。一般而言，我们通过使用 $\log L(\theta)$ 可以简化对 ML 估计量的搜索。选择一个使 $\log L(\theta)$ 取最大值的 $\hat{\theta}$ 会导致此样本的 ML 估计。

在推导 F_{ML} 中，N 个独立的观测是多元正态分布变量 $\mathbf{y}$ 和 $\mathbf{x}$。如果把 $\mathbf{y}$ 和 $\mathbf{x}$ 合并成一个单一的 $(p+q)\times 1$ 向量 $\mathbf{z}$，其中 $\mathbf{z}$ 包含了偏差得分，它的概率密度函数是：

$$f(z;\Sigma) = (2\pi)^{-\frac{p+q}{2}} \left|\Sigma\right|^{-\frac{1}{2}} \exp\left[\left(\frac{1}{2}\right) z'\Sigma^{-1} z\right] \tag{4A.3}$$

对于 z 的 N 个独立观测的一个随机样本，联合密度是：

$$f(z_1, z_2, \cdots, z_N; \Sigma) = f(z_1;\Sigma) f(z_2;\Sigma) \cdots f(z_N;\Sigma) \tag{4A.4}$$

一旦我们观测到一个给定的样本，似然函数是：

$$L(\boldsymbol{\theta}) = (2\pi)^{-\frac{N(p+q)}{2}} \left|\Sigma(\boldsymbol{\theta})\right|^{-\frac{N}{2}} \exp\left[-\frac{1}{2}\sum_{i=1}^{N} z_i'\Sigma^{-1}(\boldsymbol{\theta}) z_i\right] \tag{4A.5}$$

根据 $\Sigma = \Sigma(\boldsymbol{\theta})$ 的协方差结构假设，我用 $\Sigma(\boldsymbol{\theta})$ 替代 Σ 以使似然函数中的 θ 作用更明晰。对数似然函数是：

$$\log L(\boldsymbol{\theta}) = \frac{-N(p+q)}{2}\log(2\pi) - \left(\frac{N}{2}\right)\log\left|\Sigma(\boldsymbol{\theta})\right| - \left(\frac{1}{2}\right)\sum_{i=1}^{N} z_i'\Sigma^{-1}(\boldsymbol{\theta}) z_i \tag{4A.6}$$

把方程(4A.6)中的最后一项重新写为：

$$\begin{aligned}
-\left(\frac{1}{2}\right)\sum_{i=1}^{N} z_i'\Sigma^{-1}(\boldsymbol{\theta}) z_i &= -\left(\frac{1}{2}\right)\sum_{i=1}^{N} \operatorname{tr}[z_i'\Sigma^{-1}(\boldsymbol{\theta}) z_i] \\
&= -\left(\frac{N}{2}\right)\sum_{i=1}^{N} \operatorname{tr}[\mathbf{N}^{-1} z_i z_i'\Sigma^{-1}(\boldsymbol{\theta})] \\
&= -\left(\frac{N}{2}\right)\operatorname{tr}[\mathbf{S}^{*}\Sigma^{-1}(\boldsymbol{\theta})]
\end{aligned} \tag{4A.7}$$

其中，$\mathbf{S}^{*}$ 样本协方差矩阵的 ML 估计，在分母中使用 N 而不是 $(N-1)$。[由于一个标量等于它的迹，方程(4A.7)的第 1 步成立，而第 2 步为了一致性矩阵采用了属性 $\operatorname{tr}(ABC) = \operatorname{tr}(CAB)$]。方程(4A.7)允许我们把 $\log L(\boldsymbol{\theta})$ 重新写作为：

$$\begin{aligned}
\log L(\boldsymbol{\theta}) &= C - \left(\frac{N}{2}\right)\log\left|\Sigma(\boldsymbol{\theta})\right| - \left(\frac{N}{2}\right)\operatorname{tr}[\mathbf{S}^{*}\Sigma^{-1}(\boldsymbol{\theta})] \\
&= C - \left(\frac{N}{2}\right)\left\{\log\left|\Sigma(\boldsymbol{\theta})\right| + \operatorname{tr}[\mathbf{S}^{*}\Sigma^{-1}(\boldsymbol{\theta})]\right\}
\end{aligned} \tag{4A.8}$$

把方程(4A.8)与 F_{ML} 进行对比：

$$F_{ML} = \log\left|\Sigma(\boldsymbol{\theta})\right| + \mathrm{tr}[\mathbf{S}\Sigma^{-1}(\boldsymbol{\theta})] - \log\left|\mathbf{S}\right| - (p+q) \tag{4A.9}$$

方程(4A.9)和方程(4A.8)在几个方面有所不同,这对于 $\boldsymbol{\theta}$ 的估计并不是非常重要。方程(4A.8)中的"常数"项对 $\hat{\boldsymbol{\theta}}$ 的选择没有影响,因此方程(4A.9)中不包括此项并不会有影响。类似地,方程(4A.9)中包括的 $(-\log|\mathbf{S}| - (p+q))$ 也不影响 $\hat{\boldsymbol{\theta}}$ 的选择,因为对于一个给定的样本,$\mathbf{S}$ 和 $(p+q)$ 是常数。唯一的影响是在方程(4A.8)中出现而没有在方程(4A.9)中出现的 $(-N/2)$ 项,它导致我们最小化而不是最大化方程(4A.9),因为从一个负号变成了一个正号。

最后的一个差异是无偏的样本协方差矩阵 $\mathbf{S}$ 在方程(4A.9)中,而在方程(4A.8)中是 ML 估计量 $\mathbf{S}^*$。因为 $\mathbf{S}^* = [(N-1)/N]\mathbf{S}$,这些矩阵在大样本中基本上是相同的。因此,除了 $\mathbf{S}$ 和 $\mathbf{S}^*$ 中最不重要的差异,F_{ML} 和 ML 导致相同的估计 $\hat{\boldsymbol{\theta}}$。附录 4C 讨论和提供了一个如何使 F_{ML} 取最小值以决定 $\hat{\boldsymbol{\theta}}$ 的说明。

在附录 4B 中,我显示了 $\mathbf{S}$ 的 Wishart 分布会导致一个使用 $\mathbf{S}$ 而不是 $\mathbf{S}^*$ 的 ML 估计。

附录 4B　F_{ML} 的推导(S 服从 WISHART 分布)

如果 y 和 x 服从一个多元正态分布,那么无偏的样本协方差矩阵 $\mathbf{S}$ 服从一个 Wishart 分布(Anderson,1958:154-159)。对于一个给定样本中的 $\mathbf{S}$,$\log L(\boldsymbol{\theta})$ 是:

$$\log L(\boldsymbol{\theta}) = \log\left[\frac{\left|\mathbf{S}\right|^{\frac{N^*-(p+q)-1}{2}}\exp\left\{-\frac{N^*}{2}\mathrm{tr}[\mathbf{S}\Sigma^{-1}(\boldsymbol{\theta})]\right\}\left(\frac{N^*}{2}\right)^{\frac{(p+q)N^*}{2}}}{\pi^{\frac{(p+q)((p+q)-1)}{4}}\left|\Sigma(\boldsymbol{\theta})\right|^{\frac{N^*}{2}}\prod_{i=1}^{p+q}\Gamma\left[\left(\frac{1}{2}\right)(N^*+1-i)\right]}\right] \tag{4B.1}$$

在方程(4B.1)中,$N^* = N-1$,对于一个规模为 N、变量的数量为 $(p+q)$ 的样本,伽马函数 $(\Gamma[(1/2)(N^*+1-i)])$ 是一个常数。$\prod_{i=1}^{(p+q)}$ 是一个标准的符号,它表示的是其后面函数从 1 到 $(p+q)$ 的乘积。

当采用对数形式并且进行简化时,方程(4B.1)变为:

$$\log L(\boldsymbol{\theta}) = -\left(\frac{N^*}{2}\right)\left\{\log\left|\Sigma(\boldsymbol{\theta})\right| + \mathrm{tr}[\mathbf{S}\Sigma^{-1}(\boldsymbol{\theta})]\right\} + C \tag{4B.2}$$

在方程(4B.2)中,常数项包含了所有的方程(4B.1)中剩余的项目,一旦样本给定,这些项目不会发生变化。把方程(4B.2)与 F_{ML} 进行比较[参见方程(4A.9)],我们看到最大化 $\log L(\boldsymbol{\theta})$ 的 $\hat{\boldsymbol{\theta}}$ 值将最小化 F_{ML},并且两个函数都包含 $\mathbf{S}$。

$\boldsymbol{\theta}$ 的 ML 估计量的渐近协方差矩阵是:

$$\mathrm{ACOV}(\hat{\boldsymbol{\theta}}) = \left\{-E\left[\frac{\partial^2 \log L(\boldsymbol{\theta})}{\partial\boldsymbol{\theta}\partial\boldsymbol{\theta}'}\right]\right\}^{-1} \tag{4B.3}$$

大括号内的矩阵是信息矩阵(information matrix)。信息矩阵的逆是一个 $t \times t$ 矩阵,ML 估计量 $\hat{\boldsymbol{\theta}}$ 的渐近方差正好在主对角线上,而渐近协方差在非对角线上。

对于 $\log L(\boldsymbol{\theta})$ 和 F_{ML}，方程(4B.3)中的 $ACOV(\hat{\boldsymbol{\theta}})$ 之间存在怎样的关系？由于我们使用 F_{ML} 而不是 $\log L(\boldsymbol{\theta})$ 用于拟合函数，这是一个重要的问题。从方程(4B.2)中可以看出 $\log L(\boldsymbol{\theta})$ 对于 $\boldsymbol{\theta}$ 的偏导数在常数项中是 0。方程(4A.9)显示，对于 F_{ML}，最后两项的偏导数为 0。这些二阶偏导数之间的关系是：

$$\frac{-\partial^2 \log L(\boldsymbol{\theta})}{\partial\boldsymbol{\theta}\partial\boldsymbol{\theta}'} = \left(\frac{N^*}{2}\right)\frac{\partial^2 F_{ML}}{\partial\boldsymbol{\theta}\partial\boldsymbol{\theta}'} \tag{4B.4}$$

把方程(4B.4)和方程(4B.3)合并，有

$$ACOV(\hat{\boldsymbol{\theta}}) = \left(\frac{2}{N^*}\right)\left\{E\left[\frac{\partial^2 F_{ML}}{\partial\boldsymbol{\theta}\partial\boldsymbol{\theta}'}\right]\right\}^{-1} \tag{4B.5}$$

通过用 $\hat{\boldsymbol{\theta}}$ 替代 $\boldsymbol{\theta}$，我们求方程(4B.5)的值，这将导致一个来自 F_{ML} 的 $\hat{\boldsymbol{\theta}}$ 的渐近协方差估计。在本章的 ML 一节，我们对这个矩阵做了说明。

附录 4C　最小化拟合函数的数值方法

在本节中，我对最小化协方差模型拟合函数的数值方法提供了一个概述。我的目标是对一个简单模型的迭代过程进行说明。对于进一步的有关非线性模型中数值最小化的讨论，参见巴德(Bard，1974)、戈德菲尔德和匡特(Goldfeld & Quandt，1972)、肯尼迪和金特(Kennedy & Gentle，1980)、贾吉等(Judge et al.，1980，ch. 17)。

寻找任何函数，比如 $f(\boldsymbol{\theta})$ 最小值的一个必要条件就是 $f(\boldsymbol{\theta})$ 对于 θ_i 的偏导数为 0，从而求解 θ_i。对于这些让 $f(\boldsymbol{\theta})$ 最小化的数值的充分条件是二阶偏导数矩阵 $\partial^2 f(\boldsymbol{\theta})/\partial\boldsymbol{\theta}\partial\boldsymbol{\theta}'$ 在这些值上是正定(positive-definite)的。

考虑一阶偏导数。如果 $\boldsymbol{\theta}$ 是 $t\times 1$，那么

$$\frac{\partial f(\boldsymbol{\theta})}{\partial\boldsymbol{\theta}_i} = 0 \quad (i = 1,2,\cdots,t) \tag{4C.1}$$

在求偏导数后，方程(4C.1)显示在 θ 中有多少个 θ_i 就有多少个方程。在一些情况下，对于这些未知 θ_i 的简单代数求解推导自方程(4C.1)的 t 个方程。比如，在线性多元回归中，拟合函数 $f(\theta)$ 是残差平方和，θ 包含了未知的回归参数，方程(4C.1)会导致 t 个方程，它们在 θ_i 上是线性的。对于回归参数的显式解众所周知(如 Fox，1984:33-35)。在一般的结构方程模型中，$f(\boldsymbol{\theta})$ 是 F_{ML}，F_{GLS} 或者 F_{ULS} 拟合函数，方程(4C.1)会导致 t 个方程，这些方程在参数上通常是非线性的。这些参数的显式解(explicit solution)通常是不能获得的。在这种情况下，拥有数值方法的最小化是必需的。

数值方法开始于一个用来最小化①的目标函数。在本章中，我定义 3 个目标函数，分别是 F_{ML}，F_{GLS} 和 F_{ULS}。目标是构建一系列的 $\boldsymbol{\theta}$ 值，其最后的向量能够使其中一个目标函数最小化。第 1 个 $\boldsymbol{\theta}$ 的试验值记为 $\boldsymbol{\theta}^{(1)}$，第 2 个记为 $\boldsymbol{\theta}^{(2)}$，以此类推，最后一个记为 $\boldsymbol{\theta}^{(l)}$。对于 $\boldsymbol{\theta}$ 的一系列试验值是 $\boldsymbol{\theta}^{(1)},\boldsymbol{\theta}^{(2)},\cdots,\boldsymbol{\theta}^{(l)}$。

---

① 最大化 $f(\boldsymbol{\theta})$ 的方法与最小化的方法相同，除了方向的变化之外。提倡最小化而不是最大化拟合函数，比如 F_{ML}，这是因为 F_{ML} 与负的似然函数有关。参见附录 4A。

在最小化时存在 3 个关键问题：一是初始值 $\boldsymbol{\theta}^{(1)}$ 的选择；二是从序列的一步移动到下一步（从 $\boldsymbol{\theta}^{(i)}$ 到 $\boldsymbol{\theta}^{(i+1)}$）的规则；三是什么时候停止迭代。下面 3 个小节分别处理这些问题。

初始值

在 $\boldsymbol{\theta}^{(1)}$ 中的初始值有几种方式影响了数值最小化。其中一种影响是初始值决定了为获取最终解所需的迭代数量。与最终解接近的初始值通常会减少所需的迭代数量。而且，离最终解较远的初始值增加了为拟合函数找到局部最小化而不是全局最小化的概率或者不能找到一个收敛的解。

有几种方法可用来选择初始值。其中一种方法就是采用一种非迭代程序来估计模型的参数并且使用这些估计。为此，约斯库革和松波（Jöreskog 和 Sörbom，1986）的 LISREL Ⅵ程序提供了一种工具变量技术。在第 9 章中，我介绍他们的程序。在一些情况中，不能选择自动提估初始值。比如，在 LISREL Ⅳ及早期的版本和本特勒的 EQS 1985 和 1986 版本，并没有提供自动的初始值。而且，在少数情况下，自动初始值并不能导致收敛，因此需要用户提供初始值。

本章的许多结构方程模型的 OLS 估计提供了一个有用的起点。的确，在通常的多元回归或者干扰项为正态分布的递归模型的情况下，参数的 OLS 估计等同于来自 F_{ML} 的估计。如果 OLS 估计不易获得，研究人员可从以前的有相似模型和变量的研究中获取初始值。

可替代的选择是，研究人员可以使用一些大致的指南来选择初始值。表 4C.1 介绍了一些可能的选择。表格的左边一列列出了要估计的参数，最后两列给出了初始值和 a

表 4C.1　带有观测变量的结构方程的初始值选择导引

参数	初始值	a 值
$\beta_{ij}(i\neq j)$	$a\left(\dfrac{\text{s.d. } y_i}{\text{s.d. } y_j}\right)$	$\lvert a\rvert=0.9$“强” $\lvert a\rvert=0.4$“中等” $\lvert a\rvert=0.2$“弱”
$\gamma_{ij}(i\neq j)$	$a\left(\dfrac{\text{s.d. } y_i}{\text{s.d. } x_j}\right)$	$\lvert a\rvert=0.9$“强” $\lvert a\rvert=0.4$“中等” $\lvert a\rvert=0.2$“弱”
ψ_{ii}	$a\ \text{var}(y_i)$ $0\leqslant a\leqslant 1$	$a=0.2$ 高度拟合 $a=0.4$ 中度拟合 $a=0.9$ 低度拟合
$\psi_{ij}(i\neq j)$	$a(\psi_{ii}\psi_{jj})^{\frac{1}{2}}$ $-1<a<1$	$\lvert a\rvert=0.9$ 强相关 $\lvert a\rvert=0.4$ 中等程度相关 $\lvert a\rvert=0.2$ 弱相关
$\boldsymbol{\Phi}$	$\mathbf{x}$ 的样本协方差矩阵	

的值。在表格中,a 是一个常数,但是它指的是一个不同的常数。对于 β_{ij},γ_{ij}或者 ψ_{ij},研究人员基于他们的主观知识,必须决定 a 应该是正的或者是负的。最右边一列给出了一个选择 a 数量值的大致规则。这些依赖于研究人员对关系强度、拟合度或者相关程度的最好的主观估计。对 β_{ij},γ_{ij}的指南源自标准化和非标准化系数之间的关联性。比如,标准化的 β_{ij}是 $\beta_{ij}(\text{s.d. } y_j)/(\text{s.d. } y_i)$,其中 s. d. 是标准差的缩写。如果标准化系数等于 a,那么非标准化系数就等于 $a(\text{s.d. } y_i/\text{s.d. } y_j)$。$a$ 的值对应于一个标准化系数的预期数值。当然了,当处理标准化变量时,标准差的比率等于 1,初始值恰好应等于 a。

对于 ψ_{ii}的初始值条件要对 a 进行限制以防止误差项方差为负值或者大于 $\text{var}(y_i)$。对 a 进行限制可以防止产生 ζ_i 和 ζ_j 的相关系数大于 1 或者小于 -1。因此,在没有其他初始值可以获得的情况下,根据这些指南,研究人员应能够选择合理的初始值。

过程中的步骤

有了初始值,接下来的问题是如何从初始的 $\boldsymbol{\theta}^{(1)}$ 移动到下一个试验值 $\boldsymbol{\theta}^{(2)}$,或者说更一般地,我们如何从 $\boldsymbol{\theta}^{(i)}$ 移动到 $\boldsymbol{\theta}^{(i+1)}$。最基本的标准是随着数列 $\boldsymbol{\theta}^{(1)}, \boldsymbol{\theta}^{(2)}, \cdots, \boldsymbol{\theta}^{(l)}$ 的前进,拟合函数的数值应是不断下降的,对于 $\boldsymbol{\theta}^{(l)}$,拟合函数应该达到它的最小值。理想地说,$F(\boldsymbol{\theta}^{(i+1)})$应小于 $F(\boldsymbol{\theta}^{(i)})$,其中 $F(.)$表示在试验值上的拟合函数值。不过,即使良好的拟合函数也不总是单调递减的。

多个参数会使最小化过程变得复杂。不过,我可以用一个参数的模型来说明许多基本的问题。考虑下面的模型:

$$y_1 = x_1 + \zeta_1 \tag{4C.2}$$

其中,$\phi_{11}=1$,$\text{COV}(x_1,\zeta_1)=0$,$E(\zeta_1)=0$ 并且 y_1 和 x_1 都是偏差形式。这个例子与我在第 4 章中介绍 F_{ML},F_{GLS}和 F_{ULS}时说明的例子相似,除了在方程(4C.2)中我仍然假设解释变量的方差 ϕ_{11}等于 1。

在这种情况下,协方差结构方程是:

$$\Sigma = \Sigma(\boldsymbol{\theta})$$

$$\begin{bmatrix} \text{VAR}(y_1) & \text{COV}(x_1,y_1) \\ \text{COV}(x_1,y_1) & \text{VAR}(x_1) \end{bmatrix} = \begin{bmatrix} 1+\psi_{11} & 1 \\ 1 & 1 \end{bmatrix} \tag{4C.3}$$

$\boldsymbol{\theta}$ 中唯一未知的参数是 ψ_{11}。为了简化标注,我把 ψ_{11}的下标去掉,写成 ψ。F_{ML}的拟合函数为:

$$F_{\text{ML}} = \log\left|\Sigma(\boldsymbol{\theta})\right| + \text{tr}[\mathbf{S}\Sigma^{-1}(\boldsymbol{\theta})] - \log\left|\mathbf{S}\right| - (p+q) \tag{4C.4}$$

假设样本协方差矩阵为:

$$\mathbf{S} = \begin{bmatrix} 2 & 1 \\ 1 & 1 \end{bmatrix} \tag{4C.5}$$

用 $\hat{\Sigma}$ 替代方程(4C.3) 中的 $\Sigma(\boldsymbol{\theta})$,把方程(4C.5)中的 $\mathbf{S}$ 代入方程(4C.4)中的 F_{ML},结果为:

$$F_{ML} = \log \left| \begin{bmatrix} 1+\hat{\psi} & 1 \\ 1 & 1 \end{bmatrix} \right| + \mathrm{tr}\left(\begin{bmatrix} 2 & 1 \\ 1 & 1 \end{bmatrix} \begin{bmatrix} 1+\hat{\psi} & 1 \\ 1 & 1 \end{bmatrix}^{-1} \right) - \log \left| \begin{bmatrix} 2 & 1 \\ 1 & 1 \end{bmatrix} \right| - 2 \quad (4C.6)$$

化简得：

$$F_{ML} = \log\hat{\psi} + \hat{\psi}^{-1} - 1 \quad (4C.7)$$

考虑这个例子的简化形式，我们可以看出让 $\hat{\psi}$ 等于1会导致 F_{ML} 的最小值等于0。但是，为了说明 F_{ML} 的性质，我采用了不同的 $\hat{\psi}$。

表4C.2的前两列显示了 ψ 的取值以及当 $\hat{\psi}$ 在0.1至2.0之间以0.1的增量变化时 F_{ML} 的取值。图4C.1画出了 $\hat{\psi}$ 在0.1到10.0之间变化时，F_{ML}（纵坐标）和 $\hat{\psi}$（横坐标）之间的关系。从表4C.2和图4C.1中，很明显能看出当 $\hat{\psi}$ 等于1时，F_{ML} 会达到其最小值0。但是，假设我们并不知道这个值并且使用了其他初始值，比如说，$\hat{\psi}^{(1)}$。$\hat{\psi}^{(2)}$ 应该是多少呢？表4C.2显示，如果 $\hat{\psi}^{(1)}$ 小于1，我们应该增加 $\hat{\psi}$ 的值以减少 F_{ML}（假设我们并没有增加得太多）。当 $\hat{\psi}^{(1)}$ 大于1时，如果 $\hat{\psi}^{(2)}$ 小于 $\hat{\psi}^{(1)}$，F_{ML} 的值会下降（假设我们没有增加得太多）。如果我们在图4C.1任意一点 $\hat{\psi}^{(1)}$ 上画一条 F_{ML} 的切线，当 $\hat{\psi}^{(1)}$ 小于1时，切线的斜率是负的，而当 $\hat{\psi}^{(1)}$ 大于1时，切线的斜率是正的，取最小值时，斜率是0。这显示，这些切线的斜率，$\partial F_{ML}/\partial\hat{\psi}$ 能够提供使 F_{ML} 下降的移动方向。$\partial F_{ML}/\partial\hat{\psi}$ 是拟合函数的梯度。一般而言，一个负的梯度意味着一个参数的试验值应增加，而一个正的梯度意味着一个参数的试验值应减少。表4C.2的最后一列提供了 $\hat{\psi}^{(i)}$ 不同取值下的梯度。当 $0 < \hat{\psi}^{(i)} < 1$ 时，梯度是负的；当 $\hat{\psi}^{(i)} > 1$ 时，梯度是正的，而当 $\hat{\psi}^{(i)} = 1$ 时，梯度为0。改变 $\hat{\psi}^{(i)}$ 的方向是 $-\partial F_{ML}/\partial\hat{\psi}$。

表4C.2　$\hat{\psi}$ 取值在0.1至2之间以0.1的增幅变化时的 F_{ML} 值及 $\partial F_{ML}/\partial\hat{\psi}$ 值

$\hat{\psi}$	F_{ML}	$\partial F_{ML}/\partial\hat{\psi}$
0.1	6.697	-90.000
0.2	2.391	-20.000
0.3	1.129	-7.778
0.4	0.584	-3.750
0.5	0.307	-2.000
0.6	0.156	-1.111
0.7	0.072	-0.612
0.8	0.027	-0.313
0.9	0.006	-0.123
1.0	0.000	0.000
1.1	0.004	0.083

续表

$\hat{\psi}$	F_{ML}	$\partial F_{ML}/\partial\hat{\psi}$
1.2	0.016	0.139
1.3	0.032	0.178
1.4	0.051	0.204
1.5	0.072	0.222
1.6	0.095	0.234
1.7	0.119	0.242
1.8	0.143	0.247
1.9	0.168	0.249
2.0	0.193	0.250

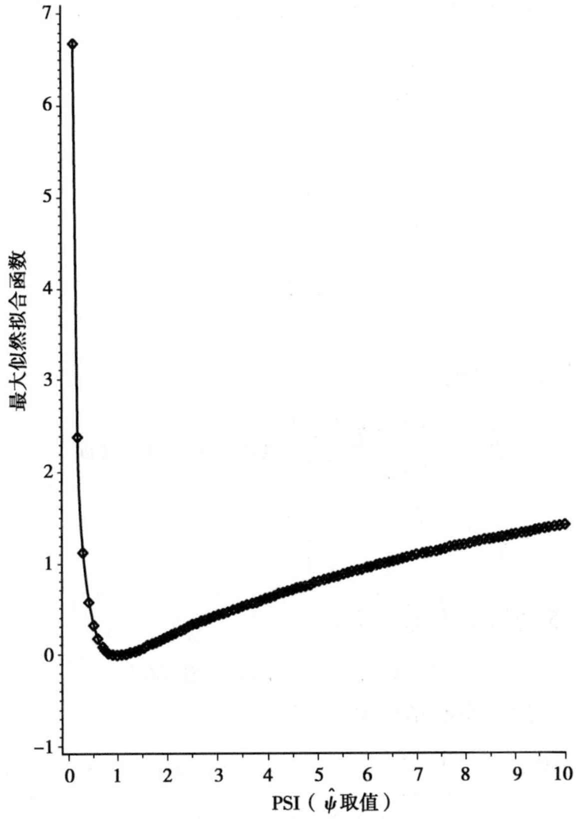

图 4C.1

在大部分数值最小化方法中，梯度扮演了重要的角色。对于未知参数估计的一个向量 $\hat{\boldsymbol{\theta}}$，对于许多这样的方法而言，$\hat{\boldsymbol{\theta}}^{(i+1)}$试验值是：

$$\hat{\boldsymbol{\theta}}^{(i+1)} = \hat{\boldsymbol{\theta}}^{(i)} - \mathbf{C}^{(i)}\mathbf{g}^{(i)} \tag{4C.8}$$

其中，$\mathbf{g}^{(i)}$是在$\hat{\boldsymbol{\theta}}^{(i)}$上的梯度向量$\partial F_{\mathrm{ML}}/\partial\hat{\boldsymbol{\theta}}$，$\mathbf{C}^{(i)}$是一个正定矩阵。许多最小化方法在$\mathbf{C}^{(i)}$的选择上是不同的。最简单的一个选择是把$\mathbf{C}^{(i)}$看成一个单位矩阵，这就是最速下降法。分析人员可以用一个常数(如1/2)乘以$\mathbf{C}^{(i)}$以调整“步长”(step length)，从而变更$\hat{\boldsymbol{\theta}}^{(i+1)}$的最终变化。这种最速下降法的主要缺点是它非常慢且对F_{ML}的不同形状不是非常敏感。

$\mathbf{C}^{(i)}$的另一种选择是F_{ML}对$\boldsymbol{\theta}$的二阶偏导数的逆矩阵(即逆Hessian矩阵)或者在$\hat{\boldsymbol{\theta}}^{(i)}$上的$[\partial^2 F_{\mathrm{ML}}/\partial\hat{\boldsymbol{\theta}}\partial\hat{\boldsymbol{\theta}}']^{-1}$。$\mathbf{C}^{(i)}$的选择基于在$\hat{\boldsymbol{\theta}}^{(i)}$附近的$\hat{\boldsymbol{\theta}}$的$F_{\mathrm{ML}}$泰勒级数展开。牛顿-拉夫逊(Newton-Raphson)算法的主要缺点是需要F_{ML}对$\hat{\boldsymbol{\theta}}$的解析一阶和二阶偏导数。而且，由于每一步都要计算二阶偏导数的逆矩阵，计算量也非常大。一般而言，$\hat{\boldsymbol{\theta}}^{(i+1)}$的计算如下：

$$\hat{\boldsymbol{\theta}}^{(i+1)}=\hat{\boldsymbol{\theta}}^{(i)}-\left[\frac{\partial^2 F_{\mathrm{ML}}}{\partial\hat{\boldsymbol{\theta}}\partial\hat{\boldsymbol{\theta}}'}\right]^{-1}\left[\frac{\partial F_{\mathrm{ML}}}{\partial\hat{\boldsymbol{\theta}}}\right] \tag{4C.9}$$

对于前面的F_{ML}例子，来说明牛顿-拉夫逊算法。F_{ML}的解析一阶导数为：

$$\frac{\mathrm{d}F_{\mathrm{ML}}}{\mathrm{d}\hat{\psi}}=\hat{\psi}^{-1}(1-\hat{\psi}^{-1}) \tag{4C.10}$$

二阶导数为：

$$\begin{aligned}\frac{\mathrm{d}^2F_{\mathrm{ML}}}{\mathrm{d}\hat{\psi}^2}&=\frac{\mathrm{d}[\hat{\psi}^{-1}(1-\hat{\psi}^{-1})]}{\mathrm{d}\hat{\psi}^2}\\&=\frac{2-\hat{\psi}}{\hat{\psi}^3}\end{aligned} \tag{4C.11}$$

从$\hat{\psi}^{(i)}$到$\hat{\psi}^{(i+1)}$的数值序列为：

$$\begin{aligned}\hat{\psi}^{(i+1)}&=\hat{\psi}^{(i)}-\left[\frac{2-\hat{\psi}^{(i)}}{(\hat{\psi}^{(i)})^3}\right]^{-1}[(\hat{\psi}^{(i)})^{-1}(1-(\hat{\psi}^{(i)})^{-1})]\\&=\hat{\psi}^{(i)}-\frac{\hat{\psi}^{(i)}(\hat{\psi}^{(i)}-1)}{2-\hat{\psi}^{(i)}}\end{aligned}$$

初始值$\hat{\psi}^{(1)}$是0.5的情况下，$\hat{\psi}^{(2)}$为：

$$\hat{\psi}^{(2)}=0.5+0.167=0.667$$

重复这个过程，$\psi^{(i)}$的一个数值序列如下：

迭代次数 $i=$	1	2	3	4	5	6
$\hat{\psi}^{(i)}=$	0.500	0.667	0.833	0.952	0.996	1.000

因此，在很少的几次试验之后，该算法收敛于最小值。

约思库革和松波的LISREL程序使用了一个修正的弗莱彻和鲍威尔(Fletcher和Powell)最小化方法(参见Gruvaeus & Jöreskog，1970；Jöreskog，1977：272)。不同于牛顿-拉夫逊算法，弗莱彻和鲍威尔方法不需要在每一次迭代中计算解析二阶偏导数的逆。相反,在每一次迭代之后通过调整而建立此矩阵。本特勒(Bentler,1985:55-56)的 EQS 使用了一个修正的高斯-牛顿(Gauss-Newton)最小化方法。虽然最小化方法比我们这里介绍的要更复杂,但是本节的方法说明了这个基本的过程。

停止的标准

数值最小化的最后一个问题是什么时候停止迭代。有几个可能的标准。比如,如果从某一次迭代的拟合函数值和下一次迭代的拟合函数值之间的差距与一些非常小的数值没有什么差距的话,我们可以停止迭代。或者,如果某一次迭代的参数估计和下一次迭代的参数估计没有多少差异时,我们可以说方法已经达到了收敛。也可以对迭代的次数或者结束迭代的计算时间进行限制。通常,由于过多的迭代次数或者过多的 CPU 时间而停止迭代时,解还没有达到收敛,这样的估计结果不应使用。

约思库革和松波(Jöreskog & Sörbom,1986)的 LISREL Ⅵ程序在迭代次数达到 250 时仍没有收敛的话就会停止迭代。本特勒(Bentler,1985)的 EQS 对 F_{ML},F_{GLS},F_{ULS}迭代的默认次数是 30 次,但它可以设置最高的 500 次。而且,在 EQS 中,当两次迭代的参数估计的平均差距为 0.001 乃至更小时,就满足了默认的收敛标准。

虽然有可能存在许多的拟合函数局部最小化,但是约思库革和松波(Jöreskog & Sörbom,1986,I. 31)认为这在实际中很少发生。对局部最小化的一种可能的但不是决定性的检查是选用与首次运行相对较远的初始值重新进行分析,然后决定是否收敛于相同的参数估计。

附录 4D　LISREL 和 EQS 程序示例

在估计协方差结构模型时,约思库革和松波(Jöreskog & Sörbom,1986)的 LISREL 和本特勒(Bentler,1985)的 EQS 是最常用的两个软件包。本附录的目的是演示如何把这两个程序应用于本章中的客观-主观社会经济地位的例子。这并不是对 LISREL 或者 EQS 手册的一种替代。手册包括了详细的指导,对选项进行了全面的描述,也包括了许多经验例子和结果解释。LISREL 程序由 Scientific Software Inc. 发布(P. O. Box 536, Mooreville,IN 46158-0536),而且是 SPSSX 的一个"加载"程序。EQS 程序由 BMDP Statistical Software Inc. 发布(1440 Sepulveda Boulevard,Los Angeles,CA 90025)。当然,获取这些程序(如 JCL)的方法依赖于使用者所在的机构。可替代的选择是,这些程序的微型计算机版本可以从以上地址获取。

LISREL 程序

首先来介绍一般的 LISREL 程序方法,有以下 5 个步骤:

1. 画模型的路径图(可选步骤)。结构方程的起点是一个模型。对于研究者来说,路径图通常是表示他们的模型的一种方便的方式。图 4.4 给出了客观-主观社会经济地位例子的路径图。

2. 写出模型的方程。如果你已经画出了一个路径图,你可以“读取”它以决定这个方程。为每一个内生变量列出一个方程,同时标注干扰项之间的任意协方差。用矩阵的方式表示方程。对于 SES 的例子:

$$\begin{bmatrix} y_1 \\ y_2 \\ y_3 \end{bmatrix} = \begin{bmatrix} 0 & \beta_{12} & 0 \\ \beta_{21} & 0 & 0 \\ \beta_{31} & \beta_{32} & 0 \end{bmatrix} \begin{bmatrix} y_1 \\ y_2 \\ y_3 \end{bmatrix} + \begin{bmatrix} \gamma_{11} & 0 \\ 0 & \gamma_{22} \\ 0 & 0 \end{bmatrix} \begin{bmatrix} x_1 \\ x_2 \end{bmatrix} + \begin{bmatrix} \zeta_1 \\ \zeta_2 \\ \zeta_3 \end{bmatrix}$$

其中 Ψ 是一个自由矩阵。

3. 写出模型的 8 个参数矩阵。LISREL 模型有 8 个参数矩阵:$\mathbf{B}$(BE),Γ(GA),Φ(PH),Ψ(PS),Λ_x(LX),Λ_y(LY),Θ_δ(TD)和 Θ_ε(TE)。在 LISREL 中,每个矩阵的简写形式在括号中列出。对于观测变量的结构方程模型,Λ_x(LX)和 Λ_y(LY)是单位矩阵,Θ_δ(TD)和 Θ_ε(TE)是零矩阵。这样就只剩下了 4 个矩阵:$\mathbf{B}$(BE),Γ(GA),Φ(PH)和 Ψ(PS)。本章中的方程(4.4)和方程(4.5)列出了 SES 例子中的这些矩阵。

4. 宣布每个参数矩阵开始时是自由的还是固定的。如果一个矩阵的大部分元素是自由参数,使用 MODEL 语句或者默认地宣布它是自由的。否则,设置它为固定的。对于 SES 的例子,LX,LY,TD 和 TE 都有在第 3 步中描述的固定元素。BE 和 GA 中的大部分元素是固定的。PS 和 PH 矩阵是自由的。在后面的程序中,我说明如何做这样的宣布。

5. 对仍然需要调整的矩阵内的单个参数进行修改。在第 4 步之后,一个矩阵的所有元素要么是固定的要么是自由的。有必要对每个矩阵进行调整,确保每个参数的情况是正确的。利用 FR 条块(card),个体参数可以是自由估计的;利用 FI 条块,个体参数可以是固定的,或者利用 EQ 块把个体参数等于其他参数。比如,对于 SES 例子,γ_{11}(GA 1 1)和 γ_{22}(GA 2 2)在 GA 矩阵中需要是自由估计的。关于这一点,在下面进行说明。

下面列出了本章中客观-主观 SES 例子的 ML 估计的 LISREL Ⅵ程序。最右边括号内的数字并不是命令的组成部分,而是程序末尾所列出的解释。一般而言,相同的问题可以用不同的方式编写程序,因此这个程序并不是获取 ML 估计的唯一方式。

```
TITLE OBJEC. -SUBJ. SES ML                                  (1)
INPUT PROGRAM
NUMERIC DUMMY
END FILE
END INPUT PROGRAM
USERPROC NAME = LISREL
OBJECTTVE-SUBJECTIVE STATUS ML                              (2)
DA NI =5 NO =432 MA = CM                                    (3)
KM                                                          (4)
 *
1.000
.292   1.000
.282   .184   1.000
```

```
.166  .383  .386  1.000
.231  .277  .431  .537  1.000
SD                                                              (5)
 *
21.277  2.198  0.640  0.670  0.627                              (6)
LA
 *
'OCC''INC''SUBOCC''SUBINC''SUBGEN'                              (7)
SE
4 3 5 2 1/
MO NY=3 NX=2 NE=3 NK=2 LY=ID LX=ID BE=FU GA=FI TE=FI TD=FI      (8)
FR GA 1 1 GA 2 2 BE 1 2 BE 2 1 BE 3 1 BE 3 2                    (9)
OU TV SE SS TO                                                  (10)
END USER
```

(1)利用 SPSSX 所使用的块。前六个条块和最后一个条块是一些指导语，当 LISREL 是 SPSSX 的一部分以及使用矩阵输入时，它们使用户能够获取 LISREL。当输入的是原始数据时，这些指导语是不同的（参见 SPSSX 文档）。LISREL 的独立版本并不需要这些条块。

(2)标题块。这是你给程序所赋予的名称。标题可达到 80 列宽。如果你在第一个条块上的最后一个字符是"C"，紧接着它继续第二个条块，标题可以延长到 80 个字符。

(3)数据条目。NI 是输入矩阵的变量数。NO 是观测案例数。MA 是要分析的数据类型，其中 CM 是协方差矩阵。因为 MA = CM 是程序的默认，这些关键词可以省略。

(4)输入的相关矩阵。KM 条块告知程序接下来是相关矩阵。在 KM 之后最新一行的第一列中的"＊"表示你正在读取自由格式的矩阵元素，——也就是说，矩阵的每一个元素由空格隔开。默认选项是逐行只读取相关矩阵的右下角部分。

(5)标准差。SD 和"＊"条块告诉程序，你要在下个块中读取标准差，而且它们使用自由格式。标准差的顺序必须对应输入矩阵中变量的顺序。当你试图分析协方差矩阵时，标准差要和相关矩阵同时提供。

(6)标签。标签的读取方式与标准差相同，要与输入的相关矩阵中的变量顺序对应起来。每个标签用单引号引起来。

(7)选择条块。选择条块对输入相关矩阵中的变量重新排序以对应于 LISREL 程序所假设的输入变量的顺序，首先是内生变量（在本例中，是 $y_1 - y_3$），接着是外生变量（$x_1 - x_2$）。选择条块上的数字对应于输入相关矩阵中每个变量的原始位置。（你也可以按照模型输入时变量名称的顺序对变量重新排序）选项条块也可用于读取输入矩阵变量的一个子集。当把此条块用于一个变量子集时，条块必须用一个"/"终止。在本设置中，"/"已经被忽略。如果完全忽略这些选择行，程序假设矩阵中所有的变量被包括进分析中并且变量在合适的顺序上。

(8)模型条块。这一行指定了模型。这里，用户明确地或者隐含地（默认）宣布 y，x，

η 以及 ξ 变量的数量,以及 8 个模型矩阵的形式和模式。最常用的矩阵形式是完全矩阵(FU)、零矩阵(ZE)、单位矩阵(ID)和对角线矩阵(DI)。模式是固定的(FI)还是自由的(FR)。FI 把所宣称的矩阵的所有元素都设定为固定的值。除非特别指定,固定值都是0. FR 模式把矩阵的所有元素都设定为可被估计的。MO 必须出现在本条块的前两列。NY 和 NX 表示了模型中观测变量 y 和 x 的数量。NE 和 NK 是内生和外生潜变量的数量。由于我假设在 **y** 和 **x** 中的变量没有测量误差以及 LX 被固定为单位矩阵,TE 和 TD 被固定为0. BE = FU 和 GA = FI 改变了 **B** 和 Γ 矩阵的默认设定。**B** 被设定为一个完全矩阵,每个元素都被固定为 0. GA = FI,把 Γ 矩阵中的所有元素都固定为 0。Ψ(PS)和 Φ(PH)是对称的且是自由的。LISREL 手册完整地列出了在 MO 条块中可利用的默认、模式以及专门的模型。

(9)固定的(FI)和自由的(FR)条块。虽然模型条块指定了一个矩阵整体上是固定的还是自由的,大部分的模型需要一个矩阵的子元素是自由的还是固定的。FI 和 FR 条块对个体矩阵元素进行固定或自由。例如,模型条块指定 Γ 是完全的和固定的。FR 条块指定 Γ 的(1,1)和(2,2)是自由的[我们也可以指定 **B**(BE)中的一些元素是自由的]。如果你想固定一个矩阵元素为非零的数值,必须在单独的 ST 或者 VA 条块中提供那个数值。FI 和 FR 条块可以达到 80 列宽。通过在行的末尾加一个“C”可以在下一行上继续此命令。

(10)输出条块。这一行需要指定 LISREL 的输出选项。OU 必须出现在此条块的前两列。TV 和 SE 要求输出参数估计的“t 值”(实际上是 z 值)以及渐近标准误。SS 要求 LISREL 输出标准系数解。TO 打印有 80 个字符记录的输出。还有其他输出选项可利用。OU 条块同时告诉程序应使用哪一种估计方法。这里使用的是默认的最大似然(ML)估计。

EQS 程序

对于 EQS 编程,我推荐下面的方法:

1. 画一个路径图(可选步骤)。参见 LISREL 编程中介绍。

2. 写出模型的方程。对于 EQS,潜在内生变量(η)和外生变量(ξ)用 F 表示,方程的误差项(ζ)用 D 表示,独特的因子用 E 表示。观测变量的符号是相同的:y 和 x。方程不是用矩阵的符号表示,而是采用了标量形式。对于 SES 例子,要列出 3 个方程,D_i 和 D_j 之间的非零协方差要标注出来。

3. 注释所有要估计的参数。对于上一步的方程,所有的非固定系数用“ * ”标出,表示它们要被估计。而且,你应该列出要被估计的外生变量或者干扰项之间的方差和协方差。SES 例子有:

$$y_1 = \beta_{12}^* y_2 + \gamma_{11}^* x_1 + \zeta_1$$

$$y_2 = \beta_{21}^* y_1 + \gamma_{22}^* x_2 + \zeta_2$$

$$y_3 = \beta_{31}^* y_1 + \gamma_{32}^* y_2 + \zeta_3$$

其中 x_1 和 x_2 的方差和协方差是自由参数,ζ_1 和 ζ_3 的方差和协方差也是自由参数。下面列出了客观-主观 SES 例子的程序。在程序末尾列出的解释根据出现在右手页边上的数字进行了编号。

```
/TTTLE                                                              (1)
  OBJECTIVE-SUBJECTIVE SOCIOECONOMIC STATUS ML
/SPEC                                                               (2)
  CAS = 432;VAR = 5;ME = ML;MA = COV;
/LAB                                                                (3)
  V1 = OCC;V2 = INC;V3 = SUBOCC;V4 = SUBING;
  V5 = SUBGEN;
/EQU                                                                (4)
  V3 = .01 * V1 + .2 * V4 + D3;V4 = .2 * V2 + .2 * V3 + D4;
    V5 = .4 * V4 + .4 * V3 + D5;
/VAR                                                                (5)
  D3 TO D5 = .3 *;V1 = 453 *;V2 = 4.8 *;
/COV                                                                (6)
  V1,V2 = 13.7 *;D3,D4 = 0 *;D3,D5 = 0 *;D4,D5 = 0 *;
/MAT                                                                (7)
  1.000
  .291   1.000
  .282   .184   1.000
  .166   .383   .386   1.000
  .231   .277   .431   .537   1.000
/STA                                                                (8)
  21.277   2.198   .640   .670   .627
/END                                                                (9)
```

（1）标题部分。每一部分的开头是一个“/”和一个标识下列部分的关键字。下一行给出了程序的标题。可以列出一行或多行。

（2）设定部分。此部分给出案例数（CAS = 432）、输入变量的数量（VAR = 5）、估计方法（ME = ML，其中 ML 是最大似然法）和要分析的矩阵（MA = COV，其中 COV 是协方差矩阵）。因为 MA = COV 是程序的默认，这个语句可以被忽略。

（3）标签部分。提供潜变量或者观测变量的标签。一个 V 后面加一个数字指的是观测变量的编号。编号的顺序由输入矩阵中变量的顺序所决定。

（4）方程部分。此部分为每个内生变量列出一个方程。在等号的右边列出了对内生变量有直接影响的变量和一个干扰项。在方程右边的变量前面是参数估计的初始值。用“ * ”表示参数的值应该被估计，例如，在 SES 模型中，主观职业声望（V3）依赖于“客观的”职业声望（V1）、主观收入（V4）和一个干扰项（D3）。V1 和 V4 的系数要被估计，初始值分别是 0.01 和 0.2。剩下的两个内生变量每一个都有一个相似的构建方程。初始值源自研究人员对一个变量影响另一个变量所做的最佳猜测。当选择初始值时（参见附录 4C），考虑变量的测量单位或者方差是很重要的。LISREL Ⅵ自动提供初始值。EQS 以后的版本将拥有这项特征。

(5)方差部分。这一部分为所有外生变量和干扰项的方差指定固定的或者自由的数值。内生变量不应该在方差部分被列出。SES 例子需要 D3 到 D5 这 3 个干扰项的方差以及 V1 和 V2 这两个内生变量的方差。我已经使用了 TO 惯例,它指的是一系列连续编号的变量(D3 到 D5)。“ * ”表示自由参数。

(6)协方差部分。在这里,我们要指定外生变量或者干扰项中固定的和自由的协方差。惯例是列出两个用逗号隔开的变量,紧跟着是等号和协方差的值。在 SES 模型中,D3 和 D4、D3 和 D5 以及 D4 和 D5 的协方差是自由参数,初始值为 0。V1 和 V2 的协方差是自由的,初始值为 13.7(这两个变量的样本协方差)。

(7)矩阵输入部分。矩阵可以是相关矩阵或者是协方差矩阵。一般是给出元素用空格隔开的下三角矩阵,除非在/SPEC 部分给出不同的说明。注意,此部分并没有以分号结尾。

(8)标准差部分,程序需要观测变量的标准差以使相关矩阵能转换为协方差矩阵。在相关矩阵中有多少个变量就应该有多少个标准差。注意,此部分并没有以分号结尾。

(9)表示程序的结束。

第5章　测量误差的后果

第4章的主题是带有观测变量的结构方程模型。我们假定了每一个变量都完美测量了与之对应的潜变量。这种假定在经验研究中很常见,但通常是秘而不宣的。只需要看看我们自己的研究就能知道这一假定通常是错误的。不管我们分析的是态度、行为、金钱,还是计数,测量总是都含有随机的或非随机的误差(errors)。

这一章我们将讨论测量误差的后果问题。本章内容是步步为营的,前一节的内容对理解后续各节的内容非常重要。首先,我们将介绍测量误差对均值和方差的影响。然后,讨论两个非完美测量变量的协方差、相关以及简单回归系数。接着讨论多元回归和多方程系统中的测量误差问题。每一小节,我都会对比有测量误差和没有测量误差的情况,从而更好地评估测量误差所带来的差异。

对单变量统计的影响

研究者一般都会例行计算变量的均值与方差。本节我们将讨论以观测变量(observed variable)的统计量作为真实变量(true variable)统计量的替代值(proxies)的影响。为了说明测量误差给单变量统计带来的影响,这里以观测变量 X_1 为例:

$$X_1 = \nu_1 + \lambda_{11}\xi_1 + \delta_1 \tag{5.1}$$

其中,ν_1(upsilon)为截距,λ_{11}为某一测度下的常数(scaling constant),$E(\delta_1)=0$,$\mathrm{COV}(\xi_1,\delta_1)=0$。在此没有使用 X_1 和 ξ_1 的偏差分数(即对中值,deviation scores)。例如,ξ_1 是销售员的成就动机,而 X_1 是用以测量它的销售额。λ_{11}是将成就动机的测量值与成就的真值水平关联起来的斜率系数,δ_1 表示测量成就动机时的随机误差,它与成就动机的真值是正交的,且 $E(\delta_1)=0$。

用 κ_1 表示 ξ_1 的总体均值,X_1 的总体均值为μ_{x_1}。ξ_1 的均值与 X_1 的均值的关系如下:

$$E(X_1) = E(\nu_1 + \lambda_{11}\xi_1 + \delta_1)$$

$$\mu_{x_1} = \nu_1 + \lambda_{11}\kappa_1 \tag{5.2}$$

从等式(5.2)可以看出,κ_1 和 μ_{x_1}的关系取决于 ν_1 和 λ_{11}。先简要说明一下 ξ_1 的尺度(度量单位,scaling),以及尺度系数 ν_1 和 λ_{11},对展开后续比较非常必要。实际上,所有潜变量的尺度(度量单位,scale)都是模糊不清的。诸如紧张、期望、稳定性、满意度之类的变量并没有与生俱来的单位。潜变量尺度的给定只是人们就其最佳测量单位达成共识或妥协而已。例如,在测量物理长度时,我们给 ξ_1 设定米制单位。但米制单位并非测量长度的唯一度量单位,它只是科学界共识基础上出现的一种单位而已①。要给定 ξ_1 米制单位,我们需要知道 X_1 的测量单位,并选定合适的 ν_1 和 λ_{11} 取值。如果 X_1 的单位是厘米,而我们希望 ξ_1 以厘米为单位,则可以令 ν_1 为 0,λ_{11} 等于 1。如果 X_1 的单位为厘米,但我们希望 ξ_1 的单位是英寸。那么,λ_{11} 就等于 2.54(1 英寸 = 2.54 cm),ν_1 仍为 0。

当 ξ_1 不存在共识性测量单位时,测量尺度的选择在很大程度上是人为选择。对于式(5.1)中类似的单变量而言,一种便捷的选择是,让 ξ_1 的尺度和 X_1 一样,这样 ν_1 就等于 0,而 λ_{11} 等于 1。如此,$X_1 = \xi_1 + \delta_1$,且 ξ_1 一个单位的差异对应 X_1 一个单位的差异。如此选定 ν_1,λ_{11} 的取值后,式(5.2)表明,观测变量的均值将等于潜变量的均值。

如果 ξ_1 有两个观测指标,情况将变得复杂。考虑下式(5.3)和式(5.4):

$$X_1 = \nu_1 + \lambda_{11}\xi_1 + \delta_1 \tag{5.3}$$

$$X_2 = \nu_2 + \lambda_{21}\xi_1 + \delta_2 \tag{5.4}$$

尽管我们可以选择用 X_1 来尺度化 ξ_1(如令 $\nu_1 = 0, \lambda_{11} = 1$),但 X_2 等式中不再需要设定 $\nu_2 = 0$ 或 $\lambda_{21} = 1$。这样尺度化 ξ_1,μ_{x_1} 等于 κ_1,但对于 X_2,关系变为 $\mu_{x_2} = \nu_2 + \lambda_{21}\kappa_1$。

举例说明,假定 ξ_1 为员工的成就动机。我们有公司记录的员工每周工作时间 X_1 和员工自己报告的每周工作时间 X_2。通过设定,ν_1 等于 0,λ_{11} 等于 1,我们可将 ξ_1 的度量单位设定为小时。这样,X_1 的均值就会等于 ξ_1 的均值。如此设定度量单位后,自报工作小时数的均值(μ_{x_2})提供的 κ_1 的信息就是错误的。例如,员工自报工作小时数可能会多出一个固定量($\nu_2 > 0$),或者 ξ_1 每增加一小时会导致自报工作时间的平均增长数会大于 1 个小时($\lambda_{12} > 1$)。因此,对于 ξ_1 度量单位的选择会影响 ξ_1 的均值与观测变量的均值关系。

总之,当潜变量只有一个观测变量时,让 ξ_1 具有和 X_1 一样的单位很简单。X_1 的均值会等于 ξ_1 的均值。但 ξ_1 有第二个观测变量(如 X_2)时,X_2 的均值就可能偏离 ξ_1 的均值。

截至目前,上述讨论都是在总体(population)意义上的,但实践中,估计的基础只是案例的随机样本。观测变量 X_1 的样本均值可用 $\bar{X}_1$ 表示,它通常是 μ_{x_1} 的无偏估计量。从等式(5.2)可以清楚地看到,样本均值的期望值 $\bar{X}_1$ 等于 $\nu_1 + \lambda_{11}\kappa_1$。因此,当 $\nu_1 = 0$ 且 $\lambda_{11} = 1$,$\bar{X}_1$ 为 κ_1 的无偏估计量。

将观测变量的方差与潜变量的方差进行对比,同样有意思。将等式(5.1)作为基础模型,然后将方差定义为变量与自身的协方差,就可以看到,X_1 的方差为:

$$\text{VAR}(X_1) = \lambda_{11}^2\phi_{11} + \text{VAR}(\delta_1) \tag{5.5}$$

其中,ϕ_{11} 为 ζ_1 的方差。注意,固定量 ν_1 不会影响 X_1 的方差。不给 λ_{11} 施加更多限定的情况下,VAR(X_1)可能大于、小于甚至等于 ϕ_{11}。不过,最常见的情况是,用 X_1 来尺度化 ζ_1,此时 λ_{11} 等于 1。观察等式(5.5)可以发现,当 λ_{11} 为 1 时,只有 VAR(δ_1)等于 0 时,VAR(X_1)才等于 ϕ_{11}。这一情境的价值有限,因为这意味着不存在随机测量误差。相反,VAR(X_1)将大于 ϕ_{11}。

上述有关 VAR(X_1)与 ϕ_{11} 的对比被限定在了总体方差的概念上,如果将焦点转向样

---

① 英制度量系统在美国的盛行,意味着人们对长度的测量单位的共识并不充分。

本估计量[用 $\mathrm{var}(X_1)$ 表示],得到的将是:

$$\mathrm{var}(X_1) = \frac{\sum_{i=1}^{N}(X_{1i} - \overline{X}_1)^2}{N - 1} \tag{5.6}$$

大家都知道,该样本方差的期望值是 $\mathrm{VAR}(X_1)$。而我们已经证明 $\mathrm{VAR}(X_1)$ 等于 $\lambda_{11}^2\phi_{11} + \mathrm{VAR}(\delta_1)$,因此,当 λ_{11} 为 1 时,$\mathrm{var}(X_1)$ 通常为有偏估计量,会高估 ϕ_{11}。

举例说明,巴哥齐(Bagozzi,1980:258)研究 122 个工业品销售员的绩效与满意度时使用了一个成就动机量表。其中一个测量是销售员自报的对工作价值的评价。其方差为 3.8,而 δ_1 的方差约等于 2.5。① 用测量值来尺度化成就动机真值时(例如,令 $\lambda_{11} = 1$),观测值的方差(3.8)大大超过潜变量的方差(1.3)。

双变量与简单回归后果

这一节中,我将讨论一个或者两个变量都有测量误差的情况下,双变量相关的问题。讨论焦点在于,测量误差对于协方差、相关系数以及非标准化和标准化的回归系数的影响。讨论时,我仍会沿用上一节的套路,比较没有测量误差的理想情况与更常见的有测量误差的典型情况的差异。首先,设决定变量的真模型如下:

$$\begin{aligned} x &= \lambda_1\xi + \delta \\ y &= \lambda_2\eta + \varepsilon \\ \eta &= \gamma\xi + \zeta \end{aligned} \tag{5.7}$$

为了简化符号体系,我这里使用的是 x, y, η, ξ 的离差。由于没有下标的情况下,各个符号的意义也是清楚的,因此我没有给这些变量,包括 γ 设定下标。在等式(5.7)中,λ_1,λ_2,γ 都是非零的固定量,而 $E(\delta)$,$E(\varepsilon)$,$E(\zeta)$ 都等于 0。变量 δ 和 ε 分别代表 x, y 的测量误差。它们彼此不相关,且均与 η, ξ, ζ 不相关。同样,等式中的误差项 ζ 与 ξ 也不相关。等式(5.7)的头两个方程描述的是这一简单系统中的测量模型。每个潜变量只有一个测量指标,通过设定 λ_1, λ_2 为 1,我们可以给定潜变量的度量单位或尺度。

我们的目标是想知道 γ,但能够观测到的仅仅只有 x 和 y。实践中,我们通常用 y 对 x 做回归,以估计 γ 值。图 5.1 展示了基于潜变量的真模型与基于观测变量的估计模型之间的差异。图 5.1(a)示意的是等式(5.7)中的真模型。图 5.1(b)代表的则是测量误差被忽略或被假定可以忽略的模型。观测变量模型中 γ 和 ζ 加上了上标星号,以区别真模型中对应的 γ 和 ζ。通常情况下,γ^* 不等于 γ,ζ^* 不等于 ζ。下面几段内容可以证明这一结论。

要比较 γ^* 和 γ,以 ξ 和 η 的协方差,x 和 y 的协方差作为开始比较合适。潜变量之间的协方差为:

$$\mathrm{COV}(\xi, \eta) = \mathrm{COV}(\xi, \gamma\xi + \zeta) = \gamma\phi \tag{5.8}$$

观测变量之间的协方差为:

$$\mathrm{COV}(x, y) = \mathrm{COV}(\xi + \delta, \eta + \varepsilon) = \gamma\phi \tag{5.9}$$

---

① δ_1 方差的估计是利用巴哥齐(Bagozzi,1980:259)提供的协方差矩阵,通过设定双因子模型估计得到的。我给成就动机和满意度分别设定了两个观测指标。关于验证性因子分析将在第 7 章进行具体解释。

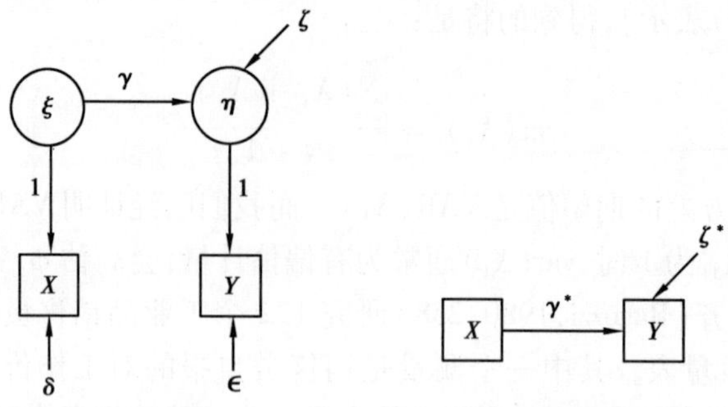

(a)真模型　　(b)估计模型

图 5.1　带有两个潜变量的真模型和只有一个观测变量的估计模型

可以看到观测变量(x,y)的协方差等于潜变量(ξ,η)的协方差。

这些协方差对比较回归系数γ^*和γ非常有用。很明显,$COV(\xi,\eta)$除以ϕ就等于γ。类似地,γ^*可以表示为:

$$\begin{aligned}\gamma^* &= \frac{COV(x,y)}{VAR(x)} \\ &= \gamma\left[\frac{\phi}{VAR(x)}\right]\end{aligned} \tag{5.10}$$

因此,只有当x的误差方差不存在时,等式(5.10)右侧方括号中的部分才会等于1。否则,它的取值会处于0到1之间,且等于潜变量和观测变量相关系数的平方(squared correlation)。有时,这被称为x的信度系数(reliability coefficient)ρ_{xx}(参见第6章)。如果不存在完美的信度,测量误差意味着γ^*的绝对量小于γ;也就是说,相对于真实潜变量之间的回归系数,观测变量的回归系数偏小。

拿成就动机会影响工作满意度的例子来说。数据来自巴哥齐(Bagozzi,1980)的研究,成就动机的测量(x)如前文所述。工作满意度量表(y)概括了销售员对工作的晋升机会、报酬、整体状况及其他方面的满意度。如果将工作满意度(y)对成就动机(x)做回归,估计的斜率为0.36。成就动机测量变量的信度系数大概是0.34。假定潜变量与观测变量测量尺度相同,那么,工作满意度潜变量(η)和成就动机潜变量(ξ)的斜率将为1.06。后一斜率几乎是前者的3倍(0.36比1.06),可见,如果不将测量误差纳入考量,其后果将非常严重。但相关结果并不受工作满意度的信度影响。当λ_1,λ_2都不等于1(或不相等)时,γ^*和γ之间的关系为$\gamma^*=\gamma(\lambda_2/\lambda_1)\rho_{xx}$。此时,$\gamma^*$不一定变小,因为$(\lambda_2/\lambda_1)$有可能大于1。不过,当每个潜变量只有一个指标时,这种情况并不常见。

为了进一步评估图5.1所示的真模型与估计模型的差异,我们接着比较x和y之间的相关(ρ_{xy})与ξ和η之间的相关$(\rho_{\xi\eta})$。首先推导出ξ和η之间的相关系数平方的表达式:

$$\begin{aligned}\rho_{\xi\eta}^2 &= \frac{[COV(\xi,\eta)]^2}{\phi VAR(\eta)} \\ &= \frac{\gamma^2\phi}{VAR(\eta)}\end{aligned} \tag{5.11}$$

这一结果可用来考察 x 和 y 之间的相关系数的平方①：

$$\begin{aligned}\rho_{xy}^2 &= \frac{[\mathrm{COV}(x,y)]^2}{\mathrm{VAR}(x)\mathrm{VAR}(y)}\\ &= \frac{\gamma^2\phi^2}{\mathrm{VAR}(x)\mathrm{VAR}(y)}\\ &= \rho_{xx}\frac{\gamma^2\phi}{\mathrm{VAR}(y)}\frac{\mathrm{VAR}(\eta)}{\mathrm{VAR}(\eta)}\\ &= \rho_{xx}\rho_{yy}\rho_{\xi\eta}^2\end{aligned}\tag{5.12}$$

等式(5.12)显示 x 和 y 的相关系数的平方(ρ_{xy}^2)等于 x 和 y 的信度系数的乘积($\rho_{xx}\rho_{yy}$)再乘上潜变量的相关系数的平方($\rho_{\xi\eta}^2$)。由于信度系数取值在 0 到 1 之间,因此 ρ_{xy} 小于或等于 $\rho_{\xi\eta}$。等式(5.12)还给出了标准化回归系数的结果,因为在简单回归中,标准化回归系数等于因变量和自变量的相关系数。这说明,观测变量间的标准化回归系数不可能大于潜变量间的标准化回归系数。

等式(5.12)还包括其他更多信息,从中求解 $\rho_{\xi\eta}$,可得:

$$\rho_{\xi\eta} = \frac{\rho_{xy}}{[\rho_{xx}\rho_{yy}]^{\frac{1}{2}}}\tag{5.13}$$

等式(5.13)是对受随机测量误差影响后的相关系数进行修正的经典算式,在心理学和社会学中经常碰到。如果 x 和 y 的信度系数已知,那么,只要知道 x 和 y 之间的相关系数,就可知道潜变量之间的相关系数。例如,工作满意度量表(y)和成就动机(x)之间的相关系数为 0.20。成就动机观测变量的信度为 0.34,工作满意度的信度为 0.66。应用等式(5.13)即可得到工作满意度潜变量与成就动机潜变量之间的相关系数为 0.42,这一取值超过了对应观测变量相关系数的两倍。

截至目前,在有关测量误差对双变量统计的影响的探索中,我已经讨论了总体协方差、回归系数和相关系数问题②。总体协方差的样本估计量是:

$$\mathrm{COV}(x,y) = \frac{\sum_{i=1}^{N}(x_i y_i)}{N-1}\tag{5.14}$$

都知道,样本协方差是总体协方差 $\mathrm{COV}(x,y)$ 的无偏且一致的估计量。等式(5.9)已经表明,$\mathrm{COV}(x,y)$ 等于 $\gamma\phi$。样本统计量 $\mathrm{cov}(x,y)$ 是潜变量协方差的无偏且一致的估计量。

一般最小二乘估计(OLS)是用以估计回归系数最常用的估计。在简单回归中,y 对 x 进行回归时,OLS 估计量 $\hat{\gamma}^*$ 等于:

$$\hat{\gamma}^* = \frac{\mathrm{COV}(y,x)}{\mathrm{var}(x)}\tag{5.15}$$

使用附录 B 中回顾的渐近理论,我们可以认定 $\hat{\gamma}^*$ 为一致估计量。如果 $\hat{\gamma}^*$ 是 γ 的一致估计量,那么 N 趋近于无穷大时[也就是 $\mathrm{plim}(\hat{\gamma}^*)$],$\hat{\gamma}^*$ 的概率极限应收敛于 γ。用另一种

---

① 推演中使用了杰罗姆 · 卡特里希斯(Jerome Katrichis)建议的简化策略。

② 在这一成就动机-工作满意度例子中,我忽略了抽样波动。

方式表达,那就是:

$$\begin{aligned}\text{plim}(\hat{\gamma}^*) &= \text{plim}\left[\frac{\text{cov}(y,x)}{\text{var}(x)}\right] \\ &= \frac{\text{COV}(y,x)}{\text{VAR}(x)} \\ &= \gamma\rho_{xx}\end{aligned} \tag{5.16}$$

注意:$\text{plim}(\hat{\gamma}^*)$等于等式(5.10)对应的量。因此,前面关于$\gamma^*$和$\gamma$关系的结论在此同样成立。通常而言,$\hat{\gamma}^*$为$\gamma$的不一致估计量。

最后,双变量相关系数平方的样本估计量为:

$$\frac{[\text{cov}(y,x)]^2}{\text{var}(y)\text{var}(x)} \tag{5.17}$$

$$\begin{aligned}\text{plim}(\hat{\rho}_{xy}^2) &= \frac{\text{plim}[\text{cov}(y,x)]^2}{\text{plim}[\text{var}(y)]\text{plim}[\text{var}(x)]} \\ &= \frac{[\text{COV}(x,y)]^2}{\text{VAR}(x)\text{VAR}(y)} \\ &= \rho_{xy}\rho_{yy}\rho_{\xi\eta}^2\end{aligned} \tag{5.18}$$

等式(5.18)的最后一步是将等式(5.12)的结果代入后的结果。等式(5.18)表明,除非x和y都没有随机测量误差,否则$\hat{\rho}_{xy}^2$是$\rho_{\xi\eta}^2$的非一致估计量。

这里简要总结一下本节的发现。两个观测变量之间的协方差等于对应潜变量的协方差(当$\lambda_1=\lambda_2=1$时)。x和y的协方差除以x的方差得到y对x回归的斜率系数γ^*。只要x含有随机误差,斜率γ^*的绝对值就会小于的γ绝对值(因为$\gamma^*=\rho_{xx}\gamma$)。这一关系不受y的随机误差的影响。只要x和y的信度系数小于1,两个测量变量之间的相关系数的平方总是会小于对应潜变量之间的相关系数平方(因为$\rho_{xy}^2=\rho_{xx}\rho_{yy}\rho_{\xi\eta}^2$)。简言之,假定两个观测变量之间的相关系数等于潜变量之间的相关系数通常是错误的。由于我们的兴趣主要在于潜变量,因此忽略测量误差导致错误结论的可能性很大。而当尺度系数λ_1和λ_2不等于1时,上述各种关系将变得更加复杂。

在多元回归中的后果

上一节讨论了测量误差对简单回归的影响。接下来,我们讨论在多元回归中的影响,这种情况下要评估测量误差的影响更难。但我们讨论测量误差影响的策略与前一节保持不变。将比较由潜变量构成的真模型和观测变量构成的估计模型,对比各自的回归系数及多元相关系数的差异。

首先给出的是模型的正式表达式,与潜变量对应的真模型如下:

$$\boldsymbol{\eta} = \boldsymbol{\Gamma\xi} + \boldsymbol{\zeta} \tag{5.19}$$

其中,η代表内生潜变量,$\boldsymbol{\xi}$为$n\times 1$的外生变量向量组,Γ为$1\times n$的系数向量,ζ为扰动项,与ξ不相关,且$E(\xi)=\mathbf{0}$。而由观测变量构成的估计模型是:

$$y = \boldsymbol{\Gamma}^*\mathbf{x} + \boldsymbol{\zeta}^* \tag{5.20}$$

其中系数矩阵Γ^*和扰动项ζ^*带有星号是区别于等式(5.19)中的Γ和ζ。

$\mathbf{x}$ 与 $\boldsymbol{\xi}$ 的关系,y 与 η 的关系分别为:

$$\mathbf{x} = \boldsymbol{\xi} + \boldsymbol{\delta}$$
$$y = \eta + \varepsilon \qquad (5.21)$$

测量误差($\boldsymbol{\delta},\varepsilon$)与 $\boldsymbol{\xi},\eta,\zeta$ 都不相关,且彼此无关。在等式(5. 21)中,$\mathbf{x},\boldsymbol{\xi}$ 和 $\boldsymbol{\delta}$ 为 $q\times1$ 的矩阵,而 y,η,ε 为标量(scalar)。为了使相关讨论简化,这里假定每个潜变量 ξ 有且只有一个观测变量 x;每个 ξ 只对一个 x 有影响;每个 η 只有一个 y 变量;且观测变量与潜变量有着相同的尺度(即 $\Lambda_x=\mathbf{I}$ 且 $\Lambda_y=1$)。在通常的回归情景中,我们感兴趣的是 Γ,它描述了自变量对因变量的影响。不过,如果我们忽视了 y 和 $\mathbf{x}$ 中的误差,将得到 Γ^*。那么,Γ^* 和 Γ 之间的关系如何呢?为了回答此问题,我会先证明 Γ 可以从潜变量的协方差矩阵的积中推算出来。接下来,给出针对观测变量的类似表达式,及其与 Γ 的关系。首先来看等式(5. 19)这个潜变量模型。外生变量 $\boldsymbol{\xi}$ 的协方差矩阵为 Φ。$\boldsymbol{\xi}$ 与 $\boldsymbol{\eta}$ 的协方差矩阵(表示为 $\Sigma_{\xi\eta'}$)等于:

$$\begin{aligned}\Sigma_{\xi\eta'} &= \mathrm{COV}(\xi,\eta') \\ &= \mathrm{COV}(\xi,\xi'\Gamma'+\zeta') \\ &= \Phi\Gamma'\end{aligned} \qquad (5.22)$$

将 $\Sigma_{\xi\eta'}$ 乘以 Φ^{-1} 得到 Γ' 中的结构参数:

$$\begin{aligned}\Phi^{-1}\Sigma_{\xi\eta'} &= \Phi^{-1}\Phi\Gamma' \\ &= \Gamma'\end{aligned} \qquad (5.23)$$

我们无法计算 $\Phi^{-1}\Sigma_{\xi\eta'}$,因为我们不知道 ξ 和 η。唯有使用基于观测变量的对应等式 $\Gamma^{*'}=\Sigma_{xx'}^{-1}\Sigma_{xy'}$,其中 $\Sigma_{xx'}^{-1}$ 为 $\mathbf{x}$ 的协方差矩阵的逆,$\Sigma_{xy'}$ 为 $\mathbf{x}$ 和 y 的协方差矩阵。只有当其能够导出 Γ' 时,$\Sigma_{xx'}^{-1}\Sigma_{xy'}$ 才是合适的。为了展示这一乘积的含义,首先来看 $\Sigma_{xy'}$:

$$\begin{aligned}\Sigma_{xy'} &= \mathrm{COV}(\mathbf{x},y') \\ &= \mathrm{COV}(\mathbf{x},\eta'+\varepsilon') \\ &= \mathrm{COV}(\mathbf{x},\eta') \\ &= \mathrm{COV}(\mathbf{x},\xi\Gamma'+\zeta') \\ &= \Sigma_{x\xi'}\Gamma'\end{aligned} \qquad (5.24)$$

将这一结果和上面的 $\Gamma^{*'}$ 的等式结合起来,可以推出 $\Gamma^{*'}$ 与 Γ' 的关系为:

$$\begin{aligned}\Gamma^{*'} &= \Sigma_{xx'}^{-1}\Sigma_{xy'} \\ &= \Sigma_{xx'}^{-1}\Sigma_{x\xi'}\Gamma'\end{aligned} \qquad (5.25)$$

从等式(5. 25)可以看出,基于观测变量的 $\Gamma^{*'}$ 与 Γ' 之间差异为因子 $\Sigma_{xx'}^{-1}\Sigma_{x\xi'}$。这一因子是以外生潜变量 ξ 为因变量对观测变量 x 做回归得到的回归系数的总体表达式。如果不存在测量误差,那么 x 等于 ξ,$\Sigma_{xx'}^{-1}\Sigma_{x\xi}$ 等于单位矩阵 $\mathbf{I}$,因而 $\Gamma^*=\Gamma$。更一般地,Γ' 和 $\Gamma^{*'}$ 之间的关系取决于 ξ 和 x 的关系。

上述结果针对的是总体协方差矩阵,对于样本数据,类似的结论同样成立。在多元回归方程中,当 ξ 服从正态分布时,Γ 的 OLS 估计量等于最大似然估计量,两者都等于:

$$\hat{\Gamma}' = \hat{\Phi}^{-1}\mathbf{S}_{\xi\eta'} \quad (5.26)$$

其中，$\hat{\Phi}^{-1}$和$\mathbf{S}_{\xi\eta'}$为协方差矩阵的无偏样本估计量。求$\hat{\Phi}^{-1}\mathbf{S}_{\xi\eta'}$的概率极限，当$N$趋近于无穷时，得到$\Phi^{-1}\Sigma_{\xi\eta'}$。可以看到，这正好等于公式5.23的$\Gamma'$，因此，$\hat{\Gamma}'$是$\Gamma'$的一致性估计量。

在忽略y和x的测量误差时，对应模型的结构系数的OLS估计量等于：

$$\hat{\Gamma}^{*'} = \mathbf{S}_{xx'}^{-1}\mathbf{S}_{xy'} \quad (5.27)$$

求$\mathbf{S}_{xx'}^{-1}\mathbf{S}_{xy'}$的概率极限，后得到$\Sigma_{xx'}^{-1}\Sigma_{xy'}$。等式(5.25)表明，$\hat{\Gamma}^{*'}$通常并非$\Gamma'$的一致估计量，但是$\Sigma_{xx'}^{-1}\Sigma_{x\xi'}\Gamma'$的一致估计量。因此，从总体转向样本估计量时，类似的论断是同样成立的。

$\Sigma_{xx'}^{-1}\Sigma_{x\xi'}$会导致$\Gamma^*$和$\Gamma$之间的关系变得复杂。作为示例，这里假定一种最简单的情境：除了一个以外，所有自变量都被完美测量。我们将先做理论分析，然后给出一个经验案例。这种情况下，测量模型可以表达为：

$$x_i = \xi_i + \zeta_i \quad (i = 1)$$
$$x_i = \xi_i \quad (i = 2,3,\cdots,q) \quad (5.28)$$

而将各个潜变量联系起来的表达式为：

$$\eta = \gamma_1\xi_1 + \gamma_2\xi_2 + \cdots + \gamma_q\xi_q + \zeta \quad (5.29)$$

为了简化符号体系，我们没有给γ双下标符号，也省略了η、ξ的下标。估计方程可表示为：

$$\eta = \gamma_1^* x_1 + \gamma_2^* \xi_2 + \cdots + \gamma_q^* \xi_q + \zeta^* \quad (5.30)$$

其概率极限$\mathrm{plim}(\hat{\gamma}_1^*)$等于：

$$\mathrm{plim}(\hat{\gamma}_1^*) = b_{\xi_1 x_1 \cdot \xi_2 \cdots \xi_q}\gamma_1 \quad (5.31)$$

等式(5.31)中的$b_{\xi_1 x_1 \cdot \xi_2 \xi_3 \cdots \xi_q}$是$\xi_1$对等式(5.30)中全部自变量做回归时，$x_1$的偏回归系数。列维(Levi,1973)已证明该系数的绝对值在0到1之间。这意味着，如果多元回归模型仅一个解释变量未完美测量的情况下，含测量误差的那个观测变量的系数将渐进地向0偏移，从而低估ξ_1对η的影响。

有意思的是，$\hat{\gamma}_1^*$并非唯一一个受ξ_1随机测量误差影响的系数。除非被忽略的潜变量ξ_1与其他潜自变量不相关或ξ_1的效应为0，否则$\hat{\gamma}^*$与其他ξ元素的相关系数很可能得不到一致的估计。例如，等式(5.30)中$\hat{\gamma}_2^*$，其概率极限为：

$$\mathrm{plim}(\hat{\gamma}_2^*) = \gamma_2 + b_{\xi_1 \xi_2 \cdot x_1 \xi_3 \cdots \xi_q}\gamma_1 \quad (5.32)$$

如你所见，$\hat{\gamma}_2^*$由ξ_2的真实影响加上控制$x_1, \xi_3 \cdots \xi_q$后ξ_1和ξ_2的偏相关系数乘以γ_1构成。因此，$\hat{\gamma}_2^*$并非γ_2的一致估计量。而且渐近偏差的方向难以预测，具体取决于等式(5.32)右边第二部分的大小和方向。我们还可推导出等式(5.30)中其他系数的类似算式。

为了说明上述结构，下面用一个探究空气污染与死亡率关系的模型作为例子。例子中数据和模型设置来源于拉维和塞斯金(Lave & Seskin,1977,1970)的研究。博伦与施温

(Bollen & Schwing,1987)检验了随机测量误差对这一模型的影响。样本单位为全美 108 个大的标准都市统计区(Standard Metropolitan Statistical Areas,SMSA)。模型用 7 个变量的线性组合来估计死亡率:①

$$\eta = \sum_{i=1}^{7} \gamma_i \xi_i + \zeta \tag{5.33}$$

式中　η——粗死亡率;

ξ_1——硫酸盐污染物;

ξ_2——颗粒污染物;

ξ_3——人口密度;

ξ_4——65 岁以上人口比例;

ξ_5——非白人比例;

ξ_6——贫困线以下家庭比例;

ξ_7——人口规模的自然对数。

拉维和塞斯金(Lave & Seskin,1977,1970)提出假设认为两种空气污染物会提高死亡率,硫酸盐污染物含量和颗粒污染物含量,相关数据通过各个城市地区的监测站得到,在上述模型中分别用 ξ_1 和 ξ_2 来表示。他们还在模型中纳入了控制变量 ξ_3 到 ξ_7,因为它们对死亡率有影响,且与污染水平可能存在相关。更为详细的描述参见拉维和塞斯金(Lave & Seskin,1977,1970)的著作。为了更好地说明问题,我假定所有变量都是对应潜变量的完美测量,但硫酸盐污染物除外(也就是说,$x_2=\xi_2, x_3=\xi_3, \cdots$)。虽然我们清楚硫酸盐污染物测量值($x_1$)含有随机测量误差,但是误差大小却并不清楚。通过假定 x_1 有不同的信度取值,即可探索 x_1 测量误差含量在不同的情况下回归系数的敏感度。

表 5.1 转引自博伦和施温的研究(Bollen & Schwing,1987),它展示了硫酸盐污染物观测量 x_1 的信度($\rho_{x_1x_1}$)在不同的情况下,各个自变量回归系数的估计结果。表格第一行给出了所有变量(包括 x_1)都完美测量时各个变量的回归系数。如果不对测量误差进行校正,模型得到的结果就是这样的。下面几行系数是除 x_1 之外所有变量都完美测量的情况下的结果。先来看 x_1 的方差一半来自随机测量误差的情况(表 5.1 的最后一行),此时 γ_1 等于 0.291。当 x_1 中的测量误差被忽略或被假定不存在时,ξ_1 的效应估计值($\hat{\gamma}_1^*$)为 0.107。这为前文的一般性结论($\hat{\gamma}_1^*$ 明显的小于 $\hat{\gamma}_1$)提供了一个具体例子。通过对比其他 $\hat{\gamma}_i^*$ 和 $\hat{\gamma}_i(i=2,\cdots,7)$,可以确认 $\hat{\gamma}_i$ 不等于 $\hat{\gamma}_i^*$。这里还是假定 $\xi_2,\cdots,\xi_7$ 被 $x_2,\cdots,x_7$ 等完美测量的情况下。比如,颗粒污染物对死亡率的影响为 $\hat{\gamma}_2^*$。如果 x_1 的测量误差被忽略,颗粒污染物的系数 $\hat{\gamma}_2^*$ 等于 0.090。但将 x_1 中的测量误差纳入考虑后,如当 $\rho_{x_1x_1}=$ 0.50 时,这一系数将下降到 0.039。表 5.1 显示,有几个系数的取值对 x_1 的信度变化非常敏感。这意味着,随机测量误差会削弱我们对两个变量间的影响的估计,即便所有变量中只有一个受到测量误差的影响。

① 这个七变量模型是基于拉维和塞斯金(Lave & Seskin,1977)的文章设定的。但我使用的案例参考了吉本斯和麦克唐纳(Gibbons & McDonald,1980)的建议删除了拉维和塞斯金数据中的奇异值。分析基于相关系数矩阵。

表 5.1 拉维和塞斯金七变量模型的回归系数

（假定硫酸盐污染物含量 x_1 存在不同程度的测量误差，$N=108$）

x_1 的信度	回归系数							
	ξ_1	ξ_2	ξ_3	ξ_4	ξ_5	ξ_6	ξ_7	R^2
1.0	0.107	0.090	0.064	1.008	0.370	−0.063	−0.076	0.839
0.9	0.123	0.086	0.060	1.003	0.369	−0.062	−0.072	0.840
0.7	0.173	0.072	0.047	0.986	0.363	−0.056	−0.056	0.845
0.5	0.291	0.039	0.017	0.947	0.350	−0.044	−0.020	0.855

值得一提的是，这一节的所有推论都使用了如下简单化的假定：(1)每个潜变量只有一个测量指标；(2)观测变量和潜变量的尺度相同。如果这些假定被放宽，那么，Γ^* 和 Γ 之间的关系就会变得非常复杂。上述结果足以向我们证明，自变量的随机测量误差通常会导致 Γ^* 并非 Γ 的一致估计量。

处理含随机测量误差的指标的方法之一是直接弃而不用，仅使用不含测量误差或测量误差可忽略的解释变量。麦卡勒姆（McCallum，1972）和威肯斯（Wickens，1972）指出过此种处理方法的不足，排除这一含有误差的指标后，OLS 模型中其他变量回归系数的估计值的渐近偏差（asymptotic bias）会比含有该变量时大。艾格纳（Aigner，1974）进一步证明了他们的研究，认为排除含有测量误差的代理变量后，其他系数估计量的方差变小。贾吉等（Judge et al.，1980：518）发现艾格纳的结论适用于非常特殊的情况下。总体而言，如果一个潜变量确实属于某个模型，纳入含有测量误差的指标比不纳入任何指标要好。纳入或排除不完美指标并非唯一的选择。下面的分析将表明，有时我们可以直接设定模型明确地允许指标中存在测量误差，从而得到一致的估计量。

标准化回归系数在一些社会科学学科中很常用。在总体中，Γ 的某个元素的标准化系数可以如此定义：

$$\text{标准化后的 } \gamma_i \equiv \gamma_i \sqrt{\frac{\phi_{ii}}{\mathrm{VAR}(\eta)}} \tag{5.34}$$

而 Γ^* 中对应的元素为：

$$\begin{aligned}\text{标准化后的 } \gamma_i^* &\equiv \gamma_i^* \sqrt{\frac{\mathrm{VAR}(x_i)}{\mathrm{VAR}(y)}} \\ &= \gamma_i^* \sqrt{\frac{\phi_{ii} + \mathrm{VAR}(\delta_i)}{\mathrm{VAR}(\eta) + \mathrm{VAR}(\varepsilon)}}\end{aligned} \tag{5.35}$$

比较等式(5.34)和等式(5.35)可以看出，γ_i^* 中有两个引起偏差的因素。不仅 γ_i 和 γ_i^* 存在偏差，两个起“标准化”作用的分母也不相等。因此，忽略变量测量误差的模型的标准化回归系数和变量完美测量情况下的标准化系数是不同的。

本节最后要比较的是，自变量含测量误差和不含测量误差的情况下多元回归模型的多元相关系数平方的差异。上一节已表明，观测变量的相关系数的平方 $\hat{\rho}_{xy}^2$ 并非潜变量相

关系数平方 $\rho_{\xi\eta}^2$ 的一致估计量。更准确地说，$\text{plim}(\hat{\rho}_{xy}^2)$ 小于 $\rho_{\xi\eta}^2$。在多元回归模型中，通常估计的多元相关系数也是如此，从德米兹(Dhrymes,1978:261-266)的结论可以推出：

$$\text{plim}(R^2) \geqslant \text{plim}(R^{*2}) \tag{5.36}$$

其中，R^2 和 R^{*2} 分别表示变量不含和含有测量误差时，回归方程的多元相关系数的平方。依据等式(5.36)可以看出，当 N 趋近于无穷大时，相对于不含误差，方程变量含有测量误差情况下的多元相关系数平方 R^{*2} 会收敛于一个较小的值 R^2。随机测量误差会扭曲多元相关。表5.1中标有 R^2 的那一列为此提供了确凿的证据。第一行的 x_1 被假定为不含随机测量误差，此时估计的多元相关系数为0.839。当 x_1 的信度系数只有0.5时，R^2 等于0.855，稍微大了一些。这里信度高低对 R^2 影响较小。但其他例子表明，情况并非总是这样。

这一节我讨论了随机测量误差对多元回归中回归系数和多元相关系数的影响。有测量误差和没有测量误差的情况下，多元回归模型对应系数和相关系数之间的关系更为复杂。在简单回归中，如果观测变量和潜变量尺度相同，回归系数被扭曲的程度主要取决于自变量的信度。但在多元回归模型中，这个一般结论不再成立。哪怕就一个解释变量含有误差，它的回归系数就会受到影响，而且影响的幅度取决于潜变量与测量变量的关系，以及它与其他自变量的关系。而且，那些不含测量误差的变量的系数也会受到影响。也就是说，一个变量中的误差会影响整个模型的所有系数。前述空气污染-死亡率模型的例子就说明了这一点。

如果一个以上的变量存在测量误差，那么情况会更复杂。此时，要得出任何一般化的结论都很困难。但值得注意的是，测量误差并不总是使回归系数变小。忽略变量中的随机误差的模型的系数可能更高或更低，也可能与真实的系数取值相等。相反，总体多元相关系数会比不含随机误差时小，这与双变量相关系数的特征一致。

测量误差相关

截至目前，我们做了如下简单化的假定：测量误差($\boldsymbol{\delta}$、ε)互不相关。如果它们相关呢？这会影响前面的结论吗？不妨先来看看 ε 至少与 $\boldsymbol{\delta}$ 中一个的协方差不等于0的情况。现在 $\mathbf{x}$ 和 y' 的协方差向量等于：

$$\begin{aligned}\Sigma_{xy'} &= \text{COV}(\mathbf{x}, y') \\ &= \Sigma_{x\xi}\Gamma' + \Sigma_{\delta\varepsilon}\end{aligned} \tag{5.37}$$

除 $\boldsymbol{\delta}$ 和 ε 之间的协方差向量这一多余部分外，等式(5.37)与等式(5.24)相等。$\Gamma^{*\prime}$ 等于：

$$\begin{aligned}\Gamma^{*\prime} &= \Sigma_{xx}^{-1}\Sigma_{xy} \\ &= \Sigma_{xx}^{-1}\Sigma_{x\xi}\Gamma' + \Sigma_{xx}^{-1}\Sigma_{\delta\varepsilon}\end{aligned} \tag{5.38}$$

将其与等式(5.25) $\Gamma^{*\prime} = \Sigma_{xx}^{-1}\Sigma_{x\xi}\Gamma'$ 相比，可以看出，$\Gamma^{*\prime}$ 与 Γ' 的关系因单指标间的协方差而变得更为复杂。

在简单回归模型中，等式(5.38)等于：

$$\gamma^* = \gamma\rho_{xx} + \frac{\text{COV}(\varepsilon, \delta)}{\text{VAR}(x)} \tag{5.39}$$

当测量误差不相关时，由于信度系数小于 1，因此 $|\gamma^*|$ 小于 $|\gamma|$。从等式(5.39)可以看出，当 COV(ε,$\boldsymbol{\delta}$)的符号与 γ 相同时，上述结论不一定成立。相反，如果 COV(ε,δ)与 γ 的符号相反，γ^* 对 γ 的低估将比 ε 和 $\boldsymbol{\delta}$ 不相关时更严重。而且，很显然，γ^* 与 γ 存在符号相反的情况。总之，$\Gamma^{*\prime}$ 与 Γ' 的关系在 ε 和 $\boldsymbol{\delta}$ 相关时变得更加复杂。除此之外，就平均而言，多元相关系数的平方不一定比不含测量误差时大。

如果继续假定 ε 和 $\boldsymbol{\delta}$ 不相关，但 $\boldsymbol{\delta}$ 的各个元素存在相关[也就是说，$E(\boldsymbol{\delta\delta}') = \Theta_\delta$，其中 Θ_δ 不为对角阵)，$\Gamma^{*\prime}$ 仍然等于 $\Sigma_{xx}^{-1}\Sigma_{x\xi}\Gamma'$，前述结论仍然成立。

在多方程系统中的后果

讨论完随机测量误差对简单回归和多元回归的影响后，我们来看看它对多方程系统的影响。和前面一样，我们关注的焦点仍然是对比有无测量误差的情况下，模型变量的系数及多元相关系数的差异。差别仅在于，这里讨论的是一系列方程，而前面只有一个方程。这里主要通过两个例子来进行对比，不采用公式推导的方式。另外，专门有一小节会讨论信度未知的情况下估计测量误差的方法问题。

对工会的感情的例子

在第 4 章，我们介绍了麦克唐纳和克莱兰(McDonald & Clelland，1984)的研究数据。他们关于南方纺织工人的研究关注了员工对管理者、激进主义者和工会的态度的决定因素。图 5.2 展示了工会情感的递归模型。两个外生变量为在当前工厂的工作年数(x_1)和年龄(x_2)，三个内生变量分别为顺从(η_1)、激进(η_2)和工会情感(η_3)。第 4 章我呈现这一模型时假定了所有变量都没有测量误差。这一假定是很难成立的，尤其是其中态度类的内生变量。很幸运，麦克唐纳和克莱兰(McDonald & Clelland，1984)报告了三个变量的信度：顺从(y_1)的信度是 0.57，工人激进主义(y_2)的信度是 0.77，工会情感(y_3)的信度是 0.84。我们暂且将这些信度估计值看成总体取值，以展示随机测量误差对工会情感模型的影响。令 VAR(ε_i)等于$(1-\hat{\rho}_{y_iy_i})\mathrm{var}(y_i)$。这样表达之所以合理是因为$(1-\hat{\rho}_{y_iy_i})$为 y_i 方差中测量误差所占的部分。

表 5.2 列出的是信度信息存在或缺失两种情况下模型的 ML 和 ULS 估计结果。① 第 1 和第 3 列重新估计了表 4.3 的结果，当时假定了所有测量都是完美无误差。列(2)和列(4)给出了测量信度不同的情况下，y_1 到 y_3 三套方程的回归系数及误差方差。对比第(1)列和第(3)列、第(2)列和第(4)列可以发现模型的 ML 估计和 ULS 估计的细微变化。最大的差异出现在允许误差方差的估计[列(2)和列(4)]与不允许误差方差的估计[列(1)和列(3)]之间。例如，当模型中纳入测量误差后，顺从对激进主义的作用($\hat{\beta}_{21}$)的 ML 估计值从 -0.29变为 -0.55，年龄对激进主义的效应 $\hat{\gamma}_{22}$ 从 0.06 降到了 0.03，激进主义对工会情感的效应 $\hat{\beta}_{32}$ 从 0.85 变为 1.11。此外，三个内生变量中有两个(η_1，η_1)的 $R^2_{\eta_i}$ 明

① 表 5.2 列出的仅为近似结果。因为在纳入信度估计值时，我并没有考虑信度估计本身的抽样波动。具体参见福勒和海迪罗格罗斯(Fuller & Hidiroglous，1978)的研究。

显增加。例如,有测量误差时,激进主义的多元相关系数平方为 0.42,不存在测量误差时,仅为0.23。模型的确定系数在无测量误差时为 0.21,允许测量误差后略微增长到了 0.26。类似的差异同样出现在 ULS 估计结果中。

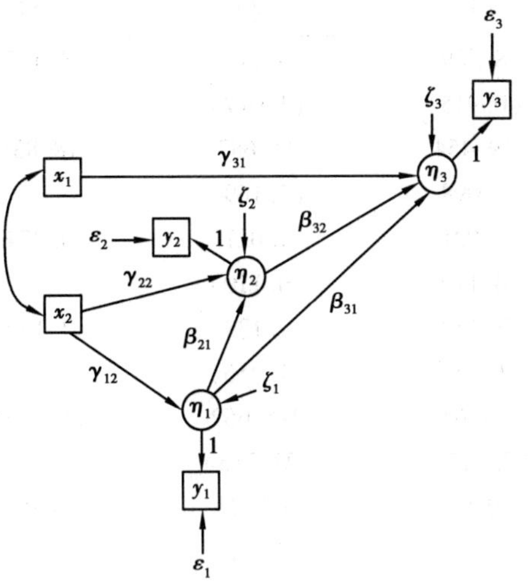

图 5.2　y_1,y_2 和 y_3 中含有测量误差的工会情感模型

这个例子说明了几点:第一,信度估计值为在模型中纳入并估计误差方差提供了可能。第二,这样做了以后,多元相关系数的平方可能会大大增加。但这并不一定发生,因为空气污染—死亡率模型中 R^2 的提高幅度就不大。表 5.2 还表明,有些系数变化很大,但另一些则相对稳定。

表 5.2　工会情感模型的 ML 估计和 ULS 估计:第 1、第 3 列 y_1,y_2,y_3 无测量误差,第 2、第 4 列有测量误差

	ML 估计标准误		ULS 估计	
参数	(1)	(2)	(3)	(4)
γ_{12}	-0.087	-0.087	-0.087	-0.087
	(0.019)	(0.019)		
γ_{22}	0.058	0.034	0.058	0.034
	(0.016)	(0.019)		
γ_{31}	0.860	0.707	1.332	0.595
	(0.340)	(0.346)		
β_{21}	-0.285	-0.554	-0.284	-0.556
	(0.062)	(0.132)		
β_{31}	-0.218	-0.219	-0.192	-0.202
	(0.097)	(0.237)		
β_{32}	0.850	1.113	0.846	1.133
	(0.112)	(0.214)		
ψ_{11}	12.961	6.695	12.959	6.689
	(1.398)	(1.397)		

续表

参数	ML 估计标准误		ULS 估计	
	(1)	(2)	(3)	(4)
ψ_{22}	8.489	4.971	8.475	4.977
	(0.915)	(1.017)		
ψ_{33}	19.454	11.687	18.838	11.820
	(2.098)	(2.169)		
ϕ_{11}	1.021	1.021	0.774	1.130
	(0.110)	(0.110)		
ϕ_{21}	7.139	7.139	7.139	7.135
	(1.256)	(1.256)		
ϕ_{22}	215.662	215.662	215.663	215.662
	(23.255)	(23.255)		
VAR(ε_1)	0.0^c	6.282^c	0.0^c	6.282^c
	(—)	(—)		
VAR(ε_2)	0.0^c	2.534^c	0.0^c	2.534^c
	(—)	(—)		
VAR(ε_3)	0.0^c	5.115^c	0.0^c	5.115^c
	(—)	(—)		
$R^2_{\eta_1}$	0.113	0.197	0.113	0.197
$R^2_{\eta_2}$	0.229	0.415	0.229	0.416
$R^2_{\eta_3}$	0.390	0.564	0.410	0.560
决定系数	0.205	0.258	0.229	0.253

注:c 为被约束的参数。

对于 $\boldsymbol{\zeta}$ 满足多元正态分布的递归模型,每个方程的 ML 估计等同于普通最小二乘估计。正因如此,前面关于测量误差对多元回归模型影响的分析性结论同样适用于工会情感模型或其他递归模型的 ML 估计。因此,根据此前的结论,表 5.2 中的 ML 估计量的一些变化其实是可以预期到的。

信度未知

在大多数情况下,测量的信度是未知的。不过,估计一个或多个变量的信度或误差方差仍是可能的,即便每个潜变量只有一个测量指标的情况下。我将通过一个简单的假想例子向大家展示这一可能性。在此基础上,下一小节将给出一个更复杂的实例。其核心思想在于,对某些过度识别的模型,误差方差可以被当作自由参数估计出来。例如,简单因果链 $x_1 \rightarrow y_1 \rightarrow y_2$ 模型就是过度识别的。对于这一模型,可以允许 y_1 存在测量误差并估计出来。图 5.3 展示了这种可能性,其对应方程如下:

$$y_2 = \beta_{21}\eta_1 + \zeta_2$$
$$\eta_1 = \gamma_{11}x_1 + \zeta_1 \qquad (5.40)$$
$$y_1 = \eta_1 + \varepsilon_1$$

变量 ζ_1,ζ_2 和 ε_1 互不相关,且都与 x_1 不相关,y_1 为 η_1 的测量指标且含有测量误差 ε_1。ε_1 的方差是我们试图估计的量。要想确定 VAR(ε_1)及其他未知参数是否可以识别,只需确定它们是否可以写成观测变量的方差、协方差的函数即可。仅有的观测变量是 x_1,y_1,y_2,因此有 6($=\frac{1}{2}\times 3\times 4$)个非冗余的方差和协方差。6 个未知的参数为 γ_{11},β_{21},ϕ_{11},ψ_{11},ψ_{22} 以及 VAR(ε_1)。x_1,y_1,y_2 的方差、协方差为:

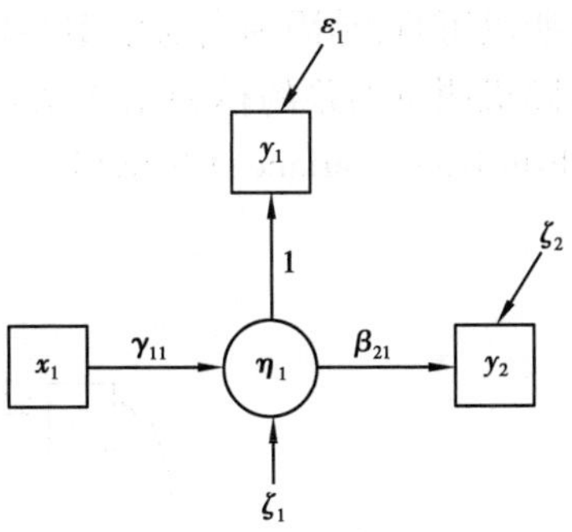

图 5.3　y_1 带有测量误差且所有模型参数可识别的因果链模型

$$\mathrm{VAR}(x_1) = \phi_{11}, \mathrm{VAR}(y_1) = \gamma_{11}^2\phi_{11} + \psi_{11} + \mathrm{VAR}(\varepsilon_1)$$
$$\mathrm{COV}(x_1,y_1) = \gamma_{11}\phi_{11}, \mathrm{COV}(y_1,y_2) = \beta_{21}\gamma_{11}^2\phi_{11} + \beta_{21}\psi_{11} \qquad (5.41)$$
$$\mathrm{COV}(x_1,y_2) = \beta_{21}\gamma_{11}\phi_{11}, \mathrm{VAR}(y_2) = \beta_{21}^2\gamma_{11}^2\phi_{11} + \beta_{21}^2\psi_{11} + \psi_{22}$$

以等式(5.41)为基础,所有未知参数都可写成观测变量方差、协方差的函数,例如:

$$\phi_{11} = \mathrm{VAR}(x_1), \gamma_{11} = \frac{\mathrm{COV}(x_1,y_1)}{\mathrm{VAR}(x_1)}, \beta_{21} = \frac{\mathrm{COV}(x_1,y_2)}{\mathrm{COV}(x_1,y_1)},$$
$$\mathrm{VAR}(\varepsilon_1) = \mathrm{VAR}(y_1) - \frac{\mathrm{COV}(y_1,y_2)\mathrm{COV}(x_1,y_1)}{\mathrm{COV}(x_1,y_2)}$$

这里不一一列举。因此,y_1 的误差方差 VAR(ε_1)和其他参数一样是能够被识别的。这表明,即便一个指标的信度未知,有时测量误差仍能被纳入分析并被估计。下面的例子展示的是一个更详细的模型,其中部分测量误差同样得到了估计,但通常而言,测量信度未知或每个潜变量有多个指标的情况下,测量误差的方差难以被识别。

客观及主观的社会经济地位(SES)

在第 4 章中我曾利用一个模型来探讨主观社会经济地位和客观社会经济地位之间的关系。这里再次回到这个例子,以更好地展示测量误差对多方程系统的复杂影响,并估计其中部分变量的测量误差,此前,它们的测量被假定没有误差。模型的路径图如图 5.4 所示。数据来自克鲁格尔等人(Kluegel et al. ,1977)的研究,模型为非递归模型,实际收入(x_1)直接影响主观收入(η_1),实际的职业声望(x_2)影响主观的职业地位(η_2)。而主观收入与职业声望是互相影响的,并且两者一起共同影响总主观地位(y_3)。这一模型与第 4 章中的模型有两个差异。第一,第 4 章中不显著的 $\hat{\psi}_{ij}$ 元素($i\neq j$)在此都被设定为 0。第二,这里允许主观收入 y_1 和主观职业地位 y_2 的测量指标带有随机测量误差。这之所以可行,是因为当前模型结构中 VAR(ε_1)和 VAR(ε_2)能够被识别。[①] 但令 y_3 也含有随机测量误差的模型则无法被识别。y_3 能够被识别的仅为误差方差和扰动项方差(disturbance variance)的总和。

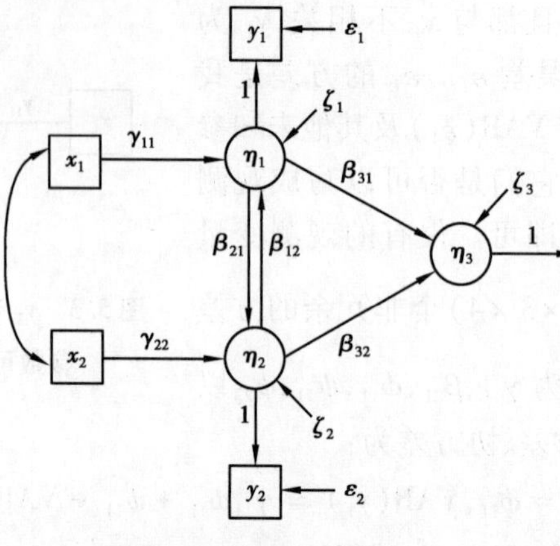

图 5.4　y_1,y_2 含有测量误差情况下的主-客观社会地位模型

表 5.3 给出了客观地位及主观地位模型的 ML 估计和 ULS 估计(参加附录 5A 中的 LISREL 和 EQS 程序)。第(1)列和第(3)列所代表的模型假定 y_1,y_2 被完美测量[VAR(ε_1)= VAR(ε_i)= 0]。而列(2)和列(4)是放宽了上述假定后的 ML 估计及 ULS 估计:VAR(ε_1)、VAR(ε_2)被设定为自由参数。首先,来看列(1)和列(2)的 ML 估计量,允许测量误差后,变化最大的系数是$\hat{\beta}_{32}$,$\hat{\beta}_{12}$,$\hat{\beta}_{21}$。前两个系数增长超过了两倍。这意味着因 y_1,y_2 中的随机测量误差,主观变量间的效应$\hat{\beta}_{32}$,$\hat{\beta}_{12}$,$\hat{\beta}_{21}$有相当部分被低估了。

表 5.3　客观-主观模型的 ML 估计和 ULS 估计:列(1)和列(3)无测量误差
而列(2)和列(4)的主观收入 y_1 与主观职业声望 y_2 有测量误差

	ML 估计(标准误)		ULS 估计	
参数	(1)	(2)	(3)	(4)
β_{21}	0.24	0.33	0.23	0.30
	(0.10)	(0.09)		
β_{12}	0.12	0.29	0.22	0.25
	(0.11)	(0.17)		
β_{31}	0.41	0.40	0.40	0.42
	(0.04)	(0.14)		
β_{32}	0.26	0.54	0.55	0.55
	(0.04)	(0.20)		
γ_{11}	0.11	0.10	0.11	0.10
	(0.01)	(0.02)		

① 与 y_1 和 y_2 对应的潜变量的尺度被设定分别与 y_1 和 y_2 相同。这是使潜变量具备有意义的单位的必要条件。前面已讨论过尺度化的相关惯例。

续表

参数	ML 估计（标准误）(1)	ML 估计（标准误）(2)	ULS 估计 (3)	ULS 估计 (4)
γ_{22}	0.007	0.007	0.007	0.007
	(0.001)	(0.001)		
ϕ_{11}	4.83	4.83	4.83	4.83
	(0.33)	(0.33)		
ϕ_{21}	13.65	13.66	13.66	13.66
	(2.34)	(2.35)		
ϕ_{22}	452.71	452.71	452.71	452.71
	(30.84)	(30.84)		
ψ_{11}	0.36	0.22	0.29	2.23
	(0.03)	(0.08)		
ψ_{22}	0.33	0.11	0.24	0.12
	(0.02)	(0.05)		
ψ_{33}	0.26	0.21	0.16	0.20
	(0.02)	(0.02)		
VAR(ε_1)	0.0^c	0.10	0.0^c	0.10
	(—)	(0.06)		
VAR(ε_2)	0.0^c	0.21	0.0^c	0.21
	(—)	(0.05)		
$R^2_{\eta 1}$	0.21	0.52	0.29	0.48
$R^2_{\eta 2}$	0.18	0.73	0.25	0.71
$R^2_{\eta 3}$	0.34	0.47	0.60	0.49
决定参数	0.24	0.88	0.32	0.86

注：c 为决定参数。

$\hat{\mathbf{B}}$ 中唯一未受影响的是$\hat{\beta}_{31}$——主观收入对总主观地位的影响。此外，方程误差方差也出现了明显的下降。例如，$\hat{\psi}_{22}$降低了 2/3，从 0.33 变为 0.11。纳入测量误差后，不仅测量误差是从 0.47 变为 0.73，$R^2_{\eta_i}$也从 0.18 增加到 0.34。类似地，确定系数从 0.24 变为 0.88。除 $\hat{\mathbf{B}}$ 的变化相对较小一些外，ULS 估计量的变化与 ML 估计的变化类似。最不同寻常的差异是，允许 y_1，y_2 存在测量误差后，y_3 的 R^2 变小了。除 $\hat{\beta}_{12}$，$\hat{\beta}_{31}$，$\hat{\beta}_{32}$，$\hat{\gamma}_{11}$，$\hat{\psi}_{11}$，$\hat{\psi}_{22}$ 的标准误有所增加外，列(1)和列(2)中的标准误(s.e.)基本相似。

总体而言，允许测量误差后，除少数例外，模型 ULS 估计系数与不带测量误差时近似。但是否带有测量误差造成的 ML 估计结果的差异更为明显。上述结果——空气污染-死亡率模型以及工会情感的例子都表明，要想归纳出测量误差影响的一般性结论很难，哪怕是在不太复杂的模型中。

小　结

这一章,我探讨了随机测量误差对单变量统计、双变量统计、多元回归以及多方程模型的影响。随着统计模型越来越复杂,要想得出随机测量误差影响的一般化结论就越难。参数估计结果有可能前后差不多更大,也可能更小,前面的实例和推算结果就是证明。由于要事先预测准确的后果很难,因此将测量误差纳入考虑范围也就变得更为重要。在有些情况下,可以在模型中对测量指标的信度进行估计,前面工会情感例子中就是如此。有些情况下,在模型中估计测量误差的方差是可能的,主客观社会地位模型中就是这样。如果上述尝试都无法进行,我们还可通过设置一系列不同的信度水平来评估模型对随机测量误差的敏感度,正如上文空气污染-死亡率回归模型的例子那样。

纵观本章,我都做了一些简单化的假定。例如,我假定了每个潜变量只有一个观测指标,一般都让每个潜变量与观测变量具有相同的度量单位。此外,我还假定了每个观测指标受且只受一个潜变量决定。

但我们通常遇到的现实情况是,一个潜变量会有多个测量指标。一个测量指标通常会受到多个潜变量的影响。经验研究中常常遇到上述情况之一或更多。这就要求我们设定比目前更复杂的模型来拟合观测变量与潜变量之间的关系。接下来的两章中,我将概要地讨论这些问题以及测量有关的问题。

附录 5A　LISREL 和 EQS 程序示例

附录 4D 中给出了估计客观-主观社会经济地位例子的 LISREL 和 EQS 程序。在这里,给出了估计同一问题的程序,但这里将 VAR(ε_1),VAR(ε_2)设定为自由参数,ψ 被设定为对角阵,且估计中使用的是 ULS 拟合函数。编程策略与附录 4D 中已做的详细说明是一致的。这里列出了全部程序,但只对其中新增部分进行了标注说明。依照前例,语句最右端带括号的数字索引的是程序下方的解释条目。

LISREL 程序

```
TITLE OBJEC. -SUBJ. STATUS FR TE 1 1 TE 2 2 ULS
INPUT PROGRAM
NUMERIC DUMMY
END FILE
END INPUT PROGRAM
USER PROC NAME = LISREL
OBJEC. -SUBJ. STATUS FR TE 1 1 TE 2 2 ULS
DA NI =5 NO =432 MA = CM
KM
*
```

```
1.000
 .292  1.000
 .282   .184  1.000
 .166   .383   .386  1.000
 .231   .277   .431   .537  1.000
SD
 *
21.277  2.198  0.640  0.670  0.627
LA
 *
'OCC''INC''SUBOCC''SUBING''SUBGEN'
SE
4 3 5 2 1/
MO NK =2 NX =2 NE =3 NY =3 GA = FI LY = ID LX = ID BE = FU TE = FI TD = FI PS =
DI                                                                     (1)
FR GA 1 1 GA 2 2
FR BE 1 2 BE 2 1 BE 3 1 BE 3 2                                         (2)
FR TE 1 1 TE 2 2                                                       (3)
MA BE
 *
      0  .22  0
    .23    0  0
    .40  .55  0
MA GA
 *
  .11   0
  0     .007
  0     0
MA PH
 *
  4.8  13.6
 13.6   453
MA PS
 *
  .340  .329  .256
OU SE SS TO NS UL                                                      (4)
END USER
```

(1)模型设定模块(MO)与第 4 章的差异在于,此处声明 ψ 为对角阵,即所有非对角线元素都被设定为 0。

(2)free 语句将 VAR(ε_1),VAR(ε_2)变为自由参数。

(3)MA 程序模块允许用户设定整个矩阵的初始值。MA 模块之后两个字母(BE)表示接下来的矩阵元素取值需要被初始化。接下设定格式,* 表示自由格式。再下面是以行形式列出的用于启动估计过程的初始值。这里将无测量误差模型的最终估计结果作为初始估计值。之所以如此设定,是因为 LISREL Ⅵ自动提供的初始值在这个例子中无法使用,必须进行专门的设定。

(4)输出设定与附录 4D 的唯一不同之处是 NS 和 UL。其中,NS 表示采用用户设定的初始值,而 UL 表示模型估计时使用 ULS 拟合函数。

EQS 程序

```
/TITLE
 OBJEC. -SUBJ. STATUS WITH MEAS. ERROR IN Y1 AND Y2 ULS
/SPEC
 CAS = 432;VAR = 5;ME = ULS;MA = COV;                                    (1)
/LAB
 V1 = OCC;V2 = INC;V3 = SUBOCC;V4 = SUBINC;
 V5 = SUBGEN;
/EQU
 V3 = F3 + E3;V4 = F4 + E4;                                              (2)
 F3 = .007 * V1 + .2 * F4 + D3;
 F4 = .1 * V2 + .2 * F3 + D4;
 V5 = .4 * F4 + .5 * F3 + D5;
/VAR
 D3 TO D5 = .3 * ;V1 = 453 * ;V2 = 4.8 * ;
 E3 TO E4 = 0 * ;                                                        (3)
/COV
 V1,V2 = 13.6 * ;
/MAT
 1.000
  .292  1.000
  .282   .184  1.000
  .166   .383   .386  1.000
  .231   .277   .431   .537  1.000
/STA
 21.277  2.198  .640  .670  .627
/END
```

(1)SPECIFICATION 模块与第 4 章的一样,只是设定了进行 ULS 估计。

(2)EQUATION 模块增加了 V3,V4 两个测量方程。E3 和 E4 是对应的误差项。V3 方程中的 F3 的系数和 V4 方程中的 F4 的系数被设定为 1。

(3)E3 和 E4 误差方差的初始估计被设定为 0。

第 6 章　测量模型:潜变量和观察变量的关系

在之前章节中,我们已经论证了当观察变量并非相应潜变量的最佳测量时估计变量间关系的结果。一般而言,忽视测量误差会导致估计量不一致,无法准确估计潜变量之间的关系。的不准确。为了纠正这些问题,我们必须了解测量的过程。特别需要注意的是,我们必须将观察变量和潜变量之间的关系纳入结构方程模型之中来加以考虑。

本章将从结构方程的角度来分析测量模型,重点是该测量模型的具体化(而非估计过程)。估计、检验及其他统计方面内容将在第 7 章中作介绍。本章将首先介绍该测量方法的本质,接着后面两节内容将详细介绍测量的效度和信度。在这两节中,我将信度、效度的传统定义、测量方法以及与结构方程模型更加匹配的新定义和测量方法进行比较。在本章小结前的最后一节是对原因指标的基本介绍。

测量模型

本节将讨论一些概念含义、理论和操作化定义以及测量模型。除此之外,还将阐明和展示测量中的四个步骤。

一个概念通过测量方法与一个或者更多的潜变量相联系,而潜变量则与观察变量相关联。这些概念有的非常抽象,比如智力、经济发展或者期望;有的则非常具体,比如年龄、性别和种族。这些概念需要一个或几个潜变量来表示,而观察变量则可以作为问卷题项、普查数据、计数数据或其他任何可观测特征的对应项。

测量过程起始于概念。所谓概念就是一种将一类现象(如态度和行为等特质)概括为一个术语。比如说愤怒,是以尖叫、扔东西、红脸或其他激动不安特征为代表的一种行为。“愤怒”概念在此作为上述各种个人可能呈现的具体特质的一种总结,其他概念与此类似。

概念真的存在吗? 概念同其他想法一样有着同样的真实性或同样缺乏真实性。概念的提出者相信一些现象之间存在某些相同之处,而概念的作用就在于识别这些相同之处。一旦选择或设计了某个概念,测量过程中的四步骤则为:(1)给出概念含义;(2)确定概念维度并用潜变量度示该概念;(3)形成测量指标;(4)详细说明测量指标与潜变量之间的关系。

第一步要做的就是形成一个关于概念的理论性定义。一个理论性定义应尽可能地将概念的含义解释得简洁并精确。它有几个有用的功能:第一,理论性定义通过详述一个术语的特定意义将此术语与一个概念相匹配。第二,它阐明了一个概念的各种维度。维度即一个概念的几个不同方面,它们作为特定概念的成分无法再被细分。既然诸多概念都有无数的可能维度，那么当研究者选择维度时，对此维度的数量设定一个限制就显得至关重要。每个维度都需要有一个潜变量。第三，理论性定义为测量方法的选择提供引导。无论是涉及调查问卷的问题或是收集普查信息，我们都需要知道某一现象是被包含在概念之中还是被排斥在概念之外，这将有助于帮助我们评价测量方法是否有效。

我们用术语“恐怖主义”(terrorism)来作为例子并加以解释。当缺少理论性定义时，该术语有多种含义。对某些人来说，“恐怖主义”使他们联想到暴力的无政府组织劫持飞机挟持人质的画面。而另一些人可能会联想到发生在伦敦或贝鲁特造成市民伤亡的汽车爆炸或者发生在美国的流氓式杀戮。也有些人会将“恐怖主义”理解为民族暴力行为，例如在第二次世界大战期间纳粹屠杀犹太人，20 世纪初土耳其帝国对亚美尼亚人进行的种族屠杀，或一些拉丁美洲国家平民百姓的突然失踪。直到我们用一个理论性定义将“恐怖主义”与一个特定概念联系起来，我们才能说以上哪些才是所定义的恐怖主义的例子。

美国中央情报局 1981 年一份名为“国际恐怖主义模式”的报告给出了一个关于恐怖主义的理论性定义。他们将恐怖主义定义为：个人或者组织出于政治目的使用暴力或以暴力相威胁，无论是支持或反对当局政权，并且这些行动旨在震慑或威胁一个比直接受害者更广泛的目标团体。该定义使我们更加容易理解与“恐怖主义”相联系的概念。它并不意味着这是对“恐怖主义”的正确定义，不意味着此定义的所有部分都很清晰，也不意味着我们赞同他们对恐怖主义行为的分类。但是相对于没有定义而依赖于直觉且并未指明恐怖主义的具体含义来说，这已经是一种很大的进步了。

有了上述定义，我们可以判定前文中的例子是否为恐怖主义行为。飞机劫持是一个十分有趣的案例，因为在此案例中并非所有特点都满足上述定义。如果劫持飞机的主要动机是钱财，那么它就不能作为一种恐怖主义，因为关于恐怖主义的定义中要求其行为要出于政治目的。而汽车爆炸行为则有明显的政治性动机并且它旨在威胁一个超越直接受害者的团体，因此它可以被称为恐怖主义行为。而经济性动机的流氓式杀戮则不属于恐怖主义。与此相似，其他事件也会与概念定义中的相关标准加以比较，从而可以据此判断某行为属于恐怖主义还是非恐怖主义。因此，理论性定义在测量过程和对恐怖主义的判断过程中起到了引导作用。

根据前述关于恐怖主义的定义还可以明确恐怖主义的维度。如果将行为划分为支持或反对政府、个人行为或团体行为，这样就形成了四个维度。每一个维度都应该有一个潜变量，而这四个潜变量一起用来表示恐怖主义这一概念。综上所述，理论性定义阐明了概念的含义，将某一特定术语与概念连接起来，明确了维度与潜变量的数量，并设定了选择测量方法的标准。

有关恐怖主义这一测量过程的下一步是依据理论性定义确定测量方法。它常常被称作操作化定义。操作化定义用以描述形成代表一个概念的数个潜变量的测量方法所应遵循的步骤。在某些情况下，潜变量被操作化为问卷题目的选项。其他测量数据是基于政府收集的诸如人口普查或有关出生死亡的生命统计数据。一个操作化定义或测量方法能够使观测变量与相应的概念含义相匹配。

在恐怖主义案例中，报纸、杂志和期刊等其他资源是收集信息的基础。研究者通过这些资源搜索那些具有符合理论性定义特征的行为。通常情况下信息都是不完整的,并且一个重要的评价因素必须要涉及分类决定的策略过程。新闻资源的多样性、报道的准确性及地理区域的可获取性都会影响测量的准确性。比如说,西方新闻资源更倾向将他们所敌对的国家或组织的行为标签为恐怖主义行为,相比之下,与其关系友好的组织的相同行为则不易被看成恐怖主义行为。如果分析者只依据美国资源,恐怖主义行为的数量就可能会被低估。上述这些影响因素可能会导致测量过程中的随机和非随机误差。

事实上我们使用的所有测量方法都存在这种误差。测量过程的第四步就是要明确计量这些误差。第四步的任务即建立测量模型,该测量模型设定了一个结构模型将潜变量与一个或数个测量或观测变量相关联。潜变量是一个概念的正式表示,而测量模型则描述了测量值与潜变量之间的关系。这种关系可以用一个方程或路径图表示。比如上述的恐怖主义有四个维度,因此有四个潜变量。为尽量简洁说明问题,我以组织性的反政府恐怖主义中的潜变量为例。假设两个不同的研究者分别测量恐怖主义的维度,一个简单的估计潜变量对于测量值影响程度的测量模型为:

$$\begin{aligned} x_1 &= \lambda_{11}\xi + \delta_1 \\ x_2 &= \lambda_{21}\xi + \delta_2 \end{aligned} \tag{6.1}$$

其中,ξ 表示组织性反政府恐怖主义的潜变量,λ_{11} 和 λ_{21} 则分别是潜变量 ξ 的系数,δ_i 和 δ_2 是测量中存在的误差或干扰。所有变量都有偏差,因此方程式中不存在截距。①

我们假定反政府恐怖主义实际水平上增加一个单位,x_1 就平均增加一个单位,尽管 x_1 包含测量的随机误差,这样 λ_{11} 取值为 1。与此相似,如果每 10 个恐怖主义水平仅对应 x_2 相应的 8 个此类行为,那么 λ_{21} 的取值为 0.8。测量中的测量随机误差程度可通过 δ_i 的方差表示。方程(6.1)可描述恐怖主义的维度与其两个测量值之间的关系。为测量恐怖主义的其他三个维度,我们需要另外三个潜变量,以及类似方程(6.1)的其他三个测量方程。

在很多社会科学的案例中,用于测量潜变量的量度往往是模糊的。举例来说,我们可以用两个量度大为不同的测量值来衡量个体的焦虑程度。问题就在于为潜变量选择一个测量量度。焦虑或者其他任何一个概念都没有一个固有的测量量度,虽然可选用调查中使用的方法,然而很多概念在调查中并未形成统一的测量方法。在这种情况下,我们可以通过设定 λ_{ij} 等于 1 来确定测量量度。这种方法使得潜变量与第 i 个观察变量有相同的测量量度。

在某些情况下,一个错误的潜变量测量量度的选择会产生一个令人误解的结果。比如说,假设在两个总体中,我们使用相同的指标测量两组中相同的潜变量,因此,我们将系数 λ 设定为 1。假如在现实中,在两组中测量指标和潜变量之间的关系不同,那么这个错误的测量量度就会导致对于其他模型参数的错误估计。由此可知,测量量度的设定对测量结果有重要影响,更加关注校准措施将有益于提高社会科学调查质量(Bielby, 1986)。

一个物理科学的例子有助于阐述上述观点。温度的理论性定义为,物质中的分子在

① 在本章中,我通过使用离差分数简化案例。在第 5,7,8 章各节中,我在分析中使用的则是原分数。

随机运动过程中产生的动能。一种物质在温度计上的读数即该物质的温度。假设我们使用两种温度计:一种是华氏温度,另一种是摄氏温度。方程(6.1)可用来表示该测量模型,在此方程中,x_1 为摄氏温度计读数,x_2 为华氏读数,ξ 是温度的潜变量。根据科学惯例,温度的测量量度标准应该是开氏度数。开氏度数变化一个单位会导致摄氏度数变化一个单位,因此我们可以通过设定 λ_{11} 等于 1 来体现它。对于 ξ 的调整起因于科学家们使用一个确定的统一单位的协定,而温度并没有固定的测量量度。我们可以通过已知的变换因子:一个单位的摄氏温度相当于 9/5 个单位的华氏温度来进一步设定模型。因此 λ_{21} 就可以设置为 $9/5\lambda_{11}$ 或者 9/5。[①] 图 6.1 为该模型的路径图。

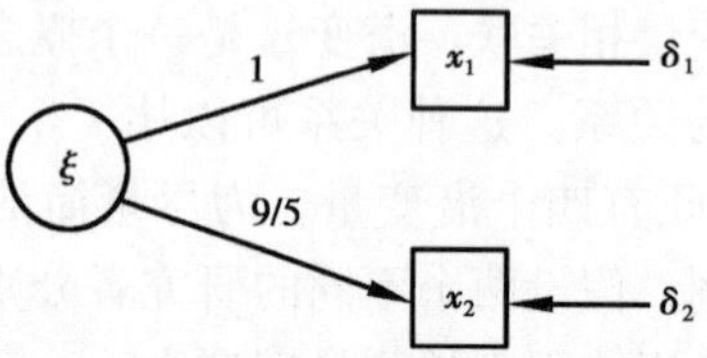

图 6.1　带有两个测量指标(ξ)的路径模型:摄氏温度读数(x_1)和华氏温度读数(x_2)

尽管在温度的测量模型和其他社会科学概念的测量模型之间存在诸多形式的相似性,但二者之间也存在明显差异。第一,相对其他绝大部分社会科学概念的理论性定义,人们更能对温度的理论性定义达成共识。定义上的差异可能会导致社会科学概念测量值的选择相较温度的测量值有更显著的离差。第二,大部分科学家对温度的测量量度达成共识,而对于大部分社会科学概念潜变量测量量度的一致性共识却并不存在。鉴于对作为温度潜变量测量值的温度计读数校准的良好研究,其结果必然是社会科学测量中的测量误差程度高于温度读数。诸如通货膨胀、社会经济发展、智力、社会阶级以及焦虑等概念并不能被现有的统计技术完美测量。我们需要更加明确的测量模型来更好地理解表示这些概念的潜变量与测量这些概念的观测变量之间的关系。

总之,测量过程中的四步骤为提供定义、确定维度及潜变量、形成测量值以及设定测量模型。理论性定义可解释某个术语的含义,并将其与之对应的概念相连接。在此定义的基础上,我们可确定一个概念的维度,每个维度都由一个潜变量度示。通过理论性定义的指导,我们形成测量值,每一个潜变量都可能有两个或以上测量值。最后,我们可用公式表示指标与测量模型中潜变量之间的结构关系。测量值有两个重要的性质,分别是信度和效度,我们将在接下来的两节中加以介绍。

效　度

效度是关于一个变量能否测量出它应该测量的事物的程度。基于取自大众传媒资源信息中的测量值真的能够测量恐怖主义吗?一个 IQ 测试真的能够测量智力吗?报道中的国民生产总值能够测量出一个国家真实的产品和服务价值吗?这些都是关于效度

---

① 由摄氏温度转化为华氏温度的完整公式为:$°F = \frac{9}{5}°C + 32°$。由于我在分析中使用离差分数,因此截距 32°被省略。

的问题,这些问题都无法得到绝对肯定的回答。虽然我们无法证明效度,我们却可以为效度提供强有力的支持。一般来说,心理学家区分出四种效度类型:内容效度、标准效度、建构效度、聚敛效度与区分效度。虽然这四种效度检验的方法不尽相同,但每一种效度都试图检验测量值是否与概念相对应。内容效度大致为一种"概念性检验",然而其他三种则是以经验为基础。如果一个测量值确实与一个概念相对应,我们可以期望所有类型的效度要求都将被满足。然而,一个有效的测量值不能通过一个或以上的效度检验,或者一个无效的测量值通过某些效度检验的情况也可能发生。在接下来详述四种效度类型的四个小节中,我将解释这种情况的出现。关于效度的最后一个小节会提供一种效度的替代性检验方法,它可以克服传统效度检验中的一些问题。

内容效度

内容效度是一种定性的效度类型,是指概念能否表达清晰以及测量是否能够全面表达概念。一个关键的问题是,我们如何知道一个概念的范围? 为寻找此问题的答案,我们必须回到上一节内容讨论的测量过程的第一步。即为了解一个概念的范围,我们需要一个理论性定义来解释该概念的含义。理想状态下,该理论性定义应反映以前研究中某个术语的含义,由此会产生一个通用的而非特定的概念范围。另外,理论性定义应当明确概念的维度。为满足内容效度,一个概念的每个维度都应有一个或以上测量值。我们用恐怖主义的概念对此加以阐述。理论性定义阐述了该概念的范围及维度。一个恐怖主义行动需要满足:暴力威胁或使用,主导动机为政治性,目标群体广于直接受害者。该定义同时强调了它的维度包括个体支持或反对政府的行为以及群体支持或反对政府的行为。为充分表示此范围,我们需要四个潜变量及测量值。否则,该测量的内容效度则可能存在问题。比如,假设我们列出的所有恐怖主义行为都是团体性反政府行为。由于该概念范围包含其他三个维度,那么这个概念的内容就没有被充分发掘。

测量缺乏内容效度会产生重要影响吗? 答案大体上是肯定的。正如一个人群的非代表性样本会导致对人口的错误推算。一个测量值的非代表性样本会使我们对概念产生曲解。比如说,团体性反政府恐怖主义的维度与个体性反政府恐怖主义的维度会对政府的镇压作出不同反应。此外,为研究一个概念,我们需要能够充分代表其维度的测量值。或者说,我们必须清楚限定分析的几个维度。

内容效度的主要局限性来源于它对理论性定义的依赖。对于社会科学中的大多数概念而言,不存在达成一致的理论性定义,内容的范围是模糊的。在这种情况下,落在研究者身上的负担不仅是提供一个可被他人接受的理论性定义,而且还要选择能够充分涵盖内容范围和维度的指标。总之,内容效度是一种确保测量指标充分发掘了研究者所定义的概念含义的定性方法。

标准效度

标准效度检验的是测量值与标准变量之间的一致性程度,通常通过二者间的相关性来加以测量。为估测标准效度,我们需要一个可作为比较测量标准的变量。假设在一次调查中,我们让某公司的每个员工报告其工资水平。如果我们能够获得真实的工资记录,将二者相关联即可评估此次调查的测量效度。在这个案例中,员工工资记录代表了一个理想的比较标准。

当标准与测量值同时存在时,即可被称为共同效度。如果标准发生在将来,即可被称为预测效度。前面的工资案例代表的是共同效度。举一个预测效度的例子,比如将SATs测试得分与数年后的大学平均绩点相关联。再举一个例子,将主要经济指标与诸如GNP的未来经济活动的测量值相关联。

测量值与标准之间相关系数的绝对值有时被称为效度系数[参见罗德和诺维克(Lord & Novick,1968:261)]。测量值与标准之间的关联度是否能够显示测量的效度呢?为了深入了解该问题,我使用了结构方程方法。如果我们将测量值表示为 x_1,标准表示为 C_1,效度系数表示为 $\rho_{x_1C_1}$。那么 x_1,C_1 及它们测量的潜变量 ξ_1 之间的关系可用一个简单的模型表示,可见图6.2及下列方程式:

$$\begin{aligned} x_1 &= \lambda_{11}\xi_1 + \delta_1 \\ C_1 &= \lambda_{21}\xi_1 + \delta_2 \end{aligned} \tag{6.2}$$

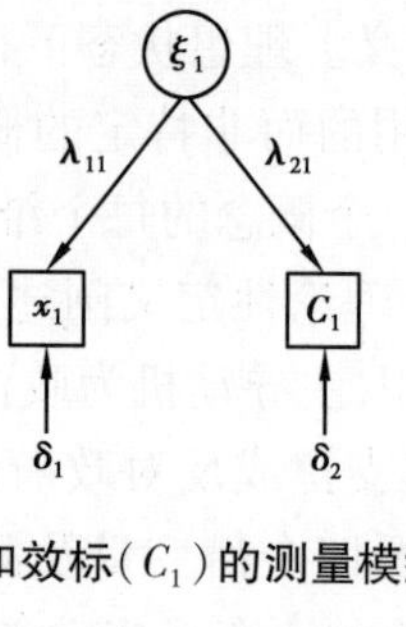

图6.2　测量值(x_1)和效标(C_1)的测量模型:一个潜变量模型

其中,δ_1 和 δ_2 互不相关,δ_1,δ_2 和 ξ_1 不相关,$E(\delta_1)=E(\delta_2)=0$,并且所有变量都为偏差形式。如果 C_1 是一个完美的标准,那么 $C_1=\xi_1$。[①] 也就是说,C_1 和 ξ_1 相等,C_1 没有测量差异,没有随机测量误差。可用图6.2及通过设定方程(6.2)中 λ_{21} 等于1,δ_2 等于0表示。到目前为止,我使用的均为不受限制的形式,即没有对这些取值进行限制。

$$\rho_{x_1C_1} = \frac{\lambda_{11}\lambda_{21}\phi_{11}}{[\mathrm{VAR}(x_1)\mathrm{VAR}(C_1)]^{\frac{1}{2}}} \tag{6.3}$$

使用协方差代数及相关定义,$\rho_{x_1C_1}$ 可用方程(6.3)表示,$\rho_{x_1C_1}$ 的大小取决于各要素而非 x_1 与 ξ_1 的接近程度。在此例中,$\rho_{x_1C_1}$ 等于 $\lambda_{11}\lambda_{21}$,x_1 与 ξ_1 之间的相关度等于 λ_{11},C_1 与 ξ_1 之间的相关度等于 λ_{11}。效度系数 $\rho_{x_1C_1}$,不仅受 $\rho_{x_1C_1}(=\lambda_{11})$ 的影响,也受 $\rho_{x_1C_1}(=\lambda_{21})$ 的影响。即使 x_1 与 ξ_1 之间的相关度为0.5,如果 C_1 和 ξ_1 之间的相关度为0.9,0.7或0.5,效度系数为0.45,0.35或0.25。此外,即使 x_1 与 ξ_1 的相关性不变,依据标准与 ξ_1 的关系,我们也可得出不同的效度值。例如,我们设计了一种新的量度来衡量自尊程度,并使用一种旧的自尊衡量量度作为标准。新量度(x_1)与旧量度(C_1)之间的相互关系可以产生

① 正如前文,我在此处使用了离差分数。严格来说,完美效度也意味着初始标准变量和初始 ξ_1 有相同的均值。

效度系数。x_1 与 C_1 之间的弱相关关系起因于旧量度(C_1)与 ξ_1 之间的弱相关关系而非新量度存在的大量误差。由于研究者往往会使用多个标准,情况则更为复杂。这些标准通常情况下会使其对应的 ξ_1 发生变化,所以 $\rho_{x_1C_1}$ 既不等于 $\rho_{x_1C_2}$,也不等于 $\rho_{x_1C_3}$。此外,尽管 x_1 保持不变,效度系数根据标准及误差的不同而产生差异。当然,如果标准是对 ξ_1 的完美测量(如 $C_1=\xi_1$),且图 6.2 所示假定为真,那么 C_1 可代替 ξ_1 使用。在这种罕见的例子中,x_1 可被 C_1 回归分析,并且其测量值可直接研究。这与柏拉图哲学的真值模型(Lord & Novick,1968)相关,在该模型中,获取与 ξ_1 直接精确匹配的标准 C_1 在理论上是可能的。然而,对于诸多社会科学概念来说,这种标准却是不可能获得的。

总之,用 $\rho_{x_1C_1}$ 测量的标准效度和效度系数,在估算效度方面存在一定局限性。它不仅受 x_1 的随机测量误差的方差的影响,也会受标准变量的误差影响。除此之外,不同的标准设定将导致在相同测量前提下产生不同的效度系数。另外,许多测量值并没有可以获得的标准。

建构效度

建构效度是效度的第三种类型。社会科学中的许多概念都没有形成完全的定义,所以内容效度往往很难应用。正如上文所说,一些测量值没有合适的标准,这将导致我们无法对标准效度系数进行估算。在这种情况下,建构效度则可代替内容效度使用。在这一小节中,我将阐述建构效度并对其建立在测量值相关关系上传统应用进行批评。

建构效度以一种与理论上推导预测一致的方式评估某个测量值是否与其他观测变量相关。假设可能是呈现正向的、负向的或结构之间无关联。如果我们检验一个结构测量值与表示其他结构的观测变量之间的关系,我们往往期望二者间的经验性关系与理论性关系相同,二者的相同程度即为建构效度。

举例阐明,假设我们设计了一种测量诸多国家团体性反政府恐怖主义的测量值,我们假设这种恐怖主义形式在民主国家的严重程度最甚。为了检验恐怖主义测量值的建构效度,我们将它与政治民主的测量值相关联,并期望得出正相关系数。如果相关系数为正且显著,它就为建构效度提供了支持。如果相关系数为负或接近零相关,它就否定了建构效度的存在。

经验性检验不能决定建构效度。建立建构效度是一个漫长的过程,每一次提供信息并建议修正的检验都会对下一次经验性检验有所帮助。这个过程中最重要的步骤是开始阶段要对结构间的理论性关系提出假设。然后再对结构或概念的测量值之间的关系进行估计。在这些相关关系的基础上,我们对结构测量值及关系假设进行再检验。

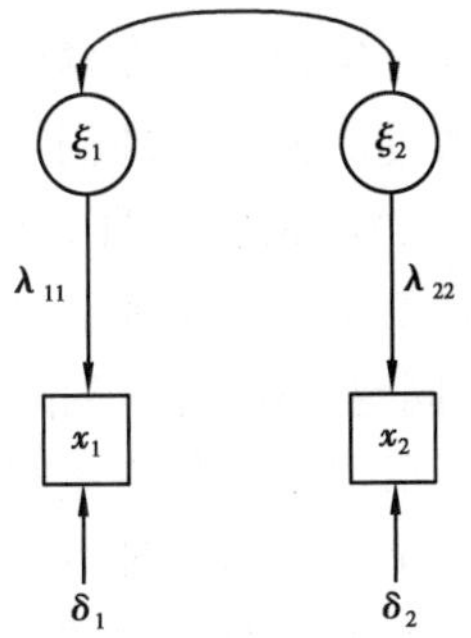

图 6.3　两个各带有一个测量项的概念

我们可用结构方程方法对建构效度中存在的一些困难进行阐述。举一个简单的例子,详见图 6.3。在图 6.3 中,我假设了两个结构:ξ_1 和 ξ_2。二者各有一个测量值表

示为 x_1 和 x_2。照例 δ_1 和 δ_2 为测量随机误差，二者的期望值为0。二者彼此不相关且不与 ξ_1 和 ξ_2 相关。假设我们对 x_1 的建构效度感兴趣，我们假设这两个结构（ξ_1 和 ξ_2）是正相关的（$\phi_{12}>0$）。为检验建构效度，我们需要计算 x_1 和 x_2 之间的相关关系。

在第5章中，我在方程（5.13）中将两个观测变量之间的相关关系与两个潜变量之间的相关关系进行了比较。我们代入 x_1 和 x_2 形成如下方程：

$$\rho_{x_1x_2} = (\rho_{x_1x_1}\rho_{x_2x_2})^{\frac{1}{2}}\rho_{\xi_1\xi_2} \tag{6.4}$$

其中，$\rho_{x_ix_i}$ 表示 x_i 的信度，在本章后面的内容中我将详细介绍信度，但是现在我们可将它视作 x_i 和 ξ_i 相关系数的平方。根据公式（6.4），这两个观测变量的相关系数不仅取决于 x_1 和 ξ_1 的相关系数，也取决于 ξ_1 和 ξ_2 的相关系数，以及 x_2 和 ξ_2 的相关系数。正因为如此，以 $\rho_{x_1x_2}$ 为基础的建构效度的解释非常复杂。例如，如果 ξ_1 和 ξ_2 之间的相关系数接近于0，与假设相反，那么无论测量值 x_1 对 ξ_1 多么有效度，$\rho_{x_1x_2}$ 都接近于0。或者，假设 $\rho_{\xi_1\xi_2}$ 的值非常大且 x_1 有非常高的信度（$\rho_{x_1x_1}$），但 x_2 的信度很低（$\rho_{x_2x_2}$）。这会降低 $\rho_{x_1x_2}$，从而增加对 x_1 建构效度的疑问。在恐怖主义和民主的例子中，我们的测量值之间的弱相关关系不是由于恐怖主义测量值的低效度而是由于恐怖主义和民主并非高度相关或由于对民主的测量方法不当所致。

同样的结果会发生在其他结构的测量值中，它们被假设与 ξ_1 相关。如果 x_1 取决于 ξ_1 和 ξ_2，问题会变得更大。在这种情况下，$\rho_{x_1x_2}$ 可能会很大，因为当 x_2 取决于 ξ_2 时，x_1 对 ξ_1 和 ξ_2 的函数关系为正。$\rho_{x_1x_2}$ 的大小有一部分是由于 x_1 和 x_2 都取决于 ξ_2。如果存在测量相关误差，那么它也会影响 $\rho_{x_1x_2}$。

总之，测量值的建构效度取决于该测量值是否与其他结构的测量值相关。在结构相关的情况下，我们可以期望测量值相关。结构之间的零相关应推出测量值之间没有关系。正如前面的结果所示，观测值之间的相关系数 $\rho_{x_1x_i}(i\neq1)$ 可能不是一个 x_1 是否有效测量 ξ_1 的很好的决定性因素，这一相关系数取决于多个与 ξ_1 的测量效度无关的多个因素，包括 ξ_1 与其他概念的相关关系、其他概念的测量信度、测量误差相关的存在以及 ξ_1 之外影响 x_1 的潜变量是否存在。

聚敛效度与区分效度

与建构效度观点紧密相关的是坎贝尔和菲斯克（Campbell & Fiske，1959）提出的检验聚敛效度的方法。他们提出了一种多特质-多方法设计，在该设计中有两个或以上特质（或概念）的指标由两个或以上的方法建构。并且方法与特质无相关关系。例如，我们对社会自由主义和亲商态度感兴趣，每一种态度都可能被哥特曼量表（Guttman Scale）或李克特“同意-不同意”型指标。两种态度即为两种特质，两种量度类型即为两种测量方法。研究者形成了一种变量相关矩阵，相关关系在效度的评估中发挥作用。一个简单的例子就是两种特质由两种方法测量。实际上，我们需要一个更加精细的模型，但是该模型可说明方法的一些基本特征。表6.1显示了四个变量的相关矩阵，其中 x_1 和 x_3 测量一个特质，x_2 和 x_4 测量另一个特质。变量 x_1 和 x_2 用第一种方法测量，x_3 和 x_4 用第二种方法测量。对于聚敛效度，坎贝尔和菲斯克要求对相同特质的不同测量值之间的相关系数必须在统计上显著并且足够大。在表6.1中,聚敛效度相关系数分别为$\rho_{x_1x_3}$和$\rho_{x_2x_4}$。

表6.1　双质双法的相关系数矩阵

	方法1		方法2	
	x_1	x_2	x_3	x_4
方法1				
x_1	1			
x_2	$\rho_{x_1x_2}$	1		
方法2				
x_3	$\boxed{\rho_{x_1x_3}}$	$\rho_{x_2x_3}$	1	
x_4	$\rho_{x_1x_4}$	$\boxed{\rho_{x_2x_4}}$	$\rho_{x_3x_4}$	1

注:x_1,x_3为测量特质一,x_2,x_4为测量特质二;聚敛效度相关系数也在表中。

区分效度的分析过程必须包含至少两种比较。① 第一,聚敛效度相关系数应大于某个变量与其他并不共享特质和方法的变量间的相关系数。所以,$\rho_{x_1x_3}$和$\rho_{x_2x_4}$应超过$\rho_{x_1x_4}$和$\rho_{x_2x_3}$。第二,聚敛效度相关系数应大于相同方法测量的不同特质间的相关系数。在表6.1中,这意味着$\rho_{x_1x_3}$和$\rho_{x_2x_4}$大于$\rho_{x_1x_2}$和$\rho_{x_3x_4}$。

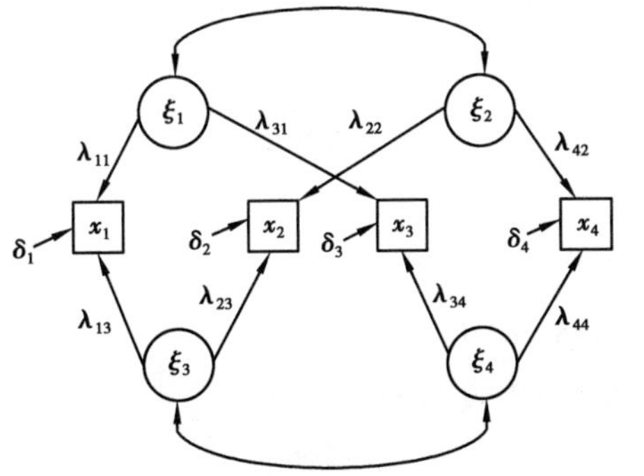

图6.4　具有两个特质(ξ_1和ξ_2)和两种方法(ξ_3和ξ_4)的多特质-多方法假设示例

其他效度类型的相关系数使用过程中存在的一些问题在测算聚敛效度和区分效度的相关系数中也同样存在。这些相关系数会受到除典型的与效度相关因素之外其他因素的影响。结构方程方法[沃茨和林(Werts & Linn,1970);阿尔陶塞和希伯莱因(Althauser & Heberlein,1970)]强调了这些问题。以图6.4和表6.1中的假设为例,$\rho_{x_1x_3}$作为聚敛效度检验,应有足够大的数值并且统计性显著。按照路径显示的结构方程,此相关系数为:

① 如果我们可以获得三个或以上特征,则区分效度的所有附加比较都是可能的。也就是说,无论变量是否来自同一种方法,内部特征的相关模式都应相同。

$$\rho_{x_1x_3} = \frac{\mathrm{COV}(x_1, x_3)}{[\mathrm{VAR}(x_1)\mathrm{VAR}(x_3)]^{\frac{1}{2}}} = \lambda_{11}\lambda_{31} + \lambda_{13}\lambda_{34}\rho_{\xi_3\xi_4} \quad (6.5)$$

方程(6.5)中各变量均假设为标准化变量(即 x_i 和 ξ_j 方差均为 1)并使用协方差代数。$\rho_{x_1x_3}$不仅是 ξ_1 特质对 x_1 和 x_3 影响的函数,也是两种方法因素 ξ_3 和 ξ_4 之间相关关系及各自对 x_1 和 x_3 影响的函数。系数 λ_{11}和 λ_{31}表示 ξ_1 和 x_1 及 x_3 之间的关系。如果方法因素与 λ_{13}和 λ_{34}有很强的负相关关系($\rho_{\xi_3\xi_4}<0$),即使 λ_{11} 和 λ_{31} 为适度大的系数,低聚敛效度相关也可能会发生。另一方面,低 $\rho_{x_1x_3}$ 的发生还可能是因为 λ_{11} 和 λ_{31} 或者 $\rho_{\xi_3\xi_4}$,λ_{13} 和 λ_{34} 很弱。第三种可能是 $\rho_{x_1x_3}$ 很强,因为 λ_{13},λ_{34} 及 $\rho_{\xi_3\xi_4}$ 均为正且很强。关键点在于,估计聚敛效度的相关系数可能因为多种原因过高或过低,其中一些同特征与测量之间的对应性没什么关系。对于其他相关关系的分解显示出类似的复杂性,就像多特质-多方法相关的解释一样。

一种替代方法是估算如图 6.4 所示的结构方程并检验参数值从而确定测量效度。斯奈德(Schneider,1970)的一个实证案例可阐明此方法。他调查了一个拥有 240 个成员样本的团体中不同的领导标准,并使用三种方法——自我评定、同伴评定和观察者评定来测量四种特质,即重要程度、个人成就、友好关系和领导气质。他制作了一个 12×12 相关矩阵,见表 6.2。

表 6.2　12 个领导力变量的多特质-多方法相关系数矩阵($N=240$)

		自我评定				同伴评定				观察者评定			
		x_1	x_2	x_3	x_4	x_5	x_6	x_7	x_8	x_9	x_{10}	x_{11}	x_{12}
自我评定													
重要程度	(x_1)	1.00											
个人成就	(x_2)	0.50	1.00										
友好关系	(x_3)	0.41	0.48	1.00									
领导气质	(x_4)	0.67	0.59	0.40	1.00								
同伴评定													
重要程度	(x_5)	0.45	0.33	0.26	0.55	1.00							
个人成就	(x_6)	0.36	0.32	0.31	0.43	0.72	1.00						
友好关系	(x_7)	0.25	0.21	0.25	0.30	0.59	0.72	1.00					
领导气质	(x_8)	0.46	0.36	0.28	0.51	0.85	0.80	0.69	1.00				
观察者评定													
重要程度	(x_9)	0.53	0.41	0.34	0.56	0.71	0.58	0.43	0.72	1.00			
个人成就	(x_{10})	0.50	0.45	0.29	0.52	0.59	0.55	0.42	0.63	0.84	1.00		
友好关系	(x_{11})	0.36	0.30	0.28	0.37	0.53	0.51	0.43	0.57	0.62	0.57	1.00	
领导气质	(x_{12})	0.52	0.43	0.31	0.59	0.68	0.60	0.46	0.73	0.92	0.89	0.63	1.00

资料来源:斯奈德(Schneider,1970)。在海伦·怀特·瑞德教育基金会的允许下重印,哈德拉夫出版社出版。

对于此模型的估算结果[①]显示在表 6.3 中,在此模型中各特质(ξ_1 到 ξ_4)彼此相关,各方法(ξ_5 到 ξ_7)彼此相关。该表显示了各特质和方法对各测量值的作用,比如 ξ_1 是重要特质,并且自评重要程度在该潜变量的系数为 0.52。而对自我评定方法因素 ξ_5 来说,自评重要程度在该潜变量的系数为 0.58。在下一节中,我将从表 6.3 中挖掘更多信息。

传统效度测量的替代性方法

至此我们已经回顾了四种常见效度类型:内容效度、标准效度、建构效度、聚敛效度与区分效度。内容效度在很大程度上是一种检验效度的理论方法。我们没有一个经验的替代方法可以比内容效度更好检验概念、维度以及相关测量指标的有效性,所以内容效度仍然是效度评估的重要组成部分。

标准效度是测量效度的一种实证方法。建构效度和聚敛效度与区分效度既具理论性也具实证性。其理论性在于理论要求哪些结构必须相关,而哪些结构无须相关。其经验性则以观测值的相关性为基础。二者在经验性应用中均存在局限性,主要问题在于其测量效度是以相关性而非结构系数为基础。标准效度检验标准和观测值之间的相关性,而建构效度和聚敛效度与区分效度则以相同或不同结构测量值间的相关性为基础。正如本书所阐述的,这些相关关系很可能与测量值的效度毫无关系。即使 x_1 可能真实测量 ξ_1,但其效度值却可能因为其他原因变得很小。

检验性检验的第二个问题在于,它们仅使用观测值,而非将潜变量纳入分析。隐含的假设为两个观测变量的相关性精准地反映了潜变量之间的关联。在标准效度中标准是潜变量的代理。这隐含着标准与测量值间的相关性充分接近潜变量与测量值间的相关性。

表 6.3　四个特质、三种方法对 12 个变量的影响的估计($N=240$)

	特征				方法			
	ξ_1	ξ_2	ξ_3	ξ_4	ξ_5	ξ_6	ξ_7	误差方差
自我评定								
重要程度	0.52	0	0	0	0.58	0	0	0.40
个人成就	0	0.41	0	0	0.60	0	0	0.47
友好关系	0	0	0.35	0	0.47	0	0	0.67
领导气质	0	0	0	0.58	0.63	0	0	0.28
同伴评定								
重要程度	0.85	0	0	0	0	0.32	0	0.17

① 在下章中,我们将对模型的估计结果进行探讨。这些估计值来自最大似然拟合函数。LISREL 程序列表见本章附录。

续表

	特征				方法			
	ξ_1	ξ_2	ξ_3	ξ_4	ξ_5	ξ_6	ξ_7	误差方差
个人成就	0	0.69	0	0	0	0.53	0	0.24
友好关系	0	0	0.47	0	0	0.81	0	0.12
领导气质	0	0	0	0.86	0	0.43	0	0.08
				观察者评定				
重要程度	0.78	0	0	0	0	0	0.55	0.09
个人成就	0	0.66	0	0	0	0	0.65	0.15
友好关系	0	0	0.72	0	0	0	0.27	0.40
领导气质	0	0	0	0.75	0	0	0.64	0.03

在建构效度和聚敛效度与区分效度中，观测值间的相关性是潜结构间相关性的代理。正如之前所示，在很多情况下这种代理很可能并不准确。

如果我们可以估算潜变量和其测量值之间的相关性呢？它会是一个不错的效度系数吗？尽管凭直觉好像无法获得这种相关性，但我在下一节中将会展示其可行性。潜变量和其测量值间的相关性（如 $\rho_{\xi_1 x_1}$）规避了对传统检验仅仅依赖观测变量的批评。此外，该相关性有直觉上的吸引力。如果 x_1 是对 ξ_1 的有效测量，即 x_1 真实测量 ξ_1，那么 x_1 应与 ξ_1 相关。在 $x_1=\xi_1$ 的极端例子中，$\rho_{\xi_1 x_1}$ 必须为 1。

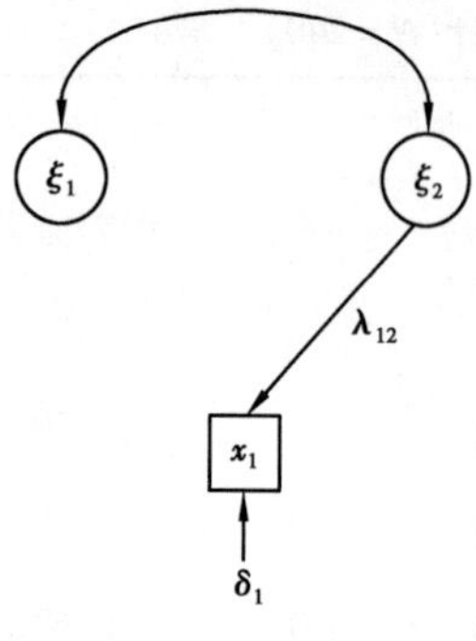

图 6.5　x_1，ξ_1 和 ξ_2 的测量模型

尽管 $\rho_{\xi_1 x_1}$ 作为效度系数存在直观上的理由，但 $\rho_{\xi_1 x_1}$ 仍可能遭遇对传统效度测量的第一种批评，即它是一种二变量相关测量，它忽视了可能潜在的结构关联。我以一个简单的例子解释这一困难。假设图 6.5 是 ξ_1，ξ_2 和 x_1 的测量模型。此模型的方程为：

$$x_1 = \lambda_{12}\xi_2 + \delta_1 \tag{6.6}$$

其中，$E(\delta_1)=0$，$COV(\xi_1,\delta_1)=0$，$COV(\xi_2,\delta_1)=0$。如果我们错误地假定 x_1 测量了 ξ_1，并使用 $\rho_{\xi_1 x_1}$ 作为其测量效度，那么 $\rho_{\xi_1 x_1}$ 为：

$$\rho_{\xi_1 x_1} = \frac{\lambda_{12}\phi_{12}}{[VAR(x_1)\phi_{11}]^{\frac{1}{2}}} \tag{6.7}$$

如果 x_1，ξ_1 和 ξ_2 被标准化方差为 1，那么

$$\rho_{\xi_1 x_1} = \rho_{\xi_2 x_1}\rho_{\xi_1 \xi_2} \tag{6.8}$$

如果 ξ_1 和 ξ_2 存在较高程度的相关且 ξ_2 和 x_1 之间的相关系数也比较适度，那么 $\rho_{\xi_1 x_1}$ 会比较大，即使 x_1 根本没有测量 ξ_1。如果 $\rho_{\xi_1 \xi_2}$ 是 0.7 且 $\rho_{\xi_2 x_1}$ 是 0.7，那么 $\rho_{\xi_1 x_1}$ 是 0.49，即使 x_1 没有测量效度，我们也可能被此相关性误导并相信 x_1 有中等的测量效度。正如第 3 章所

讨论的，$\rho_{\xi_1x_1}$会呈现一个假相关，ξ_1 与 x_1 间的关系是由于 ξ_1 和 ξ_2 间的相关及 x_1 和 ξ_2 间的关系。$\rho_{\xi_1x_1}$可以作为效度指标的唯一情形是如下特殊情形：x_1 只取决于 ξ_1 并且测量随机误差(δ_1)和 ξ_1 并不相关。尽管在某些情况下，这种特殊的模型可能是正确的，但总体上来说，$\rho_{\xi_1x_1}$并不是对效度的合适测量指标。

此时读者可能在想，既然最常用的方法都存在问题，那么我们该使用什么方法来测量效度呢？形成一个对效度的良好测量存在的困难一定程度上在于对效度含义的定义。正如前文所提，效度通常被定义为测量指标与它所应当测量的对象的一致性程度。该定义的难点在于它未能提供一个充分清楚的方法使其可操作化。比如，定义中的"测量"是何意？如果指标测量了一个以上的潜变量呢？

为克服上述困难，我提出了一个替代性定义，它与标准定义非常接近但建立在结构方程方法的基础上。① ξ_j 的测量值 x_i 的效度即为 ξ_j 和 x_i 之间直接结构关系的大小。在此定义中，为了使测量有效，潜变量和观测变量必须直接相关。这里的"直接"是第 2 章和第 3 章中路径分析意义上的。x_1 若作为有效测量值，在 x_1 和 ξ_1 间必须没有中介变量。正如第 3 章所讨论的，直接作用的定义取决于模型，所以该定义意味着研究者要有一个明确的测量模型用于估算效度。

该定义中另一个关键词是"结构"。我在第 2 章中也使用了"结构"。结构指一个稳定不变的参数用于连接 ξ_j 和 x_i，这样效度问题归结为在潜变量和观测变量间是否存在一种因果关系的问题。相关问题已在第 3 章中进行了讨论。

有了这个定义，下一个问题就是在此基础上如何测量效度？测量效度也许没有理想的方法，但是我可以提出一些与此理论性定义相对应的方法。

1. 非标准化效度系数 λ。对效度的一种重要测算是，x_i 和 ξ_j 之间的直接结构关系——λ_{ij}作为非标准化系数将二者连接。比如，如果 $x_1=\lambda_{11}\xi_1+\delta_1$[并假设 $E(\delta_1)=0$，$COV(\xi_1,\delta_1)=0$]，那么 λ_{11}就是 x_1 和 ξ_1 直接相连的结构化参数。如果 x_1 测量并取决于 ξ_1，我们可以期望 ξ_1 的变化可以导致 x_1 变化。λ_{11}则决定 ξ_1 发生一个单位的变化时 x_1 的变化。λ_{11}提供了一种 x_1 和 ξ_1 之间的直接结构化关系程度的测量方法。λ_{ij}系数则处于 Λ_x 和 Λ_y 矩阵中。

正如前文所提，λ_{ij}可能被解释为 x_i 对 ξ_j 的简单回归系数，但在多元回归中，x_i 可能有很多解释变量。考虑下列测量模型：

$$x_1=\lambda_{11}\xi_1+\lambda_{12}\xi_2+\lambda_{13}\xi_3+\delta_1 \tag{6.9}$$

其中，$E(\delta_1)=0$，$COV(\delta_1,\xi_j)=0$，$j=1,2,3$。在方程(6.9)中，x_1 取决于三个潜变量而非一般假设中的单个潜变量。它可能发生在以下情况：例如，一个调查问题不仅测量保守主义(ξ_1)也测量专制主义(ξ_2)及回应效果(ξ_3)。相关系数测量的标准效度和建构效度暗含假设一个测量值仅依赖一个潜变量，但是对于诸如方程(6.9)的情况则不再适用。然而，此时的非标准化效度系数 λ_{ij}仍然有用。

方程(6.9)中 x_1 对 ξ_1 的效度测量可用 λ_{11}表示。λ_{11}系数可解释为，当 ξ_2 和 ξ_3 不变时，ξ_1 变化一个单位时 x_1 的期望变化单位。此外，关于 x_1 分别对 ξ_2 和 ξ_3 的测量效度可

① 感谢艾伦·威尔考克斯(Allen Wilcox)关于修改定义的建议。

分别通过 λ_{12} 和 λ_{13} 进行测算。因此,非标准化效度系数 λ_{ij} 适用于依赖一个或多个潜变量的测量值。

非标准化 λ_{ij} 系数对于比较来自不同总体的样本仍然有效。比如,同样的观测变量可能来自男性和女性两个样本,或者来自两个不同国家的样本或其他不同总体样本。通过比较不同样本中相应的 $\hat{\lambda}_{ij}$ 系数可以对测量效度进行比较。比较总体的非标准化 $\hat{\lambda}_{ij}$ 的优点与使用非标准化回归系数有些类似[见布莱洛克(Blalock,1967)],他们更好地测量了变量间的结构化关系并更少地受到总体方差差异的影响。

但是,λ_{ij} 作为效度系数也有一些缺点。其中存在的一个问题与潜变量有关。对于一些诸如社会阶级、自尊及社会流动的潜在概念来说,如何测量这些概念并未达成共识。为进一步估算模型,这些潜变量必须被量度。一种常见的办法是将潜变量的一个 λ_{ij} 系数设置为 1。将 λ 设置为 1,即认为潜变量与观测变量具有相同的量度。同一潜变量的其他 λ_{ij} 系数则与 λ 为 1 的观测变量单位的相对大小有关。比如,如果我们用两种方法测量潜变量的长度,一种以厘米测量,一种以英寸测量。我们需要选择测量长度的单位。测量模型为:

$$\begin{aligned} x_1 &= \lambda_{11}\xi_1 + \delta_1 \\ x_2 &= \lambda_{21}\xi_1 + \delta_2 \end{aligned} \tag{6.10}$$

其中,x_1 是以英寸为单位的测量,而 x_2 则是以厘米为单位的测量,ξ_1 是实际长度。测量误差为 δ_1 和 δ_2,$E(\delta_i)=0$ 且 $COV(\delta_i,\xi_1)=0, i=1,2$。为提供一个长度量度单位,我们可以将 λ_{11} 或 λ_{21} 设置为 1,将 ξ_1 的量度单位设置为英寸或厘米。如果 λ_{11} 被设置为 1,λ_{21} 应当约为 2.54(2.54 cm = 1 in)。如果 λ_{21} 被设置为 1,λ_{11} 应接近 1/2.54。因此,λ_{ij} 的大小取决于潜变量的量度单位。

既然事实上所有的社会科学概念的量度单位都比长度要更加模糊,这些社会科学概念的非标准化 λ_{ij} 的含义就更具不确定性。对这种困难唯一的解决办法是要对潜变量的最有效量度单位达成共识。

在比较取决于相同潜变量的测量值的非标准化效度系数的过程中存在的一个问题是,观测变量可能使用截然不同的测量量度。λ 的大小用来代表测量效度相对大小的做法可能并不合适。例如,在方程(6.10)中,λ_{11} 和 λ_{21} 很可能不同,因为两者一个以英寸为测量单位,另一个以厘米为测量单位,λ_{11} 和 λ_{21} 的大小与测量值的相对效度毫无关系。标准化相对效度系数则可以帮助我们用于确定测量值的相对大小。

2. 标准化效度系数(λ^s)。标准化效度系数 λ^s 被定义为:①

$$\lambda_{ij}^s = \lambda_{ij}\left[\frac{\phi_{jj}}{\mathrm{VAR}(x_i)}\right]^{\frac{1}{2}} \tag{6.11}$$

λ_{ij}^s 系数是潜变量 ξ_j 及观测变量 x_i 标准差比率的 λ_{ij} 倍。λ_{ij}^s 与标准化回归系数类似。当 ξ_j 影响 x_i 时,ξ_j 变化一个标准差时,x_i 则变化一个"期望的"标准差单位。与非标准化 λ_{ij} 相似,标准化效度系数同样适用于当观测变量取决于多个潜变量的情况。与 λ_{ij} 不同的是,

---

① 注意在 LISREL Ⅵ以及之前的版本中,标准化解决方案只是将潜变量标准化。如果观测变量未被标准化为方差为 1,那么 LISREL 输出的标准化 λ(lambda)系数将和这里描述的有所不同。

λ_{ij}^s是一种比较 ξ_j 对几个 x_i 变量相对影响大小的方法。例如,如果 x_1 和 x_2 都取决于 ξ_j, λ_{1j}^s为 0.8, λ_{2j}^s为 0.10,这意味着 x_1 比 x_2 受 ξ_j 的影响更大。此外,如果 x_i 取决于两个或以上潜变量(如 ξ_1 和 ξ_2),那么潜变量的相对影响则可以进行比较。但在比较不同总体方面,标准化 λ_{ij}^s不及 λ_{ij}有效,因为它更容易受不同总体不同标准差的影响。

请观察表 6.3 中的估计结果。标准化效度系数显示在 ξ_1 至 ξ_7 这一行之下的各列中。就自评个人成就的观测变量而言,个人成就潜特质的系数(ξ_2)是 0.41,而自评方法因素的系数(ξ_5)是 0.60。这些值表明了在标准差单位变化方面,相较于特质因素(ξ_2),自评个人成就部分更多的受方法因素(ξ_5)的影响。因此,自评个人成就及其他观测变量由两个效度构成,分别为特质和方法,各自的相对影响大小可通过比较标准化系数获得。

3. 唯一效度方差($U_{x_i\xi_j}$)。唯一效度方差 $U_{x_i\xi_j}$ 测量仅仅由 ξ_j 导致的 x_i 的方差部分。$U_{x_i\xi_j}$表达式为:

$$U_{x_i\xi_j} = R_{x_i}^2 - R_{x_i(\xi_j)}^2 \tag{6.12}$$

其中,$R_{x_i}^2$是复相关系数的平方或 x_i 的方差解释比例,即解释变量对因变量 x_i 方差的解释比例(不考虑误差项)。$R_{x_i(\xi_j)}^2$是除 ξ_j 之外的对 x_i 有直接作用的其他解释变量对 x_i 的解释方差比例。

为进一步阐述此测量方法,考虑 $x_1 = \lambda_1\xi_1 + \delta_1$ 的情况。对 x_1 有直接作用的唯一变量为 ξ_1,所以 $R_{x_1}^2$是 x_1 和 ξ_1 相关系数的平方。$R_{x_1(\xi_1)}^2$是剔除 ξ_1 作用的相关系数平方,它等于零,因为除 ξ 外,没有其他变量影响 x_1,因此,$U_{x_1\xi_1}$即为 $R_{x_1}^2$。在该情况及一个测量值仅取决于唯一潜变量的情形下,$U_{x_1\xi_1}$等于潜变量和观测变量相关系数的平方。

如果 x_1 取决于两个或两个以上的潜变量,$U_{x_1\xi_1}$则会变得更加复杂。假设:

$$x_1 = \lambda_{11}\xi_1 + \lambda_{12}\xi_2 + \delta_1 \tag{6.13}$$

那么,$R_{x_1}^2$等于:

$$R_{x_1}^2 = \frac{\lambda_{11}^2\phi_{11} + 2\lambda_{11}\lambda_{12}\phi_{12} + \lambda_{12}^2\phi_{22}}{\mathrm{VAR}(x_1)} \tag{6.14}$$

要计算 $U_{x_1\xi_1}$就需要获得 $R_{x_1(\xi_1)}^2$,其数值为当除 ξ_1 之外所有其他对 x_1 有直接作用的变量与 x_1 的复相关系数的平方。如果除 ξ_1 外,对 x_1 有影响的仅有唯一变量(ξ_2),那么 $R_{x_1(\xi_1)}^2$可简化为 x_1 和 ξ_2 相关系数的平方:

$$\begin{aligned} R_{x_1(\xi_1)}^2 &= \frac{[\mathrm{COV}(x_1,\xi_2)]^2}{\mathrm{VAR}(x_1)\phi_{22}} \\ &= \frac{\lambda_{11}^2\phi_{12}^2 + 2\lambda_{11}\lambda_{12}\phi_{12}\phi_{22} + \lambda_{12}^2\phi_{22}^2}{\mathrm{VAR}(x_1)\phi_{22}} \\ &= \frac{\lambda_{11}^2\phi_{12}^2/\phi_{22} + 2\lambda_{11}\lambda_{12}\phi_{12} + \lambda_{12}^2\phi_{22}}{\mathrm{VAR}(x_1)} \end{aligned} \tag{6.15}$$

将方程(6.14)与方程(6.15)相减得 $U_{x_1\xi_1}$:

$$U_{x_1\xi_1} = \frac{\lambda_{11}^2(\phi_{11} - \phi_{12}^2/\phi_{22})}{\mathrm{VAR}(x_1)} \tag{6.16}$$

它显示了仅由于 ξ_1 作用于 x_1 的可解释方差。与此类似,$U_{x_1\xi_2}$为:

$$U_{x_1\xi_2} = \frac{\lambda_{12}^2(\phi_{22} - \phi_{12}^2/\phi_{11})}{\mathrm{VAR}(x_1)} \tag{6.17}$$

$R_{x_i}^2$的一般表达式为：

$$R_{x_i}^2 = \frac{\sigma_{x_i\xi}\Phi^{*-1}\sigma'_{x_i\xi}}{\mathrm{VAR}(x_i)} \tag{6.18}$$

其中，$\sigma_{x_i\xi}$是一个$1 \times d$的向量，d等于直接作用在x_i上的ξ_i的数量，其元素等于ξ_j和x_i的协方差，$j = 1,2,\cdots,d$。Φ^*矩阵为直接作用于x_i的ξ的方差-协方差矩阵。相似地，$R_{x_i(\xi_j)}^2$为：

$$R_{x_i(\xi_j)}^2 = \frac{\sigma_{x_i\xi(j)}\Phi_{(j)}^{*-1}\sigma'_{x_i\xi(j)}}{\mathrm{VAR}(x_i)} \tag{6.19}$$

其中，$\sigma_{x_i\xi(j)}$是x_i和除ξ_j外，直接作用在x_i的所有ξ之间协方差的$1 \times (d-1)$向量。$\Phi_{(j)}^*$矩阵剔除与ξ_j相应的行和列即为Φ^*。最终，$U_{x_i\xi_j}$由$R_{x_i}^2 - R_{x_i(\xi_j)}^2$形成。

在阐述对领导能力多特质-多方法数据的测量方法之前，回顾它的一些特点。首先，与λ_i和λ_i^s不同，$U_{x_i\xi_j}$始终在0到1之间变动。如果x_i的所有变动仅由ξ_j解释，$U_{x_i\xi_j}$则为1；如果变动无法由ξ_j解释，那么$U_{x_i\xi_j}$为0。其上限不能超过$R_{x_i}^2$。其次，如果仅ξ_j直接作用于x_i（正如前面所示），$U_{x_i\xi_j}$等于ξ_j和x_i间相关系数的平方［如$U_{x_i\xi_j} = \rho_{x_i\xi_j}^2$，若$x_i = \lambda_{ij}\xi_j + \delta_i$且$\mathrm{COV}(\delta_i, \xi_j) = 0$］。这意味着当一个测量值仅取决于一个潜变量时，$U_{x_i\xi_j}$与对观测变量和潜变量间相关系数平方的效度测量值相同。但是，$U_{x_i\xi_j}$却比$\rho_{x_i\xi_j}^2$更普适，因为它允许观测变量取决于一个或一个以上的潜变量，并且当ξ_j不直接作用于x_i时，其值为0。如果x_i受多个相关潜变量的影响，$U_{x_i\xi_j}$一般不等于$\rho_{x_i\xi_j}^2$，除非潜变量之间不相关。

表6.4显示了表6.3中的多特质-多方法领导能力数据的$\hat{U}_{x_i\xi_j}$。以自评重要程度变量为例来阐述表6.4中的计算过程，其测量方程为：

$$x_1 = 0.52\xi_1 + 0.58\xi_5 + \hat{\delta}_1 \tag{6.20}$$

其中，x_1是自评重要程度，ξ_1是重要程度潜变量，ξ_5是自我评定方法因素，$\hat{\delta}_1$是样本误差，0.52和0.58是$\hat{\lambda}_{ij}$系数。从方程(6.16)可知，$\hat{U}_{x_1\xi_1}$为：

$$\hat{U}_{x_1\xi_1} = \frac{\hat{\lambda}_1^2(\hat{\phi}_{11} - \hat{\phi}_{12}^2/\hat{\phi}_{22})}{\mathrm{var}(x_1)} \tag{6.21}$$

在此例中，如果$\hat{\phi}_{11}$和$\hat{\phi}_{22}$被设定为1，那么方程(6.21)可被简化，即如果自我评定方法因素ξ_5与重要程度特质ξ_1不相关，那么$\hat{\phi}_{12}$则为0。如果将样本估计值代入方程(6.21)，我们可以发现$\hat{U}_{x_1\xi_1}$为0.27（表6.4）。用相似的方式，可得出$\hat{U}_{x_1\xi_5}$为0.34。表6.4中其他$\hat{U}_{x_i\xi_j}$的计算方法均与此相同。

表6.4　多特质-多方法领导力数据的特质和方法的单一效度方差($\hat{U}_{x_i\xi_j}$)估计

	$\hat{U}_{x_i\xi_j}$	
	特征 (ξ_1,ξ_2,ξ_3 或 ξ_4)	方法 (ξ_5,ξ_6 或 ξ_7)
	自我评定	
重要程度	0.27	0.34
个人成就	0.17	0.36
友好关系	0.12	0.22
领导气质	0.34	0.40
	同伴评定	
重要程度	0.72	0.10
个人成就	0.48	0.28
友好关系	0.22	0.66
领导气质	0.74	0.18
	观察者评定	
重要程度	0.61	0.30
个人成就	0.44	0.42
友好关系	0.52	0.07
领导气质	0.56	0.41

$\hat{U}_{x_i\xi_j}$显示出一些有趣的结果,首先看自我评定方法,方法因素 ξ_5 的唯一效度方差要大于四个特质的效度方差,这意味着自评领导能力变量受到自评测量方法的影响要更大一些。实际上,在对不同特质的测量效度上,对每种特质的自评测量方法比同伴评定和观测者评定方法的测量效度也要更差一些。

重要程度特质(ξ_1)的最大唯一效度方差为同伴评定重要程度(=0.72);对于个人成就特质(ξ_2)来说,唯一效度方差的最大值为同伴评定个人成就(=0.48)[尽管观测者评定的相应唯一效度方差也接近0.44];至于友好关系特质(ξ_3),唯一效度方差的最大值为观测者评定友好关系(=0.52);最后,对于领导能力来说,唯一效度方差的最大值为同伴评定值(=0.74)。总之,四个特质中的三个最大唯一效度方差值都是同伴评定值,绝大部分变量的很大一部分方差都归因于方法因素。

当 x_i 取决于两个或两个以上高度相关的潜变量时,唯一方差效度可能会变得很低,这就是我在第3章中讨论过的测量模型多重共线性问题的其中一个表现。在 x_1 取决于两个强相关潜变量 ξ_1 和 ξ_2 的情况下,二者共同解释了 x_1 大部分的方差。尽管存在很大 $R^2_{x_1}$,但我们可能得到非常小的 $U_{x_1\xi_1}$ 和 $U_{x_1\xi_2}$,这样因为潜变量的共线性将意味着我们不能

确定在 x_1 的共同解释方差中，某一解释变量到底解释了多大比例。

一个实证例子是来自某学校人文科学学院的 49 位女性学生的士气和归属感的随机样本数据，正如我在第 3 章中所展示的。该研究收集了作为有关士气这一特质的四个测量值（$x_1 \sim x_4$）和归属感特质的三个测量值（$x_5 \sim x_7$）。我建立了一个模型，在模型中潜变量士气特质（ξ_1）影响 x_1 至 x_4，归属感特质（ξ_2）影响 x_4 至 x_7，x_4 是此例中唯一一个受两个潜变量影响的变量，模型估计结果请见表 6.5。$\hat{\phi}_{11}$，$\hat{\phi}_{21}$ 和 $\hat{\phi}_{22}$ 的估计值分别是 2.27，2.67 和 3.53，据此对士气（ξ_1）和归属感（ξ_2）相关系数的测算值为 0.94，这表明潜变量之间存在高度共线性。

由于 x_4 取决于高度相关的潜变量，即使它的唯一效度方差 $R_{x_4}^2$ 比较大，也可能会受潜变量较强相关性的影响而发生很大变化。$R_{x_4}^2$ 为：

$$R_{x_4}^2 = \frac{(1.61)^2 2.27 + 2(1.61)(-0.62)(2.67) + (-0.62)^2(3.53)}{2.47} = 0.77 \tag{6.22}$$

可以看出，x_4 方差的 77% 都由 ξ_1 和 ξ_2 所解释，在方程（6.16）的基础上，$\hat{U}_{x_4\xi_1}$ 为：

$$\hat{U}_{x_4\xi_1} = \frac{\hat{\lambda}_1^2(\hat{\phi}_{11} - \hat{\phi}_{12}^2/\hat{\phi}_{22})}{\text{var}(x_4)} = \frac{(1.61)^2(2.27) - (1.61)^2(2.67)^2/(3.53)}{2.47} = 0.26 \tag{6.23}$$

表 6.5　士气（ξ_1）和归属感（ξ_2）对 x_1 至 x_7 的影响估计

变量	士气（ξ_1）	归属感（ξ_2）	误差方差
x_1	1.00^a	0.00^a	1.75
x_2	-1.20^b	0.00^a	3.95
x_3	0.95	0.00^a	0.61
x_4	1.61	-0.62	0.53
x_5	0.00^a	1.00^a	0.44
x_6	0.00^a	0.75	2.64
x_7	0.00^a	0.70	2.54

注：a 为限定参数；b 为带反向提问项目。

ξ_2 对 x_4 的唯一效度方差为：

$$\hat{U}_{x_4\xi_1} = \frac{\hat{\lambda}_2^2(\hat{\phi}_{22} - \hat{\phi}_{12}^2/\hat{\phi}_{11})}{\text{var}(x_4)} = 0.06 \tag{6.24}$$

$\hat{U}_{x_4\xi_1}$ 和 $\hat{U}_{x_4\xi_2}$ 已经清晰地表明了即使 $R_{x_4}^2$ 数值较大，但由于其方差的大部分由 ξ_1 和 ξ_2 共同解释，因此归因于士气（ξ_1）或归属感（ξ_2）的唯一效度方差却很小。

4. 共线性程度($R^2_{\xi_j}$)。如果 x_i 仅取决于一个潜变量或影响 x_i 的潜变量之间不相关,$U_{x_i\xi_j}$等于 x_i 和 ξ_j 相关系数的平方,这样由不同特质(ξ_j)解释的方差可以被清楚地区分开。通常情况下,x_i 取决于彼此相关的潜变量,作清晰划分也是不可能的,并且影响 x_i 的潜变量之间的共线性越强,此问题就越突出。此时需要研究者在回归分析中使用能够显示共线性程度的指标,它就是复相关系数的平方,当 ξ_j 被其他直接作用于 x_i 的 ξ 所预测到。它的计算公式为:

$$R^2_{\xi_j} = \frac{\sigma_{\xi_j\xi_{(j)}}\Phi^{*\,-1}_{(j)}\sigma'_{\xi_j\xi_{(j)}}}{\phi_{jj}} \tag{6.25}$$

在方程(6.25)中,$\sigma_{\xi_j\xi_{(j)}}$是一个 ξ_j 和除它之外所有其他直接影响 x_i 的 ξ 之间协方差的1 × (d - 1)的向量。$\Phi^*_{(j)}$正如前文所定义的(除 ξ_j 外所有直接影响 x_i 的 ξ 的协方差矩阵),ϕ_{jj}是 ξ_j 的方差。

如果仅有两个 ξ 变量,即 ξ_1 和 ξ_2,那么方程(6.25)可以简化为:

$$R^2_{\xi_j} = \frac{\phi^2_{12}}{\phi_{11}\phi_{22}} \tag{6.26}$$

其中,$R^2_{\xi_j}$是 ξ_1 和 ξ_2 相关系数的平方。以士气-归属感为例加以阐述,其中 x_4 取决于 ξ_1 和 ξ_1,由方程(6.26)得到 $R^2_{\xi_1}$,代入 $\hat{\phi}_{11}$(=2.27),$\hat{\phi}_{12}$(=2.67)和 $\hat{\phi}_{22}$(=3.53),$R^2_{\xi_1}$的最终结果为0.89。此高度共线性解释了唯一效度方差 $\hat{U}_{x_4\xi_1}$和 $\hat{U}_{x_4\xi_2}$数值比较低的原因。

小结

在本节中,我们讨论分析了效度的概念。内容效度、标准效度、建构效度、聚敛效度与区分效度是四种典型效度类型。内容效度强调将概念的定义、维度划分与合适的指标相匹配,这就要求研究者清楚地解释某一概念,即内容效度更多地取决于概念性论证而非观测关系的相关性。相反其他三种效度技术则有很强的实证特点,即大部分取决于测量值的相关性来估算相应效度。我强调了这些相关性方法存在的缺点,结构方程方法能够在一定程度上改进效度的估计结果,本书也提出了几种与结构方程和传统效度测量都有联系的几种效度测量方法。

信　度

在上一节及第 5 章中,我们已接触了信度概念。我将其描述为测量值及其潜变量间相关系数的平方。在此节中,我将给出一个关于信度的更加详细的描述。我们首先对信度这一概念做相关综述,其次讨论测算信度的传统经验方法,最后讨论信度的经典检验理论(信度概念由此而生)并与通常使用的一般测量模型相比较。

信度即测量的一致性,与效度不同,因为测量值可以一致但不一定有效。为阐明信度,我们以对教育水平的测量为例。[①] 我们将教育严格定义为接受正式学校教育的完整年限。通过"你受过多少年的正式学校教育?"这一问题可以将其操作化并记录其回答。如果我能抹去你对此问题及对该问题的回答的记忆,我将重复提问该问题并记录。将此过程重复数次,我可以据此确定你对此问题回答的一致性。教育测量的信度即为在数次提问中你对此问题回答的一致性,即回答中的变动越多,则信度越低,而答案越统一,则信度越高。

这种测量教育的一致性或信度,也可通过大规模观测而非借助仅数次提问的方式实现。比如我可以向一个相当庞大的群体提问上述问题,即接受正式学校教育的完整年限。如果我可以使用某种方式抹去他们对此问题及答案的记忆,重复提问此问题并记录其答案,那么信度即为在这两次过程中个体回答的一致性,所有个体回答的一致性程度将决定测量的信度。[②]

信度作为测量过程的一部分,其不受纯随机误差的影响。信度并不要求测量值必须有效,实际上即使测量无效也可以非常可靠。例如,在浴室的体重秤上重复测量体重,体重秤可能会提供一个体重的可靠测量值,但是体重秤本身可能是无效的,比如其测量某个人的体重始终比真实值要低 11 lbs(或者 5 kg)。举一个更为极端的例子,如果你通过询问某个人脚的尺寸来测量其智力水平,它可能会提供一个非常有信度的测量值,但是它对于智力的测量却缺乏效度。因此,注意信度和效度之间的区别很重要。

社会科学文献所使用的效度测量方法主要来自心理学的经典测量理论。鉴于经典测量理论是许多信度经验检验的基础,我首先回顾该理论的一些重要特征。[③] 该理论的基础方程为:

$$x_i = \tau_i + e_i \tag{6.27}$$

在方程(6.27)中,x_i 是第 i 个观测变量(或"实验"得分)。e_i 被定义为 $x_i - \tau_i$,τ_i 是以 x_i 为基础的真值(true score)。假设 $\mathrm{COV}(\tau_i, e_i)$ 为0,且 $E(e_i) = 0$。真值 τ_i 主要与观测变量的系统性因素有关,扣除测量误差后可以得到 τ_i。在后面的小节中,我将解释 τ_i 和 ξ_i 及 δ_i 和 e_i 之间的关系,现在只需注意它们均不相同。

根据经典测量理论,不同项的测量误差间不相关。两个测量结果之间的相关性源于其真值之间的联系。此外,真值是导致观测变量产生联系的系统性成分。

平行测量(parallel)、τ(tau-equivalent)等价和同类(congeneric)测量是测量理论中的三种主要观测变量类型。我们通过使用两个测量值 x_i 和 x_j 为例来定义这三者:

$$\begin{aligned} x_i &= \alpha_i \tau_i + e_i \\ x_j &= \alpha_j \tau_j + e_j \end{aligned} \tag{6.28}$$

其中,e_i 和 e_j 项不相关。假设真值相同($\tau_i = \tau_j$),如果 α_i 和 α_j 等于 1 且 $\mathrm{VAR}(e_i)$ 等于 $\mathrm{VAR}(e_j)$,那么 x_i 和 x_j 即为平行测量。如果 α_i 等于 α_j 等于 1,但 $\mathrm{VAR}(e_i)$ 不等于 $\mathrm{VAR}(e_j)$,那么测量值即为 τ 等价。最后,如果 α_i 不等于 α_j,且 $\mathrm{VAR}(e_i)$ 不等于 $\mathrm{VAR}(e_j)$,那

① 此例以拉扎斯菲尔德(Lazarsfeld,1959)的一个与此相似的例子为基础。

② 根据个体回答信度的差异程度,跨越个体的信度可能有异于某个体的数次信度。

③ 我将对心理测试和测量理论的一小部分进行检验。更加全面的处理详见于罗德和诺维克(Lord & Novick,1968),而对于其至 1980 年的发展回顾,请参见韦斯和戴维森(Weiss & Davison,1981)。

么测量值为同类测量。同类测量[约斯库革(Jöreskog,1971)]是三种类型中最常见的一种。

测量值 $\rho_{x_ix_i}$ 的信度定义为:

$$\rho_{x_ix_i} = \frac{\alpha_i^2 \mathrm{VAR}(\tau_i)}{\mathrm{VAR}(x_i)} \tag{6.29}$$

由于 $\mathrm{VAR}(x_i)$ 等于 $\alpha_i^2\mathrm{VAR}(\tau_i) + \mathrm{VAR}(e_i)$,且 $\mathrm{VAR}(e_i)$ 非负,所以信度值不会大于 1。对于 τ 等价和平行测量,方程可简化为:

$$\rho_{x_ix_i} = \frac{\mathrm{VAR}(\tau_i)}{\mathrm{VAR}(x_i)} \tag{6.30}$$

信度是真值方差与观测变量方差之比。它等于观测变量和真值之间相关系数的平方:

$$\begin{aligned}\rho_{x_i\tau_i} &= \frac{[\mathrm{COV}(x_i,\tau_i)]^2}{\mathrm{VAR}(x_i)\mathrm{VAR}(\tau_i)} \\ &= \frac{\alpha_i^2[\mathrm{VAR}(\tau_i)]^2}{\mathrm{VAR}(x_i)\mathrm{VAR}(\tau_i)} \\ &= \frac{\alpha_i^2\mathrm{VAR}(\tau_i)}{\mathrm{VAR}(x_i)} \\ &= \rho_{x_ix_i}\end{aligned} \tag{6.31}$$

因此,$\rho_{x_ix_i}$ 可被理解为由 τ_i 所解释的 x_i 的方差。与回归分析类似,在一个简单回归模型中,观测因变量是观测自变量的函数,因变量与各自变量之间相关系数的平方表示可解释的方差比例。在测量理论中,τ_i 是一个非观测自变量,测量值 x_i 是因变量,信度系数 $\rho_{x_ix_i}$ 是 τ_i 和 x_i 相关系数的平方。

估计信度的经验方法

估计测量值的信度有很多方法,我将主要回顾最常用的四种方法:重测信度、复本信度、折半信度和 Cronbach's α 系数法。我将在本节介绍这四种方法及各自的价值和局限性。

重测信度建立对一个观测对象在两个时间点进行同一测量(检验)的基础上,计算这两个测量值的公式为:

$$\begin{aligned} x_t &= \alpha_t\tau_t + e_t \\ x_{t+1} &= \alpha_{t+1}\tau_{t+1} + e_{t+1}\end{aligned} \tag{6.32}$$

其中,t 和 $t+1$ 为下标,分别指代第一次和第二次关于 x,α,τ 和 e 的测量。假设 $E(e_t) = E(e_{t+1}) = 0$,真值 (τ_t,τ_{t+1}) 与误差 (e_t,e_{t+1}) 不相关,且误差间不相关 $[\mathrm{COV}(e_t,e_{t+1}) = 0]$。此外,该方法假设 x_t 和 x_{t+1} 是平行测量 $[\alpha_t = \alpha_{t+1} = 1$ 且 $\mathrm{VAR}(e_t) = \mathrm{VAR}(e_{t+1})]$ 且真值相等 $(\tau_t = \tau_{t+1})$。

信度估算值等于 x_t 和 x_{t+1} 的相关系数。根据两个变量之间相关性和协方差的定义,可以得到:

$$\rho_{x_tx_{t+1}} = \frac{\mathrm{COV}(x_t,x_{t+1})}{[\mathrm{VAR}(x_t)\mathrm{VAR}(x_{t+1})]^{\frac{1}{2}}}$$

$$= \frac{\text{VAR}(\tau_t)}{\text{VAR}(x_t)}$$

$$= \rho_{x_t x_t} \tag{6.33}$$

方程(6.33)的计算利用了该方法的上述假设并且两个平行测量值 x_t 和 x_{t+1} 之间的相关系数等于 $\rho_{x_t x_t}$。即使用 τ_{t+1} 代替 τ_t，用 $\text{VAR}(e_{t+1})$ 代替 $\text{VAR}(e_t)$，得到的相关系数依然等于 $\rho_{x_{t+1}x_{t+1}}$。实际上，任何两个平行测量值之间的相关系数都等于它们的信度，因为所有的平行测量值都有完全相同的信度。

为阐述重测信度，我们举一个来自希尔(Hill,1982)的例子。希尔分析了 SRCCPS 1972 国家选举研究中的"政府回应"(government responsiveness)指标，在国家选举前后对一个随机样本提了相同的问题，其中两次调查只有短短几个礼拜的间隔时间。希尔在诸如政府是否听取群众意见、政党是否影响政治、议会成员是否会注意选民以及选举是否会影响政治等有关人民选举态度指标的基础上，计算得出了选举前和选举后的政府回应指标之间的相关系数为0.52，即利用重测信度，政府回应指标的信度估测值为0.52，这是一个中等程度的信度水平。

重测信度仍存在许多局限性。首先，它假设真值有强稳定性。在很多情况下，真值 τ 可能会不断发生变化，所以该假设并不合理。以希尔有关政府回应的研究为例，调查中的短时间间隔获得的真值要比长时间间隔更加稳定。然而，这个时间间隔中的选举本身可能会影响人民对政府回应的看法。对选举结果感到满意的回应者可能会在选举后提高他们的评价，而那些为失败方投票的回应者可能会将政府视为不那么有响应。如果这种情况为真，那么 τ_t 就不等于 τ_{t+1}，且 x_t 和 x_{t+1} 之间的相关系数可能不再等于信度值。如果这是误差中的唯一假设的话，那么 $\rho_{x_t x_{t+1}}$ 很可能会低估信度值。

使得 τ 不可能完全稳定的另一种方式是应答者的自我反应。自我反应即测量过程导致了现象本身发生变化。选举前的政府回应指标值可能会使回应者高度关注此事的活动消息，候选人之间可能会互相批评对方偏离人民意志，现任者可能会强调他/她对投票人的积极回应。在两种情况中，前者的测量可能会使回应者更加关注政府回应的相关信息。而这反过来正好能够影响我们试图测量的特性。总之，x_t 测量值可能会影响 τ_{t+1}，从而导致 τ_t 不等于 τ_{t+1}。

如果 τ_t 不等于 τ_{t+1} 是唯一被违反的假设，那么 $\rho_{x_t x_{t+1}}$ 就会小于信度值。其他违反假设的情况也有可能发生。比如，有时人们对第一次调查回应的记忆可能会影响他们在第二次调查中的回应。他们可能倾向于对诸如政府回应、教育、流产的态度等在第一次调查中已被问及的问题给出相同的答案。这种情况可能表现为 x_t 影响 x_{t+1}，与检验-再检验法的假设相悖。该情形使得 x_t 和 x_{t+1} 间的相关系数有所提高，从而导致了 $\rho_{x_t x_{t+1}}$ 大于测量值的真实信度。

另一个可能被违反的假定是误差 e_t 和 e_{t+1} 之间的协方差为0。在时间 t 影响 x 的一些被忽略的因素可能与时间 $t+1$ 时与影响 x 的被忽略因素相关，尤其在两次测量的时间间隔很短或测量情况非常相似时更是如此。但是，如果问卷有足够多的问题项，则会减弱记忆因素的影响。在希尔的研究中(Hill,1982:34)，对政府回应进行测量的两次时间间隔虽然短暂，但也会使得记忆因素对信度造成影响，但他通过增加调查的复杂性使得记忆因素的影响有所降低。实际上,如果误差项之间正相关,那么 $\rho_{x_tx_{t+1}}$ 会高估信度。

重测信度中的平行测量值假设也可被质疑。在很多情况下,在时间 t 和时间 $t+1$ 使用相同的测量使得 $\alpha_t=\alpha_{t+1}$ 的假定更合理。但是误差方差相等的假定[$\mathrm{VAR}(e_t)=\mathrm{VAR}(e_{t+1})$]导致更加严重的问题。虽然我们乐于假定 τ 对 x 的直接影响保持不变,影响 x_t 和 x_{t+1} 误差方差可能不会同样不变。对于政府回应指标来说,选举可能会造成误差方差的变化,所以很可能选举前比选举后的误差方差更大。当然这取决于选举的本质,如活动策略、临近选举日的程度及出现的主要议题。如果我们没有假定一个恒定的误差方差,那么 τ 等价而非平行测量是一个更加安全的假定。基于 τ 等价的测量值,$\rho_{x_tx_{t+1}}$ 等于:

$$\rho_{x_tx_{t+1}}=\frac{\mathrm{VAR}(\tau_t)}{[\mathrm{VAR}(x_t)\mathrm{VAR}(x_{t+1})]^{\frac{1}{2}}} \tag{6.34}$$

此时,$\rho_{x_tx_{t+1}}$ 不再等于 x_t 或 x_{t+1} 的信度。简单来说,重测信度估算信度有简洁性,但它是建立在一个或多个假定的基础之上的,而这些假定实际上可能并不合理。

另一种估算信度的技术是复本信度。它与重测信度相似,除了在时间 t 和时间 $t+1$ 外,替代形式法使用不同的测量值。方程(6.35)表明了这种情况:

$$\begin{aligned} x_1 &= \tau_t+e_t \\ x_2 &= \tau_{t+1}+e_{t+1} \end{aligned} \tag{6.35}$$

其中,x_1 变量是时间 t 对 τ 的测量。x_2 是在时间 $t+1$ 时的另一次测量,并且 x_1 和 x_2 是平行测量值。与检验-再检验法一样,它假定 τ_t 等于 τ_{t+1}。e_t 和 e_{t+1} 的期望值为 0,误差之间不相关且与 τ_t 和 τ_{t+1} 不相关。在这些假设下,两次测量中 x_1 和 x_2 的相关系数(ρ_{x_1,x_2})均等于信度值。我们可以按照和方程(6.36)中相同的步骤,用 x_t 代替 x_1,用 x_{t+1} 代替 x_2,就可以将其推导出来。例如,如果在选举前和选举后的两次调查中得到了不同的政府回应指标数,两个指标数之间的相关系数则为信度估算值的可靠性。

重测信度中的一些局限性同样也存在于复本信度的技术中,这包括存在通常并不现实的假设,即 τ_t 等于 τ_{t+1}。测量过程也可能导致现象本身的变化。误差方差相等的假设[$\mathrm{VAR}(e_1)=\mathrm{VAR}(e_2)$]则更不现实,因为 x_1 和 x_2 为不同的测量值且分别于不同时间进行测量。所以,正如在重测信度中讨论的一样,上述因素会破坏 $\rho_{x_1x_2}$ 作为信度估算值的质量。

复本信度存在两种优势:第一,与重测信度相比,复本信度更不易受记忆因素的影响,因为时间 t 和时间 $t+1$ 使用不同的量度。第二,某一指标的测量误差不太可能与第二次测量中的新测量值相关。与重测信度相比,测量中的相关误差更不易发生。简单来说,尽管复本信度的信度测算克服了重测信度的一些局限,但也保留了一些并不现实的假设。

第三种估算信度的方法是折半信度(split-halves)。折半信度假设大量题项可以测量 τ。其中,一半题项组合起来形成一个新的测量项,即 x_1,另一半组合起来形成 x_2。与重测信度和复本信度相反,x_1 和 x_2 是在同一时间段对 τ 的测量值。它仍然假设 $E(e_1)=E(e_2)=0$,$\mathrm{COV}(\tau_1,e_1)=\mathrm{COV}(\tau_1,e_2)=0$,$\mathrm{COV}(e_1,e_2)=0$ 且 x_1 和 x_2 是平行测量值。x_1 和 x_2 的方程为:

$$\begin{aligned} x_1 &= \tau_1 + e_1 \\ x_2 &= \tau_1 + e_2 \end{aligned} \tag{6.36}$$

x_1 和 x_2 间的相关系数等于：

$$\begin{aligned} \rho_{x_1x_2} &= \frac{\mathrm{COV}(x_1,x_2)}{[\mathrm{VAR}(x_1)\mathrm{VAR}(x_2)]^{\frac{1}{2}}} \\ &= \frac{\mathrm{VAR}(\tau_1)}{\mathrm{VAR}(x_1)} \\ &= \rho_{x_1x_1} = \rho_{x_2x_2} \end{aligned} \tag{6.37}$$

方程(6.37)第二步中的分母只由 x_1 的方差表示，这是因为所有平行测量值的方差均相等。此外，由于所有测量值均为平行测量值，他们的相关系数等于信度值。正如前文所述，政府回应特质有四个指标，如果我将前两个和后两个分别组合，那么这两等分间的相关系数为 0.57，这就是折半法对信度的估算。

在很多情况下，折半信度的未加权总和用于测量 τ_1，这也决定了 x_1+x_2 的信度。正如前文所述，大体上来说 τ_1 和观测分之间相关系数的平方就是测量值的信度。利用这种关系，τ_1 和 (x_1+x_2) 相关系数的平方为：

$$\begin{aligned} \rho^2_{\tau_1(x_1+x_2)} &= \frac{[\mathrm{COV}(\tau_1,x_1+x_2)]^2}{\mathrm{VAR}(\tau_1)\mathrm{VAR}(x_1+x_2)} \\ &= \frac{4[\mathrm{VAR}(\tau_1)]^2}{\mathrm{VAR}(\tau_1)[\mathrm{VAR}(x_1)+\mathrm{VAR}(x_2)+2\mathrm{COV}(x_1,x_2)]} \\ &= \frac{2\mathrm{VAR}(\tau_1)/\mathrm{VAR}(x_1)}{\mathrm{VAR}(\tau_1)/\mathrm{VAR}(x_1)+\mathrm{VAR}(x_1)/\mathrm{VAR}(x_1)} \\ &= \frac{2\rho_{x_1x_1}}{1+\rho_{x_1x_1}} \end{aligned} \tag{6.38}$$

此公式由于以折半信度为基础测量信度的全面测试的斯皮尔曼-布朗预言公式而著名。政府回应折半项的相关系数为 0.57。如果符合假设，每等分则有 0.57 的信度。将此值代入方程(6.38)最后一行的 $\rho_{x_1x_1}$，得到信度值为 0.73。

折半信度在以下几个方面比重测信度和复本信度方法更为理想。第一，折半信度没有假定 τ 的绝对稳定性，因为 τ 是在同一时间被测量。第二，一个问题在两次不同时间被问及时可能出现的记忆效应在这种情况下不存在。在重测信度中可能发生的测量相关误差在折半法中发生概率更小(虽然折半间的相关误差可能是其他因素导致)。折半信度在操作方面的优势在于，其往往成本较低且相较于历时数据也更容易获得。

折半信度存在的一个劣势为其必须为平行测量值。通常情况下，我们无法知道测量误差方差是否相等，或 α_1 和 α_2 是否均等于 1。如果它们不平行，那么方程(6.37)和方程(6.38)中的结果就不成立。折半信度的另一个缺陷是，在折半的分配上存在一定的随意性，即对一系列选项的折半有很多方法，而每一种方法都可能导致不同的信度估算值。

这些局限性在政府回应数据中得到明显展现。由于两组指标分别组合形成了两等分，所以我们无法确定这两等分是否平行。标志第一等分与 τ_1 关系的斜率可能与第二等分不同，或者两等分误差的方差可能不同。此外，我将前两个指标作为第一等分，后两个指标作为第二等分的选择可能是随意的,我们同样也可将第一与第三个指标或第二与第三个指标作为第一等分,这样就导致折半信度对信度估算的准确度存在缺陷。

Cronbach's α 系数法(Cronbach,1951)克服了折半信度的一些缺陷,这也是社会科学研究中最为常用的信度系数。它测量 τ 等价或平行测量值简单加总的信度。鉴于该系数的重要性,我来推导出该系数。以前文对信度的定义作为开端,即真值 τ_1 和观测变量间的平方相关系数。对于 α 系数,观测变量 $x_1, x_2, \cdots, x_q$ 需要被加总。x_i 需要赋值以便显示所有的 x 与 τ_1 为正相关或负相关。我们将此指标称为 H,所以 $\sum_{i=1}^{q} x_i = H$。τ_1 和 H 相关系数的平方(即 H 的信度)为:

$$\begin{aligned}
\rho_{\tau_1 H}^2 &= \frac{[\mathrm{COV}(\tau_1, H)]^2}{\mathrm{VAR}(\tau_1)\mathrm{VAR}(H)} \\
&= \frac{[\mathrm{COV}(\tau_1, x_1 + x_2 + \cdots + x_q)]^2}{\mathrm{VAR}(\tau_1)\mathrm{VAR}(H)} \\
&= \frac{[\mathrm{COV}(\tau_1, q\tau_1 + \sum_{i=1}^{q} e_i)]^2}{\mathrm{VAR}(\tau_1)\mathrm{VAR}(H)} \\
&= \frac{[q\mathrm{VAR}(\tau_1)]^2}{\mathrm{VAR}(\tau_1)\mathrm{VAR}(H)} \\
&= \frac{q^2\mathrm{VAR}(\tau_1)}{\mathrm{VAR}(H)} \\
&= \rho_{HH}
\end{aligned} \tag{6.39}$$

方程(6.39)提供了 q 个 τ 等价或平行测量值的未加权总和的信度的通用计算公式。如方程(6.40)所示,我们可以将它转化为计算 Cronbach's α 的典型公式:

$$\begin{aligned}
\rho_{HH}^2 &= \frac{q^2\mathrm{VAR}(\tau_1)}{\mathrm{VAR}(H)} \\
&= \frac{q(q-1)q\mathrm{VAR}(\tau_1)}{(q-1)\mathrm{VAR}(H)} \\
&= \left(\frac{q}{q-1}\right)\left(\frac{q^2\mathrm{VAR}(\tau_1) - q\mathrm{VAR}(\tau_1)}{\mathrm{VAR}(H)}\right) \\
&= \left(\frac{q}{q-1}\right)\left(\frac{q^2\mathrm{VAR}(\tau_1) + \sum_{i=1}^{q}\mathrm{VAR}(e_i) - q\mathrm{VAR}(\tau_1) - \sum_{i=1}^{q}\mathrm{VAR}(e_i)}{\mathrm{VAR}(H)}\right) \\
&= \left(\frac{q}{q-1}\right)\left\{\frac{\mathrm{VAR}(H) - [q\mathrm{VAR}(\tau_1) + \sum_{i=1}^{q}\mathrm{VAR}(e_i)]}{\mathrm{VAR}(H)}\right\} \\
&= \left(\frac{q}{q-1}\right)\left(1 - \frac{\sum_{i=1}^{q}\mathrm{VAR}(x_i)}{\mathrm{VAR}(H)}\right)
\end{aligned} \tag{6.40}$$

上述公式推导的前提为平行测量值或 τ 等价测量值。方程(6.39)和方程(6.40)显示了在两种类型下的 α 均等于 H 的信度。此外,Cronbach's α 值对同类测量值简单加总的信度约束要更少一些。

α 的这些特征使得其相较于其他信度测量方法的优势明显。我们无须假设 τ_1 的稳定性,测量值也无须平行,同样也不存在记忆影响,因为测量值均在同一次调查中收集。

同样也不存在测试将不同选项如何划分为两等分的选择问题，因为所有的测量值都被作为一个独立部分。此外，α 的计算本身也较为简单。

表6.6为一个计算 α 的例子。它复制了希尔(Hill,1982:37)在选举前调查的相关矩阵。所有四个测量值简单加总的 α 可通过方程(6.40)计算得到。$q=4$，相关矩阵中每一个 x_i 的方差均为1，指标方差等于相关矩阵中所有元素之和。将以上各值代入方程(6.40)，样本 α 等于0.72(=(4/3)[1-(4/8.68)])。

表6.6　四项对政府响应情况的选举前测量的相关系数矩阵

		x_1	x_2	x_3	x_4
政府倾听民意	(x_1)	1.00	0.42	0.38	0.43
政党影响政策	(x_2)	0.42	1.00	0.43	0.34
选择影响政策	(x_3)	0.38	0.43	1.00	0.34
议员对选民的重视	(x_4)	0.43	0.34	0.34	1.00

资料来源：希尔(Hill,1982:37)。

通过以上可以看出，使用三种方法估算政府回应指标的信度将会得到三种不同的结果：检验-再检验法结果为0.52，折半法结果为0.73，α 系数法结果为0.72。折半法和 α 系数法的估算值非常接近，这反映出二者都是在一次调查中获取指标以及步骤上的紧密关系。而重测信度的结果远远低于折半法和 α 系数法，这种情况表明至少某一种方法的一个或多个假设被严重违反。其中一种可能的情况为对政府反应在调查前后保持不变的假设不成立。由于 α 系数法无须以此假设作为前提，且由于上述 α 系数法的其他优势，其估算值往往比其他方法更合理。

α 系数法存在两个缺陷：一是它低估了同类测量值的信度，二是其不适用于单一指标。为克服上述缺陷，我们引入一种更为通用的方法。我将以指标的信度作为开端，该方法将信度定义为真值和观测值相关系数的平方。对于 $x_i=\alpha_i\tau_i+e_i$，其相关系数的平方为：

$$
\begin{aligned}
\rho^2_{x_i\tau_i} &= \frac{[\mathrm{COV}(x_i,\tau_i)]^2}{\mathrm{VAR}(\tau_i)\mathrm{VAR}(x_i)} \\
&= \frac{\alpha_i^2\mathrm{VAR}(\tau_i)}{\mathrm{VAR}(x_i)} \\
&= \rho_{x_ix_i}
\end{aligned}
\tag{6.41}
$$

方程(6.41)即关于 x_i(主要受 τ_i 影响)信度的通用计算公式，其中 x_i 可以为同类、τ 等价或平行。

测量值未加权加总($H=\sum_{i=1}^{q}x_i$)的信度为：

$$
\begin{aligned}
\rho^2_{H_{\tau_i}} &= \frac{[\mathrm{COV}(\tau_i,H)]^2}{\mathrm{VAR}(\tau_i)\mathrm{VAR}(H)} \\
&= \frac{[\mathrm{COV}(\tau_i,\alpha_1\tau_i+e_1+\alpha_2\tau_i+e_2+\cdots+\alpha_q\tau_i+e_q)]^2}{\mathrm{VAR}(\tau_i)\mathrm{VAR}(H)}
\end{aligned}
$$

$$= \frac{(\sum_{i=1}^{q}\alpha_i)^2[\text{VAR}(\tau_i)]^2}{\text{VAR}(\tau_i)\text{VAR}(H)}$$

$$= \frac{(\sum_{i=1}^{q}\alpha_i)^2\text{VAR}(\tau_i)}{\text{VAR}(H)}$$

$$= \rho_{HH} \tag{6.42}$$

假设所有选项均被赋值,因此所有 α_i 都有相同的标示。方程(6.42)可被应用于平行测量值、τ 等价或同类测量值。此外,方程(6.42)与方程(6.41)比其他信度计算公式要更为通用。但即使具有通用性,它也存在适用性存疑的情况。一种情况即为与原始假设相悖的测量误差相关的情况,即 e_i 和 e_j 之间呈现出稳定一致的相关性,学者对该情况下误差项部分是否可以作为信度的一部分仍存在争议。另一种情况为 x_i 取决于一个以上的真值,本节的推导曾假设测量值的唯一基础是 τ_i,但这可能并不符合实际操作中出现的各种情况。

经典信度测量的替代方法

在效度测量的讨论中,为处理影响某一测量值的多个潜变量和误差项之间相关的这两种情况,本书提出了一般测量模型。在一般测量模型框架内同样可以很好地处理信度问题。其中,一个自然的问题是,本节介绍的经典测量理论和前文所述的一般测量模型之间的关系如何?

理解经典测量理论和一般测量模型之间关系的基础是真值 τ 和潜变量 ξ 之间的关系。如果我们将一个真值 $n\times1$ 的向量度示为 $\boldsymbol{\tau}$,一个观测分 $n\times1$ 的向量度示为 $\mathbf{x}$,一个测量误差 $n\times1$ 的向量度示为 $\mathbf{e}$,那么经典测量理论中的观测值都可表示为:

$$\mathbf{x} = \boldsymbol{\tau} + \mathbf{e} \tag{6.43}$$

其中,$E(\mathbf{e})$ 为 0,且 $\mathbf{e}$ 与 $\boldsymbol{\tau}$ 不相关。注意方程(6.43)的潜在假设为 $\mathbf{x}$ 由平行测量值或 τ 等价测量值组成。真值依次取决于 ξ 的潜变量得:

$$\boldsymbol{\tau} = \Lambda_x\boldsymbol{\xi} + \mathbf{s} \tag{6.44}$$

其中,Λ_x 是一个 $n\times q$ 的系数矩阵,$\mathbf{s}$ 是一个与 $\boldsymbol{\xi}$ 和 $\mathbf{e}$ 均不相关的特殊方差成分的 $n\times1$ 向量。① 将方程(6.44)代入方程(6.43),可得:

$$\mathbf{x} = \Lambda_x\boldsymbol{\xi} + \mathbf{s} + \mathbf{e} \tag{6.45}$$

如果我们定义 $\boldsymbol{\delta}=\mathbf{s}+\mathbf{e}$,那么方程(6.45)变为:

$$\mathbf{x} = \Lambda_x\boldsymbol{\xi} + \boldsymbol{\delta} \tag{6.46}$$

这即为 $\mathbf{x}$ 的测量模型。方程(6.45)显示误差项 $\boldsymbol{\delta}$ 由 $\mathbf{s}$ 和 $\mathbf{e}$ 两个部分组成。

一个潜在的问题是虽然 $\boldsymbol{\delta}$ 和 $\mathbf{e}$ 都作为 $\mathbf{x}$ 的测量误差,但二者却属于不同类型。$\boldsymbol{\delta}$ 是

---

① 一些研究者将真分值(τ)与潜变量(ξ)之间的关系加以区分。比如,阿尔温和杰克逊(Alwin & Jackson,1979:80)提出的经典测量理论假设特殊方差缺失,但是罗德和诺维克(Lord & Novick,1968:243)则强调特殊方差作为真分值的一部分。约斯库革(Jöreskog,1974:24-25)提出了建立在 τ_i 基础上的两个或两个以上相同观测得分特殊方差的真分值的特别组成部分。我之所以提及这些差异是提醒读者 τ 和 ξ 的关系可以用多种方式被概念化。

测量 $\boldsymbol{\xi}$ 时产生的 x 的误差,而 $\mathbf{e}$ 是测量 $\boldsymbol{\tau}$ 时产生的 x 的误差。$\boldsymbol{\delta}$ 不是测量 $\boldsymbol{\tau}$ 的误差,是因为 δ 包含 $\mathbf{s}$ 且 $\mathbf{s}$ 为 $\boldsymbol{\tau}$ 的一部分。为强调 $\boldsymbol{\delta}$ 和 $\mathbf{e}$ 的区别,有人将 $\boldsymbol{\delta}$ 称为 $\mathbf{x}$ 的唯一成分,同时将 $\mathbf{e}$ 继续称为误差项。

特殊方差 $\mathbf{s}$ 在信度中起重要作用,比如前文中我将平行测量值或同类测量值定义为 $\mathrm{VAR}(\tau_1)/\mathrm{VAR}(x_1)$。如果 $\tau_1 = \lambda_{11}\xi_1 + s_1$,则信度为:

$$\rho_{x_1x_1} = \frac{\mathrm{VAR}(\tau_1)}{\mathrm{VAR}(x_1)} = \frac{\lambda_{11}^2\phi_{11} + \mathrm{VAR}(s_1)}{\mathrm{VAR}(x_1)} \tag{6.47}$$

方程(6.47)表明信度受特殊方差的影响。如果我们在分子中忽略 $\mathrm{VAR}(s_1)$ 仅使用 $\lambda_{11}^2\phi_{11}$,则会低估信度水平。但不幸的是,我们通常并不知道一个测量的方差。x_i 的特别成分称作 s_i,且与 ξ_1 和其他 $\mathbf{x}$ 变量的特别成分不相关。但是 s_i 的最大优点在于 x_i 和其他未包含在模型中变量之间的相关性。因此,s_i 被认为是 x_i 一致且可靠的成分,它不包含在 ξ 的其他任何变量之中。

由于我们很少知道 $\mathrm{VAR}(s_i)$,通常情况下我们不能获得方程(6.47)计算的信度。至少有三种方法可以解决此难题。

第一种方法是假设特定的方差为0(或接近0)并将信度写成:

$$\rho_{x_1x_1} = \frac{\lambda_{11}^2\phi_{11}}{\mathrm{VAR}(x_1)} \tag{6.48}$$

第二种方法是将方程(6.48)看成对信度的保守估计。但它低估了真实的信度,因为我们忽略了 $\mathrm{VAR}(s_i)$。

第三种方法是寻找求解信度的替代方法。传统意义上,信度被定义为测量值的一致性或重复性。然而一致性或重复性很难被操作化,尤其在估算特别方差有困难时。另一个我在前文中有所涉及的问题是经典测试理论不允许测量误差之间相关,也不允许测量指标受一个以上潜变量的影响。

作为替代定义,我将 x_i 的信度定义为所有变量(除 δ 外)对 x_i 的直接关系程度。正如前文中有关效度的结构方程定义,此定义预设了一个明确的测量模型。$\boldsymbol{\xi}$ 变量和对 x_i 的直接作用是 x_i 的系统成分,其他均为误差。系统成分越多,则 x_i 的信度越高。

这种信度的直接测量方法是 x_i 复相关系数的平方 $R_{x_i}^2$。它的值在 0 到 1 之间,取值越接近 1 则信度越高。与传统定义不同,此定义下的 $R_{x_i}^2$ 可以应用于当 x_i 由多个潜变量或观测变量导致,或者 x_i 的误差项与其他误差项相关的情形。特别方差仅当 s_i 被明确包含在测量模型中时才被作为信度的一部分,即我们必须可以估算特别方差,并将它作为对于 x_i 的系统影响。当假设特别方差为0时,且 x_1 取决于单因素 ξ_1,$R_{x_1}^2$ 则为 x_1 和 ξ_1 相关系数的平方。实际上,如果我们假设 $\xi_1 = \tau_1$,那么之前所有 τ_1 的结果均适用于 ξ_1。在更为一般的情况下,$R_{x_1}^2$ 提供了有关 x_1 的系统方差的估算值,该方差可通过测量模型中的变量加以解释。

怎样将信度和效度进行区分呢?将信度与效度的结构方程定义进行比较,我们可知信度测量了变量——无效的或有效的——对 x_i 的所有影响而效度测量了确切的 ξ_j 对 x_i

的直接影响程度。在传统定义中，一个指标可以同时拥有高信度和低效度甚至零效度。同时，$R^2_{x_i}$对唯一效度方差，$U_{x_i\xi_i}$设置了一个更高的限制，在此意义上测量值的效度不可超过信度。以效度测量部分关于士气-归属感例子中的指标 x_4 为例[见方程(6.22)至方程(6.24)]，$R^2_{x_4}$(信度)为 0.77，而 $U_{x_4\xi_1}$(=0.26)和 $U_{x_4\xi_2}$(=0.06)均小于信度值。

小结

信度主要指测量的一致性，其概念由经典检验理论产生，并假设每一种测量都对应一个唯一真值。估算信度的主要技术是检验-再检验法、替代形式法、折半法和 Cronbach's α 系数法。在这些方法中，Cronbach's α 系数法的假设限制条件最少，但是 α 系数法却低估了同类测量值的信度水平。为解决此问题，我们介绍了更为通用的方法，即使用由一个或由几个测量值组成的指标来对信度加以测量。最后，需要注意的是，当测量误差项之间相关或一个测量值被多个潜变量影响时信度含义本身的模糊性。为此我们又引入了特别方差的定义，它是估计值的可靠组成部分并且无法从估计值中单独分离出来。一个可行的替代方式是结构方程方法，它将 $R^2_{x_i}$作为信度值，测量了某个测量值可由直接作用 x_i 的变量解释的方差的比例，并且适用于非常普遍的情形，在最简单的情况下其值等于传统测量值。

原因指标

在前面的小节中我假设测量值取决于一个或多个潜变量或一个真值。这样的测量值被称为效用指标。在第 3 章中我介绍了影响潜变量的第二种变量，即原因指标。比如，与家人共度的时间和与朋友共度的时间是社交时间潜变量的原因指标，种族和性别则是歧视的原因指标。不过，传统效度估算和经典测量理论均不包含原因指标。但是，前几节中的许多结构方程思想使得我们可以想办法纳入原因指标。

首先看效度。我将效度定义为测量值和潜变量之间直接结构关系的强度。此定义同样适用于原因指标，其对潜变量有直接作用。效度测量值也同样适用，例如，非标准化及标准化效度系数显示了 x_i 对其影响的潜变量的直接作用。唯一效度方差揭示了仅由原因指标引起的潜变量方差的比重。最后，如果潜变量取决于一个以上的变量，那么原因指标的共线性可通过指标和影响潜变量的其他原因之间复相关系数的平方得到。

信度则不易纳入原因指标。我们可以计算 $R^2_{x_i}$，但这仅仅告诉我们 x_i 的系统成分，但我们从中得知的 x_i 影响的潜变量信息很少。同时，如果一个原因指标是外生变量，由其定义可知它的 $R^2_{x_i}$为 0。或者，我们可以将 $x_i=\xi_j$ 视作 x_i 的潜在测量模型，那么其 $R^2_{x_i}$为 1。此外，无论信度的传统定义还是新定义都不适用于潜变量的原因指标。①

① 原因指标和结果指标在我们是否应该期望同一个潜变量的指标相关与否上也会存在差异。如果两个或两个以上结果指标与单个潜变量正相关，那么这些指标之间应有正相关关系。它们之间的相关关系越强，那么它们与潜变量之间的相关性也越强。另一方面，某个潜变量的两个或两个以上原因指标则无须相关，它们可以零相关甚至负相关[见博伦(Bollen,1984)]。

小　结

测量在社会科学研究中的应用非常广泛。本章强调了与测量模型的结构方程最为相关的几种测量。最为基础的是要清楚被测量概念的定义,否则我们无法明确表示该概念所涉及的潜变量及其相应维度。此定义也有助于指标的选择和形成指标和潜变量之间的关系。效度和信度是测量值的两个基本特征。效度表达的是一个测量值和概念之间的直接对应关系。信度评估的是测量值的一致性,无论其是否有效。许多学者提出了多种估算信度和效度的经验方法,它们往往基于相关系数和测量值性质的严格假设。我已经展示了估算信度和效度的几种替代方法比传统方法更加通用,并且它们更加适用于测量的结构方程方法。有了这些测量的基本认识,下一个任务就是用对应性因子分析方法来估算测量模型,这点我将在下章加以阐述。

附录6A　多特质-多方法案例的 LISREL 程序

在附录中我列出了在本章中估算领导能力多特质-多方法案例的 LISREL 命令。命令的详析介绍见约斯库革和松波(Jöreskog & Sörbom,1986)的 LISREL Ⅵ指南。

程序如下:

```
TITLE MULTITRAIT MULTIMETHOD LEADERSHIP ML
DA NI = 12 NO = 240 MA = KM
LA
'SELFPROM''SELFACH''SELFAFFL''SELFLDR'
'PEERPROM''PEERACH''PEERAFFL''PEERLDR'
'OBSPROM''OBSACH''OBSAFFL''OBSLDR'
SE
1 5 9 2 6 10 3 7 11 4 8 12/
KM
1 .50 1 .41 .48 1 .67 .59 .40 1 .45 .33 .26 .55 1
.36 .32 .31 .43 .72 1 .25 .21 .25 .30 .59 .72 1
.46 .36 .28 .51 .85 .80 .69 1
.53 .41 .34 .56 .71 .58 .43 .72 1
.50 .45 .29 .52 .59 .55 .42 .63 .84 1
.36 .30 .28 .37 .53 .51 .43 .57 .62 .57 1
.52 .43 .31 .59 .68 .60 .46 .73 .92 .89 .63 1
MO NX = 12 NK = 7 PH = FI TD = FU,FI
LK
'PROMINENCE''ACHIEVEMENT''AFFILIATION''LEADERSHIP'
'SELFRAT''PEERRAT''OBSRATE'
```

```
FI PH 1 1 PH 2 2 PH 3 3 PH 4 4
FR LX 1 1 LX 2 1 LX 3 1 LX 4 2 LX 5 2 LX 6 2 LX 7 3 LX 8 3
FR LX 9 3 LX 10 4 LX 11 4 LX 12 4
FR LX 1 5 LX 2 6 LX 3 7 LX 4 5 LX 5 6 LX 6 7
FR LX 7 5 LX 8 6 LX 9 7 LX 10 5 LX 11 6 LX 12 7
FR PH 2 1 PH 3 1 PH 3 2 PH 4 1 PH 4 2 PH 4 3
FR PH 6 5 PH 7 5 PH 7 6
FR TD 1 1 TD 2 2 TD 3 3 TD 4 4 TD 5 5 TD 6 6 TD 7 7 TD 8 8
FR TD 9 9 TD 10 10 TD 11 11 TD 12 12
ST 1 PH 1 1 PH 2 2 PH 3 3 PH 4 4
ST 1 PH 5 5 PH 6 6 PH 7 7
MA LX
.5 0 0 0 .2 0 0
.5 0 0 0 0 .3 0
.5 0 0 0 0 0 .2
0 .5 0 0 .3 0 0
0 .5 0 0 0 .2 0
0 .5 0 0 0 0 .3
0 0 .5 0 .3 0 0
0 0 .5 0 0 .2 0
0 0 .5 0 0 0 .3
0 0 0 .5 .3 0 0
0 0 0 .5 0 .2 0
0 0 0 .5 0 0 .3
MA PH
1
.5 1
.6 .5 1
.4 .5 .5 1
0 0 0 0 1
0 0 0 0 0 1
0 0 0 0 0 0 1
ST .1 TD 1 1 – TD 12 12
OU SE TV MR TO NS –
```

第7章　验证性因子分析

在前一章中，我论述了测量理论和测量模型的一些基本方面，以此为基础，我们就能进一步讨论测量模型的估计方法并且评价模型与数据的一致性。验证性因子分析就是这样一种分析技术，它是这一章的主题。在这一章中，我们将首先讨论探索性因子分析和验证性因子分析的关系，然后介绍验证性因子分析的模型设定方法，接下来，我会相继介绍内隐协方差矩阵、模型识别、模型估计、对模型拟合程度的评价、模型比较、对模型误设的诊断以及模型扩展等相关内容。

探索性和验证性因子分析

斯皮尔曼(Spearman)通常被认为是因子分析的创始人①。在他1904年发表的一篇文章中，他试图用这种方法确定：在人们进行的多项测验背后是否存在一个一般化的智力因子。他的研究目的是用一个潜变量来解释很多观测变量之间的关系。虽然斯皮尔曼认为只存在一个潜变量(单因子)的观点后来扩展为可以存在多个潜变量(多因子)，但因子分析背后的基本原理并未发生明显变化。一般而言，因子分析的主要目的是使用相对较少的几个潜变量去解释很多观测变量之间的协方差或者相关性。从这个意义上说，它是一种数据简化的方法。图7.1提供了一个例子。其中，图7.1的(a)部分显示的是6个相互关联的观测变量。通常，如果两个变量之间有未经分析的相关关系，我们就用带有双向箭头的曲线将这两个变量连接起来。但是，为了显示方便，我用一根带6个箭头的直线将所有6个变量都联系起来，以表示这6个变量在两两之间都存在相关关系。在图7.1的(a)部分中，我们并没有明确设定导致这6个变量之间相互关联的原因。图7.1的(b)部分是一个带有两个潜变量(ξ_1 和 ξ_2)的因子分析模型，潜变量和观测变量之间用单向箭头相连，表示潜变量对这些观测指标有直接影响。根据这个模型，这6个观测变量之间两两相关的原因是它们受到两个相互关联的潜变量的影响。这个模型也说明，如果 ξ_1 和 ξ_2 保持不变，这6个观测变量之间就不会存在任何相关性。这样，很多观测变量之间的相关性可通过相对较少的几个变量而得以解释。

探索性(exploratory)和验证性(confirmatory)因子分析是因子分析的两种主要方法②。探索性因子分析(exploratory factor analysis，EFA)是一种较为传统的分析方法，在很多比较流行的统计分析软件(如SAS和SPSS)中都包括这一模块。尽管EFA自身也有很多不

---

① 在斯皮尔曼(Spearman，1904)进行因子分析研究之前，皮尔森(Pearson，1901)对主成分轴的研究是该领域一个重要的贡献。

② 有时人们也会使用限制性(restricted)和非限制性(unrestricted)解的区分方法。对该问题进一步的讨论可参见约斯库革(Jöreskog，1979a)和穆拉伊克(Mulaik，1972)。

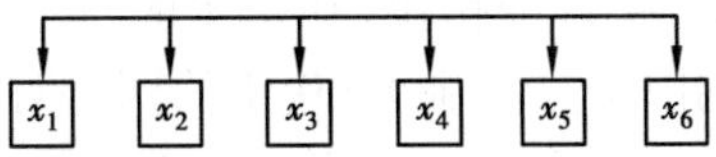

(a) 6个相互关联的观测变量

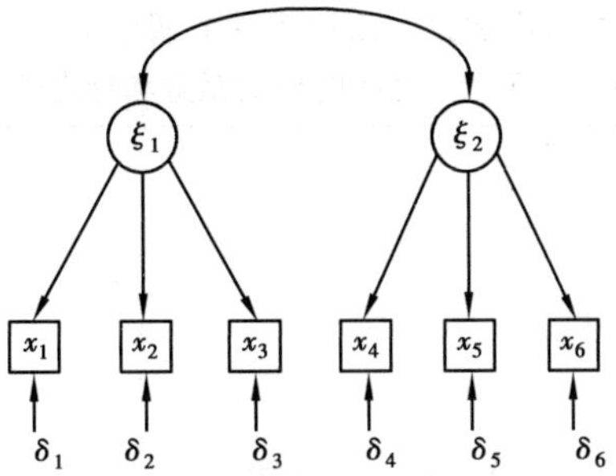

(b) 6个观测变量的双因子模型

图 7.1　6 个相互关联的观测变量和对这 6 个观测变量的双因子模型

同的种类，但是它们都有一个共同点，也就是在分析之前没有对将观测变量和潜变量联系起来的模型的细节进行明确的设定。除此之外，EFA 还具有以下几个特点：一是在分析之前也没有设定潜变量的数量；二是所有潜变量对所有观测变量都有影响；三是测量误差(δ)之间不允许有相关性；四是参数不可识别的现象非常普遍。相比之下，在验证性因子分析(confirmatory factor analysis，CFA)中，模型需要预先设定好。具体来说，分析人员需要设定模型包含的潜变量的数量；设定潜变量对哪些观测变量有影响；一些潜变量对观测变量的直接影响要设定为 0 或其他常数(如 1)；测量误差之间可以有相关性；潜变量之间的协方差可以由模型自己估计，也可以设定为任何常数；模型参数必须要能识别。图 7.1(b)就是一个 CFA 的例子。简单来说，CFA 是一个预先设定好的并且可识别的模型。

在实践中，EFA 和 CFA 的区别要比我们之前讨论的模糊得多。举例来说，在使用比较传统的 EFA 进行分析时，研究者可能会将观测变量限定在一定的范围内，因为他们认为，这些观测变量可能受同一个因子的影响。而当他们这样做时，实际上是在检验一个隐含的模型。有些时候，当研究者发现 CFA 的拟合结果很差时，他们也会使用 EFA 来帮助改善模型的拟合结果。所以，EFA 和 CFA 代表了两种理想类型，大多数的实际应用则介于二者之间。

当我们对一个研究领域知之甚少时，探索性因子分析会变得特别有用，它能帮助我们寻找数据背后的潜在模式。但是，如果我们已经有了一个关于模型结构的研究假设，那么探索性因子分析则可能阻碍我们对这个假设的检验。下面我们将通过一个例子来说明这一点。表 7.1 显示的协方差矩阵包含八个变量，前四个变量是关于 1960 年发展中国家政治民主性的测量指标：x_1 是出版自由程度，x_2 是结社自由程度，x_3 是选举的公平性，x_4 代表立法机关是否通过选举产生。后四个变量(x_5 到 x_8)是通过相同渠道得到的这四个变量在 1965 年的值①。读者可能已经认出，这些变量在第 2 章我们介绍数学符号的部分也出现过。在那里我还增加了三个测量工业化水平的观测指标，而在这一章中，

① 对该数据的进一步描述，可参见博伦(Bollen，1979，1980)。

我们暂时忽略它们。在第 2 章,我曾经指出,在每个时点上都存在一个唯一的代表政治民主性的因子,并且 1960 年的因子只影响 1960 年的四个观测指标,而且 1965 年的因子也只影响 1965 年的观测指标。进而,我对一些测量误差之间的相关性进行了设定。现在,我暂时先将这些设定抛在一边,然后观察如果我们改用 EFA 会得到什么样的结果。

表 7.1　有关 75 个发展中国家政治民主性的四个 1960 年指标(x_1 到 x_4)和四个 1965 年指标(x_5 到 x_8)之间的相关系数和标准差

	x_1	x_2	x_3	x_4	x_5	x_6	x_7	x_8
x_1	1.000							
x_2	0.604	1.000						
x_3	0.679	0.451	1.000					
x_4	0.693	0.719	0.609	1.000				
x_5	0.739	0.543	0.576	0.652	1.000			
x_6	0.650	0.705	0.427	0.659	0.565	1.000		
x_7	0.674	0.581	0.650	0.680	0.678	0.609	1.000	
x_8	0.666	0.606	0.530	0.737	0.630	0.753	0.712	1.000
标准差	2.623	3.947	3.281	3.349	2.613	3.373	3.286	3.246

EFA 的第一步是准备分析时所需使用的相关系数矩阵,在准备这个矩阵时,我们需要将矩阵的主对角线替换成公因子方差(communality)的初始估计值①。每个变量的公因子方差就是这个变量本身的方差中能被因子解释掉的部分。一种流行的计算方法是,用每个观测变量对其余观测变量进行多元回归分析,然后用回归模型的确定系数作为公因子方差的初始估计值。EFA 的第二步是确定因子的个数。一种广泛使用的方法是主轴因子法(principal axis method),这种方法需要计算前一步得到的经过修正的相关系数矩阵的特征值(eigenvalue)(见附录 A)。每一个特征值都对应一个因子,特征值越大,因子对观测变量之间相关性的解释能力就越强。通常,研究者对特征值从大到小进行排序,然后使用一个临界值或者观察特征值的大小是否出现非常明显的下降来确定因子的个数。在政治民主性的例子中,三个最大的特征值分别是 5.90,0.26 和 0.06。所以,一个单因子的解看上去是比较合理的。

这个结果与我们对该数据的认识之间是否一致呢？这八个变量分别是四个测量指标在两个时点上的观测值。所以,一个单因子的解会带来一些解释上的困难。首先,如果只存在一个因子,那么它必定代表 1960 年(或者更早)的一个潜变量。如果这个潜变量的时间在 1960 年以后,那么就会违反时间上的先后顺序(参见第 3 章),因为 1960 年以后的事情不可能对 1960 年的四个变量产生影响。

"因子负载"(factor loading),或者用我们的术语说是 λ_{ij} 系数,表示公因子对各个观测变量的直接影响。如果这个潜变量发生在 1960 年或者之前的年份,那么它对那些时

① 对 EFA 不熟悉的读者可参见哈曼(Harman,1976)和穆拉伊克(Mulaik,1972)。

间上与之较近的变量的影响应该更大一些。所以,对每一对 1960 年和 1965 年的变量,1960 年变量的系数(或负载)应超过相应的 1965 年变量的系数。可是,分析结果却与此并不一致:x_1 和 x_4 的系数确实比 x_5 和 x_8 大,但 x_2 和 x_3 的系数却比相应的 x_6 和 x_7 小。我们也许能够对此提出一个可能的解释,但是它一定会与该潜变量发生在 1960 年之前相矛盾。另一种可能的解释是,1960 年和 1965 年的政治民主性完全相关,这样统计分析就不能将这两个因子区分开来,所以结果显示只有一个因子。尽管存在这种可能性,但是当我们对样本中一些国家的历史数据进行观察以后却发现,这些国家在 1960 年和 1965 年的政治民主性的排名并不完全相同。例如,由于在 1964 年发生了军事政变,巴西在 1965 年的排名比 1960 年有所下降。1960 年和 1965 年这两年的因子之间也许存在很强的相关,但是让模型自己去估计二者之间的相关系数要比武断地将之设定为 1 显得更加合理。

也许有人会提出反对意见,认为上文所述的 EFA 的问题来自我们在确定因子数量时过分依赖一个预先设定的统计标准(即特征值大于 1)。如果研究者试图自己设定因子的个数,那么探索性因子分析也许是合意的。尽管这种观点在直觉上可行,但事实上,大多数研究者使用 EFA 的目的就是希望能够借助它来确定因子的数量。而且,一旦研究者设定了因子的个数,那么探索性因子分析在某种程度上就已经变成验证性因子分析了。

即使我们事先设定好了因子的数量,问题依然会存在。为了说明这一点,我用同样的方法对表 7.1 重新进行了分析,这次我强制设定了一个双因子的解。图 7.2 是模型估计得到的路径图①,表 7.2 列出了因子负载。这些因子负载描述的是两个潜变量(ξ_1 和 ξ_2)与各观测变量(x_i)之间的关系强度:因子负载的值越大,关系强度也越大。大多数变量 x 都同时受 ξ_1 和 ξ_2 的影响,而且与 ξ_1 或 ξ_2 关系最紧密的那些变量并不总是来自同一个时期。例如,x_2,x_4,x_6 和 x_8 在 ξ_1 上的负载相对较大,其中两个是 1960 年的测量指标,而另外两个则是相应的 1965 年的测量指标。而且,如果我们假定一个因子代表 1960 年的民主政治结构,而另一个代表 1965 年相应的情况,那么从分析结果看,ξ_1 和 ξ_2 似乎并不符合这个标准。虽然我们可以对潜变量以及通过 x_i,ξ_1 和 ξ_2 所展现出来的模式进行事后解释,但这只不过是在统计方法的限制下提出的权宜之计而已。

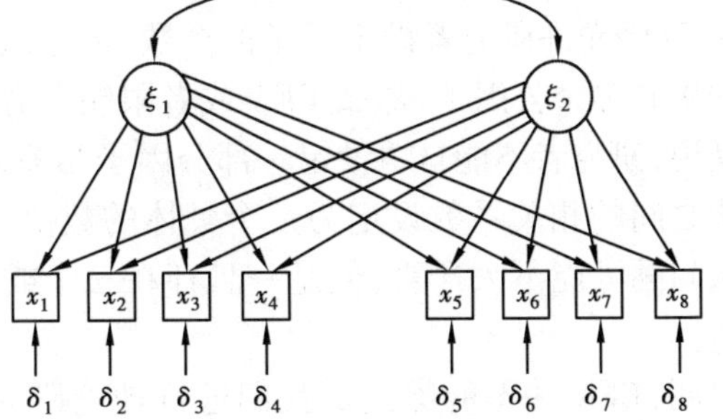

图 7.2　经过斜交旋转以后政治民主性例子的双因子解

① 除了使用 PROMAX(Mulaik,1972)软件设定两个因子并使用斜交旋转(oblique rotation)以外,我采用了与上一个模型相同的程序。在单因子模型中,是否进行旋转并不重要。

表 7.2　1960 年政治民主指标的斜变旋转的因子模式

	因子负载	
变量	ξ_1	ξ_2
x_1	0.240	0.672
x_2	0.745	0.067
x_3	-0.054	0.810
x_4	0.542	0.376
x_5	0.200	0.645
x_6	0.859	-0.005
x_7	0.279	0.605
x_8	0.647	0.255

这个例子指出了标准探索性因子分析(EFA)所固有的几个缺陷。首先,这种方法不允许研究者将某些因子负载设定为0。例如,如果我们认为图7.2中的 ξ_1 是一个1960年的潜变量,它只对1960年的四个观测变量产生影响,那么我们就应该将它对1965年的四个观测变量(x_5 到 x_8)的影响设定为0。同理,1965年的潜变量 ξ_2 对1960年的四个观测变量的影响也应该设定为0。但是在标准的EFA中,每个因子对所有观测变量都会产生影响①。

其次,EFA不允许测量误差之间存在相关关系。这是非常成问题的,特别是在当前的这个例子中,因为对同一类观测指标的测量误差很有可能存在跨时期的相关。除此之外,测量误差之间的相关可能是因为这些观测变量来自相同的来源,受访者在回答调查问卷时的响应集偏差(response set bias),或者是其他原因。EFA将测量误差之间的相关与潜变量混为一谈,这会潜在地导致模糊不清的情况或者有误导性的解。这有可能是政治民主性在这个例子中EFA所存在的问题之一。

最后一个问题是,EFA如何确定因子的数量。如果我们仅依靠统计原则,例如,只保留特征值大于1的因子,那么很有可能导致有问题的解,之前的例子就是一个最好的说明。大多数EFA的统计程序允许研究者设定因子的个数,但是,仍有很多研究者依靠统计原则来进行判断。如果有多个公因子,那么EFA或者限制所有因子都不相关,或者所有因子都相关。也就是说,研究者不能自主设定一部分因子相关,而另一部分不相关,而且研究者也不能将因子之间的相关系数设定为一个具体的数值。如果像我们的例子那样,只有两个因子,那么问题可能不太严重;但是一旦存在三个或者更多的因子,那么这种局限性就会显露无遗。

这些局限性充分说明,EFA并不能够满足我们进行理论研究或者实质性研究的需要,而验证性因子分析却能很好地克服这些缺陷。但是,进行验证性因子分析要求研究者能够充分运用自身的专业知识,并且将他们的想法用模型表达出来。在模型建立起来

① 研究者可以对1960年变量和1965年变量分别进行分析从而避免这一问题。尽管这一方法可以消除某一年份的潜变量对其他年份观测指标的影响,但它也有其局限性。例如,这一方法无法设定跨年份的测量误差之间的相关性,1960年和1965年的潜变量之间的相关性也无法得到估计,而且我们也无法对因子负载之间的相等关系进行设定。

以后,我们就可以估计这个模型,并且对模型与数据的拟合程度进行评价。整个过程都是从模型的设定开始的。下一部分将讨论测量模型的一般形式。

模型设定

验证性因子分析的一般形式与我们在第 2 章介绍的测量模型差不多:

$$\mathbf{x} = \mathbf{\Lambda}_x \xi + \boldsymbol{\delta} \tag{7.1}$$

$$\mathbf{y} = \mathbf{\Lambda}_y \eta + \varepsilon \tag{7.2}$$

在公式(7.1)和公式(7.2)中,$\mathbf{x}$ 和 $\mathbf{y}$ 是观测变量,$\boldsymbol{\xi}$ 和 $\boldsymbol{\eta}$ 是潜变量,δ 和 ε 是测量误差。因子分析模型可以像公式(7.1)那样用 $\mathbf{x}$,$\boldsymbol{\xi}$ 和 $\boldsymbol{\delta}$ 表示,也可以像公式(7.2)那样用 $\mathbf{y}$,η 和 ε 表示。公式(7.1)和公式(7.2)的基本模型是完全一致的。观测变量受一个或多个潜变量和测量误差的影响。测量误差与潜变量之间不相关。Λ_x 或 Λ_y 表示潜变量对观测变量影响的系数。为了简化问题,在这一章中我将使用公式(7.1)进行论述,尽管在有些地方我也会偶尔使用公式(7.2)。公式(7.1)背后的假设是 $E(\boldsymbol{\delta})=0$ 和 $E(\boldsymbol{\xi}\boldsymbol{\delta}')=0$。根据传统,$\mathbf{x}$ 和 $\boldsymbol{\xi}$ 中的所有变量都要表示成与各自均值相减后的离差形式。在通常的因子分析模型中,$\boldsymbol{\delta}$ 是由两部分组成的:

$$\delta = \mathbf{s} + \mathbf{e} \tag{7.3}$$

在公式(7.3)中,$\mathbf{s}$ 表示与每个变量相关联的特定方差,而 $\mathbf{e}$ 表示 $\mathbf{x}$ 中剩余的随机部分。它们二者构成了 $\mathbf{x}$ 的专属因子(unique factor)。因为这两个部分都是用 $\mathbf{x}$ 测量 $\boldsymbol{\xi}$ 时的测量误差,而且这两个部分都与 $\boldsymbol{\xi}$ 不相关,我将继续使用 $\boldsymbol{\delta}$ 代表随机测量误差。

为了举例说明从理论观点到模型设定的转换过程,我们继续使用上一部分讨论过的政治民主性这个面板数据的例子。1960 年和 1965 年两个时点都各有四个测量政治民主性的观测变量(即 x_1 到 x_4 和 x_5 到 x_8)。我假定 1960 年的四个观测变量都受一个表示 1960 年政治民主性的潜变量(ξ_1)的线性影响,1965 年的四个观测变量也同样受一个表示 1965 年政治民主性的潜变量(ξ_2)的线性影响。但是,1960 年的潜变量对 1965 年的观测变量没有影响;同样,1965 年的潜变量对 1960 年的观测变量也没有影响。此外,每个观测变量的测量误差 δ_j 都与潜变量不相关。公式(7.4)描述了上述变量之间的相互关系。

$$\mathbf{x} = \Lambda_x \boldsymbol{\xi} + \boldsymbol{\delta}$$

$$\begin{bmatrix} x_1 \\ x_2 \\ x_3 \\ x_4 \\ x_5 \\ x_6 \\ x_7 \\ x_8 \end{bmatrix} = \begin{bmatrix} \lambda_{11} & 0 \\ \lambda_{21} & 0 \\ \lambda_{31} & 0 \\ \lambda_{41} & 0 \\ 0 & \lambda_{52} \\ 0 & \lambda_{62} \\ 0 & \lambda_{72} \\ 0 & \lambda_{82} \end{bmatrix} \begin{bmatrix} \xi_1 \\ \xi_2 \end{bmatrix} + \begin{bmatrix} \delta_1 \\ \delta_2 \\ \delta_3 \\ \delta_4 \\ \delta_5 \\ \delta_6 \\ \delta_7 \\ \delta_8 \end{bmatrix}$$

$$\mathrm{COV}(\xi_i, \delta_j) = 0, \quad \text{对所有的“}i\text{”和“}j\text{”来说}$$

$$E(\delta_j) = 0, \quad \text{对所有的“}j\text{”来说} \tag{7.4}$$

Λ_x 的每一列都对应一个潜变量,第一列对应的是 ξ_1,第二列对应的是 ξ_2。λ_{ij}有两个下标,分别表示在 Λ_x 中行和列的位置。Λ_x 中的元素如果为0,表示相应的观测变量并未受该列所对应的潜变量的影响。每一行中不为0的系数的数量表明有多少潜变量同时对该观测变量产生影响。这个数量有时也被称作某个观测变量的因子复杂度(factor complexity)。在公式7.4中,所有八个观测变量的因子复杂度都是1。

Λ_x 中的系数 λ_{ij}有时也被称为因子负载,因为这些系数表明哪些观测变量"装载"(loads)在哪个因子之上。在第6章,λ_{ij}有时也被解释为非标准化效度系数,因为它们描述了潜变量和观测变量之间的直接的结构关系。另外,λ_{ij}也可被视为回归系数。在每个具体的方程中,如 $x_i = \lambda_{ij}\xi_j + \delta_i$ 中,λ_{ij}表示 ξ_j 变化一个单位,x_i 会变化多少单位。如果有多个 ξ 影响 x_i,那么 λ_{ij}表示当其他潜变量保持不变的情况下 x_i 预期会出现的变化。

我假定在1960年和1965年两个时间点上,潜变量和观测变量之间的关系完全相同。举例说明,x_1 和 x_5 分别表示1960年和1965年来自同一来源的测量出版自由的观测指标。我认为,将测量1960年出版自由的指标(x_1)和表示1960年政治民主性的潜变量(ξ_1)关联起来的系数 λ_{11},与将测量1965年出版自由指标(x_5)和表示1965年政治民主性的潜变量(ξ_2)关联起来的系数 λ_{52}是相等的。对其余三对1960年和1965年的观测指标,我认为也存在同样的关系。这种实质性理论如果翻译成数学语言,就是要对模型增加以下限定条件:$\lambda_{11} = \lambda_{52}$,$\lambda_{21} = \lambda_{62}$,$\lambda_{31} = \lambda_{72}$和 $\lambda_{41} = \lambda_{82}$。

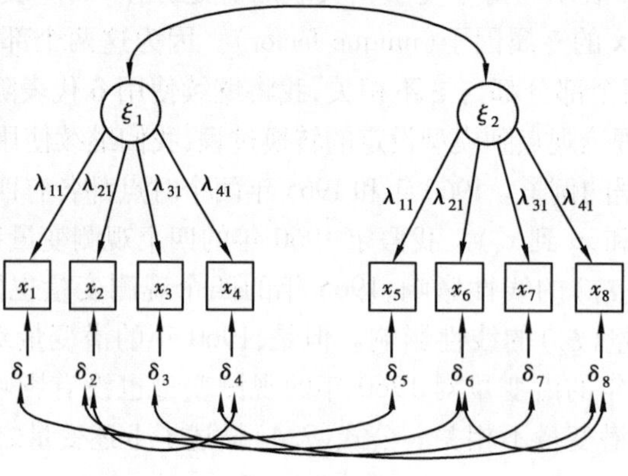

图7.3 对政治民主性例子的双因子验证性因子分析模型设定

对这些面板数据,我还假定表示1960年和1965年政治民主性的两个潜变量之间高度相关,所以 ξ_1 和 ξ_2 之间的协方差需要用模型进行估计。因为这是一个面板数据,所以我认为同一种观测指标在不同时点的测量误差之间也存在相关关系。例如,1960年出版自由这个观测变量的测量误差很有可能与1965年出版自由这个变量的测量误差相互关联,因为这两个观测变量来自相同的来源,所以某一年的测量误差很有可能也出现在另一年。此外,我还假定 δ_2 和 δ_4 之间以及 δ_6 和 δ_8 之间也存在相关,因为这当中的每一对变量都是基于同一年的相同数据得到的。我们将这些关系都整合到图7.3中。我们用带箭头的曲线将 ξ_1 和 ξ_2 连起来表示1960年政治民主性的潜变量和1965年政治民主性的潜变量之间有相关关系。同样,我们用带箭头的曲线将 δ_i 和 δ_{i+4}($i=1,2,3,4$),δ_2 和 δ_4,δ_6 和 δ_8 连起来表示测量误差之间的相关关系。需要注意的是,我将 λ_{52}到 λ_{82}分别替

换成了 λ_{11} 到 λ_{41}，因为在上文我曾对这些参数施加了一定的限制条件。

这个模型可用 CFA 进行估计，但不能用 EFA 进行估计。在估计之前，有必要先了解观测变量的协方差矩阵与模型中结构参数之间的关系。

内隐协方差矩阵

在第 4 章我展示了仅由观测变量组成的结构方程中观测变量的协方差矩阵，并且展示了模型的结构系数与协方差矩阵中每个元素之间的关系。在这一部分，我也将进行同样的工作，只是研究的对象换成了 $\mathbf{x}$ 的协方差矩阵和测量模型的参数。正如第 4 章所展示的，模型的估计基于这样一个过程，在这个过程中，我们需要选择恰当的结构参数的值来再生成协方差矩阵，所以理解参数和协方差矩阵中各元素之间的关系就显得尤为重要。

因为 $\mathbf{x}$ 变量已经表示成了与各自均值相减后的离差形式，所以 $\mathbf{x}$ 的协方差矩阵等价于 $\mathbf{xx}'$ 的期望值。我将 x 的协方差矩阵表示成 θ 的函数，并将之记为 $\Sigma(\boldsymbol{\theta})$：

$$\begin{aligned}\Sigma(\boldsymbol{\theta}) &= E(\mathbf{xx}') \\ &= E[(\Lambda_x\boldsymbol{\xi} + \boldsymbol{\delta})(\boldsymbol{\xi}'\Lambda_x' + \boldsymbol{\delta}')] \\ &= \Lambda_x E(\boldsymbol{\xi\xi}')\Lambda_x' + \Theta_\delta \\ &= \Lambda_x \Phi \Lambda_x' + \Theta_\delta \end{aligned} \tag{7.5}$$

方程(7.5)的最后一行说明，对由公式(7.1)所表示的一个一般化的因子分析模型，x 的协方差矩阵中的每个元素可通过 Λ_x，Φ 和 Θ_δ 中的参数再造出来。其中，Φ 是潜变量 ξ 的协方差矩阵，Θ_δ 是测量误差 $\boldsymbol{\delta}$ 的协方差矩阵。

方程(7.5)的含义可通过一个例子加以说明。考虑一个简单的单因子、三个观测变量的模型：

$$\begin{gathered} x_1 = \lambda_{11}\xi_1 + \delta_1 \\ x_2 = \lambda_{21}\xi_1 + \delta_2 \\ x_3 = \lambda_{31}\xi_1 + \delta_3 \\ E(\delta_i) = 0 \\ \mathrm{COV}(\xi_1, \delta_i) = 0 \quad (i = 1, 2, 3) \\ \mathrm{COV}(\delta_i, \delta_j) = 0 \quad (i \neq j) \end{gathered} \tag{7.6}$$

与这个模型相关的矩阵如下所示：

$$\mathbf{x} = \begin{bmatrix} x_1 \\ x_2 \\ x_3 \end{bmatrix}, \quad \Lambda_x = \begin{bmatrix} \lambda_{11} \\ \lambda_{21} \\ \lambda_{31} \end{bmatrix}, \quad \boldsymbol{\xi} = [\xi_1], \quad \Phi = [\phi_{11}]$$

$$\delta = \begin{bmatrix} \delta_1 \\ \delta_2 \\ \delta_3 \end{bmatrix}, \quad \Theta_\delta = \begin{bmatrix} \mathrm{VAR}(\delta_1) & & \\ 0 & \mathrm{VAR}(\delta_2) & \\ 0 & 0 & \mathrm{VAR}(\delta_3) \end{bmatrix} \tag{7.7}$$

为了确定方程(7.6)中的 $\Sigma(\boldsymbol{\theta})$，我们将方程(7.7)中的矩阵代入方程(7.5)中，得

$$\Sigma(\boldsymbol{\theta}) = \begin{bmatrix} \lambda_{11}^2\phi_{11} + \mathrm{VAR}(\delta_1) & & \\ \lambda_{21}\lambda_{11}\phi_{11} & \lambda_{21}^2\phi_{11} + \mathrm{VAR}(\delta_2) & \\ \lambda_{31}\lambda_{11}\phi_{11} & \lambda_{31}\lambda_{21}\phi_{11} & \lambda_{31}^2\phi_{11} + \mathrm{VAR}(\delta_3) \end{bmatrix} \tag{7.8}$$

就观测变量的方差和协方差矩阵而言,Σ 可以表示为

$$\Sigma = \begin{bmatrix} \mathrm{VAR}(x_1) & & \\ \mathrm{COV}(x_2,x_1) & \mathrm{VAR}(x_2) & \\ \mathrm{COV}(x_3,x_1) & \mathrm{COV}(x_3,x_2) & \mathrm{VAR}(x_3) \end{bmatrix} \tag{7.9}$$

在 $\Sigma(\boldsymbol{\theta})$ 和 Σ 中,位于主对角线以上的元素相对于位于主对角线以下的元素来说是冗余的,所以我们没有显示它们。如果方程(7.9) 中的每个元素都与方程(7.8) 中相应的元素相匹配,那么所有的方差和协方差就都可以分解为模型的结构参数。举例来说,$\mathrm{VAR}(x_1)$ 可表示为

$$\mathrm{VAR}(x_1) = \lambda_{11}^2\phi_{11} + \mathrm{VAR}(\delta_1) \tag{7.10}$$

方程(7.10)说明,x_1 的方差会随着 λ_{11},ϕ_{11}和 $\mathrm{VAR}(\delta_1)$的变化而变化。同理,我们也可以为 Σ 中的每一个方差和协方差写出一个方程。最重要的一点是,只要研究者设定了一个模型,那么就可以将观测变量的方差和协方差表示成测量模型中结构参数的函数。

再看上一部分提到的政治民主性的例子,在这个模型中,矩阵 Λ_x,Φ 和 Θ_δ 分别如下所示:

$$\Lambda_x = \begin{bmatrix} \lambda_{11} & 0 \\ \lambda_{21} & 0 \\ \lambda_{31} & 0 \\ \lambda_{41} & 0 \\ 0 & \lambda_{11} \\ 0 & \lambda_{21} \\ 0 & \lambda_{31} \\ 0 & \lambda_{41} \end{bmatrix}, \quad \Phi = \begin{bmatrix} \phi_{11} & \\ \phi_{21} & \phi_{22} \end{bmatrix} \tag{7.11}$$

$$\Theta_\delta = \begin{bmatrix} \mathrm{VAR}(\delta_1) & & & & & & & \\ 0 & \mathrm{VAR}(\delta_2) & & & & & & \\ 0 & 0 & \mathrm{VAR}(\delta_3) & & & & & \\ 0 & \mathrm{COV}(\delta_4,\delta_2) & 0 & \mathrm{VAR}(\delta_4) & & & & \\ \mathrm{COV}(\delta_5,\delta_1) & 0 & 0 & 0 & \mathrm{VAR}(\delta_5) & & & \\ 0 & \mathrm{COV}(\delta_6,\delta_2) & 0 & 0 & 0 & \mathrm{VAR}(\delta_6) & & \\ 0 & 0 & \mathrm{COV}(\delta_7,\delta_3) & 0 & 0 & 0 & \mathrm{VAR}(\delta_7) & \\ 0 & 0 & 0 & \mathrm{COV}(\delta_8,\delta_4) & 0 & \mathrm{COV}(\delta_8,\delta_6) & 0 & \mathrm{VAR}(\delta_8) \end{bmatrix} \tag{7.12}$$

将方程(7.11)和方程(7.12)代入方程(7.5)就得到了一个方程[即 $\Sigma(\boldsymbol{\theta}) = \Lambda_x\Phi\Lambda_x' + \Theta_\delta$],这个方程表明 x_1 到 x_8 这 8 个变量的方差和协方差都可以表示成模型结构参数的函数。例如,$\mathrm{VAR}(x_1)$ 可以表示为 $\lambda_{11}^2\phi_{11} + \mathrm{VAR}(\delta_1)$。它说明,1960 年出版自由这个变量的

方差取决于以下三个因素:将该变量和 1960 年政治民主性这个潜变量(ξ_1) 联系起来的系数 λ_{11},1960 年政治民主性这个潜变量的方差 ϕ_{11},以及 1960 年出版自由这个变量的测量误差的方差 $VAR(\delta_1)$。协方差 $COV(x_1,x_5)$ 可以表示为 $\lambda_{11}^2\phi_{12} + COV(\delta_1,\delta_5)$。剩下的方差和协方差都能运用公式 $\Lambda_x\Phi\Lambda'_x + \Theta_\delta$ 进行分解，然后将其与 Σ 中对应的元素匹配起来。

如果测量模型是正确的,那么只要知道模型的结构参数,就可计算出 x 变量的所有方差和协方差。当然,在实践中,我们并不知道结构参数的值。这些未知的参数需要通过估计才能得到。可是,在估计之前我们必须确定模型中的参数是否能够被识别。

模型识别

在第 4 章中我曾使用由观测变量组成的结构方程讨论过模型的识别问题。模型识别就是要确定对矩阵 Φ,$\mathbf{B}$,Γ 和 Ψ 中的每个参数是否都存在唯一的解。对于验证性因子分析而言,虽然矩阵有所不同,但问题的本质仍是一样的,即确定矩阵 Λ_x,Φ 和 Θ_δ 中的所有结构参数是否都存在一个唯一的解。

由 $t\times1$ 个元素组成的列向量 $\boldsymbol{\theta}$ 包括了所有未知和受到限制的模型参数。如果在当且仅当 $\boldsymbol{\theta}_1=\boldsymbol{\theta}_2$ 的情况下, $\Sigma(\boldsymbol{\theta}_1)$ 才等于 $\Sigma(\boldsymbol{\theta}_2)$,那么我们就说 $\boldsymbol{\theta}$ 中的参数是可以识别的。向量 $\boldsymbol{\theta}_1$ 和 $\boldsymbol{\theta}_2$ 中的元素在理论上可以取任意值,但通常来说,我们会将一些明显不合理的值排除在外,例如方差不能为负数等。$\Sigma(\boldsymbol{\theta}_1)$ 和 $\Sigma(\boldsymbol{\theta}_2)$ 是当 θ 取值分别为 $\boldsymbol{\theta}_1$ 和 $\boldsymbol{\theta}_2$ 时的内隐协方差矩阵[见方程(7.5)],如果存在两套不同的取值能够产生相同的内隐协方差矩阵,那么这个模型是不可识别的。

在一个验证性因子分析模型中,如果 θ 中的所有元素都可以由 Σ 中的元素唯一地表示出来,那么这个模型就是可识别的。正如第 4 章所示,通过 Σ 中的已知元素对 θ 求解就可以识别这些未知的参数。很明显,如果不对 Λ_x,Φ 和 Θ_δ 中的元素施加任何限制,模型是不可能被识别的。所以,为了避免出现这种状况,就必须对模型中的一些参数进行限制。有时,我们会将当中的部分参数设定为一个确定的值,通常为 0。例如,如果假定测量误差之间不相关,那么我们就可以把矩阵 Θ_δ 中非主对角线上的元素都设定为 0。或者,如果一个潜变量对某些观测变量没有影响,那么我们也需要将相应的系数 λ_{ij} 设定为 0。另一种常见的限制是将几个模型参数设为相等。例如,如果我们分析三个平行的测量指标(见第 6 章),那么测量误差的方差是相等的,并且所有的 λ_{ij} 也可都设为 1。

对模型中的潜变量我们必须进行一些限制,从而为这些潜变量提供一个测量单位。在第 4 章,我曾指出过这个问题。那里唯一的潜变量是 ζ,即方程的误差项。根据传统,我们会将误差项 ζ_i 在各自结构方程中的系数设定为 1,从而为其提供一个测量单位。在 CFA 模型中,ξ 和 δ 都是由潜变量组成的向量。模型 $\mathbf{x}=\Lambda_x\boldsymbol{\xi}+\boldsymbol{\delta}$ 潜在地将 δ 的系数矩阵设定为一个单位矩阵,这与之前为 ζ 赋予测量单位的方式是完全相同的。不过,CFA 对如何为 $\boldsymbol{\xi}$ 中的更具有实质意义的潜变量提供测量单位的方式持开放态度。诸如社会地位、雄心壮志、政治不稳定等很多潜变量并不存在一个放之四海而皆准的测量单位。通常,研究者会将这些潜变量的方差设定为 1,或者通过将某一个 λ_{ij}设定为 1 从而使该潜变量与这个观测变量的测量单位保持一致。将某个观测变量的测量单位赋予潜变量 ξ_j 的意义可能并不明确。我们先来看这个例子:$x_i=\xi_j(\lambda_{ij}=1,\delta_i=0)$。很明显,$x_i$ 和 ξ_j 具有相同的测量单位和取值范围。ξ_i 变化一个单位也会导致 x_i 变化一个单位。再看一个更加具有代表性的例子:$x_i=\xi_j+\delta_i$。这时 ξ_j 等于 $x_i-\delta_i$,x_i 和 ξ_j 之间非常精确的一一对应的关系已经不复存在,ξ_j 和 x_i 可以取不同的值,并且具有不同的取值范围。但是,在某种有限的意义上说,它们仍然具有相同的测量单位,因为平均而言 ξ_j 变化一个单位也会导致 x_i 变化一个单位。正是在这个意义上,我们说一个潜变量被赋予了与一个观测变量相同的测量单位。

当我们设定好潜变量的测量单位以及模型的其他限制条件以后,如果 θ 中的每个元素就 Σ 中的每个元素而言都存在一个唯一的解,那么 θ 就是可以识别的。不过,要证明一个模型是否能够识别非常困难。为了进一步说明模型识别的方法,我们来看两个例子,其中一个例子包括一个潜变量和两个观测变量,而另一个例子包括一个潜变量和三个观测变量。在只有两个观测变量的情况下,模型的表达式如下所示:

$$\begin{gathered} x_1=\lambda_{11}\xi_1+\delta_1 \\ x_2=\lambda_{21}\xi_1+\delta_2 \\ E(\delta_i)=0,\quad \mathrm{COV}(\xi_1,\delta_i)=0\quad(i=1,2) \\ \mathrm{COV}(\delta_1,\delta_2)=0 \end{gathered} \tag{7.13}$$

x_1 和 x_2 的协方差矩阵共包含三个$[=(1/2)(q)(q+1)]$独立的元素。矩阵 Σ 和 $\Sigma(\boldsymbol{\theta})$ 的表达式如下所示:

$$\Sigma=\begin{bmatrix}\mathrm{VAR}(x_1) & \\ \mathrm{COV}(x_2,x_1) & \mathrm{VAR}(x_2)\end{bmatrix} \tag{7.14}$$

$$\Sigma(\boldsymbol{\theta})=\begin{bmatrix}\lambda_{11}^2\phi_{11}+\mathrm{VAR}(\delta_1) & \\ \lambda_{21}\lambda_{11}\phi_{11} & \lambda_{21}^2\phi_{11}+\mathrm{VAR}(\delta_2)\end{bmatrix} \tag{7.15}$$

在仅有三个已知数、却有五个未知数的情况下,模型是不可能被识别的。即使我们将 λ_{11} 或 λ_{21} 中的一个设定为 1,从而为潜变量赋予一个测量单位,该模型还是不能被识别。为了证明这一点,我们假定:

$$\Sigma=\begin{bmatrix}10 & \\ 5 & 10\end{bmatrix} \tag{7.16}$$

即使我们将 λ_{11} 设定为 1,也会存在无穷多个 θ 使得 $\Sigma=\Sigma(\boldsymbol{\theta})$,其中 $\theta'=[\phi_{11}\ \lambda_{21}\ \mathrm{VAR}(\delta_1)\ \mathrm{VAR}(\delta_2)]$。我们可以找到两个向量 $\boldsymbol{\theta}_1$ 和 $\boldsymbol{\theta}_2$,它们满足 $\Sigma(\boldsymbol{\theta}_1)=\Sigma(\boldsymbol{\theta}_2)$,并且也与 Σ 相等,例如:

$$\begin{gathered} \phi_{11}=5,\quad \phi_{11}=2.5 \\ \lambda_{21}=1,\quad \lambda_{21}=2 \\ \mathrm{VAR}(\delta_1)=5,\quad \mathrm{VAR}(\delta_1)=7.5 \\ \mathrm{VAR}(\delta_2)=5,\quad \mathrm{VAR}(\delta_2)=0 \end{gathered} \tag{7.17}$$

我们不能判断上述两个解中的哪一个或者很多其他解中的哪一个才是真正的解。

如果知道变量 x_1 的信度系数$(\rho_{x_1x_1})$,再加上确定测量单位时的常规限制 $\lambda_{11}=1$,我们就有充分的信息来识别这个模型了。因为 $\rho_{x_1x_1}=\phi_{11}/\mathrm{VAR}(x_1)$,$\phi_{11}=\rho_{x_1x_1}\mathrm{VAR}(x_1)$,且

$\lambda_{21}=\mathrm{COV}(x_2,x_1)/[\rho_{x_1x_1}\mathrm{VAR}(x_1)]$。有了这些值,我们就能找到 $\mathrm{VAR}(\delta_1)$ 和 $\mathrm{VAR}(\delta_2)$ 的解。由此可见,知道某个观测指标的信度能够帮助我们识别模型。

假定 x_1 和 x_2 是两个等价的测量指标,也就是说 λ_{11} 和 λ_{21} 都等于 1。这时,我们有三个已知数和三个未知数,$\Sigma(\boldsymbol{\theta})$ 可表示为:

$$\Sigma(\boldsymbol{\theta})=\begin{bmatrix}\phi_{11}+\mathrm{VAR}(\delta_1) & \\ \phi_{11} & \phi_{11}+\mathrm{VAR}(\delta_2)\end{bmatrix} \tag{7.18}$$

在这个表达式中,ϕ_{11} 等于 $\mathrm{COV}(x_1,x_2)$,$\mathrm{VAR}(\delta_1)$ 等于 $[\mathrm{VAR}(x_1)-\mathrm{COV}(x_1,x_2)]$,$\mathrm{VAR}(\delta_2)$ 等于 $[\mathrm{VAR}(x_2)-\mathrm{COV}(x_1,x_2)]$。因而,对于一个由两个观测指标构成的模型(7.13),如果仅存在一个潜变量,测量误差不相关,且这两个观测指标是完全等价的情况下,这个模型是可以被识别的。

接下来我们再看有三个观测变量和一个潜变量的模型。在上一部分,我们已给出了这个模型的表达式,即方程(7.7)至方程(7.9)。如果没有进一步的限制,这个模型也是不能被识别的,因为 θ 中有 7 个未知数,而在 x_1,x_2 和 x_3 的协方差矩阵中只有 6 个非冗余元素。如果我们将 λ_{11} 设定为 1 从而为潜变量 ξ_1 赋予测量单位,那么 $\Sigma(\boldsymbol{\theta})$ 的表达式如下所示:

$$\Sigma(\boldsymbol{\theta})=\begin{bmatrix}\phi_{11}+\mathrm{VAR}(\delta_1) & & \\ \lambda_{21}\phi_{11} & \lambda_{21}^2\phi_{11}+\mathrm{VAR}(\delta_2) & \\ \lambda_{31}\phi_{11} & \lambda_{21}\lambda_{31}\phi_{11} & \lambda_{31}^2\phi_{11}+\mathrm{VAR}(\delta_3)\end{bmatrix} \tag{7.19}$$

将 x_1,x_2 和 x_3 的方差和协方差矩阵中的所有元素用相应的结构参数表示出来,就会得到六个方程,这六个方程中有六个未知数。通过一些代数推导,就可得到这六个未知数的唯一解,如下所示:

$$\begin{aligned}\lambda_{21}&=\frac{\mathrm{COV}(x_2,x_3)}{\mathrm{COV}(x_1,x_3)}\\ \lambda_{31}&=\frac{\mathrm{COV}(x_2,x_3)}{\mathrm{COV}(x_1,x_2)}\\ \phi_{11}&=\frac{\mathrm{COV}(x_1,x_2)\mathrm{COV}(x_1,x_3)}{\mathrm{COV}(x_2,x_3)}\\ \mathrm{VAR}(\delta_1)&=\mathrm{VAR}(x_1)-\phi_{11}\\ \mathrm{VAR}(\delta_2)&=\mathrm{VAR}(x_2)-\lambda_{21}^2\phi_{11}\\ \mathrm{VAR}(\delta_3)&=\mathrm{VAR}(x_3)-\lambda_{31}^2\phi_{11}\end{aligned} \tag{7.20}$$

这些结果说明,当我们将 λ_{ij} 中的一个设定为 1(或者 $\phi_{11}=1$)以后,由三个观测变量和一个潜变量构成的测量模型是可以识别的。

继续看这个例子,如果假定这三个观测指标是完全等价的($\lambda_{11}=\lambda_{21}=\lambda_{31}=1$),那么通过方程(7.19)中的 $\Sigma(\boldsymbol{\theta})$ 可以发现,ϕ_{11} 存在三个解:$\phi_{11}=\mathrm{COV}(x_1,x_2)$,$\phi_{11}=\mathrm{COV}(x_1,x_3)$ 和 $\phi_{11}=\mathrm{COV}(x_2,x_3)$。也就是说,这个参数是过度识别的(overidentified)。如果模型设定正确,那么对于过度识别的参数,它的多个解应该是相等的,所以模型的解仍是唯一的。如果 CFA 模型中的所有参数都是恰好识别或者过度识别的,那么这个模型就是可以识别的。

对一个中等复杂的测量模型来说,通过上文演示的代数方法来识别所有参数是极为困难的。这与我们在第4章中用观测变量来演示结构方程时遇到的问题非常相似。所以我们再次通过一些法则来帮助判断一个模型是否可以识别。接下来,我将介绍几个与CFA相适应的判定法则:t 法则、三指标法则和二指标法则。在所有情况下,我都假定每个潜变量被赋予了一个测量单位。否则,任何模型都是不可识别的。

t 法则

为了理解 t 法则的基本原理,我们来看方程(7.5)中的 $\boldsymbol{\Sigma}(\boldsymbol{\theta})$:

$$\boldsymbol{\Sigma}(\boldsymbol{\theta}) = \boldsymbol{\Lambda}_x \boldsymbol{\Phi} \boldsymbol{\Lambda}'_x + \boldsymbol{\Theta}_\delta$$

Λ_x 是一个 $q \times n$ 维的矩阵,里面包含 qn 个元素,Φ 中有$\frac{1}{2}(n)(n+1)$ 个非冗余的参数,Θ_δ 中有$\frac{1}{2}(q)(q+1)$ 个非冗余的参数。所以,$\Sigma(\boldsymbol{\theta})$ 中总共包括 $qn+\frac{1}{2}(n)(n+1)+\frac{1}{2}(q)(q+1)$ 个参数。如果 $\mathbf{x}$ 中有 q 个变量,那么 Σ 有$\frac{1}{2}(q)(q+1)$ 个已知元素。如果我们对 Λ_x,Φ 和 Θ_δ 中的参数一无所知,就不可能仅通过 x 的协方差矩阵中$\frac{1}{2}(q)(q+1)$ 个已知数来求解 $\boldsymbol{\theta}$ 中 $qn+\frac{1}{2}(n)(n+1)+\frac{1}{2}(q)(q+1)$ 个未知数。

t 法则要求:

$$t \leqslant \frac{1}{2}(q)(q+1) \tag{7.21}$$

其中,t 是 θ 中未知参数的个数。换句话说,未知参数的个数(t)必须小于等于 $\mathbf{x}$ 的协方差矩阵中非冗余元素的个数$\left[\text{即}\frac{1}{2}(q)(q+1)\right]$。$t$ 法则是模型识别的必要但非充分条件①。

为了举例说明 t 法则,考虑一个包含三个因子的测量模型,该模型的矩阵 Λ_x,Φ 和 Θ_δ 表示如下:

$$\Lambda_x = \begin{bmatrix} 1 & 0 & 0 \\ \lambda_{21} & 0 & 0 \\ 0 & 1 & \lambda_{33} \\ 0 & 0 & \lambda_{43} \\ 0 & 0 & 1 \end{bmatrix}, \Phi = \begin{bmatrix} \phi_{11} & & \\ \phi_{12} & \phi_{22} & \\ \phi_{13} & \phi_{23} & \phi_{33} \end{bmatrix}$$

① 正如在之前的章节中,我忽略了那些为帮助模型识别而对参数施加相等性限制条件的情形。

$$\Theta_\delta = \begin{bmatrix} \mathrm{VAR}(\delta_1) & & & & \\ 0 & \mathrm{VAR}(\delta_2) & & & \\ 0 & \mathrm{COV}(\delta_2,\delta_3) & \mathrm{VAR}(\delta_3) & & \\ 0 & 0 & 0 & \mathrm{VAR}(\delta_4) & \\ 0 & 0 & 0 & \mathrm{COV}(\delta_4,\delta_5) & \mathrm{VAR}(\delta_5) \end{bmatrix} \tag{7.22}$$

在 Λ_x,Φ 和 Θ_δ 中,未知参数的个数是 16 个,也就是说 t 等于 16。x_1 到 x_5 的协方差矩阵中已知元素的数量为 $\frac{1}{2}(q)(q+1)$,即 15。因为 t 比 15 大,所以这个模型并不符合模型识别的必要条件,故它是不可识别的。可是,如果一个模型满足 t 法则并不意味着它一定就可以识别。它只表示模型识别的一个必要条件得到了满足。

三指标法则

之前,我曾证明过只有一个因子的三指标法则。如果一个测量模型只有一个因子,那么模型可以识别的一个充分条件是至少存在三个观测指标,这三个观测指标的因子负载都不为 0,并且 Θ_δ 是一个对角线矩阵。如果模型包含三个以上的观测指标,那么这个模型是过度识别的。对一个多因子模型而言,它可以识别的充分条件是:(1)每个因子都对应三个及三个以上的观测指标;(2)Λ_x 的每一行中只包含一个非 0 的元素;(3)Θ_δ 是一个对角线矩阵。对矩阵 Φ,我们可以不加任何限制。对多因子模型中的任何一个因子而言,λ_{ij},ϕ_{ji}和 $\mathrm{VAR}(\delta_i)$ 可以通过与该因子对应的三个观测指标的协方差矩阵加以识别,上文在讨论单因子模型时的方程(7.20)可以证明这一点。如果我们对每个 ξ 重复这一过程,那么 Λ_x,Θ_δ 中的所有元素和 Φ 对角线上的元素都是可以识别的。最后,剩下的是 Φ 中非对角线上的元素,它们也是可以识别的,因为 ξ_j 和 ξ_k 的协方差 $\phi_{jk}(j\neq k)$ 恰好等于为潜变量 ξ_j 和 ξ_k 赋予测量单位(设置为 1)的两个变量之间的协方差。

三指标法则是模型识别的一个充分但非必要条件,除此之外,使用更少的观测指标也可以识别一个模型,接下来我们将对其加以介绍。

二指标法则

对于包含多个 ξ 的测量模型,二指标法则是模型可以识别的另一个充分条件(参见 Wiley,1973;Kenny,1979:142-143)。与三指标法则相同,Θ_δ 也被假定为一个对角线矩阵,并且每个潜变量都被赋予了测量单位(例如,对每个 ξ_j,将其中一个 λ_{ij} 设定为 1)。在这些假定条件下,如果每个 x 的因子复杂度都是 1,并且 Φ 矩阵中没有非 0 的元素,那么每个潜变量只需对应两个观测变量,该模型就是可以识别的。考虑只有两个潜变量的最简单的情形,该模型的 Θ_δ 矩阵是一个对角线矩阵,矩阵 Λ_x 和 Φ 的表达式如下所示:

$$\Lambda_x = \begin{bmatrix} 1 & 0 \\ \lambda_{21} & 0 \\ 0 & 1 \\ 0 & \lambda_{42} \end{bmatrix}, \Phi = \begin{bmatrix} \phi_{11} & \\ \phi_{12} & \phi_{22} \end{bmatrix} \tag{7.23}$$

因为每个观测变量的因子复杂度都是1,第一个条件得到了满足。只要 Φ 矩阵中的元素都不为0,那么第二个条件也得到了满足。这时,这个模型是可以识别的。可以将该模型的所有未知参数都用 Σ 中的已知数表示出来,这样就证明了二指标法则是模型识别的一个充分条件。我们从公式(7.5)和协方差结构假定 $\Sigma = \Sigma(\boldsymbol{\theta})$ 开始,它们定义了 CFA 模型的 $\Sigma(\boldsymbol{\theta})$。将方程(7.23)和 Θ_δ 中的元素代入方程(7.5)可得:

$$\Sigma(\boldsymbol{\theta}) = \begin{bmatrix} \phi_{11} + \mathrm{VAR}(\delta_1) & & & \\ \lambda_{21}\phi_{11} & \lambda_{21}^2\phi_{11} + \mathrm{VAR}(\delta_2) & & \\ \phi_{12} & \lambda_{21}\phi_{12} & \phi_{22} + \mathrm{VAR}(\delta_3) & \\ \lambda_{42}\phi_{12} & \lambda_{21}\lambda_{42}\phi_{12} & \lambda_{42}\phi_{22} & \lambda_{42}^2\phi_{22} + \mathrm{VAR}(\delta_4) \end{bmatrix} \tag{7.24}$$

最易证明的是,ϕ_{12} 是可以识别的,它等于 $\mathrm{COV}(x_3, x_1)$。从 Σ 和 $\Sigma(\boldsymbol{\theta})$ 的主对角线元素可以得到以下关系式:

$$\mathrm{VAR}(\delta_1) = \mathrm{VAR}(x_1) - \phi_{11}, \mathrm{VAR}(\delta_3) = \mathrm{VAR}(x_3) - \phi_{22} \tag{7.25}$$

$$\mathrm{VAR}(\delta_2) = \mathrm{VAR}(x_2) - \lambda_{21}^2\phi_{11}, \mathrm{VAR}(\delta_4) = \mathrm{VAR}(x_4) - \lambda_{42}^2\phi_{22} \tag{7.26}$$

如果我们可以识别 $\phi_{11}, \phi_{22}, \lambda_{21}$ 和 λ_{42},那么以上 Θ_δ 中的所有元素就都是可以识别的。下面这些方程是这些参数的表达式:

$$\lambda_{21} = \frac{\mathrm{COV}(x_3, x_2)}{\mathrm{COV}(x_3, x_1)}, \phi_{11} = \frac{\mathrm{COV}(x_2, x_1)\mathrm{COV}(x_3, x_1)}{\mathrm{COV}(x_3, x_2)} \tag{7.27}$$

$$\lambda_{42} = \frac{\mathrm{COV}(x_4, x_1)}{\mathrm{COV}(x_3, x_1)}, \phi_{22} = \frac{\mathrm{COV}(x_4, x_3)\mathrm{COV}(x_3, x_1)}{\mathrm{COV}(x_4, x_1)} \tag{7.28}$$

所以,正如二指标法则所示,θ 中的所有九个参数都是可以识别的。我们可以用相同的程序来识别拥有三个或更多因子并且 Φ 中的所有元素都不为0的 CFA 模型。

我们可以放松对 Φ 的限制,从而进一步扩展二指标法则的应用范围。如果模型满足以下四个要求,那么该模型就是可以识别的:(1)Λ_x 中的每一行只有一个非0的元素;(2)每个潜变量至少对应两个观测指标;(3)Φ 的每一行的非主对角线元素中至少有一个不为0;(4)Θ_δ 是一个对角线矩阵。这与之前我们提到的二指标法则的主要区别在于,Φ 的非主对角线元素中可以有一些为0,但是该准则依然成立。

证明这个准则的基本原理如下所示。选择两个观测变量,它们是某个潜变量(如 ξ_j)的测量指标;再选择另外两个观测变量,它们是另一个潜变量(如 ξ_k)的测量指标,潜变量 ξ_j 和 ξ_k 存在相关关系(即 $\phi_{jk} \neq 0$)。这四个观测变量的协方差矩阵和内隐协方差矩阵除了下标不同之外,与方程(7.24)完全相同。所以,我们已经不需要任何额外的信息就可以对这个 CFA 局部模型中的未知参数加以识别。我们可以对一个模型整体中的任意四个观测变量使用同样的方法,这样,所有未知参数就都能识别了。这个准则对那些每个潜变量都对应两个及以上观测指标的测量模型非常有用。它的主要限制在于,Θ_δ 必须是一个对角线矩阵，并且所有 x_i 的因子复杂度都是 1。最后，这个准则也是判断模型能否识别的一个充分而非必要条件。

对准则的总结

表 7.3 对上述模型识别的判定准则进行了总结。正如第二列所示，上述所有三个准则都是用来判断模型整体是否能够识别。不过，即使模型整体不能识别，作为模型一个部分的某些参数或方程可能是可以识别的。该表的第三列对准则的内容进行了总结，第四和第五列表明是否是判断模型能否识别的充分条件或必要条件。

一个模型识别的非充分条件

在因子分析中，一个与模型识别不同，但有时又容易相互混淆的问题是：因子负载经过旋转以后是否是唯一的。"如果对因子的任何线性变换能够在保证模型的固定参数不变的同时，也能保证模型的自由参数同样不变，那么模型的解就是唯一的"（Jöreskog, 1979b：23）。约斯库革（Jöreskog, 1979b）和豪（Howe, 1955）论述了因子旋转以后，矩阵 Λ_x 中的元素具有唯一性的充分条件。一些作者认为，这些条件也是保证 CFA 模型可识别的充分条件。但这种观点是不正确的。读者可以参见博伦和约斯库格（Bollen & Jöreskog, 1985）以了解更多该问题的细节。

模型识别的经验检验

第 4 章和这一章提出了一些模型识别的准则来帮助我们判断模型是否可以识别。但不幸的是，这些准则并未覆盖所有模型。例如，在第 4 章，对 Ψ 进行限制以后的非递归模型以及对跨方程的系数相等关系进行限定之后的模型并未落在上述准则所覆盖的范围之中。对本章研究的 CFA 模型来说，没有一个准则是判断模型识别的充分必要条件。

表 7.3　对验证性因子分析模式识别法则的总结

$(\mathbf{x} = \Lambda_x \boldsymbol{\xi} + \boldsymbol{\delta})$

识别法则	识别对象	对法则的总结[a]	必要条件	充分条件
t 法则	模型	$t \leqslant \frac{1}{2}(q)(q+1)$	是	否
三指标法则	模型	$n \geqslant 1$ Λ_x 的每一行中只包含一个非 0 的元素 每个因子对应三个或更多观测指标 Θ_δ 是一个对角线矩阵	否	是

续表

识别法则	识别对象	对法则的总结[a]	必要条件	充分条件
二指标法则				
法则 1	模型	$n>1$ 对所有 i 和 j,$\phi_{ij}\neq 0$ Λ_x 的每一行中只包含一个非 0 的元素 每个因子对应两个或更多观测指标 Θ_δ 是一个对角线矩阵	否	是
法则 2	模型	$n>1$ 至少存在一对 i 和 $j(i\neq j)$,$\phi_{ij}\neq 0$ Λ_x 的每一行中只包含一个非 0 的元素 每个因子对应两个或更多观测指标 Θ_δ 是一个对角线矩阵	否	是

注:a 假定每个潜变量都被赋予了一个测量尺度。

而且,一些判断准则对测量误差之间有相关(Θ_δ 不是一个对角线矩阵)的情形并不适用,但这在研究中是经常遇到的。虽然,我们可以尝试使用代数方法通过 Σ 中的已知数来推导未知参数的表达式,但是即使对于一些中度复杂的模型而言,同时对很多非线性方程中的未知参数求解是极为困难的。

鉴于这种情况,研究者通常诉诸一些经验检验的方法来判断模型是否识别。这种方法对本书讨论的所有结构方程模型都适用。不过,在研究者应用这些方法之前,我们必须理解经验检验方法的实质。在对之进行讨论之前,我必须区分两种不同类型的模型识别问题:全局识别(global identification)和局部识别(local identification)。经验方法检验的是局部识别。而我们之前对模型识别的定义指的是全局识别:如果在当且仅当 $\boldsymbol{\theta}_1=\boldsymbol{\theta}_2$ 的情况下,$\Sigma(\boldsymbol{\theta}_1)$ 才等于 $\Sigma(\boldsymbol{\theta}_2)$,那么参数矩阵 $\boldsymbol{\theta}$ 就是全局识别的。局部识别是一个相对较弱的概念:如果在 $\boldsymbol{\theta}_1$ 取值的周围,不存在一个与之取值不同向量 $\boldsymbol{\theta}_2$,使得 $\Sigma(\boldsymbol{\theta}_1)=\Sigma(\boldsymbol{\theta}_2)$,那么参数矩阵在 $\boldsymbol{\theta}_1$ 这个点上就是局部识别的。尽管这两个定义听起来很接近,但它们是不同的。局部识别评估模型的参数向量 $\boldsymbol{\theta}$ 在一个具体的点,如 $\boldsymbol{\theta}_1$ 的识别问题,它检验的是模型的内隐协方差矩阵是否会随着在 $\boldsymbol{\theta}_1$ 附近的细微变化而发生变化。而全局识别却不仅限于此,只要两个向量的取值是合理的,那么就要对之进行比较,如果任意两个参数向量能够产生相同的协方差矩阵,那么这个模型就不是全局识别的,但它仍可能是局部识别的。

全局识别的模型一定也是局部识别的,但反过来却不一定成立,所以局部识别是全局识别的一个必要但不充分条件。对于诸如协方差结构模型这样的非线性模型,在某一个点 $\boldsymbol{\theta}_1$ 上局部识别并不意味着在其他点上也能局部识别。鉴于这些讨论,读者可能会问为什么我们去检验局部识别?我认为,可能有三个原因导致局部识别在实践中得到了广泛的使用。首先,局部识别不成立意味着全局识别也一定不成立,所以它提供了一种非常通用的方法,通过这种方法我们可以检测出那些既不能局部识别也不能全局识别的模型。其次,对局部识别的经验检验方法在估计协方差结构模型的程序中应用起来非常简便,作为分析的一部分,主流的程序都能进行这种检验。最后,并不存在一个可行的对全局识别进行判断的方法。

有两种对局部识别问题进行经验检验的方法最负盛名,这两种方法的关系也很密切。第一种方法基于瓦尔德(Wald,1950) 的研究工作,他提出的秩法则(rank rule)指出,包含 t 个元素的向量 $\boldsymbol{\theta}$ 在 $\boldsymbol{\theta} = \boldsymbol{\theta}_1$ 这个点上局部识别的一个充分必要条件是,$\partial \boldsymbol{\sigma}(\boldsymbol{\theta})/\partial \boldsymbol{\theta}$ 的秩在取值为 $\boldsymbol{\theta}_1$ 时恰好等于 t,其中 $\sigma(\boldsymbol{\theta})$ 是一个包含 $\Sigma(\boldsymbol{\theta})$ 中所有非冗余元素的向量。第二种方法与第一种方法的关系非常密切(Wiley,1973:82-83),基斯林(Keesling,1972)、威利(Wiley,1973)、约斯库革和松波(Jöreskog & Sörbom,1986) 以及其他学者推荐使用这种方法。他们认为,$\boldsymbol{\theta}$ 的信息矩阵能够帮助我们判定局部识别问题①。信息矩阵是拟合函数对 θ 中的每个参数求二阶偏导数的期望值乘以负 1 得到的(参见第 4 章对最大似然估计的讨论)。当且仅当信息矩阵的逆矩阵存在时,参数向量 θ 在某个具体的点 θ_1 上是局部识别的(Rothenberg,1971)。

诸如 LISREL 和 EQS 这样的统计软件都会计算在估计值这一点上信息矩阵的逆矩阵,因为这个逆矩阵是计算 $\hat{\boldsymbol{\theta}}$ 的标准误的基础。因而,信息矩阵的逆矩阵不存在意味着模型在 $\boldsymbol{\theta}$ 等于 $\hat{\boldsymbol{\theta}}$ 这一点上不是局部识别的。通过之前的讨论,这说明 $\boldsymbol{\theta}$ 也不是全局识别的。反之,如果信息矩阵的逆矩阵存在,那么 $\boldsymbol{\theta}$ 在估计值这一点上就是局部识别的。

这种检验存在两种来源的不确定性(McDonald & Krane,1979)。首先,我们必须依靠数值方法来判断信息矩阵是不是奇异矩阵,或者说信息矩阵的逆矩阵是否存在,而数值方法在精确性上存在缺陷。因为需要对小数点后某一位的数值进行截取,数值方法能将逆矩阵计算出来,但是在增加计算精度后,逆矩阵可能就不存在了。其次(当 $\Sigma\boldsymbol{\theta}$ 中的元素是 $\boldsymbol{\theta}$ 的线性函数时除外),我们的目标是评估在总体参数(如 $\boldsymbol{\theta}_0$) 周围的局部识别问题,而经验方法实际上检验的是在估计值 $\hat{\boldsymbol{\theta}}$ 附近的局部识别问题。

在总体参数 $\boldsymbol{\theta}_0$ 这一点上能够局部识别的模型在经验估计值 $\hat{\boldsymbol{\theta}}$ 这一点上可能是不能识别的;反过来,在经验估计值 $\hat{\boldsymbol{\theta}}$ 这一点上能够局部识别的模型在总体参数 $\boldsymbol{\theta}_0$ 这一点上也可能是不能识别的。到目前为止,研究者发现这个问题在实际研究中可能并不重要,但我们依然要注意这个问题存在的可能性。为了了解这个问题是怎么出现的,我们必须记住局部识别探讨的是总体参数 $\boldsymbol{\theta}_0$,而经验检验却是基于样本估计值 $\hat{\boldsymbol{\theta}}$ 做出的。样本估计值在取某些值时,估计得到的信息矩阵的逆矩阵可能不存在,这样我们可能误以为模型是不能识别的。另一方面,模型在总体参数这一点上是不能识别的,但在样本估计值却可能得到与之相反的结果,这样我们可能误以为模型已经通过了经验识别的检验。

下面,我将使用一个简单的只有一个因子和三个观测指标的例子来加以说明。假定模型可以表示成如下的形式:

$$\begin{bmatrix} x_1 \\ x_2 \\ x_3 \end{bmatrix} = \begin{bmatrix} \lambda_{11} \\ \lambda_{21} \\ \lambda_{31} \end{bmatrix} [\xi_1] + \begin{bmatrix} \delta_1 \\ \delta_2 \\ \delta_3 \end{bmatrix} \tag{7.29}$$

① 对该检验法的一些讨论并未明确指出它通常是一种局部识别检验而不是全局识别检验。

其中,Θ_δ 是对角线矩阵,ξ_1 与$\xi_i(i=1,2,3)$不相关。为了给潜变量赋予测量单位,我将 λ_{11} 设定为 1,这样 $\Sigma(\boldsymbol{\theta})$ 可以表示成方程(7.19)。正如方程(7.20)所示,这个模型是恰好识别的,因为 $\boldsymbol{\theta}$ 中的所有未知参数[即 $\phi_{11},\lambda_{21},\lambda_{31},\mathrm{VAR}(\delta_1),\mathrm{VAR}(\delta_2)$ 和 $\mathrm{VAR}(\delta_3)$]都可用 x_1,x_2 和 x_3 的方差和协方差(即 Σ)表示出来。$\lambda_{21},\lambda_{31}$ 和 ϕ_{11} 的表达式为:

$$\lambda_{21}=\frac{\mathrm{COV}(x_2,x_3)}{\mathrm{COV}(x_1,x_3)}$$

$$\lambda_{31}=\frac{\mathrm{COV}(x_2,x_3)}{\mathrm{COV}(x_1,x_2)}$$

$$\phi_{11}=\frac{\mathrm{COV}(x_1,x_2)\mathrm{COV}(x_1,x_3)}{\mathrm{COV}(x_2,x_3)} \tag{7.30}$$

假定 λ_{21} 等于 0,也就是说,ξ_1 和 x_2 不相关。如果 $\lambda_{21}=0$,那么方程(7.19)表明,$\mathrm{COV}(x_1,x_2)$ 和 $\mathrm{COV}(x_2,x_3)$ 都等于 0。除此之外,方程(7.30)表明 λ_{31} 和 ϕ_{11} 的解不存在,因为它们的分母都是 0。在之前的讨论中,我对 $\boldsymbol{\theta}$ 进行了限制,所以这种情况被排除在外了。但在这个例子中,我取消了这个限制。在这些条件下,λ_{21} 为 0 导致模型在 $\boldsymbol{\theta}_0$ 这一点上不能识别。

经验检验方法能将之检测出来吗?结果并非总是如此。因为在应用经验方法时,协方差矩阵是基于样本估计出来的。在样本中,x_2 与 x_1 和 x_3 之间的协方差通常不会恰好等于 0[$\mathrm{COV}(x_1,x_2)\neq 0,\mathrm{COV}(x_2,x_3)\neq 0$],所以根据样本方差和协方差,模型参数的估计值依然能被计算出来。如果估计得到的信息矩阵能够求逆矩阵,那么我们就有可能察觉不到模型不能识别的问题,即使这个模型在总体中确实是不能识别的。可是,如果样本协方差非常接近 0,那么参数估计值的标准误会非常大,这会警示研究者注意潜在的模型识别问题。

另一种可能性是,模型在总体参数 $\boldsymbol{\theta}=\boldsymbol{\theta}_0$ 处是局部识别的,但一个特定的样本中的方差和协方差的取值却有可能导致我们误以为模型不能识别。例如,假定在一个单因子和三个观测指标的模型中,$\mathrm{COV}(x_1,x_2)$ 或 $\mathrm{COV}(x_2,x_3)$ 的样本值可能非常接近 0,尽管在总体中,$\lambda_{21},\lambda_{31},\phi_{11}$ 和 $\mathrm{VAR}(\delta_i)$ 的值都不是 0。在这种情况下,我们可能无法计算总体参数的样本估计值,并且无法计算信息矩阵及其逆矩阵。这可能会使研究者误以为模型在 θ_0 处是无法识别的,但事实上并非如此。

这一部分的主要观点可以概括为以下几点:首先,与全局识别相比,局部识别是一个比较局限的定义。其次,运用经验方法对信息矩阵(或者瓦尔德的秩法则)进行分析检验的是局部识别问题。再次,经验方法检验的是在样本估计值 $\boldsymbol{\theta}=\hat{\boldsymbol{\theta}}$ 处的局部识别问题,而研究者关心的是在总体参数 $\boldsymbol{\theta}=\boldsymbol{\theta}_0$ 处的局部识别问题。

最后,检验是基于数值方法进行的,所以它受到数值计算精度的限制。即使存在上述缺陷,经验检验仍是我们判断模型能否识别的一个非常有价值的工具(McDonald, 1982)。通常来说,不能识别的模型的信息矩阵是奇异矩阵,而能够识别的模型则是非奇异矩阵(Jöreskog & Sörbom, 1986)。但是,我们不应过分依赖这些检验,因为我们还需要对它们的性质以及潜在的问题进行更加深入的学习。

检验模型识别的建议

在找到模型识别的充分必要条件之前,判断模型能否识别都将是一个挑战。那么在这段时间内,我们应该如何做到最好呢?第一步,我建议使用合适的法则进行判断。如果模型仅满足可以识别的必要条件,而不是充分条件,那么问题就依然会存在。这时,我们就需要尽可能地用观测变量的协方差矩阵中的已知元素对每个未知参数进行求解。除此之外,我们还需要对信息矩阵进行经验检验。这种检验可通过 LISREL Ⅵ和 EQS 等统计分析软件自动完成。最后,约斯库革和松波(Jöreskog & Sörbom,1986:Ⅰ. 24)建议,如果我们仍然怀疑模型是否能够识别,那么可以进行另一种检验。第一步仍是对 **S** 进行分析,然后将分析得到的$\hat{\Sigma}$保存下来,这里$\hat{\Sigma}$是基于模型的参数估计值计算得到的协方差矩阵。接下来,用$\hat{\Sigma}$替换 **S**,然后再重复相同的步骤。如果模型是可以识别的,那么新得到的估计值应与之前生成$\hat{\Sigma}$的估计值完全相同。当然,如果$\hat{\Sigma} = \mathbf{S}$,这种情况在 $t = \frac{1}{2}(q)(q+1)$ 时非常常见,这时这种检验不会为我们提供任何额外的信息,因为第二次分析使用的协方差矩阵与之前一步完全相同,所以必然会产生相同的估计值。另一种经验检验方法是用不同的初始值,并观察每次是否收敛到同样的参数估计值。最后,研究者也可将数据分为几个子样本,然后对每个子样本分别进行经验检验,观察是否每次得到的检验结果都一致。

模型识别的经验检验方法适用于所有的结构方程模型,而不仅是本章讨论的 CFA 模型。

政治民主性的例子

可通过 1960 年和 1965 年政治民主性 CFA 的例子来说明如何判断模型的识别问题。这个模型的路径图如图 7.3 所示,相应的 Λ_x,Φ 和 Θ_δ 矩阵的表达式见方程(7. 11)和方程(7. 12)。因为 Θ_δ 并不是对角线矩阵,所以只能使用 t 法则进行判断。在设定 $\lambda_{11}=1$,从而为 ξ_1 和 ξ_2 都赋予测量单位以后,$\boldsymbol{\theta}$ 中的 $t(=20)$ 个未知参数分别是 λ_{21},λ_{31},λ_{41},ϕ_{11},ϕ_{12},ϕ_{22},VAR(δ_1),VAR(δ_2),VAR(δ_3),VAR(δ_4),VAR(δ_5),VAR(δ_6),VAR(δ_7),VAR(δ_8),COV(δ_1,δ_5),COV(δ_2,δ_6),COV(δ_3,δ_7),COV(δ_4,δ_8),COV(δ_4,δ_2)和 COV(δ_8,δ_6)。因为有 8 个观测变量,所以在 Σ 中总共有 $36\left(=\frac{1}{2}\times 8\times 9\right)$个非冗余的已知数。因为 $t(20)$ 小于 36,所以模型识别的必要条件得到了满足。

现在,我将使用代数方法对模型中的未知参数求解。首先,因为 $\Sigma(\boldsymbol{\theta}) = \Lambda_x\Phi\Lambda_x' + \Theta_\delta$,$\Sigma$ 中的每个元素都可以表示成结构参数的函数。总共有 36 个方程。为了节省篇幅,下文我只列出参数求解过程需要用到的方程。

通过下面几个方程,我们可以解出 λ_{21},λ_{31} 和 λ_{41}:

$$
\begin{aligned}
&\mathrm{COV}(x_1,x_6)=\lambda_{21}\phi_{12},\ \mathrm{COV}(x_2,x_7)=\lambda_{21}\lambda_{31}\phi_{12}\\
&\mathrm{COV}(x_1,x_7)=\lambda_{31}\phi_{12},\ \mathrm{COV}(x_2,x_8)=\lambda_{21}\lambda_{41}\phi_{12}
\end{aligned}
\tag{7.31}
$$

它们的解分别是：

$$\lambda_{21}=\frac{\mathrm{COV}(x_2,x_7)}{\mathrm{COV}(x_1,x_7)}$$

$$\lambda_{31}=\frac{\mathrm{COV}(x_2,x_7)}{\mathrm{COV}(x_1,x_6)}$$

$$\lambda_{41}=\frac{\mathrm{COV}(x_2,x_8)}{\mathrm{COV}(x_1,x_6)}$$

ϕ_{11}，ϕ_{12}和ϕ_{22}的解可从以下几个方程得到：

$$\begin{aligned}\mathrm{COV}(x_1,x_4)&=\lambda_{41}\phi_{11}\\ \mathrm{COV}(x_3,x_5)&=\lambda_{31}\phi_{12}\\ \mathrm{COV}(x_5,x_6)&=\lambda_{21}\phi_{22}\end{aligned}\tag{7.32}$$

如果我们将之前得到的λ_{41}，λ_{31}和λ_{21}的解代入方程(7.32)，ϕ_{11}，ϕ_{12}和ϕ_{22}也可表示成协方差的函数。

具体来说：

$$\phi_{11}=\frac{\mathrm{COV}(x_1,x_4)\mathrm{COV}(x_1,x_6)}{\mathrm{COV}(x_2,x_8)}$$

$$\phi_{12}=\frac{\mathrm{COV}(x_3,x_5)\mathrm{COV}(x_1,x_6)}{\mathrm{COV}(x_2,x_7)}$$

$$\phi_{22}=\frac{\mathrm{COV}(x_5,x_6)\mathrm{COV}(x_1,x_7)}{\mathrm{COV}(x_2,x_7)}$$

接下来，测量误差$\mathrm{VAR}(\delta_i)$的表达式也可以推导出来。x_1到x_4的测量误差的表达式的一般形式为：$\mathrm{VAR}(x_i)=\lambda_{i1}^2\phi_{11}+\mathrm{VAR}(\delta_i)(i=1,\cdots,4)$。对$x_5$到$x_8$来说，测量误差的表达式的一般形式为：$\mathrm{VAR}(x_{i+4})=\lambda_{i1}^2\phi_{22}+\mathrm{VAR}(\delta_{i+4})(i=1,\cdots,4)$。因为$\lambda_{11}$到$\lambda_{41}$、$\phi_{11}$和$\phi_{22}$已经得到了识别，我们可以将它们代入这8个方差方程，这样$\mathrm{VAR}(\delta_i)(i=1,\cdots,8)$的解也能轻易得到。最后，与6个测量误差之间的协方差有关的方程如下：

$$\begin{aligned}\mathrm{COV}(x_1,x_5)&=\phi_{12}+\mathrm{COV}(\delta_1,\delta_5)\\ \mathrm{COV}(x_2,x_6)&=\lambda_{21}^2\phi_{12}+\mathrm{COV}(\delta_2,\delta_6)\\ \mathrm{COV}(x_3,x_7)&=\lambda_{31}^2\phi_{12}+\mathrm{COV}(\delta_3,\delta_7)\\ \mathrm{COV}(x_4,x_8)&=\lambda_{41}^2\phi_{12}+\mathrm{COV}(\delta_4,\delta_8)\\ \mathrm{COV}(x_4,x_2)&=\lambda_{41}\lambda_{21}\phi_{11}+\mathrm{COV}(\delta_4,\delta_2)\\ \mathrm{COV}(x_8,x_6)&=\lambda_{41}\lambda_{21}\phi_{22}+\mathrm{COV}(\delta_8,\delta_6)\end{aligned}\tag{7.33}$$

因为之前已经得到了λ_{21}，λ_{31}，λ_{41}，ϕ_{11}，ϕ_{22}和ϕ_{12}的解，所以这些测量误差的协方差的求解过程也就非常显而易见了。

在1960年和1965年政治民主性这个例子中，CFA模型是过度识别的，所以我们也可以使用其他方程来对模型的未知参数求解。我们已经没有必要再去讨论这些求解过程，因为只要找到了一组解，这个模型就已经是可以识别的了。在确定模型可以识别后，下一步就是计算参数的估计值。

模型估计

在第4章,我曾经使用观测变量介绍过ML,GLS和ULS这些估计结构方程的方法。这些方法也同样适用于CFA模型。模型估计的目标都是相同的:选择未知参数的值并据此计算内隐协方差矩阵$\hat{\Sigma}$,从而使计算得到的内隐协方差矩阵与样本协方差矩阵**S**尽可能接近[①]。由于第4章的很多内容同样适用于这一章,因此我不再重复介绍它们。这里,我仅列出了用ML,GLS和ULS估计CFA模型时所使用的拟合函数:

$$F_{\mathrm{ML}} = log|\Sigma(\boldsymbol{\theta})| + \mathrm{tr}[\mathbf{S}\boldsymbol{\Sigma}^{-1}(\boldsymbol{\theta})] - \log|\mathbf{S}| - q \tag{7.34}$$

$$F_{\mathrm{GLS}} = \left(\frac{1}{2}\right)\mathrm{tr}\{[\mathbf{I} - \Sigma(\boldsymbol{\theta})\mathbf{S}^{-1}]^2\} \tag{7.35}$$

$$F_{\mathrm{ULS}} = \left(\frac{1}{2}\right)\mathrm{tr}\{[\mathbf{S} - \Sigma(\boldsymbol{\theta})]^2\} \tag{7.36}$$

在第9章,我还会展示其他替代性的估计量。

不收敛

拟合函数通常需要使用迭代数值方法以获得未知参数的解。附录4C描述了整个求解的过程。当连续两步迭代得到的解之间的差异小于一个预先设定的标准,迭代过程就可以结束了。但是,如果多次迭代以后,解与解之间的差异并不够接近,这种情况就叫作不收敛。参数的估计值能否收敛取决于以下几个因素。首先,收敛的判定标准影响是否收敛,因为这个标准决定了什么叫作不够接近。在EQS中,默认的标准是连续两次参数估计值之间的差异的绝对值的平均数小于0.001或者更小(Bentler,1985:82)。这个值可以更改,但研究者必须意识到,数值越小,迭代的次数就会越多。

其次,能否收敛也受迭代次数的影响。例如,在LISREL Ⅵ中,最大的迭代次数是250次。在EQS中,默认的ML,GLS和ULS估计量的最大迭代次数是30次,不过这个默认值可以重新设定,但最多不能超过500次。如果迭代次数达到了设定的极限,程序就会自动停止并且报告估计值不收敛。

从某种程度上说,可能导致不收敛的第三个因素是未知参数的初始值。初始值与最终的估计值越接近,模型收敛所需要的步骤就越少。LISREL Ⅵ会使用一种叫作工具变量法的技术自动计算初始值,我会在第9章介绍这种方法。EQS也使用一种非迭代的估计量来计算初始值(参见Bentler,1982)。通常,这些初始值选得都很好,所以经过几步迭代后模型就可以收敛了。但有时,这些初始值可能很糟糕,研究者需要自己提供初始值。研究者可通过几种途径选择合适的初始值。如果前一次运行程序时没有收敛,那么最后一次迭代的估计值就可以选作下一轮迭代的初始值。或者,如果能够找到对类似数据的分析结果,那么通常能够从中找到很好的初始值。例如,一篇已经发表的文章可能包含

---

① 在由观测变量构成的结构方程中,Σ是$\mathbf{B},\Gamma,\Phi$和Ψ的函数,但在CFA模型中,Σ等于$\Lambda_x\Phi\Lambda_x' + \boldsymbol{\theta}_\delta$。从参数值估计的角度看,上述差别并不重要。

很多相同或相似的变量,从前人的研究工作可以帮助我们找到比较合理的初始值。此外,对观测变量的方差和协方差的知识以及对变量之间的影响方向和大小的假定也能提供帮助。例如,当我们将一个潜变量对一个观测变量的系数 λ 设定为 1,从而使这个潜变量与该观测变量拥有相同的测量单位,这能帮助我们确定其他初始值。潜变量的方差不应超过那个对之进行标度的观测变量的方差。如果该潜变量的其他观测变量与标度变量具有相似的取值范围,那么,与这些变量对应的 λ 的初始值最好设定为 1 左右。测量误差之间协方差的初始值不能使相应的相关系数超过 1。同理,Φ 的初始值也要保证潜变量之间的相关系数的取值范围为 -1 ~1。(附录 4C 对初始值选取方法的讨论可能会有帮助)

导致不收敛的其他原因还包括不恰当的模型设定以及观测变量的方差和协方差的抽样波动。通过蒙特卡罗实验,邦斯玛(Boomsma,1982)以及安德森和戈宾(Anderson & Gerbing,1984)发现,当样本规模小于 150 以及当每个潜变量只有两个观测指标时,不收敛的情况最容易出现。在他们的模拟研究中,模型得到了正确的设定,初始值的选择也很合理。这些发现说明,如果研究者能够确认模型设定没有问题,收敛标准和初始值的选取也很合适,但模型依然不收敛,那么他们就需要尽可能地增加样本规模或者观测变量的数量。不能使用在不收敛的情况下得到的估计值,而且也不能对这些估计值进行解释。可是,如果迭代过程最终成功地收敛了,我们就要开始对模型进行评估。在下一部分,我将介绍模型评估的方法。

模型评估

系数和关联强度的估计值需要仔细检验。它们的符号是否正确?效应的强度是否与之前的研究相一致?如果不一致,是否存在合理的解释?估计得到的效应在实质意义上和统计意义上是否是显著的?为了对模型进行评估,统计学家提出了很多与模型拟合有关的统计指标。这些指标的应用很广泛,它们适用于本书的所有模型,包括第 4 章的观测变量模型。我将这些统计指标分为两类:一类是针对模型整体拟合的评估指标;另一类是对个别系数进行的评估指标。

模型整体拟合指标

协方差结构的假定是 $\Sigma = \Sigma(\boldsymbol{\theta})$。模型整体拟合指标可以帮助我们评判这个假定是否合理,如果不合理,它能测量 Σ 对 $\Sigma(\boldsymbol{\theta})$ 的偏离有多大。作为总体参数,Σ 和 $\Sigma(\boldsymbol{\theta})$ 都是无法得到的,所以研究者需要借助它们在样本中的对应物,即 $\mathbf{S}$ 和 $\Sigma(\hat{\boldsymbol{\theta}})$ 来进行判断。$\mathbf{S}$ 是样本协方差矩阵,$\Sigma(\hat{\boldsymbol{\theta}})$ 是在的样本估计值处计算得到的隐含协方差矩阵,θ 的估计值使得 F_{ML},F_{GLS} 或 F_{ULS} 中的一个最小化。下面,我将 $\Sigma(\hat{\boldsymbol{\theta}})$ 缩写为 $\hat{\Sigma}$。

从总体来看,所有模型整体拟合的测量指标都是 $\mathbf{S}$ 和 $\hat{\Sigma}$ 的函数。这些拟合指标测量 $\mathbf{S}$ 和 $\hat{\Sigma}$ 的接近程度,尽管对这种接近程度的测量是通过不同方式实现的。模型整体测量指标的主要优势在于,它们能对整个模型进行评价,并且能揭示在对模型局部(如某个方程或参数估计值)进行检验时发现不了的问题。不过,它也有一些缺陷。首先,模型整体拟合指标不适用于恰好识别的模型,因为在这种情况下,**S** 总是与 $\hat{\Sigma}$ 相等。而在过度识别的模型中,**S** 则有可能与 $\hat{\Sigma}$ 不等,这样我们就能检验导致过度识别的限定条件是否合理。其次,模型整体拟合指标可能与模型局部的拟合指标不一致。例如,模型整体的拟合结果可能非常好,但某些参数可能不具有统计显著性或与预期的作用方向相反。最后,**S** 和 $\hat{\Sigma}$ 的整体匹配程度也不能告诉我们解释变量对因变量的解释力有多大。也就是说,模型整体拟合指标并不能够概括模型中所有方程的 R^2。由于这些原因,模型整体拟合指标需要与下文将要讨论的局部拟合指标结合起来使用。

残差

原假设 H_0 是 $\Sigma = \Sigma(\boldsymbol{\theta})$,如果这个协方差结构假设成立,那么总体中的残差协方差矩阵 $\Sigma - \Sigma(\boldsymbol{\theta})$ 必然是一个零矩阵。如果总体残差矩阵中有任何一个元素不为0,那么模型设定就是有错误的。尽管我们无法得到总体矩阵从而对 $\Sigma - \Sigma(\boldsymbol{\theta})$ 进行直接检验,但是我们可以得到它的样本对应物 $\mathbf{S} - \hat{\Sigma}$。可通过求解 F_{ML},F_{GLS} 或 F_{ULS} 中的任何一个得到 $\hat{\Sigma}$。

残差矩阵可能是我们在评估模型整体拟合时由 **S** 和 $\hat{\Sigma}$ 组成的最简单的函数。其中,每个具体的残差协方差的表达式是 $s_{ij} - \hat{\sigma}_{ij}$,$s_{ij}$ 是 **S** 中第 i 行第 j 列上的元素,$\hat{\sigma}_{ij}$ 是 $\hat{\Sigma}$ 中相应的元素。残差的值为正,说明模型低估了两个变量之间的协方差,如果为负则表示预测的协方差太大了。每个残差的大小以及所有残差在取绝对值后的均值(或中位数)的大小能够帮助我们评价模型的拟合程度①。在对残差求平均数时,只包括残差矩阵中主对角线及以下的元素,因为主对角线以上的元素是冗余的。

在理想情况下,好模型的所有残差都应接近于0。但样本残差通常受以下几个因素的影响:(1)Σ 对 $\Sigma(\boldsymbol{\theta})$ 的偏离程度;(2) 观测变量的测量单位;(3) 抽样波动。我们最感兴趣的是用残差来检验1,即 Σ 是否等于 $\Sigma(\boldsymbol{\theta})$。当 $\Sigma \neq \Sigma(\boldsymbol{\theta})$ 时,至少有一个观测变量的方差或协方差不能由模型准确地预测。这种不一致会在样本残差中表现出来,而且总体中的残差越大,通过样本将之检测出来的可能性也越大。

不过,Σ 对 $\Sigma(\boldsymbol{\theta})$ 的偏离程度并不是影响 $\mathbf{S} - \hat{\Sigma}$ 的唯一因素。我现在来看第二个因素,即观测变量的测量单位。某个具体残差的大小以及所有残差均值的大小都会随着观测变量测量单位的变化而变化。如果一个观测变量的取值范围比其他变量大得多,那么与这个变量相关的残差通常也会比较大。在达到一定程度后,它可能会扭曲残差绝对值的均

---

① 与此密切相关的针对残差的统计量是由约斯库格和松波(Jöreskog & Sörbom,1986) 提出的残差平方和的平方根(root mean-square residual,RMR):

$$\mathrm{RMR} = \left[2 \sum_{i=1}^{q} \sum_{j=1}^{i} \frac{(s_{ij} - \hat{\sigma}_{ij})^2}{q(q+1)}\right]^{\frac{1}{2}}$$

使用 RMR 对模型拟合进行评价与使用非标准化残差绝对值的平均值相似。

值,从而导致有误导性的结论。而且,除非研究者对观测变量的测量单位非常熟悉,否则对每个残差的大小进行判断是极为困难的。

一个简单的解决办法是计算相关系数残差(correlation residuals)。相关系数残差的表达式是①:

$$r_{ij} - \hat{r}_{ij} \tag{7.37}$$

其中,r_{ij} 是第 i 个变量和第 j 个变量的样本相关系数,$\hat{r}_{ij}$ 是模型预测得到的相关系数。根据相关系数的定义,$\hat{r}_{ij} = \hat{\sigma}_{ij}/(\hat{\sigma}_{ii}\hat{\sigma}_{jj})^{\frac{1}{2}}$,其中$\hat{\sigma}_{ij}$ 是$\hat{\Sigma}$中的第 i 行第 j 列上的元素,$\hat{\sigma}_{ii}$ 和$\hat{\sigma}_{jj}$ 分别是该矩阵中第 i 行第 i 列以及第 j 行第 j 列上的方差。具体来说,$r_{ij} - \hat{r}_{ij}$ 测量的是样本相关系数(当 $i = j$ 时是标准化的方差)在多大程度上与模型预测的结果相一致。因为 r_{ij} 和$\hat{r}_{ij}$ 的取值范围都是 $-1 \sim 1$,所以相关系数残差的理论取值范围是 $-2 \sim 2$。如果取值接近 -2 或 2,则说明模型拟合问题非常严重。对于拟合比较好的模型,相关系数残差的取值应非常接近 0。除了计算每个具体的残差,还可计算所有非冗余的相关系数残差的绝对值的均值或中位数,这些指标可帮助我们判断模型整体的拟合程度。

影响样本残差和相关系数残差的第三个因素是抽样误差。即使 $\mathbf{\Sigma} = \mathbf{\Sigma}(\boldsymbol{\theta})$ 是正确的,样本残差的期望值也取决于样本量 N。在一般条件下,当 N 趋近于无穷大时,$\mathbf{S}$ 收敛于 $\mathbf{\Sigma}$,$\hat{\mathbf{\Sigma}}$ 收敛于 $\mathbf{\Sigma}(\boldsymbol{\theta})$。同理,当 N 趋近于无穷大时,$\mathbf{S} - \hat{\mathbf{\Sigma}}$ 也会收敛于 $\mathbf{\Sigma} - \mathbf{\Sigma}(\boldsymbol{\theta})$。对一个给定的模型($s_{ij} - \hat{\sigma}_{ij}$)而言,样本规模越大,$s_{ij} - \hat{\sigma}_{ij}$ 越小(Browne,1982:79-80)。这就说明,即使模型是正确的,平均而言我们在小样本中遇到较大残差的可能性也会比大样本大。

约斯库革和松波(Jöreskog & Sörbom,1986:Ⅰ.42)提出了一种正态化残差(normalized residual),这种残差能够对样本规模和测量单位的影响进行修正。其计算公式为:

$$\text{正态化残差} = \frac{s_{ij} - \hat{\sigma}_{ij}}{\left(\dfrac{\hat{\sigma}_{ii}\hat{\sigma}_{jj} + \hat{\sigma}_{ij}^2}{N}\right)^{\frac{1}{2}}} \tag{7.38}$$

它的分子就是残差,而分母是残差的渐近方差的估计量的平方根。某个元素 S_{ij} 正态化残差的绝对值越大,模型对该元素的拟合效果就越差。约斯库革和松波(Jöreskog & Sörbom,1988)指出,方程(7.38)分母中的渐近方差倾向高估实际的方差,这说明,正态化残差的取值小于标准正态变量。

下面,我将用一个例子来说明前文讲述的内容。这个例子取自莱森泰恩(Reisenzein,1986)所做的一项社会心理学实验。实验研究的是人们的助人行为。在实验中,莱森泰恩向被试讲述了一个虚构的故事,故事中有一个人躺卧在一辆地铁的轨道上。一半被试被告知这个人喝醉了,而另一半则被告知他生病了,莱森泰恩想通过这个实验来测试人们的同情心和愤怒感是否会影响他们的助人行为。我将集中分析同情和愤怒这两个潜变量的测量,莱森泰恩各使用了三个观测指标来测量这两个潜变量。对同情和愤怒的测量问题见表 7.4。路径图如图 7.4 所示。在这个由 138 人组成的样本中,样本协方差矩

---

① 在通常情况下,当$\hat{\sigma}_{ii} = s_{ii}$且$\hat{\sigma}_{jj} = s_{jj}$,这些残差间的相关系数与本特勒(Bentler,1985:92-93)提出的标准化残差相同。当这些相等条件不能得到满足时,标准化残差与方程(7.37)有不同的取值范围。

阵为[①]：

$$
\mathbf{S} = \begin{bmatrix}
6.982 & & & & & \\
4.686 & 6.047 & & & & \\
4.335 & 3.307 & 5.037 & & & \\
-2.294 & -1.453 & -1.979 & 5.569 & & \\
2.209 & -1.262 & -1.738 & 3.931 & 5.328 & \\
-1.671 & -1.401 & -1.564 & 3.915 & 3.601 & 4.977
\end{bmatrix} \tag{7.39}
$$

表 7.4　莱森泰恩（Reisenzein,1986）对同情和愤怒的测量

	同情
x_1	你对他有多同情？（1 = 完全没有,9 = 非常）
x_2	我对他感到难过。（1 = 完全没有,9 = 非常）
x_3	你对他有多关心？（1 = 完全没有,9 = 非常）
	愤怒
x_4	你对他有多愤怒？（1 = 完全没有,9 = 非常）
x_5	你对他有多生气？（1 = 完全没有,9 = 非常）
x_6	你对他感到很激愤。（1 = 完全没有,9 = 非常）

资料来源：由莱森泰恩（Reisenzein,1986:1126）改编得到。

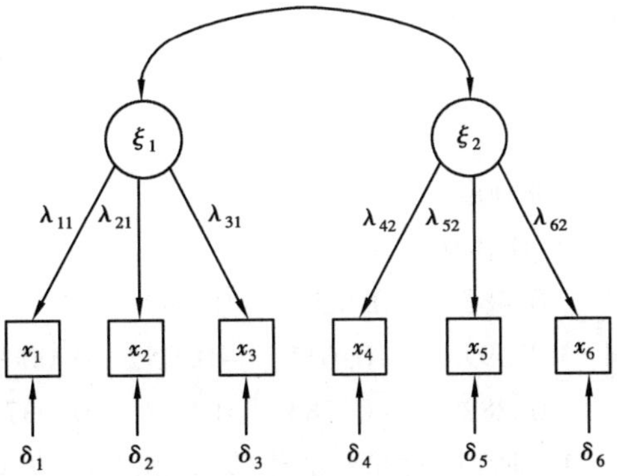

图 7.4　对同情（ξ_1）和愤怒（ξ_2）的验证性因子分析模型。每个潜变量有三个观测指标（x_1 到 x_6）

应用 F_{ML} 得到的残差矩阵 $\mathbf{S}-\hat{\Sigma}$ 为：

$$
\mathbf{S}-\hat{\Sigma} = \begin{bmatrix}
0.000 & & & & & \\
0.029 & 0.000 & & & & \\
-0.016 & -0.027 & 0.000 & & & \\
-0.074 & 0.248 & -0.390 & 0.000 & & \\
-0.172 & 0.299 & -0.280 & -0.030 & 0.000 & \\
0.337 & 0.137 & -0.127 & 0.013 & 0.020 & 0.000
\end{bmatrix} \tag{7.40}
$$

① 我使用第 2 章描述的程序检查了奇异值。我发现在这些变量中有 10 个个案表现出了异于寻常的响应模式，可是包含还是删除这些个案对 CFA 的结果几乎没有影响。

矩阵中的元素看上去都不大,并且有正有负。模型高估了 x_3 与其他变量的协方差,但这些负值都不大。残差绝对值的平均数为 0.105,与 **S** 中的元素相比,这个值很小。需要注意的是,在给定模型和拟合函数的情况下,不管协方差矩阵的样本观测值如何变化,其中一些元素的预测值总会与之完全相同。这些取值为 0 的残差会拉低残差的均值,从而导致我们对模型的拟合效果作出过于乐观的判断。尽管在模型和拟合函数都给定的情况下,我们还是很难判断哪些元素的残差不受样本协方差矩阵的影响,但它们一定包含在矩阵 $\mathbf{S}-\hat{\Sigma}$ 取值为 0 的元素中。所以,仅对残差矩阵中的非零元素取绝对值并计算均值就可以排除零值的影响。将取值为 0 的残差去除后,对方程(7.40)计算得到的均值为 0.147。

这个平均数依然很小。为了控制变量测量单位的影响,我计算了相关系数残差矩阵:

$$\begin{bmatrix} 0.000 & & & & & \\ 0.004 & 0.000 & & & & \\ -0.003 & -0.005 & 0.000 & & & \\ -0.012 & 0.043 & -0.074 & 0.000 & & \\ -0.028 & 0.053 & 0.055 & -0.006 & 0.000 & \\ 0.057 & 0.025 & -0.025 & 0.002 & 0.004 & 0.000 \end{bmatrix} \tag{7.41}$$

所有相关系数残差的绝对值都小于 0.1,它们取绝对值以后的均值为 0.019。如果将取值为 0 的元素排除掉,均值为 0.026。

正态化残差矩阵为:

$$\begin{bmatrix} 0.000 & & & & & \\ 0.043 & 0.000 & & & & \\ -0.026 & -0.049 & 0.000 & & & \\ -0.131 & 0.482 & 0.829 & 0.000 & & \\ -0.314 & 0.597 & -0.611 & -0.052 & 0.000 & \\ 0.636 & 0.282 & -0.286 & 0.023 & 0.037 & 0.000 \end{bmatrix} \tag{7.42}$$

所有残差的绝对值都小于 1。所以,对非标准化残差、相关系数残差和正态化残差的分析结果一致说明,Σ 和 $\Sigma(\boldsymbol{\theta})$之间的差异并不大。

样本量对残差的影响有多大?根据当前的标准,138 个人是一个中等偏小的样本。考虑样本量越小,残差越大(在其他条件相同的情况下),较小的非标准化残差和相关系数残差就更加能够说明情况,即模型拟合得很好。而且,将样本容量的影响也考虑在内的正态化残差的值也很小。为了举例说明样本容量对残差的影响,我从原始的 138 名个案中随机抽出 60 人。在这个较小的样本中,残差绝对值的平均值为 0.123,将对角线上取值为 0 的残差去除后的均值为 0.172。与之前样本量为 138 时计算得到的 0.105 和 0.147 相比,样本量缩减到 60 后的残差要大一些。

综上所述,样本残差矩阵 $\mathbf{S}-\hat{\Sigma}$ 可以帮助我们确定哪些样本方差和协方差元素的模型拟合效果不好。残差矩阵中主对角线及以下元素取绝对值以后的均值(或中位数)以及将取值为 0 的残差排除以后计算的均值(或中位数)是对模型整体拟合效果的综合指标。

为了对观测变量的测量单位进行标准化，我建议使用相关系数残差。不过，这些残差仍然受到样本量的影响。样本量越大，非标准化残差和相关系数残差的绝对值倾向越小。

如果能对残差是否与 0 有显著差异进行统计检验，那将是非常有帮助的。利用正态化残差，我们能够进行一个非常粗略的显著性检验，但是由于没有对待检验的单个元素进行预先设定，再加上正态化残差有明显的低估倾向，该检验的显著性水平并不精确。最好，我们能对 $[\boldsymbol{\Sigma} - \boldsymbol{\Sigma}(\boldsymbol{\theta})]$ 中的总体残差是否全部为 0 进行联合检验。这个检验需要考虑样本量 N 和自由度，并且要基于样本残差。在下一部分，我会介绍这样一种检验方法。

卡方(χ^2)检验

在第 4 章，我曾介绍过针对过度识别模型的卡方检验。在我描述的条件之下，通过 $(N-1)F_{\mathrm{ML}}$ 或 $(N-1)F_{\mathrm{GLS}}$ 可以得到一个卡方统计量，据此可以对原假设 $H_0: \boldsymbol{\Sigma} = \boldsymbol{\Sigma}(\boldsymbol{\theta})$ 进行统计检验①。因为 H_0 与假设 $\boldsymbol{\Sigma} - \boldsymbol{\Sigma}(\boldsymbol{\theta}) = 0$ 是等价的，卡方检验也是对 $\boldsymbol{\Sigma} - \boldsymbol{\Sigma}(\boldsymbol{\theta})$ 中的所有残差都为 0 的一个联合检验。

如下文所述，卡方检验也是一个针对过度识别的统计检验。过度识别的模型暗示总体满足一个或多个限定条件。例如，假定我有两个平行的测量指标 $x_1 = \xi_1 + \delta_1$，$x_2 = \xi_1 + \delta_2$，并且 $\mathrm{VAR}(\delta_1) = \mathrm{VAR}(\delta_2)$。这个模型是过度识别的，我们可通过两种方法将 $\mathrm{VAR}(\delta_1)$[或 $\mathrm{VAR}(\delta_2)$] 表示成 $\boldsymbol{\Sigma}$ 的函数：$\mathrm{VAR}(\delta_1) = \mathrm{VAR}(x_1) - \mathrm{COV}(x_1, x_2)$ 和 $\mathrm{VAR}(\delta_1) = \mathrm{VAR}(x_2) - \mathrm{COV}(x_1, x_2)$。这些方程表明存在这样一个限定条件，即 $\mathrm{VAR}(x_1) = \mathrm{VAR}(x_2)$。如果模型成立，这个限定条件在总体中就一定是真实存在的。但是由于抽样误差，在任何一个给定的样本中，我们并不期望 $\mathrm{var}(x_1)$ 和 $\mathrm{var}(x_2)$ 恰好相等。但是 $\mathrm{var}(x_1)$ 与 $\mathrm{var}(x_2)$ 的偏离程度越大，$\mathrm{VAR}(x_1)$ 与 $\mathrm{VAR}(x_2)$ 相等的限定条件成立的可能性就越小，进而模型为真的可能性也越小。因此，卡方检验能够帮助我们判断模型的限定条件是不是真实有效的。

布朗尼(Browne，1974，1982，1984) 基于广义最小二乘理论证明 $(N-1)F_{\mathrm{ML}}$ 或 $(N-1)F_{\mathrm{GLS}}$ 是一个卡方统计量。在这里，我将使用似然比原理证明 $(N-1)F_{\mathrm{ML}}$ 服从渐近卡方分布。原假设 H_0 是 $\boldsymbol{\Sigma} = \boldsymbol{\Sigma}(\boldsymbol{\theta})$，也就是说，模型对 $\boldsymbol{\Lambda}_x$，$\boldsymbol{\Phi}$ 和 $\boldsymbol{\Theta}_\delta$ 中的固定参数、自由参数以及相关限定条件的设定是合理的。根据 H_0，我可以得到这些矩阵中所有自由参数和受限参数的最大似然估计量，这些估计量与固定参数一起组成了估计矩阵 $\hat{\boldsymbol{\Lambda}}_x$，$\hat{\boldsymbol{\Phi}}$ 和 $\hat{\boldsymbol{\Theta}}_\delta$。接下来，我可以计算 $\hat{\boldsymbol{\Sigma}}[\boldsymbol{\Sigma}(\hat{\boldsymbol{\theta}})]$，它是在原假设 H_0 成立的条件下基于样本预测得到的观测变量的协方差矩阵。我将 H_0 成立时的似然函数的对数值记为 $\log L_0$，并且将这个函数中与 $\hat{\theta}$ 的选择无关的常数项去掉(见第 4 章)。当取值为 $\mathbf{S}$ 和 $\hat{\boldsymbol{\Sigma}}$ 时，$\log L_0$ 的表达式为：

$$\log L_0 = -\frac{N-1}{2}\{\log|\hat{\boldsymbol{\Sigma}}| + \mathrm{tr}(\hat{\boldsymbol{\Sigma}}^{-1}\mathbf{S})\} \tag{7.43}$$

---

① 正如我在第 4 章提到的，布朗尼(Browne，1982，1984) 提供了一种方法，这种方法可以得到基于 F_{ULS} 的卡方检验。由于这个卡方估计量非常复杂而且很少使用，我将讨论限定在由 $(N-1)F_{\mathrm{ML}}$ 或 $(N-1)F_{\mathrm{GLS}}$ 得到的卡方估计量上。

这是似然比检验中分子的对数值。

为了举例说明如何计算$\hat{\Sigma}$和方程(7.43),我们回到之前的CFA模型(图7.4),这个模型中有同情和愤怒两个因子,并且有六个观测指标。

$\hat{\Lambda}_x$,$\hat{\Phi}$和$\hat{\Theta}_\delta$的最大似然估计值为:

$$\hat{\Lambda}_x = \begin{bmatrix} 1.00 & 0.00 \\ 0.77 & 0.00 \\ 0.72 & 0.00 \\ 0.00 & 1.00 \\ 0.00 & 0.92 \\ 0.00 & 0.90 \end{bmatrix}, \hat{\Phi} = \begin{bmatrix} 6.08 & \\ -2.22 & 4.32 \end{bmatrix} \tag{7.44}$$

$\text{diag}(\hat{\Theta}_\varepsilon) = [0.90 \quad 2.48 \quad 1.92 \quad 1.25 \quad 1.69 \quad 1.45]$,$\hat{\Sigma}(= \hat{\Lambda}_x \hat{\Phi} \hat{\Lambda}_x' + \hat{\Theta}_\delta)$ 为:

$$\hat{\Sigma} = \begin{bmatrix} 6.982 & & & & & \\ 4.657 & 6.047 & & & & \\ 4.351 & 3.334 & 5.037 & & & \\ -2.220 & -1.701 & -1.589 & 5.569 & & \\ -2.037 & -1.561 & -1.458 & 3.961 & 5.328 & \\ -2.007 & -1.538 & -1.437 & 3.903 & 3.581 & 4.977 \end{bmatrix} \tag{7.45}$$

在 H_0 成立的条件下,方程(7.45)就是我们预测得到的 $\hat{\Sigma}$ 。在这个例子中,$\log L_0$ 为:

$$\begin{aligned} \log L_0 &= -\frac{137}{2}\{\log|\hat{\Sigma}| + \text{tr}(\hat{\Sigma}^{-1}\mathbf{S})\} \\ &= -890.3 \end{aligned} \tag{7.46}$$

为了得到似然比统计量,我们还需一个备择假设 H_1。我将选择这样一个 H_1,它能使相应的似然函数的对数值$\log L_1$ 达到最大值。在所有可能的H_1 中,限定条件最少的是Σ可以是任意正定矩阵(见附录A)。如果我将$\hat{\Sigma}$设定为样本协方差矩阵 $\mathbf{S}$,那么 $\log L_1$ 就能达到最大值。同样,在将无关的常数项去掉后,H_1 成立时,似然函数的对数值$\log L_1$ 的表达式为:

$$\begin{aligned} \log L_1 &= -\frac{N-1}{2}\{\log|\mathbf{S}| + \text{tr}(\mathbf{S}^{-1}\mathbf{S})\} \\ &= -\frac{N-1}{2}\{\log|\mathbf{S}| + q\} \end{aligned} \tag{7.47}$$

这是似然比检验中分母的对数值。

在同情和愤怒这个 CFA 例子中,$\mathbf{S}$ 见方程(7.39),$\log L_1$ 的计算过程为:

$$\begin{aligned} \log L_1 &= -\frac{137}{2}\{\log|\mathbf{S}| + \text{tr}[\mathrm{I}_4]\} \\ &= -885.5 \end{aligned} \tag{7.48}$$

假设 H_1 本身并没有提供任何有用的信息。事实上并不存在一个像 H_1 这样的模型。我们选择H_1 的目的是提供一个完美拟合的标准,并将之与H_0 进行比较。H_1 可能代表任意一个恰好识别的模型,因为$\hat{\Sigma}$与 $\mathbf{S}$ 完全相等。我们最希望看到的情形是$\hat{\Sigma} = \hat{\Lambda}_y \hat{\Phi} \hat{\Lambda}_y' + \hat{\Theta}_\delta$(基

于 H_0）恰好等于 **S**。因为 H_1 将 $\hat{\Sigma}$ 设定为 **S**，将 $\log L_1$ 与 $\log L_0$ 对比实际上是将 H_0 与一个完美拟合的模型进行比较。如果 H_0 为真且 $(N-1)$ 足够大，似然比的自然对数值 $\log(L_0/L_1)$ 乘以 -2 以后满足卡方分布。具体来说：

$$
\begin{aligned}
-2\log\left(\frac{L_1}{L_0}\right) &= -2\log L_0 + 2\log L_1 \\
&= (N-1)[\log|\hat{\Sigma}| + \mathrm{tr}(\hat{\Sigma}^{-1}\mathbf{S})] - (N-1)(\log|\mathbf{S}| + q) \\
&= (N-1)(\log|\hat{\Sigma}| + \mathrm{tr}(\hat{\Sigma}^{-1}\mathbf{S}) - \log|\mathbf{S}| - q) \qquad (7.49)
\end{aligned}
$$

方程(7.49)的最后一行看上去非常熟悉，括号中的项正是方程(7.34)所示的拟合函数 F_{ML} 在取值为 **S** 和 $\hat{\Sigma}$ 时的估计量。方程(7.49)表明，拟合函数 F_{ML} 在 $\hat{\boldsymbol{\theta}}$ 处的估计量乘以 $(N-1)$ 以后服从渐近卡方分布。它的自由度是 $\frac{1}{2}(q)(q+1)-t$，其中第一项表示由 q 个观测变量构成的样本协方差矩阵 **S** 中非冗余元素的个数，t 是参数向量中需要自由估计的参数个数。

卡方检验的逻辑与通常遇到的显著性检验有所不同。在后者中，原假设通常与我们的理论假设相反，我们的目的是要拒绝这个原假设。例如，回归方程的 F 检验的原假设是：总体中所有的回归系数都为0。当 F 统计量超过由一定的显著性水平和自由度决定的临界值时，我们就要拒绝原假设。拒绝原假设不代表接受备择假设，即回归系数不全是0；但是它意味着我们能有很大的把握确定至少有一个回归系数不是0。相比之下，在验证性因子分析中，卡方检验的原假设 H_0 是：模型对 Σ 的限定性条件是真实合理的[即 $\Sigma = \Sigma(\boldsymbol{\theta})$]。比较的标准是 $\hat{\Sigma}$ 能够完美拟合 **S**。计算的卡方统计量的概率水平是在 H_0 为真的情况下，获得比当前得到的卡方值更大的卡方值的概率。所以，χ^2 的概率越大，H_0 与完美拟合就越接近。

我们回到同情和愤怒的例子，如果 $-2\log(L_0/L_1)$ 超过了 χ^2 的临界值，那么我们就要拒绝原假设 H_0。卡方检验的临界值是由卡方的自由度和预先设定的显著性水平 α 决定的。如果我们不能在显著性水平为 α 的情况下拒绝 H_0，就说明模型拟合得很好，α 通常取0.1或0.05。根据方程(7.46)和方程(7.48)，我们知道 $\log L_0$ 等于 -890.3，而 $\log L_1$ 等于 -885.5。如果我们将这些值代入方程(7.49)，那么 $-2\log(L_0/L_1)$ 为：

$$
\begin{aligned}
-2\log(L_0/L_1) &= -2\log L_0 + 2\log L_1 \\
&= 9.6 \qquad (7.50)
\end{aligned}
$$

方程(7.50)等号右边的表达式等于 $(N-1)F_{ML}$ 在 **S** 和 $\hat{\Sigma}$ 处的取值。在这个例子中，N 等于138，所以 $(N-1)$ 等于137，$F_{ML}(\mathbf{S},\hat{\Sigma})$ 为：

$$
\begin{aligned}
F_{ML}(\mathbf{S},\hat{\Sigma}) &= \log|\hat{\Sigma}| + \mathrm{tr}(\hat{\Sigma}^{-1}\mathbf{S}) - \log|\mathbf{S}| - q \\
&= 0.069\,8 \qquad (7.51)
\end{aligned}
$$

将这个值乘以137恰好等于方程(7.50)的结果，这就是估计得到的卡方统计量的值。通过这个值，我们就可以对模型 H_0 相对于更加一般化的备择模型 H_1 的拟合效果进行检验。卡方的自由度是 $21-13$，即等于8。在 H_0 成立的情况下，我们得到比当前的卡方值还要大的χ^2 的概率为0.3。在常规的显著性水平下(如0.05),我们不能拒绝原假设H_0,也就是说,当前模型与H_1具有相同的拟合优度。显著性检验说明这个模型的拟合非常好。对该显著性检验的另一种解释是,我们不能拒绝这样一个原假设,即残差矩阵 $\boldsymbol{\Sigma}-\boldsymbol{\Sigma}(\boldsymbol{\theta})$ 中的所有元素都是0。

在使用卡方检验时我们也要小心谨慎,这有几个原因。卡方近似要求:(1)x 的峰度系数为0;(2)分析的对象是协方差矩阵;(3)样本规模足够大;(4)假设H_0:$\boldsymbol{\Sigma}=\boldsymbol{\Sigma}(\boldsymbol{\theta})$ 完全成立。在实践中,上述假设中的一个或多个有可能被违反。首先来看第一个假设,布朗尼(Browne,1974,1982)发现(见第4章),如果$\mathbf{x}$的峰度系数不太大也不太小,那么$(N-1)F_{\mathrm{ML}}$或$(N-1)F_{\mathrm{GLS}}$对卡方分布的近似效果比较好。实践中最为大家熟知的峰度为0的分布是多元正态分布,而非正态的观测变量则有可能出现较大或较小的峰度系数。布朗尼(Browne,1984:81)认为,如果分布的峰度系数大于0(即比正态分布的形状更陡峭),拒绝H_0的可能性会增加;而如果分布的峰度系数小于0,卡方的估计值会偏小。邦斯玛(Boomsma,1983)发现,偏度系数过大也会导致卡方的估计值过高,但目前还不知道这是不是因为通常偏度系数过大的分布的峰度系数也比较大。

幸运的是,对非正态分布以及卡方估计量的替代物的研究正在快速地发展中。一些研究者(如 Satorra & Bentler,1987)试图揭示在什么条件下,卡方检验在峰度系数很大或很小的情况下也是稳健的。而另一种研究趋势是寻找服从其他分布的统计量(Browne,1982,1984)从而替代常规的F_{ML},F_{GLS}和F_{ULS}估计量,并且进行精确的统计检验。还有一些研究者在寻找对分布假定不敏感的卡方估计量(Arminger & Schoenberg,1987)。在第9章,我会对其中的一些方法进行讨论,这些方法主要针对观测变量的分布存在多元峰态和偏态的问题。这里需要强调的是,如果观测变量是非正态的,并且有或高或低的峰度系数,那么常规的卡方检验可能是不准确的,但是我们有一些备选的方案去获得一个正确的卡方估计量。

影响卡方估计量的第二个因素是我们分析的是相关系数矩阵还是协方差矩阵。这个问题引起了很多争论。约斯库革和松波(Jöreskog & Sörbom,1986:Ⅰ.39)认为,当我们对相关系数矩阵进行分析时,卡方估计值是不准确的。根据模拟研究,邦斯玛(Boomsma,1983:112)发现,在恒定性条件下,将观测变量的方差标准化为1不会影响卡方的估计值。如果将多个因子负载或误差方差设为相等,那么恒定性条件就不成立。所以,政治民主性这个例子不满足恒定性条件,因为我们将1960年和1965年对应的因子负载设为相等。不过,同情和愤怒这个例子满足恒定性条件。对于满足恒定性条件的模型,例如同情和愤怒这个CFA模型,无论我们是对相关系数矩阵进行分析,还是对协方差矩阵进行分析都会得到相同的卡方估计值。问题在于当我们对来自多个独立随机样本的相关系数矩阵进行分析时,卡方估计值是否准确。

确保$(N-1)F_{\mathrm{ML}}$趋近于卡方分布的第三个条件是样本量要足够大。到目前为止,很多研究仍在讨论至少需要多大的样本量才能满足要求。邦斯玛(Boomsma,1983:119)的模拟研究发现,当样本量小于50时,卡方估计量$(N-1)F_{\mathrm{ML}}$的近似效果比较差,他建议需要有100或者更多的样本量。安德森和戈宾(Anderson & Gerbing,1984)在他们的模拟研究中也发现,在小样本中(<100),$(N-1)F_{\mathrm{ML}}$对卡方分布的偏离程度最大。这两项研究

都发现,对卡方分布的偏离会导致更多可能拒绝 H_0。这说明,小样本会高估卡方统计量的值。另一个与样本量有关的指导原则是,样本量 N 随着模型中需要估计的自由参数的数量的增加而增加。尽管目前还没有一个非常确切的硬性规定,一个有用的建议是每个自由参数至少需要好几个个案。

最后,影响卡方近似效果的第四个因素是假设 $\Sigma - \Sigma(\boldsymbol{\theta})$ 是否百分之百的成立。通常,我们并不指望模型能够完美地再现事实的真相,我们只希望它能适度地接近真实。如果基于模型的隐含协方差矩阵 $\Sigma(\boldsymbol{\theta})$ 能够帮助我们理解变量之间的相互关系,并且能与观测数据基本匹配,我们也会将之视为一个比较合理的模型。所以,认为模型要能丝毫不差地再现数据生成的全过程的假定通常不会被接受。但是卡方检验却是在将一个假设的模型 H_0 与一个完美拟合的模型 H_1 进行比较。完美拟合可能不是一个非常恰当的标准,一个比较大的卡方估计值可能表明我们已有的知识(H_0 近似地成立)并不完美。

检测偏离程度的卡方检验的功效(即拒绝错误假设 H_0 的概率)部分取决于样本规模。卡方估计量的表达式是$(N-1)F_{ML}$[或$(N-1)F_{GLS}$],所以很明显,如果 F_{ML}(或 F_{GLS})保持不变,那么卡方估计值的大小会随着$(N-1)$的增加而增加,卡方检验的功效也会随着 N 的增加而增加。这与下面这个例子极为相似:我们想要检验两个变量之间的相关系数是否为0,样本相关系数很小,只有0.03,但样本量却很大。大样本有可能使我们很有把握地拒绝总体相关系数为0的原假设,但0.03的相关系数如此之小,以至于在大多数情况下它根本没有任何实质意义。卡方检验的情况与此极为相似。大样本量确实能够增加我们判定残差矩阵 $\Sigma - \Sigma(\boldsymbol{\theta})$ 不为0的信心,但 Σ 与 $\Sigma(\boldsymbol{\theta})$ 之间差异的实际显著性也同样不能忽视。换句话说,小样本会降低卡方检验的功效,以至于在样本量比较小时,我们可能发现不了 Σ 与 $\Sigma(\boldsymbol{\theta})$ 之间存在很大的差异。在下一章,我将演示如何评估卡方检验对某个被择模型的功效。

综上所述,作为一个测量模型整体拟合的汇总指标,卡方检验既有优点,也有缺点。当样本量比较大但又不太大,当我们分析的是协方差矩阵而不是相关系数矩阵,当观测变量的峰度系数不过大也不过小(如 x 服从多元正态分布),并且当 H_0 为真时,$(N-1)F_{ML}$[或$(N-1)F_{GLS}$]是对卡方分布的一个很好的近似并且比较适合进行显著性检验。可是,一旦这些条件中的一个或多个不满足,卡方检验则可能失去它的部分价值。

考虑到上述缺陷,在同情和愤怒这个例子中,我们计算得到的卡方估计值9.6(自由度为8)能够说明这个模型拟合得很好吗?正如很多现实中的例子一样,答案是复杂的。与很多调查中的项目相同,这个例子中的观测变量并不满足多元正态分布。而且,模型只是对现实的一种近似,完美拟合是不可能达到的,这会增加卡方估计值。我们分析的是协方差矩阵而不是相关系数矩阵,所以这不是一个问题。样本量为138,它既不太大也不太小,所以它不会对检验带来很多负面影响。综合这些因素,我认为这个卡方检验能够说明模型的拟合结果是比较好的,即可认为 $\Sigma = \Sigma(\boldsymbol{\theta})$。而且,根据上文对样本残差的讨论以及下文我将介绍的其他拟合指标,我们也能得到同样的结论。

之前,我曾说过,所有拟合指标都是 $\mathbf{S}$ 和 $\hat{\Sigma}$ 的函数。卡方统计量也符合这一观点,因为 F_{ML} 和 F_{GLS} 都是 $\mathbf{S}$ 和 $\hat{\Sigma}$ 的函数而卡方估计量等于$(N-1)F_{ML}$ 或$(N-1)F_{GLS}$。因而,拟合函数提供了测量 $\mathbf{S}$ 和 $\hat{\Sigma}$ 之间差异程度的测量指标。F(这里 F 可以是 F_{ML},F_{GLS} 或 F_{ULS})的性质

包括:(1)F的最小值是0;(2) 当H_0为真且分布假定也成立,F随着N的增加而减小,即随着$N\to\infty$,$F\to 0$;(3) 对于给定的样本和模型,增加需要自由估计的参数的数量不会增加F的值。就F本身而言,它的大小不太容易解释。但如前所述,将F_{ML}或F_{GLS}乘以$(N-1)$就能得到卡方统计量的估计值。下一部分将要介绍的增量拟合指标也对F进行了一些变换从而得到了另一个可以衡量$\mathbf{S}$与$\hat{\Sigma}$之间接近程度的测量指标。

增量拟合指标

在这一部分,我会介绍几个增量拟合指标。第一个是本特勒和博内特(Bentler & Bonett,1980)提出的基准拟合指标(normed fit index)Δ_1:

$$\Delta_1 = \frac{F_b - F_m}{F_b} = \frac{\chi_b^2 - \chi_m^2}{\chi_b^2} \tag{7.52}$$

在表达式(7.52)中,F_b是基准模型的拟合函数值,F_m是经过改进或带假设的模型的拟合函数值。有时用卡方计算这个拟合指标更加方便,见表达式(7.52)第二行,其中χ_b^2是基准模型的卡方估计值,χ_m^2是改进模型的卡方估计值。

基准模型是最简单、限制条件最为严格的模型,其作用是提供一个比较合理的比较标准,我们可以将之与限制条件相对较少的改进后的模型进行比较。例如,在因子分析中,一个常见的基准模型假定观测变量背后没有潜在因子,即假定观测变量的协方差(或相关系数)在总体中全部为0。该基准模型对观测变量的方差没有任何限制。获得这个无相关基准模型卡方估计值χ_b^2的一个方法是对模型进行如下设定:$q=n$,$\mathbf{x}=\xi$,$\Theta_\delta=\mathbf{0}$,$\Lambda_x=I$,并且Φ是一个对角线矩阵,对角线上的元素可以自由估计。F_b等于$\chi_b^2/(N-1)$。当然,选择其他基准模型可能更加合适(Cudeck & Browne,1983;Sobel & Bohrnstedt,1985)。

Δ_1背后的原理:F_m在$\mathbf{S}$与$\hat{\Sigma}$处估计值的一个问题是我们无法轻易地对它的大小进行判断,因为我们不知道F_m的最大值并将之与模型估计值进行比较。但基准拟合指标提供了这样一个最大值,即F_b。当F_m等于0时,模型拟合最好,这时Δ_1等于1。当改进模型的拟合优度与基准模型一样时,模型拟合最差,这时Δ_1等于0。所以,$0\leqslant\Delta_1\leqslant 1$,$\Delta_1$的值越接近于1,拟合效果越好。$\Delta_1$测量的是由基准模型变为改进模型,模型的拟合函数值或者卡方值的消减比例。我们也可将其视为改进模型相对于基准模型而言的拟合优度的增加量。Δ_1的一个性质是$\text{plim}(\Delta_1)=c$,其中$0\leqslant c\leqslant 1$。倘若$\text{plim}(F_b)$和$\text{plim}(F_m)$存在并且是一个有限的实数,那么这个表达式成立。当模型是真实的,那么$c=1$,所以$\text{plim}(\Delta_1)=1$。

Δ_1的一个缺陷是它没有考虑自由度。只要增加模型参数,F_m的值就会下降。这与增加解释变量的个数会增加回归方程的R^2是一个道理。尽管R^2会增加,但自由度却在减少,模型的复杂程度也在增加。对自由度进行调整以后的R^2可能显示,一个更加简约的模型拟合得更好。同理,一个有很多待估参数的CFA模型的χ_m^2(或F_m)不可能比一个

相对简约的模型的 χ_m^2 大并且往往比简约模型小。简约模型的参数是复杂模型参数的一个子集。复杂模型可能有更高的 Δ_1，但它的自由度更少并且可能过度拟合了数据。另一个影响来自样本量。一般而言，我们能区分两种样本量效应。

第一种是样本量 N 是否直接参与拟合指标的计算。具体来说，对于给定的 F_m，df_m，F_b 和 df_b，改变样本量的大小是否会改变拟合指标的值？拟合指标的计算结果不随 N 的变化而变化能够更加有效地改变 F_m 和 F_b（或 χ_m^2 和 χ_b^2）的测量尺度，并且提供一种比原始尺度更加易于解释的尺度。

第二种样本量效应是拟合指标的抽样分布的均值是否受 N 的影响。为了理解这种效应，试想我们可以用不同规模的样本拟合同一个模型。如果我们选择了一个样本规模，比如 $N=50$，我们可以基于所有样本量为 50 的样本得到某个拟合指标的抽样分布。同理，我们也可以在样本量为 51，52，53 等所有可能的情况下得到该拟合指标的抽样分布。对于每个样本量，我们都可以计算拟合指标的均值，然后确定这些均值是否受样本量的影响。如果是，我们就说该拟合指标的抽样分布的均值与 N 有关。

如果拟合指标的均值与 N 不相关，那么我们就能借此对不同样本量的模型进行更加有效的比较。不管样本规模有多大，具有这种特征的拟合指标的均值对一个合理的模型而言应该大致相同。任何一个拟合指标都不可能在满足计算公式不受 N 影响的同时，抽样分布的均值也与样本规模 N 不相关。

对 $\Delta_1[=(F_b-F_m)/F_b]$ 而言，N 并没有出现在的计算公式中。所以，如果 F_b 和 F_m 保持不变，那么计算结果在样本量为 100 时以及在样本量为 10 000 时是完全相同的。可是，关键的条件是 F_b 和 F_m 保持不变，正如我在上一部分所言，拟合函数值与样本量有关。如果改进模型是合理的，F_m 的抽样分布均值会随着样本量的增加而减小。具体来说，如果 $(N-1)F_m$ 服从卡方分布，F_m 的均值应趋向于 $\mathrm{df}_m/(N-1)$。F_b 的性质取决于基准模型的选择，如果 F_b 的抽样分布的均值也随着 N 的增加而减小，那么它减小的速度很有可能比 F_m 慢。这意味着 Δ_1 的抽样分布的均值在大样本中比在小样本中大。因而，当我们对两个拥有不同样本规模的 Δ_1 进行比较时，我们可能会误以为大样本的拟合效果比小样本的好，即使模型在两个样本中都是成立的。比尔登等人（Bearden et al.，1982）的模拟研究验证了这个观点。后来，我也进行了一个小型的模型模拟，进一步发现 Δ_1 的抽样分布的均值与 N 正相关。

我提出了一个对 Δ_1 进行修正的方法，以降低它的均值与 N 的依存关系，并且将自由度 df_m 的影响也考虑在内（Bollen，1988）：

$$
\begin{aligned}
\Delta_2 &= \frac{F_b-F_m}{F_b-\dfrac{\mathrm{df}_m}{N-1}} \\
&= \frac{\chi_b^2-\chi_m^2}{\chi_b^2-\mathrm{df}_m} \qquad (7.53)
\end{aligned}
$$

Δ_2 的原理如下所示。χ_m^2 的期望值是最佳拟合的判断标准。如果改进模型的卡方近似成立，那么它的值应等于 df_m。对于一个正确的改进模型，分子 $\chi_b^2-\chi_m^2$ 的平均值为 $\bar{\chi}_b^2-\mathrm{df}_m$，其中 $\bar{\chi}_b^2$ 是基准模型卡方值的平均数。一般而言，χ_b^2 并不服从卡方分布，因为我们往往对基准模型进行了很多限定。在满足某些条件的情况下，它服从非中心卡方分布(Steiger, Shapiro & Browne, 1985)，但这与我讨论的核心问题关系不大。如果平均而言，$\bar{\chi}_b^2 - \mathrm{df}_m$ 是一个正确模型的期望值，那么它就为我们比较 $\chi_b^2 - \chi_m^2$ 提供了另一个标准。在一个正确的模型中，二者的值平均来说应恰好相等。在分母中，我们用 χ_b^2 替代 $\bar{\chi}_b^2$，因为它是唯一可得的对 $\bar{\chi}_b^2$ 的估计量。

与 Δ_1 相比，Δ_2 的抽样分布的均值与样本规模的关系比较弱。不过，Δ_2 的计算却直接受 N 的影响。如果 F_b，F_m 和 df_m 的值给定不变，那么 Δ_2 会随样本量的增加而减小。这就部分抵消了 Δ_1 的均值随样本量增大而增大的变化趋势。与此同时，Δ_2 也对自由度 df_m 进行了调整。如果两个改进模型的 χ_b^2 和 χ_m^2 完全相同，参数较少的模型的 Δ_2 较大。对于一个正确的改进模型，Δ_2 具有如下性质：(1)对不同的样本规模，它的取值都趋近于1；(2)它的取值范围并不局限于0到1；(3)如果模型过度拟合了数据，Δ_2 的值可能会远高于1；(4)如果 Δ_2 的分子和分母都为正，$\Delta_1 < \Delta_2$。随着 N 的增加，方程(7.53)中的 $\mathrm{df}_m/(N-1)$ 这一项趋近于0，Δ_2 也会与 Δ_1 越来越接近[即 $\mathrm{plim}(\Delta_1 - \Delta_2) = 0$]。因而，在小样本和中等样本中，$\Delta_1$ 和 Δ_2 的平均差距比较大，而在大样本中，二者的差距比较小。最后，$\mathrm{plim}(\Delta_2) = c$，当模型成立时 c 等于1。

博伦(Bollen, 1986)还提出了另一个拟合指标：

$$\rho_1 = \frac{\dfrac{F_b}{\mathrm{df}_b} - \dfrac{F_m}{\mathrm{df}_m}}{\dfrac{F_b}{\mathrm{df}_b}} = \frac{\dfrac{\chi_b^2}{\mathrm{df}_b} - \dfrac{\chi_m^2}{\mathrm{df}_m}}{\dfrac{\chi_b^2}{\mathrm{df}_b}} \tag{7.54}$$

在计算 ρ_1 时，F(或 χ^2)的取值与计算 Δ_1 时相同，但需要将之分别除以各自的自由度。ρ_1 的原理也与 Δ_1 相似。在计算 Δ_1 时，我们将改进模型的拟合程度与基准模型进行比较。而在计算 ρ_1 时，我们将改进模型和基准模型的拟合程度除以各自的自由度以后再进行比较。由于增加参数会降低自由度，因此随着模型复杂度的增加，ρ_1 的值有可能保持不变甚至下降。如果两个改进模型的拟合函数值相同，那么参数较少的模型会比相对复杂的模型拥有较大的 ρ_1。F_m 的最小值是0，所以 ρ_1 的最大值是1。χ_m^2/df_m 的值有可能超过 χ_b^2/df_b，所以 ρ_1 可能小于0，不过这在实践中很少出现。和 Δ_1 相似，因为只要 F_m，df_m，F_b 和 df_b 保持不变，ρ_1 的值不会随样本量 N 的变化而变化。但是，ρ_1 的抽样分布的均值会随 N 的增加而增加。如果 $\mathrm{plim}(F_m)$ 和 $\mathrm{plim}(F_b)$ 都存在且都为有限的实数，那么 $\mathrm{plim}(\rho_1) = d$，其中 $d \leqslant 1$。如果改进模型是真实的，那么 $\mathrm{plim}(\rho_1) = 1$。

在 ρ_1 被提出之前，塔克和刘易斯(Tucker & Lewis, 1973)以及本特勒和博内特(Bentler & Bonett, 1980)提出过一个指标，这个指标的抽样分布的均值与 ρ_1 相比，较少受 N 的影响：

$$\rho_2 = \frac{\frac{F_b}{\mathrm{df}_b} - \frac{F_m}{\mathrm{df}_m}}{\frac{F_b}{\mathrm{df}_b} - \frac{1}{N-1}} = \frac{\frac{\chi_b^2}{\mathrm{df}_b} - \frac{\chi_m^2}{\mathrm{df}_m}}{\frac{x_b^2}{\mathrm{df}_b} - 1} \tag{7.55}$$

与 ρ_1 类似,ρ_2 对改进模型和基准模型的自由度进行了修正。二者唯一的差异在分母上。ρ_2 对最佳拟合模型的定义与 ρ_1 有所不同。在计算 ρ_1 时,改进模型的最佳拟合优度为 0,即 F_m 或 χ_m^2 的最小值。而在计算 ρ_2 时,最佳拟合定义为 χ_m^2/df_m 的期望值。当改进模型的卡方近似条件得到满足时,这个值等于 1,因为卡方分布的期望值是它的自由度。ρ_2 的分母将最差拟合 χ_b^2/df_b 与这个新定义的最佳拟合(1)相比,即 $\chi_b^2/\mathrm{df}_b - 1$;而 ρ_2 的分子将最差拟合与改进模型的样本拟合相比,这就是 $\chi_b^2/\mathrm{df}_b - \chi_m^2/\mathrm{df}_m$。如果 χ_m^2/df_m 等于 1,那么 ρ_2 也等于 1,这说明改进模型的拟合效果很好。ρ_2 的值明显比 1 小则表示模型设定可能存在问题,而 ρ_2 的值大于 1 则表示模型过度拟合了数据。

塔克和刘易斯(Tucker & Lewis,1973)指出,对一个正确的模型,不管样本有多大,ρ_2 的取值都会趋近于 1。安德森和戈宾(Anderson & Gerbing,1984)的模拟研究发现,ρ_2 的抽样分布的均值与样本规模只有非常微弱的联系,而且当模型为真时,它们的取值都趋近于 1。不过,他们的研究也发现 ρ_2 的抽样波动很大,并且有可能产生比较极端的值。除此之外,ρ_2 的取值既可能比 0 小,也可能比 1 大。通常,当 ρ_2 的分子和分母都为正数时,$\rho_2 > \rho_1$。$\mathrm{plim}(\rho_2) = d$,并且 $\mathrm{plim}(\rho_2 - \rho_1) = 0$。这说明 ρ_1 和 ρ_2 的差异会随着 N 的增加而减小。如果改进模型是正确的,那么 ρ_1 和 ρ_2 都会收敛于 1。

目前还不清楚 Δ_1,Δ_2,ρ_1 和 ρ_2 的值有多大才表明模型拟合得足够好。本特勒和博内特(Bentler & Bonett,1980:600)认为,对 Δ_1 和 ρ_2 来说:“根据我们的经验,总体拟合指标的值小于 0.9 说明模型还有很大改进余地。”尽管这为我们提供了一个比较粗略的指导准则,但一些因素会影响增量拟合指标,从而导致不同的分界点。在小样本中,Δ_1 和 ρ_1 会导致对模型拟合作出过于悲观的评价,而 Δ_2 和 ρ_2 较少受这个问题的影响。其他影响因素包括:(1)基准模型的选择;(2)以往研究设定的标准;(3)拟合指标之间的关系;(4)拟合方程的选择。

基准模型的选择会影响所有四个拟合指标。基准模型的限制条件越强,某个给定的改进模型相对于它的拟合程度越好。所以,与一个限制条件相对较少的基准模型相比,选择一个限制较强的模型作为基准可能会高估模型拟合的增量。举例来说,两个研究者用一个相同的双因子模型对同样的数据进行分析可能会得到不同的 Δ 或 ρ,如果其中一人将无因子模型设为基准,而另一人将单因子模型设为基准。

一种减小由此带来的不确定性的方法是始终报告将无因子模型设定为基准的拟合指标并同时报告将其他合适的模型设为基准时的拟合指标。这与回归分析时报告 R^2 的常规做法非常相似。回归分析的基准模型是所有解释变量的斜率都为 0,因而因变量的均值是最佳的预测指标。这是一个限制条件很强的基准模型,但它提供了一个很有用的标准。与此类似,以无因子模型为基准计算 Δ_1,Δ_2,ρ_1 和 ρ_2 能够提供一个比较的标准,即使与此同时,我们也可以以其他模型为基准,计算相同的拟合指标。

其次,以往研究已经设定的标准也会影响拟合指标的分界点的选择。如果以往的研究在分析相同或相似的变量时选用的基准模型也相同,并且报告的 Δ 或 ρ 为 0.95 或更高,那么类似 0.85 或 0.90 的值就是不能被接受的。或者,如果在之前的研究中,模型的拟合指标通常小于 0.80,那么 0.85 或者更高的值就意味着已经在前人的基础上有了明显的改进。所以,模型的相对合理性、模型对某个领域的贡献程度以及其他经验研究设定的拟合程度使得我们在判断一个模型是好还是坏时很难确定一个不变的标准。

再次,增量拟合指标之间的差异也会导致我们需要对不同的指标设定不同的分界点。例如,考虑 ρ_1 和 Δ_1 之间的关系,ρ_1 的计算公式经过代数变换以后为:

$$\rho_1 = \frac{\chi_b^2 - \frac{\mathrm{df}_b}{\mathrm{df}_m}\chi_m^2}{\chi_b^2} \tag{7.56}$$

方程(7.56)表明,除了对 χ_m^2 乘以 $\mathrm{df}_b/\mathrm{df}_m$ 外,ρ_1 的计算公式与 Δ_1 完全相同。由于基准模型的自由度通常比改进模型大,因此 $\mathrm{df}_b/\mathrm{df}_m > 1$,这意味着 ρ_1 的分子比 Δ_1 小,故 $\rho_1 < \Delta_1$。而究竟小多少取决于基准模型的卡方估计值以及基准模型和改进模型相比相差的参数的个数。

最后,拟合方程的选择也会影响我们对增量拟合指标大小的判断。一般而言,即使在模型和样本都相同的情况下,通过 GLS 与通过 ML 估计得到的 F_b 和 F_m 也不会完全相同。这对我在第 9 章将要介绍的其他估计方法也同样适用。所以,使用不同的估计方法会得到不同的 Δ 和 ρ。与此相关的另一个问题是,Δ_2 和 ρ_2 要求 $(N-1)F_m$ 趋近于卡方分布,但 ULS 却不满足这个条件,所以基于 ULS 估计的 Δ_2 和 ρ_2 的性质可能会发生改变。总体来说,对增量拟合指标选择一个死板的分界点就像对回归方程选定一个最小的 R^2 一样困难,因为任何值都会引起争论。充分意识到所有可能的影响因素,并且始终保持清醒的判断是评价这些指标大小时最好的向导。

接下来,我将继续使用同情和愤怒这个例子来说明这些拟合指标。改进模型的卡方估计值为 $\chi_m^2 = 9.6$,$\mathrm{df}_m = 8$。对一个无因子的基准模型,$\chi_b^2 = 469.8$,$\mathrm{df}_b = 15$。Δ_1 和 ρ_1 分别为:

$$\hat{\Delta}_1 = \frac{469.8 - 9.6}{469.8} = 0.98, \quad \hat{\rho}_1 = \frac{\frac{469.8}{15} - \frac{9.6}{8}}{\frac{469.8}{15}} = 0.96 \tag{7.57}$$

因为这些统计量的最大值为 1,所以上述估计值表明模型的拟合效果非常好。为了对样本规模效应进行调整,我也计算了 Δ_2 和 ρ_2:

$$\hat{\Delta}_2 = \frac{469.8 - 9.6}{469.8 - 8} = 1.00, \quad \hat{\rho}_2 = \frac{\frac{469.8}{15} - \frac{9.6}{8}}{\frac{469.8}{15} - 1} = 0.99 \tag{7.58}$$

尽管 Δ_2 和 ρ_2 可能超过 1,如此大的估计值也说明模型拟合得很好。

所有四种拟合指标都可表示成一个更加一般化的形式。例如,本特勒和博内特(Bentler & Bonett,1980)提出的 Δ_1 可以表示为:

$$\Delta_1 = \frac{\chi_r^2 - \chi_m^2}{\chi_b^2} \tag{7.59}$$

其中,χ_r^2 是一个比改进模型的限制性条件强但比基准模型的限制性条件弱的模型。它测量的是改进模型(χ_m^2)相对于限制模型(χ_r^2)而言的拟合程度的改善情况占基准模型(χ_b^2)的拟合程度的百分比。对于 Δ_2,ρ_1 和 ρ_2,我们也可写出类似的表达式。

其他模型整体拟合指标

研究者也使用其他方法测量 $\mathbf{S}$ 与 $\hat{\Sigma}$ 的匹配程度。对于使用 F_{ML} 进行估计的模型,约斯库革和松波(Jöreskog & Sörbom,1986)提出了一种拟合优度指标(Goodness of Fit Index,GFI)以及调整后的 GFI 指标:

$$\mathrm{GFI}_{\mathrm{ML}} = 1 - \frac{\mathrm{tr}[\hat{\Sigma}^{-1}\mathbf{S} - \mathrm{I})^2]}{\mathrm{tr}[(\hat{\Sigma}^{-1}\mathbf{S})^2]} \tag{7.60}$$

$$\mathrm{AGFI}_{\mathrm{ML}} = 1 - \left[\frac{q(q+1)}{2\mathrm{df}}\right][1 - \mathrm{GFI}_{\mathrm{ML}}] \tag{7.61}$$

$\mathrm{GFI}_{\mathrm{ML}}$ 测量的是经预测得到的方差和协方差 $\hat{\Sigma}$ 与 $\mathbf{S}$ 中对应元素的相对大小。$\mathrm{AGFI}_{\mathrm{ML}}$ 对模型的自由度进行了调整,调整时考虑了观测变量的个数。如果 $\mathrm{GFI}_{\mathrm{ML}}$ 和 q 的值给定不变,那么 $\mathrm{AGFI}_{\mathrm{ML}}$ 会对那些参数较少的模型赋予较大的值。当 $\mathbf{S} = \hat{\Sigma}$ 时,这两个指标都会达到最大值 1。尽管这两个指标有可能取负值,但通常它们的取值都大于 0。

对于使用 F_{ULS} 进行估计的模型,约斯库革和松波(Jöreskog & Sörbom,1986)也提出了类似的模型拟合指标:

$$\mathrm{GFI}_{\mathrm{ULS}} = 1 - \frac{\mathrm{tr}[(\mathbf{S} - \hat{\Sigma})^2]}{\mathrm{tr}(\mathbf{S}^2)} \tag{7.62}$$

$$\mathrm{AGFI}_{\mathrm{ULS}} = 1 - \left[\frac{q(q+1)}{2\mathrm{df}}\right][1 - \mathrm{GFI}_{\mathrm{ULS}}] \tag{7.63}$$

对于使用 F_{GLS} 进行估计的模型,塔纳卡和胡鲍(Tanaka & Huba,1985)提出了以下测量指标:

$$\mathrm{GFI}_{\mathrm{GLS}} = 1 - \frac{\mathrm{tr}[(\mathrm{I} - \hat{\Sigma}\mathbf{S}^{-1})^2]}{q} \tag{7.64}$$

$$\mathrm{AGFI}_{\mathrm{GLS}} = 1 - \left[\frac{q(q+1)}{2\mathrm{df}}\right][1 - \mathrm{GFI}_{\mathrm{GLS}}] \tag{7.65}$$

就两种类型的样本量效应而言,GFI 和 AGFI 的计算都不受样本量的影响,但安德森和戈宾(Anderson & Gerbing,1984)的模拟研究显示,$\mathrm{GFI}_{\mathrm{ML}}$ 和 $\mathrm{AGFI}_{\mathrm{ML}}$ 的抽样分布的均值会随着样本规模的增加而增加。他们的研究还发现,这些指标也会随着因子对应观测变量的数量以及因子数量的增加而减少,特别是在样本量较小的情况下。

霍尔特(Hoelter,1983)提出了一个称作临界 N(CN)的统计量:①

$$\mathrm{CN} = \frac{\text{临界}\chi^2}{F} + 1 \tag{7.66}$$

其中临界χ^2 等于在某个选定的显著性水平(如0.05)下卡方分布的临界值,卡方分布的自由度与改进模型的自由度相同。F 是 F_{ML} 或 F_{GLS} 在 $\mathbf{S}$ 和$\hat{\Sigma}$处的取值。CN 提供了这样一个样本规模,基于此得到的 F 值会导致我们在某个选定的显著性水平下拒绝 H_0[即 $\Sigma = \Sigma(\boldsymbol{\theta})$]。霍尔特(Hoelter,1983)认为 CN 的分界点为 CN ≥ 200,并在大样本和小样本中对此进行了演示。因为 N 并没有出现在 CN 的计算公式中,所以在给定临界χ^2 和 F 值以后,它的计算结果不会随 N 的变化而变化。可是,如果 H_0 为真,随着 N 的增加,F 会趋近于0,CN 的抽样分布的均值也会随着 N 的增加而增加。博伦和梁(Bollen & Liang,1988)发现,二者的正相关关系在模型设定有误的情况下也存在。所以,在样本量较小的情况下,CN 可能导致我们对模型的拟合结果作出过于悲观的判断。

一个非常特别的拟合指标是用卡方估计量除以自由度。由于卡方变量的期望值等于自由度,所以χ^2/df 测量的是当$(N-1)F_{\mathrm{ML}}$或$(N-1)F_{\mathrm{GLS}}$趋近于卡方分布时,卡方估计值是其期望值的多少倍。目前,学术界对这个指标多大表示模型拟合较好还没有达成一致,有人建议该比值应小于 2 或 3(Carmines & McIver,1981),但也有人认为达到 5 也是可以接受的。一些研究者认为,χ^2/df 能够减少大样本中卡方检验的功效过高的问题。但是,因为这个比值可以表示为$(N-1)F_{\mathrm{ML}}/\mathrm{df}$ 或$(N-1)F_{\mathrm{GLS}}/\mathrm{df}$,所以它与 N 的关系和通常使用的卡方估计量是相同的,故这个指标不能修正卡方检验功效过高的问题。

标准化χ^2 的计算方法为:

$$\text{标准化}\chi^2 = \frac{\chi^2 - \mathrm{df}}{\sqrt{2\mathrm{df}}} \tag{7.67}$$

因为卡方变量的方差是自由度的 2 倍,所以它的标准差为$\sqrt{2\mathrm{df}}$。分子是卡方估计量与其均值的差。所以,标准化χ^2 测量的是以标准差为单位的卡方估计值对其均值的偏离程度。与χ^2/df 相比,这个指标的优势在于它控制了卡方变量的标准差。但是它也有与χ^2/df 相同的问题:我们不知道一个明确的分割点以确定模型拟合的好坏,而且与它一样也会随着样本量的增加而增加。

屈代克和布朗尼(Cudeck & Browne,1983)提出了一种评价模型整体拟合的交叉检验法。首先,将样本随机分成两个子样本,并分别计算各自的样本协方差矩阵 $\mathbf{S}_1$ 和 $\mathbf{S}_2$。然后,用常规方法对 $\mathbf{S}_1$ 进行拟合,从而得到内隐协方差矩阵的一个样本估计值$\hat{\Sigma}_1$。交叉检验这一步不需要估计一个新模型,相反,它是用 $\mathbf{S}_2$ 和$\hat{\Sigma}_1$ 替代 $\mathbf{S}$ 和$\hat{\Sigma}$,从而计算拟合函数 F 的估计值。上述过程将要重复好几次,在交叉检验中所得的 F 值越小,模型的拟合程度越好。或者,我们也可以交换子样本 1 和子样本 2 的角色,也就是基于子样本 2 拟合模型,并

---

① 霍尔特(Hoelter,1983:330-331,341)提出了一个公式,这个公式可以在自由度很大时对 χ^2 进行很好的近似。但在自由度没有超过一定取值范围时,使用方程(7.66)可以得到更加精确的结果(参见 Matsueda & Bielby,1986)。

用子样本 1 来做交叉检验。在一个小型的模拟研究中，屈代克和布朗尼(Cudeck & Browne,1983) 发现，当样本量较小时，交叉检验法倾向选择参数较少的简约模型，而当样本量较大时，交叉检验法倾向选择参数较多的复杂模型。

另外两个对模型进行比较的拟合指标不需要分割样本。第一个指标是赤池(Akaike,1974)提出的：

$$A = \chi_m^2 + 2t \tag{7.68}$$

其中，t 是模型中需要自由估计的参数的个数，χ_m^2 是改进模型的卡方估计量。第二个拟合指标基于施瓦兹(Schwarz,1978)对赤池标准的修正：

$$B = \chi_m^2 + t\ \log(N) \tag{7.69}$$

我们应该选择 A 和 B 的取值最小的模型。这两个指标都对参数较多的复杂模型进行了惩罚，B 使用样本规模的对数值对自由参数的数量进行了加权。屈代克和布朗尼(Cudeck & Browne,1983)的模拟研究发现，与交叉检验法相比，B 取最小值时的参数数目较少。而与 B 相比，A 取最小值时模型的参数较多。不过，目前还不知道屈代克和布朗的研究结论是否能够推论到更加一般化的情形。

经验和模拟案例

下面是基于同情和愤怒这个 CFA 模型计算的大多数模型整体拟合指标：

拟合指数	χ^2 (df = 8)	Δ_1	Δ_2	ρ_1	ρ_2	GFI	AGFI	CN (α = 0.05)	χ^2/df	标准化 χ^2
估计值	9.6	0.98	1.00	0.96	0.99	0.98	0.94	222	1.2	0.4

所有指标都表明，$\hat{\Sigma}$ 对 $\mathbf{S}$ 的拟合效果非常好。唯一与推荐的分割点比较接近的是霍尔特提出的 CN。前文曾经指出，在大样本中，CN 的分界点更可能达到。考虑本例中等偏小的样本量 N(= 138)，达到如此之高的分界点是非常不易的。

最后，我将对一个两因子、五个观测变量的 CFA 模型进行蒙特卡罗模拟来演示各个模型整体拟合指标。表 7.5 汇报了主要的模型整体拟合指标，模型的总体结构如下：

$$\Lambda_x = \begin{bmatrix} 1 & 0 \\ 1 & 0 \\ 1 & 0 \\ 0 & 1 \\ 0 & 1 \end{bmatrix}, \Phi = \begin{bmatrix} 1 & \\ 1 & 2 \end{bmatrix} \tag{7.70}$$

$$\text{diag}\ \Theta_\delta = [1\quad 1\quad 1\quad 1\quad 1\ ] \tag{7.71}$$

表 7.5 对三个样本量(75,150,300)下的 CFA 模型的模拟研究,每种样本量重复 14 次

整体拟合	均值 (标准差) N 75	 150	 300
$\chi^2(\mathrm{df}=4)$	3.77 (2.12)	3.48 (2.57)	3.87 (4.11)
Δ_1	0.967 (0.018)	0.985 (0.012)	0.992 (0.008)
Δ_2	1.003 (0.019)	1.002 (0.012)	1.000 (0.008)
ρ_1	0.918 (0.046)	0.963 (0.030)	0.980 (0.020)
ρ_2	1.008 (0.052)	1.005 (0.030)	1.001 (0.021)
GFI	0.983 (0.010)	0.990 (0.007)	0.995 (0.005)
AGFI	0.928 (0.037)	0.963 (0.024)	0.981 (0.018)
CN ($\alpha=0.05$)	269.8 (182.5)	749.2 (583.8)	1 628.5 (1 276.1)

所有的观测变量都满足正态分布。模拟研究使用了三个样本量(75,150,300),并且对每个样本量重复进行了 14 次模拟①。表格列出了每个拟合指标的均值和标准差,估计结果是基于 F_{ML}得到的。结果与我们的预期几乎完全一致。卡方估计值的均值并未随样本规模的增加表现出明显的变化趋势,尽管计算结果比它的期望值 4(df=4)略低一些。因为卡方估计量等于$(N-1)F_{\mathrm{ML}}$,这些结果表明,随着 N 的增加,F_{ML}不断变小,乘积项$(N-1)F_{\mathrm{ML}}$在任何样本规模下都会趋近于一个卡方变量。不过,如果模型设定有误,那么卡方估计值会随着 N 的增加而增加。

Δ_1 和 ρ_1 随着 N 的增加而不断上升的趋势与之前的论述完全一致。Δ_2 和 ρ_2 的抽样分布的均值在所有样本规模下都趋近于 1。随着 N 的增加,这两个指标在小数点后第三位上表现出些许的下降趋势,但这几乎是可以忽略不计的。表 7.5 同样说明 GFI,AGFI

① 模拟使用了 SAS 软件中的随机数生成器函数 NORMAL 来生成具有该结构的变量。感谢参与“结构方程和潜变量”研讨班的学员帮助生成了这个模拟数据。

和 CN 的抽样分布的均值与样本量 N 之间存在正相关关系。

标准差(s.d.)的一个显著特征是,CN 的标准差会随着样本量的增加而增加(Bollen & Liang, 1988),而其他指标(χ^2 除外)的标准差都随着样本量的增加而下降。在增量拟合指标中,Δ_1 和 Δ_2 的标准差比 ρ_1 和 ρ_2 的一半还要小。GFI 的标准差最小,AGFI 的标准差几乎是 GFI 的四倍。

博伦和斯泰恩(Bollen & Stine,1987)的研究发现,尽管在所有拟合指标中,GFI 的标准差最小,但它在模型设定问题很严重的情况下也会维持一个相对较高的值(>0.9)。模拟研究发现,Δ_1 和 Δ_2 较可能在出现模型设定错误时发生下降,且同时保持相对较小的标准差。ρ_1 和 ρ_2 下降的幅度比 Δ_1 和 Δ_2 大,但它们的标准差也相对较大。

对总体拟合指标的总结

我们可以通过多种方式测量$\hat{\Sigma}$对 $\mathbf{S}$ 的近似程度。其中,唯一能够进行显著性检验的是卡方统计量,它的原假设是 $\Sigma = \Sigma(\boldsymbol{\theta})$。其他总体拟合指标都是对拟合程度的描述性指标,因为它们的抽样分布尚不可知。在之前的部分,我论述了这些拟合指标的一些特征,但是还有很多特征仍待被发现。目前,最稳妥的建议是:始终报告卡方估计值,并同时报告其他的拟合指标(如残差、Δ_1、Δ_2、ρ_1 和 ρ_2)。

局部拟合指标

即使模型整体的拟合效果很好,个别参数的估计值也可能很不合理。如果研究者只关注模型整体拟合指标,就会忽视这些问题。而且,整体拟合指标有时并不适用。对于恰好识别的模型而言,矩阵$\hat{\Sigma}$必然等于 $\mathbf{S}$。这时,χ^2 必然为 0,GFI 和 Δ_1 也恒等于 1。恰好识别的模型的自由度为 0,AGFI,ρ_1,ρ_2,CN,χ^2/df 和标准化χ^2 都是无意义的,因为它们的分母为 0。因而,对模型的各个组成部分进行检查也是非常重要的。

参数估计值

研究者通常对 Λ_x,Φ 和 Θ_δ 中的未知参数的符号甚至大小有一些预判。所以,对模型参数进行检查的第一步就是观察这些参数的估计值是否合理。当观测变量或潜变量的测量单位相差很大时,使用标准化系数,如 $\lambda_{ij}[\phi_{jj}/\mathrm{VAR}(x_i)]^{1/2}$,能帮助我们比较系数的相对大小。如果标准化和非标准化的参数估计值与预期结果相差太大,那么假设有可能是错误的,或者更宽泛地说,模型设定可能存在问题。参数估计值出现不恰当的解也往往预示模型的设定存在问题。不恰当的解指的是样本估计值在总体中根本不可能存在。一个常见的例子是方差的估计值为负数(也被称作海伍德现象)。另一个例子是两个变量的相关系数大于 1。

不恰当的解可能是多种原因导致的。总体参数值可能是合理的,但是非常接近取值界限的边缘。例如,总体中的相关系数可能非常接近 1,或者误差的方差非常接近 0。在这种情况下,样本估计值可能由于抽样波动而显得不合理。对此,一个比较粗略的检查方法是检验样本估计值是否与一个合理的总体参数值(如比 1 小的相关系数或大于等于 0 的误差方差等)存在显著差异①。如果它与一个可以接受的值相差不大,那么问题就转变为样本是否可以取这些值。例如,某个变量的测量误差的方差接近 0 是否合理?这意味着,这个观测变量是某个潜变量接近完美的测量指标(除了测量单位上的不同以外)。如果研究者不能非常确定地回答这些问题,或者检验发现样本估计值与合理的总体参数存在显著差异,那么我们至少可以从以下三种方面来解释这一现象。

首先,研究者可能非常不幸地得到了一个很极端的样本,而在一个比较有代表性的样本中,估计值可能是可以被接受的。其次,分析使用的协方差(相关系数)矩阵可能包含一些奇异值或者影响力很大的观测值,这些值可能扭曲了观测变量之间的正常关系,从而影响了参数估计值。第 2 章讨论的云量数据能够说明这一点(Bollen,1987)。在那个例子中,χ_1 到 χ_3 三个变量分别代表三个人对云量百分比的估计,三个人在不同天的不同时间里对同一片天空进行观察($N=60$)。根据第 2 章描述的方法对数据进行检查,我发现了三个奇异值。保留这三个奇异值($\mathbf{S}$)以及将之去除以后($\mathbf{S}_{(i)}$)得到的样本协方差矩阵为:

$$\mathbf{S}=\begin{bmatrix}1\ 301 & & \\ 1\ 020 & 1\ 463 & \\ 1\ 237 & 1\ 200 & 1\ 404\end{bmatrix}$$

$$\mathbf{S}_{(i)}=\begin{bmatrix}1\ 129 & & \\ 1\ 170 & 1\ 494 & \\ 1\ 149 & 1\ 313 & 1\ 347\end{bmatrix}$$

假定在这三个变量背后存在一个潜变量,即感觉到的云量。在对这个潜变量赋予测量单位(如 $\lambda_{11}=1$)以后,单因子法则告诉我们该模型是可以识别的。将 $\mathbf{S}$ 中的元素代入方程(7.20),我们可以得到以下参数估计值:

$$\hat{\Lambda}_x'=[1.00\quad 0.97\quad 1.18]$$

$$\hat{\phi}=[1\ 052]$$

$$\operatorname{diag}\hat{\Theta}_\delta=[249\quad 474\quad -51]$$

$\operatorname{var}(\delta_3)=-51$。对于这个结果,我们可能产生以下三种不同的反应:一是对矩阵 $\hat{\Theta}_\delta$ 对角线上的元素施加不相等的限制条件并重新估计模型,这样所有的误差方差都会变成正数。本特勒(Bentler,1985)的 EQS 软件会自动施加这个限制条件。二是放弃误差方差为负的观测变量 χ_3。三是我们也可以忽视负的误差方差,而将之简单视为 0。上述所有方法都有缺陷。施加不相等的限制条件可能会掩盖数据背后掩藏的问题。将第三个观测指标删除会导致模型不能识别,除非我们对模型增加额外的限制条件。最重要的是,这些方法都没有抓住问题的实质。当我们将 $\mathbf{S}_{(i)}$ 代入方程(7.20)以后可以发现,如上所示的海伍德现象完全是由奇异值造成的。新的参数估计值为:

---

① 这是一个比较粗糙的检验,因为标准误的计算假定参数估计值在可接受的范围内。

$$\hat{\Lambda}_x' = [1.00 \quad 1.14 \quad 1.12]$$

$$\hat{\phi} = [1\ 023]$$

$$\text{diag}\ \hat{\Theta}_\delta = [106 \quad 157 \quad 58]$$

去除奇异值以后,负的误差方差也不见了,而且所有的估计值看上去都是合理的。正如这个例子所示,在使用一个协方差矩阵之前最好检查一下是否存在奇异值,尤其是在样本量较小时。当然,奇异值产生的原因也需要进一步研究。

导致不合理的解的第三个原因是模型设定在根本上就是错误的。如果真是如此,那么就必须对模型重新进行设定。对于如何重新设定模型,并没有统一的办法。这取决于研究者所掌握的实质性知识,并且需要对具体问题进行具体分析。

邦斯玛(Boomsma,1982)以及安德森和戈宾(Anderson & Gerbing,1984)的模拟研究发现,如果模型设定没有问题,那么不合理的解出现的原因与导致模型不收敛的原因通常是相同的。具体来说,样本量过小或者每个因子只有两个观测指标经常导致负的误差方差。安德森和戈宾(Anderson & Gerbing,1984:171)认为,样本规模达到 150 以上并且每个因子有三个及以上观测指标会大大降低不合理的解出现的可能性。

与评估参数估计值相关的一个问题是小样本条件下 $\hat{\theta}$ 的性质。我们知道,通过 F_{ML},F_{GLS}或 F_{ULS}得到的 $\hat{\theta}$ 是一个一致估计量,但这并不意味着在小样本条件下 $\hat{\theta}$ 也有很好的统计性质。邦斯玛(Boomsma,1983)以及安德森和戈宾(Gerbing & Anderson,1985)的模拟研究分析了这个问题。邦斯玛(Boomsma,1983)发现,在一般情况下,通过 F_{ML}得到的参数估计值的偏差较小,但是如果样本量极小而且观测变量的信度很低则可能出现比较大的偏误。邦斯玛发现,如果样本量大于 100,偏误是可以忽略不计的。安德森和戈宾(Gerbing & Anderson,1985)的模拟研究则发现,在样本量从 50 到 300 的范围内,通过 F_{ML}得到的$\hat{\theta}$基本是无偏的,但是如果每个因子只有两个观测变量时,仍可能出现较大的偏差。因而,到目前为止的模拟研究发现,对大多数样本规模而言,参数估计值基本是无偏的。

表 7.6 报告了同情和愤怒这个模型的最大似然估计值。与测量同情相对应的三个观测变量的系数是 λ_{11}到 λ_{31},误差方差是 VAR(δ_1)到 VAR(δ_3);与测量愤怒相关的三个观测变量的系数是 λ_{42}到 λ_{62},误差方差是 VAR(δ_4)到 VAR(δ_6)。ϕ_{11}是同情这个潜变量的方差,ϕ_{22}是愤怒这个潜变量的方差,ϕ_{21}是二者之间的协方差。模型将 λ_{11}和 λ_{42}固定为 1,从而为两个潜变量赋予测量单位,其他参数都是需要自由估计的。在这个例子中并没有出现海伍德现象。同情和愤怒的方差分别为 6.08 和 4.32,它们的协方差是负数(= -2.22)。测量误差的大小介于 0.90 至 2.48。正如我们所预期的,所有 λ_{ij}都是正数,并且同情和愤怒之间的协方差为负数。与同情的因子负载相比,愤怒的因子负载更接近于 1。总体来说,所有的估计值看上去都比较合理,这预示着模型没有明显的问题。

表 7.6 同情和愤怒这个 CFA 模型的参数估计值,包含两个因子和六个观测指标($N=138$)

参数	ML 估计值 (标准误)
λ_{11}	1.00[c] (—)
λ_{21}	0.77 (0.07)
λ_{31}	0.72 (0.07)
λ_{42}	1.00[c] (—)
λ_{52}	0.92 (0.08)
λ_{62}	0.90 (0.08)
ϕ_{11}	6.08 (0.92)
ϕ_{21}	−2.22 (0.53)
ϕ_{22}	4.32 (0.70)
VAR (δ_1)	0.90 (0.39)
VAR (δ_2)	2.48 (0.38)
VAR (δ_3)	1.92 (0.31)
VAR (δ_4)	1.25 (0.28)
VAR (δ_5)	1.69 (0.29)
VAR (δ_6)	1.45 (0.26)
$\chi^2=9.6$	df = 8

注:c 为受限参数。

渐近标准误

如第 4 章所言,通过信息矩阵的逆矩阵可以得到最大似然估计量的方差协方差矩阵。这个协方差矩阵的主对角线上的元素就是参数估计量的渐近方差。如果我们用样本估计值替代未知的总体参数,渐近协方差矩阵的主对角线上元素的平方根就是估计的渐近标准误。如果最大似然法的假设成立,我们就可以利用渐近标准误去检验总体参数是否等于某个常数。如果将某个参数的估计量记为$\hat{\theta}_i$，它的总体参数值假定为 θ_i，$S_{\hat{\theta}_i}$是这个估计量的渐近标准误，那么检验统计量可通过如下所示的方法构造出来：

$$\frac{\hat{\theta}_i - \theta_i}{S_{\hat{\theta}_i}} \tag{7.72}$$

它的使用方法与第 4 章完全相同。

邦斯玛（Boomsma，1983）以及戈宾和安德森（Gerbing & Anderson，1985）的模拟研究对通过最大似然法估计得到的标准误与模拟数据的参数估计值的观测标准差进行比较。他们发现，标准误的估计值与某些假定条件下的实际标准差很接近。小样本的参数估计值的抽样波动很大，而标准误准确地反映了这一点。

表 7.6 也汇报了同情和愤怒这个模型估计得到的渐近标准误，这些标准误都列在参数估计值下方的括号中。所有参数估计值都比它们的标准误大得多，所以估计值与各自标准误的比值并未显示这个模型的局部参数存在拟合问题。

当我们使用相关系数矩阵而非协方差矩阵进行分析时，对标准误的估计可能不准确。在研究这个问题后，邦斯玛（Boomsma，1983：113）总结道："分析相关系数矩阵会导致我们在估计参数估计值的方差协方差矩阵时得到不准确的结果。所以，即使样本量高达 400，LISREL 的分析结果也可能严重地歪曲现实。因此，不推荐研究者使用相关系数矩阵进行分析。"劳利和麦克斯韦（Lawley & Maxwell，1971）、延里希和赛耶（Jennrich & Thayer，1973）以及布朗尼（Browne，1982）提出了分析相关系数矩阵或标准化系数时对标准误进行纠正的办法。

参数估计值的渐近相关系数矩阵

对参数估计值的渐近方差-协方差矩阵进行变换就可得到它们的相关系数矩阵。根据定义，两个变量的相关系数等于它们的协方差除以各自的标准差之积：

$$\text{asym } \hat{\rho}_{\hat{\theta}_i\hat{\theta}_j} = \frac{\text{acov}(\hat{\theta}_i, \hat{\theta}_j)}{\sqrt{\text{avar}(\hat{\theta}_i)\,\text{avar}(\hat{\theta}_j)}} \tag{7.73}$$

其中，

$$\hat{\theta}_i = \text{第 } i \text{ 个待估参数}$$

$$\hat{\theta}_j = \text{第 } j \text{ 个待估参数}$$

将方程（7.73）应用于所有参数估计值，就可估计得到相关系数矩阵。这个矩阵与回归分析中回归系数的相关系数矩阵极为相似（这里说的是参数估计值的渐近相关系数，而不是方程中解释变量之间的相关系数）。特别大的相关系数意味着两个参数之间的关联性很强。高相关有时是很强的共线性的表征。

在同情和愤怒这个例子中，估计得到的$\hat{\lambda}_{ij}$之间和$\hat{\phi}_{ij}$之间的渐近相关系数矩阵见表 7.7。所有相关系数都不太大。最大的相关系数出现在$\hat{\phi}_{21}$和$\hat{\phi}_{22}$之间（= -0.516）以及$\hat{\phi}_{21}$和$\hat{\phi}_{11}$之间（= -0.490）。这意味着潜变量的方差以及协方差的估计值之间存在中等程度的负相关。除此之外,矩阵中的其他个别元素之间也表现出中等程度的相关性,但这些相关系数的值还没有大到有严重问题的程度。

对相关系数矩阵进行分析存在的问题在这里也同样适用。如果分析的是协方差矩阵,那么对参数估计值的渐近相关系数的估计值是比较准确的,但如果分析的是相关系数矩阵,估计值就可能出现问题。

表 7.7　同情和愤怒模型中参数估计值的渐近相关系数矩阵

	$\hat{\lambda}_{21}$	$\hat{\lambda}_{31}$	$\hat{\lambda}_{52}$	$\hat{\lambda}_{62}$	$\hat{\phi}_{11}$	$\hat{\phi}_{21}$	$\hat{\phi}_{22}$
$\hat{\lambda}_{21}$	1.000						
$\hat{\lambda}_{31}$	0.399	1.000					
$\hat{\lambda}_{52}$	-0.000	-0.000	1.000				
$\hat{\lambda}_{62}$	0.000	-0.000	0.452	1.000			
$\hat{\phi}_{11}$	-0.365	-0.380	0.000	0.000	1.000		
$\hat{\phi}_{21}$	0.085	0.089	0.146	0.151	-0.490	1.000	
$\hat{\phi}_{22}$	0.000	0.000	-0.447	-0.464	0.113	-0.516	1.000

观测变量的 $R^2_{x_i}$

另一个局部拟合指标是每个 x_i 的复相关系数的平方,其计算公式为:

$$R^2_{x_i} = 1 - \frac{\text{var}(\delta_i)}{\hat{\sigma}_{ii}} \tag{7.74}$$

其中,$\hat{\sigma}_{ii}$ 为模型预测得到的 x_i 的平方。$R^2_{x_i}$ 类似于复相关系数的平方,其中 x_i 是因变量,而潜变量(ξ)是解释变量。误差项的方差[$\text{var}(\delta_i)$]相对于 x_i 的方差($\hat{\sigma}_{ii}$)越小,$R^2_{x_i}$ 就越大。一般来说,计算这个指标的目的是寻找并使用 $R^2_{x_i}$ 较高的观测变量。①

对同情和愤怒这个例子中的观测变量来说,各观测变量的 $R^2_{x_i}$ 分别是:

	x_1	x_2	x_3	x_4	x_5	x_6
$R^2_{x_i}$	0.87	0.59	0.62	0.78	0.68	0.71

所有 $R^2_{x_i}$ 都比较大。其中最大的是 x_1,这意味着 x_1 有很大比例(0.87)的方差可以被同情这个潜变量所解释。$R^2_{x_i}$ 的大小显示这些观测变量都是潜变量比较好的测量指标。根据当前调查数据的标准,误差方差占测量指标总方差的比例越小越好。整个测量模型的确定系数(Jöreskog & Sörbom,1986)为:

① 方程(7.74)中的 $R^2_{x_i}$ 与约斯库革和松波(Jöreskog & Sörbom,1986)提出的不一样,因为我使用 $\hat{\sigma}_{ii}$ 替代了 s_{ii}。对于很多使用最大似然法拟合的 CFA 而言,$s_{ii} = \hat{\sigma}_{ii}$,所以这一改变几乎不会产生太大影响。

$$确定系数 = 1 - \frac{|\hat{\Theta}_\delta|}{|\hat{\Sigma}|} \tag{7.75}$$

它汇总了一个 CFA 模型中潜变量对观测变量的联合影响。它与第 4 章讲述的类似指标具有相同的性质和缺陷。在同情和愤怒这个模型中，确定系数是 0.987。

同情和愤怒模型拟合得好吗？

我使用同情和愤怒这个例子演示了模型整体拟合指标和局部拟合指标在评估验证性因子分析模型时的使用方法。因为我已经介绍完了所有拟合指标，所以现在我要回到的最根本的问题，即该模型是否与数据相一致。考虑上文所述的局部拟合指标，我们并未发现任何异常，而且事实上，它们看上去都非常合理。如果我仅仅根据局部拟合指标来下结论，我会认为这是一个拟合得很好的模型。

除此之外，模型整体拟合指标也非常令人满意。事实上，所有整体拟合指标都显示了该模型拟合得非常好。样本残差、标准化和正态化残差的值都很小，卡法估计值在统计上也不显著。因而，所有指标都一致说明该模型对数据的匹配非常完美。

模型比较

研究者有时会对同一个数据拟合多个模型。这些模型可能在结构上相差很大，也有可能仅在 1 ~2 个参数的设定上有细微的差异。通过计算 Δ_1，ρ_1 和 AGFI 等其他拟合指标，分析人员可以对这些模型的拟合程度进行比较。将模型的自由度也考虑在内的拟合指标（如 ρ_1，ρ_2 和 AGFI）会比没有考虑自由度的指标更有用，因为模型参数越多，对数据的拟合越好（在其他条件相同的情况下）。即使控制了自由度，拟合指标之间的差异也仅是对模型拟合的统计描述，因为我们无法对它们进行显著性检验。

本章开头提到的政治民主性的面板数据能够说明这一点（图 7.3）。它包含八个测量政治民主性的观测变量，其中四个属于 1960 年，另外四个属于 1965 年。1960 年和 1965 年的政治民主性是两个潜变量（ξ_1 和 ξ_2）。1960 年观测变量的测量误差与 1965 年相应变量的测量误差之间存在相关关系。x_2 和 x_4 的测量误差之间以及 x_6 和 x_8 的测量误差之间也存在相关关系，因为它们是根据同一年的同一个数据来源得到的。我还假设 1960 年和 1965 年相应的因子负载相等（$\lambda_{11} = \lambda_{52} = 1$，$\lambda_{21} = \lambda_{62}$，$\lambda_{31} = \lambda_{72}$，$\lambda_{41} = \lambda_{82}$）。

表 7.8　对政治民主性两种模型设定的拟合指标的比较，一种模型将测量误差设为不相关，另一种模型允许六对测量误差之间存在相关关系

拟合指标汇总	模型：测量误差不相关	模型：测量误差相关
χ^2	46.7	15.1
df	22	16

续表

拟合指标汇总	模型	
	测量误差不相关	测量误差相关
prob.	<0.002	0.52
	1 号基准模型	
ρ_1	0.87	0.94
ρ_2	0.93	1.00
Δ_1	0.90	0.97
Δ_2	0.94	1.00
	2 号基准模型	
ρ_1	0.79	0.91
ρ_2	0.88	1.01
Δ_1	0.81	0.94
Δ_2	0.89	1.00

我将这个模型与一个更加简约的模型进行比较。在简约模型中,测量误差之间不存在相关关系(即 Θ_δ 是一个对角线矩阵),除此之外,二者完全相同。表 7.8 汇报了这个限制性条件较强的、认为误差项之间不相关的简约模型的整体拟合指标,以及限制性条件较弱的、允许误差之间相关的初始模型的整体拟合指标。协方差矩阵来自表 7.1($N=75$)。对于增量拟合指标,我使用了两种基准模型。1 号基准模型将所有变量都视为不相关(卡方估计值 =455,自由度 =28)。2 号基准模型允许 1960 年和 1965 年对应的测量指标之间存在相关,但其他指标之间不相关(卡方估计值 =247,自由度 =24)。简约模型的卡方估计值为 46.7(自由度 =22),它在统计上是非常显著的($p<0.002$)。以 1 号模型为基准,Δ_1 等于 0.90,ρ_1 等于 0.87,Δ_2 和 ρ_2 分别为 0.94 和 0.93。① 如果以 2 号模型为基准,Δ_1,Δ_2,ρ_1 和 ρ_2 的值都显示模型拟合存在一些问题。其他模型整体拟合指标(如相关系数残差的绝对值的均值、GFI_{ML}、$AGFI_{ML}$ 等)也显示模型拟合程度比较一般。不过模型局部拟合指标还不错,并未呈现出比较明显的问题。

表 7.8 的最后一列给出了允许测量误差之间相关(图 7.3)的初始模型的整体拟合指标。该模型的卡方估计值很小(卡方估计值 =15.1,自由度 =16),并且在常规的显著性水平下不显著($p=0.52$)。无论以 1 号模型为基准还是以 2 号模型为基准,该模型的整体拟合指标都非常好。残差以及其他整体拟合指标也表明该模型拟合得很好。

为了将这个模型与之前的模型进行比较,我们可以看这两个模型在拟合指标上的差。例如,以 1 号模型为基准,Δ_1 的差是 0.07,Δ_2 的差是 0.06。这表明该模型相对于之前的模型在整体拟合上有所改进,不过我们无法检验这些差距的统计显著性,因为这些

① Δ_2 和 ρ_2 分别对应表 7.8 中的数值得,Δ_2 为 0.94,ρ_2 为 0.93。——编者注

拟合指标的抽样分布尚未可知。使用交叉检验法或者计算这些模型的 A 统计量和 B 统计量也不能解决无法进行统计检验的问题。

下面,我将介绍三种渐近等价的统计检验方法,这些方法可以对卡方统计量之间的差异进行显著性检验。这三种方法都针对嵌套模型。在介绍这些方法之前,必须首先解释什么是嵌套模型。通常来说,如果一个模型限制某些自由参数与其他自由参数相等或者限制它们等于某个具体的常数,那么这个模型就嵌套于没有施加这种限制的模型。最简单的情况是一个模型的自由参数为另一个模型的子集。例如,在政治民主性这个例子中,测量误差不相关的模型就嵌套于将六对测量误差设为相关的模型,因为限制模型内在地将这些参数设置为 0。

其他类型的限制也会产生嵌套模型。例如,一个将某些 λ_{ij} 设为相等的 CFA 模型就嵌套于没有施加这种限制的相同模型。或者,我们也可以施加更加复杂的限制,例如,将好几个参数的函数表达式设为等于一个参数或某个常数[如 $\phi_{21}\phi_{52}+\mathrm{VAR}(\delta_1)=5$],这个模型与没有施加这种限制的模型存在嵌套关系。简言之,嵌套模型是限制条件较少的模型的一个特例。

嵌套模型的显著性检验方法有三种:(1)似然比(LR)或卡方差异检验;(2)拉格朗日乘子(LM)检验;(3)瓦尔德(W)检验。

似然比(LR)检验

记 $\hat{\boldsymbol{\theta}}_r$ 为受限模型或嵌套模型的最大似然估计量,$\hat{\boldsymbol{\theta}}_u$ 为非受限模型的最大似然估计量。LR 统计量为:

$$\mathrm{LR}=-2[\log L(\hat{\boldsymbol{\theta}}_r)-\log L(\hat{\boldsymbol{\theta}}_u)] \tag{7.76}$$

如果受限模型成立,那么该统计量服从渐近卡方分布。自由度等于这两个模型的自由度之差。在实践中,分析人员计算受限模型和非受限模型的卡方估计值的差以获得似然比卡方的估计值,自由度也可通过将这两个卡方的自由度相减得到。正因如此,似然比检验有时也被称作卡方差异检验(chi-square difference test)。方程(7.76)是我之前讲述过的卡方检验的一般化表达式[见方程(7.49)]。在那里,非受限模型是一个未经设定的恰好识别的模型,$\hat{\boldsymbol{\Sigma}}=\mathbf{S}$,df $=0$;受限模型是一个过渡识别的模型,它的自由度为正。二者对数似然函数的差见方程(7.49)。

通过政治民主性这个例子,我们可以演示似然比检验的一种更加一般化的应用。受限模型将所有误差之间的协方差都设为 0,而非受限模型允许其中 6 对误差之间的协方差不等于 0。这两个模型的卡方估计值分别为 46.7(df = 22)和 15.1(df = 16)。LR 检验统计量为 31.6(= 46.7 − 15.1),自由度为 6(= 22 − 16)。它是统计显著的($p<0.001$),这说明认为所有误差都不相关的受限模型不太可能成立。或者说,同时引入六对测量误差之间的相关可以明显改善模型的拟合程度。当然,对似然比检验的结果进行严格的解释要求最大似然估计值背后的假设都成立。所以在应用似然比检验时,之前提到的常规卡方检验存在的问题也同样值得注意。

似然比检验统计量也可以表示为:

$$\begin{aligned}\mathrm{LR} &= (N-1)F_r-(N-1)F_u \\ &= (N-1)(F_r-F_u)\end{aligned} \tag{7.77}$$

其中，F_r 是 F_{ML} 在 $\hat{\theta}_r$ 处的估计值，而 F_u 是 F_{ML} 在 $\hat{\boldsymbol{\theta}}_u$ 处的估计值。这个表达式说明与常规卡方检验相同，似然比检验对错误受限模型的检验功效随样本量的增加而增加。这个结论也同样适用于下文将要提到的另外两种检验方法。

似然比检验在计算时的一个缺陷是，当我们对两个模型进行比较时，这两个模型必须先同时被估计出来。拉格朗日乘子检验和瓦尔德检验能够克服这一缺陷。

拉格朗日乘子(LM)检验

拉格朗日乘子(LM)检验也对受限模型和非受限模型进行比较。不过，它只需估计受限模型即可。LM 统计量基于 $\partial \log L(\boldsymbol{\theta})/\partial\theta$，其中 $\log L(\boldsymbol{\theta})$ 是非受限的对数似然函数。这个偏导数向量也被称作得分向量 $\boldsymbol{S}(\boldsymbol{\theta})$，它表示 $\boldsymbol{\theta}$ 的变化所引起的对数似然函数的变化量。当 $\boldsymbol{\theta}$ 取非受限模型的估计值 $\hat{\boldsymbol{\theta}}_r$ 时，所有的偏导数都应为 0，因为最大似然法在求解时将这些偏导数设定为 0。可是，只有当受限模型成立时，得分向量在 $\hat{\boldsymbol{\theta}}_r$ 处的取值才恰好为 0。所以，将 $\hat{\boldsymbol{\theta}}_r$ 代入 $\boldsymbol{S}(\boldsymbol{\theta})$，并检查该向量中的元素与 0 的差距能够帮助我们判断限制模型是否成立。不过，即使限制模型成立，抽样波动也可能导致该向量中的一些元素不为 0。所以，我们需要充分考虑由抽样带来的不确定性，LM 统计量可以帮助我们做到这一点，其表达式为：

$$\mathrm{LM} = [\boldsymbol{S}(\hat{\boldsymbol{\theta}}_r)]'\mathrm{I}^{-1}(\hat{\boldsymbol{\theta}}_r)\boldsymbol{S}(\hat{\boldsymbol{\theta}}_r) \tag{7.78}$$

其中，$I^{-1}(\hat{\boldsymbol{\theta}}_r)$ 是 $\{-E[\partial^2\log L(\boldsymbol{\theta})/\partial\theta\partial\theta']\}^{-1}$ 在 $\hat{\boldsymbol{\theta}}_r$ 处的取值，$\boldsymbol{S}(\hat{\boldsymbol{\theta}}_r)$ 是 $\boldsymbol{S}(\boldsymbol{\theta})$ 在 $\hat{\boldsymbol{\theta}}_r$ 处的取值。LM 统计量服从渐近卡方分布，它的自由度等于受限模型和非受限模型自由度之差。考虑 F_{ML} 和 $\log L(\boldsymbol{\theta})$ 之间的关系，该检验统计量也可表示为：

$$\mathrm{LM} = \frac{N-1}{2}\left(\frac{\partial F_{\mathrm{ML}}}{\partial\boldsymbol{\theta}}\right)'\left[E\left(\frac{\partial^2 F_{\mathrm{ML}}}{\partial\boldsymbol{\theta}\partial\boldsymbol{\theta}'}\right)\right]^{-1}\left(\frac{\partial F_{\mathrm{ML}}}{\partial\boldsymbol{\theta}}\right) \tag{7.79}$$

其中，θ 取值为 $\hat{\theta}_r$。

我们回到政治民主性这个例子来说明 LM 检验的使用方法。受限模型将所有测量误差的协方差设定为 0，LM 检验能够说明允许其中六对测量误差之间的协方差自由估计以后，是否会显著改善模型对数据的拟合效果。得到受限模型的估计结果以后，LM 卡方的估计值为 32.3，自由度为 6($p<0.001$)。所以，放松嵌套模型中测量误差不相关的限制条件能够显著改善模型的拟合程度。LM 的估计值 32.3 与 LR 的估计值 31.6 非常接近。二者的最大差异在于，在使用 LM 法时，我们仅需估计受限模型。

瓦尔德(W)检验

假设可以用一个包含 $\boldsymbol{r}\times 1$ 个元素的向量 $\boldsymbol{r}(\boldsymbol{\theta})$ 来表示我们对非受限模型施加的限制，其中 $\boldsymbol{r}$ 比 $\boldsymbol{\theta}$ 的维度少。$\boldsymbol{r}(\boldsymbol{\theta})$ 可以是模型参数的任意函数。在政治民主性这个面板数

据中,可以表示为:

$$\boldsymbol{r}(\boldsymbol{\theta})=0$$

$$\begin{bmatrix} \mathrm{COV}(\delta_1,\delta_5) \\ \mathrm{COV}(\delta_2,\delta_6) \\ \mathrm{COV}(\delta_3,\delta_7) \\ \mathrm{COV}(\delta_4,\delta_8) \\ \mathrm{COV}(\delta_4,\delta_2) \\ \mathrm{COV}(\delta_8,\delta_6) \end{bmatrix} = \begin{bmatrix} 0 \\ 0 \\ 0 \\ 0 \\ 0 \\ 0 \end{bmatrix} \tag{7.80}$$

受限模型将这六个测量误差之间的协方差设定为 0。所以对于该受限模型而言,$\boldsymbol{r}(\hat{\boldsymbol{\theta}}_r)$是一个零向量。如果受限模型成立,那么在抽样波动的范围内,$\boldsymbol{r}(\hat{\boldsymbol{\theta}}_u)$也应该为 0。但是,如果受限模型不成立,而非受限模型成立,那么 $\boldsymbol{r}(\hat{\boldsymbol{\theta}}_u)$中的元素就会与 0 有很大差异。

瓦尔德(W)检验的目的是确定$\hat{\boldsymbol{\theta}}_u$ 与受限模型的限制条件相差有多大。检验统计量为:

$$\mathrm{W}=[\boldsymbol{r}(\hat{\boldsymbol{\theta}}_u)]'\left\{\left[\frac{\partial \boldsymbol{r}(\hat{\boldsymbol{\theta}}_u)}{\partial \hat{\boldsymbol{\theta}}_u}\right]'[\mathrm{acov}(\hat{\boldsymbol{\theta}}_u)]\left[\frac{\partial \boldsymbol{r}(\hat{\boldsymbol{\theta}}_u)}{\partial \hat{\boldsymbol{\theta}}_u}\right]\right\}^{-1}[r(\hat{\boldsymbol{\theta}}_u)]$$

其中,$\boldsymbol{r}(\hat{\boldsymbol{\theta}}_u)$是 $\boldsymbol{r}(\boldsymbol{\theta})$在$\hat{\boldsymbol{\theta}}_u$ 处的取值,$\mathrm{acov}(\hat{\boldsymbol{\theta}}_u)$是$\hat{\boldsymbol{\theta}}_u$ 的渐近协方差矩阵的估计值。大括号中的项是 $\boldsymbol{r}(\hat{\boldsymbol{\theta}}_u)$的渐近协方差矩阵的估计值。因而,W 等于限制模型所施加的限制条件的渐近协方差矩阵的逆矩阵左乘并右乘 $\boldsymbol{r}(\boldsymbol{\theta})$在$\hat{\boldsymbol{\theta}}_u$ 处的估计值。如果受限模型成立,W 服从渐近卡方分布,它的自由度等于 $\boldsymbol{r}(\boldsymbol{\theta})$中所施加的限制条件的数量。

如果 $\boldsymbol{r}(\boldsymbol{\theta})$仅包含一个限制条件 $\boldsymbol{\theta}_1=0$,W 等于:

$$\mathrm{W}=\frac{\hat{\boldsymbol{\theta}}_1^2}{\mathrm{avar}(\hat{\boldsymbol{\theta}}_1)} \tag{7.81}$$

其中,$\mathrm{avar}(\hat{\boldsymbol{\theta}}_1)$是估计得到的$\hat{\boldsymbol{\theta}}_1$ 的渐近方差,W 的自由度为 1。方程(7.81)是通常使用的检验某个参数估计值的统计显著性的 Z 值的平方。因而,我们可以将瓦尔德检验视为 Z 检验的一种一般化形式。

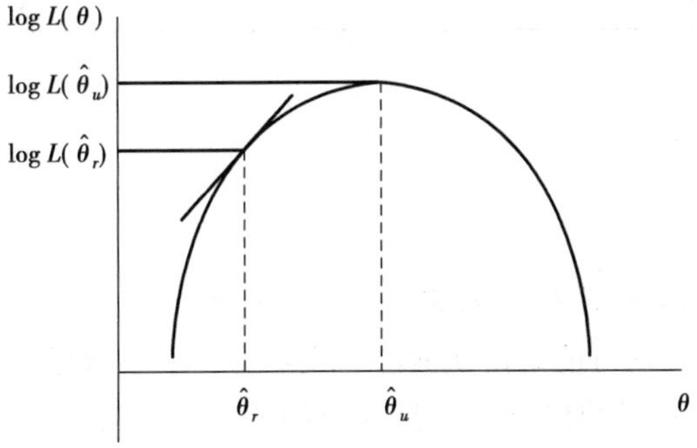

图 7.5　对单一参数进行检验时,与 LR,LM 和 W 三种检验法的关系

在政治民主性的例子中,方程(7.76)中所有六个测量误差之间的协方差都为 0 的 W 统计量的值是27.6,自由度是6。尽管与LR和LM相比,这个卡方估计值偏低,它仍然是非常显著的。所以该检验同样说明将这六个协方差设定为 0 会显著降低模型的拟合程度。

对 LR,LM 和 W 检验的总结

LR,LM 和 W 检验是检验嵌套模型的三种渐近等价的检验方法。在对单一参数进行检验时,三者之间的关系如图 7.5 所示。[①] 图中的曲线是一条似然函数,横轴代表 θ 的值,而纵轴代表 $\log L(\boldsymbol{\theta})$的值。$\log L(\boldsymbol{\theta})$在$\hat{\boldsymbol{\theta}}_u$ 处取最大值,而在限制性假设的条件下,它的取值为 $\log L(\hat{\boldsymbol{\theta}}_r)$。LR 检验比较 $\log L(\hat{\boldsymbol{\theta}}_u)$和 $\log L(\hat{\boldsymbol{\theta}}_r)$之间的差异,二者的差异越大,受限模型成立的可能性越小。LM 检验取决于似然函数在这$\hat{\boldsymbol{\theta}}_r$ 一点上的斜率,斜率与 0 的差异越大,受限模型成立的可能性越小。最后,W 检验取决于$\hat{\boldsymbol{\theta}}_r$ 到$\hat{\boldsymbol{\theta}}_u$ 之间距离的平方,二者的距离越大说明受限模型成立的可能性越小。上述三种比较都使用对数似然函数的曲率进行加权。

W 检验不需要估计受限模型,而 LM 检验不需要估计非受限模型。而且,它们的目的也不相同。W 检验研究的问题是,是否可以在当前估计的模型上施加某种限制;而 LM 检验的问题是,是否可以从当前的模型中解除某种限制。对 W 检验而言,估计非受限模型的目的是检验施加某些限定条件是否合理。LM 则估计受限模型,并检验是否可以放松某些限定条件。表 7.9 对这些特征进行了总结。

表 7.9　LR,LM 和 W 检验的比较及应用

	限制条件		需要估计的参数	
检验	施加	解除	θ_u	θ_r
LR	√	√	√	√
LM	—	√	—	√
W	√	—	√	—

重新设定模型

通常,最初的模型对数据的拟合效果并不好。这有很多原因,但最常见的原因是模型设定有问题。模型设定问题可能是错误地增加或删除一个参数导致的,也可能是因为设定了一个在根本上说就是错误的模型。遇到这类问题,通常的做法就是对模型进行重新设

① 进一步的讨论可参见布斯(Buse,1982)和恩格尔(Engle,1984)。

定。如何重新设定模型需要基于最初模型的分析结果，所以这种分析是探索性的。最终，新模型的统计检验的显著性水平需要达到足够接近的程度，而且有必要用一个独立的新样本对最终的模型进行重复检验（见 Cliff,1983）。

在这一部分，我将介绍重新设定模型的几种方法，并且对修改后的模型的拟合程度进行检验。首先，我会介绍理论或者实质性的专业知识在其中的重要作用。其次，我会解释如何应用 LR,LM 和 W 检验进行探索性研究。最后，我将回顾多种重设模型的经验方法。

对理论和实质性专业知识的回顾

如果模型拟合不好，研究者可以通过很多方法——实际上有太多方法——去修改模型的设定。研究者可以对模型进行不计其数的或大或小的修改，所以他们需要通过一些程序来缩小选择的范围。经验方法可能是有用的，但这可能导致毫无意义的模型。而且，经验方法能够帮助我们对模型进行局部微调，但是一旦需要对模型进行较大的修改，经验方法的作用就会大打折扣。对重设模型帮助最大的是研究者掌握的理论和实质性的专业知识。

为什么研究者不能在最初设定模型时就运用他们所有的专业知识呢？如果能这样做，那么求助理论来重新设定模型就不会有太大帮助。尽管有时确实会出现这种情况，但是在大多数情况下，研究者不会这样做。例如，分析人员可能不确定是否需要将一组额外的参数纳入模型（如被忽略的路径或测量误差之间的相关），所以他们会从一个相对简约的模型开始。如果这个模型拟合不好，那么再将这些参数纳入模型。有时，最初的模型已经概括了研究者当前的想法，但拟合不佳的模型会促使研究者重新思考他的观点是否正确。这种重新思考的过程对每个具体的研究问题必然是不一样的，所以，我只能就这一过程提出一些宽泛的指导原则。需要思考的相关的问题包括：观测变量背后是否还有其他潜变量？某些单一的因子是否实际上包含两个或更多的概念维度？某些观测指标是否同时受多个因子的影响？如果一些观测变量来自同样的数据来源或者通过同样的方式建构出来，那么是否会存在一个潜在的方法因子？是否还有其他未考虑的因素会导致测量误差之间相关？一些测量指标是否对潜变量或其他观测变量存在直接影响？

下面，我将使用一个测量感觉到的空气质量的 CFA 模型来演示这一过程。数据来自一个对主观和客观空气质量之间关系的环境研究。瑟马克（Cermak）搜集了这些数据（见 Cermak & Bollen,1982;Bollen,1982）。在这里，我只使用四个主观的测量指标，这些指标来自在弗吉尼亚州谢南多厄国家公园所做的一项调查。这四个变量分别是：受访者对空气质量的总体评价（x_1）、空气的清澈度（x_2）、空气的颜色（x_3）和空气的味道（x_4）。我假定在这四个变量背后存在一个潜变量，即主观空气质量（ξ_1）。在第 3 章，我讨论了 ξ_1 在因果关系上先于 x_1 到 x_4 的合理性。一开始，我假定所有测量误差都不相关。x_1 到 x_4 的协方差矩阵（$N=57$）如下所示：

$$\mathbf{S}=\begin{bmatrix} 0.331 & & & \\ 0.431 & 1.160 & & \\ 0.406 & 0.847 & 0.898 & \\ 0.216 & 0.272 & 0.312 & 0.268 \end{bmatrix} \tag{7.82}$$

CFA 模型是：

$$x_i = \lambda_{i1}\xi_1 + \delta_i \quad (i = 1,2,3,4)$$

Θ_δ 是一个对角线矩阵，$COV(\delta_i, \xi_1) = 0$，$E(\delta_i) = 0$，并且 $\lambda_{11} = 1$ 从而为 ξ_1 提供一个测量单位。这个模型的整体拟合程度并不好（$\chi^2 = 16.0$，$df = 2$，$p = 0.000\ 3$，$\rho_1 = 0.70$，$\rho_2 = 0.73$，$\Delta_1 = 0.90$，$\Delta_2 = 0.91$，基准模型假定各变量之间不相关）。所以，需要对其他可能的模型设定方法进行探索。

我考虑了很多可能导致模型拟合不佳的原因。例如，在空气的清澈度、颜色和味道背后可能各有一个潜变量，而对空气质量的整体评价是对这三个子维度的综合评定结果。这个模型看上去很合理，但是在仅有四个有缺陷的观测变量的情况下是不可能被估计出来的。在进一步研究数据的搜集过程以后，另一个虽然不如之前完美但很有价值的信息浮现了出来。调查的执行者发现，一些受访者不能明确地区分空气的清澈度和颜色。这似乎是合理的，因为清澈的空气通常是没有颜色的，反之亦然。这可能导致清澈度的测量误差与颜色的测量误差之间存在相关，因为回答一个问题时所犯的错误很可能出现在另一个与之类似的问题上。因而，一种可能的改进方法是，允许模型自由估计这两个测量误差之间的协方差，我预期这个协方差应大于0。在展开行动之前，我将先介绍模型重设的经验方法。

探索性的 LR，LM 和 W 检验

上文，我介绍了如何使用 LR，LM 和 W 检验对模型预先设定的假设进行检验。在对模型重设进行探索时，这些检验方法也是非常有用的工具。例如，最简单的模型修正方法是增加一个新的参数（即删除一个限制条件）。分析人员可以估计所有可以识别的模型，每次估计时仅删除一个限制条件，并计算每个模型的卡方。如果所有模型的拟合效果都不好，那么可以进一步每次放松两个限制条件，并估计每个模型的卡方。理论上，这一过程可以一直进行下去，直到不存在其他替代性的可以识别的模型。或者，研究者可以每次增加一个限制条件，然后一次增加两个限制条件，从而确定是否存在一个拟合很好的简约模型。我们可用 LR 检验对嵌套模型的拟合程度进行比较。但是在实践中，这种方法几乎不可行，因为考虑所有可能的模型并计算卡方值会带来异常沉重的计算负担。

LM 统计量提供了一种渐近等价的方法，在逐渐去除限制条件时运用这种方法能够减少待估模型的数量。单变量的 LM 检验统计量为：

$$LM = [\partial \log L(\boldsymbol{\theta}) / \partial \boldsymbol{\theta}_i]^2 [\mathbf{I}^{-1}(\hat{\boldsymbol{\theta}}_r)]_{ii} \tag{7.83}$$

下标 ii 代表矩阵 $I^{-1}(\hat{\boldsymbol{\theta}}_r)$ 中第 i 个对角线上的元素。受限模型和非受限模型的唯一区别在于是否对 $\boldsymbol{\theta}_i$ 施加限制。根据方程（7.83）可以得到一个自由度为 1 的卡方估计值，它能帮助我们评价在放松对 $\boldsymbol{\theta}_i$ 的假定以后，模型的拟合程度是否得到明显改善。它等价于约

斯库革和松波(Jöreskog & Sörbom,1986)[①]提出的修正指数(modification index)。当然,在一次放松两个、三个或更多限制条件的情况下,类似的 LM 统计量也可以被估计出来。尽管 LM 统计量大大减少了待估模型的数量,但是如果研究者试图对所有可能的模型都进行研究,那么仍需计算大量的 LM 统计量。

正因如此,研究者提出了其他替代性的模型搜索策略。最常见的是首先检查单变量的 LM 统计量(修正指数),然后放松那个可以使卡方估计值下降最多的限制条件,然后从修正后的模型出发不断重复这一过程,直到得到一个拟合较好的模型。这个过程与一些逐步回归的变种很相似。在逐步回归时,我们首先往模型中纳入对因变量解释程度最大的自变量,然后在新模型的基础上继续纳入对因变量解释力度最大的自变量,以此类推,直到增加任何变量都不能显著增加模型的 R^2 为止(见 Bentler,1986b)。

我们回到主观空气质量这个例子来说明单变量 LM 统计量的使用。Φ 矩阵只包含一个自由估计的参数。模型对 Λ_x 的唯一限制是 $\lambda_{11}=1$,从而为给潜变量赋予测量单位,这个限制条件是必须的。所以,唯一可以放松的限制条件是 Θ_δ 中非对角线上的元素。对于 $\hat{\Theta}_\delta$ 而言,单变量的 LM 统计量(修正指数)如下所示:

$$\begin{bmatrix} 0.00 & & & \\ 0.19 & 0.00 & & \\ 7.47 & 12.28 & 0.00 & \\ 12.28 & 7.47 & 0.19 & 0.00 \end{bmatrix} \tag{7.84}$$

该矩阵主对角线上的元素与 Θ_δ 中自由估计的参数相对应,所以它们的值都为 0。

在非对角线元素中,δ_1 和 δ_4(总体评价和气味)的协方差以及 δ_2 和 δ_3(清澈度和颜色)的协方差的 LM 估计值最大,都等于 12.28。因为这两个卡方估计值的自由度都是 1,所以它们在通常的显著性水平下都是非常显著的。如果没有其他信息,我们很难判断应该先放松哪个限制条件。但是根据之前的讨论,我们应该放松对 $COV(\delta_2,\delta_3)$ 的限制。所以,实质性的知识不仅本身非常有用,而且能够帮助我们对经验检验的结果进行评判。在放松对 $COV(\delta_2,\delta_3)$ 的限制以后,已经没有必要再放松其他限制条件了,因为经过这一步调整后,模型只剩下一个自由度,再放松任何限制条件都会导致模型卡方为 0。

我们也可以应用 W 检验对替代性的模型设定方案进行探索。W 检验可以帮助我们判断对哪个参数施加限制(将参数设为 0)以后,模型卡方的增加量最小。与 LM 检验相似,我们可以每次增加一个、两个或更多个限制条件,并计算所有模型的 W 估计值,从而获得最优模型。但这种方法并不实用。一种相对可行的探索方案是对每个自由参数计算单变量的 W 估计值,然后检查与哪个参数对应的 W 值最小。如果限制条件是将某个自由参数设定为 0,那么计算这些 W 值并非必要,因为它们与通常使用的对单个参数的 Z 检验的平方是完全等价的。在对 W 值(或 Z 值)最小的参数施加限制以后,我们还可继

① 在单变量 LM 统计量被提出之前,$\partial F_{ML}/\partial\theta_i$ 在识别哪些限制条件可以被自由估计时得到了广泛的应用,$\partial F_{ML}/\partial\theta_i$ 与方程(7.83)的分子相关(Sörbom,1975)。原因在于 $\partial F_{ML}/\partial\theta_i$ 可以告诉我们哪个最新被自由估计的参数能导致 F_{ML} 最大限度地下降,因而带来模型拟合程度最大的改善。LM 统计量(修正指数)是对一阶偏导数的改进,因为 LM 统计量将估计得到的偏导数的方差也考虑进来。$\partial F_{ML}/\partial\theta_i$ 的另一个缺陷与这一部分讨论的 LM 统计量的缺陷相同。

续这一过程,寻找下一个可以施加限制的参数。直到对任何参数施加限制都会显著增加模型卡方时,这一过程才宣告结束。同样,这种探索方法与逐步回归非常相似。

我将回到政治民主性的例子来说明 W 检验的使用方法。尽管我们发现,允许六对测量误差相关的模型比不允许测量误差相关的模型的拟合效果好得多,但是,其中有三对跨时期的测量误差的协方差大大小于各自标准误的 2 倍。为了进一步了解它们的统计显著性,我用本特勒(Bentler,1985)的 EQS 软件对这三对协方差是否同时为 0 进行了联合检验。检验结果见表 7.10。

我将搜索范围限定在这六对相关的测量误差的协方差系数上。首先,检验将搜索这六个系数中最不显著的一个。然后,将该系数设为 0,再进行下一步搜索以确定下一个显著性最低或卡方估计值最小的系数。这一过程将持续进行,直到所有六个协方差都进入分析过程为止。从表 7.10 可以发现,将其中三对跨时期的测量误差的协方差[COV(δ_4,δ_8)、COV(δ_3,δ_7)、COV(δ_1,δ_5)]设定为 0 后并不会显著降低模型的拟合程度。可是,继续将另外三个设定为 0 会导致模型拟合效果显著下降。

LR 检验,特别是 LM 检验和 W 检验都是非常有用的探索工具,但我们也必须充分认识到它们固有的缺陷。

表 7.10　使用政治民主性面板数据对六对相关测量误差的累积多元 W 检验

参数	χ^2	概率
COV(δ_4,δ_8)	1.09	0.30
COV(δ_3,δ_7)	2.68	0.26
COV(δ_1,δ_5)	5.94	0.11
COV(δ_2,δ_4)	11.33	0.02
COV(δ_6,δ_8)	18.37	0.00
COV(δ_2,δ_6)	27.62	0.00

第一,对某个参数放松限制或施加限制的顺序可能会影响剩余参数的统计检验结果。原因在于参数估计值之间是相关的,所以其他参数是自由估计还是固定为一个常数会影响 LM 或 W 检验的显著性(Saris, de Pijper & Zegwaart,1979)。所以,放松对某一组系数的限制或对它们施加限制后的模型拟合效果可能比通过逐步搜寻程序得到的结果更好。

第二,如前所述,逐步搜寻程序使用的 W 和 LM 统计量的概率水平可能不够精确。其原因在于对模型的估计和修正都是基于同一个数据。所以,对独立样本进行重复分析或交叉检验就显得尤为重要。如果样本足够大,我们应该将样本随机分为两个部分:一部分进行探索性研究,并用另一部分数据对最终模型的有效性进行验证。

第三,这些检验评估的都是卡方估计值的变化量,而不是参数估计值大小的变化量。有可能出现这种情况,即参数估计值出现了很大变化,而 LM 或 W 检验统计量的值却变化很小;反之亦然。萨力、萨托拉和松波(Saris, Satorra & Sörbom,1987)发现,与单变量的

LM 相关的参数估计值的变化等于单变量 LM 的估计值除以受限参数的一阶偏导数①。所以,比较稳妥的办法是同时关注卡方和参数估计值的变化。

第四,拜伦(Byron,1972)和其他学者指出,在模型不成立的条件下,LM 检验的结果与模型成立时的相同检验相比是有偏的。如果模型设定不正确,那么单一限制条件的 LM 估计值可能是多个参数的函数,而不是仅与受限的参数有关(Dijkstra,1981:32)。所以有时我们不应先允许 LM 估计值最大的那个受限参数被自由估计。

第五,W 和 LM 检验在仅需对模型设定进行小修小改时最有用。即使需要对模型结构进行根本性的修改,这些检验方法也不能检测出这些问题。例如,模型可能需要增加一个潜变量,或者需要更改测量指标与潜变量之间的因果方向,但这些探索性的技术无法揭示出如此深层次的修改方案。

第六,经验搜索程序有时会建议我们增加某些自由参数,但这些新增的自由参数可能无法得到合理的解释。例如,将某些测量误差设为相关或者增加某条路径系数会改善模型的拟合程度,但如果无法对之进行合理的解释,那么这些改进的实质意义仍是含混不清的。所以,对模型的评价也要将模型参数的可解释性作为重要的标准之一。

这些经验搜索方法在实践中的效果仍需大量的研究。到目前为止,相关的模拟研究还很匮乏。基于模拟数据,赫廷和科斯特纳(Herting & Costner,1985)将单变量 LM 统计量和正态化残差结合起来对一个拟合不好的测量模型进行重新设定。他们发现,在检测不同因子的观测变量的测量误差之间是否存在相关性时,这些诊断指标表现得很好;但是在检测同一个因子的不同观测变量的测量误差之间是否存在相关性时,这些诊断指标的表现却不令人满意。在检测是否存在遗漏的因子负载时,这些诊断指标的表现取决于遗漏路径的强度,强度越大,它们的作用反而越小。在遇到因果性的测量指标时,这些诊断统计量的作用也很有限。

麦卡勒姆(MacCallum,1986)进行了一项更为精细的模拟研究,这项研究的焦点是使用单变量的 LM(修正指数)检验搜寻潜变量模型的设定方法。我会在下一章更加详细地介绍潜变量模型,但在这里指出这项研究的主要发现仍是很有意义的。麦卡勒姆在设定错误模型时,或者忽略一两条路径,或者增加一条无关的路径。在他的模拟研究中,非限制性的搜寻程序包括以下四个步骤:(1)拟合最初设定有误的模型;(2)将 LM 估计值最大的参数设定为可以自由估计;(3)重复第一步和第二步直到不存在统计显著($\alpha = 0.01$)的 LM 估计值;(4)识别不显著的参数估计值。上述搜寻程序没有使用任何实质性的知识来帮助改善模型的拟合状况。除此之外,他还提出了一种限制性的搜寻方法,在使用这种方法时,所有取值为 0 的参数都没有自由估计,并且所有取值不为 0 的参数都没有固定为 0。总体来看,麦卡勒姆(MacCallum,1986)惊奇地发现,即使采用限制性的搜寻策略,也有很多次没有找到真实的模型。一些因素会增加找到真实模型的可能性,这些因素包括:(1)初始模型与真实模型的接近程度;(2)样本量足够大;(3)使用限制性的而不是非限制性的搜寻方法;(4)在修正模型的卡方变得不显著以后仍然继续搜索

---

① 单变量的 LM 统计量(修正指数)和一阶偏导数都可从 LISREL Ⅵ中得到。由于 LISREL 的拟合函数在用 LM 估值除以其一阶段导数之前,需要先将一阶偏导数乘以 $-(N-1)$(Saris et al.,1987:120)。本特勒(Bentler,1986b)的 EQS 能够自动报告放松一个限制条件以后参数估计值的变化。

($\alpha=0.05$)。

因而,至今为止的模拟研究对仅仅依赖经验方法搜寻正确模型的可能性进行了客观严谨的评价,这些研究结论也突出了实质性知识在搜寻正确的模型设定方法中的重要作用。

其他经验方法

在对模型进行重新设定时,其他可用的经验结果包括残差矩阵、局部拟合指标和分段拟合策略(piecewise fitting strategies)。首先来看残差矩阵。残差可以反映 **S** 中的哪些元素被 $\hat{\Sigma}$ 拟合得不好。直觉上看,残差为正且值很大时表明原始模型中忽略了某些重要参数,如果将这些参数纳入模型,$\hat{\sigma}_{ij}$ 将与 s_{ij} 更加接近。残差的值很小则说明与该协方差相关的模型结构是合理的。不幸的是,虽然残差能够暗示我们模型哪一部分的设定可能有问题,但有时,残差也会误导我们。科斯特纳和舍恩伯格(Costner & Schoenberg,1973)发现,单因子模型的测量误差之间存在相关关系或者将双因子模型设定为单因子模型会导致非常有误导性的残差结构(也可参见 Herting & Costner,1985)。主观空气质量的 CFA 模型就是这样一个例子。在最初的测量误差都不相关的模型中,最大的正态化残差(=1.1)出现在总体评价(x_1)和气味(x_4)之间,而清澈度(x_2)和颜色(x_3)之间协方差的残差却很小(=0.114)。尽管实质性的知识告诉我们清澈度和颜色的测量误差应该是相关的,并且当我们将 COV(δ_2,δ_3)纳入模型以后模型的拟合程度有非常明显的改善,残差却没有检测出这一点。

残差的问题是非常复杂的,因为即使重新设定的模型也是错误的,它也有可能显著改善模型整体的拟合程度。这部分是因为协方差矩阵中的元素通常是多个模型参数的函数,正如隐含协方差矩阵所显示的那样[见方程(7.5)]。删除或纳入一个参数能同时影响多个协方差矩阵中的元素,而且有时这种影响仅凭直觉是无法感觉到的。因为 F_{ML},F_{GLS} 和 F_{ULS} 都是全信息的估计程序,对模型局部的设定偏误会扩散到其他部分,而且这种扩散通常是无迹可寻的。尽管残差能帮助我们寻找模型哪一部分的设定有问题,但是它们不应该与其他实质性的和经验性的信息割裂开来单独使用。

局部拟合指标可以帮助我们定位模型的问题所在。不恰当或不合理的参数估计值(如 R^2 接近 0 或者超乎寻常的大、系数的符号与预期的相反)告诉我们需要对模型出问题的部分特别注意。不过,与残差非常相似,模型真正出问题的地方可能与局部拟合指标所显示的地方有所不同。

另一种非常广泛的、可以帮助重新设定模型的方法是"分段模型拟合"。顾名思义,这种方法将一个完整的模型分为几个独立的模块,然后分别拟合每个模块,这样即可将其他模块中可能存在的设定偏误隔离出去。科斯特纳和舍恩伯格(Costner & Schoenberg,1973)提出了一种方法,这种方法对每个双测量指标和三测量指标的子模型进行单独估计。使用这种方法的困难在于,即使对一个中等复杂的模型而言,我们也需要估计大量的子模型。

一个相关的分段拟合方法是,将一个拟合不好的模型分成好几个部分,然后重新估计每个子模型。例如,假定一个 CFA 模型包含三个因子,每个因子对应四个观测指标。如果整个 CFA 模型的拟合程度不理想,那么研究者可以对每个因子和四个对应的观测指标逐一进行因子分析。假定这三个 CFA 模型中有两个拟合效果很好,但另一个拟合不好;那么这个拟合不好的模型很有可能就是导致全模型拟合不佳的原因,这时我们就要重新设定这个模型。如果三个 CFA 模型都拟合得很好,那么研究者可以将其中任意两个结合起来再进行估计。持续这一过程,直到研究者可以缩小搜索的范围并确定问题所在为止。在查明问题的过程中,其他经验统计量也能提供很多帮助。这种方法的优点是,能够帮助确定一个复杂模型中的哪个部分可能存在问题。其缺点是,不能准确告诉研究者在出问题的局部区域里到底存在什么问题,而且当初始模型非常复杂时需要估计很多子模型。而且,也可能出现这种情况,即只有当我们对整个模型进行分析时,模型拟合的问题才显现出来。

最后,格利穆尔等人(Glymour et al. ,1987)提出了一种可以自动进行的模型搜索程序,这种方法基于模型隐含的观测变量的协方差(或相关系数)矩阵中每四个一组之间的差异。因为这种搜索程序是一个模型化的代数运算(TETRAD),它的计算速度更快,而且与非自动化的搜索程序相比,它能覆盖更多的模型。不过,这种方法相比于其他搜索策略的性质目前尚未可知。

对模型重设方法的总结

和对模型的最初设定一样,对模型进行重新设定也需要基于研究者的专业知识。除此之外,之前介绍的各种经验方法也非常有帮助。在理想情况下,主观的专业知识需要与多种经验方法,如 LM 和 W 检验、残差、分段拟合策略等结合起来使用。仅仅依赖经验方法是非常危险的。研究者需要考虑经验方法给出的修改建议,但不能完全受其摆布。

即使最终得到了一个拟合较好的模型,我们也要对估计值及其概率水平保持怀疑。使用独立样本对模型进行交叉检验或重复估计是非常重要的,它能帮助我们建立起对新模型的自信心。最后,需要清楚地意识到,本章讨论的方法对第 4 章的观测变量模型和第 8 章的一般化模型也同样适用。

扩　展

估计因子得分

有时,研究者想要知道某些案例的潜变量的值。得到这些值的最好方法是用观测变量的加权函数值进行估计。最流行的方法是用回归法得到因子得分的估计函数:

$$\hat{\boldsymbol{\xi}} = \hat{\Phi}\hat{\Lambda}_x'\hat{\Sigma}^{-1}\mathbf{x}$$

其中,$\hat{\xi}$是 ξ 的估计值。$\mathbf{x}$ 左边的权重是 ξ 对 $\mathbf{x}$ 这个假设回归中回归系数的 OLS 估计量。也可通过其他方法估计因子得分(McDonald & Burr,1967;Saris,de Pijper & Mulder,

1978)。在实践中,不同方法得到的 ξ 的估计值是高度相关的。

不管使用什么方法,因子得分的估计值都不等于因子(即$\hat{\boldsymbol{\xi}} \neq \boldsymbol{\xi}$,对 $n < q$)。这种因子的不确定性根源于潜变量和测量误差的数量大于观测变量($n+q$ vs. q)。也就是说,我们只有 q 个方程,但却有 $n+q$ 个未知的潜变量和测量误差。这种情况类似于一个多因变量的回归模型,$\mathbf{y}=\Gamma\mathbf{x}+\boldsymbol{\xi}$,其中我们只知道 y 和$\hat{\Gamma}$,但要估计 x。很明显,只要 $\boldsymbol{\xi} \neq 0$,在只有这些信息的条件下,我们不可能得到与 $\mathbf{x}$ 完全相等的估计值 $\hat{\mathbf{x}}$。

这意味着我们可以得到因子得分的多个估计值,而且,同一案例在同一个潜变量的两个因子得分上的序次可能不一样。所以,研究者需要避免对因子得分的相对大小进行不恰当的比较,因为这是在对因子得分的估计值提出不切实际的要求。

一些研究者将因子得分的估计值应用到观测变量模型中(如回归模型),这背后隐含的假设是因子得分的估计值能够避免普通的观测变量所固有的测量误差。尽管用$\hat{\boldsymbol{\xi}}$替代某个具体的观测指标能够减少测量误差,但是不能完全消除测量误差。因为$\hat{\boldsymbol{\xi}}$是 $\mathbf{x}$ 的加权平均值,而且因为$\hat{\boldsymbol{\xi}} \neq \boldsymbol{\xi}$,我们可以将$\hat{\boldsymbol{\xi}}$视为一个包含测量误差的测量指标。所以,在绝大多数情况下,用因子得分的估计值替代潜变量 $\boldsymbol{\xi}$,并且对这些估计值使用经典的计量经济学程序(回归)进行分析也会导致不一致的系数估计值(参见第 5 章)。

潜变量的均值和方程截距

在整个这一章,我都忽略了潜变量的均值和测量方程的截距。所有变量都假定已经表示成与各自均值的离差形式。不过在有些时候,研究者可能想知道这些均值和截距。通常,研究兴趣在于比较潜变量的均值在不同组之间的差异。我第 8 章会讨论这些问题。

即使是对单一样本进行分析,我们可能也想得到潜变量的均值和方程的截距。在面板数据中,对同一个潜变量在不同时点上的均值进行比较能够反映这些均值是否发生了变化。或者,在两个或多个时点上应用同一组变量进行分析,我们可以检验回归的截距是否随时间发生了改变。如果两个不同的潜变量被赋予了相同的测量单位也可进行比较。例如,研究者能够检验永久性收入和永久性消费是否相等,只要二者都用相同的美元单位来测量。

为了估计这些模型,我需要增加现有的符号标记。带有截距 ν_x 和 ν_y 的 $\mathbf{x}$ 和 $\mathbf{y}$ 的测量方程如下:

$$\mathbf{y}=\nu_t+\Lambda_y\eta+\varepsilon \tag{7.85}$$

$$\mathbf{x}=\nu_x+\Lambda_x\xi+\delta \tag{7.86}$$

ν_y 向量的维数为 $p\times 1$,ν_x 向量的维数为 $q\times 1$。前者表示当 $\eta=0$ 时,y 的期望值;后者表示当 $\xi=0$ 时,x 的期望值。ξ 的均值($E(\xi)$)是 $\boldsymbol{\kappa}$,它是一个 $n\times 1$ 维的向量。η 的期望值取决于它与 ξ 的关系。我将在第 8 章继续讨论它的均值,而在这一章我将集中研究与 $\mathbf{x}$ 有关的方程。$\mathbf{x}$ 的期望值是:

$$E(\mathbf{x})=\nu_x+\Lambda_x\boldsymbol{\kappa} \tag{7.87}$$

在单因子、三个观测指标的例子中，它简化为：

$$
\begin{aligned}
E(X_1) &= \upsilon_{X_1} + \kappa_1 \\
E(X_2) &= \upsilon_{X_2} + \lambda_{21}\kappa_1 \\
E(X_3) &= \upsilon_{X_3} + \lambda_{31}\kappa_1
\end{aligned}
\tag{7.88}
$$

在方程(7.88)的第一个方程中，λ_{11} 被设定为 1，因为如果不对潜变量赋予测量单位，这个模型是无法识别的。这三个变量的方差和协方差与使用离差形式的变量时完全相同，所以 $\boldsymbol{\Sigma}(\boldsymbol{\theta})$ 为：

$$
\begin{bmatrix}
\phi_{11} + \mathrm{VAR}(\delta_1) & & \\
\lambda_{21}\phi_{11} & \lambda_{21}^2\phi_{11} + \mathrm{VAR}(\delta_2) & \\
\lambda_{31}\phi_{11} & \lambda_{21}\lambda_{31}\phi_{11} & \lambda_{31}^2\phi_{11} + \mathrm{VAR}(\delta_3)
\end{bmatrix}
\tag{7.89}
$$

为了理解二者的等价关系，考虑方程(7.89)中的第一个元素 $\mathrm{VAR}(X_1)$：

$$
\begin{aligned}
\mathrm{VAR}(X_1) &= E[(X_1 - E(X_1))^2] \\
&= E[(\upsilon_{X_1} + \xi_1 + \delta_1 - (\upsilon_{X_1} + \kappa_1))^2] \\
&= E[(\xi_1 - \kappa_1 + \delta_1)^2] \\
&= \phi_{11} + \mathrm{VAR}(\delta_1)
\end{aligned}
$$

通过类似的方法，我们可以发现方程(7.89)中的其他元素也是等价的。我之前演示过，该模型中的元素 λ_{ij}，$\mathrm{VAR}(\delta_i)$ 和 ϕ_{11} 都是可以识别的。可是，方程(7.88)往这三个方程中引入了四个新参数(υ_{X_i}，$i=1,2,3$ 和 κ_1)。我们能够得到三个观测变量的均值，但这不足以识别四个额外的参数。这与给潜变量赋予测量单位的问题非常相似。即使使用离差形式的变量，该模型也是不能识别的，除非我们为潜变量赋予一个测量单位。这里，潜变量的原点或均值是任意的，我们必须对之赋值。一个来自物理学的例子能帮助我们澄清这一点。假定潜变量是温度，X_1，X_2 和 X_3 分别是开氏、摄氏和华氏三种温度计的读数。如果不对温度的原点和测量单位达成一致，这个模型是无法识别的。可是，科学家普遍认为在测量温度时，开氏温度的原点和测量单位最为恰当。我们可以将 λ_{11} 设定为 1，从而使温度这个潜变量的测量单位与开氏温度相一致，也可以将 υ_{X_1} 设定为 0，从而使该潜变量与开氏温度具有相同的原点。经过上述设定后，$E(X_1)$ 等于 κ_1，剩下的参数也可以顺利识别了。

社会科学的不同之处在于，我们很难对某个潜变量的测量单位和原点达成共识。这意味着通常潜变量并不存在一个自然而然的测量单位或原点，因而我们必须指定它。我们可以通过多种方式来指定测量单位和原点。温度的例子说明了其中一种可能性，即将一个变量的 λ_{i1} 设定为 1，并且将它的截距 υ_{x_i} 设定为 0。这种方法使得潜变量与 X_i 拥有相同的测量单位和均值，因为 $E(X_i)$ 等于 κ_1。其他截距和 λ_{i1} 可以与这些值相比较而得以解释。另一种方法是为 κ_1 赋予一个任意值，例如，0 或其他常数。只要再将其中的一个 λ_{i1} 设定为 1(或其他非 0 的常数)，方程(7.88)中剩下的参数都是可以识别的。

我将使用一个具体的例子来说明这一点，这个例子关于人们对线段长度的感觉。我让五名被试判断线段的长度，判断需要精确到 0.1 英寸；线段都画在卡片上，每张卡片有一条线段，共有 60 张卡片。第一名被试对米制测量单位系统更加熟悉，所以他的判断值精确到了 0.1 厘米(即毫米),而不是 0.1 英寸。我假定在这 5 个观测指标背后有一个潜变量,即感觉到的线段长度;并且假定测量方程的表达式可以表示成如下所示的形式:①

$$X_i = \upsilon_{X_i} + \lambda_{i1}\xi_1 + \delta_i \quad (i=1,\cdots,5) \tag{7.90}$$

为了识别这个模型,我们必须为潜变量选择一个测量单位。即使所有被试的判断都非常准确,λ_{i1} 也不可能相同,因为第一名被试使用的是米制单位系统,而其余被试使用的是英制单位系统。因为大多数被试使用英寸为单位进行判断,所以我将潜变量的测量单位也设为英寸。我选择了第五名被试,并将 λ_{51} 设为 1。除此之外,我还将 υ_{X_5} 设为 0,从而为潜变量赋予一个原点。因而,感觉到的长度(ξ_1)与 X_5 拥有相同的期望值和测量单位。因为 ξ_1 变化一个单位,X_5 平均来说也会变化一个单位。

用 LISREL Ⅵ(和更早的版本)估计这个模型需要对标准的程序进行修改。具体来说,需要往模型中增加一个常数,需要为方程的截距和潜变量的均值增加新的参数,而且需要分析原点距(见第 4 章)矩阵。此外,模型的符号也需要进行调整。方程(7.91)和方程(7.92)显示了一个一般化 CFA 模型的这些变化。

$$\mathbf{y}^{\cdot} = \Lambda_y^{\cdot}\boldsymbol{\eta}^{\cdot} + \boldsymbol{\varepsilon}^{\cdot} \tag{7.91}$$

$$\boldsymbol{\eta}^{\cdot} = \Gamma^{\cdot}\boldsymbol{\xi}^{\cdot} + \boldsymbol{\zeta}^{\cdot} \tag{7.92}$$

我用加点的上标表示这些矩阵的意义与通常的矩阵有所不同。y 是一个 $q \times 1$ 维的向量,它包含所有 x 变量。$\eta^{\cdot}$ 是一个$(n+1)\times 1$ 维的向量,它包含 n 个 ξ,最后一个元素为常数 1。$\Lambda_y^{\cdot}$ 是一个 $q\times(n+1)$维的矩阵,它的前 q 行和 n 列对应于初始的 Λ_x,最后一列包含 q 个截距项 υ_{xi}。$\epsilon^{\cdot}$ 是一个 $q\times 1$ 维的向量,它与初始的 δ 完全相同。在方程(7.92)中,$\boldsymbol{\xi}$ 是只包含一个元素 1 的标量。$\Gamma^{\cdot}$ 是一个$(n+1)\times 1$ 维的向量,它的前 n 个元素分别是 κ_1 到 κ_n,最后一个元素是 1。$\zeta^{\cdot}$ 也是一个$(n+1)\times 1$ 维的向量,它的前 n 个元素等于$\xi_i - \kappa_i$(其中 $i=1,\cdots,n$),最后一个元素是 0。

在线段长度的例子中,模型表示如下:

$$\mathbf{y}^{\cdot} = \Lambda_y^{\cdot}\eta^{\cdot} + \varepsilon^{\cdot}$$

$$\begin{pmatrix} X_1 \\ X_2 \\ X_3 \\ X_4 \\ X_5 \end{pmatrix} = \begin{pmatrix} \lambda_{11} & \upsilon_{X_1} \\ \lambda_{21} & \upsilon_{X_2} \\ \lambda_{31} & \upsilon_{X_3} \\ \lambda_{41} & \upsilon_{X_4} \\ 1 & 0 \end{pmatrix}\begin{pmatrix} \xi_1 \\ 1 \end{pmatrix} + \begin{pmatrix} \delta_1 \\ \delta_2 \\ \delta_3 \\ \delta_4 \\ \delta_5 \end{pmatrix} \tag{7.93}$$

$$\boldsymbol{\eta}^{\cdot} = \Gamma^{\cdot}\xi^{\cdot} + \zeta^{\cdot}$$

$$\begin{pmatrix} \xi_1 \\ 1 \end{pmatrix} = \begin{pmatrix} \kappa_1 \\ 1 \end{pmatrix}(1) + \begin{pmatrix} \xi_1 - \kappa_1 \\ 0 \end{pmatrix} \tag{7.94}$$

我们对五个长度观测指标进行检查时发现了一个奇异值,不过它对分析结果的影响

---

① 史蒂文(Steven)的幂法则认为,乘积形式 $X_i = \upsilon_{X_i}\xi_1^{\lambda_i}\delta_i$ 可能更合适。通过对两边取对数,该模型可以转换为一个线性形式。当我检验 $\log X_i$ 时发现,出现了奇异值和非线性等一系列问题,而这些问题在使用原始数据时并未出现。因此,我没有使用对数转换。

并不大,因为包含这个值或去掉这个值以后的结果几乎是相同的。对 **x** 变量两两作图发现,x 取值较大时变异性较大,而 **x** 取值较小时变异性较小,对原始变量取平方根能够在很大程度上纠正这个问题。对原始变量进行分析和对平方根进行分析的结果在本质上是没有差异的。我在这里汇报的是对原始变量的分析结果,因为它更容易解释。五个观测变量的协方差矩阵和均值向量分别为:

$$\mathbf{S}=\begin{bmatrix} 14.19 & & & & \\ 4.38 & 1.46 & & & \\ 7.50 & 2.34 & 4.21 & & \\ 4.55 & 1.42 & 2.45 & 1.50 & \\ 4.01 & 1.24 & 2.17 & 1.31 & 1.20 \end{bmatrix} \quad (7.95)$$

$$\bar{\mathbf{x}}=[6.76 \quad 2.23 \quad 3.43 \quad 2.10 \quad 1.92] \quad (7.96)$$

使用 **S** 和$\bar{x}$生成距矩阵,并且应用方程(7.93)和方程(7.94),可得该模型的卡方值为 3.92,自由度为 5,卡方值的显著性水平为 0.56。其他模型整体拟合指标也非常好。参数估计值及其标准误如下:

$$\hat{\Lambda}_y^{\cdot}=\begin{bmatrix} 3.48 & 0.08 \\ (0.11) & (0.24) \\ 1.09 & 0.14 \\ (0.05) & (0.10) \\ 1.87 & -0.17 \\ (0.07) & (0.15) \\ 1.13 & -0.08 \\ (0.03) & (0.08) \\ 1.00 & 0.00 \\ (—) & (—) \end{bmatrix} \quad \hat{\Gamma}^{\cdot}=\begin{bmatrix} 1.92 \\ (0.14) \\ 1.00 \\ (—) \end{bmatrix} \quad \text{diag } \hat{\Psi}^{\cdot}=\begin{bmatrix} 1.13 & 0.00 \\ (0.22) & (—) \end{bmatrix} \quad (7.97)$$

$$\text{diag } \hat{\theta}_\varepsilon^{\cdot}=\begin{bmatrix} 0.23 & 0.09 & 0.16 & 0.02 & 0.05 \\ (0.06) & (0.02) & (0.03) & (0.01) & (0.01) \end{bmatrix} \quad (7.98)$$

$\hat{\Lambda}_y^{\cdot}$ 中第一列的元素表示与被试 5 相比,其他被试所使用的测量单位的差异。因为 1 英尺等于 2.54 厘米,我预计$\hat{\lambda}_{11}$会比其他$\hat{\lambda}_{i1}$大,而事实真是如此。不过分析结果显示,感觉到的长度(ξ_1)每增加 1 个单位,x_1 增加约 3.5 个单位。与被试 2 和被试 4 对应的$\hat{\lambda}_{21}$和$\hat{\lambda}_{41}$在测量单位上与被试 5 很相似,因为它们的值都接近 1。相比之下,与被试 3 对应的$\hat{\lambda}_{31}$表明,ξ_1 变化一个单位,x_3 会变化约 1.9 个单位。所有的$\hat{\lambda}$都大大高于 2 倍的标准误。在$\hat{\Lambda}_y^{\cdot}$ 的第二列中,所有截距估计值都比其 2 倍的标准误小。为了检验是否所有五名被试的截距都为 0,我们需要重新估计这个模型,在重新估计时将所有五个截距都设为 0 并将新模型的拟合程度与初始模型进行比较。或者,我们也可以对这些限制进行瓦尔德检验。

感觉到的长度(ξ_1)这个潜变量的均值 κ_1 位于$\hat{\Gamma}^{\cdot}$中的第一行、第一列。以第五名被试所认为的英尺为测量单位,感觉到的平均长度为 1.92,它也是 X_5 的均值。感觉到的长度的方差位于$\hat{\Psi}^{\cdot}$中的第一行、第一列，它等于1.13。最后，与每名被试相关联的误差方差位于$\hat{\Theta}_{\varepsilon}^{\cdot}$的对角线上。所有方程的$R_{X_i}^2$都很大（如$R_{X_5}^2=0.96$），这说明潜变量$\xi_1$与五名被试的估计结果紧密相关。

这个例子说明了在CFA模型中估计潜变量均值和方程截距的一般程序。这个例子的LISREL程序见附录7A。

作为原因的观测指标

测量模型假定$\mathbf{x}=\Lambda_x\xi+\delta$，所有观测指标都取决于潜变量的值。在第3章，我用几个例子说明，观测指标有时也可能是潜变量的原因。分析人员可将作为原因（cause）的或形成性（formative）的观测指标纳入当前的模型结构中。为此，首先定义每个原因指标x_i等于一个潜变量ξ_i（即$\mathbf{x}=\mathbf{I}\boldsymbol{\xi}$，其中$\mathbf{x}$是由原因指标构成的向量）。然后将所有受这些原因指标影响的内生潜变量视为$\boldsymbol{\eta}$的一部分。这些潜变量对原因指标的依赖关系表示为$\boldsymbol{\eta}=\Gamma\boldsymbol{\xi}+\boldsymbol{\zeta}$。如果没有其他作为结果的观测指标$y$，这个模型是不能识别的。假设存在结果指标，它们对$\eta$的依赖关系是$\mathbf{y}=\Lambda_y\eta+\boldsymbol{\varepsilon}$。将这些表达式结合在一起，一个包含原因指标和结果指标的模型如下：

$$\begin{aligned}\mathbf{x}&=\mathbf{I}\boldsymbol{\xi}\\ \mathbf{y}&=\Lambda_y\boldsymbol{\eta}+\boldsymbol{\varepsilon}\\ \boldsymbol{\eta}&=\Gamma\boldsymbol{\xi}+\boldsymbol{\zeta}\end{aligned}\tag{7.99}$$

如果x中既包含原因指标，又包含结果指标，那么第一个方程就与常见的方程$x=\Lambda_x\xi+\delta$相同。其中与原因指标对应的λ_{ij}和δ_i需要被分别设定为1和0。其他假定与之前相同，即测量误差ε与η、ξ不ζ相关；结构方程的误差项ζ与ξ不相关；ε和ζ的期望值为0；ξ和η都表示成与各自均值相减后的离差形式。

尽管方程(7.99)将原因指标整合进来的方式看上去有点奇怪，它的优点也很明显。第一个方程$\mathbf{x}=\mathbf{I}\boldsymbol{\xi}$明确假定观测变量$x$没有测量误差。它们本身就是观测变量，而不是真正意义上的潜变量。这个假定是否成立需要经过再三地思考。如果这些观测变量确实包含测量误差，因而它们仅是其他潜变量的代理，那么方程$\mathbf{x}=\mathbf{I}\boldsymbol{\xi}$可能并不成立。有三种方法能够处理$\mathbf{x}$中的测量误差问题：(1)为每个$\xi$寻找多个观测指标并使用常规模型$\mathbf{x}=\Lambda_x\boldsymbol{\xi}+\delta$；(2)使用$x$的信度估计值；(3)尝试使用多个可能的信度估计值，然后评估分析结果对这些值的敏感性。第一种方法采用了本章介绍的CFA模型，而后两种方法在第5章中已经介绍过了。

我们回到第4章介绍的主观和客观社会经济地位（SES）的例子，它可以演示作为原因的观测指标。五个观测变量分别是：收入（x_1）、职业地位（x_2）、主观收入（y_1）、主观职业地位（y_2）和主观总体社会经济地位（y_3）。假设前两个变量是客观社会经济地位（ξ_1）的观测指标，而后三个变量是主观社会经济地位（η_2）的观测指标。图7.6(a)显示了这些变量的一种模型设定方法，其中所有观测指标都是潜变量的结果。尽管我们可以将y_1到y_3这三个主观测量指标视为对总体SES的感知，但是认为x_1和x_2取决于客观SES则不太合理（见第3章）。图7.6(b)显示了另一种模型设定方法，它将x_1和x_2视为影响客观 SES($=\eta_1$)的原因。这个模型的表达式可以根据方程(7.99)得到。但是不加任何限制条件,这个模型是无法识别的,因为 η_1 没有任何结果指标。在将 β_{21} 设为 1、ψ_{11} 设为 0 以后,这个模型就可以识别了。第一个限制条件将 η_2 的测量单位赋予 η_1,因为 η_1 变化一个单位会导致 η_2 平均也变化一个单位。第二个限制条件($\psi_{11}=0$)将客观 SES 视为它的两个原因指标的线性组合(即 $\eta_1=\gamma_{11}x_1+\gamma_{12}x_2$)。也就是说,$\eta_1$ 是这两个原因指标的加权平均值。图 7.6 中两个模型[在图 7.6(b)中 $\psi_{11}=0$ 且 $\beta_{21}=1$]的卡方估计值恰好相等($\chi^2=26.6$, $df=4$, $p<0.001$)。这说明两个拥有不同结构的过度识别模型可能拥有相同的拟合结果。

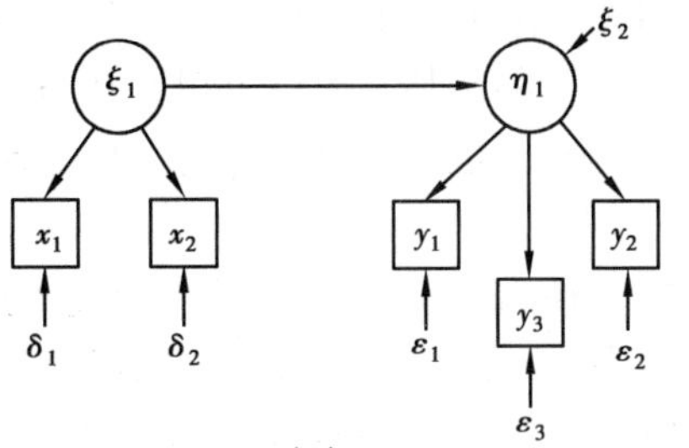

(a)

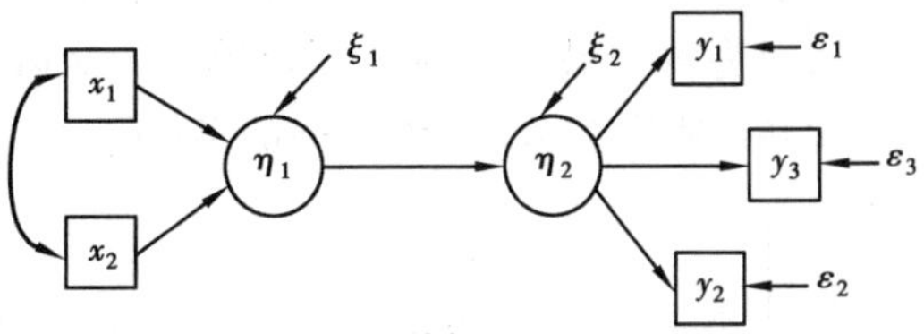

(b)

图 7.6　主观和客观社会经济地位测量指标和潜变量之间关系的两种模型设定方式

所以,仅仅根据拟合指标无法判断哪个模型更加合理。在该例子中,两个模型对数据的拟合都不太好。

在图 7.6(b)中,$\psi_{11}=0$ 且 $\beta_{21}=1$,它等价于删除 η_1 并允许 x_1 和 x_2 直接作用于 η_2。我会在第 8 章中讨论这类 MIMIC 模型。届时,我还将检验这个模型,将 ψ_{11},VAR(δ_1)和 VAR(δ_2)都设为 0 的假定是否合理,我会将这些参数设置为其他固定的值,并将新模型与初始模型进行比较,从而评估模型对这些限制条件的敏感程度。

高阶因子分析

使用因子分析的动机部分来自这样一个认识,即在大量的观测变量背后可能仅隐藏着为数不多的几个潜变量,而且与观测变量相比,潜变量与社会科学理论中的抽象概念的关系更为接近。不过,很少有人进一步研究,在一阶潜变量背后是否还存在更一般化的或更抽象的概念。也就是说,影响观测变量的潜变量可能同时还受其他潜变量的影响,而且这些更高阶的潜变量与观测变量之间不存在直接影响。类似这样的模型被称作高阶因子分析。

高阶和低阶潜变量之间潜在的结构关系很早就已经被意识到(Thurstone,1947),但在实践中,它的应用还很少。戈冰和安德森(Gerbing & Anderson,1984)认为,没有充分认识到潜在的高阶因子是导致 CFA 模型经常出现误差相关的重要原因;而且,设定高阶因子比设定测量误差之间的相关关系更加有意义。例如,我们可能发现很多智力测试问题的测量误差之间存在相关性,这些测试题可能分属不同的智力维度。可能存在一个更加一般化的二阶智力因子,它能解释一阶智力维度之间的相关性,并且能够消除测量误差之间的相关。高阶因子模型的方程如下:

$$\boldsymbol{\eta} = \mathbf{B}\boldsymbol{\eta} + \boldsymbol{\Gamma\xi} + \zeta \tag{7.100}$$

$$\mathbf{y} = \Lambda_y \boldsymbol{\eta} + \varepsilon \tag{7.101}$$

一阶、二阶和高阶因子之间的关系由第一个方程决定。$\Gamma\xi$ 这一项可以不需要,因为它所代表的高阶因子可定义为 η 的一部分,其系数也可包含在 $\mathbf{B}$ 中。当模型只包含二阶因子并且一阶因子之间没有直接影响时,也可去除 $\mathbf{B}\boldsymbol{\eta}$ 这一项。$\boldsymbol{\eta}$ 对 $\mathbf{y}$ 的一阶因子负载包含在 Λ_y 中。

马什和霍塞伐尔(Marsh & Hocevar,1985)对自我概念的研究提供了一个例子。图 7.7是该模型的路径图。模型中唯一的二阶因子是非学业性的自我概念(ξ_1),它对四个一阶因子有直接影响:运动能力(η_1)、外貌(η_2)、与同伴的关系(η_3)、与父母的关系(η_4)。每个一阶因子分别对应四个测量指标。矩阵 Λ_y 的维度为 16×4,对每个一阶因子都要选择一个测量指标,从而为每个潜变量赋予测量单位。矩阵 Θ_ϵ 被假定为一个对角线矩阵。在这个例子中,我并不需要方程(7.100)中的 $\mathbf{B}\eta$ 这一项。Γ,Φ 和 Ψ 分别为:

$$\Gamma = \begin{bmatrix} 1 \\ \gamma_{21} \\ \gamma_{31} \\ \gamma_{41} \end{bmatrix}, \Phi = \phi_{11}, \text{diag } \Psi = [\psi_{11} \quad \psi_{22} \quad \psi_{33} \quad \psi_{44}] \tag{7.102}$$

Γ 中的第一个元素将非学业性的自我概念(ξ_1)的测量单位设为与 η_1(与运动能力相关的自我概念)相同,其他元素是二阶因子负载,它们需要自由估计。二阶因子的方差为 ϕ_{11}。Ψ 表示一阶因子的方差中没有被二阶因子所解释掉的部分。

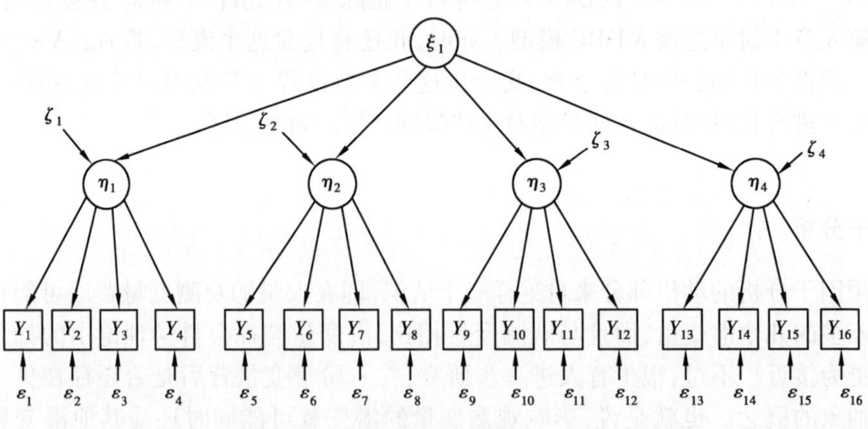

图 7.7　高阶因子分析模型的一个路径图

我分析了马什和霍塞伐尔(Marsh & Hocevar,1985)的数据,这个数据来自澳大利亚悉尼市的 251 名五年级的学生。附录 7A 中的 EQS 程序包含了这个数据以及相应的命令。所有一阶和二阶因子负载($\hat{\Lambda}_y$ 和$\hat{\Gamma}$)都为正且统计显著。每个观测变量的 $R^2_{x_i}$ 的取值从 0.27 到 0.77 不等,$R^2_{\eta_i}$ 分别是 0.30,0.54,0.77 和 0.25。尽管这些估计值看上去还不错,但卡方值高达 218.6,自由度为 100,所以该卡方值是高度显著的($p < 0.001$)。其他模型整体拟合指标也显示,我们需要对模型进行调整(如 $\Delta_1 = 0.87$,$\Delta_2 = 0.93$)。也许,每个观测变量的因子复杂度不是 1。或者,非学业性的自我概念应包含两个二阶因子:对身体的自我概念和对人际关系的自我概念,而它们又取决于一个三阶因子,即总体非学业性的自我概念。最后,也许是四个一阶因子影响二阶因子,而不是相反。上述分析充分说明,在标准化的 CFA 模型中经常遇到的模型设定问题在高阶因子分析中也同样存在。

小 结

本章讨论的核心是验证性因子分析模型。需要明确的是,与传统的探索性因子分析技术相比,在验证性因子分析中,潜变量和观测变量之间的关系可以更加复杂多样。而且,我们可以使用很多统计量来评价模型对数据的拟合程度。我们还需要注意的是,在对一个拟合不好的模型进行调整时,验证性因子分析技术也包含一些探索性的成分。就像其他结构方程模型一样,我们也需要对 CFA 的分析结果进行多次重复检验。

在模型扩展部分,测量模型与潜变量模型之间的界限已变得不那么清晰。例如,在高阶因子分析中,将 η 和 ξ 联系起来的方程虽然是测量模型的一部分,但它同时也在描述潜变量之间的关系。包含原因指标的模型更像是一个混合模型,而不仅仅是一个测量模型。就像这些模型所预示的那样,在下一章,我将把测量模型和潜变量结合起来。

附录 7A 程序实例

例 1:估计均值和截距

在这个附录中,我列出了估计带有均值和截距的线段长度这个例子的 LISREL 程序。请注意,第 6 个输入变量是常数 1,它的均值是 1,并且与其他五个变量的协方差都为 0。还需注意的是,在这个例子中我为大多数待估参数提供了初始值,因为程序默认的初始值并不理想。如果想要获得 LISREL 命令的完整解释,可参见约斯库革和松波(Jöreskog & Sörbom,1986)。对分析结果的解释可以参见本章。

```
LINE LENGTH W/ MEANS & INTERCEPTS 5 JUDGES
DA NI =6 NOBS = 60 MA  = MM
CM
 *
14.1852
```

```
4.38314   1.45875
7.50486   2.34359   4.20911
4.54647   1.42332   2.4467    1.50202
4.00586   1.24436   2.17272   1.30718   1.20017
   0         0         0         0         0         0
ME
 *
6.75833333   2.23   3.42666667   2.096666667   1.91833333 1
MO NY =5 FI NX =1 NE =2 TE =SY PS =DI GA = FI
FR LY 1 1 LY 1 2 LY 2 1 LY 2 2 LY 3 1 LY 3 2 LY 4 1 LY 4 2
FI PS 2 2
FR GA 1 1
ST 1 GA 2 1
MA LY
 *
2.5 0 1 .1 1 .1 1 .1 1 0
MA TE
 *
.1 0 .1 0 0 .1 0 0 0 .1 0 0 0 0 .1
OU TV MI TO
```

例 2:估计高阶因子模型

本章给出了使用 LISREL 程序来估计高阶因子模型时所需的矩阵。下面列出的是用 EQS 软件分析这个问题的命令。

```
    /TITLE
    HIGHER - ORDER FACTOR ANALYSIS OF SELF - CONCEPT WITH ONE
    2ND ORDER, FOUR 1ST ORDER FACTORS 5TH GRADE STUDENTS
    1ST 16 VARS FROM MARSH & HOCEVAR (1985) PSYCHOLOGICAL
    BULLETIN
/SPEC
    CAS = 251; VAR = 16; ME = ML; MA = COV;
/LAB
    F1 = NONACAD; F2 = PHYSABIL; F3 = APPEAR; F4 = PEERS;
F5 = PARENTS;
    V1 = PHYAB1; V2 = PHYAB2; V3 = PHYAB3; V4 = PHYAB4;
    V5 = APPEAR1; V6 = APPEAR2; V7 = APPEAR3; V8 = APPEAR4;
    V9 = PEERREL1; V10 = PEERREL2; V11 = PEERREL3;
```

```
V12 = PEERREL4;
    V13 = PARREL1; V14 = PARREL2; V15 = PARREL3; V16 = PARREL4;
/EQU
F2 =1F1 + D2; F3 =1 * F1 + D3; F4 =1 * F1 + D4; F5 =1 * F1 + D5;
V1 =1F2 + E1; V5 =1F3 + E5; V9 =1F4 + E9; V13 =1F5 + E13;
V2 =1 * F2 + E2; V3 =1 * F2 + E3; V4 =1 * F2 + E4;
V6 =1 * F3 + E6; V7 =l * F3 + E7; V8 =1 * F3 + E8;
V10 =1 * F4 + E10; V11 =1 * F4 + E11; V12 =1 * F4 + E12;
V14 =1 * F5 + E14; V15 =1 * F5 + E15; V16 =1 * F5 + E16;
/VAR
F1 =1 * ; D2 TO D5 =1 * ; E1 TO E16 =2 * ;
/MAT
1.00
.31 1.00
.52 .45 1.00
.54 .46 .70 1.00
.15 .33 .22 .21 1.00
.14 .28 .21 .13 .72 1.00
.16 .32 .35 .31 .59 .56 1.00
.23 .29 .43 .36 .55 .51 .65 1.00
.24 .13 .24 .23 .25 .24 .24 .30 1.00
.19 .26 .22 .18 .34 .37 .36 .32 .38 1.00
.16 .24 .36 .30 .33 .29 .44 .51 .47 .50 1.0
.16 .21 .35 .24 .31 .33 .41 .39 .47 .47 .55 1.00
.08 .18 .09 .12 .19 .24 .08 .21 .21 .19.19 .20 1.00
.01 . -.01 .03 .02 .10 .13 .03 .05 .26 .17 .23 .26 .33 1.00
.06 .19 .22 .22 .23 .24 .20 .26 .16 .23 .38 .24 .42 .40 1.00
.04 .17 .10 .07 .26 .24 .12 .26 .16 .22 .32 .17 .42 .42 .65 1.0
/STA
1.84 1.94 2.07 1.82 2.34 2.61 2.48 2.34 1.71 1.93 2.18 1.94
1.31 1.57 1.77 1.47
/END
```

第 8 章　一般模型第一部分:潜变量模型与测量模型的组合

至此,本书已介绍过两种基本的结构方程模型:一种与回归和计量经济学技术密切相关,关注观测变量之间的联系,唯一的“未观测到”变量被作为方程中的误差(或干扰项)。另一种源自因子分析,侧重潜变量与观测变量之间的关联,而几乎不讨论一个潜变量对另一个潜变量的影响。作为本章主题的一般结构方程模型是对这两种模型的一个综合。它由测量模型(measurement model)和潜变量模型(latent variable model)构成。前者设定观测变量(observed variable)与潜变量之间的联系,后者呈现潜变量之间的相互影响。接下来将会看到,之前各章(特别是第 4 章、第 5 章和第 7 章)提到的模型都是此一般模型的特例。本章建立在之前各章的基础之上,前面有关估计、检验和模型拟合的很多知识在这里仍适用。本章所涉及的内容如下:模型设定、内隐协方差矩阵(implied covariance matrix)、识别、估计和模型评价、标准化和非标准化系数、均值和方程截距项、跨群比较、缺失值以及路径分析中的效应分解。

模型设定

结构方程一般性模型的第一要素是潜变量模型:

$$\boldsymbol{\eta} = \mathbf{B}\boldsymbol{\eta} + \boldsymbol{\Gamma}\boldsymbol{\xi} + \boldsymbol{\zeta} \tag{8.1}$$

在方程(8.1)中,内生潜随机变量(latent endogenous random variables)[①] $\boldsymbol{\eta}$ 为 $m \times 1$ 向量;外生潜随机变量 ξ 为 $n \times 1$ 向量;$\mathbf{B}$ 为 $m \times m$ 系数矩阵,表明内生潜变量之间的影响;Γ 为 $m \times n$ 系数矩阵,表明 $\boldsymbol{\xi}$ 对 $\boldsymbol{\eta}$ 的影响。矩阵$(\mathbf{I}-\mathbf{B})$是非奇异的。ζ 为干扰项向量,被假定期望值为零,即 $E(\zeta)=\mathbf{0}$,且与 ξ 不相关。

结构方程一般性模型的第二要素是测量模型:

$$\mathbf{y} = \boldsymbol{\Lambda}_y\boldsymbol{\eta} + \boldsymbol{\epsilon} \tag{8.2}$$

$$\mathbf{x} = \boldsymbol{\Lambda}_x\boldsymbol{\xi} + \boldsymbol{\delta} \tag{8.3}$$

$\mathbf{y}(p\times 1)$ 和 $\mathbf{x}(q\times 1)$ 向量是观测变量,$\boldsymbol{\Lambda}_y(p\times m)$ 和 $\boldsymbol{\Lambda}_x(q\times n)$ 分别表明 $\mathbf{y}$ 对 $\boldsymbol{\eta}$ 和 $\mathbf{x}$ 对 $\boldsymbol{\xi}$ 关系的系数矩阵,而 $\boldsymbol{\epsilon}(p\times 1)$ 和 $\boldsymbol{\delta}(q\times 1)$ 分别为 $\mathbf{y}$ 和 $\mathbf{x}$ 的测量误差(errors of measurement)。测量误差被假定与 $\boldsymbol{\xi}$ 和 $\boldsymbol{\eta}$ 不相关,且它们相互之间也不相关。后一假定 $\boldsymbol{\epsilon}$ 和 $\boldsymbol{\delta}$ 之间不相关并没有看上去那么严格,我将在第 9 章中说明如何放宽它。$\boldsymbol{\epsilon}$ 和 $\boldsymbol{\delta}$ 的期望值均为零。简便起见,$\boldsymbol{\eta}$,$\boldsymbol{\xi}$,$\mathbf{x}$ 和 $\mathbf{y}$ 都被表达成与它们均值的离差(deviation)。

---

① 本书作者大多数时候使用 letent endogenous variable,译为内生潜变量,但有时刻意强调随机,因此加强了 random 字样、中文译文亦加上“随机”二字。——译者注

很明显,方程(8.2)和方程(8.3)与第 7 章验证性因子分析中的方程(7.1)和方程(7.2)相同。若假定 $\boldsymbol{\Lambda}_y = \mathbf{I}_m, \boldsymbol{\Lambda}_x = \mathbf{I}_n, \boldsymbol{\Theta}_\delta = \mathbf{0}$ 且 $\boldsymbol{\Theta}_\epsilon = \mathbf{0}$,那么,方程(8.1)就变为:

$$\mathbf{y} = \mathbf{B}\mathbf{y} + \boldsymbol{\Gamma}\mathbf{x} + \boldsymbol{\zeta} \tag{8.4}$$

它与第 4 章中使用观测变量的结构方程完全一样。

第 5 章考虑测量误差的模型是当一般性模型中的 $\boldsymbol{\Lambda}_x = \mathbf{I}_q$、$\boldsymbol{\Lambda}_y = \mathbf{I}_p$ 且 Θ_δ 和 Θ_ϵ 的部分元素为非零值的另一情形:

$$\boldsymbol{\eta} = \mathbf{B}\boldsymbol{\eta} + \Gamma\boldsymbol{\xi} + \boldsymbol{\zeta} \tag{8.5}$$

$$\mathbf{y} = \boldsymbol{\eta} + \boldsymbol{\varepsilon} \tag{8.6}$$

$$\mathbf{x} = \boldsymbol{\xi} + \boldsymbol{\delta} \tag{8.7}$$

通过设定 $\boldsymbol{\Lambda}_x = \mathbf{I}_q$ 和 $\boldsymbol{\Theta}_\delta = \mathbf{0}$,含因果指标(causal indicator)的模型(参见第 7 章)或 MIMIC 模型可纳入方程(8.1)到方程(8.3):

$$\boldsymbol{\eta} = \mathbf{B}\eta + \Gamma\mathbf{x} + \boldsymbol{\zeta} \tag{8.8}$$

$$\mathbf{y} = \boldsymbol{\Lambda}_y\boldsymbol{\eta} + \boldsymbol{\varepsilon} \tag{8.9}$$

$$\mathbf{x} = \boldsymbol{\xi} \tag{8.10}$$

最后,第 7 章的二阶因子分析(second-order factor analysis)也是方程(8.1)到方程(8.3)中没有 $\boldsymbol{x}$ 变量情况下的一个特例:

$$\boldsymbol{\eta} = \mathbf{B}\boldsymbol{\eta} + \Gamma\boldsymbol{\xi} + \boldsymbol{\zeta} \tag{8.11}$$

$$\mathbf{y} = \boldsymbol{\Lambda}_y\boldsymbol{\eta} + \boldsymbol{\varepsilon} \tag{8.12}$$

计量经济学和因子分析中诸多看似独特的方法都同属一源。不过,其中增加了一些约束条件。例如,ξ 不能直接影响任何的 y。若 x 和 y 存在测量误差,那么它们之间就不能有直接的相互影响。我将在第 9 章中说明,即使是这些约束条件也是可被放宽松的。

为了使用一般性模型(general model),我们需要设定 $\mathbf{B}, \boldsymbol{\Gamma}, \boldsymbol{\Lambda}_y, \boldsymbol{\Lambda}_x, \boldsymbol{\Phi}, \boldsymbol{\Psi}, \boldsymbol{\Theta}_\epsilon$ 和 $\boldsymbol{\Theta}_\delta$ 这八个矩阵中的每一个元素模式(pattern of elements)。为此,必须依靠我们对所研究领域掌握的实质性知识。比如,想要关注的研究问题类型是,哪些内生变量对其他内生变量具有直接效应(direct effect)? 某个方程中的误差(ζ)是否可能与另一个方程中的误差相关? 类似地,任一指标的测量误差是否可能与另一测量的那些误差相关? 哪些潜变量与哪些指标相联系? 实际上,大多数实质性领域中的已有知识都并未详细到足以回答所有这些问题。而可能试图"让数据提供答案",故并不事先对八个矩阵中的任何一个添加约束条件。显然,此策略会得到一个不可识别模型(underidentified model),我们据此将几乎不能了解到什么。相反,我们应尽可能地将了解到的与所研究问题有关的信息纳入模型。

为了说明一般性模型的设定,回到第 2 章中被首次提到的例子。该追踪数据(panel data)呈现了发展中国家 1965 年和 1960 年的政治民主与 1960 年工业化之间的关系。在有关政治民主的跨国研究中,工业化常被视为发展民主政治体制的促成因素。此外,当前民主状况可能受到先前政治民主程度的影响。这些想法表明潜变量模型应包含 1960 年的民主(η_1)和 1960 年的工业化(ξ_1),它们会影响 1965 年的民主(η_2)。而且,我允许

1960 年的工业化对 1960 年的政治民主具有同期效应(contemporaneous effect)[①]。据此描述,我们可以构建 **B** 和 **Γ** 中的元素及相应的潜变量模型:

$$\begin{bmatrix}\eta_1\\ \eta_2\end{bmatrix}=\begin{bmatrix}0 & 0\\ \beta_{21} & 0\end{bmatrix}\begin{bmatrix}\eta_1\\ \eta_2\end{bmatrix}+\begin{bmatrix}\gamma_{11}\\ \gamma_{22}\end{bmatrix}[\xi_1]+\begin{bmatrix}\zeta_1\\ \zeta_2\end{bmatrix} \tag{8.13}$$

我假定方程中 η_1 的误差(即 ζ_1)与 η_2 的误差(即 ζ_2)不相关,这使得 **Ψ** 变成一个对角线矩阵(diagonal matrix)。另外,模型中的 **Φ** 是个标量(scalar),ϕ_{11} 也就是工业化(ξ_1)的方差。

对于测量模型,我用四个指标分别在两个时点上测量政治民主。它们与第 7 章所用变量相同:新闻自由(y_1,y_5)、反对集团的自由(y_2,y_6)、选举公正性(y_3,y_7)、立法机构的选举属性与效力(y_4,y_8)。和第 7 章中一样,我假定 1960 年民主这一潜变量(η_1)只会影响 1960 年的测量(y_1 到 y_4),此模式对 1965 年政治民主变量(η_2)与其测量(y_5 到 y_8)同样成立。以 y_1 设定 η_1 的单位(scale),同时以 y_5 设定 η_2 的单位。而且连接 1960 年政治民主和反对集团自由的系数与 1965 年具有相同的值。类似地,不同时点的相同指标的系数被设定为相等。前述信息揭示了 Λ_y 的模式。y 的测量方程为:

$$\begin{bmatrix}y_1\\ y_2\\ y_3\\ y_4\\ y_5\\ y_6\\ y_7\\ y_8\end{bmatrix}=\begin{bmatrix}1 & 0\\ \lambda_2 & 0\\ \lambda_3 & 0\\ \lambda_4 & 0\\ 0 & 1\\ 0 & \lambda_2\\ 0 & \lambda_3\\ 0 & \lambda_4\end{bmatrix}\begin{bmatrix}\eta_1\\ \eta_2\end{bmatrix}+\begin{bmatrix}\varepsilon_1\\ \varepsilon_2\\ \varepsilon_3\\ \varepsilon_4\\ \varepsilon_5\\ \varepsilon_6\\ \varepsilon_7\\ \varepsilon_8\end{bmatrix} \tag{8.14}$$

为了使 y 测量模型完整,我们需要 $\mathbf{\Theta}_\epsilon$。我假定 $\mathbf{\Theta}_\epsilon$ 中自由且非零值元素都位于主对角线上,元素 i 和元素 $i+4$(这里 $i=1,2,3,4$),以及元素(4,2)和元素(8,6)。后面这些元素对应两个时点上相同指标的测量误差和来自同一数据源的指标。

x 方程更简单。1960 年工业化(ξ_1)的三个测量为人均国民生产总值(x_1)、人均能源消费(x_2)和工业部门劳动力所占百分比(x_3)[②]:工业化(ξ_1)的单位按照 x_1 来设定,而对表明 ξ_1 影响 x_2 和 x_3 程度的系数未加限定。**x** 测量方程为[③]:

$$\begin{bmatrix}x_1\\ x_2\\ x_3\end{bmatrix}=\begin{bmatrix}1\\ \lambda_6\\ \lambda_7\end{bmatrix}[\xi_1]+\begin{bmatrix}\delta_1\\ \delta_2\\ \delta_3\end{bmatrix} \tag{8.15}$$

---

① 与所有实质性领域一样,可能对一个模型会有争议。比如,一些人会认为发展中国家的政治民主可能会阻碍工业化。这意味着 1960 年的工业化与 1960 年的民主之间存在互为因果。既然目前的模型并未包含这一反馈关系,那么就需要比当前更为复杂的模型来检验这一想法。

② 我对这三个变量作了转换。前两者作了取对数转换,而采用百分比变量平方根的反正弦函数。这些转换比原始变量可以更好地使变量的分布近似于正态分布。

③ Λ_x 和 Λ_y 中的 λ 只有单下标,因为当 $\boldsymbol{x}$ 和 $\boldsymbol{y}$ 指标都出现的情况下双下标并不好(例如,λ_{21} 指的是 ξ_1 对 x_2 的效应还是 η_1 对 y_2 的效应?)。替代地,我宁愿连同 λ_{ij} 一起增加一个 y 或 x 上标,以避免将标识符号变得复杂。

模型中的 $\boldsymbol{\Theta}_\delta$ 为对角线矩阵,既然我没有理由怀疑是其他情形的话。

所有这些关系和假定都被概括在图 8. 1 的路径图中。和之前各章一样,在开始估计之前考察观测变量的协方差矩阵与模型的结构参数之间的关系是有帮助的。

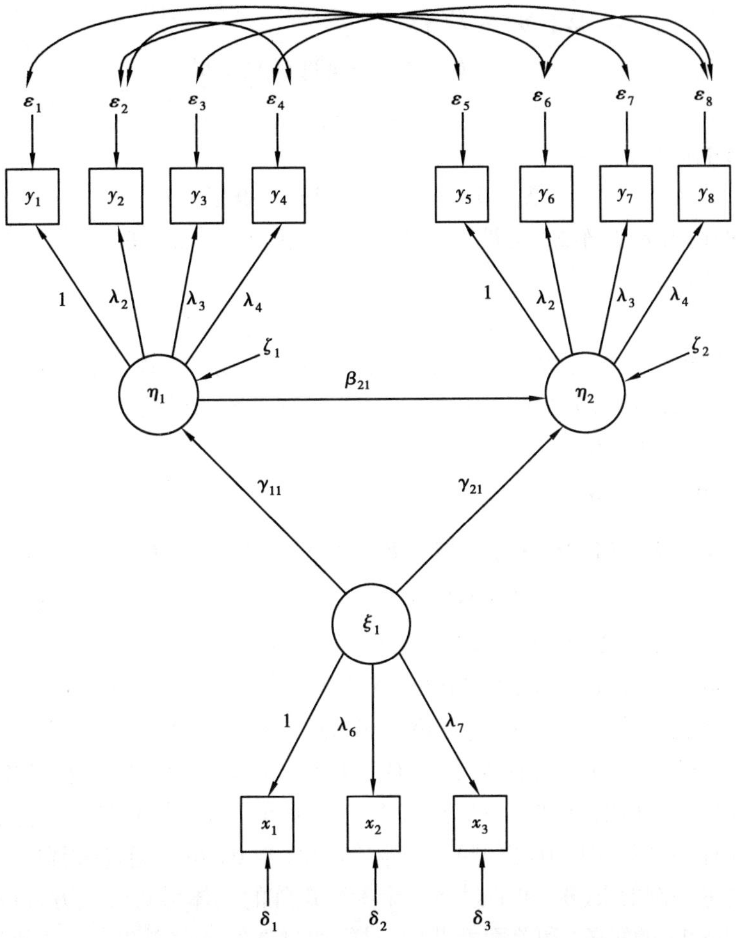

图 8. 1　1960 年到 1965 年发展中国家政治民主与工业化的追踪数据模型

内隐协方差矩阵

基于使用观测变量的结构方程和验证性因子分析模型,第 4 章和第 7 章分别推导出内隐协方差矩阵。我会在本节中说明它们都是一般性结构方程模型的内隐协方差矩阵的特例。

首先,我记 Σ_{yy} 为 $\mathbf{y}$ 观测变量的协方差矩阵,且 $\Sigma_{yy}(\boldsymbol{\theta})$ 包含 $\mathbf{y}$ 的协方差,其被表达为存放在向量 $\boldsymbol{\theta}$ 中未知的模型参数的函数。

$\Sigma_{yy}(\boldsymbol{\theta})$ 为:

$$\Sigma_{yy}(\boldsymbol{\theta}) = E(\mathbf{y}\mathbf{y}') = E[(\Lambda_y\boldsymbol{\eta} + \boldsymbol{\varepsilon})(\boldsymbol{\eta}'\Lambda_y' + \boldsymbol{\varepsilon}')] = \Lambda_y E(\boldsymbol{\eta}\boldsymbol{\eta}')\Lambda_y' + \boldsymbol{\Theta}_\varepsilon \quad (8.16)$$

通过将方程(8. 1)的简化式,即 $\boldsymbol{\eta} = (\mathbf{I} - \mathbf{B})^{-1}(\boldsymbol{\Gamma}\boldsymbol{\xi} + \boldsymbol{\zeta})$ 代入方程(8. 16)中的 $\boldsymbol{\eta}$ 并简化,$E(\boldsymbol{\eta}\boldsymbol{\eta}')$ 可被进一步得以分解

$$\Sigma_{yy}(\boldsymbol{\theta}) = \Lambda_y(\mathbf{I}-\mathbf{B})^{-1}(\Gamma\Phi\Gamma' + \Psi)[(\mathbf{I}-\mathbf{B})^{-1}]'\Lambda_y' + \boldsymbol{\Theta}_\epsilon \tag{8.17}$$

因此,**y** 的协方差矩阵的八个模型参数矩阵中有六个矩阵为复杂函数。

y 与 **x** 的协方差矩阵为 Σ_{yx},且将其定义为结构参数的函数时,它是 $\Sigma_{yx}(\boldsymbol{\theta})$。这等于

$$\begin{aligned}\Sigma_{yx}(\boldsymbol{\theta}) &= E(\mathbf{yx}') \\ &= E[(\Lambda_y\eta + \boldsymbol{\varepsilon})(\xi'\Lambda_x' + \delta')] \\ &= \Lambda_y E(\eta\xi')\Lambda_x' \end{aligned} \tag{8.18}$$

又一次利用 $\boldsymbol{\eta}$ 的简化式得

$$\Sigma_{yx}(\boldsymbol{\theta}) = \Lambda_y(\mathbf{I}-\mathbf{B})^{-1}\Gamma\Phi\Lambda_x' \tag{8.19}$$

最后,**x** 的协方差矩阵 Σ_{xx} 可被表示成结构参数的函数[$\Sigma_{xx}(\boldsymbol{\theta})$],与第7章中推导得出的表达式一样:

$$\Sigma_{xx}(\boldsymbol{\theta}) = \Lambda_x\boldsymbol{\Phi}\Lambda_x' + \boldsymbol{\Theta}_\delta \tag{8.20}$$

如果将方程(8.17)、方程(8.19)和方程(8.20)组成一个单一的矩阵 $\Sigma(\boldsymbol{\theta})$,就会得到 **y** 和 **x** 观测变量的协方差矩阵,同时可表达为模型参数的函数:

$$\Sigma(\boldsymbol{\theta}) = \begin{bmatrix}\Sigma_{yy}(\boldsymbol{\theta}) & \Sigma_{yx}(\boldsymbol{\theta}) \\ \Sigma_{xy}(\boldsymbol{\theta}) & \Sigma_{xx}(\boldsymbol{\theta})\end{bmatrix}$$

$$= \begin{bmatrix}\Lambda_y(\mathbf{I}-\mathbf{B})^{-1}(\Gamma\Phi\Gamma' + \psi)[(\mathbf{I}-\mathbf{B})^{-1}]'\Lambda_y' + \Theta_\varepsilon & \Lambda_y(\mathbf{I}-\mathbf{B})^{-1}\Gamma\Phi\Lambda_x' \\ \Lambda_x\Phi\Gamma'[(\mathbf{I}-\mathbf{B})^{-1}]'\Lambda_y' & \Lambda_x\Phi\Lambda_x' + \Theta_\delta\end{bmatrix} \tag{8.21}$$

[方程(8.21)左下角的 $\Sigma_{xy}(\boldsymbol{\theta})$ 矩阵为 $\Sigma_{xy}(\boldsymbol{\theta})$ 的转置。]

你可能注意到方程(8.21)的 $\Sigma(\boldsymbol{\theta})$ 包含第4章和第7章讨论过的内隐协方差矩阵。考虑只使用观测变量的结构方程,这时 $\boldsymbol{\Theta}_\epsilon = \mathbf{0}, \boldsymbol{\Theta}_\delta = \mathbf{0}, \boldsymbol{\Lambda}_y = \mathbf{I}_p$ 且 $\boldsymbol{\Lambda}_x = \mathbf{I}_q$。将这些代入方程(8.21)即得方程(4.10)。类似地,代入 $\mathbf{B} = \mathbf{0}, \boldsymbol{\Gamma} = \mathbf{0}, \boldsymbol{\Theta}_\epsilon = \mathbf{0}, \boldsymbol{\Lambda}_y = \mathbf{0}$ 和 $\boldsymbol{\Psi} = \mathbf{0}$ 即可得验证性因子分析所对应的 $\Sigma(\boldsymbol{\theta})$[见方程(7.6)],也就是方程(8.21)的右下角。以类似方式,其他专门模型(如MIMIC模型)或具体例子的 $\Sigma(\boldsymbol{\theta})$ 也可通过方程(8.21)得到。工业化和政治民主一例的 $\Sigma(\boldsymbol{\theta})$ 可通过将八个参数矩阵的具体形式代入方程(8.21)得。这将得到一个 11×11 的矩阵。和前面章节中一样,通过选取 $\boldsymbol{\theta}$ 中未知参数的值进行估计,以便使 $\Sigma(\boldsymbol{\theta})$ 与观测变量的协方差矩阵匹配上。但在讨论参数估计之前,我们需要考虑模型识别问题。

模型识别

与前面章节介绍过的因子分析和联立方程模型一样,一般性模型的识别问题也很重要。除 $\theta_1 = \theta_2$ 外,若不存在向量 θ_1 和向量 θ_2 使得 $\Sigma(\boldsymbol{\theta}_1) = \Sigma(\boldsymbol{\theta}_2)$,那么 $\boldsymbol{\theta}$ 中的各个参数便是整体上(globally)可识别的。确定可识别的一种方式是用代数运算法。$\boldsymbol{\theta}$ 中的每一元素必须以 Σ 中一个或更多个已知待识别元素的形式进行求解。上一节已说明协方差结构 $\Sigma = \Sigma(\boldsymbol{\theta})$ 意味着存在 $\frac{1}{2}(p+q)(p+q+1)$ 个形式为 $\sigma_{ij} = \sigma_{ij}(\theta)(i \leqslant j)$ 的非冗余方程,其中,σ_{ij} 为 Σ 中第 i 行、第 j 列的元素,$\sigma_{ij}(\theta)$ 为 $\Sigma(\boldsymbol{\theta})$ 中第 i 行、第 j 列的元素。若 $\boldsymbol{\theta}$ 中的一个元素可表达成一个或更多个 σ_{ij} 的函数,那么就确定它是可识别的。若 $\boldsymbol{\theta}$ 中的所有元素

都满足这一条件,那么模型就是可识别的。

考虑图 8.2 中的模型。该路径图对应的方程为:

$$[\eta_1] = [\gamma_{11}][\xi_1] + [\zeta_1]$$

$$\begin{bmatrix} y_1 \\ y_2 \end{bmatrix} = \begin{bmatrix} 1 \\ \lambda_2 \end{bmatrix}[\eta_1] + \begin{bmatrix} \varepsilon_1 \\ \varepsilon_2 \end{bmatrix}, \quad \text{diag}\boldsymbol{\Theta}_\epsilon$$

$$\begin{bmatrix} x_1 \\ x_2 \end{bmatrix} = \begin{bmatrix} 1 \\ \lambda_2 \end{bmatrix}[\xi_1] + \begin{bmatrix} \delta_1 \\ \delta_2 \end{bmatrix}, \quad \text{diag}\boldsymbol{\Theta}_\sigma \tag{8.22}$$

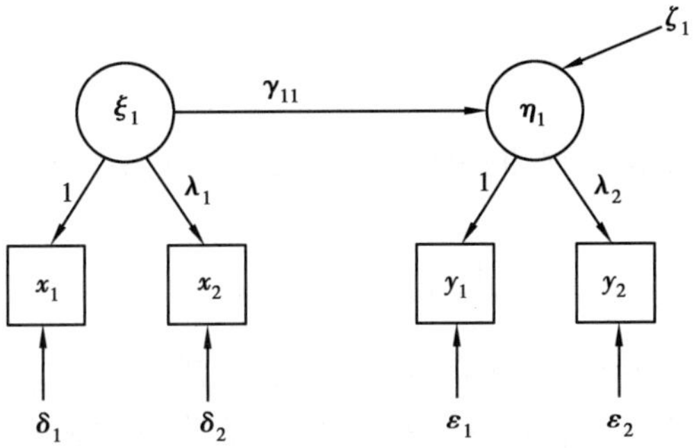

图 8.2　两潜变量(ξ_1,η_1)模型分别以两个指标进行测量(x_1,x_2,y_1,y_2)

观测变量的协方差矩阵为:

$$\Sigma = \begin{bmatrix} \text{VAR}(y_1) & & & \\ \text{COV}(y_2,y_1) & \text{VAR}(y_2) & & \\ \text{COV}(x_1,y_1) & \text{COV}(x_1,y_2) & \text{VAR}(x_1) & \\ \text{COV}(x_2,y_1) & \text{COV}(x_2,y_2) & \text{COV}(x_2,x_1) & \text{VAR}(x_2) \end{bmatrix} \tag{8.23}$$

将方程(8.23)的参数矩阵代入上一节推导得到的内隐协方差矩阵[见方程(8.21)]得:

$$\boldsymbol{\Sigma}(\boldsymbol{\theta}) = \begin{bmatrix} \gamma_{11}^2\phi_{11} + \psi_{11} + \text{VAR}(\varepsilon_1) & & & \\ \lambda_2(\gamma_{11}^2\phi_{11} + \psi_{11}) & \lambda_2^2(\gamma_{11}^2\phi_{11} + \psi_{11}) + \text{VAR}(\varepsilon_2) & & \\ \gamma_{11}\phi_{11} & \lambda_2\gamma_{11}\phi_{11} & \phi_{11} + \text{VAR}(\delta_1) & \\ \lambda_1\gamma_{11}\phi_{11} & \lambda_1\lambda_2\gamma_{11}\phi_{11} & \lambda_1\phi_{11} & \lambda_1^2\phi_{11} + \text{VAR}(\delta_2) \end{bmatrix} \tag{8.24}$$

其中,$\boldsymbol{\theta}' = [\lambda_1 \quad \lambda_2 \quad \gamma_{11} \quad \phi_{11} \quad \text{VAR}(\varepsilon_1) \quad \text{VAR}(\varepsilon_2) \quad \text{VAR}(\delta_1) \quad \text{VAR}(\delta_2) \quad \psi_{11}]$。协方差结构 $\Sigma = \Sigma(\boldsymbol{\theta})$ 得到九个未知参数的 $10\left[=\frac{1}{2}(4)(5)\right]$ 个方程。若能解出 $\boldsymbol{\theta}$ 中九个未知参数对应的这些方程,便能确定该模型可识别。

为了说明这一点,此模型包含的 10 个方程中的两个为:

$$\begin{aligned} \text{COV}(x_2,y_1) &= \lambda_1\gamma_{11}\phi_{11} \\ \text{COV}(x_2,x_1) &= \lambda_1\phi_{11} \end{aligned} \tag{8.25}$$

便得:

$$\gamma_{11} = \frac{\text{COV}(x_2,y_1)}{\text{COV}(x_2,x_1)} \tag{8.26}$$

方程(8.26)确定 γ_{11} 是可识别的。若将 $\text{COV}(x_2,y_2)$ 除以 $\text{COV}(x_1,y_2)$、$\text{COV}(x_2,y_2)$ 除以

$COV(x_2,y_1)$,可以证明 λ_1 和 λ_2 也是可识别的。通过一系列更多的代数运算,可以证明 $\boldsymbol{\theta}$ 中的所有元素都是可识别的。宣称可识别的隐含意义就是观测变量的协方差或参数不会得到不确定或不恰当解。例如,若 $COV(x_1,x_2)=0$,那么方程(8.26)中的 γ_{11} 就是不确定的,或者,若 $\gamma_{11}=0$,那么该模型就是不可识别的。

本例和其他相对简单的模型中,确定可识别的代数运算方式可有些效用。然而,对于如第 4 章和第 7 章中所见的更复杂模型,此方式极其烦琐且容易出错。有一些规则可帮助确定一般性模型是否可识别。我接下来回顾这样的若干规则。

t 准则

如使用观测变量的结构方程和验证性因子分析模型中一样,t 准则是模型识别的必要但非充分条件:

$$t < \frac{1}{2}(p+q)(p+q+1) \tag{8.27}$$

其中,t 是 $\boldsymbol{\theta}$ 中自由和不受约束元素的个数。有关此法则的证明与前面相同。$\boldsymbol{\Sigma}=\boldsymbol{\Sigma}(\boldsymbol{\theta})$ 的非冗余元素背后包含 $1/2(p+q)(p+q+1)$ 个方程。若 $\boldsymbol{\theta}$ 中未知元素的个数超过方程的个数,那么模型不可能是可识别的。图 8.2 和方程(8.24) 中的模型表明 $\boldsymbol{\theta}$ 有九个元素,而 $1/2(p+q)(p+q+1)$ 为 10。因此,满足 t 准则。

两步准则

正如名称所表明的,两步准则有两部分。第一步,分析人员将模型视为验证性因子分析来处理。这需要视原初的 $\mathbf{x}$ 和 $\mathbf{y}$ 为 x 变量,视 ξ 和 η 为 ξ 变量。所关注的潜变量之间唯一的关系是它们的方差和协方差($\boldsymbol{\Phi}$)。也就是说,忽略元素 $\mathbf{B}$,$\boldsymbol{\Gamma}$ 和 $\boldsymbol{\Psi}$。针对重新表达为验证性因子分析的模型,确定其是否可识别。这时可使用第 7 章中提到的任一识别准则。若确定可识别,那么进入第二步。若不可识别,则此识别准则不适用。

第二步考察原初模型的潜变量方程(即 $\boldsymbol{\eta}=\mathbf{B}\boldsymbol{\eta}+\boldsymbol{\Gamma}\xi+\zeta$),且视其为仿佛是观测变量的结构方程。也就是说,假定每一潜变量都是一个被完美测量的观测变量。接着,使用第 4 章中提出的识别准则并忽略第一步中考虑的测量参数,确定 $\mathbf{B}$,$\boldsymbol{\Gamma}$ 和 $\boldsymbol{\Psi}$ 是否可识别。若第一步显示测量参数是可识别的,同时第二步显示潜变量模型参数也是可识别的,那么就足以识别整个模型。

为了理解为什么此准则会得到可识别的模型,分别来斟酌每一步。第一步确定测量模型中的所有参数可识别,包括潜变量的协方差矩阵。第二步中潜变量协方差起着与第 4 章结构方程模型中的观测变量协方差矩阵相似的作用。那里的问题是 $\mathbf{B}$,$\boldsymbol{\Gamma}$,$\boldsymbol{\Phi}$ 和 $\boldsymbol{\Psi}$ 中的未知参数是否为观测变量协方差矩阵的可识别元素的函数。这里问的是同样的问题,但可识别协方差矩阵是关于潜变量而非观测变量的。第 4 章的准则可帮助证明与潜变量有关的参数是否可识别。两步合起来确定整个模型的可识别。我用图 8.2 和方程(8.22)中包含四个指标、两个潜变量的模型来说明这点。第一步中,η_1 被重新定义为 ξ_2,y_1 和 y_2 现在分别是 x_3 和 x_4,ϵ_1 和 ϵ_2 分别为 δ_3 和 δ_4,且不考虑 ζ_1 和 γ_{11}。替代地,我们现在考察 ξ_1 和新的 $\xi_2(=\eta_1)$方差与协方差。这一重新表述呈现在图 8.3(a)中。

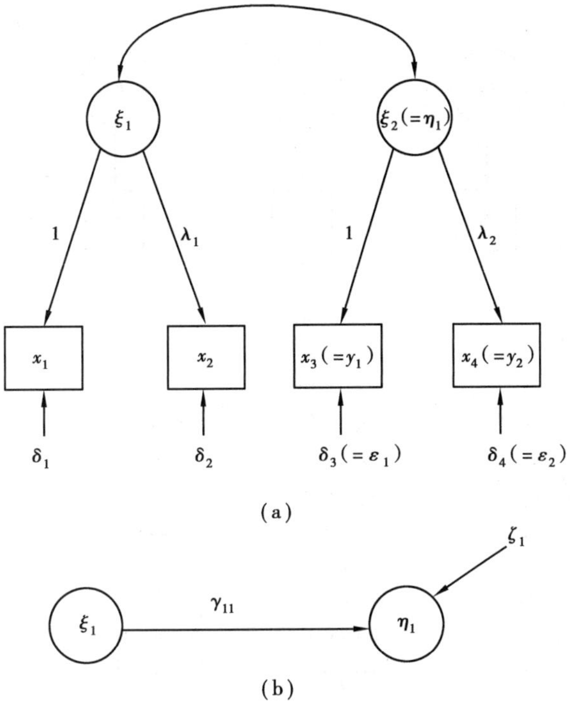

图 8.3　两步识别准则的图解

使用第 7 章中的两指标准则,我可以确定只要 ϕ_{12} 不为 0 此模型便是可识别的。这完成了第一步。第二步呈现在图 8.3(b)中。如果我假定 η_1 和 ξ_1 被完美测量,那么,根据第 4 章中我介绍的虚无 **B** 准则,此模型显然是可识别的。既然两步都得以满足,该模型便是可识别的。

记住,这是模型识别的充分条件(sufficient condition)。一个模型可能不满足它,但仍是可识别的。比如,考虑图 8.4(a)中的模型。第一步我将其重新表达为一个验证性因子分析模型,结果是三个潜变量和三个指标,如图 8.4(b)所示。即使 x_1 和 x_3($=y_2$)都没有测量误差,图 8.4(b)中的模型也是不可识别的,因此第一步未得以满足。然而我已在第 5 章中说明过图 8.4(a)中的原初模型是可识别的。这个例子说明对潜变量关系加以限定可能会有助于识别测量参数,因此,即便一个模型不满足两步准则,它依然或许可能找到未知参数的唯一解。

MIMIC 准则

一些研究者特别关注作为一般性模型特例的 MIMIC 模型。此类模型中的观测变量构成某一单个潜变量的多个指标和多个原因。模型的方程为:

$$
\begin{aligned}
\eta_1 &= \boldsymbol{\Gamma}\mathbf{x} + \boldsymbol{\zeta}_1 \\
\mathbf{y} &= \Lambda_y \eta_1 + \boldsymbol{\epsilon} \qquad (8.28) \\
\mathbf{x} &= \boldsymbol{\xi}
\end{aligned}
$$

注意,**x** 是 $\boldsymbol{\xi}$ 的完美测量指标,且只有一个潜变量 η_1。η_1 直接受一个或更多个 x 变量的

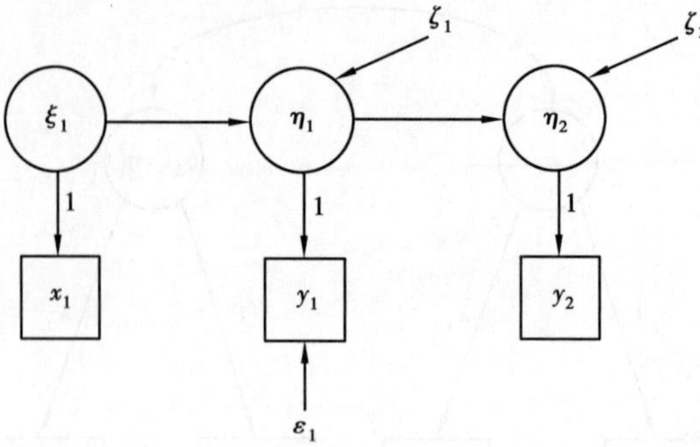

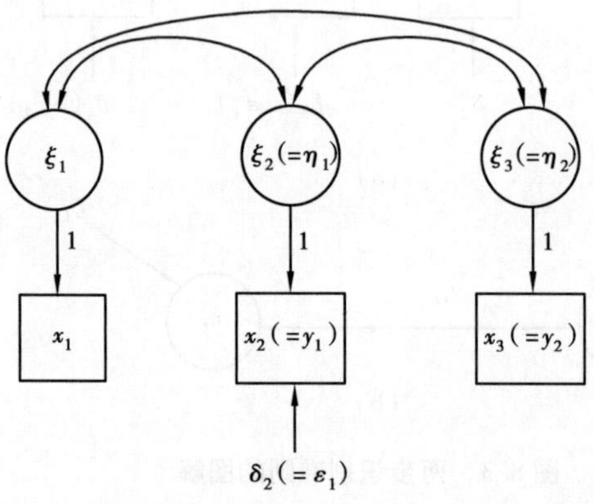

图 8.4　一个不满足两步识别准则但仍是可识别的模型的例子

影响，且它由一个或更多个 y 变量来反映。例如，潜变量可能是汽车的潜在经济价值，y 为对汽车价值的不同估算，x 为可影响汽车价值的不同特征（如车龄、行驶里程、大小、油耗）。

方程(8.22)中 MIMIC 模型的识别遵循如下规则：倘若 η_1 被如第 7 章所讨论的那样指定测量单位，那就看是否 p（y 的个数）大于等于 2 且 q（x 的个数）大于等于 1。

MIMIC 规则 $p \geqslant 2$ 且 $q \geqslant 1$ 是可识别的充分但非必要条件。而且它只适用于符合方程(8.28)所示的模型，因此它仅对相对有限的一些应用才是有用的。斯特普尔顿（Stapleton，1977）提供了一个证明有多个 η 的 MIMIC 模型识别的例子。罗宾逊（Robinson，1974）介绍了更具一般性 MIMIC 模型的识别问题。

识别准则总结

表 8.1 概括了本节所介绍的识别准则。所有准则都适用于整个模型的识别。只要合适，研究者即可应用其中之一或更多以帮助判断模型是否可识别。遗憾的是，这些准则中没有任何一个是模型可识别的必要且充分条件。瓦尔德的秩准则（Wald's rank rule）、信息矩阵的奇异性、不同的起始值及对所拟合协方差矩阵的分析都可提供有关局部识别的信息。具体内容详见第 7 章。

表 8.1　一般性模型的识别准则

($\boldsymbol{\eta} = \mathbf{B}\boldsymbol{\eta} + \boldsymbol{\Gamma}\boldsymbol{\xi} + \boldsymbol{\zeta}, y = \Lambda_y \boldsymbol{\eta} + \boldsymbol{\epsilon}, \mathbf{x} = \Lambda_x \boldsymbol{\xi} + \boldsymbol{\delta}$)

识别准则	条件		必要条件	充分条件
t 准则	$t \leqslant 1/2(p+q)(p+q+1)$		是	否
两步准则	1. 排除 $\mathbf{B}$,$\boldsymbol{\Gamma}$ 和 $\boldsymbol{\Psi}$,将原初模型重新表述为测量模型;确定测量模型是否可识别 2. 视潜变量为观测变量且无测量误差(即将潜变量模型视为只使用观测变量的结构方程来处理),确定潜变量模型是否可识别		否	是
MIMIC 准则	模型形式:			
	$\eta_1 = \Gamma x + \zeta_1$	$p \geqslant 2$	否	是
	$\mathbf{y} = \Lambda_y \eta_1 + \epsilon$	$q \geqslant 1$		
	$\mathbf{x} = \xi$	指定了 η_1 的测量单位		

工业化和政治民主的例子

我用工业化和政治民主的模型来示例说明如何确定模型可识别。图 8.1 与方程(8.13)到方程(8.15)呈现了它的结构。探测一些不可识别模型的便捷方式是使用 t 准则。自由估计参数的数目为 28 个,而 $1/2(p+q)(p+q+1)$ 等于 66。因此,此模型可能是可识别的。为了进一步考察其是否可识别,我应用两步准则。第一步中,将该模型重新表述成一个包含三个潜变量的验证性因子分析[图 8.5(a)]。忽略 $\xi_1, x_1, x_2, x_3, \phi_{13}$ 和 ϕ_{12},得到的模型为第 7 章的政治民主追踪数据模型。在那里已经确定该模型此部分是可识别的。因此,完成这第一步只需说明 λ_6, λ_7, VAR(δ_1), VAR(δ_2), VAR(δ_3), ϕ_{11}, ϕ_{12} 和 ϕ_{13} 是可识别的。单独考虑 ξ_1 及其三个测量指标,根据第 7 章的三指标准则,我们知道 λ_6, λ_7, VAR(δ_1), VAR(δ_2), VAR(δ_3) 和 ϕ_{11} 是可识别的。唯一剩下的参数是 ϕ_{12} 和 ϕ_{13}。基于 x_1, x_4 和 x_8 的测量方程以及 δ_1 分别与 δ_4, δ_8 之间的零协方差,COV(x_1, x_4)即为 ϕ_{12},而 COV(x_1, x_8)便是 ϕ_{13}。因此,两步准则的第一步得以满足。

第二步说明若将潜变量作为完美测量变量处理,潜变量模型是识别的。潜变量模型如图 8.5(b)所示。从图中可知,$\mathbf{B}$ 为下三角矩阵,$\boldsymbol{\Psi}$ 为对角线矩阵,属于递归模型,按照第 4 章的递归准则,它是可识别的。

估计与模型评价

结构方程模型的假设为 $\Sigma = \Sigma(\boldsymbol{\theta})$。尽管 θ 中的参数可以不同,但估计问题与第 4 章和第 7 章一样。给定观测变量的样本协方差矩阵 $\mathbf{S}$ 的情况下,我们将如何选定 $\boldsymbol{\theta}$ 使 $\Sigma(\boldsymbol{\theta})$ 接近于 $\mathbf{S}$。

这一问题的三个答案就是第 4 章中所介绍的 ML,GLS 和 ULS 拟合函数。它们都同

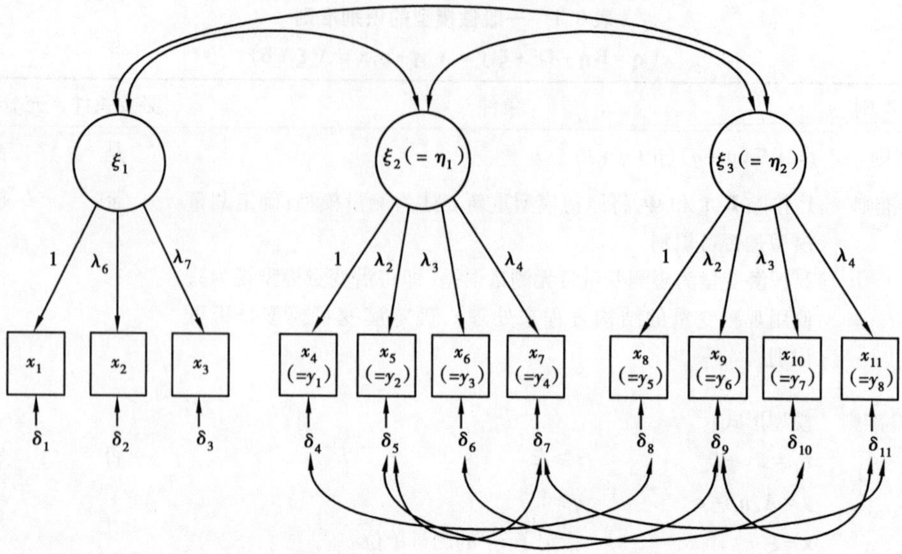

(a)

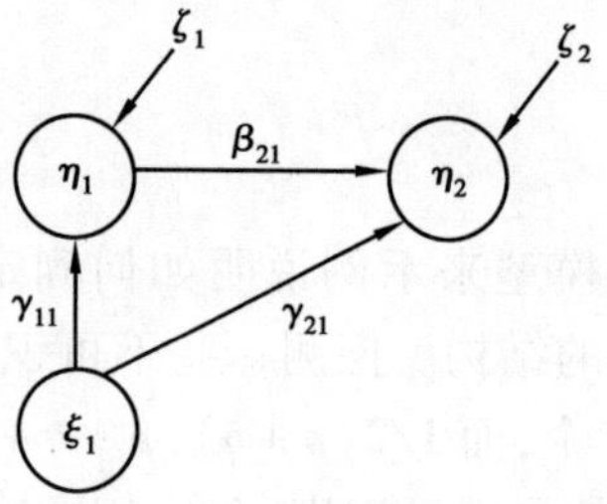

(b)

图 8.5　以两步准则重新表述的工业化和政治民主的模型

样适用于一般性模型。为便于参考,我在方程(8.29)到方程(8.31)①中列出了这些拟合函数:

$$F_{\mathrm{ML}} = \log|\boldsymbol{\Sigma}(\boldsymbol{\theta})| + \mathrm{tr}\{\mathbf{S}\boldsymbol{\Sigma}^{-1}(\boldsymbol{\theta})\} - \log|\mathbf{S}| - (p+q) \tag{8.29}$$

$$F_{\mathrm{GLS}} = \left(\frac{1}{2}\right)\mathrm{tr}\{[\mathbf{I} - \boldsymbol{\Sigma}(\boldsymbol{\theta})\mathbf{S}^{-1}]^2\} \tag{8.30}$$

$$F_{\mathrm{ULS}} = \left(\frac{1}{2}\right)\mathrm{tr}\{[\mathbf{S} - \boldsymbol{\Sigma}(\boldsymbol{\theta})]^2\} \tag{8.31}$$

这里的每个函数都针对 $\boldsymbol{\theta}$ 加以最小化。

以工业化-民主的追踪数据来举例说明这三个不同的估计量。样本协方差矩阵 $\mathbf{S}$ 的下半部分呈现在表 8.2 中。表 8.3 给出了以 F_{GLS},F_{ML} 和 F_{ULS} 拟合函数得到的估计值。系数 λ_1 到 λ_4 为 1960 年和 1965 年政治民主测量指标的因子负载,其中,1960 年对应变量的系数被限定为与 1965 年相应变量的系数相等。系数 λ_5 到 λ_7 为 1960 年工业化指标(x_1 到 x_3)的因子负载估计值。γ_{11} 和 γ_{21} 的估计值显示了工业化(ξ_1)对 1960 年政治民主

① 原文为"方程(8.33)到方程(8.35)",翻译时加以改正。——译者注

(η_1)和 1965 年政治民主(η_2)的影响,而 β_{12} 显示了 η_1 对 η_2 的影响。VAR(δ_1)到 VAR(δ_3)为三个工业化测量指标的误差方差。为节省篇幅,我忽略 $\boldsymbol{\Theta}_\varepsilon$ 的相应估计值,这些值与第 7 章中所报告的估计值非常相似。

表 8.2　75 个发展中国家政治民主和工业化指标(y_1 到 y_8、x_1 到 x_3)的协方差矩阵与均值

	y_1	y_2	y_3	y_4	y_5	y_6	y_7	y_8	x_1	x_2	x_3
y_1	6.89										
y_2	6.25	15.58									
y_3	5.84	5.84	10.76								
y_4	6.09	9.51	6.69	11.22							
y_5	5.06	5.60	4.94	5.70	6.83						
y_6	5.75	9.39	4.73	7.44	4.98	11.38					
y_7	5.81	7.54	7.01	7.49	5.82	6.75	10.80				
y_8	5.67	7.76	5.64	8.01	5.34	8.25	7.59	10.53			
x_1	0.73	0.62	0.79	1.15	1.08	0.85	0.94	1.10	0.54		
x_2	1.27	1.49	1.55	2.24	2.06	1.81	2.00	2.23	0.99	2.28	
x_3	0.91	1.17	1.04	1.84	1.58	1.57	1.63	1.69	0.82	1.81	1.98
均值	5.46	4.26	6.56	4.45	5.14	2.98	6.20	4.04	5.05	4.79	3.56

表 8.3　1960 年到 1965 年发展中国家工业化和政治民主追踪数据的 GLS,ML 和 ULS 估计值

	估计值 (标准误)		
参数	GLS	ML	ULS
λ_1	1.00^c	1.00^c	1.00^c
	(—)	(—)	
λ_2	1.18^e	1.19^e	1.21^e
	(0.15)	(0.14)	
λ_3	1.22^e	1.18^e	1.14^e
	(0.13)	(0.12)	
λ_4	1.23^e	1.25^e	1.29^e
	(0.13)	(0.12)	
λ_5	1.00^c	1.00^c	1.00^c
	(—)	(—)	

续表

参数	估计值（标准误）		
	GLS	ML	ULS
λ_6	2.24	2.18	2.06
	(0.16)	(0.14)	
λ_7	1.89	1.82	1.62
	(0.18)	(0.15)	
γ_{11}	1.81	1.47	1.32
	(0.45)	(0.40)	
γ_{21}	0.72	0.60	0.41
	(0.28)	(0.23)	
β_{21}	0.80	0.87	0.92
	(0.08)	(0.08)	
VAR(δ_1)	0.05	0.08	0.02
	(0.02)	(0.02)	
VAR(δ_2)	0.15	0.12	0.07
	(0.07)	(0.07)	
VAR(δ_3)	0.40	0.47	0.60
	(0.09)	(0.09)	

注：c 表示该参数被限定为等于1，e 表示1960年和1965年对应指标的系数 λ 被设定为相等。

不管采用哪种拟合函数，因子负载的估计值（λ_1 到 λ_7）都相对比较接近，尽管 ξ_1 上因子负载（λ_6 和 λ_7）的ULS估计值比其GLS和ML估计值更小。更大的差别出现在潜变量模型的系数（例如，GLS的 $\hat{\gamma}_{11}$ 为1.81，而ML和ULS对应的系数则分别为1.47和1.32）和 x_1 到 x_3 的误差协方差估计值上。除少数情况外，相比于ULS估计值，GLS和ML估计值两者之间更为接近。但不确定这种情形是否将会一般性地出现。

表8.4　1960年到1965年发展中国家工业化和政治民主追踪数据的整体模型拟合指标（$N=75$）

概要拟合指标	数值		
	GLS	ML	ULS
χ^2	38.60	39.60	—
df	38	38	38
prob.	0.44	0.40	—
χ^2/df	1.02	1.04	—

续表

概要拟合指标	数值		
	GLS	ML	ULS
Δ_1	1.00	0.95	0.99
Δ_2	1.00	1.00	—
ρ_1	0.99	0.92	0.99
ρ_2	1.00	1.00	—
GFI	0.91	0.92	0.99
AGFI	0.85	0.86	0.99

整体模型拟合的情况呈现在表 8.4 中。所有这些指标都在第 7 章中出现过。这些整体拟合指标表明数据与模型之间适配极佳。卡方值较小并具有较高的概率值;调整和非调整拟合指标及 GFI 都极高。AGFI 通常较低。调整和非调整指标所选取的基准模型是测量之间的相关为零。[①] 我们应当谨慎地看待这些结果,原因有二:第一,此模型的有些部分已在第 7 章被估计过了,因此这些结果并不独立于之前的分析。理想情况下,此模型应以新的数据集进行估计,以确定拟合得是否依然好。第二,这些是对整体拟合的衡量。局部拟合指标仍有待考察。

局部测量指标相当好。正如所期望的,所有的系数都为正,GLS 和 ML 估计值中的大多数都至少是其标准误的两倍。[②] η_1 和 η_2 各测量指标对应的 R^2 值均处于中度到高度。对于 GLS 解,它们的值如下:

	y_1	y_2	y_3	y_4	y_5	y_6	y_7	y_8
$R^2_{y_i}$	0.76	0.49	0.63	0.70	0.68	0.60	0.66	0.68

与 ML 和 ULS 估计值所对应的那些 R^2 非常相似。这些值表明政治民主潜变量与其指标之间具有相当强的关系。关联强度甚至强于工业化指标。基于 GLS 估计值的 $R^2_{x_i}$ 为:

	x_1	x_2	x_3
$R^2_{x_i}$	0.87	0.92	0.76

人均 GNP(x_1)和人均能源消费(x_2)的 $R^2_{x_i}$ 尤其引人注目,表明 x_1 和 x_2 的方差中大约有 90% 可被工业化潜变量(ξ_1)所解释。

y 测量模型的确定系数提供了一个有关 y 变量联合拟合情况的概括。[③]计算公式为 $1-|\hat{\boldsymbol{\Theta}}_\epsilon|/|\hat{\Sigma}_{yy}|$,其对应 GLS 结果的值为 0.94。$\mathbf{x}$ 的类似确定系数为 $1-|\hat{\boldsymbol{\Theta}}_\delta|/|\hat{\Sigma}_{xx}|$,等于

① 可选择其他基准模型。进一步的讨论详见第 7 章。

② 与第 7 章中一样,$\boldsymbol{\Theta}$ 中的部分估计值小于其标准误的两倍。

③ 我在第 4 章中针对确定系数所做的告诫性评论在这里同样有效。

0.96。这些测量指标的值增强了前面关于指标与其所测量建构(constructs)之间密切相关的发现。

$R^2_{\eta_i}$ 提供了一个关于潜变量方程对每一 η_i 拟合情况的测量。1960 年政治民主变量的 $R^2_{\eta_1}$ 是0.27,而1965 年政治民主变量的 $R^2_{\eta_2}$ 是0.94。这些值上的巨大差异主要源于1965 年政治民主(η_2)的方程中用了工业化(ξ_1)和滞后的政治民主(η_1)两个变量,而1960 年政治民主(η_1)的方程只有 1960 年工业化作为解释因素。潜变量模型的总确定系数的计算公式为 $1 - |\hat{\boldsymbol{\Psi}}|/|\hat{\Sigma}_{\eta\eta}|$,对于本模型,其值为0.55。

对非标准化系数、相关系数和标准化残差的考察并未揭示有任何严重的问题。但是,不同拟合函数得到的残差确实存在差别。比如,GLS 情形下的大部分(66 个中有 48 个)残差都为正,ML 情形下只有不到一半(29 个)的残差为正。最大的 GLS 残差都指向观测变量的方差,但 ML 残差中的情形并非如此。这两种拟合函数的残差之间的非完美关联表明考察模型设定误差项的残差模式有时可能误导分析人员。既然残差不仅取决于抽样变异和设定误差项也取决于所采用的拟合函数。一个可最小化拟合函数的混杂效应的策略是考察 GLS、ML 或其他方法得到的残差,以确保不同拟合函数所得对应残差大体上具有同样的大小和相同的符号。

总之,整体和局部拟合指标均表明此模型与数据足够适配。发展中国家的工业化(ξ_1)对其政治民主(η_1 和 η_2)具有正向的同期和滞后效应。1960 年的工业化可单独解释适量(大约25%)的1960 年政治民主的方差。1960 年的工业化和政治民主两者合起来的影响可解释大约95%的 1965 年政治民主的方差。此外,政治民主的测量指标也相当好,有 49%到76%的方差可被民主这一潜变量所解释。工业化测量指标甚至更佳,因为被解释方差(explained variance)所占百分比高达 76%到 92%。

显著性检验的功效

假设检验中的Ⅰ类错误指的是拒绝了真实零假设(true null hypothesis)H_0。[①] Ⅱ类错误则指的是未拒绝不真实的 H_0。检验功效(power of a test)等于1 减去犯Ⅱ类错误的概率——因此,它就是给定备择假设(alternative hypothesis)H_a 为真条件下拒绝了不正确的 H_0 的概率。到目前为止,对于所有的统计检验(如似然比、瓦尔德),我一直强调拒绝一个真实零假设的概率(Ⅰ类错误)。忽略统计功效的最明显代价体现在解释反映模型整体拟合的卡方检验时出现的模棱两可。对同一模型,大样本比更小的样本具有更大功效去发现不真实的 H_0。对于大样本,我们会面临如下疑问:一个统计上显著的反映整体拟合的卡方估计值是否意味着出现了严重的设定错误,或者,该统计检验是否具有过高的功效? 小样本的统计功效更可能低,此时若存在严重的设定错误便会得到不显著的卡方。本节中,我会介绍一些估计统计检验功效的方法,既涉及针对模型整体拟合进行检

① 零假设不同于第 7 章中所讨论的零模型或基准模型(baseline model)。零假设代表研究者的模型对参数所加的约束。零模型或基准模型是一个被高度限制的模型。研究者会将其所选定模型的拟合情况与零模型或基准模型的拟合情况进行比较。

验的情形,也涉及针对单个参数或一组参数进行检验的情形。

我先举例说明单参数统计检验情形下Ⅰ类错误和统计功效之间的关系。设想 H_0 为 $\theta=0$,而 H_a 为 $\theta\neq 0$。图 8.6 呈现了检验 H_0 时检验统计量的三个假设分布(hypothetical distribution)。(a)部分显示当 H_0 为真时检验统计量的分布。犯Ⅰ类错误的概率为临界值(critical value)右侧阴影部分的面积。对于备择假设 H_a,假定真实参数为 c_1[图 8.6(b)]。当 H_a 为真时,对 H_0 进行检验的功效为图 8.6(b)中临界值右侧阴影部分的面积。它是当 $\theta=c_1$ 为真时正确地拒绝了 H_0 的概率。正如图 8.6(b)所示,此概率较大,故这是一个好机会来发现不真实的 H_0。相比而言,图 8.6(c)示例说明了另一种情形的结果,此处的真实参数为 c_2,因此,H'_a 是正确的,但 H_0 却在显著性水平 α 处被检验。这时的功效也是图中所示的临界值右侧阴影部分的面积,但功效较低。

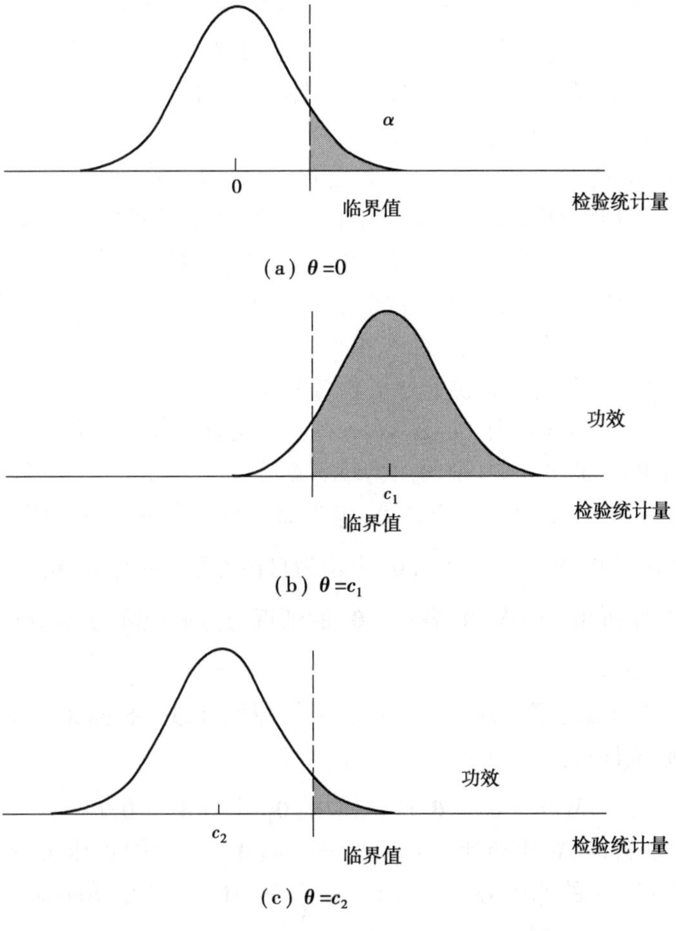

(a) $\theta=0$

(b) $\theta=c_1$

(c) $\theta=c_2$

图 8.6　$H_0:\theta=0$ 的统计检验功效示例说明

这一针对单个参数的简单例子示意性地解释了针对多个参数以及整体模型拟合进行检验背后的基本原理。首先,Ⅰ类错误的概率和一个检验的统计功效这两者之间是正向相关的。其他情况不变,若将 α 设得更小(例如,0.05 改为 0.01),图 8.6 中的临界值会向右移动,两个备择假设的检验功效也会变得更低。但是更大的 α(例如,0.05 改为 0.10)会将临界值向左移并提高功效。

图 8.6 说明的另一个基本原理是统计功效取决于备择假设中参数的具体数值。比如，设想 H_0 为 $\lambda_{12}=0$。相比于如果真实 λ_{12} 为 1.2 的情形，如果真实 λ_{12} 为 0.5 时对 H_0 进行统计检验的功效通常会更低。类似地，若 H_0 下结构方程模型中的一组参数都为常数值（比如，$\gamma_{21}=0,\beta_{12}=1,\phi_{21}=0$），那么对 H_0 进行统计检验的功效取决于 H_a 下这些参数的具体数值（比如，$\gamma_{21}=0.8,\beta_{32}=-0.5,\phi_{21}=1.3$）。因此，一个检验的功效总是与备择假设中所设定的参数的具体数值有关。

图 8.6 也清楚地表明，要想知道一个检验的功效，我们必须知道备择假设下检验统计量的分布。在标准假定情况下，当 H_0 为真时，似然比（likelihood ratio，LR）、瓦尔德（W）和拉格朗日乘数（Lagrangian multiplier，LM）检验统计量都渐近服从卡方分布（见第 4 章和第 7 章）。但是，当 H_a 正确并对 H_0 进行检验时，这些检验统计量则渐近服从非中心卡方分布（Satorra & Saris，1985）。与中心卡方分布一样，非中心卡方分布有一个表示自由度的参数（df），但它还有一个非中心性参数。如果确定了 df 和非中心性参数，那么我们便可以知道 H_a 为真且对 H_0 进行检验时所用检验统计量的分布。同时根据非中心卡方分布表，我们就能估计得到检验的功效。

df 参数为 H_0 和 H_a 中自由参数的个数之差，这里 H_0 对应模型嵌套于 H_a 对应的模型。单个参数的统计检验中，df 等于 1。对于常见的整体模型拟合的卡方检验，这时 H_a 是一个可恰好识别（尽管通常无法完全描述出来）的备择模型，df 等于 $1/2(p+q)(p+q+1)-t$，其中 t 为 H_0 对应模型的自由参数个数。因此，在整体模型拟合的检验中，非中心卡方的 df 与标准卡方检验中所使用的 df 相当。

三种方法中的任一种都会提供非中心性参数的估计值。它们以第 7 章的 W，LR 和 LM 检验为基础。为了解释它们，需要引入一些其他的标记符号。首先，将参数向量 $\boldsymbol{\theta}$ 区分成两部分，因此 $\boldsymbol{\theta}=[\boldsymbol{\theta}_a',\boldsymbol{\theta}_b']'$，其中，$\boldsymbol{\theta}_a$ 为 $a\times1$ 矩阵，$\boldsymbol{\theta}_b$ 为 $b\times1$ 矩阵。零假设为 $H_0:\boldsymbol{\theta}_a=\boldsymbol{\theta}_0$，那么对于 H_0，有 $\boldsymbol{\theta}_r=[\boldsymbol{\theta}_0',\boldsymbol{\theta}_b']'$，其中，$\boldsymbol{\theta}_b$ 包含那些自由参数。备择假设为 $H_a:\boldsymbol{\theta}_a\neq\boldsymbol{\theta}_0$，那么对于 H_a，有 $\boldsymbol{\theta}=[\boldsymbol{\theta}_a',\boldsymbol{\theta}_b']'$，故 $\boldsymbol{\theta}_a$ 和 $\boldsymbol{\theta}_b$ 中均为自由参数。$\hat{\boldsymbol{\theta}}$ 为 H_a 情形下 $\boldsymbol{\theta}$ 的 ML 估计量，其渐近协方差矩阵由 $\text{ACOV}(\hat{\boldsymbol{\theta}})$ 表示。$\hat{\boldsymbol{\theta}}_a$ 的渐近协方差矩阵为 $\text{ACOV}(\hat{\boldsymbol{\theta}})$ 的一个子矩阵，以 $\text{ACOV}(\hat{\boldsymbol{\theta}}_a)$ 表示。

估计非中心性参数的第一种方式是基于瓦尔德统计量。根据第 7 章，我们知道 H_0：$\boldsymbol{\theta}_a=\boldsymbol{\theta}_0$ 的 W 检验统计量为：

$$\text{W}=(\hat{\boldsymbol{\theta}}_a-\boldsymbol{\theta}_0)'[\text{ACOV}(\hat{\boldsymbol{\theta}}_a)]^{-1}(\hat{\boldsymbol{\theta}}_a-\boldsymbol{\theta}_0) \tag{8.32}$$

如上所述，当 H_0 正确时，W 渐近服从自由度 df $=a$（$\boldsymbol{\theta}_a$ 的行数）的卡方分布。否则，它渐近服从自由度为 df $=a$ 的非中心卡方分布，且非中心性参数为（Kendall & Stuart，1979：246-247）：

$$(\boldsymbol{\theta}_a-\boldsymbol{\theta}_0)'[\text{ACOV}(\hat{\boldsymbol{\theta}}_a)]^{-1}(\boldsymbol{\theta}_a-\boldsymbol{\theta}_0) \tag{8.33}$$

萨托拉和萨力（Satorra & Saris，1985）与松井田和比尔比（Matsueda & Bielby，1986）用这些结果提出了一种估计非中心性参数的方式，我们可用它来估计检验 $H_0:\boldsymbol{\theta}_a=\boldsymbol{\theta}_0$ 的统计功效。此方式假定研究者有一个零假设和一个包含参数值的备择模型。具体有四步：

1. 对备择模型确定 $\boldsymbol{\theta}_a$ 和 $\boldsymbol{\theta}_b$ 的具体数值，比如，$\boldsymbol{\theta}=[\boldsymbol{\theta}_a',\boldsymbol{\theta}_b']'=\mathbf{c}$，其中 $\mathbf{c}$ 是一个由已知

常数构成的$(a+b)\times 1$向量。

2. 用$\boldsymbol{\theta}=\mathbf{c}$生成内隐协方差矩阵$\Sigma(\boldsymbol{\theta})$。

3. 在备择假设H_a(不是零假设)的情形下分析第二步中得到的内隐协方差矩阵,保持样本规模相同,得到$\mathrm{ACOV}(\hat{\boldsymbol{\theta}})$。

4. 从第 3 步所得渐近协方差矩阵中取出子矩阵$\mathrm{ACOV}(\hat{\boldsymbol{\theta}}_a)$,将该矩阵同$\boldsymbol{\theta}_a$和$\boldsymbol{\theta}_0$中的值一并代入方程(8.33)来估计非中心性参数。

备择假设中$\boldsymbol{\theta}$值的设定非常关键。通过提供$\boldsymbol{\theta}$的总体参数值,我们就知道总体协方差矩阵$\Sigma(\boldsymbol{\theta})$,知道渐近协方差矩阵$\mathrm{ACOV}(\hat{\boldsymbol{\theta}}_a)$,也就知道差值$(\boldsymbol{\theta}_a-\boldsymbol{\theta}_0)$。$H_a$模型会完美拟合$\Sigma(\boldsymbol{\theta})$,并将准确地再生出$\boldsymbol{\theta}(=\mathbf{c})$的值。当我们限定$\boldsymbol{\theta}_a$等于$\boldsymbol{\theta}_0$时,基于瓦尔德的统计量(Wald-based statistic)会给出一个表示非中心性参数的值。通过将该非中心性参数与$df=a$的非中心卡方分布表中的值进行比较,我们可以估计出在给定α水平处对H_0进行检验的功效。有不同 df 和α水平的卡方分布表可用来估计卡方检验的功效(见 Saris & Stronkhorst, 1984;Haynam,Govindarajulu and Leone, 1973)。

将前述步骤应用于单个参数时,$\boldsymbol{\theta}_a$是标量,非中心性参数为$(\boldsymbol{\theta}_a-\boldsymbol{\theta}_0)^2/\mathrm{AVAR}(\hat{\boldsymbol{\theta}}_a)$。$\mathrm{AVAR}(\hat{\boldsymbol{\theta}}_a)$为通过用$\boldsymbol{\theta}=\mathbf{c}$对$\Sigma(\boldsymbol{\theta})$进行分析所得$\boldsymbol{\theta}_a$的渐近方差值。检验多个参数时采用相同的步骤,不过,这时$(\boldsymbol{\theta}_a-\boldsymbol{\theta}_0)$是向量,而$\mathrm{ACOV}(\hat{\boldsymbol{\theta}}_a)$则是矩阵。若备择模型恰好可识别,则有$(a+b)=1/2(p+q)(p+q+1)$,那么此方法提供了一个有关于对整体模型拟合进行卡方检验的统计功效的估计值。

为了说明此技术,考虑如下两个方程的递归模型$(N=200)$:

$$y_2=\beta_{21}y_1+\gamma_{21}x_1+\zeta_2 \tag{8.34}$$

$$y_1=\gamma_{11}x_1+\zeta_1 \tag{8.35}$$

其中,$\mathrm{COV}(\zeta_1,\zeta_2)=0$,且$\mathrm{COV}(x_1,\zeta_i)=0(i=1,2)$。设想$H_0$和$H_a$为:

$$H_0:\gamma_{21}=0 \tag{8.36}$$

$$H_a:\gamma_{21}\neq 0 \tag{8.37}$$

选定α值为 0.05。这里$\boldsymbol{\theta}_a=[\gamma_{21}]$,$\boldsymbol{\theta}_b'=[\gamma_{11}\ \beta_{21}\ \psi_{11}\ \psi_{22}\ \phi_{11}]$,$\boldsymbol{\theta}=[\boldsymbol{\theta}_a,\boldsymbol{\theta}_b']'$,$\boldsymbol{\theta}_r=[0,\boldsymbol{\theta}_b']'$。第一步,我们设定替代模型的参数值:

$$\begin{aligned}\gamma_{11}&=1,\psi_{11}=0.4\\ \gamma_{21}&=0.5,\psi_{22}=0.4\\ \beta_{21}&=0.5,\phi_{11}=1\end{aligned} \tag{8.38}$$

得第二步中的$\Sigma(\boldsymbol{\theta})$:

$$\Sigma(\boldsymbol{\theta})=\begin{bmatrix}1.40 & & \\ 1.20 & 1.50 & \\ 1.00 & 1.00 & 1.00\end{bmatrix} \tag{8.39}$$

在γ_{21}为自由参数的H_a情形下,分析方程(8.39)完成第三步。渐近协方差矩阵 ACOV$(\hat{\boldsymbol{\theta}}_a)$可简化为一个标量,$\hat{\gamma}_{21}$的渐近方差或$\mathrm{AVAR}(\hat{\gamma}_{21})$。对于第四步,非中心性参数为$\gamma_{21}^2/\mathrm{AVAR}(\hat{\gamma}_{21})$。从在$H_a$情形下分析方程(8.39)中得到$\mathrm{AVAR}(\hat{\gamma}_{21})$为 0.007 056。就

$\gamma_{21}=0.5$ 而言,非中心性参数为 35.4,这在 α 值为 0.05 的情形下得到功效估计值为 1.00。这意味着,如果 γ_{21} 为 0.5 且我们检验 $H_0:\gamma_{21}=0$,那么几乎一定会拒绝虚假的 H_0。在其他条件相同的情况下,检验的功效取决于 γ_{21} 的真值。图 8.7 呈现了 γ_{21} 的真值为 -0.5 到 $+0.5$ 情形下对 H_0 进行检验($\alpha=0.05$)的功效。图中的功效曲线(power curve)反映出检验 H_0 的功效对 γ_{21} 值的敏感性。当参数值与 0 之差的绝对值为 0.5 或更大时,我们几乎可以肯定地发现虚假的 H_0。γ_{21} 的值越接近 0,检验的功效将会越低。

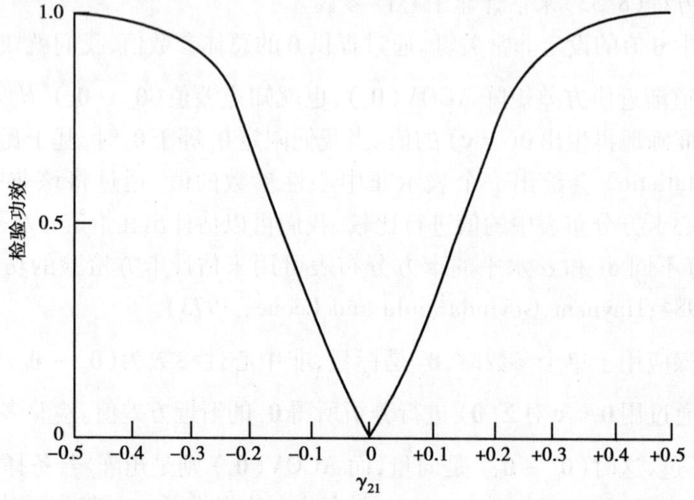

图 8.7　γ_{21} 的值为 -0.5 到 $+0.5$ 情形下对 H_0:$\gamma_{21}=0$ 进行统计检验的功效

($N=200,\alpha=0.05$)

由于上例中的替代模型是恰好可识别的,故功效分析即相当于对模型整体拟合情况 H_0 的卡方检验。更一般地,表述一个可恰好识别的替代模型并非如此简单。回想一下,整体模型拟合的卡方检验是将假设模型与一个可完美再现 **S** 的可恰好识别替代模型进行比较。这一程序要求我们应当完整描述此通常无法确切表述的替代模型及其所有参数的值。对于中度复杂的模型,确定其可恰好识别的替代模型并非易事。通常可能会有数个或更多个可恰好识别模型,其中的每个都可能得到不同的功效估计值。对于其他情形,合理的替代模型可能不可识别,因此无法获得该模型所需的渐近协方差矩阵(见 Matsueda & Bielby,1986:145-146;Satorra & Saris,1985:85)。

由于这些问题,萨托拉和萨力(Satorra & Saris,1985)提出一个替代的基于似然比的技术(LR-based technique)来估计统计功效。针对选定的 H_0,他们的方法包括四个步骤:

1. 针对替代模型,确定 $\boldsymbol{\theta}_a$ 和 $\boldsymbol{\theta}_b$ 中的具体值,比如 $\boldsymbol{\theta}=[\boldsymbol{\theta}_a',\boldsymbol{\theta}_b']'=c$。

2. 用 $\boldsymbol{\theta}=\mathbf{c}$ 生成内隐协方差矩阵 $\Sigma(\boldsymbol{\theta})$。

3. 在零假设 H_0(不是替代模型)情形下分析第二步中得到的内隐协方差矩阵,保持样本规模相同。

4. 以第三步得到的卡方值和自由度作为对非中心性参数及其 df 的近似。

这一程序建立在使用对于替代模型的正确内隐协方差矩阵而言为"错误模型"(wrong model)(H_0)的基础上。与针对整体模型拟合所采用的通常 LR 检验统计量一样,H_0 需与一个完美拟合的替代模型进行比较。差别在于这里我们知道 H_0 是不正确的,同时我们是

对 $\boldsymbol{\theta}$ 为已知的总体协方差矩阵 $\Sigma(\boldsymbol{\theta})$ 作分析。根据界定,替代模型对应的卡方为0,而 H_0 对应的卡方通常是正的。该卡方估计值反映了 H_0 和 H_a 在拟合上的差别,这与通常的 LR 检验一样,除了该值是非中心性参数的估计值之外。df 等于将 H_0 与恰好可识别替代模型区别开来的参数的个数。萨托拉和萨力(Satorra & Saris,1985) 提供了一个对此程序的严格论证。

和第一种方式一样,此技术也适用于单个或多组参数的检验,而不仅仅是对整体拟合的检验。这些功效计算建立在针对嵌套模型进行比较的卡方差值 LR 检验基础之上,此处,用来进行分析的 $\Sigma(\boldsymbol{\theta})$ 通常根据包含更少约束条件的模型的参数值来得到。不同模型可能在单个或多个参数上存在不同。除两个存在嵌套关系的模型都对第二步得到的内隐协方差矩阵进行拟合之外,上述各个步骤同样适用。非中心性参数估计值等于两个模型的非中心性估计值之差,其 df 等于两个模型的 df 之差(Saris,den Ronden and Satorra,1984)。通常,无须拟合最少约束条件的模型,因为根据界定其非中心性参数估计值为 0。

最后一种方式建立在 LM 检验统计量的基础上(见第 7 章)。前三步与基于 LR 的方式相同,但在第四步,放松对 $\boldsymbol{\theta}$ 所做约束情况下的 LM 检验统计量作为非中心性参数的估计值。这同样可适用于单个或多个参数以及整体模型检验的情形。在 H_0 和 H_a 仅有一个参数存在不同的特殊情形下,非中心性参数估计值等于以 $\boldsymbol{\theta} = \mathbf{c}$ 分析 $\Sigma(\boldsymbol{\theta})$ 时该参数的一元 LM 统计量的值[即"修正指数"(modification index)](见 Saris,Satorra and Sörbom,1987)。

这些方式的比较是在研究的初期进行的。直观地看,替代方式有赖于第 7 章所讨论的 W,LR 和 LM 检验的渐近等价性。计算上,当 H_a 是一个结构上未被完全设定的恰好识别或不可识别的替代模型时,本节基于 LR 的估计值更容易。这在估计中等复杂模型整体拟合检验的功效时普遍存在。采用诸如 EQS 这样已经能做基于 W 和 LM 的检验的软件,当对一个或少量参数进行检验或者是恰好可识别模型被完全设定时,基于 W 和 LM 的方法是很简单的。这些方法其实是渐近相同的,但萨力、萨托拉和松波(Saris,Satorra & Sörbom,1987)指出,对于小样本,基于 LR 的方法会给出功效的最准确近似。LR 方法在大样本和零假设中设定误差相对较小的情形下表现最佳。萨力和萨托拉(Saris & Satorra,1985)与松井田和比尔比(Matsueda & Bielby,1986)发现以基于 W 或 LR 的方法计算的非中心性参数估计值通常处在彼此的 10% 到 15% 。

我以确定第 4 章工会情感(union sentiment)一例中模型整体拟合卡方检验的功效来示例说明这三种方式。图 8. 8 为原始模型(实线所示)和一个恰好可识别模型(实线和虚线所示)的路径图。设想我们计划收集新的数据以检验此原初设定。但是,开始收集数据之前,我们想要得到一个有关该检验的功效的估计值。原初模型(实线)提供了 H_0。替代模型的完全确定需要有所有参数的精确值。我们通常无法知道这些值,但第 4 章中得到的估计值可作为 H_0 的自由参数的合理选择。对于剩余的那些将替代模型与 H_0 区别开来的参数,我们可以选择足够大的值,这样一来卡方检验应能发现它们是否存在。

尽管这一选择有些随意,但我设定所有这些值在被标准化[①]的情况下都等于 0.1。因此,替代模型对应的非标准化系数为:

$$\mathbf{B}=\begin{bmatrix}0 & 0 & 0\\ -0.285 & 0 & 0\\ -0.218 & 0.850 & 0\end{bmatrix},\quad \mathbf{\Gamma}=\begin{bmatrix}0.378 & -0.087\\ 0.328 & 0.058\\ 0.860 & 0.039\end{bmatrix}$$

$$\mathbf{\Psi}=\begin{bmatrix}12.961 & 0 & 0\\ 0 & 8.488 & 0\\ 0 & 0 & 19.455\end{bmatrix},\quad \mathbf{\Phi}=\begin{bmatrix}1.021 & 7.139\\ 7.139 & 215.662\end{bmatrix}$$

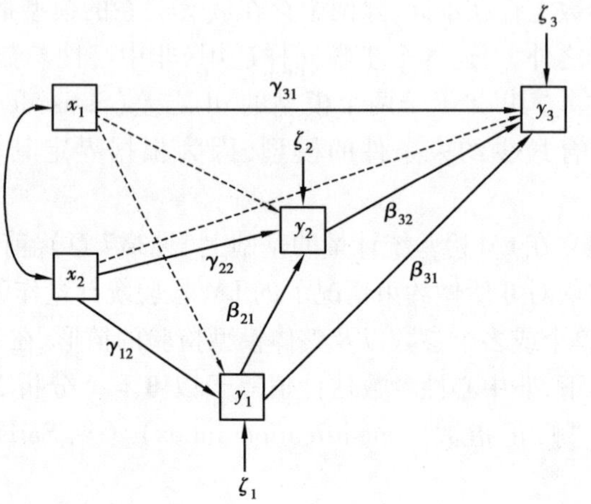

图 8.8　工会情感例子的原始模型(实线)和恰好可识别的替代模型(实线和虚线)

三种方式的第二步都是根据这些参数值生成内隐协方差矩阵,可用好几种方式来完成:其一,使用矩阵编程语言并将这些参数值代入 $\mathbf{\Sigma}(\boldsymbol{\theta})$ 的公式[见方程(8.21)]。其二,使用诸如 LISREL 这样的软件程序,开始时以上述列出的值设定所有参数矩阵,并固定所有矩阵以不估计任何参数。此运行所得到的"拟合矩量矩阵"(fitted moment matrix)即为$\boldsymbol{\theta}=\mathbf{c}$时的 $\mathbf{\Sigma}(\boldsymbol{\theta})$。

基于 W 方法的第三步是在保持样本规模相同的情况下估计内隐协方差矩阵所对应的 H_a 模型。第四步中,本特勒(Bentler,1985)的 EQS 软件程序有 W 检验这一方法,可用它得到 H_a 这一恰好识别模型变为 H_0 时非中心性参数的估计值。不然,可根据 LISREL 或 EQS 中可得到的参数估计值的相关矩阵和标准误计算出 $\mathrm{ACOV}(\hat{\boldsymbol{\theta}}_a)$。将此 $\mathrm{ACOV}(\hat{\boldsymbol{\theta}}_a)$ 连同 $\boldsymbol{\theta}_a$ 和 $\boldsymbol{\theta}_0$ 代入方程(8.33)以计算出非中心性参数。

对于基于 LR 和 LM 的估计值,第三步中以 H_0 拟合 $\mathbf{\Sigma}(\boldsymbol{\theta})(\boldsymbol{\theta}=\mathbf{c})$。基于 LR 方式的第四步是将本步所得的卡方作为非中心性参数的估计值。LM 方法的第四步是计算 H_a 变为 H_0 时的 LM 检验统计量作为非中心性参数的估计值。

依照这些方式,该模型的三个非中心性参数估计值为:

① 我把原始协方差矩阵中的标准差用来计算得到标准化系数 0.1 所需的非标准化系数。

	W 检验	LR 检验	LM 检验
非中心性参数	5.06	5.03	5

这三个估计值实际上是一样的。$df=3,\alpha=0.05,N=173$,非中心性参数约为 5,那么对整体模型拟合 H_0 进行检验的功效为 0.44。这种情形下,当替代的参数化为真时,我们大致有 0.44 的概率发现不正确的 H_0。

统计检验的功效可帮助研究者评估他们对模型拟合进行卡方检验的质量。图 8.9 示意说明了几种可能的结果。图中,横轴为选定 α 水平下犯 I 类错误的概率。选定的最低功效水平显示在功效轴上。若模型 H_0 的 I 类错误的概率小于分界 α,并且若与 H_a 有关的检验的功效低于分界功效,那么,这一情形就落入图 8.9 中标注为"不可接受"的左下象限。正如标签所表明的,既然功效低且卡方值显著,那么 H_0 将是极不可接受的,可能 H_0 模型中不仅是存在较小的设定错误。相比而言,若 I 类错误概率大于 α 且检验的功效高,即为图 8.9 中右上角所显示的情形。高功效意味着发现一个不正确 H_0 的概率大。I 类错误大且功效高表明 H_0 模型与数据非常一致,否则,这些不一致就会被发现。

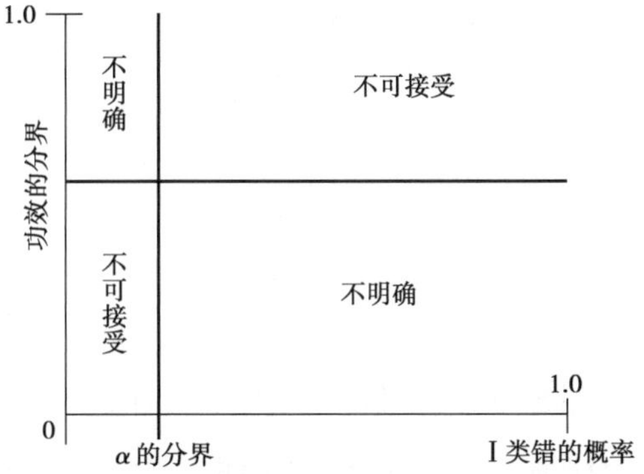

图 8.9　I 类错误概率与对 H_0 进行统计检验的功效的比较

图 8.9 中其余两个象限为更不确定的情形。当 H_0 的 I 类错误概率大于 α 但检验的功效低时,就出现了右下角的情形。我们不能确定 H_0 是否合适,还是检验功效低是否会阻止发现较大的误差。左上象限呈现了一个不同的问题:H_0 的 I 类错误概率小于 α 但检验的功效高。这时我们并不知道 H_0 模型是否存在严重误设,还是检验的高功效反映出细微的不一致。

作为对前述检验质量评价的一个举例说明,考虑先前给出的工会情感一例。第 4 章中,H_0 的卡方估计值为 1.26,$df=3$。犯 I 类错误的概率很高(=0.74),表明检验统计量不显著。0.44 的功效估计值属于中等大小,表明即使对于检验 H_0 的一个不显著的卡方估计值,我们仍不能确定此模型中是否有重要错误。此模棱两可的情形对应图 8.9 的右下象限。这说明需重新设计研究以提高卡方检验的功效。

功效受诸多因素的影响。如前所述,随着 α 增大,检验的功效也会上升。这是提升功效的一种可能方式。另一种方式可能的话在收集新数据时增大样本规模。通常,使用包含更多指标的模型也可提升功效,尽管这样做的效果取决于测量的信度。为低信度的变量增加新的测量可能取得最大的收益。类似地,使用高信度的测量也可能提升功效。

简言之,所有这些影响功效的因素之间的关系很复杂,但研究者有数个提升效度的选择,包括增大样本规模、增大分界 α 值、增加潜变量测量指标的数目及提高指标的信度(见 Matsueda & Bielby,1986)。功效过高也是个问题。细微的偏差会因为很高的功效而得到显著的卡方估计值。一个降低功效的简单调整是减小选定的 α 值。

总之,既然存在围绕拟合优度测量指标(GFI,Δ_1,ρ_2 等)的争议,那么对卡方检验功效的分析在评价模型上就是一个非常有用的辅助。当然,它在替代模型 H_a 及其参数值的选择、α 值的选取及希望的功效水平等方面涉及主观判断。

标准化与非标准化系数

对观测变量协方差矩阵的分析会得到取决于这些变量的测量单位的非标准化系数。如第 4 章和第 7 章中所讨论的,很多时候这些单位都是任意的。当其具有不同测量单位时,就难以比较两个或更多变量对同一因变量的影响。标准化系数在评价不同解释变量的相对影响方面很有用。它们可被定义为:

$$\hat{\lambda}_{ij}^{s} = \hat{\lambda}_{ij}\left(\frac{\hat{\sigma}_{jj}}{\hat{\sigma}_{ii}}\right)^{\frac{1}{2}}$$

$$\hat{\beta}_{ij}^{s} = \hat{\beta}_{ij}\left(\frac{\hat{\sigma}_{jj}}{\hat{\sigma}_{ii}}\right)^{\frac{1}{2}}$$

$$\hat{\gamma}_{ij}^{s} = \hat{\gamma}_{ij}\left(\frac{\hat{\sigma}_{jj}}{\hat{\sigma}_{ii}}\right)^{\frac{1}{2}}$$

这里,上标 s 表示标准化的系数,i 表示被影响变量(即因变量),j 表示解释变量(即自变量),$\hat{\sigma}_{ii}$和 $\hat{\sigma}_{jj}$分别为第 i 个和第 j 个变量的模型预测方差。标准化系数表示:当其他变量保持不变时,自变量变化一个标准差所导致的因变量在标准差单位上的预期变化。①

标准化系数的局限与第 4 章中所介绍的一样:当基于相关矩阵进行分析时,所得标准化系数的标准误并不正确,同时,标准化系数在绝大多数情况下都不应被用来检验不同组之间的等价性。一个疑惑的来源在于 LISREL Ⅵ(Ⅴ和Ⅳ也一样)和 EQS 所报告的"标准化的"解是不一样的。观测变量未被标准化,故 LISREL 的"标准化解"并未提供如此处所定义的标准化系数。ESQ 的标准化解中,所有变量均被重新尺度化为方差等于 1,故其系数与上一段所定义的系数是等价的。

标准化系数矩阵的估计值对应的矩阵表达为:

$$\hat{\Lambda}_{y}^{s} = [\operatorname{diag}(\hat{\Sigma}_{yy})]^{-1/2}\hat{\Lambda}_{y}[\operatorname{diag}(\hat{\mathbf{C}})]^{1/2}$$

$$\hat{\Lambda}_{x}^{s} = [\operatorname{diag}(\hat{\Sigma}_{xx})]^{-1/2}\hat{\Lambda}_{x}[\operatorname{diag}(\Phi)]^{1/2}$$

$$\hat{\mathbf{B}}^{s} = [\operatorname{diag}(\hat{\mathbf{C}})]^{-1/2}\hat{\mathbf{B}}[\operatorname{diag}(\hat{\mathbf{C}})]^{1/2}$$

① 第 4 章中定义过的均值处的弹性是相对重要的另一个测量。注意,若潜变量的均值为 0,同采用离差分一样,那么这些弹性就不存在。它们存在于除均值外的取值处。

$$\hat{\mathbf{\Gamma}}^{s} = [\mathrm{diag}(\hat{\mathbf{C}})]^{-1/2}\hat{\mathbf{\Gamma}}[\mathrm{diag}(\hat{\mathbf{\Phi}})]^{1/2}$$

这里,$\hat{\mathbf{C}}$ 为协方差矩阵的估计值:

$$\boldsymbol{\eta} = [(\hat{\mathbf{I}} - \hat{\mathbf{B}})^{-1}(\hat{\mathbf{\Gamma}}\hat{\mathbf{\Phi}}\hat{\mathbf{\Gamma}}' + \hat{\mathbf{\Psi}}) + (\mathbf{I} - \hat{\mathbf{B}})^{-1'}]$$

均值与方程截距

与第 4 章中使用观测变量的结构方程和第 7 章中的 CFA 模型一样,估计测量方程和潜变量方程包含截距项的一般性模型与估计潜变量均值也都是可能的。为此而增加的标识符号部分可见第 4 和第 7 章。完整标识符号为:

$$\boldsymbol{\eta} = \boldsymbol{\alpha} + \mathbf{B}\boldsymbol{\eta} + \Gamma\boldsymbol{\xi} + \boldsymbol{\zeta} \tag{8.40}$$

$$\mathbf{y} = \boldsymbol{\upsilon}_y + \Lambda_y\boldsymbol{\eta} + \boldsymbol{\epsilon} \tag{8.41}$$

$$\mathbf{x} = \boldsymbol{\upsilon}_x + \Lambda_x\boldsymbol{\xi} + \boldsymbol{\delta} \tag{8.42}$$

外生变量 $\boldsymbol{\xi}$ 的均值是 $n \times 1$ 向量中的 κ。内生潜变量的期望值为:

$$\begin{aligned}\mathbf{E}(\boldsymbol{\eta}) &= E[(\mathbf{I} - \mathbf{B})^{-1}(\boldsymbol{\alpha} + \mathbf{\Gamma}\boldsymbol{\xi} + \boldsymbol{\zeta})] \\ &= (\mathbf{I} - \mathbf{B})^{-1}(\boldsymbol{\alpha} + \mathbf{\Gamma}\boldsymbol{\kappa})\end{aligned} \tag{8.43}$$

$\mathbf{x}$ 和 $\mathbf{y}$ 的均值向量为:

$$E(\mathbf{x}) = \boldsymbol{\upsilon}_x + \Lambda_x\boldsymbol{\kappa} \tag{8.44}$$

$$E(\mathbf{y}) = \boldsymbol{\upsilon}_y + \Lambda_y(\mathbf{I} - \mathbf{B})^{-1}(\alpha + \mathbf{\Gamma}\kappa) \tag{8.45}$$

方程(8.43)中,$\boldsymbol{\eta}$ 的均值不但是外生变量均值 $\boldsymbol{\kappa}$ 的函数,也是 $\mathbf{B}$,$\mathbf{\Gamma}$ 和 $\boldsymbol{\alpha}$ 中结构参数的函数。类似地,$\mathbf{y}$ 的均值由这些矩阵以及 $\boldsymbol{\upsilon}_y$ 和 Λ_y 决定。$\mathbf{x}$ 的期望值受 $\boldsymbol{\upsilon}_x$,Λ_x 和 $\boldsymbol{\kappa}$ 的影响。

识别问题因增加的参数而变得复杂。我用分别以两个指标进行测量的两个潜变量的一个简单例子说明这点:

$$\begin{aligned}\eta_1 &= \alpha_1 + \gamma_{11}\xi_1 + \zeta_1 \\ X_1 &= \upsilon_{X_1} + \xi_1 + \delta_1 \\ X_2 &= \upsilon_{X_2} + \lambda_2\xi_1 + \delta_2 \\ Y_1 &= \upsilon_{Y_1} + \eta_1 + \varepsilon_1 \\ Y_2 &= \upsilon_{Y_2} + \lambda_4\eta_1 + \varepsilon_2\end{aligned} \tag{8.46}$$

ξ_1 的测量单位被设定为与 X_1 一致($\lambda_1 = 1$),而 η_1 的测量单位被设定为与 Y_1 一致($\lambda_3 = 1$)。$\mathbf{y}$ 和 $\mathbf{x}$ 的内隐协方差矩阵与采用离差分时是一样的。既然将一个向量加上或减去一个常数(即均值)并不会改变其方差,故这一点是不言自明的。很容易证明,通过使用观测变量的协方差和方差,Λ_x,Λ_y,$\mathbf{\Gamma}$,$\mathbf{\Theta}_\epsilon$,$\mathbf{\Theta}_\delta$,Φ 和 Ψ 的都可识别。X_1,X_2,Y_1 和 Y_2 的均值是新的信息来源,但也引入了新的参数。将均值和结构参数联系起来的方程为:

$$\begin{aligned}E(\eta_1) &= \alpha_1 + \gamma_{11}\kappa_1 \\ E(X_1) &= \upsilon_{X_1} + \kappa_1 \\ E(X_2) &= \upsilon_{X_2} + \lambda_2\kappa_1 \\ E(Y_1) &= \upsilon_{Y_1} + (\alpha_1 + \gamma_{11}\kappa_1) \\ E(Y_2) &= \upsilon_{Y_2} + \lambda_4(\alpha_1 + \gamma_{11}\kappa_1)\end{aligned} \tag{8.47}$$

方程(8.47)显示,出现了 6 个新参数($\alpha_1,\kappa_1,\upsilon_{X_1},\upsilon_{X_2},\upsilon_{Y_1},\upsilon_{Y_2}$),观测变量的均值只有 4 个。显然,若不做进一步限定,就无法识别这些新参数。如第 7 章中所讨论的一样,有必要赋予 ξ_1 和 η_1 一个零点。这么做的一种方式是使得每一潜变量的均值都等于 0。对于 ξ_1,可通过固定 κ_1 为 0 来实现。对于 η_1,需增加 $\alpha_1=0$ 这一约束条件。替代的策略是设定一个潜变量的起点和测量单位,使得它与观测变量之一相同。变量 ξ_1 已被设定为与 X_1 测量单位相同。通过界定 υ_{X_1} 为 0,可使得它的起点与 X_1 相同。类似地,υ_{Y_1} 被设定为等于 0,以为 η_1 提供起点。因为 υ_{X_1} 和 υ_{Y_1} 被限定为 0,其余未知量可由观测变量均值得以识别:

$$\begin{aligned}\kappa_1 &= E(X_1)\\ E(\eta_1) &= E(Y_1)\\ \upsilon_{X_2} &= E(X_2)-\lambda_2E(X_1)\\ \upsilon_{Y_2} &= E(Y_2)-\lambda_4E(Y_1)\\ \alpha_1 &= E(Y_1)-\lambda_{11}E(X_1)\end{aligned} \tag{8.48}$$

(观测变量的协方差矩阵用于识别系数 λ_2,λ_4 和 γ_{11}。)正如估计中使用了观测变量的样本方差和协方差而非总体方差和协方差一样,观测变量的样本均值也取代了观测变量的期望值。

在 LISREL Ⅵ(和更早版本)中设定截距和均值项需要替代的标识符号。一个新的 $\mathbf{y}^*$ 变量包含原始的 $\mathbf{y}$ 和 $\mathbf{x}$,而一个新的 $\boldsymbol{\eta}^*$ 则包含 $\boldsymbol{\eta},\boldsymbol{\xi}$ 和值为 1 的最后一行。新的 $\boldsymbol{\xi}_1^*$ 被固定为常数 1。矩阵形式的重新表达为:

$$\boldsymbol{\eta}^* = \mathbf{B}^*\boldsymbol{\eta}^* + \Gamma^*\boldsymbol{\xi}_1^* + \boldsymbol{\zeta}^*$$

$$\begin{bmatrix}\boldsymbol{\eta}\\ \boldsymbol{\xi}\\ 1\end{bmatrix}=\begin{bmatrix}\mathbf{B} & \Gamma & 0\\ 0 & 0 & 0\\ 0' & 0' & 0\end{bmatrix}\begin{bmatrix}\boldsymbol{\eta}\\ \boldsymbol{\xi}\\ 1\end{bmatrix}+\begin{bmatrix}\boldsymbol{\alpha}\\ \boldsymbol{\kappa}\\ 1\end{bmatrix}(1)+\begin{bmatrix}\boldsymbol{\zeta}\\ \boldsymbol{\xi}-\boldsymbol{\kappa}\\ 0\end{bmatrix} \tag{8.49}$$

$$\mathbf{y}^* = \Lambda_y^*\boldsymbol{\eta}^* + \boldsymbol{\epsilon}^*$$

$$\begin{bmatrix}\mathbf{y}\\ \mathbf{x}\end{bmatrix}=\begin{bmatrix}\Lambda_y & 0 & v_y\\ 0 & \Lambda_x & v_x\end{bmatrix}\begin{bmatrix}\boldsymbol{\eta}\\ \boldsymbol{\xi}\\ 1\end{bmatrix}+\begin{bmatrix}\boldsymbol{\epsilon}\\ \boldsymbol{\delta}\end{bmatrix} \tag{8.50}$$

$$\begin{aligned}\xi^* &= [X_1]\\ X_1 &= (1) \qquad (\text{被固定的 } X)\end{aligned} \tag{8.51}$$

截距项 $\boldsymbol{\alpha}$ 和 $\boldsymbol{\xi}$ 均值 $\boldsymbol{\kappa}$ 的向量都在 Γ^* 矩阵中。测量方程的截距 υ_x 和 υ_y 在 Λ_y^* 的第一列上。此外,$\boldsymbol{\Psi}^*$ 矩阵的最后一行包含固定的 0 值。Θ_ϵ 矩阵被设定为表示测量误差的方差和协方差模式。

我以工业化-政治民主追踪数据来说明这一做法。为估计截距和均值,以变更的标识符号将潜变量方程表示为:

$$\eta^* = \mathbf{B}^*\eta^* + \Gamma^*\xi_1^* + \zeta^*$$

$$\begin{bmatrix}\eta_1\\ \eta_2\\ \xi_1\\ 1\end{bmatrix}=\begin{bmatrix}0 & 0 & \gamma_{11} & 0\\ \beta_{21} & 0 & \gamma_{21} & 0\\ 0 & 0 & 0 & 0\\ 0 & 0 & 0 & 0\end{bmatrix}\begin{bmatrix}\eta_1\\ \eta_2\\ \xi_1\\ 1\end{bmatrix}+\begin{bmatrix}\alpha_1\\ \alpha_2\\ \kappa_1\\ 1\end{bmatrix}(1)+\begin{bmatrix}\zeta_1\\ \zeta_2\\ \xi_1-\kappa_1\\ 0\end{bmatrix} \tag{8.52}$$

Ψ^* 矩阵为：

$$\Psi^* = \mathrm{diag}[\psi_{11} \quad \psi_{12} \quad \phi_{11} \quad 0] \tag{8.53}$$

通过设定 Y_1 和 Y_4 对应的 λ 为 1 及截距 υ_{Y_1} 和 υ_{Y_5} 为 0，指定了 η_1 和 η_2 的测量单位和零点。我假定那些 y 变量的截距 1965 年时与 1960 年时相同。通过设定恰当的 λ 为 1，工业化被设定为与 X_1 具有相同的测量单位，同时 υ_{X_1} 被限定为 0。

$$\Lambda_y^* = \begin{bmatrix} 1 & 0 & 0 & 0 \\ \lambda_2 & 0 & 0 & \upsilon_{Y_2} \\ \lambda_3 & 0 & 0 & \upsilon_{Y_3} \\ \lambda_4 & 0 & 0 & \upsilon_{Y_4} \\ 0 & 1 & 0 & 0 \\ 0 & \lambda_2 & 0 & \upsilon_{Y_2} \\ 0 & \lambda_3 & 0 & \upsilon_{Y_3} \\ 0 & \lambda_4 & 0 & \upsilon_{Y_4} \\ 0 & 0 & 1 & 0 \\ 0 & 0 & \lambda_6 & \upsilon_{X_2} \\ 0 & 0 & \lambda_7 & \upsilon_{X_3} \end{bmatrix} \tag{8.54}$$

0 周围的量（moments）被用来进行分析。这些量可以计算出观测变量的协方差和均值（表 8.2）。截距和均值项的估计值及标准误（括号中的）为：

υ_{Y_2}	υ_{Y_3}	υ_{Y_4}	υ_{X_2}	υ_{X_3}	α_1	α_2	κ_1
-3.07	0.18	-2.38	-6.23	-5.63	-1.91	-2.67	5.05
(0.79)	(0.68)	(0.66)	(0.70)	(0.77)	(1.99)	(1.02)	(0.08)

除 υ_{Y_3} 和 α_1 的估计值外，其他所有的估计值至少是其标准误的两倍。κ_1 是 1960 年工业化潜变量均值的估计值。它被设定为与人均 GNP 的对数 X_1 具有相同的测量单位和零点。将 $\hat{\kappa}_1$ 取指数得到人均 156.02 美元，作为以美元为单位的平均工业化水平，它比该值的对数形式更易于理解。倘若将测量单位和零点设定为与 X_2 而非 X_1 相同，ξ_1 的均值就会变成以人均能源消费的对数作为测量单位。由于并无有关工业化合适测量单位的共识，故所做选择具有随意性。截距项可被解释为同回归方程中的常数项一样。υ_{Y_i} 和 υ_{X_j} 为将潜变量和相应观测变量连起来的那些方程的截距。α_1 和 α_2 为联系潜变量的那些方程的截距。

对诸如本例中所用追踪数据，一个感兴趣的问题是潜变量的均值在时间跨度上是否保持不变。为了回答此问题，可用方程（8.43）计算潜在内生变量的均值，并代入 $\mathbf{B}, \alpha, \mathbf{\Gamma}$ 和 κ 的估计值。得到这些均值在时间上差值的标准误更困难。不过，有更容易的替代方式可得到它们。将所有三个潜变量作为自由相关的 ξ_i 变量处理，重新估计工业化-政治民主追踪数据。为了做到这点，与之前一样保留除被设定为 0 的 $\mathbf{B}^*$ 之外的所有参数矩阵，然后使用新定义的以下矩阵：

$$\boldsymbol{\eta}^* = \begin{bmatrix} \xi_1 \\ \xi_2 \\ \xi_3 \\ 1 \end{bmatrix}, \quad \boldsymbol{\zeta}^* = \begin{bmatrix} \xi_1 - \kappa_1 \\ \xi_2 - \kappa_2 \\ \xi_3 - \kappa_3 \\ 0 \end{bmatrix}, \quad \boldsymbol{\Gamma}^* = \begin{bmatrix} \kappa_1 \\ \kappa_2 \\ \kappa_3 \\ 1 \end{bmatrix} \tag{8.55}$$

$$\boldsymbol{\Psi}^* = \begin{bmatrix} \phi_{11} & & & \\ \phi_{21} & \phi_{22} & & \\ \phi_{31} & \phi_{32} & \phi_{33} & \\ 0 & 0 & 0 & 0 \end{bmatrix} \tag{8.56}$$

方程(8.55)中,ξ_1 和 ξ_2 对应 1960 年和 1965 年的政治民主,ξ_3 为工业化。$\boldsymbol{\Gamma}^*$ 的前两个元素为 1960 年和 1965 年政治民主的均值。差值 $\hat{\kappa}_1 - \hat{\kappa}_2$ 的标准误以 $\mathrm{var}(\hat{\kappa}_1) + \mathrm{var}(\hat{\kappa}_2) - 2\mathrm{cov}(\hat{\kappa}_1, \hat{\kappa}_2)$ 的平方根进行计算。对于本例数据,$\hat{\kappa}_1 = 5.50$,$\hat{\kappa}_2 = 5.09$,故从 1965 年到 1960 年政治民主均值的差值为 0.41。$\hat{\kappa}_1$ 和 $\hat{\kappa}_2$ 的标准误估计值分别为 0.291 和 0.290,它们的协方差为 0.074 3,故两者差值的标准误为 0.142[$= ((0.291)^2 + (0.290)^2 - 2(0.074))^{1/2}$]。均值差 0.41 比标准误 0.142 的两倍还大,表明政治民主水平存在一个统计上显著的降低。(或者,我们可以用 LR 或 W 检验来确定限定 $\kappa_1 = \kappa_2$ 是否导致拟合优度显著下降)降低的实质显著性是一个主观判断问题。相比于 1960 年平均的民主水平 5.50,0.41 的降幅意味着大约下降了 7%,我会视其为一个弱到中度的下降。前述所有的解释都基于这个假定:1960 年政治民主潜变量与 Y_1(1960 年的新闻自由)的关系和 1965 年政治民主潜变量与 Y_5(1965 年的新闻自由)的关系相同。这是因为我已将民主潜变量的测量单位和零点设定为与这些测量指标相同。若 1965 年时 Y_5 测量方程的截距小于 1960 年时的截距,同时假定两个方程的截距都为 0,那么这可能导致 $\hat{\kappa}_1$ 和 $\hat{\kappa}_2$ 在不存在差异的情况下也出现差异。我没有理由怀疑这点,但你应当在实际应用中警惕这种可能性。

群体比较

很多情况下,我们想知道一个群体的测量或潜变量模型是否与另一个群体具有相同的参数值。比如,经历过工作培训项目的那些人是否比没有经历过的人具有更大的工作年限与绩效两者之间的正斜率?或者,某公司中男性的工作满意度平均水平是否与女性相同?若参数值在群组之间存在差别,我们便会冒有犯严重错误的风险。举个具体的例子,设想男性工作满意度的测量指标与满意度潜变量相联系,因此,$X = \xi + \delta$,而对于女性,测量方程为 $X = 0.8\xi + \delta$。即便男性和女性的未观测到工作满意度同样具有非零的均值,满意度测量指标的均值也将会倾向于表明女性的平均满意度更低。或者,我们可能考察工作满意度与教育的关系,并发现因假定满意度测量在两个群体间具有相同的测量单位而导致连接潜变量的斜率上存在显著差异。此情形类似于研究两个不同国家的食物质量及其成本,而未考虑货币和质量单位上的差别。我们会预期发现联系成本和质量的那些系数存在不同,即便这些斜率在对测量指标做恰当转换后是相等的。

本节中,我会介绍比较不同总体使用和未使用潜变量的结构方程的方法。这些方法假定可从每一总体中得到独立随机样本。若选择性因素会影响个体是否被选入群体,那么就需要增加对选择性过程进行建模的方程(见 Muthén & Jöreskog,1983)。我假定不存在选择性的问题。首先处理其中的变量都以离差形式纳入的模型。然后转到对均值和截距加以比较的情形。

大部分标识符号都与前面相同,除了模型矩阵和参数带有上标“(g)”外[如 $\Lambda_x^{(g)}$, $\Phi^{(g)}$, $\beta_{21}^{(g)}$];g 给出了群体编号。g 从 1,2,…,G,这里的 G 为群体的总个数。因此 $\Lambda_x^{(1)}$ 指的是群体 1 的 Λ_x,$\gamma_{12}^{(3)}$ 是群体 3 的 γ_{12}。

模型可比性或不变性表现为一个连续体(continuum)。我将可比性区分为两个存在重叠的维度:一个是模型形式;另一个是参数值相同。具有不同形式的模型主要代表不变性连续体的下端,若每一群体的模型具有相同参数矩阵且固定、自由和约束参数的维度和位置也都一样,则认为两个模型具有相同形式。图 8.10(a)说明了不同群体具有不同形式的两个模型。每个指标具有相同的观测变量(x_1,x_2 和 x_3)。但是群体 1 中的三个变量都是 ξ_1 的测量指标,而群体 2 中,x_1 和 x_2 是 ξ_1 的测量指标,x_3 却是 ξ_2 的测量指标。形式的相似性可表现为简单的具有很多不同数目的潜变量和因子负载的模式,也可以表现为形式上只存在相对细微的差别,比如模型除了测量误差的相关模式之外完全相同。图 8.10(b)呈现了在两个群体中具有相同形式的两个模型。

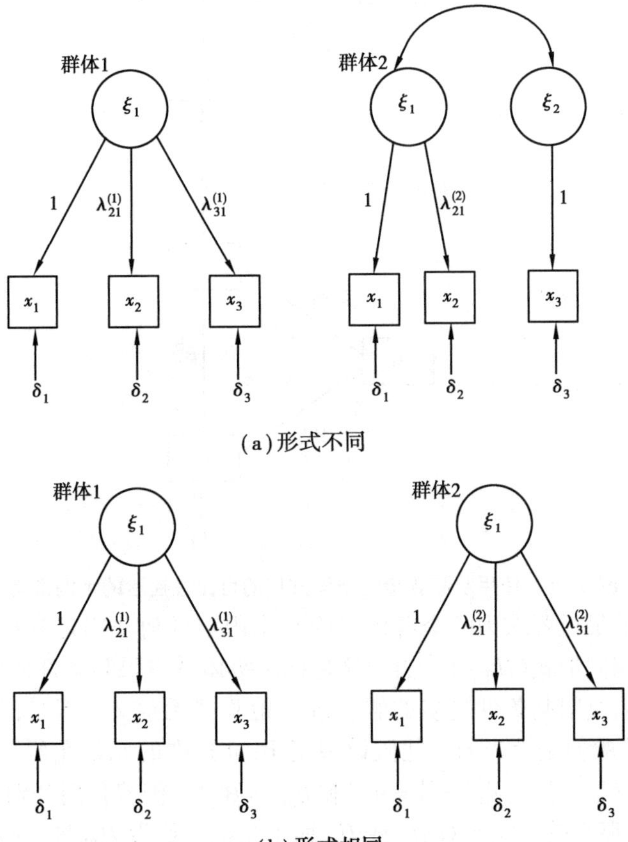

(a)形式不同

(b)形式相同

图 8.10　模型的形式和结构的定义

到目前为止的大多数应用中,研究者都假定两个模型的形式相同,从而集中关注给定形式下参数值的相似性。和形式一样,相似性是个程度问题。研究者必须决定应对哪些参数元素或参数矩阵检验群体之间的相等及应以何种顺序做这些检验。本书所介绍的所有各种结构方程模型均可能进行可比性检验(testing comparability)。我从使用观测变量的结构方程开始。图 8.11 呈现了一个假设的模型,其中针对民主党人与共和党人将政党忠诚(y_2)同收入(y_1)与教育(x_1)相联系。检验相似性的一种可能顺序呈现如下:

$H_{形式}$:形式相同($\mathbf{B},\boldsymbol{\Gamma},\boldsymbol{\Psi},\boldsymbol{\Phi}$ 的维度相同,且它们中的固定、自由和约束参数值的模式相同)

$H_{\mathbf{B\Gamma}}$:$\mathbf{B}^{(1)}=\mathbf{B}^{(2)},\boldsymbol{\Gamma}^{(1)}=\boldsymbol{\Gamma}^{(2)}$

$H_{\mathbf{B\Gamma\Psi}}$:$\mathbf{B}^{(1)}=\mathbf{B}^{(2)},\boldsymbol{\Gamma}^{(1)}=\boldsymbol{\Gamma}^{(2)},\boldsymbol{\Psi}^{(1)}=\boldsymbol{\Psi}^{(2)}$

$H_{\mathbf{B\Gamma\Psi\Phi}}$:$\mathbf{B}^{(1)}=\mathbf{B}^{(2)},\boldsymbol{\Gamma}^{(1)}=\boldsymbol{\Gamma}^{(2)},\boldsymbol{\Psi}^{(1)}=\boldsymbol{\Psi}^{(2)},\boldsymbol{\Phi}^{(1)}=\boldsymbol{\Phi}^{(2)}$

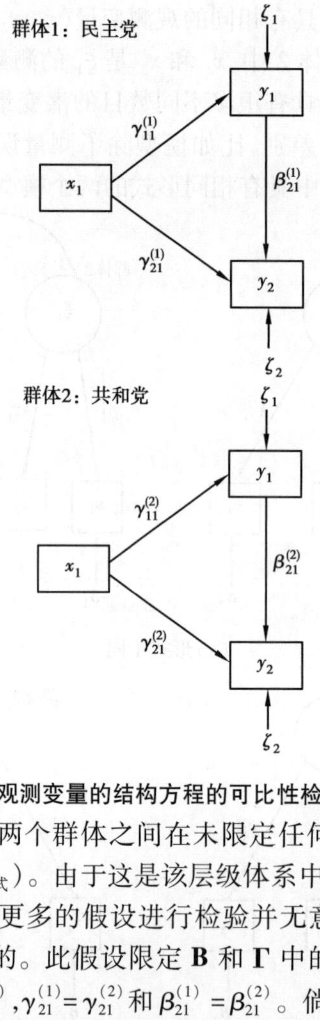

图 8.11 使用观测变量的结构方程的可比性检验的示例说明

相似性检验的最低要求为两个群体之间在未限定任何非固定参数具有相同取值的情况下是否具有相同形式($H_{形式}$)。由于这是该层级体系中限制条件最少的检验,所以拟合欠佳意味着对后续限制条件更多的假设进行检验并无意义。但是,若拟合得够好,进一步对 $H_{\mathbf{B\Gamma}}$ 进行检验便是恰当的。此假设限定 $\mathbf{B}$ 和 $\boldsymbol{\Gamma}$ 中的元素在所有群体中相同。就图 8.11 而言,也就是 $\gamma_{11}^{(1)}=\gamma_{11}^{(2)},\gamma_{21}^{(1)}=\gamma_{21}^{(2)}$ 和 $\beta_{21}^{(1)}=\beta_{21}^{(2)}$。倘若我们分别对 $\mathbf{B}$ 和 $\boldsymbol{\Gamma}$ 中的元素具有特殊兴趣,那么就可能要对 $H_{\mathbf{B}}$ 或 $H_{\boldsymbol{\Gamma}}$ 而不是组合假设 $H_{\mathbf{B\Gamma}}$ 进行检验。否则,$H_{\mathbf{B\Gamma}}$ 提供的是对不同群体之间所有系数的同时检验。假如此假设对数据拟合恰当,那么我们就可以进入 $H_{\mathbf{B\Gamma\Psi}}$。这个假设保留 $\mathbf{B}^{(1)}$ 和 $\mathbf{B}^{(2)}$、$\boldsymbol{\Gamma}^{(1)}$ 和 $\boldsymbol{\Gamma}^{(2)}$ 相等的约束条件,同时还限定干扰项的协方差矩阵相等。该层级体系中限制条件最多的是 $H_{\mathbf{B\Gamma\Psi\Phi}}$。这时所有的参数矩阵都被限定在不同群体之间相等。如果使用观测变量的结构方程模型在此高度约束的假设下仍拟合数据,那么结果就与同一模型适用于两个群体的假定相一致。就图8. 11而言,这一结果将意味着教育对收入的影响、教育对党派忠诚的影响以及收入对党派忠诚的影响对于民主党与共和党是一样的。此外,教育的方差与收入和党派忠诚上未被解释的方差对于两个政治党派而言也是相等的。模型在不同群体之间是不变的。

类似的不变性层级体系也可应用于测量模型,图 8. 12 呈现了一个这样的例子。x_1 到 x_3 为潜变量通胀预期(ξ_1)的指标,来自两个不同机构的公司高管构成了两个群体。目的是确定指标同潜变量的关系是否在两个群体中保持不变。一个可能的检验层级体系是:

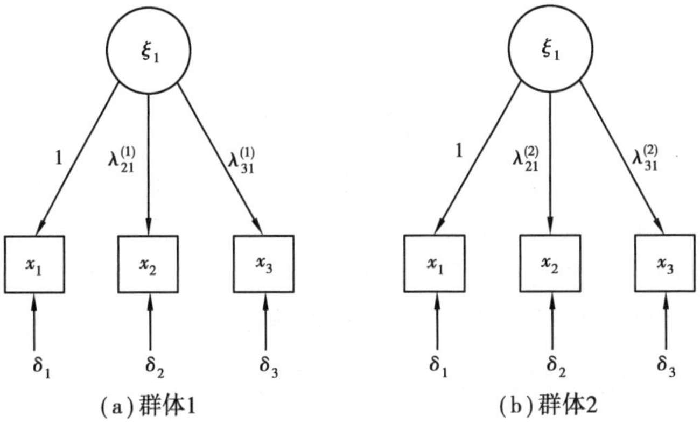

图 8. 12　测量模型可比性检验的示例说明

$H_{形式}$:形式相同(维度相同,且 Λ_x,Θ_δ 和 $\mathbf{\Phi}$ 中的固定、自由和约束参数值的模式相同)

$H_{\Lambda x}:\Lambda_x^{(1)}=\Lambda_x^{(2)}$

$H_{\Lambda_x\Theta_\delta}:\Lambda_x^{(1)}=\Lambda_x^{(2)},\Theta_\delta^{(1)}=\Theta_\delta^{(2)}$

$H_{\Lambda_x\Theta\delta_\Phi}:\Lambda_x^{(1)}=\Lambda_x^{(2)},\Theta_\delta^{(1)}=\Theta_\delta^{(2)},\Phi^{(1)}=\Phi^{(2)}$

此层级体系与上一个相似。它从模型的形式相同这一假设开始。若不成立,则没有进一步分析的意义。假定此假设得到支持,下一步是评价连接潜变量和观测变量的系数在两个群体中是否相同。两个群体中潜变量单位的相同通常优先于测量误差方差的相同或协方差矩阵的相同,因此,H_{Λ_x} 先于最后的两个假设 $H_{\Lambda_x\Theta_\delta}$ 和 $H_{\Lambda_x\Theta_\delta\Phi}$。选择 $H_{\Lambda_x\Theta_\delta}$ 而非 $H_{\Lambda_x\Phi}$ 虽有些随意性,但许多情况下更加关注测量误差的程度在不同群体之间是否相同而并非潜变量的协方差是否相等。最后一步是 $H_{\Lambda_x\Theta_\delta\Phi}$,即同时检验所有三个参数矩阵在不同群体之间是否相同。

最后,多个假设所形成的层级体系有助于评价使用潜变量的一般性结构方程模型的不变性。从第一步到最后一步,依次是 $H_{形式}$,$H_{\mathbf{\Lambda}}$,$H_{\mathbf{\Lambda B\Gamma}}$,$H_{\mathbf{\Lambda B\Gamma\Theta}}$,$H_{\mathbf{\Lambda B\Gamma\Theta\Psi}}$ 和 $H_{\mathbf{\Lambda B\Gamma\Theta\Psi\Phi}}$,其中,$\mathbf{\Lambda}$ 表示 $\mathbf{\Lambda}_x$ 和 $\mathbf{\Lambda}_y$,$\mathbf{\Theta}$ 表示 $\mathbf{\Theta}_\varepsilon$ 和 $\mathbf{\Theta}_\delta$。同前,H 的下标表明了那些被限定为相同的矩阵。检验参数相等的顺序可根据研究关注点进行改变。比如,若研究者更多地强调连接潜变量的参数($\mathbf{B}$ 和 $\mathbf{\Gamma}$)而非测量模型中系数(Λ_x 和 Λ_y)的相等,那么对 $\mathbf{B}$ 和 $\mathbf{\Gamma}$ 不变性的检验可先于对 Λ_x 和 Λ_y 不变性的检验。一旦确定了假设检验的层级体系,我们就可以检验这些假设,并评价多大程度的不变性对数据拟合最佳。

分析对象是每个群体的协方差矩阵($\mathbf{S}_g$)。同前,所假设的结构对每一群体意味着有一个协方差矩阵 $\Sigma_g(\boldsymbol{\theta}_g)$。对于所有的群体,$\Sigma_g(\boldsymbol{\theta}_g)$ 越接近($\mathbf{S}_g$),模型拟合得越好。拟合函数是所有群体拟合度的加权函数:

$$F = \sum_{g=1}^{G}\left(\frac{N_g}{N}\right)F_g(\mathbf{S}_g,\Sigma_g(\boldsymbol{\theta}_g)) \tag{8.57}$$

其中,F 为整体拟合函数,N_g 为第 g 个群体的样本规模,有 $N = N_1 + N_2 + \cdots + N_G$,而 $F_g(\mathbf{S}_g,\Sigma_g(\boldsymbol{\theta}_g))$ 为第 g 个群体的拟合函数。方程(8.57)表明规模最大的群体在最小化 F 时将会被赋予最大的权重(N_g/N)。ML,ULS 和 GLS 的群体拟合函数 F_g 分别为:

$$F_{g\mathrm{ML}} = \log|\Sigma_g| + \mathrm{tr}(\mathbf{S}_g\Sigma_g^{-1}) - \log|\mathbf{S}_g| - (p+q) \tag{8.58}$$

$$F_{g\mathrm{ULS}} = \left(\frac{1}{2}\right)\mathrm{tr}[(\mathbf{S}_g - \Sigma_g)^2] \tag{8.59}$$

$$F_{g\mathrm{GLS}} = \left(\frac{1}{2}\right)\mathrm{tr}[(\mathbf{I} - \Sigma_g\mathbf{S}_g^{-1})^2] \tag{8.60}$$

其中,$\Sigma_g = \Sigma_g(\boldsymbol{\theta}_g)$。方程(8.58)到方程(8.60)表明每个群体拟合函数与前面一样。主要的差别是纳入了群体间的参数约束和两个或更多群体的合成拟合函数的同时最小化。模型拟合测度指标与单一群体分析中所给出的那些相类似。χ^2 统计量通过($N-1$)乘以 $F_{g\mathrm{ML}}$ 和 $F_{g\mathrm{GLS}}$ 所对应的最小 F 值得到。对于所有群体,这里只有一个卡方估计值。零假设为模型在所有群体中所做限定都是正确的。自由度等于$\frac{1}{2}(G)(p+q)(p+q+1)-t$,其中 t 为所有群体中被估计的独立参数的个数。对于嵌套模型,另一个重要性质也成立。同前,嵌套模型的卡方值之差服从一个新的卡方分布,其自由度为两个模型的自由度的差值。既然不变性的层级体系包含了嵌套模型(如 $H_{\Lambda_x\Theta_\delta}$ 嵌套于 H_{Λ_x}),而我们是沿此层级体系不断推进的,那么这就提供了一种评价不同模型相对拟合度的方法。

另外,也可得到其他整体拟合测度指标(如 GFI,Δ_1,Δ_2,ρ_1 和 ρ_2)。GFI 有别于其他指标,因为它可对每一群体进行计算。Δ_1,Δ_2,ρ_1 和 ρ_2 四个指标的基准模型选择包含一定的模糊性。一个模型或许限定所有群体中观测变量的协方差为 0,但是不同群体的方差应相等还是不加以限定?其他模型也将会出现类似问题。这里涉及有关显著性检验的功效(power)的讨论。

我以第 5 章中客观-主观社会经济地位模型为例来说明这些步骤。路径图如图8.13所示。黑人和白人的协方差矩阵见表 8.5。观测变量为收入(x_1)、职业声望(x_2)、主观收入(y_1)、主观职业声望(y_2)和主观综合地位(y_3)。潜变量为未观测到的主观收入(η_1)、主观职业声望(η_2)和主观综合地位(η_3)。到目前为止,我只处理了白人样本。对黑人样本也可得到同样的观测变量。我的目标是确定模型对于白人和黑人的恒定程度。我选取的不变性层级为 $H_{形式}$,$H_{\mathbf{\Gamma}}$,$H_{\mathbf{\Gamma B}}$,$H_{\mathbf{\Gamma B\Theta_\varepsilon}}$ 和 $H_{\mathbf{\Gamma B\Theta_\varepsilon\Psi}}$。检验从确定同样形式的模型对于黑人和白人是否恰当开始。设想,我最感兴趣客观和主观收入与职业变量之间的关系对这两个群体是否相同。将主观变量相互连起来的系数的相等为其次的关注点。这种情况下对 $H_{\mathbf{\Gamma}}$进行检验就后于 $H_{形式}$,而对 $H_{\mathbf{\Gamma B}}$的检验在 $H_{\mathbf{\Gamma}}$之后。若接下来优先检验两个群体的测量误差方差是否相同,最后为它们的方程误差方差(equation error variances)是否相等,那么,接着的两个假设便是 $H_{\mathbf{\Gamma B\Theta_\varepsilon}}$和 $H_{\mathbf{\Gamma B\Theta_\varepsilon\Psi}}$。我已经假定,对于黑人和白人两个群体,将潜变量(如 η_1)和观测变量(如 y_1)连起来的尺度系数都等于 1。同样地,当对任何使用观测变量的结构方程进行分组分析时这一点都是默认的。不幸的是,若无其他指标或其他信息,研究者就无法探究这一限定的正当性。

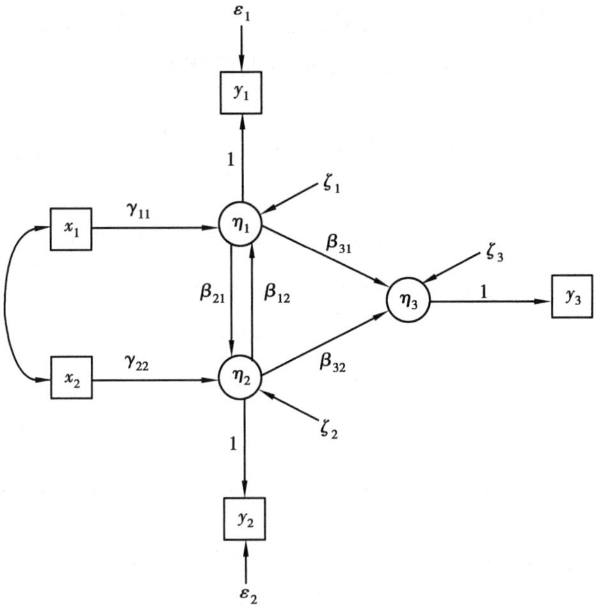

图 8.13　y_1 和 y_2 上含测量误差的客观和主观社会经济地位模型

表 8.5　黑人($N=368$)和白人($N=432$)主观和客观社会经济地位所对应的五个变量的协方差矩阵

	y_1	y_2	y_3	x_1	x_2
	<u>0.663</u>	0.334	0.301	0.724	2.417
y_1	0.449				
		<u>0.558</u>	0.282	0.420	3.357
y_2	0.166	0.410			
			<u>0.615</u>	0.391	1.806
y_3	0.226	0.173	0.393		
				<u>4.397</u>	7.485
x_1	0.564	0.259	0.382	4.381	
					<u>263.218</u>
x_2	2.366	3.840	3.082	13.656	452.77

注:黑人的协方差矩阵为表中上半部分,白人的协方差矩阵为表中下半部分。

表 8.6 呈现了对不变性假设进行检验的结果。对 $H_{形式}$ 进行检验得到的 χ^2 小于 1,GFI,Δ_1,Δ_2 和其他指标近乎完美,表明对数据拟合得非常好。其中,最后三个拟合指标的基准模型设定除 x_1 和 x_2 的协方差可以因不同群体而异之外,其他所有观测变量的协方差均为 0,并允许所有观测变量的方差对黑人和白人有所不同。对于该基准模型,卡方

估计值为709.80,自由度为18。所有的拟合指标都提供了两个群体具有相同模型形式的强证据。卡方估计值2.10(自由度为4)的概率为0.717。H_{Γ} 和 $H_{形式}$ 的卡方值之差为1.15(=2.10-0.95),自由度为2,统计上并不显著($\alpha=0.05$ 或0.10)。其他指标也表明设定为 H_{Γ} 并未使得拟合优度变差。就实质意涵而言,这意味着收入对主观收入的影响和职业声望对主观职业声望的影响,对黑人和白人群体看起来相等(即 $\gamma_{11}^{(1)}=\gamma_{11}^{(2)}$,$\gamma_{22}^{(1)}=\gamma_{22}^{(2)}$)。

表8.6　图8.13中路径模型在黑人和白人两个群体间的不变性检验

研究假设	χ^2	df	p 值	GFI 白人	GFI 黑人	Δ_1	Δ_2
$H_{形式}$	0.95	2	0.621	1.000	0.999	0.999	1.001
H_{Γ}	2.10	4	0.717	1.000	0.998	0.997	1.003
$H_{\Gamma B}$	13.85	8	0.086	0.995	0.991	0.980	0.992
$H_{\Gamma B\Theta_\epsilon}$	16.28	10	0.092	0.994	0.989	0.977	0.991
$H_{\Gamma B\Theta_\epsilon\Psi}$	60.66	13	0.000	0.970	0.971	0.915	0.932

增加对 **B** 的限制得到假设 $H_{\Gamma\mathbf{B}}$,其卡方估计值为13.85(自由度为8),对应的概率水平为0.086。卡方值下降了11.75(=13.85-2.10),相应的自由度为4。尽管这在0.01水平统计上不显著,但在0.05水平统计上显著。比较检验 H_{Γ} 和 $H_{\Gamma\mathbf{B}}$ 得到的其他整体拟合指标(如GFI和Δ)也并未显示拟合优度上的大幅下降。考察每一模型的构成或许是有益的。假设 H_{Γ} 下白人(1)和黑人(2)群体对应的 $\mathbf{B}^{(1)}$ 和 $\mathbf{B}^{(2)}$ 为:

$$\hat{\mathbf{B}}^{(1)}=\begin{bmatrix}0 & 0.241 & 0\\ 0.325 & 0 & 0\\ 0.388 & 0.529 & 0\end{bmatrix}$$

$$\hat{\mathbf{B}}^{(2)}=\begin{bmatrix}0 & 0.521 & 0\\ 0.518 & 0 & 0\\ 0.339 & 0.442 & 0\end{bmatrix} \tag{8.61}$$

H_{Γ} 和 $H_{\Gamma\mathbf{B}}$ 之间的卡方值之差是对 **B** 中所有系数相等的联合显著性检验。方程(8.61)表明了这些差值的位置和大小。白人群体对应的 $\mathbf{B}^{(1)}$ 与黑人群体对应的 $\mathbf{B}^{(2)}$ 间的最大差值出现在体现主观职业声望与主观收入双向关系的系数上。$\hat{\beta}_{12}$ 上的差值约为0.3,而 $\hat{\beta}_{21}$ 上的差值约为0.2。对于剩下的系数 $\hat{\beta}_{31}$ 和 $\hat{\beta}_{32}$,黑人群体比白人群体更小。相比于白人群体,黑人群体中主观收入与主观职业声望之间倾向具有更强的双向关系,同时这两个变量对主观整体地位具有略微更弱的影响。

$H_{\Gamma\mathbf{B}}$ 下的残差($s_{ij}-\hat{\sigma}_{ij}$)呈扰动模式(disturbing pattern)。对于白人群体,15个残差中只有两个为正值,三个为零,剩下10个残差均为负值。对于黑人群体,呈现出相反的模式,只有一个为正值,三个为零,其余11个残差均为负值。因此,对于 $H_{\Gamma\mathbf{B}}$,倾向高估白人群体观测变量的协方差而低估黑人群体观测变量的协方差①。

是否应当拒绝 $H_{\Gamma\mathbf{B}}$呢？支持拒绝的是相比于 H_{Γ} 的卡方值之差统计上显著、异常的残差模式以及一些 $\hat{\beta}_{ij}$上差值的大小。维持该假设的依据是大样本规模($N=800$)及其对卡方似然比检验的潜在影响、$H_{\Gamma\mathbf{B}}$在 0.05 水平统计不显著以及 GFI 和 Δ 的相对较大。此决策问题的解决必须等待基于新样本进行复制分析。若观察到同样的模式,这将支持拒绝 $H_{\Gamma\mathbf{B}}$的决定。如此一来,就不需要做进一步的比较。不过,既然目前的证据是模糊不清的,因此我将继续考察更具约束性的模型。

下一假设 $H_{\Gamma\mathbf{B}\Theta_\varepsilon}$增加了黑人和白人两个群体的测量误差方差相等这一限制。其卡方值为 16.28,自由度为 10,对应的概率水平为 0.092。$H_{\Gamma\mathbf{B}\Theta_\varepsilon}$和 $H_{\Gamma\mathbf{B}}$的卡方值之差为 2.43,自由度为 2,统计上不显著。而且,整体拟合指标上的值仅出现了轻微下降。这就意味着当对 Θ_ε 的相等约束被增加至 $H_{\Gamma\mathbf{B}}$时在模型拟合上几乎没有出现变化。和假设 $H_{\Gamma\mathbf{B}\Theta_\varepsilon\Psi}$得到的卡方估计值为 60.66(自由度为 13),相比于 $H_{\Gamma\mathbf{B}\Theta_\varepsilon}$的卡方值之差为 44.38(自由度为 3),两者均统计上显著($p<0.001$)。此外,两个群体的(正态化和非标准化)残差都大得多。而且,对于白人群体,所有的残差都为零或负值;对于黑人群体,所有的残差都为零或正值。GFI 和 Δ 上的变化并未揭示出现很大差异,尽管这一步出现了最大的绝对下降。黑人和白人两个群体的方程误差方差相等的假定并不合理。

总之,这一不变性检验支持两个群体具有相同模型形式及客观变量对其自评的相应变量的影响相同的假设。当将 $\mathbf{B}$ 相等的限制增加到模型中时,拟合优度的确出现了一定的下降。下降是否足以拒绝 $\mathbf{B}$ 的相等存有争议。$H_{\Gamma\mathbf{B}\Theta_\varepsilon}$与 $H_{\Gamma\mathbf{B}}$比较时,并未出现太大的额外变化。拟合上的最明显下降出现在 $H_{\Gamma\mathbf{B}\Theta_\varepsilon\Psi}$处。因此,模型的不变性至少对于形式和 $\Gamma^{(1)}=\Gamma^{(2)}$而言似乎是肯定的。更没有把握的是增加 $\mathbf{B}^{(1)}=\mathbf{B}^{(2)}$和 $\boldsymbol{\Theta}_\varepsilon^{(1)}=\boldsymbol{\Theta}_\varepsilon^{(2)}$,但我们若假定 $\boldsymbol{\Psi}^{(1)}=\boldsymbol{\Psi}^{(2)}$,则是不可接受的。尽管这里并没有做,但卡方检验的功效能有助于评价这些检验的质量。

截距和均值的不变性

本章前面介绍过估计带有潜变量截距和均值的结构方程的方法。当对不同群体的均值和截距的不变性进行检验时,这些方法也被证明是有用的。对于每一群体 g,潜变量和测量模型为:

$$\boldsymbol{\eta}^{(g)}=\boldsymbol{\alpha}^{(g)}+\mathbf{B}^{(g)}\boldsymbol{\eta}^{(g)}+\boldsymbol{\Gamma}^{(g)}\boldsymbol{\xi}^{(g)}+\boldsymbol{\zeta}^{(g)} \tag{8.62}$$

$$\mathbf{y}^{(g)}=\boldsymbol{\upsilon}_y^{(g)}+\boldsymbol{\Lambda}_y^{(g)}\boldsymbol{\eta}^{(g)}+\boldsymbol{\epsilon}^{(g)} \tag{8.63}$$

$$\mathbf{x}^{(g)}=\boldsymbol{\upsilon}_x^{(g)}+\boldsymbol{\Lambda}_x^{(g)}\boldsymbol{\xi}^{(g)}+\boldsymbol{\delta}^{(g)} \tag{8.64}$$

其中,$\boldsymbol{\zeta}^{(g)}$,$\boldsymbol{\varepsilon}^{(g)}$和 $\boldsymbol{\delta}^{(g)}$的期望值均为 0,$\boldsymbol{\xi}^{(g)}$和 $\boldsymbol{\eta}^{(g)}$不再是离差分,$\boldsymbol{\zeta}^{(g)}$,$\boldsymbol{\delta}^{(g)}$和 $\boldsymbol{\epsilon}^{(g)}$与 $\boldsymbol{\xi}^{(g)}$不相关,$\boldsymbol{\epsilon}^{(g)}$和 $\boldsymbol{\delta}^{(g)}$与 $\boldsymbol{\zeta}^{(g)}$不相关。

与单一总体分析中一样,必须设定潜变量的尺度和原点。有数种方法来实现,但简单直接的策略是采用本章前面的做法。使每一潜变量都以其中一个观测变量具有相同

① 甚至对于 $H_{形式}$也部分地可以看到这一倾向。但是,$H_{形式}$和 H_{Γ} 中,这对两群体都是不合理的,同时残差要小得多。

的尺度和原点。通过令第 i 个观测变量的 λ_{ij} 等于 1、其截距(如 $\boldsymbol{\upsilon}_{X_i}$)等于 0 来设定尺度。对于第 i 个观测变量,这使得 $E(X_i)=\kappa_j$,其中,κ_j 是观测到的 X_i 背后的一个潜变量。因此,ξ_j 变量被赋予与 X_i 具有相同的均值和测量单位。

群体间模型不变性假设的层级与前面一样灵活。遇到的新问题是与潜变量的截距($\boldsymbol{\alpha}^{(g)}$)、测量方程的截距($\boldsymbol{\upsilon}_x^{(g)}$ 和 $\boldsymbol{\upsilon}_y^{(g)}$)以及外生潜变量的均值($\boldsymbol{\kappa}^{(g)}$)有关的假设如何摆放。迄今为止的应用都要求在对与均值和截距有关的假设进行检验之前至少形式的不变性和因子负载的不变性应当满足。我沿用此惯例。

我用有关“归属感”(sense of belonging)和“士气”(morale)的数据来说明这些想法。协方差矩阵和均值见表 8.7。样本由随机地从 1984 年时就读于一所私立文理学院的本科生中选取出来的 106 名学生构成。其中,包括 49 名女生和 57 名男生。学生的士气(ξ_1)以四个指标(X_1 到 X_4)进行测量,归属感(X_5 到 X_7)则以三个指标来测量①。测量方程的形式为 $X_i^{(g)}=\upsilon_{X_i}^{(g)}+\lambda_{ij}^{(g)}\xi_j^{(g)}+\delta_i^{(g)}$。对于道德感($\xi_1$),$j=1$ 和 $i=1,2,3,4$;对于归属感(ξ_2),$j=2$ 和 $i=5,6,7$。上标 g 从 1 到 2,分别表示女生和男生。为了设定士气潜变量的尺度,我令 υ_{X_1} 为 0、λ_{11} 为 1;而为了设定归属感潜变量的尺度,令 υ_{X_5} 为 0、λ_{52} 为 1。

表 8.7 男生($N=47$)和女生($N=59$)士气四个测量指标(x_1 到 x_4)与归属感三个测量指标(x_5 到 x_7)的协方差矩阵和均值

	x_1	x_2	x_3	x_4	x_5	x_6	x_7	均值
	4.023	−2.954	2.256	1.808	2.756	2.132	1.978	8.347
x_1	4.096							
		7.223	−2.340	−2.598	−3.163	−1.997	−2.614	2.163
x_2	−2.663	5.446						
			2.665	1.965	2.517	1.772	1.810	9.041
x_3	2.762	−2.334	2.848					
				2.473	2.121	1.455	1.677	8.837
x_4	2.917	−2.514	2.471	3.429				
					3.969	2.690	2.410	8.102
x_5	3.553	−3.479	2.919	3.017	4.707			
						4.604	1.835	7.980
x_6	3.652	−3.403	2.773	3.420	4.039	6.070		
							4.267	8.061
x_7	3.522	−3.142	2.811	3.331	3.923	4.146	4.427	
均值	8.105	2.018	8.719	8.772	7.842	7.579	7.965	

注:表中上半部分为女生的协方差,下半部分为男生的协方差。

① 学生被要求以 0 到 10 分标明自己对四个有关士气的陈述的同意程度:(1)“我对____有强烈兴趣。”(2)“我____学校团队精神差。”(3)“我很高兴能在____。”(4)“____是全国最好的学校之一。”有三个关于归属感的表述:(1)“我对____有归属感。”(2)“我感觉到我是____社区的一分子。”(3)“我视自己为____社区的一部分。”

因为该校从前只招收男生,男女同校还只是近来的事情,因此一个有趣的问题或许是男生还是女生具有更高的学校士气和归属感。悠久的男校传统或许会使男生比女生觉得更舒服和拥有更多可利用的支持网络。这会导致男生有更高的士气和更强的归属感。另一方面,转向男女同校体制可能减弱男生的支配地位并降低他们的士气和归属感。通过比较士气的 $\kappa_1^{(1)}$ 和 $\kappa_2^{(2)}$、归属感的 $\kappa_2^{(1)}$ 和 $\kappa_2^{(2)}$,可以探讨这两个假设。

另一组假设涉及测量方程的截距。即便两个群体中将测量指标与潜变量联系起来的斜率相同,但有一个群体可能倾向于对问项系统性给出更高或更低的回答。这一点将体现在男生和女生群体在相同指标的截距之差上。

就涉及的七个指标,我对这两个群体进行了验证性因子分析来探讨这些乃至其他问题。解决此问题的方式与前面讨论过的考虑均值和截距的模型相同。主要差别在于参数估计是针对两个群体来进行的。

我选取的研究假设层级体系为 $H_{形式}$,H_{Λ_x},$H_{\Lambda_x\upsilon_x}$ 和 $H_{\Lambda_x\upsilon_x\kappa}$。每个假设均嵌套于其后的假设。表 8.8 给出了每一假设拟合情况的汇总。首先检验 $H_{形式}$,结果表明模型的形式对两个群体均拟合极好。自由度为 26 的卡方估计值 24.88 并不显著($p=0.526$),GFI 和 Δ 指标的值都很大,这些结果表明测量误差不存在任何相关的两个因子——士气和归属感——与数据极其一致。H_{Λ_x} 限定男生和女生两个群体中将测量指标与潜变量联系起来的斜率相等。士气或归属感增加一个单位会对两个群体中同一测量指标造成相同的预期变化量。这一假设也对数据拟合良好。32.47 的 χ^2 统计上并不显著,同时其他拟合指标也仅略微变动。$H_{形式}$ 和 H_{Λ_x} 之间 7.59 的卡方差(自由度为 5)并不显著($p>0.10$)。

表 8.8　男生和女生士气(ξ_1)与归属感(ξ_2)不变性检验

研究假设	χ^2	df	p 值	GFI 女生	GFI 男生	Δ_1	Δ_2
$H_{形式}$	24.88	26	0.526	0.957	0.938	0.959	1.002
H_{Λ_x}	32.47	31	0.394	0.935	0.927	0.946	0.997
$H_{\Lambda_x\upsilon_x}$	35.37	36	0.499	0.926	0.923	0.942	1.001
$H_{\Lambda_x\upsilon_x\kappa}$	35.78	38	0.572	0.925	0.922	0.941	1.004

接下来检验截距项 υ_x 是否也相同。对假设 $H_{\Lambda_x\upsilon_x}$ 进行检验得到的卡方估计值为 35.37,自由度为 36,并不统计显著($p=0.499$),各拟合指标的值也几乎没有变。很明显 H_{Λ_x} 和 $H_{\Lambda_x\upsilon_x}$ 对应的卡方差也不显著。这提供了对以下的强有力支持:没有任何一个群体具有比另一群体对问项给出更高或更低回答的稳定倾向。

最后一步检验 $H_{\Lambda_x\upsilon_x\kappa}$,它考察了两个潜变量的平均值在两个群体间是否不同。增加这一限制条件并未得到一个统计显著的卡方值($=39.78$,自由度为 38,$p=0.572$)。其他各拟合指标的值也几乎未变小。这些结果意味着男生和女生两个群体在士气和归属感两个潜变量上具有相同的平均值。并且此证据还支持这样一个观点:这些观测变量的斜率和截距并不会因群体不同而异。

局部拟合指标(component fit indices)的确表现出一些值得提及的特征。首先,对于

除 X_2 之外的所有测量,截距 v_x 都近乎为0。该变量为反向提问,而其他的都是正向提问,因此其截距不同并不奇怪。这些结果意味着,不仅男生和女生两个群体间每个变量的截距相等,而且大部分截距(除 X_2 的截距之外)都为0。其次,残差的模式从 $H_{\Lambda_x v_x}$ 开始变得明显异常。女生群体中涉及 X_2 的那些协方差的残差($s_{ij}-\hat{\sigma}_{ij}$)都是正的,而男生群体中相应的残差则都是负的。尽管两个群体中这些残差都很小(标准化残差的绝对值小于1),但它们都是两个群体中最大的标准化残差。对于 $H_{\Lambda_x v_x \kappa}$,残差的模型变得更为极端,其中,女生群体中除了三个外其他残差都为正,而男生群体中所有残差都为负。倘若独立样本中重复出现此类残差模式,哪怕其他的整体拟合指标表现良好,也应对其起因进行探究。

有关不变性评价我尚未提及的一个方面是序列检验对统计显著性水平的影响。基于不同的相等约束条件(equality constraints)对同一数据进行重复检验的情况下,卡方检验统计量与先于和后于它的卡方统计量之间存在相关。常用的概率水平并未反映这种不独立性。不过,卡方差值检验是渐近无关的(参见 Steiger, Shapiro and Browne, 1985),从这个意义上讲,它们优于那些单独的卡方检验(individual chi-square test)。①

缺失值

本书中,我一直未言明地假定观测变量对案例所构成的整个随机样本都是可得的。通常,某些案例在某些变量总是会出现信息缺失的。本节对协方差结构模型中的缺失值问题作一个概述。缺失值处理的有关技术可在阿菲菲和艾拉肖夫(Afifi & Elashoff, 1966)、哈托夫斯基(Haitovsky, 1968)、提姆(Timm, 1970)、鲁宾(Rubin, 1976)和布朗(Brown, 1983)等中找到。

缺失值会遵循完全随机或其他模式。所谓完全随机缺失值,我指的是这样的情形:出现任何缺失值的案例是整个样本的一个简单随机子样本(Rubin, 1976)。我关注完全随机缺失值的情形,尽管我将会在本节结束时提及针对非随机缺失值进行处理的有关努力。

处理随机缺失值的两种方式是使用协方差矩阵替代估计量和明确考虑协方差结构估计程序中的缺失值。接下来我对这些方式加以回顾。

协方差矩阵替代估计量

以协方差矩阵替代估计量的方式处理缺失的共同特性在于:先选择一种方法来估计协方差矩阵,然后以常见方式对该矩阵进行分析。既然只对协方差矩阵进行处理而未修改估计量,故此类方式属于间接技术。三种主要的方法是:成列删除、成对删除和缺失值填补。不太普遍使用的是以诸如布朗(Brown, 1983)所讨论的成对 ML 和完全 ML 程序估

① 检验多个建设的问题仍然存在,但能用邦费罗尼调整法(Bonferroni adjustments)得到 α 水平进行处理。比如,有五个恒等性卡方差值检验的情况下,临界概率水平应设定为 $0.05/5=0.01$,以确保 0.05 的整体 α 水平。

计观测变量的协方差矩阵的那些方法。

成列删除方法会去掉任何一个在任一变量上出现缺失信息的案例。剩下案例的协方差矩阵，比如说 $\mathbf{S}_L$ 是分析的输入，案例数为包含完整信息的案例数目，比如说 N_L。此策略有数个特性。首先，当任一案例出现缺失信息时，基于成列删除的样本规模总是小于 N。案例的减少在某些情形下会非常严重。哪怕每个变量只有 5% 的缺失值，使用成列删除时缺失案例的百分比可在原初案例数 N 的 5% 到 $(p+q)$5% 之间。对于被删掉的案例，变量的非缺失值也并未被利用。与整个样本相比，对 $\mathbf{S}_L$ 进行分析所得估计量会比由基于整个样本的 $\mathbf{S}$ 所得估计量更低效(less efficient)。

就好的一面而言，只要当 $N \to \infty$ 时 $N_L \to \infty$，成列删除使用 F_{ML}，F_{GLS} 或 F_{ULS} 会得到 $\boldsymbol{\theta}$ 的一致估计量。当 $N_L > (p+q)$ 时，若 $\boldsymbol{\Sigma}$ 正定，则 $\mathbf{S}_L$ 矩阵也正定(Dijkstra，1981：18)。而且若整个样本满足多元正态分布假定，那么该假定对于成对删除样本也得以满足。这意味着常规检验统计量在 $\mathbf{S}_L$ 取代 $\mathbf{S}$、N_L 取代 N 时也适合。

通过使用所有不含缺失值的案例计算每一协方差或方差，成对删除得到一个样本协方差矩阵 $\mathbf{S}_P$。$\mathbf{S}_P$ 中的元素通常基于不同组的案例得到。$\mathbf{S}_P$ 的一个可取特征是它使用全部可用的案例来得到估计值，并未“扔掉”那些只缺少部分取值的案例。但是，成对删除缺失有其缺陷。首先，$\mathbf{S}_P$ 可能非正定，且拟合函数不再需要有最小值 0(Browne，1982：88)。[①] 其次，既然 $\mathbf{S}_P$ 中的元素是由不同数目的案例来确定的，那么对 $\mathbf{S}_P$ 进行协方差结构分析时 N_P 的选取便是模糊不清的。一般地，这并非一个微不足道的问题，因为研究者选取的 N_P 会在模型拟合的卡方检验和估计参数估计值的渐近标准误中起作用。

假定完整数据中的变量服从多元正态分布，布朗(Brown，1983：288)给出了成对协方差情形下 s_{ij} 和 s_{gh} 的渐近协方差大致为：

$$\left\{\frac{N_{ijgh}}{N_{ij}N_{gh}}\right\}(\sigma_{ig}\sigma_{jh}+\sigma_{ih}\sigma_{jg})$$

其中，N_{ijgh} 为 i,j,g 和 h 变量上具有完整信息的案例数，N_{ij} 和 N_{gh} 的含义类似。这不同于隐含在 F_{GLS} 和 F_{ML} 中的渐近协方差的常规假定，因为出现的是 $N_{ijgh}/(N_{ij}N_{gh})$ 而非 $1/N$。因此，与 F_{GLS} 和 F_{ML} 拟合函数有关的分布假定在一定程度上被违背了，这就对使用来自分析 $\mathbf{S}_P$ 时所得的未修正标准误和卡方检验的恰当性提出了质疑。

再一种处理缺失值的最常见方式或许是先估计缺失值，然后对所有 N 个案例计算协方差矩阵 $\mathbf{S}_M$。缺失值可用观测变量的样本均值、回归估计值或其他数值进行替换。此方式的最大优势在于所有 N 个案例都可用来估计协方差矩阵，但存在缺陷。部分缺陷可通过一个单指标的例子来示例说明：

$$x^* = \lambda\xi + \delta \tag{8.65}$$

方程(8.65)中，x^* 表示指标对所有 N 个观测均可用的理想情形。照常，我假定 COV$(\xi,\delta)=0$ 和 $E(\delta)=0$。想象一下，当 x^* 缺失时，我们估计它，而当 x^* 未缺失时，我们就用它。对于所有 N 个案例，观测到的 x 变量为：

$$x = x^* + e \tag{8.66}$$

---

① 有“消除”非正定协方差矩阵的程序可用(Schwertman & Allen，1979)。

其中,e 是随机变量,为估计值 x 和缺失的 x^* 变量之间的差异,且当 x^* 未出现缺失时 $e=0$。我假定 $\text{COV}(x^*,e)=0$ 和 $E(e)=0$。

对具有完整信息的那些案例(即当 $x=x^*$ 时),考虑 VAR(x):

$$\text{VAR}(x) = \lambda^2\phi + \text{VAR}(\delta) \tag{8.67}$$

将公式(8.67)与被估计的案例(即当 $x=x^*+e$ 时)进行比较:

$$\text{VAR}(x) = \lambda^2\phi + \text{VAR}(\delta) + \text{VAR}(e) \tag{8.68}$$

使用 x^* 估计值的案例的 VAR(x)比 x 等于 x^* 的案例的更大。忽略这一差别会导致 x 对应方程中的误差出现异方差性,使得那些使用估计值的案例的误差方差更大。

另一个问题是即便 x^* 服从正态分布,x 的分布也不可能是正态的。x 变量是 x^* 与 e 的和,因此其分布也取决于这两个变量的分布。对于整个样本,变量 e 不可能服从正态分布,因为每当不存在缺失值时它的值为0。通常,x^* 的缺失值只占所有案例的一小部分,故 e 的值只有一小部分不为0。这使得 e 在所有 N 个案例中极不可能服从正态分布。既然 x 是一个正态变量和一个非正态变量之和,那么它将服从非正态分布。我可以使用估计值的其他指标下同样的结论。而且,样本协方差元素分布的 GLS 假定通常无法得以满足。可见,F_{GLS} 和 F_{ML} 中所隐含的分布假定遭到违背,渐近标准误和卡方检验的常用公式也可能并不准确。

对于使用观测变量的结构方程模型,估计 y 的缺失值所出现的后果与针对指标时所作介绍类似:误差方差会出现异方差性,有缺失值案例的误差方差太大,并且即便 y^* 服从正态分布,y 的分布也不可能是正态的。若 $\mathbf{x}$ 中的任何解释变量使用了估计值,情形与变量上存在误差的情形相同,并且第5章中所介绍的后果也会随之出现($\mathbf{B}$ 和 $\mathbf{\Gamma}$ 的不一致估计量)。

简言之,协方差结构模型的分析中用 $\mathbf{S}_{\text{L}}$,$\mathbf{S}_{\text{P}}$ 或 $\mathbf{S}_{\text{M}}$ 替代 $\mathbf{S}$ 会带来一些后果。尽管难以对影响的严重性和程度给出一般性看法,但有理由预见到:原初样本规模越小且数据缺失比例越高,后果越严重。模拟研究对这些方法进行评估所得的结果有时是矛盾的。比如,哈托夫斯基(Haitovsky,1968)发现,回归分析中使用成对删除协方差矩阵时 OLS 估计量的效率比使用成列删除协方差矩阵时更差,而金和克瑞(Kim & Curry,1977)却得出了相反的结论。本书所关注的协方差结构模型一直为学者们所忽略。

显式估计

另一种方式视缺失数据和完整数据为 ML 或 GLS 估计量的一部分,而非建构一个后续不做进一步调整就对其进行分析的协方差矩阵。沃茨、洛克和格兰迪(Werts, Rock and Grandy,1979:201-204),贝克和富尔克(Baker & Fulker,1983)以及艾利森(Allison,1987)都建议以多群体分析的方式来处理缺失值。我会给出一个观测变量模型来说明他们提出的这一方法。

设想有一个满足常规假定的两方程递归观测变量模型:

$$\begin{aligned} y_1 &= \gamma_{11}x_1 + \zeta_1 \\ y_2 &= \beta_{21}y_1 + \gamma_{21}x_1 + \zeta_2 \end{aligned} \tag{8.69}$$

在一个规模为 500 的样本中,有 100 个案例在 x_1 有缺失值。本方法对标准标识符号略加修改,使用观测变量的均值,并对零值矩量而非协方差进行分析。首先构建两个群体:一个为 400 个包含完整信息的案例,另一个为其余 100 个案例。矩量矩阵可由常规协方差矩阵和均值向量得到,对于第一个群体($N=400$),它们是:

$$\mathbf{S}^{(1)} = \begin{bmatrix} 10.5 & & \\ 6.9 & 12.3 & \\ 7.2 & 6.2 & 9.8 \end{bmatrix}$$

$$\text{均值} = [5.1 \quad 6.7 \quad 6.1]$$

第二个群体($N=100$)没有 X_1 的值。为了保持 $\mathbf{S}^{(2)}$ 是个 3×3 矩阵、均值是个 1×3 向量,以伪值(pseudo-value)替换 X_1 上的缺失信息:

$$\mathbf{S}^{(2)} = \begin{bmatrix} 9.8 & & \\ 7.1 & 10.9 & \\ 0 & 0 & 1 \end{bmatrix}$$

$$\text{均值} = [4.9 \quad 6.2 \quad 0]$$

缺失的 X_1 与 Y_1 和 Y_2 的协方差以及 X_1 的均值都替换为 0。X_1 的方差被设定为 1。这是一种"技巧性"的设计,从而允许对观测变量数目不同的多个群体对应的模型进行估计。

接着,建构测量方程:

$$\mathbf{y} = \Lambda_y \boldsymbol{\eta} + \boldsymbol{\varepsilon} \tag{8.70}$$

$$\begin{bmatrix} Y_1 \\ Y_2 \\ X_1 \end{bmatrix} = \begin{bmatrix} 1 & 0 & 0 & \lambda_{14} \\ 0 & 1 & 0 & \lambda_{24} \\ 0 & 0 & \lambda_{33} & \lambda_{34} \end{bmatrix} \begin{bmatrix} \eta_1 \\ \eta_2 \\ \eta_3 \\ \eta_4 \end{bmatrix} + \begin{bmatrix} \varepsilon_1 \\ \varepsilon_2 \\ \varepsilon_3 \end{bmatrix} \tag{8.71}$$

其中,我用 Y_1,Y_2 和 X_1 表示非离差形式的观测变量。这里将所有观测变量(Y_1,Y_2 和 X_1)合并成一个新向量 $\mathbf{y}$。每个观测变量对应一个潜变量(η_1,η_2 或 η_3),η_4 是个常数,其系数($\lambda_{i4},i=1,2,3$)对应着三个观测变量的均值。包含完整信息的群体 1 中,$\lambda_{33}=1$,并且对 $i=1,2,3$,$\text{VAR}(\varepsilon_i)=0$。$X_1$ 为缺失的群体 2 中,除 $\lambda_{33}=\lambda_{34}=0$ 和 $\text{VAR}(\varepsilon_3)=1$ 外,我们使用相同的设定。后面这些限定让我们能够对群体 2 中的 X_1 重新得到零协方差、零均值和方差为 1 等这些伪值(见群体 2 的 $\mathbf{S}^{(2)}$ 和均值向量)。

潜变量模型为:

$$\boldsymbol{\eta} = \mathbf{B}\boldsymbol{\eta} + \Gamma\boldsymbol{\xi} + \boldsymbol{\zeta} \tag{8.72}$$

$$\begin{bmatrix} \eta_1 \\ \eta_2 \\ \eta_3 \\ \eta_4 \end{bmatrix} = \begin{bmatrix} 0 & 0 & \beta_{13} & 0 \\ \beta_{21} & 0 & \beta_{23} & 0 \\ 0 & 0 & 0 & 0 \\ 0 & 0 & 0 & 0 \end{bmatrix} \begin{bmatrix} \eta_1 \\ \eta_2 \\ \eta_3 \\ \eta_4 \end{bmatrix} + \begin{bmatrix} 0 \\ 0 \\ 0 \\ 1 \end{bmatrix} [\xi_1] + \begin{bmatrix} \zeta_1 \\ \zeta_2 \\ \zeta_3 \\ \zeta_4 \end{bmatrix} \tag{8.73}$$

方程(8.73)对两个群体都是一样的。$\text{VAR}(\zeta_4)=0$,$\xi_1=1$,且 $\eta_4=\xi_1=1$。"x_1"($=\xi_1$)被处理成"固定的"(fixed)或非随机的。方程(8.69)所示原初模型中的 γ_{11} 和 γ_{21} 就是此处 $\mathbf{B}$ 中的 β_{13} 和 β_{23},而 β_{21} 在两处是一样的。在估计过程中,我们限定 $\mathbf{B}$ 和 $\boldsymbol{\Psi}$ 矩阵、λ_{14} 和 λ_{24}

在两个群体之间相等。

我们像任何其他多群体分析一样来估计此模型。唯一的例外就是卡方估计值的自由度偏大。为了调整它,必须对有缺失值变量的群体数出其协方差矩阵以及均值向量中伪值0和1的个数,然后将其从报告的自由度中减去。前述说明中,调整前有9个自由度和4个伪值。因此正确的自由度为5。前面假想的例子得到的卡方估计值为6.0,$p >$ 0.3。附录8B给出了本例的LISREL Ⅵ程序。

相同的一般性程序也可用于验证性因子分析或其他结构方程模型。更多的示例说明请见艾利森(Allison,1987)、贝克和富尔克(Baker & Fulker,1983)以及沃茨等(Werts et al.,1979)。

此策略的可取之处在于估计量使用了全部的可得信息。此外,有缺失数据和没有缺失数据的群体之间的参数相等可加以检验而不仅是被假定的。当很多观测变量出现并不具有简单模式的缺失值时,此方法会面临一个运用上的困难。比如,假想我们有六个变量且每个都有一定程度的缺失值。根据前面介绍的步骤,我们将需要构建许多群体来涵盖仅在一个变量出现缺失的案例、同时在两个变量上出现的案例等的所有组合。李(Lee,1986)针对GLS和ML估计量提出了一种处理这更一般情形的方式,并以验证性因子分析为例介绍了它的运用。

系统缺失值

具有完整信息的案例并非总是如我刚刚所假设的那样是原初样本的一个简单随机样本。当数据并非完全随机缺失时,使用成列删除、成对删除或协方差矩阵替代估计量所得到的都是不一致参数估计量。在鲁宾(Rubin,1976)介绍的数据随机缺失这一更不严格的假定条件下,上节介绍的多群体方式仍具有一致性和其他良好性质。在给定被观测变量取值的情况下,如果出现缺失值的概率并不取决于缺失变量本身的取值的话,那么数据属于随机缺失(missing at random)。为了说明这一点,设想我们从某大公司的员工中获取了一个随机样本,关心两个变量,薪水和资历。我们有资历的完整信息,但薪水变量存在缺失信息。如果对于具有相同资历的所有案例,其在薪水变量上出现缺失值的概率与其薪水无关,那么此数据就是随机缺失的。但如果在资历相同的情况下那些薪水更高的员工比其他员工更可能出现缺失的话,那么此数据就并非随机缺失的。

对非随机缺失数据,需要能够对可能存在的选择性偏差进行处理的模型(比如,参见Heckman,1979)。这一方式会引入一个新的"选择方程"(selection equation)以对那些被纳入或排除出样本的案例进行建模。此方程被认为与结构方程同时存在。穆滕和约斯库革(Muthén & Jöreskog,1983)在本书所介绍的协方差结构模型的框架下对此问题做过概述。但是,此领域的工作一直没有提供一种结合一般性的潜变量和测量模型处理许多变量上出现系统缺失值的充分兼容的方式。

总效应、直接效应和间接效应

正如我在第2章中提过的,路径分析允许研究者将一个变量对另一个变量的效应分解为直接效应、间接效应和总效应。直接效应是一个变量不通过任何其他变量传递的对另一个变量的影响。图 8.1 中,1960 年工业化(ξ_1)对 1965 年政治民主(η_2)的直接效应为 γ_{21}。工业化(ξ_1)对人均能源消费(x_2)的直接作用为 λ_6。更一般地,直接效应包含在 $\mathbf{B}$,$\mathbf{\Gamma}$,$\mathbf{\Lambda}_x$ 和 $\mathbf{\Lambda}_y$ 等矩阵中,例如,$\boldsymbol{\xi}$ 对 $\boldsymbol{\eta}$ 的直接效应在 $\mathbf{\Gamma}$ 中,$\boldsymbol{\eta}$ 对 $\mathbf{y}$ 的直接效应则在 $\mathbf{\Lambda}_y$ 中。

间接效应就是至少通过一个其他变量传递的影响,而总效应为直接效应和间接效应之和。图 8.1 显示,1960 年工业化(ξ_1)对 1965 年政治民主(η_2)的间接效应为 $\gamma_{11}\beta_{21}$,而 1960 年政治民主(η_1)对 1965 年反对集团的自由(y_6)的间接效应为 $\beta_{21}\lambda_2$。1960 年工业化(ξ_1)对 1965 年政治民主(η_2)的总效应为($\gamma_{21}+\gamma_{11}\beta_{21}$)。我会在本节给出更一般性的间接效应和总效应的表达式。

间接效应和总效应有助于回答通过考查直接效应所不能回答的重要问题。比如,设想参与一项社会福利项目对家庭收入具有正的直接效应但具有负的间接效应,因为它会减少从事兼职工作的小时数,从而减少其他收入来源。直接效应会给出有关项目参与对收入影响的误导性看法。总效应才更有意义。或者,设想你在做一项二阶因子分析(见第 7 章),希望知道哪个指标受二阶因子的影响最大。高阶因子对测量指标的总效应可提供此信息。

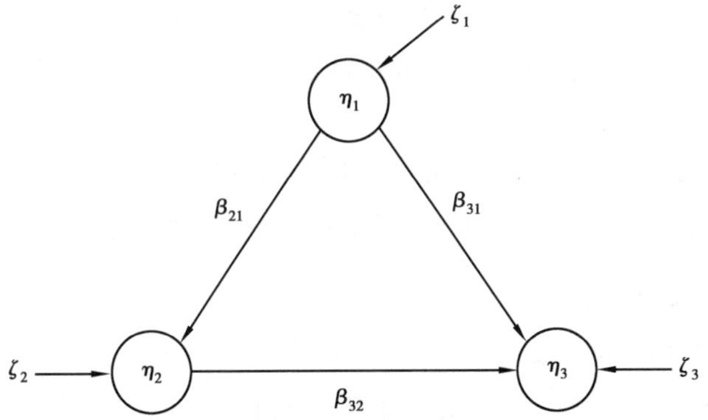

图 8.14　一个三内生变量的简单递归模型

本节中,我会界定总效应和间接效应,并介绍特定效应的概念及如何计算它们[①]。附录 8A 对这些效应的估计渐近方差的计算给出了证明。

总效应可用两种方式界定:第一种设定它们等于系数矩阵之幂的和。第二种用简化式系数赋予总效应以意义。两种定义得到相同的结果。这里我将介绍"无穷和"(infinitesum)定义,读者可参考阿尔温和豪泽(Alwin & Hauser,1975)、格拉夫和施密特(Graff & Schmidt,1982)或博伦(Bollen,1987)了解简化式定义。$\boldsymbol{\eta}$ 对 $\boldsymbol{\eta}$ 的总效应或 $\mathbf{T}_{\eta\eta}$ 为:

$$\mathrm{T}_{\eta\eta} = \sum_{k=1}^{\infty} \mathbf{B}^k \tag{8.74}$$

仅当方程(8.74)中的无穷和收敛于一个包含有限个元素的矩阵时,$\mathbf{T}_{\eta\eta}$ 才能被定义。为了更好地理解这一定义,考虑图 8.14 所示路径图中所画的三个内生潜变量之间的关系。$\mathbf{B}$ 矩阵为:

① 本节的大部分内容以博伦(Bollen,1987)为基础。

$$\mathbf{B} = \begin{bmatrix} 0 & 0 & 0 \\ \beta_{21} & 0 & 0 \\ \beta_{31} & \beta_{32} & 0 \end{bmatrix} \tag{8.75}$$

$\mathbf{B}$ 给出了任一内生潜变量对对方的直接效应。界定 $\boldsymbol{\eta}$ 对 $\boldsymbol{\eta}$ 总效应的无穷级数的前几项为:

$$\begin{aligned} \mathbf{T}_{\eta\eta} &= \mathbf{B} + \mathbf{B}^2 + \mathbf{B}^3 + \cdots \\ &= \begin{bmatrix} 0 & 0 & 0 \\ \beta_{21} & 0 & 0 \\ \beta_{31} & \beta_{32} & 0 \end{bmatrix} + \begin{bmatrix} 0 & 0 & 0 \\ 0 & 0 & 0 \\ \beta_{21}\beta_{32} & 0 & 0 \end{bmatrix} + \mathbf{O} + \cdots \end{aligned} \tag{8.76}$$

显然,由于对 $k \geqslant 3$ 的情形,所有的 $\mathbf{B}^k$ 都等于0,故级数收敛,总效应可被定义。级数的第一项是 $\boldsymbol{\eta}$ 对 $\boldsymbol{\eta}$ 的直接效应。二次和更高次项界定了不同长度的间接效应。对于图8.14,唯一的长度为2的间接效应是 $\beta_{21}\beta_{32}$,η_1 通过 η_2 传递的对 η_3 的影响。$\mathbf{B}^3$ 和更高次项的值为0,表明所有长度为3及以上的间接效应都等于0。将方程(8.76)右侧加总起来得到

$$\mathbf{T}_{\eta\eta} = \begin{bmatrix} 0 & 0 & 0 \\ \beta_{21} & 0 & 0 \\ \beta_{31} + \beta_{21}\beta_{32} & \beta_{32} & 0 \end{bmatrix} \tag{8.77}$$

一般地,间接效应是总效应和直接效应两者的差值。将 $\mathbf{T}_{\eta\eta}$ 减去 $\mathbf{B}$ 得到 $\mathbf{B}^2$,即此模型的间接效应($\mathbf{I}_{\eta\eta}$)。

这一结果可一般化。对于 $\mathbf{B}$ 可写成下三角矩阵的递归系统,$k \geqslant m$(这里 m 为 η 的数目)时有 $\mathbf{B}^k = 0$。那么,$\mathbf{B}$ 收敛,故可定义总效应。这些总效应等于 $\sum_{k=1}^{m-1}\mathbf{B}^k$。随之而来,间接效应为 $\mathbf{T}_{\eta\eta} - \mathbf{B}$ 或 $\sum_{k=2}^{m-1}\mathbf{B}^k$。

对非递归模型,情况更为复杂。考虑图8.15所示的例子。

$$\mathbf{B} = \begin{bmatrix} 0 & \beta_{12} \\ \beta_{21} & 0 \end{bmatrix} \tag{8.78}$$

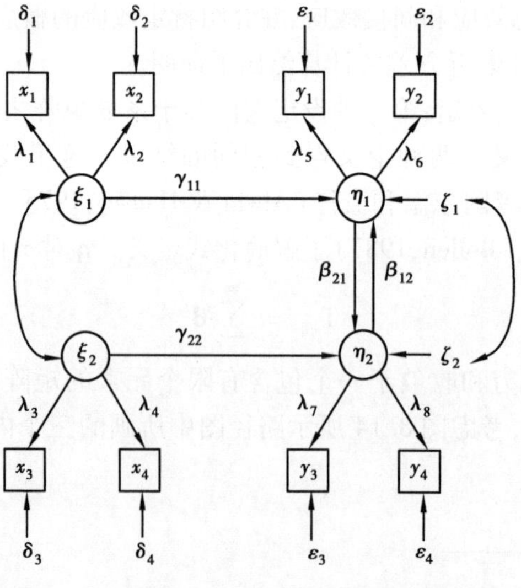

图8.15 非递归潜变量模型和测量模型的路径图

其中,β_{21}为 η_1 对 η_2 的直接效应,β_{12}为 η_2 对 η_1 的直接效应。$\boldsymbol{\eta}$ 对特定长度 $\boldsymbol{\eta}$ 的间接效应可通过将 $\mathbf{B}$ 提高至合适的幂次来确定。长度是 2,3 和 4 的间接效应为:

$$\mathbf{B}^2 = \begin{bmatrix} \beta_{21}\beta_{12} & 0 \\ 0 & \beta_{21}\beta_{12} \end{bmatrix}, \quad \mathbf{B}^3 = \begin{bmatrix} 0 & \beta_{21}\beta_{12}^2 \\ \beta_{21}^2\beta_{12} & 0 \end{bmatrix}$$

$$\mathbf{B}^4 = \begin{bmatrix} \beta_{21}^2\beta_{12}^2 & 0 \\ 0 & \beta_{21}^2\beta_{12}^2 \end{bmatrix} \tag{8.79}$$

不同于递归模型,$\mathbf{B}^k$ 在 $k \geqslant m$ 的情形下未必等于 0。另外,如 $\mathbf{B}^2$ 和 $\mathbf{B}^4$ 所表明的,一个外生变量可以对它自身有间接效应。比如,η_1 会使 η_2 变化 β_{21} 个单位,但 η_2 上变化 β_{21} 会带来 η_1 上 $\beta_{21}\beta_{12}$的变化。显然,随着 $k \to \infty$,$\mathbf{B}^k$ 的和会使得 $\mathbf{T}_{\eta\eta}$的每一元素成为一个无穷和。

一般地,对于待定义的总效应 $\mathbf{T}_{\eta\eta}(=\sum_{k=1}^{\infty}\mathbf{B}^k)$,$\mathbf{B}^k$ 必须随着 $k \to \infty$ 收敛于 0(Ben-Israel & Greville,1974)。这要在当且仅当 $\mathbf{B}$ 的最大特征值的模或绝对值小于 1 时才会发生(Bentler & Freeman,1983:144)①。为了找到 $\mathbf{T}_{\eta\eta}$ 收敛的值,先将 $\mathbf{I}(=\mathbf{B}^0)$ 加到 $\mathbf{T}_{\eta\eta}$,然后用$(\mathbf{I}-\mathbf{B})$ 左乘 $\mathbf{I}+\mathbf{B}+\mathbf{B}^2+\cdots+\mathbf{B}^k$ 之和:

$$(\mathbf{I}-\mathbf{B})(\mathbf{I}+\mathbf{B}+\mathbf{B}^2+\cdots+\mathbf{B}^k) = \mathbf{I}-\mathbf{B}^{k+1} \tag{8.80}$$

既然随着 $k \to \infty$ 有 $\mathbf{B}^{k+1} \to 0$,那么,忽略 I 的话,方程(8.80)中的最后一项就趋近于 0。因为方程(8.80)中左边两项的乘积约等于 $\mathbf{I}$,故随着 $k \to \infty$,$(\mathbf{I}+\mathbf{B}+\mathbf{B}^2+\cdots+\mathbf{B}^k)$必然收敛于$(\mathbf{I}-\mathbf{B})^{-1}$。如果从该值中减去 $\mathbf{I}$,则 $\mathbf{T}_{\eta\eta}$为:

$$\mathbf{T}_{\eta\eta} = (\mathbf{I}-\mathbf{B})^{-1}-\mathbf{I} \tag{8.81}$$

将 $\mathbf{B}$ 从 $\mathbf{T}_{\eta\eta}$中减去的话,得到间接效应:

$$\mathbf{I}_{\eta\eta} = (\mathbf{I}-\mathbf{B})^{-1}-\mathbf{I}-\mathbf{B} \tag{8.82}$$

前面的分析说明了如何分解各内生潜变量对对方的效应。外生潜变量对内生潜变量效应的分解是密切关联的。$\boldsymbol{\xi}$ 对 $\boldsymbol{\eta}$ 的总效应可通过将 $\boldsymbol{\eta}$ 的方程 $\boldsymbol{\eta}=\mathbf{B}\boldsymbol{\eta}+\boldsymbol{\Gamma}\boldsymbol{\xi}+\boldsymbol{\zeta}$ 重复地代入相同方程的右侧来确定(Bentler & Freedman,1988:143):

$$\begin{aligned}
\boldsymbol{\eta} &= \mathbf{B}\boldsymbol{\eta}+\boldsymbol{\Gamma}\boldsymbol{\xi}+\boldsymbol{\zeta} \\
&= \mathbf{B}(\mathbf{B}\boldsymbol{\eta}+\boldsymbol{\Gamma}\boldsymbol{\xi}+\boldsymbol{\zeta})+\boldsymbol{\Gamma}\boldsymbol{\xi}+\boldsymbol{\zeta} \\
&= \mathbf{B}^2\boldsymbol{\eta}+(\mathbf{I}+\mathbf{B})(\boldsymbol{\Gamma}\boldsymbol{\xi}+\boldsymbol{\zeta}) \\
&= \mathbf{B}^2(\mathbf{B}\boldsymbol{\eta}+\boldsymbol{\Gamma}\boldsymbol{\xi}+\boldsymbol{\zeta})+(\mathbf{I}+\mathbf{B})(\boldsymbol{\Gamma}\boldsymbol{\xi}+\boldsymbol{\zeta}) \\
&= \mathbf{B}^3\boldsymbol{\eta}+(\mathbf{I}+\mathbf{B}+\mathbf{B}^2)(\boldsymbol{\Gamma}\boldsymbol{\xi}+\boldsymbol{\zeta}) \\
&\ \ \vdots \\
&= \mathbf{B}^k\boldsymbol{\eta}+(\mathbf{I}+\mathbf{B}+\mathbf{B}^2+\cdots+\mathbf{B}^{k-1})(\boldsymbol{\Gamma}\boldsymbol{\xi}+\boldsymbol{\zeta})
\end{aligned} \tag{8.83}$$

$\boldsymbol{\xi}$ 对 $\boldsymbol{\eta}$ 的总效应在方程(8.83)最后一行 ξ 的系数矩阵中:$(\mathbf{I}+\mathbf{B}+\mathbf{B}^2+\cdots+\mathbf{B}^{k-1})\boldsymbol{\Gamma}$。$(\mathbf{I}+\mathbf{B}+\mathbf{B}^2+\cdots+\mathbf{B}^{k-1})$这项是一个无穷和,在前述同样条件下收敛于$(\mathbf{I}-\mathbf{B})^{-1}$。也就

① 复数 $z=a+ib$ 的模为$(a^2+b^2)^{\frac{1}{2}}$,其中 a 和 b 是实常数,i 是虚数 $\sqrt{-1}$。$\mathbf{B}$ 的类似典型形式在研究 $\mathbf{B}^k$ 和理解把此条件放在 $\mathbf{B}$ 的特征值上的理由中是有用的。请见瑟尔(Searle,1982:282-289)。

是说,**B** 的最大特征值的绝对值或模必须小于 1。这一条件下,$\mathbf{T}_{\eta\xi}$ 矩阵为:

$$\mathbf{T}_{\eta\xi} = (\mathbf{I}-\mathbf{B})^{-1}\boldsymbol{\Gamma} \tag{8.84}$$

既然 $\boldsymbol{\xi}$ 对 $\boldsymbol{\eta}$ 的直接效应在 $\boldsymbol{\Gamma}$ 中,那么 $\boldsymbol{\xi}$ 对 $\boldsymbol{\eta}$ 的间接效应为:

$$\mathbf{I}_{\eta\xi} = (\mathbf{I}-\mathbf{B})^{-1}\boldsymbol{\Gamma} - \boldsymbol{\Gamma} = [(\mathbf{I}-\mathbf{B})^{-1} - \mathbf{I}]\boldsymbol{\Gamma} \tag{8.85}$$

方程(8.85)表明 $\boldsymbol{\xi}$ 对 $\boldsymbol{\eta}$ 的间接效应等于 $\boldsymbol{\eta}$ 对 $\boldsymbol{\eta}$ 的总效应乘以 $\boldsymbol{\xi}$ 对 $\boldsymbol{\eta}$ 的直接效应的积。

$\boldsymbol{\xi}$ 对 $\mathbf{y}$ 的总效应和间接效应的推导遵循同样的思路。将 $\boldsymbol{\eta}$ 对应的 $\mathbf{B}\boldsymbol{\eta}+\boldsymbol{\Gamma}\boldsymbol{\xi}+\boldsymbol{\zeta}$ 重复代入 $\mathbf{y}$ 的测量方程得:

$$\begin{aligned}\mathbf{y} = {} & \Lambda_y\mathbf{B}^k\boldsymbol{\eta} + \Lambda_y(\mathbf{I}+\mathbf{B}+\mathbf{B}^2+\cdots+\mathbf{B}^{k-1})\boldsymbol{\Gamma}\boldsymbol{\xi} + \\ & \Lambda_y(\mathbf{I}+\mathbf{B}+\mathbf{B}^2+\cdots+\mathbf{B}^{k-1})\boldsymbol{\zeta} + \boldsymbol{\varepsilon}\end{aligned} \tag{8.86}$$

对于收敛的 **B**,总效应 $\mathbf{T}_{y\xi}$ 为:

$$\mathbf{T}_{y\xi} = \Lambda_y(\mathbf{I}-\mathbf{B})^{-1}\boldsymbol{\Gamma} \tag{8.87}$$

同时,间接效应也等于方程(8.87),因为 $\boldsymbol{\xi}$ 对 $\mathbf{y}$ 没有直接效应。同理,$\boldsymbol{\eta}$ 对 $\mathbf{y}$ 的总效应为:

$$\begin{aligned}\mathbf{T}_{y\eta} &= \Lambda_y(\mathbf{I}+\mathbf{B}+\mathbf{B}^2+\cdots+\mathbf{B}^k) \\ &= \Lambda_y(\mathbf{I}-\mathbf{B})^{-1}\end{aligned} \tag{8.88}$$

间接效应为:

$$\mathbf{I}_{y\eta} = \Lambda_y(\mathbf{I}-\mathbf{B})^{-1} - \Lambda_y = \Lambda_y[(\mathbf{I}-\mathbf{B})^{-1} - \mathbf{I}] \tag{8.89}$$

如前所述,总效应和间接效应只在一定条件下才能被界定。对于所有的总效应而言,其存在的一个充分条件是 **B** 的特征值的绝对值或模必须小于 1。特征值并不总是能轻易地得到。不过,有两种简便方法能够识别出收敛的 **B**。其中,一种方法已被介绍过。若 **B** 是下三角矩阵,那么 $k \geq m$ 时,$\mathbf{B}^k$ 为 0。另一种考察方法适用于非递归模型。若 **B** 中的各元素为正,且每一列中元素的和小于 1,则特征值的绝对值就小于 1(Goldberg, 1958:237-238)。注意,就稳定性而言,这种考察只是个充分不必要条件。考虑到其计算方便,许多情形下它应被证明是有用的。

为了说明如何进行效应分解,我回到图 8.15。$\boldsymbol{\eta}$ 对 $\boldsymbol{\eta}$ 的总效应为:

$$\mathbf{T}_{\eta\eta} = (1-\beta_{21}\beta_{12})^{-1}\begin{bmatrix}\beta_{21}\beta_{12} & \beta_{12} \\ \beta_{21} & \beta_{21}\beta_{12}\end{bmatrix} \tag{8.90}$$

间接效应为:

$$\begin{aligned}\mathbf{I}_{\eta\eta} &= \mathbf{T}_{\eta\eta} - \mathbf{B} \\ &= (1-\beta_{21}\beta_{12})^{-1}\begin{bmatrix}\beta_{21}\beta_{12} & \beta_{21}\beta_{12}^2 \\ \beta_{21}^2\beta_{12} & \beta_{21}\beta_{12}\end{bmatrix}\end{aligned} \tag{8.91}$$

以类似方式,其余变量的总效应和间接效应可通过它将图 8.15 中模型的 **B**,$\boldsymbol{\Gamma}$ 和 Λ_y 代入前面推导出的相应分解公式来确定。

表 8.9 对使用潜变量的一般结构方程模型的效应分解作了个概括。这些分解可被加以具体化以用来处理本书中的任一模型。例如,若用 $\mathbf{x}$ 替换 $\boldsymbol{\xi}$、以 $\mathbf{y}$ 替换 $\boldsymbol{\eta}$,那么表 8.9 中的效应分解就适用于使用观测变量的结构方程。

表 8.9　ξ 和 η 对 η,y 及 x 的直接效应、间接效应和总效应

	作用于		
	$\boldsymbol{\eta}$	$\mathbf{y}$	$\mathbf{x}$
$\boldsymbol{\xi}$			
直接效应	$\boldsymbol{\Gamma}$	$\mathbf{0}$	Λ_x
间接效应	$(\mathbf{I}-\mathbf{B})^{-1}\boldsymbol{\Gamma}-\boldsymbol{\Gamma}$	$\Lambda_y(\mathbf{I}-\mathbf{B})^{-1}\boldsymbol{\Gamma}$	$\mathbf{0}$
总效应	$(\mathbf{I}-\mathbf{B})^{-1}\boldsymbol{\Gamma}$	$\Lambda_y(\mathbf{I}-\mathbf{B})^{-1}\boldsymbol{\Gamma}$	Λ_x
$\boldsymbol{\eta}$			
直接效应	$\mathbf{B}$	Λ_y	$\mathbf{0}$
间接效应	$(\mathbf{I}-\mathbf{B})^{-1}-\mathbf{I}-\mathbf{B}$	$\Lambda_y(\mathbf{I}-\mathbf{B})^{-1}-\Lambda_y$	$\mathbf{0}$
总效应	$(\mathbf{I}-\mathbf{B})^{-1}-\mathbf{I}$	$\Lambda_y(\mathbf{I}-\mathbf{B})^{-1}$	$\mathbf{0}$

特定效应

间接效应包含了从一个变量到另一个变量的所有间接路径。因此,特定调节变量的贡献会被掩盖起来。对特定间接效应(specific indirect effect),也就是那些经由某一特定变量或一组变量所传递的效应,进行分析是有可能的。本小节我会介绍博伦(Bollen,1987)提出的一种方法,它能确定跨模型中任一路径或路径组合所传递的特定效应。一旦分析人员确定了拟研究的特定效应,此方法可分为以下几个步骤:(1)确定系数矩阵中需做的改动;(2)修改系数矩阵;(3)若 $\mathbf{B}$ 被改动,检查新 $\mathbf{B}$ 的最大特征值的模或绝对值以确认它小于 1;(4)以修改过的矩阵计算直接效应、间接效应或总效应。可选的第 5 步是将新的分解从旧的分解中减去。

我以图 8.16 中的递归模型来说明此做法。该模型的 $\mathbf{B}$ 和 $\boldsymbol{\Gamma}$ 为:

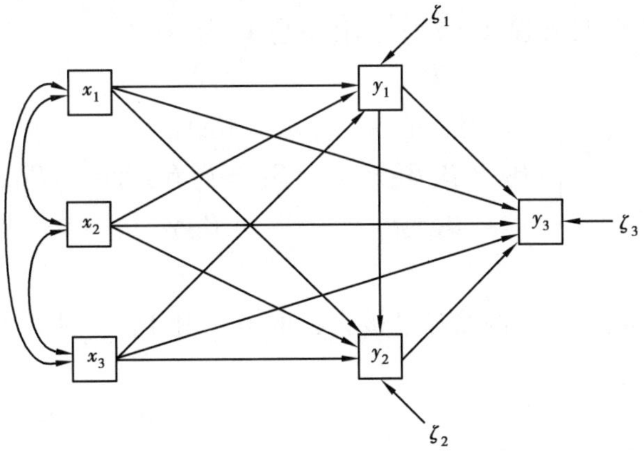

图 8.16　示意特定效应的递归模型

$$\mathbf{B} = \begin{bmatrix} 0 & 0 & 0 \\ \beta_{21} & 0 & 0 \\ \beta_{31} & \beta_{32} & 0 \end{bmatrix}, \quad \mathbf{\Gamma} = \begin{bmatrix} \gamma_{11} & \gamma_{12} & \gamma_{13} \\ \gamma_{21} & \gamma_{22} & \gamma_{23} \\ \gamma_{31} & \gamma_{32} & \gamma_{33} \end{bmatrix} \tag{8.92}$$

设想我打算估计 $\mathbf{x}$ 通过 y_1 对 $\mathbf{y}$ 的所有特定间接效应。标准的间接效应会给出通过 y_1 以及模型中其他变量的效应。如果经 y_1 的路径被删除，且计算了由此得到的分解，那么就可以知道仅归于 y_1 之外的其余变量的效应的分解。用第一次的分解结果减去第二次的就会只得到那些通过 y_1 的特定间接效应，它是我们想要的。对于图 8.16，$\mathbf{x}$ 对 $\mathbf{y}$ 的总间接效应为 $(\mathbf{I}-\mathbf{B})^{-1}\mathbf{\Gamma}-\mathbf{\Gamma}$。为了去掉 y_1 的影响，所有进入或离开 y_1 的路径都被设定为 0，因此 $\mathbf{B}$ 中的(2,1)和(3,1)元素以及 $\mathbf{\Gamma}$ 中的(1,1)、(1,2)和(1,3)元素都被设定为 0[见 $\mathbf{B}$ 和 $\mathbf{\Gamma}$ 对应的方程(8.92)]。改动后的 $\mathbf{B}$ 和 $\mathbf{\Gamma}$ 矩阵被表示为 $\mathbf{B}_{(l_1)}$ 和 $\mathbf{\Gamma}_{(l_2)}$：

$$\mathbf{B}_{(l_1)} = \begin{bmatrix} 0 & 0 & 0 \\ 0 & 0 & 0 \\ 0 & \beta_{32} & 0 \end{bmatrix}, \quad \mathbf{\Gamma}_{(l_2)} = \begin{bmatrix} 0 & 0 & 0 \\ \gamma_{21} & \gamma_{22} & \gamma_{23} \\ \gamma_{31} & \gamma_{32} & \gamma_{33} \end{bmatrix} \tag{8.93}$$

其中

$$l_1 = \{(.,1) = 0\}$$
$$l_2 = \{(1,.) = 0\}$$

(l_1) 下标表明了界定 l_1 所做说明中设定的一系列修改。就方程(8.93)而言，$\mathbf{B}$ 的第一列被设定为 0，这由(.,1) = 0 来体现。类似地，$\mathbf{\Gamma}$ 的第一行也被设定为 0，这被符号化为 $\mathbf{\Gamma}_{(l_2)}$，其中 l_2 表示(1,.) = 0。此标识符号中，行位置上的"."表示所提及列的各行均为 0。列位置上的"."界定所提及行的各列均为 0。

在用 $\mathbf{B}_{(l_1)}$ 计算间接效应之前，需要检查它是否满足前面提到的稳定性条件。也就是说，最大特征值的模或绝对值必须小于 1。一般地，这是因为，即便 $\mathbf{B}$ 满足这一条件的情况下 $\mathbf{B}_{(l_1)}$ 也可能不满足(Fisher, 1970; Sobel, 1986)。本例中，$\mathbf{B}$ 和 $\mathbf{B}_{(l_1)}$ 都是下三角矩阵，故此条件满足。

基于原始 $\mathbf{B}$ 和 $\mathbf{\Gamma}$[见方程(8.92)]，间接效应 $\mathbf{I}_{yx}$ 为：

$$(\mathbf{I}-\mathbf{B})^{-1}\mathbf{\Gamma}-\mathbf{\Gamma} = \begin{bmatrix} 0 & 0 & 0 \\ \beta_{21}\gamma_{11} & \beta_{21}\gamma_{12} & \beta_{21}\gamma_{13} \\ (\beta_{31}+\beta_{21}\beta_{32})\gamma_{11} & (\beta_{31}+\beta_{21}\beta_{32})\gamma_{12} & (\beta_{31}+\beta_{21}\beta_{32})\gamma_{13} \\ +\beta_{32}\gamma_{21} & +\beta_{32}\gamma_{22} & +\beta_{32}\gamma_{23} \end{bmatrix} \tag{8.94}$$

基于其中进入或离开 y_1 的路径已被去掉的 $\mathbf{B}_{(l_1)}$ 和 $\mathbf{\Gamma}_{(l_2)}$[见方程(8.93)]，间接效应为：

$$(\mathbf{I}-\mathbf{B}_{(l_1)})^{-1}\mathbf{\Gamma}_{(l_2)}-\mathbf{\Gamma}_{(l_2)} = \begin{bmatrix} 0 & 0 & 0 \\ 0 & 0 & 0 \\ \beta_{32}\gamma_{21} & \beta_{32}\gamma_{22} & \beta_{32}\gamma_{23} \end{bmatrix} \tag{8.95}$$

方程(8.95)表明 $\mathbf{x}$ 对那些经 y_1 传递的效应被去除后保留下来的 $\mathbf{y}$ 的间接效应仅限于 $\mathbf{x}$ 通过 y_2 对 y_3 的间接影响。以方程(8.94)减去方程(8.95)得 y_1 的特定效应：

$$\begin{bmatrix} 0 & 0 & 0 \\ \beta_{21}\gamma_{11} & \beta_{21}\gamma_{12} & \beta_{21}\gamma_{13} \\ (\beta_{31}+\beta_{21}\beta_{32})\gamma_{11} & (\beta_{31}+\beta_{21}\beta_{32})\gamma_{12} & (\beta_{31}+\beta_{21}\beta_{32})\gamma_{13} \end{bmatrix} \tag{8.96}$$

一般地，计算经过一个或更多变量的全部特定效应的步骤是先以原始矩阵构建间接效应。接着，改动 **B** 和 **Γ** 矩阵，将进入或离开所关注变量的所有路径设定为 0。然后，假定新的 **B** 满足稳定性条件，以这些修改后的矩阵重新计算间接效应。最后，将修改后的间接效应从原始的间接效应中减去即得经过这些变量的特定效应。

设想兴趣在于经过某一路径而非某个变量的特定效应。通过在系数矩阵中设定相应路径为 0，分析人员能够确定由某一条或某一组路径所产生的特定效应。然后，以修改后的矩阵计算效应分解，最后将由此得到的结果从以原始矩阵得到的结果中减去。所得差值即为所认定的特定路径的效应。为说明这一步骤，我回到图 8.15。

我想要估计 $\boldsymbol{\xi}$ 对 $\boldsymbol{\eta}$ 的总效应中经 η_2 到 η_1 这条路径所传递的那部分效应。如果将 **B** 中的 β_{12} 设定为 0，那么经过该路径所产生的所有效应都将被消除。既然目前的问题只涉及 η_2 对 η_1 的直接效应，故只需改动 **B** 矩阵：

$$\mathbf{B}_{(l)} = \begin{bmatrix} 0 & 0 \\ \beta_{21} & 0 \end{bmatrix}$$

其中

$$l = \{\beta_{12} = 0\} \tag{8.97}$$

接着检查 $\mathbf{B}_{(l)}$ 的稳定性条件。由于 $\mathbf{B}_{(l)}$ 是下三角矩阵，故满足此条件。下一步是将 **B** 的方程(8.97)代入 $\boldsymbol{\xi}$ 对 $\boldsymbol{\eta}$ 的总效应公式：

$$(\mathbf{I}-\mathbf{B}_{(l)})^{-1}\boldsymbol{\Gamma} = \begin{bmatrix} \gamma_{11} & 0 \\ \beta_{21}\gamma_{11} & \gamma_{22} \end{bmatrix} \tag{8.98}$$

$\boldsymbol{\xi}$ 对 $\boldsymbol{\eta}$ 的总效应为：

$$(\mathbf{I}-\mathbf{B})^{-1}\boldsymbol{\Gamma} = (1-\beta_{21}\beta_{12})^{-1}\begin{bmatrix} \gamma_{11} & \beta_{12}\gamma_{22} \\ \beta_{21}\gamma_{11} & \gamma_{22} \end{bmatrix} \tag{8.99}$$

方程(8.99)减去方程(8.98)所得总效应中属于 η_2 对 η_1 的直接影响的那部分：

$$(\mathbf{I}-\mathbf{B})^{-1}\boldsymbol{\Gamma} - (\mathbf{I}-\mathbf{B}_{(l)})^{-1}\boldsymbol{\Gamma} = (1-\beta_{21}\beta_{12})^{-1}\begin{bmatrix} \beta_{21}\beta_{12}\gamma_{11} & \beta_{12}\gamma_{22} \\ \beta_{21}^2\beta_{12}\gamma_{11} & \beta_{21}\beta_{12}\gamma_{22} \end{bmatrix} \tag{8.100}$$

方程(8.100)表明，ξ_1 对 η_1 总效应中的 $(1-\beta_{21}\beta_{12})^{-1}\beta_{21}\beta_{12}\gamma_{11}$ 来自 η_2 对 η_1 的影响。

以上所介绍的分解可用多种方式进行计算。表 8.9 中的公式可编入具有矩阵运算功能的软件中。比如，APL，GAUSS，SAS 的“PROC MATRIX”过程或者 SAS/IML 都能执行所要求的矩阵运算。一个替代的方式是使用 LISREL Ⅴ或Ⅵ。这些版本中的任一个都会计算 $\boldsymbol{\xi}$ 和 $\boldsymbol{\eta}$ 的总效应。估计的直接效应为 $\hat{\Lambda}_x$，$\hat{\Lambda}_y$，$\hat{\boldsymbol{\Gamma}}$ 和 $\hat{\mathbf{B}}$ 中的结构系数。间接效应可通过总效应减去直接效应得到。最后，对于简单的模型，当能得到结构系数估计值时，效应的分解也可通过手工计算进行。模型越复杂，手工进行效应的分解就越不可行。附录 8A 中，我会介绍针对所有各种效应得到其估计的渐近方差的方法及效应的显著性检验。

为了说明前述方法，我利用第 5 章中提到的将客观和主观社会经济地位连起来的模型。图 8.13 描绘了该模型。定义 x_1 为收入,x_2 为职业声望,η_1 为主观收入,η_2 为主观职业声望,η_3 为主观综合地位排序。令 y_1,y_2 和 y_3 分别为潜变量 η_1,η_2 和 η_3 的测量指标。模型表明,尽管主观收入(η_1)和主观职业声望(η_2)之间存在相互影响,但它们取决于各自所对应的客观收入和客观职业声望。反过来,主观的收入和职业变量(η_1 和 η_2)对综合主观地位(η_3)有直接影响。我在第 5 章和本章中已经用过这一模型。该样本由 432 名白人组成。

基于这五个变量的协方差矩阵的 ML 估计值得到 $\hat{\mathbf{B}}$ 和 $\hat{\mathbf{\Gamma}}$ 为:

$$\hat{\mathbf{B}} = \begin{bmatrix} 0 & \begin{matrix} 0.288 \\ (0.168) \end{matrix} & 0 \\ \begin{matrix} 0.330 \\ (0.090) \end{matrix} & 0 & 0 \\ \begin{matrix} 0.399 \\ (0.139) \end{matrix} & \begin{matrix} 0.535 \\ (0.201) \end{matrix} & 0 \end{bmatrix} \qquad \hat{\mathbf{\Gamma}} = \begin{bmatrix} \begin{matrix} 0.101 \\ (0.016) \end{matrix} & 0 \\ 0 & \begin{matrix} 0.007 \\ (0.001) \end{matrix} \\ 0 & 0 \end{bmatrix} \qquad (8.101)$$

系数估计值下方括号内的是标准误。所有的系数估计值都如所预期的那样符号为正,除 $\hat{\beta}_{12}$ 的临界比为 1.7 之外,它们也都比各自标准误的两倍还大。模型整体的拟合优度极好(自由度为 1 的 χ^2 等于 0.27,GFI = 1.00,AFGI = 0.996)。

估计的 η 对 η 和 $\boldsymbol{x}$ 对 η 的间接效应为:

$$\hat{\mathbf{I}}_{\eta\eta} = \begin{bmatrix} \begin{matrix} 0.105 \\ (0.067) \end{matrix} & \begin{matrix} 0.030 \\ (0.036) \end{matrix} & 0 \\ \begin{matrix} 0.035 \\ (0.026) \end{matrix} & \begin{matrix} 0.105 \\ (0.067) \end{matrix} & 0 \\ \begin{matrix} 0.237 \\ (0.105) \end{matrix} & \begin{matrix} 0.183 \\ (0.127) \end{matrix} & 0 \end{bmatrix} \qquad \hat{\mathbf{I}}_{\eta x} = \begin{bmatrix} \begin{matrix} 0.011 \\ (0.006) \end{matrix} & \begin{matrix} 0.0022 \\ (0.0014) \end{matrix} \\ \begin{matrix} 0.037 \\ (0.011) \end{matrix} & \begin{matrix} 0.0007 \\ (0.0004) \end{matrix} \\ \begin{matrix} 0.064 \\ (0.013) \end{matrix} & \begin{matrix} 0.0048 \\ (0.0014) \end{matrix} \end{bmatrix} \qquad (8.102)$$

首先考虑 $\hat{\mathbf{I}}_{\eta x}$,其中一半元素的估计值与标准误之比都大于 3,其余元素的该比值介于 1.5 和 1.8 之间。相比而言,除主观收入(η_1)对主观综合地位(η_3)的效应之外,$\boldsymbol{\eta}$ 对 $\boldsymbol{\eta}$ 间接效应的临界比均不超过 1.6。这就意味着,除了一个例外,主观变量对对方最重要的影响是其直接效应而非间接效应。较大的直接效应估计值与标准误之比无须与间接效应的同样较大的此比值同时存在。

为了解释 $\boldsymbol{\eta}$ 对 $\boldsymbol{\eta}$ 间接效应的较小临界比,从主观职业期望(η_2)指向主观收入(η_1)这一路径的系数 $\hat{\beta}_{12}$ 入手。相比于 $\hat{\beta}_{21}$,即主观收入对声望的影响,$\hat{\beta}_{12}$ 有点弱。实质上,觉得自己收入高的人可能觉得他们的职业声望比那些觉得自己收入低的人更高。然而拥有他们自己觉得有声望的职位的个体认为他们收入高的倾向更不那么强。由于 $\hat{\beta}_{12}$ 路径传递了一部分间接效应,所以这可在一定程度上解释为什么 $\hat{\mathbf{I}}_{\eta\eta}$ 中的值同其估计的渐近方差相比而言相对较小。我用特定效应方法来考察这一可能性。首先,估计由从 η_2 到 η_1 这一路径(即 β_{12})所传递的间接效应。如果前述想法正确的话,这些新的从 η 到 η 特定间接效应就应具有较小的临界比。其次,估计未通过 β_{12} 路径的间接效应。如果这些效应具有相对较大的临界比,那么认为 $\hat{\mathbf{I}}_{\eta\eta}$ 的临界比值小至少部分地源于从 η_2 到 η_1 的弱连接的观点就会得到进一步的支持。利用 $\hat{\mathbf{B}}_{(l)}$,其中 $l=\{\hat{\beta}_{12}=0\}$,估计的由 β_{12} 路径传递的间接效应为:

$$\hat{\mathbf{I}}^*_{\eta\eta}=\begin{bmatrix} \begin{matrix}0.105\\(0.067)\end{matrix} & \begin{matrix}0.030\\(0.036)\end{matrix} & 0 \\ \begin{matrix}0.035\\(0.026)\end{matrix} & \begin{matrix}0.105\\(0.067)\end{matrix} & 0 \\ \begin{matrix}0.061\\(0.044)\end{matrix} & \begin{matrix}0.183\\(0.127)\end{matrix} & 0 \end{bmatrix} \quad \hat{\mathbf{I}}^*_{\eta x}=\begin{bmatrix} \begin{matrix}0.011\\(0.006)\end{matrix} & \begin{matrix}0.002\,2\\(0.001\,4)\end{matrix} \\ \begin{matrix}0.003\\(0.002)\end{matrix} & \begin{matrix}0.000\,7\\(0.000\,4)\end{matrix} \\ \begin{matrix}(0.006)\\(0.004)\end{matrix} & \begin{matrix}0.001\,2\\(0.000\,8)\end{matrix} \end{bmatrix} \tag{8.103}$$

在方程(8.103)中,* 表示这些是经由特定路径(此处为 β_{12})传递的间接效应。比较方程(8.103)的 $\hat{\mathbf{I}}^*_{\eta\eta}$ 和方程(8.102)的 $\hat{\mathbf{I}}_{\eta\eta}$ 表明,除主观收入(η_1)对主观综合地位(η_3)的间接效应之外,所有的 η 对 η 的间接效应都是由 β_{12} 路径传递的。尽管方程(8.102)中的结果表明总的 η_1 对 η_3 间接效应的临界比约为 2.3,但是 η_1 通过 β_{12} 路径传递对 η_3 的间接效应的临界比仅为 1.4。

经由路径 β_{12} 传递的 $\mathbf{x}$ 对 η 的间接效应甚至更能说明问题。如 $\hat{\mathbf{I}}^*_{\eta x}$ 所示,经由路径 β_{12} 的间接效应估计值都未超过它们标准误的 1.8 倍。当将其方程(8.102)中的 $\hat{\mathbf{I}}_{\eta x}$ 进行比较时,便可清楚地看出主观职业声望对主观收入的影响在 $\mathbf{x}$ 对 $\boldsymbol{\eta}$ 所产生的总间接效应中所扮演的只是个次要角色。

最后,未通过从 η_2 到 η_1 这一路径(即 β_{12})的 $\boldsymbol{\eta}$ 对 $\boldsymbol{\eta}$ 和 $\mathbf{x}$ 对 $\boldsymbol{\eta}$ 的间接效应为:

$$\hat{\mathbf{I}}^{**}_{\eta\eta}=\begin{bmatrix} 0 & 0 & 0 \\ 0 & 0 & 0 \\ \begin{matrix}0.177\\(0.089)\end{matrix} & 0 & 0 \end{bmatrix} \quad \hat{\mathbf{I}}^{**}_{\eta x}=\begin{bmatrix} 0 & 0 \\ \begin{matrix}0.033\\(0.010)\end{matrix} & 0 \\ \begin{matrix}0.058\\(0.012)\end{matrix} & \begin{matrix}0.003\,6\\(0.001\,3)\end{matrix} \end{bmatrix} \tag{8.104}$$

唯一的 $\boldsymbol{\eta}$ 对 $\boldsymbol{\eta}$ 的间接效应是通过 η_2 传递的从 η_1 到 η_3 的影响。该效应不到其标准误的 2 倍。转向 $\hat{\mathbf{I}}^{**}_{\eta x}$[①],所有并非由与 β_{12} 有关的路径来中介的 $\mathbf{x}$ 对 η 的间接效应都有大于 2.7 临界比值。因此,通过 β_{12} 路径的间接效应倾向具有较小的临界比值,而未通过该路径的间接效应则更大。并未给出每一临界比值的确切 p 值,因为本分析只是探索性的且涉及多重检验。基于这些探索性的结果,可设定假设并基于新的独立随机样本加以检验。

本例说明构成总间接效应的所有特定间接效应并非都具有同样重要的贡献。仅考察总间接效应的临界比值可能得出有关单个间接路径的临界比值的误导性描述。其他情形中,如果一个效应的所有构成部分都基本上为 0,那么就无法得到该效应标准误的近似估计(见附录 8A)。比如,若 $\hat{\gamma}_{11}$ 和 $\hat{\beta}_{12}$ 相比于它们的标准误而言是小的,那么估计标准误的方法就不应被用来得到 $\hat{\gamma}_{11}\hat{\beta}_{12}$ 的标准误。

① 原文此处为 $\hat{\mathbf{I}}^*_{\eta x}$,译者改为"$\hat{\mathbf{I}}^{**}_{\eta x}$"。——译者注

小　结

本章介绍了潜变量和测量模型的综合。观测变量和测量模型中曾出现的内隐协方差矩阵、识别、模型估计和其他话题也出现在一般性的结构方程模型中。基本的假设仍然是 $\boldsymbol{\Sigma}=\boldsymbol{\Sigma}(\boldsymbol{\theta})$。我介绍了估计标准化系数、方程的常数项以及潜变量均值的方法。也涉及比较不同独立群体间参数和处理缺失值的方法。最后，我对适用于任意类型的结构方程模型进行总效应、直接效应、间接效应和特定效应分解的方法。

有本章作为基础，第 9 章将讨论更深层次的话题。

附录 8A　效应的渐近方差

本附录简要介绍得到各种效应的估计渐近方差的方法。有关渐近分布理论的概述，请见本书后的附录 B。在满足 ML 和 GLS 估计量的有关假定的情况下，直接效应的渐近方差可方便地得到。间接效应、总效应和特定效应的显著性检验则更为复杂，因为这通常会涉及得到系数估计值乘积的方差。比如，我们可以估计某一直接效应（如 $\hat{\beta}_{12}$）的 ML 估计量的渐近方差，但是，某一间接效应（如 $\hat{\beta}_{12}\hat{\gamma}_{11}$）的渐近方差却更不显而易见。多元 delta 法（multivariate delta method）（Bishop, Fienberg and Holland, 1975：486-500；Rao, 1973：385-389）被证明在这种情况下是有用的。Delta 法始于以下假定：一个参数估计量服从渐近正态分布，该分布的均值为该参数且有一个渐近协方差矩阵。然后它提供了一种方法来估计该参数的函数的渐近协方差矩阵。

福尔默（Folmer, 1981：1440-1442）和索贝尔（Sobel, 1982：1986）建议应用 delta 法估计总效应、间接效应和其他各种效应的渐近方差。步骤如下：首先，定义 $\boldsymbol{\theta}$ 为 $\mathbf{B}$，$\boldsymbol{\Gamma}$ 和 Λ_y 中未知元素的一个 s 维向量（s-dimensional vector），而 $\hat{\boldsymbol{\theta}}_N$ 是一个规模为 N 样本的 $\boldsymbol{\theta}$ 的相应样本估计量。选取一个估计量，那么 $\hat{\boldsymbol{\theta}}_N$ 就服从渐近正态分布，该分布具有均值 $\boldsymbol{\theta}$ 和渐近协方差矩阵 $\mathrm{ACOV}(\hat{\boldsymbol{\theta}}_N)=N^{-1}V$，其中，$V$ 为 $\sqrt{N}(\hat{\boldsymbol{\theta}}_N-\boldsymbol{\theta})$ 的极限分布的协方差矩阵（见附录 B）。在恰当的假定下，$\boldsymbol{\theta}$ 的 ML 和 GLS 估计量满足这些条件。

接下来，定义一个 r 维向量 $\mathbf{f}(\boldsymbol{\theta})$，它是 $\boldsymbol{\theta}$ 的一个可微函数。这里，$\mathbf{f}(\boldsymbol{\theta})$ 包含属于直接效应的函数的间接效应（或总效应）。在这些条件下，[1]多元德尔塔法认为 $\mathbf{f}(\hat{\boldsymbol{\theta}}_N)$ 的渐近分布是均值为 $\mathbf{f}(\boldsymbol{\theta})$、渐近协方差矩阵为 $(\partial\mathbf{f}/\partial\boldsymbol{\theta})'\mathrm{ACOV}(\hat{\boldsymbol{\theta}}_N)(\partial\mathbf{f}/\partial\boldsymbol{\theta})$ 的正态分布。$(\partial\mathbf{f}/\partial\boldsymbol{\theta})$ 的第一行为 $\partial f_1/\partial\theta_1, \partial f_2/\partial\theta_1, \cdots, \partial f_r/\partial\theta_1$，其中 f_i 为 $\mathbf{f}(\boldsymbol{\theta})$ 的第 i 个元素。第二行为 $\partial f_1/\partial\theta_2, \partial f_2/\partial\theta_2, \cdots, \partial f_r/\partial\theta_2$，以此类推，因此，$\partial\mathbf{f}/\partial\boldsymbol{\theta}$ 是一个 $s\times r$ 矩阵。对于大样本，以 $\hat{\boldsymbol{\theta}}_N$ 替换 $\boldsymbol{\theta}$ 得 $f(\hat{\boldsymbol{\theta}}_N)$ 的渐近协方差矩阵的估计值等于

$$\left(\frac{\partial f}{\partial\hat{\boldsymbol{\theta}}_N}\right)'\mathrm{acov}(\hat{\boldsymbol{\theta}}_N)\left(\frac{\partial f}{\partial\hat{\boldsymbol{\theta}}_N}\right) \tag{8A.1}$$

① 请见毕肖普、芬伯格和霍兰德（Bishop, Fienberg and Holland, 1975）对 delta 法的讨论。

为了说明这一过程，考虑一个简单因果链模型：

$$\eta_1 = \gamma_{11}\xi_1 + \zeta_1$$

$$\eta_2 = \gamma_{21}\eta_1 + \zeta_2 \tag{8A.2}$$

方程(8A.2)中假定 ζ_1 和 ζ_2 相互之间不存在相关，对于 ξ_1，有 $E(\xi_i)=0$，同时，η_1，η_2 和 ξ_1 都与各自的均值相减。定义 ξ_1 对 η_2 的间接效应 $\gamma_{11}\beta_{21}$ 为 $\mathbf{f}(\boldsymbol{\theta})$ 的单个元素，其中 $\boldsymbol{\theta}$ 包含 γ_{11} 和 β_{21}。$\partial\mathbf{f}/\partial\boldsymbol{\theta}$ 为 $[\beta_{21} \quad \gamma_{11}]'$，$\hat{\boldsymbol{\theta}}_N$ 的渐近协方差为：

$$\text{ACOV}(\hat{\boldsymbol{\theta}}_N) = \begin{bmatrix} N^{-1}V_{11} & 0 \\ 0 & N^{-1}V_{22} \end{bmatrix} \tag{8A.3}$$

方程(8A.3)的主对角线包含 $\hat{\gamma}_{11N}$ 和 $\hat{\beta}_{21N}$ 的渐近方差。对角线外元素为 0，因为递归模型中这两个系数不相关。将这些矩阵与多元德尔塔法结合起来，$\hat{\gamma}_{11}\hat{\beta}_{21}$ 的渐近方差就是标量：

$$N^{-1}[\beta_{21}^2 V_{11} + \gamma_{11}^2 V_{22}] \tag{8A.4}$$

如果 β_{21} 和 γ_{11} 为 0，就不能应用 delta 法。除此以外，将样本估计值代入方程(8A.4)得到大样本情况下 $\hat{\gamma}_{11N}\hat{\beta}_{21N}$ 渐近方差的估计值。

以前述方式考虑更复杂模型的间接效应（或总效应）的每个元素会极其枯燥乏味。索贝尔(Sobel，1986)提出了一种矩阵表述，它是更高效得多的方法以找出 $\mathbf{f}(\boldsymbol{\theta})$ 的协方差所必需的 $\partial\mathbf{f}(\boldsymbol{\theta})/\partial\boldsymbol{\theta}$。

为简化间接效应的结果，我界定 $\boldsymbol{\theta}$ 只包括 $\mathbf{B}$，$\boldsymbol{\Gamma}$ 和 Λ_y 中那些未被限定的元素。每一间接效应的偏导数为：

$$\frac{\partial \text{ vec } \mathbf{I}_{\eta\eta}}{\partial\boldsymbol{\theta}} = \mathbf{V}_{\mathrm{B}}'\{(\mathbf{I}-\mathbf{B})^{-1} \otimes [(\mathbf{I}-\mathbf{B})^{-1}]' - \mathbf{I}_m \otimes \mathbf{I}_m\} \tag{8A.5}$$

$$\frac{\partial \text{ vec } \mathbf{I}_{\eta\xi}}{\partial\boldsymbol{\theta}} = \mathbf{V}_{\mathrm{B}}'\{(\mathbf{I}-\mathbf{B})^{-1}\boldsymbol{\Gamma} \otimes [(\mathbf{I}-\mathbf{B})^{-1}]'\} + \mathbf{V}_{\Gamma}'\{\mathbf{I}_n \otimes [(\mathbf{I}-\mathbf{B})^{-1} - \mathbf{I}]'\} \tag{8A.6}$$

$$\frac{\partial \text{ vec } \mathbf{I}_{y\eta}}{\partial\boldsymbol{\theta}} = \mathbf{V}_{\Lambda y}'\{[(\mathbf{I}-\mathbf{B})^{-1} - \mathbf{I}] \otimes \mathbf{I}_p\} + \mathbf{V}_{\mathrm{B}}'\{(\mathbf{I}-\mathbf{B})^{-1} \otimes [\Lambda_y(\mathbf{I}-\mathbf{B})^{-1}]'\} \tag{8A.7}$$

$$\frac{\partial \text{ vec } \mathbf{I}_{y\xi}}{\partial\boldsymbol{\theta}} = \mathbf{V}_{\mathrm{B}}'\{(\mathbf{I}-\mathbf{B})^{-1}\boldsymbol{\Gamma} \otimes [\Lambda_y(\mathbf{I}-\mathbf{B})^{-1}]'\} + \mathbf{V}_{\Gamma}'\{\mathbf{I}_n \otimes [\Lambda_y(\mathbf{I}-\mathbf{B})^{-1}]'\} + \mathbf{V}_{\Lambda_y}'[(\mathbf{I}-\mathbf{B})^{-1}\boldsymbol{\Gamma} \otimes \mathbf{I}_p]' \tag{8A.8}$$

其中

$$\mathbf{V}_{\mathrm{B}} = \left[\text{vec}\frac{\partial\mathbf{B}}{\partial\boldsymbol{\theta}_1}, \text{vec}\frac{\partial\mathbf{B}}{\partial\boldsymbol{\theta}_2}, \cdots, \text{vec}\frac{\partial\mathbf{B}}{\partial\boldsymbol{\theta}_s}\right]$$

$$\mathbf{V}_{\Gamma} = \left[\text{vec}\frac{\partial\boldsymbol{\Gamma}}{\partial\boldsymbol{\theta}_1}, \text{vec}\frac{\partial\boldsymbol{\Gamma}}{\partial\boldsymbol{\theta}_2}, \cdots, \text{vec}\frac{\partial\boldsymbol{\Gamma}}{\partial\boldsymbol{\theta}_s}\right]$$

$$\mathbf{V}_{\Lambda_y} = \left[\text{vec}\frac{\partial\Lambda_y}{\partial\boldsymbol{\theta}_1}, \text{vec}\frac{\partial\Lambda_y}{\partial\boldsymbol{\theta}_2}, \cdots, \text{vec}\frac{\partial\Lambda_y}{\partial\boldsymbol{\theta}_s}\right]$$

vec 表示向量运算符

⊗表示克罗内克积

作为图 8.14 中的经验示例说明，$\boldsymbol{\theta}=[\beta_{12}\quad\beta_{21}\quad\beta_{31}\quad\beta_{32}\quad\gamma_{11}\quad\gamma_{22}]'$。

$\mathbf{I}_{\eta\eta}$ 和 $\mathbf{I}_{\eta x}$ 的 $\mathbf{V}_B$ 和 $\mathbf{V}_\Gamma$ 矩阵为

$$\mathbf{V}_B=\begin{bmatrix}0&0&0&0&0&0\\0&1&0&0&0&0\\0&0&1&0&0&0\\1&0&0&0&0&0\\0&0&0&0&0&0\\0&0&0&1&0&0\\0&0&0&0&0&0\\0&0&0&0&0&0\\0&0&0&0&0&0\end{bmatrix}\quad \mathbf{V}_\Gamma=\begin{bmatrix}0&0&0&0&1&0\\0&0&0&0&0&0\\0&0&0&0&0&0\\0&0&0&0&0&0\\0&0&0&0&0&1\\0&0&0&0&0&0\end{bmatrix}$$

这些都被用来估计正文中所报告的 $\hat{\mathbf{I}}_{\eta\eta}$ 和 $\hat{\mathbf{I}}_{\eta x}$ 的标准误。通过恰当地修改，特定效应的标准误也可以进行估计。

附录8B 缺失值例子的 LISREL Ⅵ程序

```
MISSING VALUES ILLUSTRATION: COMPLETE DATA
DATA NI = 3 NOBS = 400 MA = AM NG = 2
CM
10.5
6.9 12.3
7.2 6.2 9.8
ME
5.1 6.7 6.1
MO NY = 3 NX = 1 NE = 4 FI TE = FI BE = FI,FU GA = FI PS = DI
FR LY 1 4 LY 2 4 LY 3 4 BE 1 3 BE 2 1 BE 2 3
FI PS 4 4
VA 1.0 LY 1 1 LY 2 2 LY 3 3 GA 4 1
ST 6 LY 1 4 LY 2 4 LY 3 4
ST .5 BE 1 3 BE 2 1 BE 2 3
ST 3 PS 1 1 PS 2 2 PS 3 3
OU TO NS SE
MISSING VALUES ILLUSTRATION: INCOMPLETE DATA
DA NOBS = 100
CM
9.8
7.1 10.9
```

```
0 0 1
ME
4.9 6.2 0
MO GA = IN BE = IN PS = IN LY = FU,FI
FR LY 1 4 LY 2 4
VA 1 LY 1 1 LY 2 2 TE 3 3
EQ LY 1 1 4 LY 2 1 4
EQ LY 1 2 4 LY 2 2 4
OU
```

第9章　一般模型第二部分:模型扩展

在第8章中,我介绍了有关一般结构方程模型的"基础知识"。本章对它加以扩展。第一节介绍替代的模型表达,它使得能够删除常规模型的部分隐含约束。接下来一节与相等和不等约束及交互项和二次项有关。紧接着是工具变量估计量一节。最后一节是分布假定和分类变量。

替代标识符号/表达

对于大多数经验应用而言,标准的模型和标识符号可以很好地为分析人员所用。然而,有些计划中的约束表面上似乎使得一些模型变得另类。常规表达并不允许:$\mathbf{x}$ 影响 $\mathbf{y}$,$\boldsymbol{\eta}$ 或 $\boldsymbol{\xi}$;$\mathbf{y}$ 影响 $\mathbf{x}$,$\boldsymbol{\eta}$ 或 $\boldsymbol{\xi}$;或从 $\boldsymbol{\xi}$ 到 $\mathbf{y}$ 的直接效应。此外,模型还限定 $\boldsymbol{\delta}$ 和 $\boldsymbol{\epsilon}$、$\boldsymbol{\delta}$ 和 $\boldsymbol{\zeta}$ 以及 $\boldsymbol{\zeta}$ 和 $\boldsymbol{\epsilon}$ 之间的协方差为0。其中一些局限在前面各章的几个地方被忽略了。比如,原因指标(见第3章和第7章)和 MIMIC 模型(见第8章)都要求 $\mathbf{x}$ 影响 $\boldsymbol{\eta}$。可以使用测量方程 $\mathbf{x} = \Lambda_x\xi + \Theta_\delta$ 将恰当的 λ_{ij} 设定为1、对应的元素设定为0,使得对原因指标有 $x_i = \xi_j$ 来实现。包括使用观测变量的结构方程(第4章)、测量模型(第7章)及一般结构方程(第8章)的截距常数都需要像高阶因子分析所做的一样(第7章)对标准标识符号进行修改。

格拉夫(Graff,1979)、麦克唐纳(McDonald,1978,1980)、麦卡德尔和麦克唐纳(McArdle & McDonald,1984)及本特勒和威克斯(Bentler & Weeks,1980)已提出替代的表达来克服常见模型的局限。比如,格拉夫(Graff,1979)建议用以下两方程模型:

$$\boldsymbol{\eta}^+ = \mathbf{B}^+\boldsymbol{\eta}^+ + \boldsymbol{\xi}^+ \tag{9.1}$$

$$\mathbf{y}^+ = \Lambda_y^+\boldsymbol{\eta}^+ \tag{9.2}$$

上标"+"表示的意思是 $\boldsymbol{\eta}^+$,$\boldsymbol{\zeta}^+$,$\mathbf{B}^+$ 和 $\mathbf{y}^+$ 不同于 $\boldsymbol{\eta}$,$\boldsymbol{\zeta}$,$\mathbf{B}$ 和 $\mathbf{y}$。这些新符号与旧符号之间的联系见方程(9.3)和方程(9.4):

$$\eta^+ = \begin{bmatrix}\mathbf{y}\\ \mathbf{x}\\ \boldsymbol{\eta}\\ \boldsymbol{\xi}\end{bmatrix} \qquad \zeta^+ = \begin{bmatrix}\boldsymbol{\epsilon}\\ \boldsymbol{\delta}\\ \boldsymbol{\zeta}\\ \boldsymbol{\xi}\end{bmatrix} \qquad \mathrm{y}^+ = \begin{bmatrix}\mathbf{y}\\ \mathbf{x}\end{bmatrix} \tag{9.3}$$

$$\mathrm{B}^+ = \begin{bmatrix}0 & 0 & \Lambda_y & 0\\ 0 & 0 & 0 & \Lambda_x\\ 0 & 0 & \mathbf{B} & \boldsymbol{\Gamma}\\ 0 & 0 & 0 & 0\end{bmatrix} \tag{9.4}$$

Λ_y^+ 矩阵只包含 0 和 1,并挑选来自 $\boldsymbol{\eta}^+$ 的观测变量。除了一个表示观测变量对应着 $\boldsymbol{\eta}^+$ 中的相应变量之外,每一行均为 0。Λ_y^+ 为 $(p+q)\times(p+q+m+n)$ 矩阵,$\mathbf{y}^+$ 为 $(p+q)\times 1$ 矩阵,$\boldsymbol{\eta}^+$ 和 $\boldsymbol{\zeta}^+$ 均为 $(p+q+m+n)\times 1$ 矩阵,而 $\mathbf{B}^+$ 为 $(p+q+m+n)\times(p+q+m+n)$ 矩阵。

方程(9.4)将上面提及的标准模型中的隐含约束明确化。比如,$\mathbf{B}^+$ 的前两组列中包含 $\mathbf{y}$ 和 $\mathbf{x}$ 对 $\boldsymbol{\eta}^+$ 中变量的效应。这些列中的 0 表明这些变量被限定为对其他变量没有影响。类似地,$\mathbf{B}^+$ 右上角的零值子阵表明常见模型阻止 $\boldsymbol{\xi}$ 直接影响 $\mathbf{y}$。

此替代表达的最后一个矩阵为 $\boldsymbol{\zeta}^+$ 所对应的矩阵,被称作 $\boldsymbol{\Psi}^+$。其与标准参数的联系为:

$$\boldsymbol{\Psi}^+ = \begin{bmatrix} \Theta_\epsilon & & & \\ 0 & \Theta_\delta & & \\ 0 & 0 & \boldsymbol{\Psi} & \\ 0 & 0 & 0 & \boldsymbol{\Phi} \end{bmatrix} \tag{9.5}$$

$\boldsymbol{\Psi}^+$ 是个 $(p+q+m+n)$ 的方形对称矩阵。方程(9.5)将不同类型干扰与测量误差之间及 ξ 与所有干扰项之间协方差的零约束明确地指出来。

替代表达的美妙之处在于不再需要对方程(9.4)和方程(9.5)中所示标准模型增加各种约束条件。比如,通过允许 $\boldsymbol{\Psi}^+$ 中其所对应的是个自由参数,ϵ_i 和 δ_j 之间的协方差就是可估计的。或者是,通过将 $\mathbf{B}^+$ 中被固定为零的元素变成一个自由参数,ξ_i 就可以直接影响 y_j。观测指标之间可以直接相互影响,它们也可以影响潜变量。当然,在可识别的情况下,使用此一般模型会使得许多关系变为可能。

我们可以视格拉夫的模型(Graff,1979)比标准模型更具一般性,因为我们可以将常见模型表示成其模型的一个限制性情形[见方程(9.1)至方程(9.5)]。但是,我们也可将格拉夫的模型视为标准模型在 $\mathbf{x}$,$\boldsymbol{\xi}$,$\boldsymbol{\delta}$ 和 $\boldsymbol{\epsilon}$ 都不存在且 $\boldsymbol{\Lambda}_y$ 仅由 0 和 1 组成的情况下的一个特例。因此,模型的一般性取决于从哪个角度看。类似结果对提及的其他表示也存在。格拉夫(Graff,1979)、麦卡德尔和麦克唐纳(McArdle & McDonald,1984)、麦克唐纳(McDonald,1978,1980)、本特勒和威克斯(Bentler & Weeks,1980)等已经证明,对变量之间关系所做的常见限定在许多情况下都比真实情形更显而易见。

回到客观-主观社会地位的例子来说明该替代标识符号。五个观测变量为收入(x_1)、职业声望(x_2)、主观收入(y_1)、主观职业声望(y_2)和主观综合地位(y_3)。这些变量的另一可能模型如图 9.1(a)所示。这是个 MIMIC 模型,其中收入和职业声望对以 y_1 到 y_3 作为测量指标的潜变量综合主观社会地位(η_1)具有直接效应。

常规模型中的矩阵是:

$$\begin{aligned} \mathbf{B} &= [0] \\ \boldsymbol{\Gamma} &= [\gamma_{11} \quad \gamma_{12}] \\ \boldsymbol{\Lambda}_x &= \begin{bmatrix} 1 & 0 \\ 0 & 1 \end{bmatrix} \\ \boldsymbol{\Lambda}_y &= \begin{bmatrix} \lambda_{11} \\ \lambda_{21} \\ 1 \end{bmatrix} \end{aligned} \tag{9.6}$$

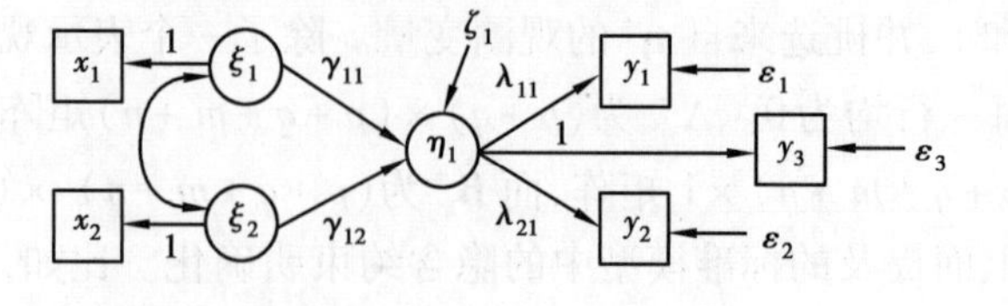

(a)

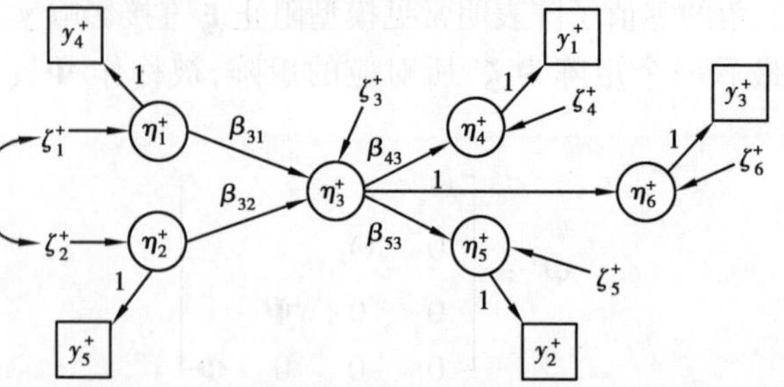

(b)

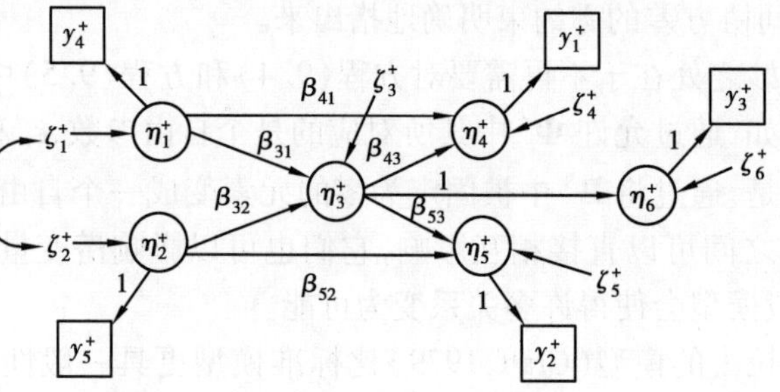

(c)

图 9.1 以标准和替代标识符号表示的客观和主观社会地位模型

$$\Theta_\delta = \text{diag}[0 \quad 0]$$

$$\Theta_\varepsilon = \text{diag}[\text{VAR}(\varepsilon_1) \quad \text{VAR}(\varepsilon_2) \quad \text{VAR}(\varepsilon_3)] \tag{9.7}$$

$$\mathbf{\Phi} = \begin{bmatrix} \phi_{11} & \\ \phi_{21} & \phi_{22} \end{bmatrix}$$

$$\mathbf{\Psi} = [\psi_{11}] \tag{9.8}$$

图9.1(b)采用替代标识符号呈现了相同的 MIMIC 模型,其中,$\boldsymbol{\eta}^+ = [\xi_1 \quad \xi_2 \quad \eta_1 \quad y_1 \quad y_2 \quad y_3]$, $\mathbf{y}^+ = [y_1 \quad y_2 \quad y_3 \quad x_1 \quad x_2]$,$\boldsymbol{\zeta}^+ = [\xi_1 \quad \xi_2 \quad \zeta_1 \quad \varepsilon_1 \quad \varepsilon_2 \quad \varepsilon_3]$。我以不同于方程(9.3)的顺序放置 $\boldsymbol{\eta}^+$ 和 $\boldsymbol{\zeta}^+$ 中的变量。我这样做使得当你在图 9.1(b)中从左看到右时 η_i 和 ζ_i 的下标变大。只要保持一致,采用什么样的排序都可以。既然此模型假定 $x_1 = \xi_1$ 和 $x_2 = \xi_2$,那么我从 $\boldsymbol{\eta}^+$ 中排除了 x_1 和 x_2、从 $\boldsymbol{\zeta}^+$ 中排除了 δ_1 和 δ_2。其他矩阵为:

$$\mathbf{B}^+ = \begin{bmatrix} 0 & 0 & 0 & 0 & 0 & 0 \\ 0 & 0 & 0 & 0 & 0 & 0 \\ \beta_{31} & \beta_{32} & 0 & 0 & 0 & 0 \\ 0 & 0 & \beta_{43} & 0 & 0 & 0 \\ 0 & 0 & \beta_{53} & 0 & 0 & 0 \\ 0 & 0 & 1 & 0 & 0 & 0 \end{bmatrix}$$

$$\boldsymbol{\Psi}^{+}=\begin{bmatrix}\psi_{11} & & & & & \\ \psi_{21} & \psi_{22} & & & & \\ 0 & 0 & \psi_{33} & & & \\ 0 & 0 & 0 & \psi_{44} & & \\ 0 & 0 & 0 & 0 & \psi_{55} & \\ 0 & 0 & 0 & 0 & 0 & \psi_{66}\end{bmatrix} \tag{9.9}$$

$$\boldsymbol{\Lambda}_{y}^{+}=\begin{bmatrix}0 & 0 & 0 & 1 & 0 & 0\\ 0 & 0 & 0 & 0 & 1 & 0\\ 0 & 0 & 0 & 0 & 0 & 1\\ 1 & 0 & 0 & 0 & 0 & 0\\ 0 & 1 & 0 & 0 & 0 & 0\end{bmatrix} \tag{9.10}$$

将方程(9. 6)至方程(9. 8)与方程(9. 9)和方程(9. 10)进行比较可知,相比于标准形式,替代标识符号需要更少的矩阵,不过这些矩阵有更大的维数和更多的零值元素。

当以这些模型拟合数据时,参数估计值与所预期的完全一样。此外,其卡方值为 26. 6,自由度为 4($p<0.001$)。所有的估计值都至少是其估计值的两倍,且如所预期的那样都是正的。整体拟合指标是混杂的(GFI = 0. 98, AGIF = 0. 91, $\Delta_1=0.93$, $\Delta_2=0.94$, $\rho_1=0.83$, $\rho_2=0.85$)。增量拟合指标对应的基准模型包含观测变量方差和外生变量之间协方差的自由参数,但所有其他协方差被限定为零($\chi^2=355.59$, df = 9)。

以这些结果来看,似乎值得进行可进一步改善拟合的修正。一种可能是增加从收入到主观收入和从职业声望到主观职业声望这样两条路径。这意味着主观收入和主观职业声望的测量指标不但直接受到综合主观状态潜变量的影响,而且还受它们的相应客观变量的影响。遗憾的是,此新模型无法采用图 9. 1(a)的标准标识符号进行拟合;ξ 变量不能有对 y 的直接效应。但是替代标识符号可轻易地纳入这些改变。图 9. 1(c)呈现了这一模型,除了 $\mathbf{B}^{+}$ 中的 β_{41} 和 β_{52} 作为自由参数而非被限定为 0 之外,它具有与方程(9. 9)和方程(9. 10)同样的矩阵。

此模型的卡方估计值为 4. 21,自由度为 2。既然前一模型嵌套于这一模型,它们的卡方值之差近似为一个卡方变量,可用来检验更不具约束性的模型在拟合上是否有显著改善。该差值为 22. 38(26. 59 − 4. 21),自由度为 2(= 4 − 2),非常显著($p<0.01$)。与增量拟合指标(如 $\Delta_1=0.99$, $\Delta_2=1.00$)一样,1. 00 和 0. 97 的 GFI 和 AGFI 非常高。所有的参数估计值均为正且大于其标准误的 2 倍,同时所有正态化残差都小于 2。总体而言,此新模型与数据非常一致,然而它并不是可以用标准标识符号进行处理的模型。附录 9A 提供了得到这些结果的 LISREL 程序语法。

我现在并不推荐所有模型都应以替代标识符号代替标准标识符号。实际上,对于大多数研究者而言,标准标识符号包括了大多数的应用。相反,我的观点是研究者对问题的思考不应为单一表达所局限。能最佳地抓住变量之间关系的模型表达才应是首要的。模型标识符号和表达应后于而非先于实质想法。

相等和不等约束

大多数模型中,都会有一个或更多个参数被限定。最常见的情形是一个参数被限定为0,1 或者某个其他常数。另一情形是设定两个或更多个参数相等,就像我对 1960 和 1965 年政治民主测量指标的因子负载所做的处理(见第 7 章或第 8 章)。更复杂的情形包括一般性的多项式约束(如 $\beta_{21}=3\beta_{12}^2+2\gamma_{11}\gamma_{21}+1$)和不等约束[如 $\mathrm{VAR}(\varepsilon_1)>0$]。

LISREL、EQS 和大多数其他结构方程软件允许简单的相等约束。本特勒(Bentler, 1985)的 EQS 也允许相等约束以及多个参数的加权和被设定为等于一个常数的一般线性相等约束($\omega_i\theta_i+\omega_i\theta_j+\cdots+\omega_z\theta_z=c$)。麦克唐纳(McDonald,1978,1980)的 COSAN 和舍恩伯格(Schoenberg,1987)的 LINCS 软件也允许设定这些乃至更复杂的约束。

有关将复杂约束引入估计程序的直接方法的技术性讨论可参见麦克唐纳(McDonald,1980)、李(Lee,1980)及本特勒和李(Benlter & Lee,1983)。林德斯科普夫(Rindskopf,1983,1984b)提出了"巧妙"编程的方法只用相等约束以允许更宽泛地选取约束条件。为了说明他的方法,考虑图 9.2(a)中的因果链模型。左侧包含路径图和所添加的约束 $\beta_{42}=\gamma_{11}\beta_{21}$。这是实施约束的直接方法。右侧为间接方法。它呈现了修改过的路径图,其中有一个"幽灵"潜变量 η_3,以及得到与其左侧例子同样限定条件所需的相等约束。幽灵变量没有干扰项,因为它能完全被先于它的变量所解释。此模型对应的方程为:

$$\eta_1=\gamma_{11}\xi_1+\zeta_1 \tag{9.11}$$

$$\eta_2=\beta_{21}\eta_1+\zeta_2 \tag{9.12}$$

$$\eta_3=\beta_{32}\eta_2 \tag{9.13}$$

$$\eta_4=\beta_{43}\eta_3+\zeta_4 \tag{9.14}$$

将 η_3 对应的方程(9.13)代入方程(9.14),并添加 $\beta_{43}=\beta_{21}$ 和 $\beta_{32}=\gamma_{11}$ 两个相等约束,即可得到想要得到的限制:

$$\eta_4=\beta_{43}\beta_{32}\eta_2+\zeta_4=\beta_{21}\gamma_{11}\eta_2+\zeta_4 \tag{9.15}$$

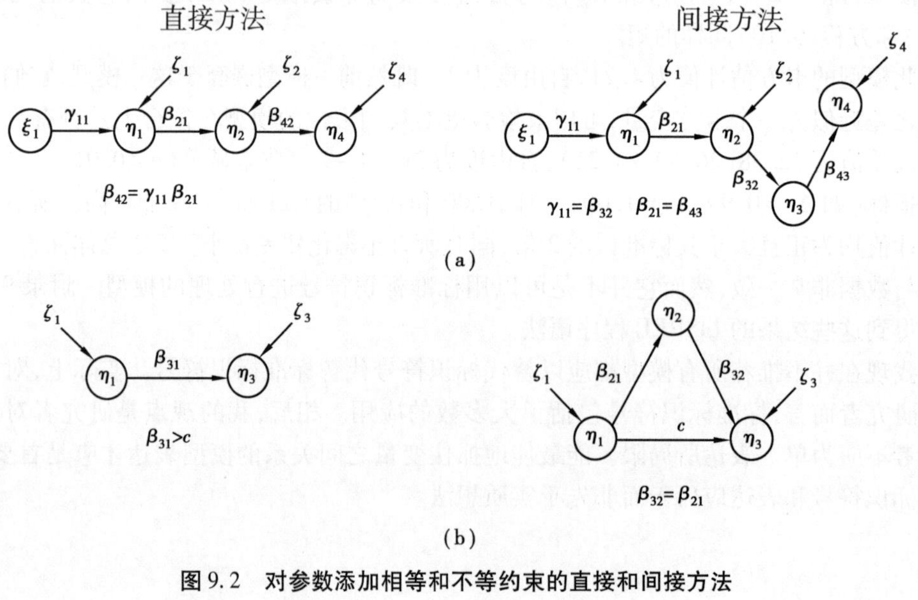

图 9.2 对参数添加相等和不等约束的直接和间接方法

或者，注意到路径图中，η_2 对 η_4 的间接效应是 ξ_1 对 η_1 和 η_1 对 η_2 直接效应的乘积，我们也可以看出幽灵变量和相等约束在得到限制条件 $\beta_{42}=\gamma_{11}\beta_{21}$ 中的作用。

不等约束也是可行的。图 9.2(b)演示了一个系数大于某常数 c 的限制情形。间接方法可通过构建如下方程来实现这点：

$$\eta_2 = \beta_{21}\eta_1 \tag{9.16}$$

$$\eta_3 = \beta_{32}\eta_2 + c\eta_1 + \zeta_3 \tag{9.17}$$

其中，$\beta_{32}=\beta_{21}$。将 η_2 对应的方程(9.16)代入方程(9.17)得：

$$\eta_3 = (\beta_{21}^2 + c)\eta_1 + \zeta_3 \tag{9.18}$$

β_{21}^2 必定是一个非负的数且其最小值为 0。根据不等约束的限定，η_1 的最小系数为 c。

林德斯科普夫(Rindskopf,1983,1984b)提供了仅以相等约束间接引入限定条件的其他例子。他并未提出得到被限制参数的渐近标准误的方式。不过，delta 法(见第 8 章)是估计这些标准误的一种方式。因此，在引入复杂限制条件的直接方式不可得的情况下，本节说明了模型的替代表达和简单的相等约束可以提供一种这样做的间接方式。

二次项和交互项

在第 8 章和本章中，我一直假定潜变量方程中的变量是线性地关联在一起的。某些情形下，理论也许意味着相反的事情。比如，潜变量之间的曲线关系或许能够被恰当地通过纳入外生潜变量的线性和二次项进行建模。或者，除了其各自单独的线性效应外，两个潜变量的乘积也可以有影响。

在第 4 章中，我提出了在使用观测变量的结构方程模型中纳入此类关系的方法。本节要处理涉及潜变量的交互项或二次项情况下考虑非线性关系的更复杂任务。解决这一问题的两种主要方式是“乘积指标”和“修正协方差矩阵”。我先介绍肯尼和贾德(Kenny & Judd,1984)提出的乘积指标技术。考虑一个纳入了平方项的观测变量模型是一个有益的出发点：

$$y_1 = \gamma_{11}x_1 + \gamma_{12}x_1^2 + \zeta_1 \tag{9.19}$$

重写方程(9.19)为：

$$\eta_1 = \gamma_{11}\xi_1 + \gamma_{12}\xi_1^2 + \zeta_1 \tag{9.20}$$

$$x_1 = \xi_1, x_1^2 = \xi_1^2, y_1 = \eta_1 \tag{9.21}$$

所有变量都以其离差形式纳入，同时 ζ_1 的期望值为 0 且与 ξ_1 和 ξ_1^2 无关。方程(9.20)和方程(9.21)使隐含的“潜”变量模型和测量模型变得明确。x_1 的测量方程随后为将 $x_1=\xi_1$ 方程两边同时平方。

现在设想方程(9.20)仍描述的是潜变量模型，但 ξ_1 有测量误差且它有两个指标 x_1 和 x_2。新测量模型为：

$$\begin{aligned} x_1 &= \xi_1 + \delta_1 \\ x_2 &= \lambda_{21}\xi_1 + \delta_2 \\ y_1 &= \eta_1 \end{aligned} \tag{9.22}$$

其中,δ_1 和 δ_2 的期望值为 0,它们相互独立并且与 ξ_1 和 ζ_1 无关。在方程(9.21)中,ξ_1^2 的指标通过将 x_1 平方得到。根据方程(9.22),我们构建 x_1^2 以及 x_2^2 和 x_1x_2 作为 ξ_1^2 的指标。这些平方和乘积项等于:

$$\begin{aligned} x_1^2 &= \xi_1^2 + 2\xi_1\delta_1 + \delta_1^2 \\ x_2^2 &= \lambda_{21}^2\xi_1^2 + 2\lambda_{21}\xi_1\delta_2 + \delta_2^2 \\ x_1x_2 &= \lambda_{21}\xi_1^2 + \lambda_{21}\xi_1\delta_1 + \xi_1\delta_2 + \delta_1\delta_2 \end{aligned} \tag{9.23}$$

方程(9.23)表明 x_1^2,x_2^2 和 x_1x_2 测量了 ξ_1^2 以及一些新的项。测量模型方程(9.22)和方程(9.23)中外生潜变量和误差项的清单现在包括了 ξ_1,ξ_1^2,$\xi_1\delta_1$,$\xi_1\delta_2$,δ_1,δ_2,δ_1^2,δ_2^2 及 $\delta_1\delta_2$。这些变量的测量指标包括 x_1,x_2,x_1^2,x_2^2 和 x_1x_2。因子负载要么是常数(1 或 2)要么是 λ_{21} 的函数,故不需要新的负载。比如,$\xi_1\delta_2$ 对 x_2^2 的效应为 $2\lambda_{21}$,$\xi_1\delta_2$ 对 x_1x_2 的效应内在为 1。九个潜变量和误差变量的协方差矩阵引入了额外的参数。肯尼和贾德(Kenny & Judd,1984)建议假定 ξ_1,δ_1 和 δ_2 服从正态分布可使事情大为简化。依据此假定,这九个外生潜变量之间的协方差均为 0,而方差为:

$$\begin{array}{lll} \mathrm{VAR}(\xi_1) = \phi_{11}, & \mathrm{VAR}(\xi_1\delta_2) = \phi_{11}\mathrm{VAR}(\delta_2), & \mathrm{VAR}(\delta_1^2) = 2[\mathrm{VAR}(\delta_1)]^2 \\ \mathrm{VAR}(\xi_1^2) = 2\phi_{11}^2, & \mathrm{VAR}(\delta_1), & \mathrm{VAR}(\delta_2^2) = 2[\mathrm{VAR}(\delta_2)]^2 \\ \mathrm{VAR}(\xi_1\delta_1) = \phi_{11}\mathrm{VAR}(\delta_1), & \mathrm{VAR}(\delta_2), & \mathrm{VAR}(\delta_1\delta_2) = \mathrm{VAR}(\delta_1)\mathrm{VAR}(\delta_2) \end{array} \tag{9.24}$$

方程(9.24)显示,当 ξ_1,δ_1 和 δ_2 服从均值为 0 的正态分布时,方差只是三个参数——ϕ_{11},$\mathrm{VAR}(\delta_1)$ 和 $\mathrm{VAR}(\delta_2)$ 的函数。考虑方程(9.23)和方程(9.24),相比于不含平方项的模型,方程(9.20)中唯一的新参数是 γ_{12},即 ξ_1^2 的系数,且此参数是可识别的。

交互项可以采用与平方项类似的方式进行处理。考虑以下潜变量模型:

$$\eta_1 = \gamma_{11}\xi_1 + \gamma_{12}\xi_2 + \gamma_{13}\xi_1\xi_2 + \zeta_1 \tag{9.25}$$

其中,$\xi_1\xi_2$ 是交互项,η_1,ξ_1 和 ξ_2 为与各自均值的离差,ζ_1 与 ξ_1 和 ξ_2 无关且 $E(\zeta_1)$ 等于 0。设想有以下测量方程:

$$\begin{aligned} y_1 &= \eta_1 \\ x_1 &= \xi_1 + \delta_1 \\ x_2 &= \lambda_{21}\xi_1 + \delta_2 \\ x_3 &= \xi_2 + \delta_3 \\ x_4 &= \lambda_{42}\xi_2 + \delta_4 \end{aligned} \tag{9.26}$$

其中,$\delta_i(i=1,\cdots,4)$的期望值为零,与 ζ_1,ξ_1 和 ξ_2 无关,且对于 $i \neq j$,δ_i 与 δ_j 无关。为了得到 $\xi_1\xi_2$ 的测量指标,我们构建乘积指标 x_1x_3,x_2x_3,x_1x_4 和 x_2x_4。(合并诸如 x_1x_2 或 x_3^2 等其他各对指标并不会提供对 $\xi_1\xi_2$ 的测量)这些新指标的测量方程为:

$$\begin{aligned} x_1x_3 &= \xi_1\xi_2 + \xi_1\delta_3 + \xi_2\delta_1 + \delta_1\delta_3 \\ x_2x_3 &= \lambda_{21}\xi_1\xi_2 + \lambda_{21}\xi_1\delta_3 + \xi_2\delta_2 + \delta_2\delta_3 \\ x_1x_4 &= \lambda_{42}\xi_1\xi_2 + \xi_1\delta_4 + \lambda_{42}\xi_2\delta_1 + \delta_1\delta_4 \\ x_2x_4 &= \lambda_{21}\lambda_{42}\xi_1\xi_2 + \lambda_{21}\xi_1\delta_4 + \lambda_{42}\xi_2\delta_2 + \delta_2\delta_4 \end{aligned} \tag{9.27}$$

潜变量的清单被扩充了。方程(9.26)和方程(9.27)对应的 15 个外生潜变量和误差项为

$\xi_1,\xi_2,\xi_1\xi_2,\delta_1,\delta_2,\delta_3,\delta_4,\xi_1\delta_3,\xi_1\delta_4,\xi_2\delta_1,\xi_2\delta_2,\delta_1\delta_3,\delta_2\delta_3,\delta_1\delta_4$ 和 $\delta_2\delta_4$。λ_{21} 和 λ_{42} 系数是方程(9.27)中唯一的未知参数。肯尼和贾德(Kenny & Judd,1984)指出,如果 $\xi_1,\xi_2,\delta_1,\delta_2,\delta_3$,$\delta_4$ 和 ζ_1 服从均值为 0 的正态分布,那么,所有 15 个外生潜变量(除 ξ_1 和 ξ_2 之外)都不相关且具有如下方差:

$$
\begin{aligned}
&\mathrm{VAR}(\xi_1)=\phi_{11}, && \mathrm{VAR}(\xi_2\delta_1)=\phi_{22}^2[\mathrm{VAR}(\delta_1)]^2\\
&\mathrm{VAR}(\xi_2)=\phi_{22}, && \mathrm{VAR}(\xi_2\delta_2)=\phi_{22}^2[\mathrm{VAR}(\delta_2)]^2\\
&\mathrm{VAR}(\xi_1\xi_2)=\phi_{11}^2\phi_{22}^2+\phi_{12}^2, && \mathrm{VAR}(\delta_1\delta_3)=\mathrm{VAR}(\delta_1)\mathrm{VAR}(\delta_3)\\
&\mathrm{VAR}(\delta_1),\quad \mathrm{VAR}(\delta_3), && \mathrm{VAR}(\delta_1\delta_4)=\mathrm{VAR}(\delta_1)\mathrm{VAR}(\delta_4)\\
&\mathrm{VAR}(\delta_2),\quad \mathrm{VAR}(\delta_4), && \mathrm{VAR}(\delta_2\delta_3)=\mathrm{VAR}(\delta_2)\mathrm{VAR}(\delta_3)\\
&\mathrm{VAR}(\xi_1\delta_3)=\phi_{11}^2[\mathrm{VAR}(\delta_3)]^2, && \mathrm{VAR}(\delta_2\delta_4)=\mathrm{VAR}(\delta_2)\mathrm{VAR}(\delta_4)\\
&\mathrm{VAR}(\xi_1\delta_4)=\phi_{11}^2[\mathrm{VAR}(\delta_4)]^2
\end{aligned}
\tag{9.28}
$$

乘积项的方差是误差(δ_i)和变量 ξ_i 的方差的函数。因此,纳入交互项 $\xi_1\xi_2$ 导致只有一个新的未被约束参数 γ_{13} 要估计。依据方程(9.25)到方程(9.28)中的线性和非线性限定,此模型是可识别的。

实施此方法至少面临三个困难:(1)它需要对参数做非线性约束[见方程(9.23)、方程(9.24)、方程(9.27)和方程(9.28)];(2)乘积指标的多元正态分布假定是站不住脚的;(3)非乘积变量的潜变量或误差的非正态性可能导致不正确的约束。第一点并不是一个严重的障碍。非线性约束可在诸如 COSAN(McDonald,1978;Fraser,1980)或 LINCS(Schoenberg,1987)等软件中直接实现。或者,相等约束和幽灵变量也可以间接地创建这些非线性限定(见 Wong & Long,1987 或 Hayduk,1987)。对多元正态性假定的违背起因于构建的正态分布变量的乘积(如 x_1^2,x_2^2 和 x_1x_3)并不具有正态分布。ML 估计量在即便观测变量并不服从正态分布的情况下仍是一致性的,但卡方和系数的显著性检验可能是无效的。就 **S** 的元素不再具有 GLS 所要求的协方差而言,基于 GLS 的显著性检验也是不合理的,尽管 GLS 估计量仍是一致性的。本章后面会介绍一种加权最小二乘拟合函数,它对于非正态分布观测变量可得到渐近有效的卡方估计量和标准误。因此,乘积变量的非正态性是有办法处理的。

还剩一个困难。肯尼和贾德(Kenny & Judd,1984)通过假定非乘积变量和干扰变量服从正态分布来推导非线性约束。我们可以通过检验非乘积观测变量的正态性来检验非乘积潜变量和干扰变量的正态性。既然非乘积变量上的正态分布隐含在构成它的潜变量和干扰变量的正态性之中,那么这是可行的。我会在本章后面介绍正态性检验。非乘积观测变量的非正态性意味着研究者需要考察替代的分布假定和确定新的非线性限定是否需要。

修正协方差矩阵是另一种处理二次或交互潜变量的方法(Bohrnstedt & Marwell,1978;Busemeyer & Jones,1983;Heise,1986)。为了说明它,我回到方程(9.25):

$$\eta_1=\gamma_{11}\xi_1+\gamma_{12}\xi_2+\gamma_{13}\xi_1\xi_2+\zeta_1$$

易于证明

$$\boldsymbol{\Gamma}'=\boldsymbol{\Phi}^{-1}\Sigma_{\xi\eta_1}\tag{9.29}$$

其中，$\mathbf{\Gamma} = [\gamma_{11} \quad \gamma_{12} \quad \gamma_{13}]$，$\mathbf{\Phi}$和$\Sigma_{\xi\eta_1}$分别为$\boldsymbol{\xi}(=[\xi_1 \quad \xi_2 \quad \xi_1\xi_2])$与$\boldsymbol{\xi}$和$\boldsymbol{\xi}$与$\eta_1$的总体协方差矩阵。如果$y_1 = \eta_1$、$x_1 = \xi_1$和$x_2 = \xi_2$，那么$x_1x_2 = \xi_1\xi_2$，

$$y_1 = \gamma_{11}x_1 + \gamma_{12}x_2 + \gamma_{13}x_1x_2 + \zeta_1 \tag{9.30}$$

且

$$\mathbf{\Gamma}' = \Sigma_{xx}^{-1}\Sigma_{xy_1} \tag{9.31}$$

其中，Σ_{xx}和Σ_{xy_1}分别为$\mathbf{x}(=[x_1 \quad x_2 \quad x_1x_2])$与$\mathbf{x}$及$\mathbf{x}$与$y_1$的总体协方差矩阵。但是，若$x_1$或$x_2$包含误差，则$\mathbf{\Gamma}' \neq \Sigma_{xx}^{-1}\Sigma_{xy_1}$（见第5章）。如果我们想要$\mathbf{\Gamma}'$，那就需要$\Phi^{-1}$和$\Sigma_{\xi\eta_1}$。修正协方差矩阵方法的基本想法是调整$\Sigma_{xx}$和$\Sigma_{xy_1}$，使得它们等于$\Phi^{-1}$和$\Sigma_{\xi\eta_1}$。然后用方程(9.29)可重新得$\mathbf{\Gamma}'$。

布斯迈耶和琼斯（Busemeyer & Jones，1983）的修正协方差矩阵方法的表述假定：(1)每个非乘积潜变量只有单一指标，即$x_1 = \xi_1 + \delta_1$和$x_2 = \xi_2 + \delta_2$，其中$E(\delta_i) = 0$；(2)δ_1，δ_2和ζ_1与ξ_1和ξ_2无关，且相互之间也无关；(3)ξ_1，ξ_2，δ_1，δ_2和ζ_1服从正态分布；(4)ξ_1，ξ_2，x_1和x_2为离差形式；(5)$E(\zeta_1) = 0$。在这些条件下，Σ_{xx}与$\mathbf{\Phi}$及Σ_{xy_1}与$\Sigma_{\xi\eta_1}$之间的关系为：

$$\Sigma_{xx} = \mathbf{\Phi} + \mathbf{\Theta}_\delta \tag{9.32}$$

$$\Sigma_{xy_1} = \Sigma_{\xi\eta_1} \tag{9.33}$$

我们可以用$(\Sigma_{xx} - \mathbf{\Theta}_\delta)$构建$\mathbf{\Phi}$，而无须对$\Sigma_{xy_1}$做调整。据此，我们可以将$\mathbf{\Gamma}'$写为：

$$\mathbf{\Gamma}' = (\Sigma_{xx} - \mathbf{\Theta}_\delta)^{-1}\Sigma_{xy_1} \tag{9.34}$$

在未知误差协方差矩阵$\mathbf{\Theta}_\delta$的情况下，我们无法继续向前推进。假定我们知道x_1和x_2的信度，那么伯恩斯泰特和马韦尔（Bohrnstedt & Marwell，1978）的结果就可提供x_1x_2的信度。依据这些，我们可以构建$\mathbf{\Theta}_\delta$，然后通过方程(9.34)得到$\mathbf{\Gamma}'$。在实际应用中，我们并无总体协方差矩阵而是代入它们的一致性样本估计量。比如，方程(9.34)的样本形式为：

$$\hat{\mathbf{\Gamma}}' = (\mathbf{S}_{xx} - \hat{\mathbf{\Theta}}_\delta)^{-1}\mathbf{S}_{xy_1} \tag{9.35}$$

其中，$\mathbf{S}_{xx}$，$\hat{\mathbf{\Theta}}_\delta$和$\mathbf{S}_{xy_1}$是$\Sigma_{xx}$，$\mathbf{\Theta}_\delta$和$\Sigma_{xy_1}$的一致性估计量。因此，修正协方差矩阵方法来调整观测变量的样本协方差，使它们成为相应的总体协方差矩阵的一致性估计量，然后可用来估计潜变量模型的参数。

此方法的主要局限在于：(1)只允许每个潜变量有单一指标；(2)非乘积指标的误差方差或它们的独立估计值必须是已知的；(3)无法对整体模型或单个参数估计值进行显著性检验；(4)违背非乘积潜变量与非乘积干扰变量的正态性和独立性假定可能导致对协方差矩阵的不正确调整。前三点使得这一方法比乘积指标方法更具有局限性。海斯（Heise，1986）先前所做的蒙特卡洛模拟研究表明，当非乘积变量的信度为中等偏低时，修正协方差矩阵方法会给出异常的参数估计值。

上述两种方法处理潜变量模型中的二次项和平方项。这些项也可能出现在测量模型中（如$x_1 = \lambda_{11}\xi_1 + \lambda_{12}\xi_2 + \lambda_{13}\xi_1\xi_2 + \delta_1$）。麦克唐纳（McDonald，1967a，1967b）、阿特扎迪-阿莫利和麦克唐纳（Etezadi-Amoli & McDonald，1983）以及穆伊加特和本特勒（Mooijaart & Bentler，1986）讨论过适用于这些情形的方法。

工具变量(IV)估计量

ML,GLS 和 ULS 估计量的劣势在于它们需要迭代程序来最小化拟合函数。因此它们在计算上可能是费事的。初始值的选择会影响迭代次数(见第 4 章附录 4C),因此接近最终估计值的初始值需要更少的迭代。工具变量(IV)估计量是非迭代的,且提供参数的一致性估计量。(有关替代的非迭代一致性估计量,见 Bentler,1982。)由于其非迭代性,IV 估计量比 ML,GLS 或 ULS 估计量更不费事。除了它们自己的值,IV 估计量也经常为迭代程序提供好的初始值。例如,约斯库革和松波(Jöreskog & Sörbom,1986b)的 LISREL 软件使用工具变量作为其初始值。

本节讨论 IV 估计量。为定义一个 IV,我从一个简单回归的例子开始:

$$y_1 = \gamma_{11}x_1 + \zeta_1 \tag{9.36}$$

其中,$E(\zeta_1)=0$,y_1 和 x_1 为离差形式。通常,我们假定 $\mathrm{COV}(x_1,\zeta_1)$ 为 0。设想 ζ_1 与 x_1 相关。其中可能有诸多原因,比如 y_1 直接影响 x_1,被忽略的与 x_1 相关和与对 y_1 的直接效应相关的第三个变量,或 x_1 的测量误差。不管 $\mathrm{COV}(x_1,\zeta_1)\neq 0$ 的原因是什么,结果都是 γ_{11} 的常规 OLS 估计量不再是一致性的。

γ_{11} 的 IV 估计量需要一个"工具性"(instrumental)变量,如 z_1。作为一个工具,z_1 必须满足以下条件:

$$\mathrm{COV}(z_1,\zeta_1) = 0 \tag{9.37}$$

$$\mathrm{COV}(z_1,x_1) \neq 0 \tag{9.38}$$

因此,工具必须与干扰项无关,但与作为其工具的变量有关。求 z_1 与方程(9.36)两边的协方差得:

$$\mathrm{COV}(y_1,z_1) = \gamma_{11}\mathrm{COV}(x_1,z_1) \tag{9.39}$$

$$\gamma_{11} = \frac{\mathrm{COV}(x_1,z_1)}{\mathrm{COV}(y_1,z_1)} \tag{9.40}$$

以样本协方差替换方程(9.40)中的总体协方差得 γ_{11} 的 IV 估计量:

$$\hat{\gamma}_{11} = \frac{s_{x_1z_1}}{s_{y_1z_1}} \tag{9.41}$$

$\hat{\gamma}_{11}$ 的渐近方差为:

$$\left(\frac{\psi_{11}}{N}\right)\left(\frac{\mathrm{VAR}(z_1)}{[\mathrm{COV}(z_1,x_1)]^2}\right) \tag{9.42}$$

我们可以采用以下方式来估计 ϕ_{11} 和 ψ_{11}:

$$\hat{\phi}_{11} = s_{x_1x_1} \tag{9.43}$$

$$\hat{\psi}_{11} = s_{y_1y_1} + \hat{\gamma}_{11}^2\hat{\phi}_{11} - 2\hat{\gamma}_{11}s_{x_1y_1} \tag{9.44}$$

对于回归或计量经济学模型(如 $\mathbf{y}=\mathbf{B}\mathbf{y}+\mathbf{\Gamma}\mathbf{x}+\boldsymbol{\zeta}$),$\mathbf{B}$ 和 $\mathbf{\Gamma}$ 的 IV 与有关的两阶段最小二乘(2SLS)估计量及渐近标准误是大家所熟悉的(例如,参见 Johnston,1984;Fox,1984)。但是,因子分析中的 IV 估计量并不那么为人所知。二十多年前马丹斯基(Madansky,1964)就指出过 IV 技术能估计因子分析模型。哈格隆德(Hägglund,1982)最近的工作已得到一个 IV 估计量(被称作 FABIN3),它在 LISREL Ⅵ中提供因子负载的初始值。我以第 7 章中的空气质量一例来说明因子分析中 IV 估计量的原理。回想一下,此模型仅有一个潜变量综合空气质量(ξ_1),它有四个指标:空气质量的总体评价(x_1)、空气的清澈度(x_2)、空气的颜色(x_3)和空气的味道(x_4)。

测量模型为:

$$x_1 = \xi_1 + \delta_1 \tag{9.45}$$

$$x_2 = \lambda_{21}\xi_1 + \delta_2 \tag{9.46}$$

$$x_3 = \lambda_{31}\xi_1 + \delta_3 \tag{9.47}$$

$$x_4 = \lambda_{41}\xi_1 + \delta_4 \tag{9.48}$$

其中,$x_i(i=1,\cdots,4)$和 ξ_1 为离差形式,且我假定在原始模型中,对于 $i \neq j$,$\text{COV}(\delta_i,\delta_j)=0$;对于所有的 i,$\text{COV}(\xi_1,\delta_i)=0$。方程(9.45)意味着 $\xi_1=(x_1-\delta_1)$。以该量替换方程(9.46)中的 ξ_1 得:

$$\begin{aligned} x_2 &= \lambda_{21}x_1 + \delta_2 - \lambda_{21}\delta_1 \\ &= \lambda_{21}x_1 + u \end{aligned} \tag{9.49}$$

其中,$u=\delta_2-\lambda_{21}\delta_1$。很容易使用方程(9.49)中 λ_{21} 的常规最小二乘(OLS)估计量,因为 x_1 和 x_2 都是观测变量,这正如绝大多数回归方程中一样。λ_{21} 的 OLS 估计量为 s_{21}/s_{11}。但是,要想它是一致性的,x_1 必须与 u 不相关。既然 u 包含 δ_1,即 x_1 的测量误差,那么此假定几乎在所有情形下都会被违背,故 OLS 估计量并不是一致性的。为了避开这个问题,先将 x_3 和 x_4 置于一个列向量中,然后将该向量转置并右乘以方程(9.49)的两边:

$$x_2[x_3 \quad x_4] = \lambda_{21}x_1[x_3 \quad x_4] + u[x_3 \quad x_4] \tag{9.50}$$

接着对方程(9.50)的两边求期望值:

$$E(x_2[x_3 \quad x_4]) = \lambda_{21}E(x_1[x_3 \quad x_4]) + E(u[x_3 \quad x_4]) \tag{9.51}$$

$$[\sigma_{23} \quad \sigma_{24}] = \lambda_{21}[\sigma_{13} \quad \sigma_{14}] \tag{9.52}$$

其中,σ_{ij}为 i 和 j 的总体协方差。方程(9.51)中的最后一项为零,因为总体中 x_3 和 x_4 与 $u(u=\delta_2-\lambda_{21}\delta_1)$不相关。$x_3$ 和 x_4 变量作为 x_2 方程的工具变量。通过对方程(9.52)做代数运算,可求解出 λ_{21}。替换 σ_{ij}的一致性估计量(如 s_{ij})得:

$$\hat{\lambda}_{21} = \left([s_{13} \quad s_{14}]\begin{bmatrix} s_{13} \\ s_{14} \end{bmatrix}\right)^{-1}[s_{13} \quad s_{14}]\begin{bmatrix} s_{23} \\ s_{24} \end{bmatrix} \tag{9.53}$$

尽管方程(9.53)给出了 λ_{21}的一致性估计量,但它仍然有一个问题。哈格隆德(Hägglund,1982)认为它并非一个有效估计量,并且他还建议了一个渐近更有效的加权估计量:

$$\hat{\lambda}_{21} = \left[[s_{13} \quad s_{14}]\begin{bmatrix} s_{33} & s_{34} \\ s_{34} & s_{44} \end{bmatrix}^{-1}\begin{bmatrix} s_{13} \\ s_{14} \end{bmatrix}\right]^{-1}\left[[s_{13} \quad s_{14}]\begin{bmatrix} s_{33} & s_{34} \\ s_{34} & s_{44} \end{bmatrix}^{-1}\begin{bmatrix} s_{23} \\ s_{24} \end{bmatrix}\right] \tag{9.54}$$

此加权估计量假定 x 和 u 的四阶累积量为零(见 Hägglund,1982)。将样本协方差[见方程(7.82)]替换到方程(9.54),得:

$$\hat{\lambda}_{21} = 1.703 \tag{9.55}$$

为得到 $\hat{\lambda}_{31}$,重复与得到 $\hat{\lambda}_{21}$相同的系列步骤。把所有的下标 2 替换成 3 并将$[s_{23} \quad s_{24}]'$变

为$[s_{32}\quad s_{34}]'$以反映新的因变量和新的工具之后，$\hat{\lambda}_{31}$的方程就是方程(9.54)。重复类似的过程可得$\hat{\lambda}_{41}$的方程。使用这些公式，得到的因子负载为：

$$\hat{\Lambda}_x = \begin{bmatrix} 1.000 \\ 1.703 \\ 1.683 \\ 0.726 \end{bmatrix} \tag{9.56}$$

这些值与 LISREL Ⅵ提供的因子负载初始估计值一致。

工具变量估计量可推广至更复杂的因子分析问题。为此，将观测变量向量 $\boldsymbol{x}$ 分成三部分：

$$\mathbf{x} = \begin{bmatrix} \mathbf{x}_A \\ x_B \\ \mathbf{x}_C \end{bmatrix} \tag{9.57}$$

$\mathbf{x}_A$ 为一个 $n \times 1$ 向量，它包含了提供潜变量尺度的观测变量，$\boldsymbol{x}_B$ 是并未被放入 $\mathbf{x}_A$ 中的 x_i 之一，而 $\mathbf{x}_C$包括了除 $\mathbf{x}_A$ 和 $\mathbf{x}_B$ 之外的所有其余 x_i。测量模型为：

$$\mathbf{x} = \begin{bmatrix} \mathbf{x}_A \\ x_B \\ \mathbf{x}_C \end{bmatrix} = \begin{bmatrix} \mathbf{I}_n \\ \lambda'_B \\ \mathbf{\Lambda}_C \end{bmatrix} \boldsymbol{\xi} + \boldsymbol{\delta} \tag{9.58}$$

其中，$\mathbf{I}_n$ 是一个 $n \times n$ 单位矩阵，包含了提供 $\boldsymbol{\xi}$ 尺度的观测变量；λ'_B是一个 $1 \times n$ 向量，包含体现$\boldsymbol{\xi}$ 变量对 x_B 影响的系数；而 Λ_C 是$(q-n-1) \times n$ 矩阵，包含其余 $\mathbf{x}_C$ 的因子负载系数。空气质量例子的第一部分中，x_1 构成 $\mathbf{x}_A$，x_2 构成 x_B，而 x_3 和 x_4 则构成 $\mathbf{x}_C$。向量 $\mathbf{x}_C$ 包含一个方程的工具变量。λ'_B的估计量(FABIN3)为：

$$\hat{\lambda}'_B = (\mathbf{S}_{AC}\mathbf{S}_{CC}^{-1}\mathbf{S}_{CA})^{-1}\mathbf{S}_{AC}\mathbf{S}_{CC}^{-1}\mathbf{S}_{CB} \tag{9.59}$$

其中，$\mathbf{S}_{ij}$为 i 和 j 的样本协方差矩阵。落入 x_B 和 $\mathbf{x}_C$ 中的变量根据被估计的系数旋转。

采用前述步骤会得到 $\hat{\mathbf{\Lambda}}_x$。还有 $\hat{\mathbf{\Theta}}_\delta$ 和 $\hat{\mathbf{\Phi}}$ 的估计量要介绍。哈格隆德(Hägglund,1982：213-214)指出，对于给定的 $\hat{\mathbf{\Lambda}}_x$，依据最小二乘原理最小化样本协方差矩阵 $\mathbf{S}$ 和内隐协方差矩阵 $\Sigma(\hat{\boldsymbol{\theta}})$ 之差的 $\hat{\mathbf{\Theta}}_\delta$ 的值为：

$$\text{diag}(\hat{\mathbf{\Theta}}_\delta) = (\mathbf{I} - \mathbf{D} * \mathbf{D})^{-1}\boldsymbol{g} \tag{9.60}$$

其中，$\mathbf{D}$ 等于 $\hat{\mathbf{\Lambda}}_x(\hat{\mathbf{\Lambda}}'_x\hat{\mathbf{\Lambda}}_x)^{-1}\hat{\mathbf{\Lambda}}'_x$，“ * ”表示对应元素相乘，而 $\boldsymbol{g}$ 是由$(\mathbf{S}-\mathbf{DSD})$的对角线元素构建得到的 $q \times 1$ 列向量。$\hat{\mathbf{\Theta}}_\delta$ 的非对角线元素为零。使用 $\hat{\mathbf{\Theta}}_\delta$，然后利用方程(9.60)证明 $\hat{\mathbf{\Phi}}$ 等于：

$$\hat{\mathbf{\Phi}} = (\hat{\mathbf{\Lambda}}'_x\hat{\mathbf{\Lambda}}_x)^{-1}\hat{\mathbf{\Lambda}}'_x(\mathbf{S} - \hat{\mathbf{\Theta}}_\delta)\hat{\mathbf{\Lambda}}_x(\hat{\mathbf{\Lambda}}'_x\hat{\mathbf{\Lambda}}_x)^{-1} \tag{9.61}$$

最后，内隐协方差矩阵 $\Sigma(\hat{\boldsymbol{\theta}})$ 为：

$$\Sigma(\hat{\boldsymbol{\theta}}) = \hat{\mathbf{\Lambda}}_x\hat{\mathbf{\Phi}}\hat{\mathbf{\Lambda}}'_x + \hat{\mathbf{\Theta}}_\delta \tag{9.62}$$

基于这些公式,空气质量模型的其余参数估计值为:

$$\mathrm{diag}(\hat{\boldsymbol{\Theta}}_{\delta}) = [0.062 \quad 0.379 \quad 0.135 \quad 0.126] \tag{9.63}$$

$$\hat{\boldsymbol{\Phi}} = 0.270 \tag{9.64}$$

$$\Sigma(\hat{\boldsymbol{\theta}}) = \begin{bmatrix} 0.331 & & & \\ 0.459 & 1.160 & & \\ 0.454 & 0.772 & 0.898 & \\ 0.196 & 0.333 & 0.330 & 0.268 \end{bmatrix} \tag{9.65}$$

方程(9.63)和方程(9.64)中的估计值与 LISREL Ⅵ提供的初始估计值一致。

哈格隆德(Hägglund,1982)也提供了一种获取 $\hat{\boldsymbol{\Lambda}}_x$ 的渐近标准误的方式。对每个 $\hat{\lambda}'_B$ [见方程(9.59)],渐近协方差矩阵为:

$$\mathrm{ACOV}(\hat{\lambda}'_B) = (N^{-1})\boldsymbol{\sigma}_{uu}(\Sigma_{AC}\Sigma_{CC}^{-1}\Sigma_{CA})^{-1} \tag{9.66}$$

其中,Σ_{AC},Σ_{CC} 和 Σ_{CA} 分别为 A 和 C、C 和 C、C 和 A 中变量的总体协方差矩阵。Σ_{ij} 矩阵的估计量为 $\Sigma(\hat{\boldsymbol{\theta}})$ 中的对应元素[见方程(9.62)]。$\boldsymbol{\sigma}_{uu}$ 估计量为(见 Hägglund,1982:217):

$$\hat{\boldsymbol{\sigma}}_{uu} = \hat{\boldsymbol{\sigma}}_{BB} - 2\hat{\lambda}'_B\hat{\Sigma}_{AB} + \hat{\lambda}'_B\hat{\Sigma}_{AA}\hat{\lambda}_B \tag{9.67}$$

对因子负载的每一行(而非各行被固定的元素)应用方程(9.66)并取对角线元素的平方根便得估计的渐近标准误。

空气质量例子的系数及(括号中的)标准误为:

$$\hat{\boldsymbol{\Lambda}}_x = \begin{bmatrix} 1.000 \\ (—) \\ 1.703 \\ (0.204) \\ 1.683 \\ (0.163) \\ 0.726 \\ (0.108) \end{bmatrix} \tag{9.68}$$

哈格隆德(Hägglund,1982)并未建议对模型中的其他估计值计算标准误的方式。

约斯库革和松波(Jöreskog & Sörbom,1986b)针对一般结构方程模型的 IV 或 2SLS 估计量将针对验证性因子分析和针对观测变量计量经济学模型的 IV 和 2SLS 估计量结合起来。第一步是估计将 $\mathbf{y}$ 和 $\mathbf{x}$ 合并为单个 CFA 的测量模型:

$$\begin{bmatrix} \mathbf{y} \\ \mathbf{x} \end{bmatrix} = \begin{bmatrix} \Lambda_y & 0 \\ 0 & \Lambda_x \end{bmatrix}\begin{bmatrix} \eta \\ \xi \end{bmatrix} + \begin{bmatrix} \varepsilon \\ \delta \end{bmatrix} \tag{9.69}$$

因子分析的估计量方程(9.59)提供因子负载的估计值。方程(9.60)给出误差协方差矩阵的估计值,而方程(9.61)得到的 $\boldsymbol{\eta}$ 和 $\boldsymbol{\xi}$ 协方差矩阵的估计值。一旦有了潜变量($\boldsymbol{\eta}$ 和 $\boldsymbol{\xi}$)的协方差矩阵,我们就可以将潜变量协方差矩阵处理为仿佛它就是观测变量的协方差矩阵,应用标准的 IV 和 2SLS 程序,得到 $\mathbf{B}$ 和 $\boldsymbol{\Gamma}$ 的估计值。$\boldsymbol{\Phi}$ 的估计值属于 $\boldsymbol{\eta}$ 和 $\boldsymbol{\xi}$ 协方差矩阵的一部分。最后,$\boldsymbol{\Psi}$ 的估计值为:

$$\hat{\boldsymbol{\Psi}} = (\mathbf{I} - \hat{\mathbf{B}})\hat{\Sigma}_{\eta\eta}(\mathbf{I} - \hat{\mathbf{B}})' - \hat{\boldsymbol{\Gamma}}\hat{\boldsymbol{\Phi}}\hat{\boldsymbol{\Gamma}}' \tag{9.70}$$

哈格隆德(Hägglund,1982)的估计量假定 $\mathbf{\Theta}_\delta$ 和 $\mathbf{\Theta}_\epsilon$ 为对角线矩阵。当此假设不成立时,它的估计量将不是一致性的。之所以会这样,是因为一些“工具”与复合误差项 u[参见,如方程(9.49)]存在相关。一个简单的解决办法是从 $\mathbf{x}_C$ 中去掉任何与 u 存在相关的 x,然后照旧处理。这要求 $\mathbf{x}_C$ 中有足够数量的工具。

IV 估计量另一方面的特性在于它是一个有限信息估计量,因为它一次只处理一个方程而并未考虑关于模型中所有其他方程的完整信息。例如,ML 和 GLS 估计量同时对模型所有部分中的全部参数进行求解。像 IV 或 2SLS 这样的有限信息估计量有缺点也有优点。一个缺点是模型其他部分的信息被忽略掉,即便它可能改善估计量的效率。诸如 ML 等完全信息估计量使用此信息并能够因此减小估计量的方差。但这有利也有弊。若方程组中存在设定误差(如遗漏变量或未考虑误差之间相关),这在完全信息估计量的情况下会影响很多或所有参数估计值。对于 IV 或 2SLS 估计量,既然一次并不考虑所有模型,因此设定错误可能只会影响更少的参数估计值。

对 IV 和 2SLS 估计量的另一个考虑是,仅对模型的部分参数可得到其渐近标准误。此外,在小样本或中等样本的情况下,我们对因子分析或使用潜变量的结构方程中 IV 和 2SLS 估计量的表现如何知道的很少。

分布假定

F_{ML}拟合函数推导自观测变量的多元正态分布(见第 4 章附录 4A 和 4B)。F_{ML}或 F_{GLS}在观测变量的分布无超值峰度(excess kurtosis)的情况下也是合理的(见第4 章)。在这些条件下并基于合理的模型,由 F_{ML}或 F_{GLS}所得 $\hat{\mathbf{\theta}}$ 是个一致且渐近有效的估计量,而各自 $\hat{\mathbf{\theta}}$ 处的$(N-1)F_{ML}$或$(N-1)F_{GLS}$则服从适合用来检验整体模型拟合的渐近卡方分布。我们也有由 F_{ML}或 F_{GLS}所得 $\hat{\mathbf{\theta}}$ 的渐近协方差矩阵,这使得能够进行单参数或多参数显著性检验。①

这些特性如何依赖于多元正态性或无超值峰度?本节的目的是:(1)考查违背这些假定的后果;(2)介绍探测违背这些假定的检验;(3)提出对非正态数据稳健的估计量。

后果

表 9.1 针对 ML 和 GLS 估计量的数个特性总结了观测变量的分布特征所造成的后果。对这些特性的证明和对必要正则条件的介绍可见于布朗尼(Browne,1982,1984)。

---

① 也要求观测之间的干扰项或误差满足同方差性和无序列相关两个假定。相比于回归/计量经济学模型(如 Johnston,1984),几乎找不到有关一般结构方程模型中违背这些假定的讨论。但阿明热和舍恩伯格(Arminger & Schoenberg,1987)指出,在存在异方差性的情况下,仍可以得到 $\hat{\boldsymbol{\theta}}$ 的渐近协方差矩阵的有效估计量。

表 9.1　多元正态或非多元正态观测变量情况下 ML 和 GLS 估计量的特性

观测变量的分布	ML 和 GLS 估计量的特性			
	一致性	渐近有效性	ACOV($\hat{\boldsymbol{\theta}}$)	卡方估计量
多元正态分布	是	是	正确	正确
无超值峰度分布	是	是	正确	正确
椭圆分布	是	是	不正确	不正确
任意分布	是	否	不正确	不正确

不管得自 F_{ML}、F_{GLS} 还是 F_{ULS}，$\hat{\boldsymbol{\theta}}$ 的一个重要特性就在于它仍是一致性的。因此，随着样本规模增大，即便对于非正态分布，$\hat{\boldsymbol{\theta}}$ 也收敛于 $\boldsymbol{\theta}$。

表 9.1 第一行显示，对于多元正态变量，ML 和 GLS 估计量也是渐近有效的，同时常规渐近协方差矩阵[ACOV($\hat{\boldsymbol{\theta}}$)]和卡方估计量[$(N-1)F_{\mathrm{ML}}$或$(N-1)F_{\mathrm{GLS}}$]适用。比多元正态性略微宽松的情形是 ACOV($s_{ij}, s_{gh}$)等于 $N^{-1}(\sigma_{ig}\sigma_{jh}+\sigma_{ih}\sigma_{jg})$。这在边缘和多元分布的峰度与多元正态分布相同时会出现。也就是说，观测变量并无超值峰度。如前所述，ML 和 GLS 估计量仍具有全部四个特性。①

当观测变量出现超额峰度时(如比正态分布更"厚"或"细"的尾部)，只能保证估计量的一致性。但是我们会遇到一些特殊情形，此时仍可以具有另外的特质。椭圆分布是此情形之一(见表 9.1 第三行)。稍后我将会介绍椭圆分布，简言之，它们并非偏态的分布，且对每一观测变量具有同样的峰度。对于椭圆分布，最小化 F_{ML} 的 $\hat{\boldsymbol{\theta}}$ 是渐近有效的。② 不过，基于 F_{ML} 的渐近协方差矩阵、标准误和卡方估计量都不正确。若不做调整，显著性检验可能是错误的。

当观测变量具有任意分布时，得自 F_{ML} 或 F_{GLS} 的 $\hat{\boldsymbol{\theta}}$ 甚至不具有渐近有效性。不过，这里同样有例外。比如，第 4 章中，我讨论过 $\mathbf{x}$ 非正态情况下在观测变量模型中仍会得到理想渐近特性的替代假定。最近的工作已开始确定 ML 检验统计量适用于其他非正态观测变量的更宽泛条件(如 Shapiro，1987；Anderson & Amemiya，1985)。对以下因子分析模型：$x_i=\lambda_{i1}\xi_1+\delta_i, i=1,\cdots,4$，其中 $\lambda_{11}=1$，ξ_1 和 δ_i 相互独立，且每个都服从自由度为 1 的 χ^2 分布，萨托拉和本特勒(Satorra & Bentler，1987)证明 $\hat{\boldsymbol{\theta}}$ 处的 $(N-1)F_{\mathrm{ML}}$ 渐近服从卡方分布，并且常规 ACOV($\hat{\boldsymbol{\theta}}$)除对 $\hat{\boldsymbol{\Theta}}_\delta$ 和 $\hat{\phi}_{11}$ 之外都是渐近正确的。因此，常规由 F_{ML} 推导得到的检验统计量(或它们中的一部分)在比原本认为的更宽泛条件下具有适用性。

大多数对 F_{ML} 或 F_{GLS} 估计量和检验统计量稳健性的模拟研究都考查过将连续变量类别化所导致的非正态性。一些研究考查过非正态连续变量。通常，参数估计值并不会因

① 渐近有效特性指的是 GLS 估计量族的渐近有效性，而对所有可能估计量未必如此(Browne，1984：68)。

② 这一结果适用于就常数尺度因子而言具有不变性的模型(Browne，1982，1984)。

为非正态性而出现偏差,但卡方估计值和 ACOV($\hat{\boldsymbol{\theta}}$)的估计值有时会(如,Browne,1984:77-81;Tanaka & Bentler,1984)出现偏差。这些结果在很大程度上与解析渐近结果一致。

总之,不满足多元正态性并不会影响 $\boldsymbol{\theta}$ 的 F_{ML}、F_{GLS} 或 F_{ULS} 估计量的一致性。但超额峰度通常会消除渐近有效性,并使得估计的渐近协方差矩阵与卡方估计量潜在地不准确。因此,非正态观测变量的存在会影响统计显著性检验。考察如何对非正态分布加以修正之前,我将介绍探测它们的方法。

探测

检验正态性或超额峰度有助于评价 ML 或 GLS 估计量的恰当性。通常应考查所有的观测变量。在诸如回归计量经济学模型等很多情形下,干扰项的正态性都会受到关注。另外就是包含交互或二次项的潜变量模型的应用。这时应对非乘积观测变量而不是乘积项检验其正态性。

本节的目的是介绍评价随机变量一元或多元偏度、峰度或正态性的方法。如果这些检验表明有问题,那么就建议转而采用之后将要介绍的加权最小二乘或椭圆估计量。

一个分布的中心矩反映出对正态性的偏离。对于一个总体均值为 μ_1 的随机变量 X,其 r 阶中心矩被定义为:

$$\mu_r = E(X-\mu_1)^r \quad (r>1) \tag{9.71}$$

一元正态分布可完全由其均值(μ_1)和方差(μ_2)来刻画。其更高阶矩要么为零,要么可被表达成其均值或方差的函数。因此,对正态性的偏离可通过考查高阶矩来进行探测。标准化的三阶矩和四阶矩为:

$$\text{标准化三阶矩} = \frac{\mu_3}{(\mu_2)^{3/2}} \tag{9.72}$$

$$\text{标准化四阶矩} = \frac{\mu_4}{\mu_2^2} \tag{9.73}$$

对于一个正态分布,其标准化三阶矩为0,标准化四阶矩为3。

图9.3示意说明了具有偏离正态分布的偏度和峰度的分布。图9.3(a)部分呈现了一个正态分布(B)和两个偏态分布(A 和 C)。左侧的分布(A)有一条向左延伸的长尾巴,并有负偏度(negative skewness)。其标准化三阶矩即方程(9.72)小于0。图9.3(a)中右侧的分布(C)有一条向右延伸的尾巴,并有正偏度(positive skewness),故标准化三阶矩即方程(9.72)大于0。

图9.3(b)示意说明峰度。分布 B 是一条正态曲线。分布 A 具有正峰度(positive kurtosis),有比正态分布(B)更细的尾部。其标准化四阶矩大于3。相比之下,(b)部分中的分布(C)有比正态分布(B)更厚的尾部,并有负峰度(negative kurtosis)。其标准化四阶矩即方程(9.73)大于3。

样本中与方程(9.72)和方程(9.73)对应的量为:

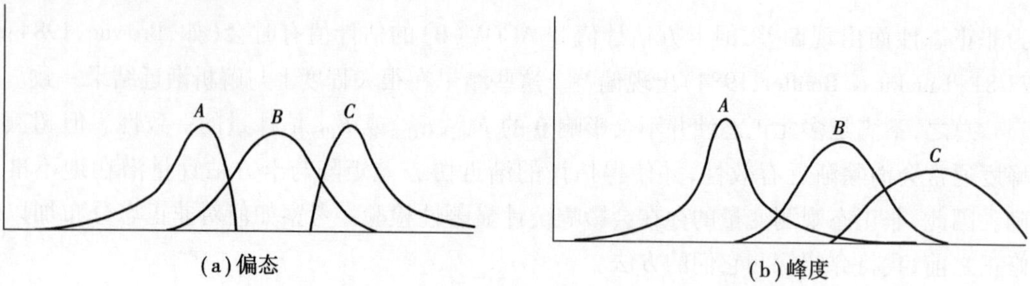

图9.3　负偏度和正偏度与正峰度和负峰度的图示说明

$$\sqrt{b_1} = \frac{m_3}{(m_2)^{3/2}} \tag{9.74}$$

$$b_2 = \frac{m_4}{(m_2)^2} \tag{9.75}$$

其中,m_r 为定义如下的 r 阶样本矩:

$$m_r = \frac{\sum (X - \bar{X})^r}{N} \tag{9.76}$$

我利用取自第8章的政治民主与工业化数据,以发展中国家工业化的两个指标来举例说明这些测量。我纳入了未经转换的人均GNP(x_1)和人均能源消费(x_2)变量以及这些变量的对数转换($\ln x_1$ 和 $\ln x_2$)(在前面的分析中使用过转换变量)。偏度($\sqrt{b_1}$)和峰度(b_2)的测量为:

	x_1	$\ln x_1$	x_2	$\ln x_2$
$\sqrt{b_1}$	1.761	0.259	3.087	−0.353
b_2	6.138	2.307	14.638	2.495
b_2-3	3.138	−0.693	11.638	−0.505

所计算的最后一行(b_2-3)使得正态分布的峰度等于0、小于正态分布的峰度为负而大于正态分布的峰度为正。

明显地,未转换变量对正态性的偏离强于转换后的。x_1 和 x_2 在 $\sqrt{b_1}$ 上的较大正值表明这些变量呈正偏态,不过这被对数转换大大削弱。实际上,人均能源消费的对数($\ln x_2$)只是略微呈负偏态。x_1 和 x_2 的分布明显呈正偏态,而转换为 $\ln x_1$ 和 $\ln x_2$ 后变为略微呈负偏态。

抽样分布可能解释所发现的偏离,因此有必要检验差异的显著性。可以有很多的检验。我在表9.2中总结了达戈斯蒂诺(D'Agostino,1986)所推荐的检验。表中左上方提供了构建渐近服从标准正态分布的变量 $Z_{\sqrt{b_1}}$ 以对偏度进行检验($H_0:\sqrt{\beta_1}=0$)的步骤。$Z_{\sqrt{b_1}}$ 公式适应于 $N\geqslant 8$ 的情形。若 $N\geqslant 150$,$Z_{\sqrt{b_1}}$ 可被设置成等于 a_1。右侧呈现了对峰度构建一个渐近服从标准正态分布的检验统计量 Z_{b_2} 的步骤($H_0:\beta_2-3=0$)。这最适合于

$N\geqslant 20$ 的情形。$Z_{(b_2-3)}=c_1$ 的简化计算只适用于很大规模样本的情形($N\geqslant 1\,000$)。对偏度和峰度(即 $H_0:\sqrt{\beta_1}=0$ 和 $\beta_2-3=0$)与正态分布相同的这一联合假设进行"综合"(omnibus)检验的统计量为：

$$K^2 = Z^2_{\sqrt{b_1}} + Z^2_{b_2} \tag{9.77}$$

表 9.2　一元偏度 $H_0:\sqrt{\beta_1}=0$ 或峰度 $H_0:\beta_2-3=0$ 的检验统计量

偏度	峰度
$H_0:\sqrt{\beta_1}=0$	$H_0:\beta_2-3=0$
计算：	计算：
(1)　$\sqrt{b_1}$	(1)　b_2
(2)　$a_1=\sqrt{b_1}\left[\dfrac{(N+1)(N+3)}{6(N-2)}\right]^{1/2}$	(2)　$E(b_2)=\dfrac{3(N-1)}{N+1}$
(3)　$a_2=\dfrac{3(N^2+27N-70)(N+1)(N+3)}{(N-2)(N+5)(N+7)(N+9)}$	(3)　$\mathrm{var}(b_2)=\dfrac{24N(N-2)(N+3)}{(N+1)^2(N+3)(N+5)}$
(4)　$a_3=-1+[2(a_2-1)]^{1/2}$	(4)　$c_1=\dfrac{b_2-E(b_2)}{[\mathrm{var}(b_2)]^{1/2}}$
(5)　$a_4=\left[\dfrac{2}{\log a_3}\right]^{1/2}$	(5)　$c_2=\dfrac{6(N^2-5N+2)}{(N+7)(N+9)}\left[\dfrac{6(N+3)(N+5)}{N(N-2)(N-3)}\right]^{1/2}$
(6)　$a_5=\left[\dfrac{2}{a_3-1}\right]^{1/2}$	(6)　$c_3=6+\dfrac{8}{c_2}\left[\dfrac{2}{c_2}+\left(1+\dfrac{4}{c_2^2}\right)^{1/2}\right]$
若 $N\geqslant 8$：	若 $N\geqslant 20$：
$Z_{\sqrt{b_1}}=a_4\log\left\{\dfrac{a_1}{a_5}+\left[\left(\dfrac{a_1}{a_5}\right)^2+1\right]^{1/2}\right\}$	$Z_{b_2}=\dfrac{1-\left(\dfrac{2}{9c_3}\right)-[(1-2/c_3)/\{1+c_1[2/(c_3-4)]^{1/2}\}]^{1/3}}{\left(\dfrac{2}{9c_3}\right)^{1/2}}$
若 $N\geqslant 150$：	若 $N\geqslant 1\,000$：
$Z_{\sqrt{b_1}}=a_1$	$Z_{b_2}=c_1$
$Z_{\sqrt{b_1}}$渐近服从 $N(0,1)$	Z_{b_2}渐近服从 $N(0,1)$

K^2 统计量渐近服从自由度为 2 的卡方分布。达戈斯蒂诺(D'Agostino,1986:391)在 $N\geqslant 100$ 的情形下进行此检验。

我将这些步骤应用于人均 GNP 和能源消费变量：

	x_1	$\ln x_1$	x_2	$\ln x_2$
$Z_{\sqrt{b_1}}$	4.98	0.98	6.84	−1.32
Z_{b_2}	3.28	−1.54	5.29	−0.88
K^2	35.6	3.32	74.7	2.52

对所有检验统计量,我在任一常规显著性水平上拒绝 x_1 和 x_2 偏度为 0、峰度为 3 的假设,但对 $\ln x_1$ 和 $\ln x_2$ 并不如此。由于 $N<100$,所以 K^2 统计量应谨慎地加以解释,不过它的结果与其他检验统计量是一致的。与所有的假设检验一样,这些检验并不"证明" $\ln x_1$ 和 $\ln x_2$ 服从正态分布。相反,而是说明它们的偏度和峰度在统计学意义上并未与正态分布的有不同,尽管这对 x_1 和 x_2 而言并不成立。所以,尽管未转换变量呈非正态分布,但是转换变量的分布可能合理地近似服从正态分布。

我们通常关心多元正态性或多元峰度或偏度,但前面的检验属于一元的情形。这些检验是有价值的,因为它们会准确地找出明显偏离正态分布的变量。进一步,如果各观测变量服从多元正态分布,那么每一观测变量的边缘分布应具有正态变量的峰度和偏度。如果任一观测变量都不服从正态分布,那么多元分布就不会是多元正态的。对多元正态性或对超额峰度或偏度的一种可能检验是对每一观测变量的边缘分布进行前述检验。由于做了多重检验,所以整体显著性水平的邦费罗尼调整(Bonferroni adjustment)可以通过将每一检验的概率水平设定为 $\alpha/(p+q)$ 来完成,其中 α 为整体显著性水平(D'Agostino,1986:409)。所以,对于 10 个观测变量和 0.05 的整体显著性水平,每一检验的显著性水平应设定为 0.005。这一方法的局限在于这些变量可能具有正态边缘分布但并不服从多元正态分布。

马蒂尔(Mardia,1970,1974,1985)提出了可应对此问题的偏度和峰度多元检验。他提出的偏度的样本测量 $b_{1,p}$ 为:

$$b_{1,p} = \left(\frac{1}{N^2}\right)\sum_{i=1}^{N}\sum_{j=1}^{N}\{(\mathbf{z}_i-\bar{\mathbf{z}})'\mathbf{S}^{-1}(\mathbf{z}_j-\bar{\mathbf{z}})\}^3 \tag{9.78}$$

其中,$\mathbf{z}_i$ 为第 i 个观测在所有变量上的取值所构成的列向量,$\mathbf{z}_j$ 为第 j 个观测在所有变量上的取值所构成的列向量,而 $\bar{\mathbf{z}}$ 为对应的样本均值列向量。多元峰度的样本测量为:

$$b_{2,p} = \frac{1}{N}\sum_{i=1}^{N}\{(\mathbf{z}_i-\bar{\mathbf{z}})'\mathbf{S}^{-1}(\mathbf{z}_i-\bar{\mathbf{z}})\}^2 \tag{9.79}$$

马蒂尔提供了数个基于 $b_{1,p}$ 和 $b_{2,p}$ 的检验统计量。表 9.3 呈现了渐近服从标准正态分布且毫不逊色于其他可能的检验统计量的 $W(b_{1,p})$ 和 $W(b_{2,p})$(Mardia,1974;Mardia & Foster,1983;Mardia,1985)。对无多元偏态或超额峰度的联合假设进行综合检验的统计量为:

$$K^2 = W(b_{1,p})^2 + W(b_{2,p})^2 \tag{9.80}$$

其渐近服从自由度为 2 的卡方分布。

第 7 章 CFA 中,所用政治民主的八个指标有 $W(b_{1,p})=-5.07(p<0.001)$、$W(b_{2,p})=0.17(p=0.43)$ 和 $K^2=15.99(p<0.001)$。这些结果表明变量服从非正态多元分布[①]。线长的五个主观测量指标(见第 7 章)有 $W(b_{1,p})=4.45(p<0.001)$、$W(b_{2,p})=2.29(p=0.02)$ 和 $K^2=25.04(p<0.001)$。对于每一变量,明显不存在偏态,但存在显著的负峰度。这些结果对由应用于这些变量的 F_{ML} 或 F_{GLS} 所得检验统计量的准确性提出了质疑,后面

① 本章稍后我会考虑这些指标的序次属性的影响。

我将回到这个问题。

表 9.3　多元偏度，$H_0:\beta_{1,p}=0$ 或峰度 $H_0:\beta_{2,p}=p(p+2)$ 的检验统计量，其中 p 为变量的数目

偏度	峰度
$H_0:\beta_{1,p}=0$	$H_0:\beta_{2,p}=p(p+2)$
计算：	计算：
(1)　$b_{1,p}$	(1)　$b_{2,p}$
(2)　$W(b_{1,p})=[12p(p+1)(p+2)]^{-1/2}\times\{[27Np^2(p+1)^2(p+2)^2b_{1,p}]^{1/3}-3p(p+1)(p+2)+4\}$	(2)　$E(b_{2,p})=\dfrac{(N-1)p(p+2)}{N+1}$
	(3)　$\mathrm{var}(b_{2,p})=8p(p+2)N^{-1}$
	(4)　$\mathrm{stnd}(b_{2,p})=\dfrac{b_{2,p}-E(b_{2,p})}{[\mathrm{var}(b_{2,p})]^{1/2}}$
	(5)　$f_1=6+[8p(p+2)(p+8)^{-2}]^{1/2}N^{1/2}\times\left\{\left[\left(\frac{1}{2}\right)p(p+2)\right]^{1/2}\times(p+8)^{-1}N^{1/2}+\left[1+\frac{1}{2}p(p+2)(p+8)^{-2}N\right]^{1/2}\right\}$
	(6)　$W(b_{2,p})=3\left(\frac{f_1}{2}\right)^{1/2}\left[1-\left(\frac{2}{9f_1}\right)-\left(\frac{1-2/f_1}{1+\mathrm{stnd}(b_{2,p})[2/(f_1-4)]^{1/2}}\right)^{1/3}\right]$

来源：偏度，见马蒂尔（Mardia，1985：219）；峰度，见马蒂尔和弗斯特（Mardia & Foster，1983）。

修正

当多元非正态性或超额峰度威胁到 ML 或 GLS 显著性检验的有效性时，我们有一些可能的修正。第一，找到变量的转换形式，使得它们更好地接近正态性或消除超额峰度。采用成功的转换，我们可以将 F_{GLS} 或 F_{ML} 应用于转换数据并照常处理。第二，布朗尼（Browne，1982，1984）提供了对常规检验统计量和标准误的调整，使由 F_{ML}，F_{GLS} 甚至 F_{ULS} 所得修正显著性检验结果是渐近正确的[也见阿明热和舍恩伯格（Arminger & Schoenberg，1987）有关稳健卡方检验和渐近标准误的讨论]。第三，也许可以应用自助再抽样程序构建非参数显著性检验（Bollen & Stine，1987）。但是，除非我们有专门的模型或限制迭代次数，否则自助法加上完全迭代解可能太耗时而不可行。另外，第二和第三种方式

都不对由 F_{ML},[①]F_{GLS}或 F_{ULS}所得 $\hat{\boldsymbol{\theta}}$ 缺少渐近有效性进行修正。第四,应用允许非正态性且渐近有效的替代估计量。加权最小二乘(WLS)估计量便是这样一种方法。本节的目的是概要介绍 WLS 估计量和它的一个特例——椭圆估计量。

加权最小二乘估计量

WLS 拟合函数为:

$$F_{WLS} = [\mathbf{s} - \boldsymbol{\sigma}(\boldsymbol{\theta})]'\mathrm{W}^{-1}[\mathbf{s} - \boldsymbol{\sigma}(\boldsymbol{\theta})] \tag{9.81}$$

其中,$\mathbf{s}$ 是一个由$\frac{1}{2}(p+q)(p+q+1)$个元素构成的向量,通过将 $\mathbf{s}$ 中的非重复元素放入一个向量得到,$\boldsymbol{\sigma}(\boldsymbol{\theta})$ 是对应 $\Sigma(\boldsymbol{\theta})$ 的同阶数向量,而 $\boldsymbol{\theta}$ 为自由参数的 $t\times 1$ 向量。$\mathbf{W}^{-1}$ 为 $\frac{1}{2}(p+q)(p+q+1)\times\frac{1}{2}(p+q)(p+q+1)$ 正定权重矩阵。

选取 $\boldsymbol{\theta}$ 的值使得 $\mathbf{s}$ 对 $\boldsymbol{\sigma}(\boldsymbol{\theta})$加权离差平方和最小。这类似于加权最小二乘回归分析,只不过那里是通过选取回归系数将因变量观测值和预测值之间的加权离差平方和最小化。这里观测值和预测值为协方差而非单个的值。

与采用 F_{ML},F_{GLS} 和 F_{ULS} 一样,由 F_{WLS} 所得 $\hat{\boldsymbol{\theta}}$ 在很一般的条件下有 $\Sigma=\Sigma(\boldsymbol{\theta})$ 时是 $\boldsymbol{\theta}$ 的一致性估计量。布朗尼(Browne,1982,1984)的一个值得注意的结果是:如果所选取 $\mathbf{W}$ 等于或作为 $\mathbf{s}$ 与 $\mathbf{s}$ 渐近协方差矩阵的一致性估计量,那么由 F_{WLS} 所得 $\hat{\boldsymbol{\theta}}$ 是落入方程(9.81)函数族中渐近有效的。而且,可得到正确的 ACOV($\hat{\boldsymbol{\theta}}$) 和卡方检验。卡方检验统计量为 $\hat{\boldsymbol{\theta}}$ 处的$(N-1)\ F_{WLS}$。渐近协方差矩阵为:

$$N^{-1}\left[\left(\frac{\partial\boldsymbol{\sigma}(\boldsymbol{\theta})}{\partial\boldsymbol{\theta}}\right)\Sigma_{ss}^{-1}\left(\frac{\partial\boldsymbol{\sigma}(\boldsymbol{\theta})}{\partial\boldsymbol{\theta}}\right)'\right]^{-1} \tag{9.82}$$

其中,Σ_{ss} 为 $\mathbf{s}$ 的渐近协方差矩阵。

又不难看出与加权最小二乘回归的相似。可选择许多权重矩阵而并不会破坏加权最小二乘回归估计量的一致性。不过,干扰项的协方差是最优选择,尽管方程(9.81)中最优的选择是样本协方差的协方差矩阵。

一般地,s_{ij}与 s_{gh}的渐近协方差为:

$$\mathrm{ACOV}(s_{ij},s_{gh}) = N^{-1}(\sigma_{ijgh} - \sigma_{ij}\sigma_{gh}) \tag{9.83}$$

其中,σ_{ijgh}为四阶中心矩 $E(X_i-\mu_i)(X_j-\mu_j)(X_g-\mu_g)(X_h-\mu_h)$,$\sigma_{ij}$和 σ_{gh}分别为 X_i 与 X_j 和 X_g 与 X_h 的总体协方差。注意,只要各观测变量分布的全部八阶矩都是有限的,那么,无须指定特定分布,方程(9.83)在一般条件下成立。由于这一特性,使用最优 $\mathbf{W}$ 的 WLS 拟合函数有时被称作任意分布函数(arbitrary distribution function,ADF)或自由分布估计量(distribution-free estimator)。F_{WLS}下 $\mathbf{W}$ 中的每个元素为方程(9.83)的一个估计值。四阶元素 σ_{ijgh}的样本估计量为:

① 原文此处为 F_{MLS},译者予以了改正。——译者注

$$s_{ijgh}^{*} = \frac{1}{N}\sum_{t=1}^{N}(Z_{it} - \bar{Z}_i)(Z_{jt} - \bar{Z}_j)(Z_{gt} - \bar{Z}_g)(Z_{ht} - \bar{Z}_h) \tag{9.84}$$

同时,σ_{ij}和 σ_{gh}的样本估计量为:

$$s_{ij}^{*} = \frac{1}{N}\sum_{t=1}^{N}(Z_{it} - \bar{Z}_i)(Z_{jt} - \bar{Z}_j) \tag{9.85a}$$

$$s_{gh}^{*} = \frac{1}{N}\sum_{t=1}^{N}(Z_{gt} - \bar{Z}_g)(Z_{ht} - \bar{Z}_h) \tag{9.85b}$$

s_{ijgh}^{*},s_{ij}^{*} 和 s_{gh}^{*}都被标注了星号以表明是除以 N 而非得到无偏样本协方差常用的 $N-1$。[①]

我以上一节未通过一元和多元正态性检验的八个政治民主指标来举例说明 ADF 形式的 F_{WLS}拟合函数。表 9.4 左边和右边分别给出了由 F_{GLS}和 F_{WLS}所得的部分估计值、标准误和卡方值。参数估计值上的最大差别在于大多数由 F_{GLS}得到的估计值都大于由 F_{WLS}所得的 ADF 估计值,而由 F_{GLS}得到的标准误则往往小于由 F_{WLS}所得到的。最大的差别是 F_{WLS}情形下的卡方值更大。

表 9.4　1960 和 1965 年八个政治民主指标的 F_{GLS}和 F_{WLS}估计值比较

	估计值(标准误)	
参数	F_{GLS}	F_{WLS}
$\lambda_{11}(=\lambda_{52})$	1.00(—)	1.00(—)
$\lambda_{21}(=\lambda_{62})$	1.12(0.14)	1.11(0.11)
$\lambda_{31}(=\lambda_{72})$	1.22(0.13)	1.05(0.09)
$\lambda_{41}(=\lambda_{82})$	1.21(0.13)	1.16(0.09)
VAR(ε_1)	1.64(0.42)	1.30(0.34)
VAR(ε_2)	7.10(1.38)	7.12(1.11)
VAR(ε_3)	3.80(0.95)	3.53(0.78)
VAR(ε_4)	3.13(0.73)	2.72(0.63)
VAR(ε_5)	2.47(0.53)	2.29(0.57)
VAR(ε_6)	3.91(0.88)	3.77(0.68)
VAR(ε_7)	3.15(0.69)	2.60(0.44)
VAR(ε_8)	3.01(0.71)	3.45(0.73)
χ^2	14.31	25.53
df	16	16
概率	0.58	0.06

① 布朗尼(Browne, 1984: 72)提供了($\sigma_{ijgh} - \sigma_{ij}\sigma_{gh}$)的以下无偏估计量:$\frac{N(N-1)}{(N-2)(N-3)}(s_{ijgh}^{*} - s_{ij}^{*}s_{gh}^{*}) - \left[\frac{N}{(N-2)(N-3)}\right]\left(s_{ig}^{*}s_{jh}^{*} + s_{ih}^{*}s_{jg}^{*} - \left(\frac{2}{N-1}\right)(s_{ij}^{*}s_{gh}^{*})\right)$。对于大样本,这一调整并不会带来太大的差别。使用这些元素的 **W** 可能是不正定的,尽管这发生的可能性会随着 N 变得远大于$\frac{1}{2}(p+q)(p+q+1)$而减小。

F_{WLS}的具体化

如果观测变量服从多元正态分布，那么 σ_{ijgh} 会等于 $\sigma_{ij}\sigma_{gh}+\sigma_{ig}\sigma_{jh}+\sigma_{ih}\sigma_{jg}$，故方程(9.83)可简化为：

$$\text{ACOV}(s_{ij},s_{gh}) = N^{-1}(\sigma_{ig}\sigma_{jh}+\sigma_{ih}\sigma_{jg}) \tag{9.86}$$

此表达式只涉及协方差的乘积而不是如方程(9.83)[①]中那样的四阶矩。最优权重矩阵 **W** 将由方程(9.86)的形式的协方差的乘积构成，并且布朗尼(Browne,1974:209-210)证明了 F_{WLS} 函数方程(9.81)等于

$$\frac{1}{2}\text{tr}\{[\mathbf{S}-\boldsymbol{\Sigma}(\boldsymbol{\theta})]\mathbf{V}^{-1}\}^2 \tag{9.87}$$

其中，$\mathbf{V}^{-1}$ 为$(p+q)\times(p+q)$ 权重矩阵(我用 **V** 替换 **W** 是因为这两个权重矩阵的维数不同)。方程(9.87) 是第4章中所介绍的 GLS 估计量的一般形式。使用恰当选取的 $\mathbf{V}(=\mathbf{S},\hat{\boldsymbol{\Sigma}}$ 或 $\mathbf{I})$，我们得到 F_{GLS}，F_{MLS} 或 F_{ULS}。因此这三个拟合函数是对方程(9.81) 所给出的更具一般性的 F_{WLS} 函数的具体化。

椭圆估计量

当观测变量服从多元椭圆分布时，有另一种具体化的 F_{WLS}。椭圆分布的一般密度形式为：

$$C|\mathbf{V}|^{-1/2}h[(\mathbf{z}-\boldsymbol{\mu})'\mathbf{V}^{-1}(\mathbf{z}-\boldsymbol{\mu})] \tag{9.88}$$

其中，C 是常数，h 是非负的函数，$\mathbf{z}$ 是均值为 $\boldsymbol{\mu}$ 的观测变量向量，而 **V** 是正定矩阵。椭圆分布包括作为特例的其他很多分布。例如，若 C 为$(2\boldsymbol{\pi})^{(-1/2)(p+q)}$、**V** 为 Σ 且函数 $h(\cdot)$ 为 $\exp\left[\left(-\frac{1}{2}\right)(\mathbf{z}-\boldsymbol{\mu})'\Sigma^{-1}(\mathbf{z}-\boldsymbol{\mu})\right]$，那么方程(9.88) 变为：

$$(2\boldsymbol{\pi})^{(-1/2)(p+q)}|\Sigma|^{-1/2}\exp\left[\left(-\frac{1}{2}\right)(\mathbf{z}-\boldsymbol{\mu})'\Sigma^{-1}(\mathbf{z}-\boldsymbol{\mu})\right] \tag{9.89}$$

这就是熟悉的多元正态变量的密度。椭圆分布的其他例子包括多元 t 分布和污染正态分布。椭圆分布有0 偏度但可以有偏离多元正态的峰度。所有变量可以有正的或负的峰度，只要它们都有一个共同的峰度

$$K=\frac{\sigma_{iiii}}{3\sigma_{ii}^2}-1 \tag{9.90}$$

其中，K 为共同的峰度参数，σ_{iiii} 为四阶中心矩，σ_{ii} 为二阶中心矩(即方差)。这意味着每一变量的一元峰度测量在抽样误差内应相同[拜尔坎和本特勒(Berkane & Bentler,1987)介绍过此对假设的显著性检验]。另外，若分布是多元正态的，则 K 为0。

① 原文为方程(9.82)，译者予以了改正。——译者注

为了解释服从椭圆分布变量的拟合函数,考虑方程(9. 81)中的加权最小二乘函数。对于椭圆分布,其四阶矩等于:

$$\sigma_{ijgh} = (K+1)(\sigma_{ij}\sigma_{gh} + \sigma_{ig}\sigma_{jh} + \sigma_{ih}\sigma_{jg}) \tag{9.91}$$

合并方程(9. 83)与方程(9. 91)得:

$$\mathrm{ACOV}(s_{ij}, s_{gh}) = N^{-1}[(K+1)(\sigma_{ig}\sigma_{jh} + \sigma_{ih}\sigma_{ig}) + K(\sigma_{ij}\sigma_{gh})] \tag{9.92}$$

这样,当各变量服从椭圆分布时,F_{WLS}的最优权重矩阵是N、协方差和共同峰度参数K的函数。

布朗尼(Browne,1984:74-75)证明,对于椭圆分布,采用最优权重矩阵,方程(9. 81)给出的F_{WLS}可被写成:

$$F_E = \frac{1}{2}(K+1)^{-1}\mathrm{tr}[(\mathbf{S} - \boldsymbol{\Sigma}(\boldsymbol{\theta}))\mathbf{V}^{-1}]^2 - C_1\mathrm{tr}[(\mathbf{S} - \boldsymbol{\Sigma}(\boldsymbol{\theta}))\mathbf{V}^{-1}]^2 \tag{9.93}$$

其中,C_1是常数,等于$K/[4(K+1)^2+2(p+q)K(K+1)]$,$\mathbf{V}$是权重矩阵,$F_E$是椭圆拟合函数。方程(9. 93)类似于一般性的 GLS 拟合函数[见方程(9. 87)]。实际上,如果各分布都没有峰度(即$K=0$)、C_1为0、$(K+1)^{-1}$为1,那么此拟合函数与方程(9. 87)相同。因此,F_{ML},F_{GLS}和F_{ULS}也是方程(9. 93)的特例,这时峰度参数K为0。选择$\mathbf{V}$作为Σ的一致性估计量得到$\boldsymbol{\theta}$的渐近有效估计量,同时有$\hat{\boldsymbol{\theta}}$处的$(N-1)$ F_E渐近服从卡方分布。$\mathbf{V}$的两个最常见选择是$\mathbf{S}$和$\hat{\Sigma}$。

应用椭圆拟合函数需要有峰度系数K的估计值。一种可能性是:

$$\hat{K}_1 = \frac{b_{2,(p+q)} - (p+q)(p+q+2)}{(p+q)(p+q+2)} \tag{9.94}$$

其中,$b_{2,(p+q)}$是$(p+q)$个观测变量的马蒂尔峰度统计量[见方程(9. 79)]。另一种可能性是将每一变量的一元峰度估计值b_2[见方程(9. 75)]求平均

$$\hat{K}_2 = [3(p+q)]^{-1}\sum_{i=1}^{p+q} b_{2i} \tag{9.95}$$

方程(9. 95)说明,既然如果各变量服从多元椭圆分布,那么峰度值应相同。本特勒(Bentler,1985:50-51)提供了数个其他的K估计量,不过有刚刚给出的两个对于大多数应用而言就应当足够了。

前面各章均没有出现观测量的分布具有显著且相等的峰度但偏度为0的经验例子。不过,第7章的线长一例确实呈现出显著的多元峰度并具有近乎相等的一元偏度统计值(约为-1. 1)。我用它来说明椭圆估计量。五名被试对60根线条长度的估测被标记为x_1到x_5。表9. 5报告了x_1到x_5的 CFA 估计值,其中,只有一个因子且没有存在相关的测量误差。表中结果包括由F_{GLS}和由F_{WLS}采用$\mathbf{V}=\mathbf{S}$得到的估计值。由F_{ML}得到的估计值基本相同,故未呈现出来。由F_{GLS}和F_E所得估计值极为接近。F_E的卡方估计值(=2. 85)比F_{GLS}(=3. 26)的略小一些,而F_E的标准误往往略大一些。总的来说,纵然本例中的变量呈现相当大的峰度,但是椭圆估计量所得结果差别不大。

表9.5　五个线长估计值(x_1 到 x_5)的广义最小二乘(GLS)和椭圆广义最小二乘(EGLS)估计结果($N=60$)

参数	估计值(标准误)	
	F_{GLS}	F_E
λ_{11}	3.48(0.11)	3.48(0.11)
λ_{21}	1.09(0.05)	1.09(0.05)
λ_{31}	1.87(0.06)	1.87(0.07)
λ_{41}	1.13(0.04)	1.13(0.04)
λ_{51}	1.00(—)	1.00(—)
ϕ_{11}	1.15(0.22)	1.16(0.24)
VAR(δ_1)	0.22(0.06)	0.22(0.07)
VAR(δ_2)	0.09(0.02)	0.09(0.02)
VAR(δ_3)	0.16(0.03)	0.16(0.04)
VAR(δ_4)	0.02(0.01)	0.02(0.01)
VAR(δ_5)	0.04(0.01)	0.04(0.01)
χ^2	3.26	2.85
df	5	5
概率	0.66	0.72

对 F_{WLS} 的总结

WLS(任意分布函数)估计量既有优点也有缺点。主要优点在于它对观测变量的分布做的假定最少。若所选权重矩阵使得其元素包含 s_{ij} 和 s_{gh} 渐近协方差的一致性估计量，那么它就是一个有效估计量,并提供 $\hat{\boldsymbol{\theta}}$ 的渐近协方差矩阵和卡方检验统计量。F_{WLS} 也适用于分析样本相关矩阵,只要权重矩阵反映 r_{ij} 和 r_{gh} 相关的渐近协方差。这时的权重矩阵与 s_{ij} 和 s_{gh} 情形下的不同(见 de Leeuw,1983)。

F_{WLS} 的一个劣势是计算上的。以渐近自由分布形式,它要求对一个 $\frac{1}{2}(p+q)(p+q+1)$ 的方阵进行转置。对于一个有 10 个观测变量的中等规模问题,$\mathbf{W}$ 就是一个 55×55 的待转置矩阵。对于有多得多变量的模型,F_{WLS} 会变得更不可行。① 如果可以假定分布只有些微峰度或者是椭圆形的,那么我们就可以求助于需要更少计算量的其他估计量。F_{ML},F_{GLS},F_{ULS} 和 F_E 拟合函数都是 F_{WLS} 更简单的特例。

使用 F_{WLS} 时的另一个关注是收敛所需的样本规模似乎比 F_{ML},F_{GLS} 或 F_{ULS} 情形下的更大。有关 F_{WLS} 的小规模或中等规模样本特性仍知道得不多。因此,对非大规模样本使用 F_{WLS} 估计所得模型结果进行解释时要谨慎。政治民主 CFA($N=75$)是个例子,尽管结果

① 本特勒和戴克斯特拉(Bentler & Dijkstra,1985)建议"线性化估计量"(linearized estimator)和基于对原初一致性估计量一步改善的检验以减少计算。

中并不明显存在严重的问题。

最后,尚不清楚只出现中度非正态性情况下 F_{WLS} 或 F_E 是否胜过 F_{ML},F_{GLS} 或 F_{ULS}。问题是要知道什么时候非正态性会严重到需要采用 F_{WLS}。在对 ML 或 GLS 估计量的稳健性有更多了解之前,谨慎的策略是,当非正态性或者显著的峰度是一个问题时,将这些估计量的结果与 WLS 的结果加以比较。

分类观测变量

全书中我一直假定观测变量和潜变量是连续的。严格地讲,因测量工具的局限,这个假定对观测变量几乎总是会遭到违背。比如,若一把尺子的刻度只能精确到 1/4 英寸[①],那么我们将会把 1.30 英寸、1.21 英寸、1.33 英寸和 1.19 英寸都归为 $1\frac{1}{4}$英寸这一类。刻度以 1/4 英寸为间隔变动,而潜在的长度变量有更详细的刻度。在诸多应用中,长度的这一分类测度可能都并不会带来什么难题,因为观测变量仍会有大量类别。要求精细分级的其他情况下,刻度的粗略将是不可容忍的。社会科学中常见的是更粗糙的类别化测度。比如,教育被分组成小学、中学和大学教育,或者,收入被设定为四个或五个等级。采用五点或七点计分的李克特态度量表是社会科学研究中另一个常见类型的观测变量。这些甚至其他的例子中,测度是相当粗略的,而问题是在何种程度上就会导致具有误导性的结果。

本节介绍使用分类指标会违背的模型假定、违背假定的后果和一些修正方法。有大量关于分类变量的文献(如 Lazarsfeld & Henry,1968;Goodman,1972;Bishop,Fienberg and Holland,1975;Amemiya,1981;Maddala,1983)。我将讨论限于采用二分或定序指标的连续潜变量和结构方程模型的简单扩展。

违背的假定和后果

考虑 $\mathbf{y}^*$ 是一个由符合如下常规测量模型的 $\boldsymbol{\eta}$ 的连续型指标所构成的 $p\times1$ 向量:

$$\mathbf{y}^* = \Lambda_y\boldsymbol{\eta} + \boldsymbol{\epsilon} \tag{9.96}$$

其中,$E(\boldsymbol{\epsilon})=0$,$\boldsymbol{\epsilon}$ 与 $\boldsymbol{\eta}$ 不存在相关,且 $\boldsymbol{\eta}$ 为离差形式。我们并未观测到 $\mathbf{y}^*$,而是有 $\mathbf{y}$ 及 $\mathbf{y}$ 的一些或可能是全部指标,即 $\mathbf{y}^*$ 的分类变量形式。比如,y_1^* 或许是正态分布的,而 y_1 则是四个类别的定序变量。如此一来,至少对于一些行而言,$\mathbf{y}\neq\mathbf{y}^*$,因而

$$\mathbf{y} \neq \Lambda_y\boldsymbol{\eta} + \boldsymbol{\epsilon} \tag{9.97}$$

所以,一个后果是 $\mathbf{y}^*$ 的测量模型对 $\mathbf{y}$ 并不成立。

我定义 $\mathbf{y}^*$ 为潜在连续指标,但 $\mathbf{y}$ 包含观测指标,其中,有些是相应 $\mathbf{y}^*$ 变量的定序形式。对 $\mathbf{x}$ 和 $\mathbf{x}^*$ 也做了类似的界定。

另一个后果是定序变量的分布通常与潜在连续指标的不同。协方差 $\mathrm{ACOV}(s_{ij},s_{gh})$

---

① 1 英寸 =2.54 厘米。

不可能等于 ACOV(s_{ij}^*, s_{gh}^*)，其中 s_{ij} 和 s_{gh} 为 $\mathbf{y}$ 和 $\mathbf{x}$ 协方差矩阵的元素，s_{ij}^* 和 s_{gh}^* 为 $\mathbf{y}^*$ 和 $\mathbf{x}^*$ 协方差矩阵的相应元素。即便 $\mathbf{y}^*$ 和 $\mathbf{x}^*$ 是多元正态的，定序形式的 $\mathbf{y}$ 和 $\mathbf{x}$ 也会是高度非正态的。当然，我们可用 ADF 估计量(见上节)修正这个问题。但是，定序变量也会导致异方差性的干扰项或误差(Goldberger，1964:248-250)，而 ADF 估计量假定同方差性。

定序变量的更严重后果是对协方差结构假设的违背。假定对于 $\mathbf{y}^*$ 和 $\mathbf{x}^*$ 总体协方差矩阵 Σ^* 有 $\Sigma^* = \Sigma(\boldsymbol{\theta})$。一般地，定类的 $\mathbf{y}$ 和 $\mathbf{x}$ 的总体协方差矩阵 Σ 并不等于 Σ^* 且 $\Sigma \neq \Sigma(\boldsymbol{\theta})$。因此，协方差结构假设对潜在连续指标成立，但对定序观测指标则未必。设想 $\mathbf{S}$ 是 Σ 的一致性估计量，而 $\mathbf{S}^*$ 是 Σ^* 的一致性估计量。基于 $\mathbf{S}$ 的参数估计量和任一拟合函数(如 F_{ML})都可能不是真实参数向量 $\boldsymbol{\theta}$ 的一致性估计量。例如，在一个所有变量都被标准误成均值为 0、方差为 1 的简单回归方程中，回归系数的一致性估计量就是 y^* 和 x^* 之间的样本相关 r^*。总体中与 r^* 相对应的是 ρ^*。如果 y 和 x 是 y^* 和 x^* 的标准化定序形式，那么回归系数就是 y 与 x 的样本相关 r。如果 $\mathrm{plim}(r)$ 存在，它通常也不会等于真实参数 ρ^*。在更一般的情况下，不一致性的程度取决于 Σ 与 Σ^* 的关系。

稳健性研究

模型估计值与显著性检验对这些问题有多稳健?一些蒙特卡洛模拟研究给出了对稳健性的一个大致看法。一组研究比较了定序变量的相关和与其相对应的连续变量的相关(即 Σ 和 Σ^*)。这提供了协方差结构假设在多大程度上被违背的信息。之所以比较相关是因为定序变量的量尺通常是任意的。

伟利(Wylie，1976)、马丁(Martin，1978)、博伦和巴伯(Bollen & Barb，1981)，奥尔森、卓斯高和多朗斯(Dlsson，Drasgow and Dorans，1982)以及其他人的工作都表明分类测度之间的皮尔逊相关系数通常比对应的连续变量的更小。最大幅度的变小发生在任一分类变量的类别太少(例如，不超过五个)且分类变量呈正偏态的情况下。随着类别数的增加和边缘分布变得相似，相关上的差别缩小，Σ 也越来越接近 Σ^*。

此研究被局限于对相关的分析，只有少数的稳健性研究直接讨论到使用分类变量的结构方程模型。奥尔森(Olsson，1979a)分析过 6 个或 12 个变量的单因子模型。类别数从 2 到 9 个，观测变量的偏度也有所不同，同时因子负载从高到低。他发现，以"伪 χ^2 变量"(pseudo-χ^2 variate)测得的最差拟合出现在有正偏变量和有高因子负载的情况下。卡方看来并不会受类别数的很大影响。但是，计分点(scale point)越少且偏度上的差别越大，会导致因子负载的变小幅度也越大。

约翰逊和克里奇(Johnson & Creech，1983)以一个包含三个潜变量且每个潜变量有两个正态指标的结构方程模型做过模拟研究。其潜变量模型的 β 系数①为 0.6 或 0.4，而所有的 λ 系数为 0.6 或 0.9。拆并变量被分组成 2,3,4,5,10,20② 或 36 个类别并赋以连续整数值。针对类别化测度，案例被进行归类以近似得到"正态的"或均匀的边缘分布。他

① 原文此处为 Both coefficients of their latent variable model…，经核对 Johnson & Creech(1983)原文，此句首的 Both 应为 Beta 之误。——译者注

② 原文此处为 or，但 Johnson & Creech(1983)文中为 and。——译者注

们发现,使用类别化变量的模型中出现了存在相关的测量误差。这些误差最可能在 λ 系数大(0.9)、类别数少且均匀分布的情形中出现。当 λ 系数为 0.6 时,存在相关的误差大大减少。这一针对类别化指标的分析证明了存在低估潜变量模型系数的倾向,不过低估的程度在标准化系数上的大多数差值(绝对值形式)小于 0.4 的情况下相对较小。最大的差异往往出现在 2,3 或 4 个类别的情形。他们并未报告类别化模型的卡方和 λ 估计值。

巴巴科斯、弗格森和约斯库革(Babakus,Ferguson and Jöreskog,1987)考查过一个有四个正态分布指标的单因子模型。连续型 $\boldsymbol{y}^*$ 被拆并成五个类别,且每个要么具有 U 形边缘分布,要么具有偏度系数为 0,0.5 或 1.5 的分布。他们发现分析皮尔逊相关矩阵通常会导致低估因子负载却高估它们的标准误。过大的卡方值是超额峰度引起的,但它在边缘分布呈钟形的情形下是正确的。

邦斯玛(Boomsma,1983)分析了 ML 估计量对非正态的离散分布的稳健性。观测变量的类别为二到五个,偏度在数个值上变动,故他们考查了数个不同的模型。邦斯玛的分析相比于以前的一个重要差别是结构方程对离散变量 $\mathbf{y}$ 和 $\mathbf{x}$ 的协方差矩阵 Σ 而言仍成立[即 $\Sigma = \Sigma(\boldsymbol{\theta})$],不过它并不与 $\mathbf{y}^*$ 和 $\mathbf{x}^*$ 的协方差矩阵 Σ^* 相匹配[即 $\Sigma^* \neq \Sigma(\boldsymbol{\theta})$]。邦斯玛(Boomsma,1983)发现参数估计值并未出现偏差但渐近标准误是不准确的。卡方表现出只受到类别化和弱偏态的不大影响。在高偏态的情况下,卡方倾向过大。

穆腾和卡普兰(Muthén & Kaplan,1985)对非正态分类变量情形下因子分析的 ML,GLS 和 ADF(WLS)估计量做过比较。他们设定了一个对分类变量和连续变量均成立[即 $\Sigma = \Sigma(\boldsymbol{\theta})$ 且 $\Sigma^* = \Sigma(\boldsymbol{\theta})$]的结构模型。他们发现,ML 和 GLS 卡方检验与估计的标准误都相当稳健,除观测变量的偏度或峰度较大的情形之外。布朗的 ADF 估计量即便在这些情形下也表现很好。穆腾和卡普兰(Muthén & Kaplan,1985)建议,若变量的偏度和峰度为 -1.0 到 $+1.0$ 的话,我们使用 F_{ML} 和 F_{GLS} 也并不会出现太过严重的歪曲。

我以线段长度判断一例来说明上述的一些发现。回想一下,五名被试估测出 60 根分别画在每张卡片上的线条的长度。我将被试估测出的长度处理成感知长度的五个指标。这些数据的 ML 估计值见表 9.6 中第一列。然后我创建了每一被试的估测值据以进行分类的三个类别——短、中和长。对每一变量,计算了极差并被区分成三个相等的区间。形成了两种分类测度。第一种以连续整数(1,2 和 3)对每一类别进行赋值。第二种对每一类别和每一被试赋以中点值,并将中点作为各类别的编码。然后以 ML 拟合函数对"折叠"变量的协方差矩阵进行分析。这些估计值见表 9.6 中最后两列。"等级"列与第一列的比较表明了长度的原初度量标准的损失。第一个被试的估测具有不同于其他四个的单位(测度单位)这一事实不再是显而易见的。但是,对各类别的中点赋值得到了与原初变量所得的接近且反映原初单位的 λ_{ij} 估计值。

中点分类下的 ϕ_{11} 估计值略小于原初变量下的(0.94 相对于 1.15)。中点分析时的误差方差估计值通常远大于原初变量时的。比如,对于被试一,采用中点等级数据时的误差方差约为 0.8,尽管采用原初数据时它约为 0.2。这意味着分类测度往往会导致得到的比其对应的连续测度时更大的误差方差。通常,中点测量数据下的标准误会比原初数据的更大。

表 9.6　线长一例中五个被试原始测度、三类等级测度和三类中点测度的 ML 估计值比较($N=60$)

参数	估计值(标准误)		
	原始变量	等级(3 类)	中点(3 类)
λ_{11}	3.48(0.11)	1.00(0.06)	3.65(0.22)
λ_{21}	1.09(0.05)	0.99(0.06)	1.23(0.07)
λ_{31}	1.87(0.07)	0.98(0.07)	1.78(0.13)
λ_{41}	1.13(0.04)	1.07(0.06)	1.10(0.06)
λ_{51}	1.00(—)	1.00(—)	1.00(—)
ϕ_{11}	1.15(0.22)	0.62(0.13)	0.94(0.20)
VAR(δ_1)	0.23(0.06)	0.04(0.01)	0.81(0.18)
VAR(δ_2)	0.09(0.02)	0.04(0.01)	0.10(0.02)
VAR(δ_3)	0.16(0.03)	0.11(0.02)	0.55(0.11)
VAR(δ_4)	0.02(0.01)	0.01(0.01)	0.01(0.01)
VAR(δ_5)	0.05(0.01)	0.09(0.02)	0.13(0.03)
χ^2	4.0	21.2	21.2
df	5	5	5
概率	0.549	<0.001	<0.001

进行分类的另一个后果是会得到相关的测量误差。原初变量的拉格朗日乘数(Lagrangian multiplier, LM)(见第 7 章)并未给出相关误差的强烈信号。相比之下,对于中点分类数据,误差协方差矩阵的非对角线元素上出现了很大的一阶 LM 统计结果。这一发现与约翰逊和克里奇(Johnson & Creech, 1983)所做的模拟研究一致,他们也发现了模型中使用分类测度所产生的相关误差。

最后,自由度为 5 的卡方估计值 21.2 远大于原初变量情形下的卡方值 4.0。起先这似乎与奥尔森(Olsson, 1979)发现计分点的数目对卡方估计值几乎没有影响的工作相矛盾。这一点格外正确,因为初始和类别化变量的边缘偏度相对较弱(最大的$\sqrt{b_1}\approx 0.15$)。

但是,奥尔森(Olsson, 1979a)几乎未考虑峰度对卡方估计值的影响。如前所示,原初变量的峰度低于正态分布。类别化增大了这些变量的峰度。等级和中点变量的正态化马蒂尔峰度系数为 17.2,而原初测度的仅为 2.3。看起来通过增大分类变量的峰度,卡方估计值相对于原初测度时也会被增大。为了探索这一可能性,我新创建了一组等级,它们被设计成具有更小的负峰度(边缘大致为 20%, 60%, 20%)。此模型具有甚至在 0.25 水平上也不显著的卡方估计值6.1。它也更接近原初模型的卡方估计值 4.06。因此,的确是变量的峰度而非计分点的数目会导致更大的卡方估计值。

对类别化稳健性的总结

分类变量的结构方程技术的稳健性分析处于发展的早期阶段。迄今为止的发现指出了将定序指标作为连续变量来处理的若干后果。第一,正态潜在指标的定序形式上的超额峰度和偏度会对以 F_{ML} 或 F_{GLS} 所得卡方和统计显著性的 z 检验产生不良影响。第二,卡方估计值受定序变量峰度和偏度的影响似乎比受其类别数的影响更强。第三,当协方差结构假设对潜在连续指标成立[$\Sigma^* = \Sigma(\boldsymbol{\theta})$]而对定序变量不成立[$\Sigma \neq \Sigma(\boldsymbol{\theta})$]时,标准化系数似乎会出现变小。①变小的幅度与类别数呈反向关系,最大出现在两个或三个类别的情况下,而七个或更多类别的情况下会小得多。第四,具有很少类别且原初因子负载大会使得采用定序指标的模型更可能出现存在相关的测量误差。最后,必须将这些作为初步的发现,直到研究者确定他们是否在更宽泛条件下推广至更多样化的模型。比如,我们对潜在连续指标为非正态时的稳健性所知甚少。

修正方法

上节介绍了用定序指标代替潜在连续指标的若干后果:

$$\begin{aligned}\mathbf{y} &\neq \Lambda_y\boldsymbol{\eta} + \boldsymbol{\epsilon}\\ \mathbf{x} &\neq \Lambda_x\boldsymbol{\xi} + \boldsymbol{\delta}\end{aligned} \tag{9.98}$$

$$\Sigma \neq \Sigma(\boldsymbol{\theta}) \tag{9.99}$$

$$\mathrm{ACOV}(s_{ij}, s_{gh}) \neq \mathrm{ACOV}(s_{ij}^*, s_{gh}^*) \tag{9.100}$$

任何修正方法都应处理其中的每一个问题。从方程(9.98)入手,可以看到联系 $\mathbf{y}$($\mathbf{x}$)和 $\boldsymbol{\eta}$($\boldsymbol{\xi}$)的线性模型不再合适。需要非线性函数来将观测定序指标($\mathbf{y}$ 和 $\mathbf{x}$)与潜在连续指标($\mathbf{y}^*$ 和 $\mathbf{x}^*$)连起来。对一个定序指标 y_1,示例如下:

$$y_1 = \begin{cases} 1, & y_1^* \leqslant a_1 \\ 2, & a_1 < y_1^* \leqslant a_2 \\ \vdots & \vdots \\ c-1, & a_{c-2} < y_1^* \leqslant a_{c-1} \\ c, & a_{c-1} < y_1^* \end{cases} \tag{9.101}$$

其中,c 为 y_1 的类别数,a_i($i=1,2,\cdots,c-1$)为类别门槛,而 y_1^* 为潜在连续指标,随着它跨过不同门槛从而确定 y_1 的值。图 9.4 示意了有三个类别和两个门槛的定序变量 y_1 与潜在连续指标 y_1^* 的门槛模型。如果 y_1^* 小于 a_1,y_1 是在类别一;如果 $a_1 < y_1^* \leqslant a_2$,$y_1$ 是在类别二;而如果 y_1^* 超过 a_2,y_1 是在类别三。类似的非线性关系对其他的定序 y 和 x 也成立。若 y_i 或 x_j 是连续的,则有简单关系 $y_i = y_i^*$ 或 $x_j = x_j^*$,故这些变量并不需要门槛模型。

---

① 对于因子负载并无系统偏差的线长一例的中点赋值而言,此模式在非标准化负载上并不明显。

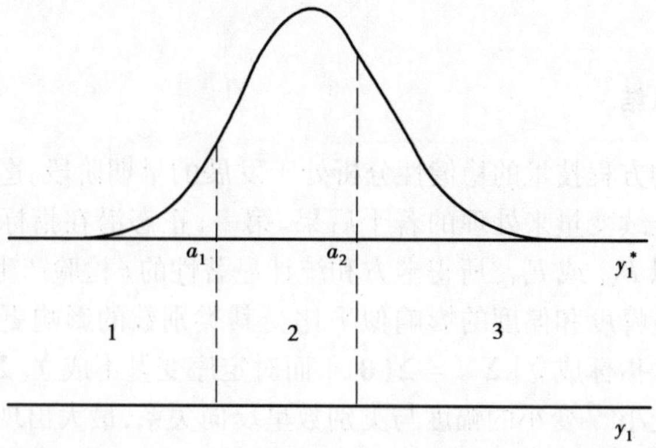

图 9.4　一个三类别、两门槛 Y_1 与一个隐含的 y_1^* 变量的示意图

对定序(包括二分类)指标,我们必须确定门槛。如果知道 y_i^* 和 x_j^* 的分布及 y_i 和 x_i 每一类别上案例的样本比例,我们便可以估计出它们。最常见的假定是 y^* 和 x^* 服从多元正态分布。如此一来,这些变量的边缘分布也是正态的。既然与定序变量对应的 y^* 和 x^* 的尺度是任意的,那么就可以将它们每一个都标准化成均值为 0 和方差为 1。门槛的估计值为:

$$a_i = \Phi^{-1}\left(\sum_{k=1}^{i}\frac{N_k}{N}\right), i = 1,2,\cdots,c-1 \qquad (9.102)$$

其中,$\Phi^{-1}(\cdot)$为标准正态分布函数的逆,N_k 为第 k 个类别的案例数,而 c 是 y 或 x 的总类别数。

作为示例,考虑发展中社会工业化和政治民主模型中用到的 1960 年新闻自由测量指标(如 y_1)的类别化形式。① 新闻自由的边缘频数、比例和累积比例($N=75$)为:

类别	1	2	3	4	5	6	7	8
频数	8	13	5	13	5	22	4	5
比例	0.106 7	0.173 3	0.066 7	0.173 3	0.066 7	0.293 3	0.053 3	0.066 7
累积比例	0.106 7	0.280 0	0.346 7	0.520 0	0.586 7	0.880 0	0.933 3	1.000 0

查阅标准正态分布表,可知这些累积比例对应如下门槛:

门槛	a_1	a_2	a_3	a_4	a_5	a_6	a_7
估计值	−1.24	−0.58	−0.39	0.05	0.22	1.17	1.50

如果潜在连续的新闻自由指标 y_1^* 为 −0.53,那么 y_1 就是在类别三;一个 0.79 的 y_1^* 意味着类别六的 y_1;据此类推。我们可以用相同的方式来估计所有定序指标的门槛。定

① 我将原初变量拆并成了这里所示的八个类别。

序变量的边缘分布可以有峰度或偏度，因为我们并未假定定序变量是正态的，尽管我们确实对潜在连续指标假定了正态性。当然，如果潜在连续指标具有非正态分布，那么门槛就是另一回事了。

总之，为了修正一些 y 和一些 x 为定序变量时，$\mathbf{y} \neq \mathbf{\Lambda}_y \boldsymbol{\eta} + \boldsymbol{\epsilon}$ 和 $\mathbf{x} \neq \mathbf{\Lambda}_x \boldsymbol{\eta} + \boldsymbol{\delta}$ 的问题，我们将门槛模型增加到常规测量模型。门槛模型将定序的 y 和 x 与其对应的潜在连续变量 y^* 和 x^* 连起来。更熟悉的测量模型对 $\mathbf{y}^*$ 和 $\mathbf{x}^*$ 成立，因此

$$\mathbf{y}^* = \mathbf{\Lambda}_y \boldsymbol{\eta} + \boldsymbol{\epsilon} \tag{9.103}$$

$$\mathbf{x}^* = \mathbf{\Lambda}_x \boldsymbol{\xi} + \boldsymbol{\delta} \tag{9.104}$$

定序指标的第二个后果是协方差结构假设对于观测变量的协方差矩阵通常并不成立[即 $\Sigma \neq \Sigma(\boldsymbol{\theta})$]。① 但是，模型对于潜在连续指标确实成立，因此 $\Sigma^* = \Sigma(\boldsymbol{\theta})$，其中，$\Sigma^*$ 为 $\mathbf{y}^*$ 和 $\mathbf{x}^*$ 的协方差矩阵。那么，就需要估计 Σ^* 以代替分析中 Σ 的估计值。

为了通过定序指标估计 Σ^*，我们必须假定潜在连续指标的分布。与门槛模型时一样，通常假定 $\mathbf{y}^*$ 和 $\mathbf{x}^*$ 是多元正态的。我们可以估计出 $\mathbf{y}^*$ 和 $\mathbf{x}^*$ 中每对变量的相关性。如果两个变量都是连续的，那么可以用皮尔逊相关。如果两个变量都是定序的，那么潜在连续指标之间的相关性被称作多项相关(polychoric correlation)。两个二分类指标多项相关的一个特例是四项相关(tetrachoric correlation)。最后，当一个为定序变量而另一个为连续变量时，就得到多序列相关(polyserial correlation)。

两个定序指标间多项相关的 ML 估计体现了估计潜在连续指标间相关所涉及的原理。对于由两个定序变量 y 和 x 得到的一张 $c \times d$ 表格，对数似然函数为(Olsson, 1979b)：

$$\ln L = A + \sum_{i=1}^{c} \sum_{j=1}^{d} N_{ij} \ln(\pi_{ij}) \tag{9.105}$$

其中，c 和 d 是第一和第二个定序指标的类别数，A 是一个无关的常数，而 N_{ij} 是第 i 和第 j 类上观测案例的频数。x 的门槛为 $a_i(i=0,1,\cdots,c)$，而 y 的门槛为 $b_j(j=0,1,\cdots,d)$，其中，$a_0 = b_0 = -\infty$，$a_c = b_d = +\infty$。另外

$$\pi_{ij} = \Phi_2(a_i, b_j) - \Phi_2(a_{i-1}, b_j) - \Phi_2(a_i, b_{j-1}) + \Phi_2(a_{i-1}, b_{j-1}) \tag{9.106}$$

其中，$\Phi_2(.\,,\,.)$ 是相关为 ρ 的二元正态分布函数。

按照 ML 原理，我们可以求方程(9.105)中 $\ln L$ 对 $\rho, a_1, \cdots, a_{c-1}, b_1, \cdots, b_{d-1}$ 的偏导数。联立求解 ρ 和所有门槛需要用到数值方法并且计算量很大，因为它涉及数值积分。奥尔森(Olsson, 1979b:447)提供了必要的一阶导数。

一个替代性的两步法是首先像上面所做的那样依据单变量边缘分布估计门槛 a_i 和 b_j。然后，基于这些门槛值，求解出 ρ。奥尔森(Olsson, 1979b)提示这一两步法与更复杂的联立估计程序表现得几乎同样好。四项相关的 ML 估计只是刚刚介绍的多项相关的一个特例。奥尔森、卓斯高和多朗斯(Olsson, Drasgow and Dorans, 1982)介绍过多序列相关的 ML 估计。

表 9.7 给出了政治民主例子的八个指标的皮尔逊相关(上三角)和多项相关。无一例

---

① 我说通常是因为不可能有对定序和连续指标都成立的协方差结构假设(见 Muthén and Kaplan, 1985)。

外,多项相关都大于相应的皮尔逊相关。多项相关矩阵是 Σ^* 的一致性估计量,我们可以用它来检验假设 $\Sigma^* = \Sigma(\boldsymbol{\theta})$。

表 9.7　政治民主指标(x_1 到 x_8)之间的皮尔逊相关(上三角)和多项相关(下三角)

	x_1	x_2	x_3	x_4	x_5	x_6	x_7	x_8
x_1		0.585	0.677	0.686	0.733	0.635	0.638	0.670
x_2	0.658		0.440	0.707	0.547	0.727	0.564	0.646
x_3	0.748	0.511		0.563	0.560	0.408	0.613	0.512
x_4	0.739	0.760	0.670		0.659	0.655	0.670	0.726
x_5	0.771	0.618	0.627	0.707		0.561	0.662	0.646
x_6	0.723	0.834	0.501	0.737	0.661		0.575	0.733
x_7	0.722	0.659	0.709	0.769	0.716	0.721		0.677
x_8	0.710	0.689	0.591	0.792	0.691	0.801	0.787	

注:定序指标的类别数分别为 8,5,4,5,9,5,4 和 5。

用我介绍过的任一拟合函数对 $\hat{\Sigma}^*$ 进行分析会得到 $\boldsymbol{\theta}$ 的一致性估计量。但是,F_{ML},F_{GLS} 或 F_{ULS} 得到的标准误、z- 检验、卡方检验和其他显著性检验都不正确。更好的选择是 F_{WLS}:

$$F_{\mathrm{WLS}} = [\hat{\boldsymbol{\rho}} - \boldsymbol{\sigma}(\boldsymbol{\theta})]'\mathrm{W}^{-1}[\hat{\boldsymbol{\rho}} - \boldsymbol{\sigma}(\boldsymbol{\theta})] \tag{9.107}$$

其中,$\hat{\boldsymbol{\rho}}$ 是一个 $\frac{1}{2}(p+q)(p+q+1)\times 1$ 向量,其中包含 $\mathbf{y}^*$ 和 $\mathbf{x}^*$ 每对变量之间的非冗余相关对应的多项、多序列和皮尔逊相关系数,$\boldsymbol{\sigma}(\boldsymbol{\theta})$ 是对应的具有同样维度的内隐协方差矩阵的向量,而 $\mathbf{W}$ 是 $\hat{\boldsymbol{\rho}}$ 的渐近协方差矩阵的一致性估计量。关于 $\mathbf{W}$ 的估计量,请见穆腾(Muthén,1984)。

表 9.8 列出了包含 1960 年和 1965 年各四个指标的政治民主 CFA 面板模型的 Λ_x 估计值及其标准误(s. e.)。第一列给出了通过分析多项相关并使用穆腾(Muthén,1987)的 LISCOMP 程序提供的权重矩阵所得到的 F_{WLS} 估计值和渐近标准误。第二列呈现了对多项相关应用 F_{ML} 所得的结果。由于 F_{ML} 使用有误的权重矩阵,所以,尽管 θ 的估计量是一致性的,但是我们预期标准误和卡方估计值是不准确的。最后,第三列提供了对定序指标的皮尔逊相关矩阵应用 F_{ML} 所得的结果。这里连一致性都无法得到保证。

比较因子负载,我们发现,对多项相关应用 F_{WLS} 和 F_{ML} 所得结果是最接近的。既然这两个估计量在分析多项相关时都是一致性的,所以这并不奇怪。由 F_{WLS} 得到的 $\hat{\lambda}_{ij}$ 的标准误最小。本例中,当我们分析多项相关时,F_{ML} 得到的是夸大的渐近标准误。

表 9.8　政治民主八个指标一例中将 F_{WLS} 和 F_{ML} 应用于多项相关、将 F_{ML} 应用于皮尔逊相关得到的因子负载估计值、标准误和卡方估计值

参数	估计值（标准误） F_{WLS}（多项相关）	F_{ML}（多项相关）	F_{ML}（皮尔逊相关）
λ_{11}	1.00^c (—)	1.00^c (—)	1.00^c (—)
λ_{21}	0.89 (0.06)	0.90 (0.11)	0.87 (0.13)
λ_{31}	0.94 (0.06)	0.89 (0.11)	0.83 (0.13)
λ_{41}	1.01 (0.05)	1.04 (0.10)	1.02 (0.12)
λ_{52}	1.00^c (—)	1.00^c (—)	1.00^c (—)
λ_{62}	1.07 (0.07)	1.03 (0.13)	0.94 (0.14)
λ_{72}	1.08 (0.07)	1.10 (0.12)	1.02 (0.14)
λ_{82}	1.08 (0.08)	1.09 (0.12)	1.06 (0.14)
χ^2	16.2	22.5	14.4
df	13	13	13
p 值	0.24	0.05	0.35

注:c 为受约束参数。

最后一列呈现了将 F_{ML} 应用于定序指标的皮尔逊相关所得结果,因子负载(除 λ_{41} 外)小于第一列中的。这与发现因子负载在分析定序测度的皮尔逊相关时会变小的模拟研究相符。不过,对于大多数因子负载而言,这种变小却是令人惊讶的。第三列中的渐近标准误是不正确的且远大于第一列中的。第一列和第三列中的卡方估计值比较接近。对多项相关应用 F_{ML} 得到的卡方估计值要大得多。这些结果与巴巴科斯、弗格森和约斯库革(Babakus,Ferguson and Jöreskog,1987)的模拟研究一致。但是,本例由于样本规模小($N=75$)必须被谨慎地加以对待。这些估计量的大样本特性是明确的,但中小样本特性一直未得到研究。

我们可以在数个方向上将这一方法扩展至非连续型指标。一是纳入删截或截断变量。先考虑一个删截变量:

$$y_1 = y_1^*, 若\ y_1^* \geq L \tag{9.108}$$

$$y_1 = L, 若\ y_1^* < L \tag{9.109}$$

y_1 指标被下删截,因此任何小于临界值 L 的 y_1^* 都被编码为 L。类似的方程对上删截指标或上下同时删截指标也成立。下删截变量的一个例子是 y_1^* 等于购买汽车的倾向而 y_1 是购买价值。在任何一年里,样本中的大部分并未购买汽车,因此,对于这些非购入者,尽管他们的 y_1^* 并不相同,但 y_1 都为0。上部或下部被截断的指标有类似的方程,除了 y_1 在 y_1^* 高于或低于某个临界值时是未观测到的而非取特定值之外。

对删截或截断变量,我们可以沿用与定序变量时类似的策略:构建一个门槛模型,估计相关(协方差)矩阵 $\hat{\Sigma}^*$,得到 $\hat{\Sigma}^*$ 中元素的渐近协方差矩阵的逆,并用这作为 F_{WLS} 中的权重矩阵。相关的进一步讨论,请参见穆腾(Muthén,1987)与约斯库革和松波(Jöreskog & Sörbom,1986b)。

带有非连续型指标的模型的另一扩展是估计均值和截距。穆腾(Muthén,1984,1987)的 LISCOMP 模型用两个方程来实现这点:

$$\boldsymbol{\eta} = \boldsymbol{\alpha} + \boldsymbol{\beta\eta} + \boldsymbol{\Gamma}\mathbf{x} + \boldsymbol{\xi} \tag{9.110}$$

$$\mathbf{y}^* = \boldsymbol{\upsilon} + \boldsymbol{\Lambda\eta} + \boldsymbol{\epsilon} \tag{9.111}$$

其中,$\boldsymbol{\alpha}$ 和 $\boldsymbol{\upsilon}$ 是截距项,其他变量和假定与之前相同。例外之处在于我们假定对外生变量有 $\mathbf{x} = \boldsymbol{\xi}$,而穆腾假定 $\mathbf{y}^*$ 在给定 $\mathbf{x}$ 的条件下服从多元正态分布。我们不需要假定 $\mathbf{x}$ 的分布,因此它可以由虚拟变量或其他非正态分布变量构成。

对这一模型,给定 $\mathbf{x}$ 的条件下 $\mathbf{y}^*$ 的内隐协方差矩阵为:

$$(\Sigma^* \mid x) = \boldsymbol{\Lambda}(\mathbf{I} - \mathbf{B})^{-1}\boldsymbol{\Psi}(\mathbf{I} - \mathbf{B})'^{-1}\boldsymbol{\Lambda}' + \boldsymbol{\Theta} \tag{9.112}$$

同时,给定 $\mathbf{x}$ 下 $\mathbf{y}^*$ 的均值为:

$$E(\mathbf{y}^* \mid \mathbf{x}) = \boldsymbol{\upsilon} + \boldsymbol{\Lambda}(\mathbf{I} - \mathbf{B})^{-1}\boldsymbol{\alpha} + \boldsymbol{\Lambda}(\mathbf{I} - \mathbf{B})^{-1}\boldsymbol{\Gamma}\mathbf{x} \tag{9.113}$$

其中,$\boldsymbol{\Psi}$ 和 $\boldsymbol{\Theta}$ 分别为 $\boldsymbol{\zeta}$ 和 $\boldsymbol{\epsilon}$ 的协方差矩阵。在 $\mathbf{x}$ 不存在的情形中,以 $\mathbf{x}$ 为条件没有意义,故方程(9.113)的最后一项消失。

穆腾(Muthén,1984,1987)提出了一个三阶段估计法,借以用有限信息方法和 F_{WLS} 拟合函数估计这些方程。此法与前面针对定序指标所介绍的方法相似,并增加了截距项和 $\mathbf{x}$ 变量。最后,穆腾将此模型进一步一般化,使得它可应用于多群体分析。

写作本书时,拟合带有多个非连续型指标的模型的最一般软件是穆腾(Muthén,1987)的 LISCOMP 程序与约斯库革和松波(Jöreskog & Sörbom,1986a)的 PRELIS 程序。PRELIS 程序产生 Σ^* 的估计值和 F_{WLS} 的权重矩阵与 LISREL Ⅶ 一同使用。

小 结

本章介绍了对第 8 章中一般模型的扩展。我说明了替代标识符号,它能够扩展结构方程模型的应用,使得不再需要先前诸如不允许指标之间直接相互影响等限定。我也展示了均值和截距、相等和不等约束及交互-二次项可被纳入模型。新一代更具一般性的椭圆和 ADF 估计量也作了介绍。最后,概述了本方法在分类数据情况下的稳健性以及可明确考虑分类指标的新方法。

结构方程模型仍是社会科学研究中一个极其活跃的领域。本章展示了其中一些可能得以进一步发展的领域。尤其是有可能将会出现更多围绕交互项和二次项开展的研究工作,因为当前的解决方案并不完全令人满意。类似地,在分类数据处理上也可能出现进一步的创新,或许会得到比潜在变量的多元正态性更宽松的假定和减小这些方法的计算负担的其他方式。减少 WLS(ADF)估计量的计算负担的方式和新的有限信息估计量的出现是两个其他的期待目标。

附录 9A　图 9.1(c)中模型的 LISREL 程序

用诸如 LISREL 或 EQS 等软件拟合以方程(9.1)到方程(9.5)标识符号呈现的模型是件简单的事情。使用 EQS,用户可以为每一内生变量设定一个方程并将所有潜在或观测解释变量纳入方程的右边。LISREL 中,只用 LAMBDA-Y、BETA 和 PSI 矩阵。下面我给出了估计图 9.1(c)中所示模型的 LISREL 程序。

```
OBJEC. & SUBJ. SES EXAMPLE IN FIGURE 9.1 (c)
DA NI = 5 NO = 432 MA = CM
KM
 *
1.000
0.292  1.000
0.282  .184  1.000
  .166  .383  .386  1.000
  .231  .277  .431  .537  1.000
SD
 *
21.277  2.198  0.640  0.670  0.627
LA
 *
'X2'  'X1'  'Y2'  'Y1'  'Y3'
SE
'Y1'  'Y2'  'Y3'  'X1'  'X2'
MO NY = 5 NE = 6 PS = FI TE = ZE BE = FU,FI
LE
 *
'OBJINC' 'OBJOCC' 'LATSES' 'SUBJINC' 'SUBJOCC' 'SUBJGEN'
FR BE 3 1 BE 3 2 BE 4 1 BE 4 3 BE 5 2 BE 5 3
FR PS 1 1 PS 2 1 PS 2 2 PS 3 3 PS 4 4 PS 5 5 PS 6 6
```

```
ST 1 BE 6 3 LY 1 4 LY 2 5 LY 3 6 LY 4 1 LY 5 2
ST 1.063 BE 4 3
ST  .776 BE 5 3
ST  .078 BE 3 1
ST  .004 BE 3 2
ST  4.831 PS 1 1
ST  452.711 PS 2 2
ST  13.656 PS 2 1
ST   .165 PS 3 3
ST   .209 PS 4 4
ST   .282 PS 5 5
ST   .181 PS 6 6
OU SE TV RS MI TO NS
```

附录 A 矩阵代数回顾

本附录介绍矩阵的一些最基本的概念和特性。附录中的许多矩阵与本书正文中提到的矩阵具有相同的命名方式，之所以这样，是方便读者在回顾矩阵代数的同时更加熟悉结构方程的相关内容。若是需要更详细地了解矩阵代数，请参阅伦内伯格和阿伯特（Lunneborg & Abbott，1983）、瑟尔（Searle，1982）、格雷比尔（Graybill，1983）或哈德利（Hadley，1961）的相关文献。

常量、向量和矩阵

常量、向量和矩阵之间存在最基本的区别。常量是一个单独的元素、数值或者数量。比如，x_1 和 x_2 的协方差 $\mathrm{COV}(x_1,x_2)$、数值 5、回归系数 $\boldsymbol{\beta}_{21}$都是常量。

将两个或两个以上的常量写成一行或一列，便构成行向量或列向量。行向量可表示为 $1\times c$，其中，1 为行数、c 为列数（元素的个数）；同样，列向量可表示为 $r\times 1$。下面是三个向量的例子：

$$\boldsymbol{\xi} = \begin{bmatrix} \xi_1 \\ \xi_2 \\ \xi_3 \end{bmatrix}, \boldsymbol{a}' = [1 \quad 4 \quad 5 \quad 2], \Gamma'[\gamma_{11} \quad \gamma_{21}]$$

为了与常量进行区别，用黑体字显示的符号（如 $\boldsymbol{\xi}$）表示它是一个向量（或者矩阵）。在上面的例子中 $\boldsymbol{\xi}$ 是一个 3×1 的列向量，而 $\boldsymbol{a}'$和 $\boldsymbol{\Gamma}'$，分别为 1×4 和 1×2 的行向量。用上标符号“′”将行向量（如 $\boldsymbol{a}'$）与列向量（如 $\boldsymbol{\xi}$）加以区分。

另外，上标符号“′”也是转置运算符，将在后文中定义。

矩阵由一组排列成行和列的元素构成，矩阵也用黑体字符号来表示。矩阵可以表示为 $r\times c$ 的矩阵，其中 r 为行数、c 为列数。$r\times c$ 也是矩阵的维数。看下面的例子：

$$\mathbf{S} = \begin{bmatrix} s_{11} & s_{12} \\ s_{21} & s_{22} \end{bmatrix}, \boldsymbol{\Gamma} = \begin{bmatrix} 0 & \gamma_{12} \\ \gamma_{21} & 0 \\ 0 & 0 \end{bmatrix}$$

其中，$\mathbf{S}$ 是 2×2 的矩阵，而 $\boldsymbol{\Gamma}$ 是 3×2 的矩阵。

向量和常量是矩阵的特例。行向量是一个 $1\times c$ 的矩阵，列向量是一个 $r\times 1$ 的矩阵，而常量为 1×1 的矩阵。两个矩阵 $\mathbf{S}$ 和 $\mathbf{T}$ 相等，首先它们的维数要相同，并且矩阵 $\mathbf{S}$ 的每一个元素 s_{ij}与矩阵 $\mathbf{T}$ 对应的元素 t_{ij}也必须相同。下例中，矩阵 $\mathbf{S}$ 和矩阵 $\mathbf{T}$ 相等，而矩阵 $\mathbf{S}$ 和矩阵 $\mathbf{T}^*$ 却不相等：

$$\mathbf{S}=\begin{bmatrix}s_{11} & 0\\ s_{21} & s_{22}\end{bmatrix},\mathbf{T}=\begin{bmatrix}s_{11} & 0\\ s_{21} & s_{22}\end{bmatrix}$$

$$\mathbf{S}=\mathbf{T}$$

$$\mathbf{S}=\begin{bmatrix}s_{11} & 0\\ s_{21} & s_{22}\end{bmatrix},\mathbf{T}^{*}=\begin{bmatrix}s_{11} & 0\\ 0 & s_{22}\end{bmatrix}$$

$\mathbf{S}\neq\mathbf{T}^{*}$,因为 $s_{21}\neq 0$

矩阵运算

两个或两个以上的矩阵相加,它们必须具有相同的维数,相加所得的结果矩阵也具有同样的维数,而且结果矩阵的每一个元素等于相加的几个矩阵对应元素之和,例如:

$$\mathbf{B}=\begin{bmatrix}\beta_{11} & \beta_{12}\\ \beta_{21} & \beta_{22}\end{bmatrix},\mathbf{I}=\begin{bmatrix}1 & 0\\ 0 & 1\end{bmatrix}$$

$$\mathbf{B}+\mathbf{I}=\begin{bmatrix}\beta_{11}+1 & \beta_{12}\\ \beta_{21} & \beta_{22}+1\end{bmatrix}$$

矩阵加法有两个有用的运算规律,具有相同维数的矩阵 **S**,**T** 和 **U**:

1. $\mathbf{S}+\mathbf{T}=\mathbf{T}+\mathbf{S}$。
2. $(\mathbf{S}+\mathbf{T})+\mathbf{U}=\mathbf{S}+(\mathbf{T}+\mathbf{U})$。

只有当第一矩阵的列数与第二个矩阵的行数相同时,这两个矩阵才能相乘。满足这个条件的矩阵才符合矩阵乘法的要求。若第一个矩阵是 $a\times b$ 的矩阵,第二个矩阵是 $b\times c$ 的矩阵,那么它们相乘后得到的结果矩阵为 $a\times c$ 的矩阵。

相乘后结果矩阵的第 ij 个元素为第一个矩阵第 i 行与第二个矩阵第 j 列对应元素乘积之和。来看两个矩阵,**S** 是 $a\times b$ 的矩阵,**T** 是 $b\times c$ 的矩阵:

$$\overset{\mathbf{S}}{\begin{bmatrix}s_{11} & s_{12} & \cdots & s_{1b}\\ s_{21} & s_{22} & \cdots & s_{2b}\\ \vdots & \vdots & \vdots & \vdots\\ s_{a1} & s_{a2} & \cdots & s_{ab}\end{bmatrix}}\overset{\mathbf{T}}{\begin{bmatrix}t_{11} & t_{12} & \cdots & t_{1c}\\ t_{21} & t_{22} & \cdots & t_{2c}\\ \vdots & \vdots & \vdots & \vdots\\ t_{b1} & t_{b2} & \cdots & t_{bc}\end{bmatrix}}$$

$$\mathbf{U}$$

$$=\begin{bmatrix}u_{11} & u_{12} & \cdots & u_{1c}\\ u_{21} & u_{22} & \cdots & u_{2c}\\ \vdots & \vdots & \vdots & \vdots\\ u_{a1} & u_{a2} & \cdots & u_{ac}\end{bmatrix}$$

为了获得矩阵 **S** 和 **T** 相乘后的矩阵 **U**,从矩阵 **S** 的第一行(即矩阵 **S** 中方框内的这一行)开始,该行的每一个元素分别与矩阵 **T** 的第一列(即矩阵 **T** 中方框内的这一列)对应的元素相乘。而这 b 个乘积的和等于矩阵 **U** 的第一个元素 u_{11}。也就是,$u_{11}=s_{11}t_{11}+s_{12}t_{21}+\cdots+s_{1b}t_{b_1}$。矩阵 **U** 的每一个元素通常可用下式表示:

$$u_{ij} = \sum_{k=1}^{b} s_{ik} t_{kj}$$

例如，

$$\mathbf{B} = \begin{bmatrix} 0 & \beta_{12} & 0 \\ \beta_{21} & 0 & \beta_{23} \\ 0 & 0 & 0 \end{bmatrix}, \boldsymbol{\eta} = \begin{bmatrix} \eta_1 \\ \eta_2 \\ \eta_3 \end{bmatrix}$$

$$3 \times 3 \qquad\qquad 3 \times 1$$

$$\mathbf{B}\boldsymbol{\eta} = \begin{bmatrix} \beta_{12}\eta_2 \\ \beta_{21}\eta_1 + \beta_{23}\eta_3 \\ 0 \end{bmatrix}$$

$$3 \times 1$$

（术语 $\mathbf{B}\boldsymbol{\eta}$ = 在潜变量模型中出现过。）

矩阵乘法具有下列运算规律，矩阵 **S**，**T** 和 **U**：

1. $\mathbf{ST} \neq \mathbf{TS}$（一些特定的情况除外）。
2. $(\mathbf{ST})\mathbf{U} = \mathbf{S}(\mathbf{TU})$。
3. $\mathbf{S}(\mathbf{T}+\mathbf{U}) = \mathbf{ST}+\mathbf{SU}$。
4. $c(\mathbf{S}+\mathbf{T}) = c\mathbf{S}+c\mathbf{T}$（其中 c 是常数）。

这些运算规律在这本书的很多方面发挥了重要作用。在矩阵乘法中矩阵的前后顺序是很重要的。正因为此，左乘一个矩阵和右乘一个矩阵是不同的。比如，如果 $\mathbf{U} = \mathbf{ST}$，那么我们说矩阵 **U** 等于矩阵 **T** 左乘矩阵 **S** 或者等于矩阵 **S** 右乘矩阵 **T**。

将一个矩阵的行列互换就得到它的转置矩阵。在矩阵名称后面加一个“′”号表示它的转置矩阵。作为一个例子，看矩阵 Γ 和它的转置矩阵 Γ′：

$$\Gamma = \begin{bmatrix} \gamma_{11} & 0 \\ \gamma_{21} & 0 \\ 0 & \gamma_{32} \end{bmatrix}, \Gamma' = \begin{bmatrix} \gamma_{11} & \gamma_{21} & 0 \\ 0 & 0 & \gamma_{32} \end{bmatrix}$$

$$3 \times 2 \qquad\qquad 2 \times 3$$

矩阵 **Γ** 的第一行是矩阵 **Γ′**的第一列，第二行变成第二列，第三行变成第三列。矩阵 **Γ** 是 3×2 的矩阵，而转置矩阵 **Γ′**则是 2×3 的矩阵。通常，一个 $a \times b$ 的矩阵转置后变成 $b \times a$ 的矩阵。

一些很有用的矩阵转置运算律如下：

1. $(\mathbf{S}')' = \mathbf{S}$。
2. $(\mathbf{S}+\mathbf{T})' = \mathbf{S}'+\mathbf{T}'$（其中矩阵 **S** 和矩阵 **T** 具有相同的维数）。
3. $(\mathbf{ST})' = \mathbf{T}'\mathbf{S}'$（其中矩阵能够满足相乘的要求）。
4. $(\mathbf{STU})' = \mathbf{U}'\mathbf{T}'\mathbf{S}'$（其中矩阵能够满足相乘的要求）。

对于方阵，一些额外的矩阵类型和矩阵运算非常重要。方阵是指行数和列数相同的矩阵。一个方阵的例子：

$$\boldsymbol{\Gamma}=\begin{bmatrix}\gamma_{11} & 0 & 0\\ 0 & \gamma_{22} & 0\\ 0 & \gamma_{32} & \gamma_{33}\end{bmatrix}$$

矩阵 $\boldsymbol{\Gamma}$ 的维数是 3×3。

方阵的迹定义为方阵主对角线元素的和。对于一个 $n\times n$ 的方阵 $\mathbf{S}$,其迹为:

$$\mathrm{tr}(\mathbf{S})=\sum_{i=1}^{n}s_{ii}$$

方阵的迹满足如下运算律:

1. $\mathrm{tr}(\mathbf{S})=\mathrm{tr}(\mathbf{S}')$。
2. $\mathrm{tr}(\mathbf{ST})=\mathrm{tr}(\mathbf{TS})$(矩阵 $\mathbf{S}$ 和矩阵 $\mathbf{T}$ 能够相乘)。
3. $\mathrm{tr}(\mathbf{S}+\mathbf{T})=\mathrm{tr}(\mathbf{S})+\mathrm{tr}(\mathbf{T})$(矩阵 $\mathbf{S}$ 和矩阵 $\mathbf{T}$ 能够相加)。

在许多结构方程的拟合函数及其拟合度量指标中用到方阵的迹。

如果一个方阵主对角线上方(或下方)的元素全为 0,这样的方阵称为三角阵。比如,递归模型的 $\mathbf{B}$ 矩阵(在第 4 章中讨论过)可以写成三角阵的形式。另一方面,这个 $\mathbf{B}$ 矩阵包含了内生变量的效应系数。一个这样的 $\mathbf{B}$ 矩阵如下:

$$\mathbf{B}=\begin{bmatrix}0 & 0 & 0\\ \beta_{21} & 0 & 0\\ \beta_{31} & \beta_{32} & 0\end{bmatrix}$$

注意该矩阵的主对角线的元素全为 0。然而,三角阵的主对角线上的元素可以不为 0。

对角阵是一种主对角线含有一些非零元素,而主对角线以外的元素全为零的方阵。比如,第 2 章提到的用于衡量变量 x 测量误差的协方差矩阵 Θ_δ 就是对角阵。对于 δ_1,δ_2 和 δ_3,总体协方差矩阵 Θ_δ 如下:

$$\Theta_\delta=\begin{bmatrix}\mathrm{VAR}(\delta_1) & 0 & 0\\ 0 & \mathrm{VAR}(\delta_2) & 0\\ 0 & 0 & \mathrm{VAR}(\delta_3)\end{bmatrix}$$

主对角线以外的元素为零表示不同变量间的测量误差是不相关的。

对称阵是指与其转置矩阵相同的方阵(如 $\mathbf{S}=\mathbf{S}'$)。典型的相关和协方差矩阵是对称阵,因为该矩阵第 ij 个元素与其第 ji 个元素相等,例如:

$$\Sigma=\begin{bmatrix}\mathrm{VAR}(x_1) & \mathrm{COV}(x_1,x_2) & \mathrm{COV}(x_1,x_3)\\ \mathrm{COV}(x_2,x_1) & \mathrm{VAR}(x_2) & \mathrm{COV}(x_2,x_3)\\ \mathrm{COV}(x_3,x_1) & \mathrm{COV}(x_3,x_2) & \mathrm{VAR}(x_3)\end{bmatrix}$$

对于所有的变量,x_i 和 x_j 的协方差等于 x_i 和 x_j 的协方差。有时为了简化,像 Σ 一样的对称阵通常将主对角线上方的元素不写出来,因为它们是多余的。

单位矩阵 $\mathbf{I}$ 是主对角线元素全为 1、其他元素全为 0 的方阵。3×3 的单位矩阵如下:

$$\mathbf{I}=\begin{bmatrix}1 & 0 & 0\\ 0 & 1 & 0\\ 0 & 0 & 1\end{bmatrix}$$

单位矩阵 **I** 满足如下运算律：

1. **IS** = **SI** = **S**（任意的单位阵 **I** 和矩阵 **S** 能够相乘）。

2. **I** = **I**′。

单位向量是一个所有元素全是 1 的向量：

$$\mathbf{1} = \begin{bmatrix} 1 \\ 1 \\ 1 \end{bmatrix}, \mathbf{1}' = [1 \quad 1 \quad 1]$$

单位向量具有一些有趣的特性。如果对矩阵左乘一个合适的单位向量，其结果得到一个行向量，而且行向量的每一个元素是矩阵对应列元素的和：

$$\mathbf{1}'\mathbf{T} = [1 \quad 1 \quad 1]\begin{bmatrix} 4 & -1 \\ 0 & 1 \\ 2 & 2 \end{bmatrix} = [6 \quad 2]$$

矩阵右乘一个合适的单位向量得到一个列向量，它的每个元素是矩阵对应行元素的和：

$$\mathbf{T1} = \begin{bmatrix} 4 & -1 \\ 0 & 1 \\ 2 & 2 \end{bmatrix}\begin{bmatrix} 1 \\ 1 \end{bmatrix} = \begin{bmatrix} 3 \\ 1 \\ 4 \end{bmatrix}$$

最后，矩阵同时左乘和右乘一个合适的单位向量，其结果是一个常量，而该常量等于矩阵所有元素的和：

$$\mathbf{1}'\mathbf{T1} = [1 \quad 1 \quad 1]\begin{bmatrix} 4 & -1 \\ 0 & 1 \\ 2 & 2 \end{bmatrix}\begin{bmatrix} 1 \\ 1 \end{bmatrix} = [8]$$

利用单位向量和矩阵的其他特性，可以计算协方差矩阵。来看 p 个变量、N 个观测值的 $N \times p$ 的矩阵 **X**。矩阵 **X** 每列均值（p 个变量的均值）构成的 $1 \times p$ 行向量可表示为：

$$\left(\frac{1}{N}\right)\mathbf{1}'\mathbf{X}$$

矩阵 **X** 的偏差矩阵需要从矩阵 **X** 中减去一个矩阵，而这个需要减去的矩阵的每一列则为矩阵 **X** 对应变量均值构成的 $N \times 1$ 列向量。也就是说，矩阵第一列的每个元素为矩阵 **X** 的第一变量的均值，矩阵第二列的每个元素为矩阵 **X** 的第二变量的均值，以此类推。均值矩阵可表示为：

$$\mathbf{1}\left(\frac{1}{N}\right)\mathbf{1}'\mathbf{X}$$

从而，矩阵 **X** 的偏差矩阵表示为：

$$\mathbf{X} - \mathbf{1}\left(\frac{1}{N}\right)\mathbf{1}'\mathbf{X}$$

若定义上述的偏差矩阵为 **Z**，则 $p \times p$ 的无偏差样本的协方差估计矩阵 **S** 表示为：

$$\mathbf{S} = \left(\frac{1}{N-1}\right)\mathbf{Z}'\mathbf{Z}$$

用一个例子来演示这些计算过程。

$$\mathbf{X}=\begin{bmatrix}2&3&1\\-1&1&1\\0&4&2\\-1&0&0\end{bmatrix}$$

$$\left(\frac{1}{N}\right)\mathbf{1}'\mathbf{X}=\left(\frac{1}{4}\right)[1\quad 1\quad 1\quad 1]\begin{bmatrix}2&3&1\\-1&1&1\\0&4&2\\-1&0&0\end{bmatrix}=[0\quad 2\quad 1]$$

$$\mathbf{1}\left(\frac{1}{N}\right)\mathbf{1}'\mathbf{X}=\begin{bmatrix}1\\1\\1\\1\end{bmatrix}[0\quad 2\quad 1]\begin{bmatrix}0&2&1\\0&2&1\\0&2&1\\0&2&1\end{bmatrix}$$

$$\mathbf{Z}=\mathbf{X}-\mathbf{1}\left(\frac{1}{N}\right)\mathbf{1}'\mathbf{X}=\begin{bmatrix}2&1&0\\-1&-1&0\\0&2&1\\-1&-2&-1\end{bmatrix}$$

$$\mathbf{S}=\left(\frac{1}{N-1}\right)\mathbf{Z}'\mathbf{Z}=\begin{bmatrix}\text{var}(x_1)&\text{cov}(x_1,x_2)&\text{cov}(x_1,x_3)\\\text{cov}(x_2,x_1)&\text{var}(x_2)&\text{cov}(x_2,x_3)\\\text{cov}(x_3,x_1)&\text{cov}(x_3,x_2)&\text{var}(x_3)\end{bmatrix}$$

$$=\frac{1}{3}\begin{bmatrix}6&5&1\\5&10&4\\1&4&2\end{bmatrix}$$

最后一行是无偏差样本矩阵，主对角线上的是变量的方差，非对角线上的是两个变量之间的协方差。所有的协方差矩阵是方阵和对称阵。

假设从矩阵 **S** 中将主对角线上的元素取出来组成一个对角阵：

$$\mathbf{D}=\begin{bmatrix}\text{var}(x_1)&0&0\\0&\text{var}(x_2)&0\\0&0&\text{var}(x_3)\end{bmatrix}$$

其中，$\text{var}(x_i)$ 为 x_i 的样本方差。**D** 的均方根（用符号 $\mathbf{D}^{\frac{1}{2}}$ 表示），在它的主对角线上的元素就是标准差：

$$\mathbf{D}^{\frac{1}{2}}=\begin{bmatrix}[\text{var}(x_1)]^{\frac{1}{2}}&0&0\\0&[\text{var}(x_2)]^{\frac{1}{2}}&\\0&0&[\text{var}(x_3)]^{\frac{1}{2}}\end{bmatrix}$$

并且 $\mathbf{D}^{-\frac{1}{2}}$ 是矩阵 **D** 主对角线的标准差的逆矩阵。如果对矩阵 **S** 右乘 $\mathbf{D}^{-\frac{1}{2}}$，第一列除以 x_1 的标准差，第二列除以 x_2 的标准差，第三列除以 x_3 的标准差：

$$\mathbf{SD}^{-\frac{1}{2}}=\begin{bmatrix}[\text{var}(x_1)]^{\frac{1}{2}} & \dfrac{\text{cov}(x_1,x_2)}{[\text{var}(x_2)]^{\frac{1}{2}}} & \dfrac{\text{cov}(x_1,x_3)}{[\text{var}(x_3)]^{\frac{1}{2}}} \\ \dfrac{\text{cov}(x_2,x_1)}{[\text{var}(x_1)]^{\frac{1}{2}}} & [\text{var}(x_2)]^{\frac{1}{2}} & \dfrac{\text{cov}(x_2,x_3)}{[\text{var}(x_3)]^{\frac{1}{2}}} \\ \dfrac{\text{cov}(x_3,x_1)}{[\text{var}(x_1)]^{\frac{1}{2}}} & \dfrac{\text{cov}(x_3,x_2)}{[\text{var}(x_2)]^{\frac{1}{2}}} & [\text{var}(x_3)]^{\frac{1}{2}}\end{bmatrix}$$

对 $\mathbf{SD}^{-\frac{1}{2}}$左乘 $\mathbf{D}^{-\frac{1}{2}}$则：

$$\mathbf{D}^{-\frac{1}{2}}\mathbf{SD}^{-\frac{1}{2}}=\begin{bmatrix}1 & \dfrac{\text{cov}(x_1,x_2)}{[\text{var}(x_1)\text{var}(x_2)]^{\frac{1}{2}}} & \dfrac{\text{cov}(x_1,x_3)}{[\text{var}(x_1)\text{var}(x_3)]^{\frac{1}{2}}} \\ \dfrac{\text{cov}(x_2,x_1)}{[\text{var}(x_2)\text{var}(x_1)]^{\frac{1}{2}}} & 1 & \dfrac{\text{cov}(x_2,x_3)}{[\text{var}(x_2)\text{var}(x_3)]^{\frac{1}{2}}} \\ \dfrac{\text{cov}(x_3,x_1)}{[\text{var}(x_3)\text{var}(x_1)]^{\frac{1}{2}}} & \dfrac{\text{cov}(x_3,x_2)}{[\text{var}(x_3)\text{var}(x_2)]^{\frac{1}{2}}} & 1\end{bmatrix}$$

这个结果矩阵就是样本相关矩阵，它非对角线上的元素是变量 x_i 和 x_j 的相关系数。这个结果可以推广到任意维的矩阵。如果偏差矩阵 **S** 左乘和右乘一个矩阵 $\mathbf{D}^{-\frac{1}{2}}$（矩阵 $\mathbf{D}^{-\frac{1}{2}}$是一个对角阵，其对角线上的元素为变量 **x** 的标准差），那么结果矩阵就是样本相关矩阵。

在路径分析的分解效应中出现方阵的非负整数幂。它被定义为矩阵自乘的次数，比如：

$$\begin{bmatrix}0 & \beta_{12} \\ \beta_{21} & 0\end{bmatrix}^2=\begin{bmatrix}0 & \beta_{12} \\ \beta_{21} & 0\end{bmatrix}\begin{bmatrix}0 & \beta_{12} \\ \beta_{21} & 0\end{bmatrix}=\begin{bmatrix}\beta_{12}\beta_{21} & 0 \\ 0 & \beta_{21}\beta_{12}\end{bmatrix}$$

对任意的方阵 **S**，存在一个常量定义为矩阵 **S** 的行列式，用符号 $|\mathbf{S}|$或 det **S** 表示。一个 2 × 2 矩阵的行列式为：

$$\begin{vmatrix}s_{11} & s_{12} \\ s_{21} & s_{22}\end{vmatrix}=s_{11}s_{22}-s_{12}s_{21}$$

如果 **S** 是 3 × 3 的矩阵，其行列式为：

$$\begin{vmatrix}s_{11} & s_{12} & s_{13} \\ s_{21} & s_{22} & s_{23} \\ s_{31} & s_{32} & s_{33}\end{vmatrix}=s_{11}s_{22}s_{33}-s_{12}s_{21}s_{33}+s_{12}s_{23}s_{31}-s_{13}s_{22}s_{31}+s_{13}s_{21}s_{32}-s_{11}s_{23}s_{32}$$

随着矩阵 **S** 的阶数增加，其行列式的计算公式也越来越复杂。对于任意阶数的方阵，其行列式有通用的计算方法。为便于表述这种计算方法，需要定义两个概念：余子式和代数余子式。余子式是指一个矩阵去除第 i 行和第 j 列后所得矩阵的行列式。来看下面的矩阵 **S**：

$$\mathbf{S}=\begin{vmatrix}s_{11} & s_{12} & s_{13} \\ s_{21} & s_{22} & s_{23} \\ s_{31} & s_{32} & s_{33}\end{vmatrix}$$

则元素 s_{11} 的余子式 $|\mathbf{S}_{11}|$ 为：

$$|\mathbf{S}_{11}| = \begin{vmatrix} s_{22} & s_{23} \\ s_{32} & s_{33} \end{vmatrix} = s_{22}s_{33} - s_{23}s_{32}$$

元素 s_{22} 的余子式为：

$$|\mathbf{S}_{22}| = \begin{vmatrix} s_{11} & s_{13} \\ s_{31} & s_{33} \end{vmatrix} = s_{11}s_{33} - s_{13}s_{31}$$

元素 s_{ij} 的代数余子式定义为 $(-1)^{i+j}$ 乘以 s_{ij} 对应的余子式：

$$\boldsymbol{C}_{ij} = (-1)^{i+j}|\mathbf{S}_{ij}|$$

将矩阵 **S** 第 ij 个元素换成其对应的代数余子式，从而构成一个新的矩阵：

$$\begin{bmatrix} +|\mathbf{S}_{11}| & -|\mathbf{S}_{12}| & +|\mathbf{S}_{13}| \\ -|\mathbf{S}_{21}| & +|\mathbf{S}_{22}| & -|\mathbf{S}_{23}| \\ +|\mathbf{S}_{31}| & -|\mathbf{S}_{32}| & +|\mathbf{S}_{33}| \end{bmatrix}$$

矩阵 **S** 的行列式可通过该矩阵任意一行（任意一列）的每一个元素乘以对应的余子式后，再求和即可获得。例如，用矩阵 **S** 的第一行来计算：

$$\begin{aligned} s_{11}|\mathbf{S}_{11}| - s_{12}|\mathbf{S}_{12}| + s_{13}|\mathbf{S}_{13}| &= s_{11}(s_{22}s_{33} - s_{23}s_{32}) - s_{12}(s_{21}s_{33} - s_{23}s_{31}) + s_{13}(s_{21}s_{32} - s_{22}s_{31}) \\ &= s_{11}s_{22}s_{33} - s_{11}s_{23}s_{32} - s_{12}s_{21}s_{33} + s_{12}s_{23}s_{31} + s_{13}s_{21}s_{32} - s_{13}s_{22}s_{31} \\ &= s_{11}s_{22}s_{33} - s_{12}s_{21}s_{33} + s_{12}s_{23}s_{31} - s_{13}s_{22}s_{31} + s_{13}s_{21}s_{32} - s_{11}s_{23}s_{32} \end{aligned}$$

注意到这个公式与前面 3×3 矩阵的行列式计算公式完全相同。根据所选择的行或列的不同而展开的行列式计算公式只在顺序上稍有不同，但是无论选择何种计算公式，行列式的结果是相同的。

方阵的行列式具有一些有用的运算律，对于合适的矩阵 **S**、矩阵 **T** 以及常量 c：

1. $|\mathbf{S}'| = |\mathbf{S}|$。
2. 如果 $\mathbf{S} = c\mathbf{T}$，则 $|\mathbf{S}| = c^q|\mathbf{T}|$（其中 q 是矩阵 **S** 的阶数）。
3. 如果矩阵 **S** 有两行（列）相同，则 $|\mathbf{S}| = 0$。
4. $|\mathbf{ST}| = |\mathbf{S}||\mathbf{T}|$。

在结构方程估计量的拟合函数中会用到行列式。行列式在寻找矩阵的秩和矩阵的逆时也很有用。

方阵 **S** 的逆矩阵用符号 $\mathbf{S}^{-1}$ 表示，它满足矩阵 **S** 左乘或右乘 $\mathbf{S}^{-1}$ 后的矩阵为单位矩阵 **I**：

$$\mathbf{SS}^{-1} = \mathbf{S}^{-1}\mathbf{S} = \mathbf{I}$$

利用矩阵的伴随矩阵和行列式可以计算其逆矩阵。伴随矩阵是前面定义的由矩阵每个元素对应的代数余子式组成矩阵的转置矩阵。对于 3×3 的矩阵 **S**，其伴随矩阵为：

$$\mathrm{adj}\mathbf{S} = \begin{bmatrix} +|\mathbf{S}_{11}| & -|\mathbf{S}_{21}| & +|\mathbf{S}_{31}| \\ -|\mathbf{S}_{12}| & +|\mathbf{S}_{22}| & -|\mathbf{S}_{32}| \\ +|\mathbf{S}_{32}| & -|\mathbf{S}_{23}| & +|\mathbf{S}_{33}| \end{bmatrix}$$

则逆矩阵：

$$\mathbf{S}^{-1} = \frac{1}{|\mathbf{S}|}(\mathrm{adj}\mathbf{S})$$

为便于展示逆矩阵的计算过程,来看一个简单的两个变量的协方差矩阵:

$$\mathbf{S} = \begin{bmatrix} 20 & 10 \\ 10 & 20 \end{bmatrix}$$

$$|\mathbf{S}| = (20)(20) - (10)(10)$$
$$= 400 - 100 = 300$$

矩阵 $\mathbf{S}$ 的代数余子式构成的矩阵 $= \begin{bmatrix} 20 & -10 \\ -10 & 20 \end{bmatrix}$

$$\text{adj}\mathbf{S} = \begin{bmatrix} 20 & -10 \\ -10 & 20 \end{bmatrix}$$

(如果代数余子式构成的矩阵是对称阵,则其伴随矩阵与它相等。)

$$\mathbf{S}^{-1} = \frac{1}{300}\begin{bmatrix} 20 & -10 \\ -10 & 20 \end{bmatrix}$$

用 $\mathbf{S}^{-1}$乘以 $\mathbf{S}$ 可得 2×2 的单位矩阵。

注意,一个矩阵的行列式等于 0,即 $|\mathbf{S}| = 0$,则其逆矩阵 $\mathbf{S}^{-1}$不存在。如果一个矩阵的行列式为 0,则称这样的矩阵为奇异矩阵。

对于合适的方阵 $\mathbf{S}$,$\mathbf{T}$ 和 $\mathbf{U}$,矩阵的逆有如下两个运算规律:

1. $(\mathbf{S}')^{-1} = (\mathbf{S}^{-1})'$。

2. $(\mathbf{ST})^{-1} = \mathbf{T}^{-1}\mathbf{S}^{-1}$;$(\mathbf{STU})^{-1} = \mathbf{U}^{-1}\mathbf{T}^{-1}\mathbf{S}^{-1}$。

在操作潜变量方程时,我们有时需要使用矩阵的逆运算。另外,在拟合函数的解释以及其他一些情况下也会用到矩阵的逆运算。

矩阵另一个重要的特性是它的秩。对任意 $a\times b$ 的矩阵 $\mathbf{S}$,它的秩是指矩阵中线性无关的最大行数或最大列数。另一种矩阵秩的定义是矩阵 $\mathbf{S}$ 的最大子方阵的阶数,而该最大子方阵的行列式不为零。

对于矩阵 $\mathbf{S}$ 和 $\mathbf{T}$,矩阵的秩有如下运算规律:

1. $\text{rank}(\mathbf{S}) \leqslant \min(a,b)$(其中 a 是矩阵 $\mathbf{S}$ 的行数、b 是矩阵 $\mathbf{S}$ 的列数)。

2. $\text{rank}(\mathbf{ST}) \leqslant \min[\text{rank}(\mathbf{S}),\text{rank}(\mathbf{T})]$。

在第 4 章讨论模型识别时用到了矩阵的秩。

特征值和特征向量是方阵的重要特性。如果存在一个向量 $\mathbf{u}\neq0$、一个常量 e,使得 $n\times n$ 的方阵 $\mathbf{S}$ 满足下式:

$$\mathbf{Su} = e\mathbf{u}$$

那么 $\mathbf{u}$ 就是矩阵 $\mathbf{S}$ 的特征向量、e 就是矩阵 $\mathbf{S}$ 的特征值,特征向量和特征值有时也被称为潜在向量和潜在值,或者特征向量和特征根(通常这个方程用 $\mathbf{Ax} = \lambda\mathbf{x}$ 表示,之所以违背这个惯例是不想将特征值与因子载荷混淆,因为它们都使用相同的符号 λ)。

前面的方程也可写成如下形式:

$$\mathbf{Su} - e\mathbf{u} = 0$$
$$(\mathbf{S} - e\mathbf{I})\mathbf{u} = 0$$

仅当$(\mathbf{S}-e\mathbf{I})$是奇异矩阵,上述方程才存在非平凡解[①]。如果$(\mathbf{S}-e\mathbf{I})$是奇异矩阵,则:

$$|\mathbf{S}-e\mathbf{I}|=0$$

解这个行列式方程可求得特征值 e。

举例,假设矩阵 $\mathbf{S}$ 是一个 2×2 的相关系数矩阵:

$$\mathbf{S}=\begin{bmatrix}1.00 & 0.50\\ 0.50 & 1.00\end{bmatrix}$$

那么$(\mathbf{S}-e\mathbf{I})$矩阵为:

$$\mathbf{S}-e\mathbf{I}=\begin{bmatrix}1.00-e & 0.50\\ 0.50 & 1.00-e\end{bmatrix}$$

它的行列式为:

$$|\mathbf{S}-e\mathbf{I}|=(1.00-e)^2-0.25$$
$$=e^2-2e+0.75$$

则 e 有两个解:1.5 和 0.5,它们也是 2×2 的相关系数矩阵的特征值。每一个特征值有一个与之相应的特征向量集 $\mathbf{u}$。比如,特征值 e 等于 1.5 时:

$$(\mathbf{S}-e\mathbf{I})\mathbf{u}=0$$

$$\begin{bmatrix}1.00-e & 0.50\\ 0.50 & 1.00-e\end{bmatrix}\begin{bmatrix}u_1\\ u_2\end{bmatrix}=0$$

$$\begin{bmatrix}-0.50 & 0.50\\ 0.50 & -0.50\end{bmatrix}\begin{bmatrix}u_1\\ u_2\end{bmatrix}=0$$

$$-0.50u_1+0.5u_2=0$$
$$0.50u_1-0.5u_2=0$$

从而有 $u_1=u_2$,对于特征值 1.5,其对应的特征向量集是无限的。

尽管之前的示例以及所有的实对称矩阵,其特征值是实数,但这个结论对于非对称矩阵却不成立。当特征值为复数,即 $z=a+ib$,其中 a 和 b 为实数,$i=\sqrt{-1}$,则复数 z 的模为$(a^2+b^2)^{\frac{1}{2}}$。

对于对称或非对称方阵 $\mathbf{S}$,其特征值具有下列有用的特性:

1. 一个 $b\times b$ 的矩阵 $\mathbf{S}$ 有 b 个特殊值(可能有些特征值是相同的)。
2. 矩阵 $\mathbf{S}$ 所有特征值的积等于其行列式$|\mathbf{S}|$。
3. 矩阵 $\mathbf{S}$ 非零特征值的个数与其秩相同。
4. 矩阵 $\mathbf{S}$ 特征值的和等于矩阵 $\mathbf{S}$ 的迹。

特征值和特征向量在传统的因子分析中扮演着重要角色。在本书第 8 章讨论路径分析的影响矩阵 $\mathbf{S}$ 所有特征值的和等于其行列式$|\mathbf{S}|$分解中特征值和特征向量发挥重要作用。

二次型:

$$\mathbf{x}'\mathbf{S}\mathbf{x}$$

---

① 如果 $\mathbf{u}=0$,$e\mathbf{u}=0$,e 存在平凡解。这里作为一种特殊情况,假设 $\mathbf{u}$ 是一个非零向量。

$$(1\times b)(b\times b)(b\times 1)$$

它等于：

$$\sum_i x_i^2 s_{ii} + \sum_j \sum_{>i} x_i x_j (s_{ij} + s_{ji})$$

对于二次型，矩阵 **S** 通常为对称矩阵，因此：

$$\mathbf{x}'\mathbf{S}\mathbf{x} = \sum_i x_{ii}^2 s_{ii} + 2\sum_j \sum_{>i} x_i x_j x_{ij}$$

二次型的结果是一个常量。如果对于所有的非零向量 **x** 有 **x′Sx** 是正数，则 **S** 是一个正定阵。若对于所有的非零向量 **x** 有 **x′Sx** 是非负数，则 **S** 是一个半正定阵。正定阵的特征值全为正数。如果 **S** 为正定阵，则 **S** 为非奇异阵。半正定阵的特征值是正数或零。负定和半负定的二次型具有相似的定义和属性。

有时，运用 LISREL 软件[约斯库革和松波(Jöreskog & Sörbom,1984)]分析结构方程模型时可能出现矩阵是非正定阵的情况。

比如，假如我们分析下面简单的协方差矩阵 **S**：

$$\begin{bmatrix} 7 & 3 & 4 \\ 3 & 2 & 1 \\ 4 & 1 & 3 \end{bmatrix}$$

矩阵 **S** 是一个非正定阵，这是因为对于一些非零向量 **x**(比如 $\mathbf{x}' = [1 \quad -1 \quad -1]$)，$\mathbf{x}'\mathbf{S}\mathbf{x} = 0$。事实上，矩阵 **S** 是奇异阵($|\mathbf{S}| = 0$)，而奇异阵是非正定阵。

来看下面三个矩阵：

$$\begin{bmatrix} 2 & 3 \\ 3 & 1 \end{bmatrix}\begin{bmatrix} -2 & 1 \\ 1 & 1.5 \end{bmatrix}\begin{bmatrix} 0 & 0 \\ 0 & 2 \end{bmatrix}$$

假定这些矩阵是来自两个方程的干扰项的协方差估计矩阵。这些矩阵没有一个是正定阵。前两个矩阵不正定预示存在问题。对于第一个矩阵，有协方差($=3$)以及方差(2 和 1)，意味着有一个不可能的相关系数($=3/\sqrt{2}$)。中间一个矩阵有一个不可能的负的干扰项方差($=-2$)。最后一个矩阵是否为正定阵依赖于第一个干扰项的方差是否为零。干扰项方差为零在两种情况下存在，即恒等式(如 $\eta_1 = \eta_2 + \eta_3$)或者测量误差可以忽略(如 $x_1 = \xi_1$)。然而，当零不是一个貌似合理的值时，分析师还必须寻找这个不太合理值的来源。

矩阵向量化运算是将矩阵的列向量依次一个向量接一个向量地组成一个长向量，例如：

$$\text{vec}\mathbf{B} = \text{vec}\begin{bmatrix} 0 & \beta_{12} \\ \beta_{21} & 1 \end{bmatrix} = \begin{bmatrix} 0 \\ \beta_{21} \\ \beta_{12} \\ 1 \end{bmatrix}$$

在第 8 章中用到了矩阵的向量化运算。

矩阵的克罗内克乘法(Kronecher product)[或矩阵的直接乘法(direct product)]，矩阵 $\mathbf{S}(p\times q)$ 和 $\mathbf{T}(m\times n)$ 的直接乘法定义为：

$$\mathbf{S} \otimes \mathbf{T} = \begin{bmatrix} s_{11}\mathbf{T} & \cdots & s_{1q}\mathbf{T} \\ \vdots & \ddots & \vdots \\ s_{p1}\mathbf{T} & \cdots & s_{pq}\mathbf{T} \end{bmatrix}$$

左边的矩阵 **S** 的每一个元素乘以矩阵 **T** 形成一个子矩阵。左边的矩阵 **S** 的每一个元素乘以矩阵 **T** 形成一个子矩阵 $s_{ij}\mathbf{T}$,然后这些子矩阵组合成一个 $pm \times qn$ 的结果矩阵,例如:

$$\begin{bmatrix} \gamma_{11} & \gamma_{12} \end{bmatrix} \otimes \begin{bmatrix} 1 & \beta_{12} \\ \beta_{21} & 1 \end{bmatrix} = \begin{bmatrix} \gamma_{11} & \gamma_{11}\beta_{12} & \gamma_{12} & \gamma_{12}\beta_{12} \\ \gamma_{11}\beta_{21} & \gamma_{11} & \gamma_{12}\beta_{21} & \gamma_{12} \end{bmatrix}$$

第 8 章间接影响的渐近标准差的公式中用到了克罗内克乘法矩阵。

附录 B　渐近分布理论

渐近理论描述的是随机变量(或常量)在样本尺寸趋于无穷大时的响应。该理论的产生是因为有几个因素。其中一个因素是,在有限样本中非常困难,甚至不可能建立估计量的特性。然而,它的“大样本”或渐近特性却比较容易得到。非常重要的渐近特性之一是一致性。尽管我们可以接受一个在小样本中有偏差的估计量,我们也犹豫使用一个不一致的估计量——也就是说,这个估计量即便是样本足够大也不收敛到总体参数。

本书中,估计量的渐近特性十分重要。一个例子就是我在第 4 章中描述的最大概似(ML)估计量。在小样本中它的属性很大程度上是未知的,但是它能被很好地建立起来,而且具有令人满意的渐近特性。在第 4 章和第 9 章中分别用到的广义最小二乘和加权最小二乘估计量也是这样。

这一节中,我将简要介绍渐近理论两个方面的内容:依概率收敛和依分布收敛。需要更深入了解渐近理论的读者,请参阅怀特(White,1984)、泰尔(Theil,1971)以及饶(Rao,1973)等相关文献。

依概率收敛

有一个随机变量的序列:$\hat{\theta}_1,\hat{\theta}_2,\hat{\theta}_3,\cdots,\hat{\theta}_N,\cdots$,其中 $\hat{\theta}$ 的下标为其样本的尺寸。比如 $\hat{\theta}_2$ 意味着 $\hat{\theta}$ 来自样本数为 2 的样本,$\hat{\theta}_N$ 为 N 次观测值的样本。$\hat{\theta}$ 可以是一个估计量(如 $\hat{\theta}=\overline{X}$或 $\hat{\theta}=\hat{\beta}$)或者是其他任意随机变量。随机变量 $\hat{\theta}_N$ 依概率收敛到一个常数 θ,如果满足:

$$\lim_{N\to\infty} P[\,|\hat{\theta}_N-\theta|<\delta\,]=1,\text{任意的}\,\delta>0 \tag{B.1}$$

$P[\,\cdot\,]$是指表达式的概率,即括号内的表达式对于任意小的正数 δ、N 趋于无穷大时仍然成立的概率。这个条件表明 $\hat{\theta}_N$ 与 θ 偏差的绝对值在 N 趋于无穷大时小于任意给定的正数 δ。在 $N\to\infty$ 的限制下,表达式的概率为 1。因此,当样本数逐渐变大,$\hat{\theta}_N$ 以概率收敛到 θ。式(B.1)可简写为:

$$\operatorname*{plim}_{N\to\infty}\hat{\theta}_N=\theta \tag{B.2}$$

“plim”表示“概率极限”。有时 $\hat{\theta}_N$ 的 N 省略或隐含,事实上是去获得 $N\to\infty$ 时的极限,因此与式(B.2)相当的表达式为 plim $\hat{\theta}=\theta$。若式(B.2)成立,则 $\hat{\theta}_N$ 是 θ 的一致估计量。一个简单的例子,对于随机变量 X,有 $\hat{\theta}_N=\overline{X}_N,\theta=\mu$(总体均值)。对于任意样本,$E(\overline{X}_N)$等

于μ。$\overline{X}_N$的方差是σ^2/N,其中σ^2是随机变量X的方差。当N趋向于无穷大,$\overline{X}$的方差也趋向于零,而$\overline{X}_N$按概率收敛到μ或者$\text{plim}\ \overline{X}=\mu$。因此,$\overline{X}_N$是$\mu$的一致估计量。

概率极限有许多有用的属性。X和Y是随机变量,包括估计量(如前面提到的$\hat{\theta}$)。这些变量不需要相互独立。c是一个常量。

$$\begin{aligned}\text{plim}(c) &= c\\ \text{plim}(X+Y) &= \text{plim}(X)+\text{plim}(Y)\\ \text{plim}(cX) &= c\ \text{plim}(X)\\ \text{plim}(XY) &= \text{plim}(X)\text{plim}(Y)\\ \text{plim}(Y^{-1}) &= [\text{plim}(Y)]^{-1}\\ \text{plim}(XY^{-1}) &= \text{plim}\ X[\text{plim}(Y)]^{-1}\end{aligned} \tag{B.3}$$

对于随机或常量矩阵也有上述相似的属性。例如,$\text{plim}(\mathbf{cX}+\mathbf{Y})=\mathbf{c}\ \text{plim}(\mathbf{X})+\text{plim}(\mathbf{Y})$,其中,$\mathbf{c}$为常向量,$\mathbf{X}$和$\mathbf{Y}$为随机变量的矩阵,而向量和矩阵满足乘法和加法的要求。

依分布收敛

对于随机变量序列:$\hat{\theta}_1,\hat{\theta}_2,\cdots,\hat{\theta}_N,\cdots$,存在与其相对应的分布函数序列:$F_1(\ ),F_2(\ ),\cdots,F_N(\ ),\cdots$,如果$N$趋于无穷大时$F_N(\ )$收敛到一个分布函数$F(\ )$,则称$F(\ )$是变量$\hat{\theta}_N$极限分布。换言之,当$N\to\infty$时,$\hat{\theta}_N$依分布收敛于$F(\ )$。当$\text{plim}\ \hat{\theta}_N$为一个常量,那么$F(\ )$为一个退化分布,这是因为其收敛到一个单一的值。然而,它往往可能用于对$\hat{\theta}_N$分布的研究,因为它接近退化分布。对这些渐近或极限分布的研究在有限样本分布未知或难以获得时很有用。对于一个随机变量或估计量而言,其大样本的渐近分布是一个合理近似。

假设$\hat{\theta}_N$是参量θ的估计量,并且$\text{plim}\ \hat{\theta}_N=\theta$。因为$\hat{\theta}_N$当$N$趋于无穷大时收敛到一个值$\theta$,所以它是一个退化分布。但是,我如果用$\sqrt{N}$乘以$(\hat{\theta}_N-\theta)$,则这个分布能够用于分析和理解$\hat{\theta}_N$的大样本特性。例如,$\sqrt{N}(\hat{\theta}_N-\theta)$开始看上去像一个均值为0、方差为$V$的普通分布:

$$\sqrt{N}(\hat{\theta}_N-\theta)\xrightarrow{\text{D}}N(0,V) \tag{B.4}$$

其中$\xrightarrow{\text{D}}$表示“以分布收敛”,$N(0,V)$是一个均值为0、方差为V的普通分布。这种情形下,$\hat{\theta}_N$是一个均值为0、渐近方差为V/N的普通变量的分布:

$$\hat{\theta}_N\sim AN\left(\theta,\frac{V}{N}\right) \tag{B.5}$$

其中AN是普通渐近的缩写,有时用$\text{AVAR}(\hat{\theta}_N)$表示$N^{-1}$乘以$\hat{\theta}_N$的极限分布方差,并用$\text{avar}(\hat{\theta}_N)$表示$\text{AVAR}(\hat{\theta}_N)$的样本估计。

这些理念的一个简单例证是均值样本,$\overline{X}_N$。如果变量X的均值为μ、方差为σ_2,σ_2由中值定理可知,无论变量X的分布如何,$\sqrt{N}(\overline{X}_N-\mu)$的极限分布是一个均值为0、方差

为 σ^2 的普通分布。

$$\sqrt{N}(\bar{X}_N - \mu) \xrightarrow{D} N(0,\sigma^2) \tag{B.6}$$

式(B.6)与式(B.4)中的普通表达式一致,其中 $\hat{\theta}_N = \bar{X}_N, \theta = \mu, V = \sigma^2$。$\sigma^2$ 与式(B.5)相似,$\bar{X}_N \sim AN(\mu, \sigma^2/N)$,AVAR($\bar{X}_N$)为 σ^2/N。AVAR($\bar{X}$)的样本估计是 avar($\bar{X}_N$) $= s^2/N$,其中 s^2 是 σ^2 的无偏估计量。

另一个重要属性是渐近效率,它是指估计量是一类最小方差的一致估计量。

前面讨论的许多结论都容易推广到参数变量(或其他随机变量)的向量(或矩阵)中。例如,对于一个向量 $\hat{\boldsymbol{\theta}}_N$,可知:

$$\sqrt{N}(\hat{\boldsymbol{\theta}}_N - \boldsymbol{\theta}) \xrightarrow{D} N(\mathbf{0},\mathbf{V}) \tag{B.7}$$

其中,现在的 $\mathbf{V}$ 是$\sqrt{N}(\hat{\boldsymbol{\theta}}_N - \boldsymbol{\theta})$的极限分布的方差矩阵。用 ACOV($\hat{\boldsymbol{\theta}}_N$)表示渐近协方差矩阵,$N^{-1}\mathbf{V}$ 和 acov($\hat{\boldsymbol{\theta}}_N$)是 ACOV($\hat{\boldsymbol{\theta}}_N$)的样本估计。为清晰地表示两个变量之间的渐近协方差,用 ACOV($\hat{\theta}_1,\hat{\theta}_2$),其中 $\hat{\theta}_1,\hat{\theta}_2$ 是两个估计量(或者是更加普通的随机变量),而它的样本估计为 acov($\hat{\theta}_1,\hat{\theta}_2$)。值得注意的是,在本书中忽略下标 N 来简化符号,因此 ACOV($\hat{\theta}_1,\hat{\theta}_2$)与 ACOV($\hat{\theta}_{N1},\hat{\theta}_{N2}$)是同样的。

有时渐近无偏与一致性容易混淆。渐近无偏意味着当 N 趋于无穷大时,$\hat{\theta}_N$ 的期望值为 θ,更正式的表达式为:

$$\lim_{N\to\infty} E(\hat{\theta}_N) = \theta \tag{B.8}$$

一个一致估计量通常是渐近无偏的,但不总是如此(Srinivasan,1970:538-539)。

当然,一些作者将渐近方差定义为:

$$N^{-1} \lim_{N\to\infty} E[\hat{\theta}_N - \lim_{N\to\infty} E(\hat{\theta}_N)]^2 \tag{B.9}$$

这将不需要用 N^{-1}乘以极限分布的方差[如前面定义的 AVAR($\hat{\theta}_N$)]。类似地,当 $N\to\infty$ 时估计量 $\hat{\boldsymbol{\theta}}_N$ 的协方差矩阵的极限不同于估计量的极限分布的协方差矩阵。一些特殊情况下,也用渐近方差或渐近协方差代替 N^{-1}乘以极限分布的方差或协方差。

在第 4,5,8 和第 9 章中,我大量用到在本附录中讨论的渐近理论。

参考文献

Afifi, A. A., and R. M. Elashoff (1966). Missing observations in multivariate statistics I: Review of the literature, *Journal of the American Statistical Association*, **61**:595-604.

Aigner, D. J. (1974). MSE dominance of least squares with errors of observations. *Journal of Econometrics*, **2**:365-72.

Aigner, D, J., and A. S. Goldberger, eds. (1977). *Latent Variables in Socio-economic Models*, Amsterdam: North-Holland.

Aigner, D. J., C. Hsiao, A. Kapteyn, and T. Wansbeek (1984). Latent variable models in econometrics. In Z. Griliches and M. D. Intriligator, eds., *Handbook of Econometrics*, Vol. 2. Amsterdam: North-Holland, pp. 1321-1393.

Akaike, H. (1974). A new look at the statistical model identification. *IEEE Transactions on Automatic Control*, **AC-19**:716-723.

Allison, P. D. (1987). Estimation of linear models with incomplete data. In C. C. Clogg, ed., *Sociological Methodology 1987*. Washington, D. C.: American Sociological Association, pp. 71-103.

Althauser, R. P., and T. A. Heberlein (1970). A causal assessment of validity and the multitrait-multimethod matrix. In E. Borgatta, ed., *Sociological Methodology 1970*. San Francisco: Jossey-Bass, pp. 151-169.

Alwin, D. F., and R. M. Hauser (1975). The decomposition of effects in path analysis. *American Sociological Review*, **40**: 37-47.

Alwin, D. F., and D. J. Jackson (1979). Measurement models for response errors in surveys: Issues and applications. In K. F. Schuessler, ed., *Sociological Methodology 1980*. San Francisco: Jossey-Bass, pp. 68-119.

Amemiya, T. (1981). Qualitative response models: A survey. *Journal of Economic Literature*, **19**:483-536.

Anderson, J., and D. W. Gerbing (1984). The effects of sampling error on convergence, improper solutions and goodness-of-fit indices for maximum likelihood confirmatory factor analysis. *Psychometrika*, **49**: 155-173.

Anderson, T, W. (1958). *An Introduction to Multivariate Statistical Analysis*. New York: Wiley.

Anderson, T. W., and Y. Amemiya (1985). The asymptotic normal distribution of estimators in factor analysis under general conditions. Technical Report No. 12, Stanford University, Palo Alto, California.

Anderson, T. W., and H. Rubin (1956). Statistical inference in factor analysis. *Proceedings of the Third Berkeley Symposium for Mathematical Statistics Problems*, **5**:111-150.

Arminger, G., and R. Schoenberg (1987). Construction of general tests for misspecification with applications to covariance structure models. Paper presented at the 1987 Convention of the American Sociological Association. Chicago, Illinois.

Babakus, E., C. E. Ferguson, Jr., and K. G. Jöreskog (1987). The sensitivity of confirmatory maximum likelihood factor analysis to violations of measurement scale and distributional assumptions. *Journal of Mar-*

keting Research, **24**:222-228.

Bagozzi, R. P., ed. (1982). Special Issue on Causal Modeling. *Journal of Marketing*, **19**:403-584.

Bagozzi, R. P. (1980). *Causal Models in Marketing*. New York: Wiley.

Baker, L. A., and D. W. Fulker (1983). Incomplete covariance matrices and LISREL. *Data Analyst*, **1**: 3-5.

Bard, Y. (1974). *Nonlinear Parameter Estimation*. New York: Academic Press.

Bearden, W. O., S. Sharma, and J. E. Teel, (1982). Sample size effects on chi-square and other statistics used in evaluating causal models. *Journal of Marketing Research*, **19**: 425-430.

Bekker, P. A., and D. S. G. Pollock (1986). Identification of linear stochastic models with covariance restrictions. *Journal of Econometrics*, **31**:179-208.

Belsley, D. A., E. Kuh, and R. E. Welsh (1980). *Regression Diagnostics: Identifying Influential Data and Sources of Collinearity*. New York: Wiley.

Ben-Israel, A., and T. N. Greville (1974). *Generalized Inverses: Theory and Applications*. New York: Wiley.

Bentler, P. M. (1986a). Structural modeling and Psychometrika: An historical perspective on growth and achievements. *Psychometrika*, **51**:35-51.

Bentler, P. M. (1986b). Lagrange multiplier and Wald tests for EQS and EQS/PC. Unpublished manuscript. Los Angeles: BMDP Statistical Software.

Bentler, P. M. (1985). Theory and implementation of EQS: A structural equations program. Los Angeles: BMDP Statistical Software.

Bentler, P. M. (1983). Simultaneous equation systems as moment structure models. *Journal of Econometrics*, **22**:13-42.

Bentler, P. M. (1982). Confirmatory factor analysis via noniterative estimation: A fast, inexpensive method, *Journal of Marketing Research*, **19**:417-424.

Bentler, P. M. (1980). Multivariate analysis with latent variables: Causal modeling. *Annual Review of Psychology*, **31**:419-456.

Bentler, P. M., and D. G. Bonett (1980). Significance tests and goodness-of-fit in the analysis of covariance structures. *Psychological Bulletin*, **88**:588-600.

Bentler, P. M., and T. Dijkstra (1985). Efficient estimation via linearization in structural models. In P. R. Krishnaiah, ed., *Multivariate Analysis VI*. Amsterdam: North-Holland, pp. 9-42.

Bentler, P. M., and E. H. Freeman (1983). Tests for stability in linear structural equation systems. *Psychometrika*, **48**:143-145.

Bentler, P. M., and S. Y. Lee (1983). Covariance structures under polynomial constraints: Applications to correlation and alpha-type structural models. *Journal of Educational Statistics*, **8**:207-222.

Bentler, P. M., and D. G. Weeks (1980). Multivariate analysis with latent variables. In P. R. Krishnaiah and L. Kanal, eds., *Handbook of Statistics*. Vol. 2. Amsterdam: North-Holland, pp. 747-771.

Berkane, M., and P. M. Bentler (1987). Distribution of kurtoses, with estimators and tests of homogeneity of kurtosis. *Statistics and Probability Letters*, **5**:201-207.

Bielby, W. T. (1986). Arbitrary metrics in multiple-indicator models of latent variables. *Sociological Methods and Research*, **15**:3-23.

Bielby, W. T., and R. M. Hauser (1977). Structural equation models. *Annual Review of Sociology*, **3**:137-161.

Bishop, Y. M., T. S. Fienberg, and P. Holland (1975). *Discrete Multivariate Analysis.* Cambridge, MA: MIT Press.

Blalock, H. M. (1979). Measurement and conceptualization problems: The major obstacle to integrating theory and research. *American Sociological Review*, **44**:881-894.

Blalock, H. M., ed. (1971). *Causal Models in the Social Sciences.* Chicago: Aldine-Atherton.

Blalock, H. M. (1971). Causal models involving unmeasured variables in stimulus-response situations. In H. M. Blalock, ed., *Causal Models in the Social Sciences*. Chicago: Aldine-Atherton, pp. 335-347.

Blalock, H. M. (1967). Causal inferences, closed populations, and measures of association. *American Political Science Review*, **61**:130-136.

Blalock, H. M. (1964). *Causal Inferences in Nonexperimental Research.* Chapel Hill: University of North Carolina.

Blalock, H. M. (1963). Making causal inferences for unmeasured variables from correlations among indicators. *American Journal of Sociology*, **69**:53-62.

Blalock, H. M. (1961). Correlation and causality: The multivariate case. *Social Forces*, **39**:246-251.

Bock, R. D., and R. E. Borgman (1966). Analysis of covariance structures. *Psychometrika*, **31**:507-534.

Bohrnstedt, G. W. (1969). Observations on the measurement of change. In E. F. Borgatta, ed., *Sociological Methodology 1969*. San Francisco: Jossey-Bass, pp. 113-133.

Bohrnstedt, G. W., and G. Marwell (1978). The reliability of products of two random variables. In K. F. Schuessler, ed., *Sociological Methodology 1978.* San Francisco: Jossey-Bass, pp. 254-273.

Bollen, K. A. (1988). A new incremental fit index for general structural equation models. A paper presented at 1988 Southern Sociological Society Meetings. Nashville, Tennessee.

Bollen, K. A. (1987a). Outliers and improper solutions: A confirmatory factor analysis example, *Sociological Methods and Research*, **15**:375-384.

Bollen, K. A. (1987b). Total, direct, and indirect effects in structural equation models. In C. C. Clogg, ed., *Sociological Methodology 1987*, Washington, D. C.: American Sociological Association, pp. 37-69.

Bollen, K. A. (1986). Sample size and Bentler and Bonett's nonnormed fit index. *Psychometrika*, **51**: 375-377.

Bollen, K. A. (1984). Multiple indicators: Internal consistency or no necessary relationship? *Quality and Quantity*, **18**:377-385.

Bollen, K. A. (1982). A confirmatory factor analysis of subjective air quality. *Evaluation Review*, **6**: 521-535.

Bollen, K. A. (1980). Issues in the comparative measurement of political democracy. *American Sociological Review*, **45**:370-390.

Bollen, K. A. (1979). Political democracy and the timing of development. *American Sociological Review*, **44**:572-587.

Bollen, K. A., and K. H. Barb (1981). Pearson's *R* and coarsely categorized measures. *American Sociological Review*, **46**:232-239.

Bollen, K. A., and R. W. Jackman (1985). Regression diagnostics: An expository treatment of outliers and influential cases. *Sociological Methods and Research*, **13**:510-542.

Bollen, K. A., and K. G. Jöreskog (1985). Uniqueness does not imply identification: A note on confirmatory factor analysis. *Sociological Methods and Research*, **14**:155-163.

Bollen, K. A., and J. Liang (1988). Some properties of Hoelter's CN. *Sociological Research and Methods*,

16:492-503.

Bollen, K. A., and R. C. Schwing (1987). Air pollution-mortality models. A demonstration of the effects of random measurement error. *Quality and Quantity*, **21**:37-48.

Bollen, K. A., and R. Stine (1987). Bootstrapping structural equation models: variability of indirect effects and goodness of fit measures. Unpublished manuscript.

Boomsma, A. (1983). *On the Robustness of LISREL (Maximum Likelihood Estimation) against Small Sample Size and Nonnormality.* Amsterdam: Sociometric Research Foundation.

Boomsma, A. (1982). The robustness of LISREL against small sample sizes in factor analysis models. In K. G. Jöreskog and H. Wold, eds., *Systems under Indirect Observation*, *Part I.* Amsterdam: North-Holland, pp. 149-173.

Boudon, R. (1965). A method of linear causal analysis: Dependence analysis. *American Sociological Review*, **30**:365-373.

Brown, C. Hendricks (1983). Asymptotic comparison of missing data procedures for estimating factor loadings. *Psychometrika*, **48**:269-291.

Browne, M. W. (1984). Asymptotic distribution free methods in analysis of covariance structures. *British Journal of Mathematical and Statistical Psychology*, **37**:62-83.

Browne, M. W. (1982). Covariance structures. In D. M. Hawkins, ed., *Topics in Multivariate Analysis.* Cambridge: Cambridge University Press, pp. 72-141.

Browne, M. W. (1974). Generalized least-squares estimators in the analysis of covariance structures. *South African Statistical Journal*, **8**:1-24.

Buse, A. (1982). The likelihood ratio, Wald, and Lagrange multiplier tests: An expository note. *The American Statistician*, **36**:153-157.

Busemeyer, J. R., and L. E. Jones (1983). Analysis of multiplicative combination rules when the causal variables are measured with error. *Psychological Bulletin*, **93**:549-562.

Byron, R. P. (1972). Testing for misspecification in econometric systems using full information. *International Economic Review*, **13**:745-756.

Campbell, D. T. (1963). From description to experimentation: Interpreting trends from quasi-experiments. In C. W. Harris, ed., *Problems in Measuring Change.* Madison: University of Wisconsin Press, pp. 212-242.

Campbell, D. T., and D. W. Fiske (1959). Convergent and discriminant validation by the multitrait-multimethod matrix. *Psychological Bulletin*, **56**:81-105.

Campbell, D. T., and J. C. Stanley (1966). *Experimental and Quasi-Experimental Designs for Research.* Boston: Houghton Mifflin.

Carmines, E. G., and McIver, J. P. (1981). Analyzing models with unobserved variables: Analysis of covariance structures. In G. W. Bohrnstedt and E. F. Borgatta, eds., *Social Measurement*: *Current Issues.* Beverly Hills, CA: Sage, pp. 65-115.

Cartwright, N. (1983). *How the Laws of Physics Lie.* Oxford: Clarendon Press.

Central Intelligence Agency (1981). *Patterns of International Terrorism*: *1980. A Research Paper.* Washington, D. C.: Central Intelligence Agency.

Cermak, G. W. (1983). An experimental test of two models of attribute integration. General Motors Research Publication, GMR-4386. Warren, Michigan.

Cermak G. W., and K. A. Bollen (1984). Observer consistency in judging extent of cloud cover. *Atmospheric*

Environment, **17**:2107-2110.

Cermak, G. W., and K. A. Bollen (1982). The relationship between judged air quality: Results of a survey. *Journal of the Air Pollution Control Association*, **32**:86-88.

Cliff, N. (1983). Some cautions concerning the application of causal modeling methods. *Multivariate Behavioral Research*, **18**:115-126.

Cook, R. D., and S. Weisberg (1982). Criticism and influence analysis in regression. In S. Leinhardt, ed., *Sociological Methodology 1982*. San Francisco: Jossey-Bass, pp. 313-362.

Cook, T. D., and D. T. Campbell (1976). The design and conduct of quasi-experiments and true experiments in field settings. In M. D. Dunnette, ed., *Handbook of Industrial and Organizational Psychology*. New York: Rand McNally, pp. 223-326.

Costner, H. L. (1971). Utilizing causal models to discover flaws in experiments. *Sociometry*, **34**:398-410.

Costner, H. L., and R. Schoenberg (1973). Diagnosing indicator ills in multiple indicator models. In A. S. Goldberger and O. D. Duncan, eds., *Structural Equation Models in the Social Sciences*. New York: Seminar Press, pp. 167-199.

Cronbach, L. J. (1951). Coefficient alpha and the internal structure of tests. *Psychometrika*, **16**:297-334.

Cudeck, R., and M. W. Browne (1983). Cross-validation of covariance structures. *Multivariate Behavioral Research*, **18**:147-167.

D'Agostino, R. B. (1986). Tests for the normal distribution. In R. B. D'Agostino and M. A. Stephens, eds., *Goodness-of-Fit Techniques*. New York: Marcel Dekker, pp. 367-419.

Daniel, C., and F. s. Wood (1980). *Fitting Equations to Data*. New York: Wiley.

de Leeuw, J. (1983). Models and methods for the analysis of correlation coefficients. *Journal of Econometrics*, **22**:113-138.

de Leeuw, J., W. J. Keller, and T. Wansbeek, eds. (1983). Interfaces between econometrics and psychometrics. *Annals of Applied Econometrics*, supplement to *Journal of Econometrics*, **22**:1-243.

Dempster, A. P. (1971). An overview of multivariate data analysis. *Journal of Multivariate Analysis*, **1**:316-346.

Dhrymes, P. (1978). *Introductory Econometrics*. New York: Springer-Verlag.

Dijkstra, T. K. (1981). *Latent Variables in Linear Stochastic Models*. Amsterdam: Sociometric Research Foundation.

Duncan, O. D. (1975). *Introduction to Structural Equation Models*. New York: Academic Press.

Duncan, O. D. (1969). Some linear models for two-wave, two-variable panel analysis. *Psychological Bulletin*, **72**:177-182.

Duncan, O. D. (1966). Path analysis: Sociological examples. *American Journal of Sociology*, **72**:1-16.

Duncan, O. D., A. O. Haller, and A. Portes (1968). Peer influences on aspirations: A reinterpretation. *American Journal of Sociology*, **74**:119-137.

Dunlap, J. W., and E. E. Cureton (1930). On the analysis of causation. *Journal of Educational Psychology*, **21**:657-680.

Engle, R. F. (1984). Wald, likelihood ratio, and Lagrange Multiplier tests in econometrics. In A. Griliches, and M. D. Intriligator, eds., *Handbook of Econometrics*, Amsterdam: North-Holland, pp. 776-826.

Englehart, M. D. (1936). The technique of path coefficients. *Psychometrika*, **1**:287-293.

Etezadi-Amoli, J., and R. P. McDonald (1983). A second generation nonlinear factor analysis. *Psychometrika*, **48**:315-342.

Ferber, R., and W. Z. Hirsch (1982). *Social Experimentation and Economic Policy*. Cambridge: Cambridge University Press.

Fisher, F. M. (1970). A correspondence principle for simultaneous equation models. *Econometrica*, **38**: 73-92.

Fisher, F. M. (1966). *The Identification Problem in Econometrics*. New York: McGraw-Hill.

Folmer, H. (1981). Measurement of the effects of regional policy instruments by means of linear structural equation models and panel data. *Environment and Planning* A, **13**:1435-1448.

Fox, J. (1984). *Linear Statistical Models and Related Methods*. New York: Wiley.

Fox, J. (1980). Effect analysis in structural equation models. *Sociological Methods and Research*, **9**:3-28.

Fox, K. A. (1958). *Econometric Analysis for Public Policy*. Ames: Iowa State University Press.

Fraser, C. (1980). *COSAN User 's Guide*. Toronto: The Ontario Institute for Studies in Education.

Freedman, D. (1986). As others see us: A case study in path analysis. *Journal of Education Statistics*, **12**: 101-128.

Fuller, W. A., and M. A. Hidiroglou (1978). Regression estimation after correcting for attenuation. *Journal of the American Statistical Association*, **73**:99-105.

Gerbing, D. W., and J. C. Anderson (1985). The effects of sampling error and model characteristics on parameter estimation for maximum likelihood confirmatory factor analysis. *Multivariate Behavioral Research*, **20**:255-271.

Gerbing, D. W., and J. C. Anderson (1984). On the meaning of within-factor correlated measurement errors. *Journal of Consumer Research*, **11**:572-580.

Gibbons, D. I., and G. C. McDonald (1980). Examining regression relationships between air pollution and mortality. General Motors Research Publication, GMR-3278. Warren, Michigan.

Glymour, C., R. Scheines, P. Spirtes, and K. Kelly (1987). *Discovering Causal Structure*. Orlando, FL: Academic Press.

Goldberg, S. (1958). *Introduction to Difference Equations*. New York: Wiley.

Goldberger, A. S. (1972). Structural equation methods in the social sciences. *Econometrica*, **40**:979-1001.

Goldberger, A. S. (1964). *Econometric Theory*, New York: Wiley.

Goldberger, A. S., and O. D. Duncan, eds. (1973). *Structural Equation Models in the Social Sciences*. New York: Academic Press.

Goldfeld, S. M., and R. E. Quandt (1972). *Nonlinear Methods in Econometrics*. Amsterdam: North-Holland.

Goodman, L. A. (1972). A general model for the analysis of surveys. *American Journal of Sociology*, **77**: 1035-1086.

Graff, J. (1979). Verallgemeinertes LISREL-Modell. Unpublished manuscript. Mannheim, Germany.

Graff, J., and P. Schmidt (1982). A general model for decomposition of effects. In K. G. Jöreskog and H. Wold, eds., *Systems under Indirect Observation*. Amsterdam: North-Holland, pp. 131-148.

Granger, C. W. J. (1969). Investigating causal relations by econometric models and cross-spectral methods. *Econometrica*, **37**:424-438.

Graybill, F. A. (1983). *Matrices with Applications in Statistics*. 2nd ed. Belmont, CA: Wadsworth.

Griliches, Z. (1957). Specification bias in estimates of production functions. *Journal of Farm Economics*, **39**:8-20.

Gruvaeus, G. T., and K. G. Jöreskog (1970). A computer program for minimizing a function of several variables. Research Bulletin of Educational Testing Service. Princeton, New Jersey.

Haavelmo, T. (1953). Methods of measuring the marginal propensity to consume. In W. C. Hoods and T. C. Koopmans, eds., *Studies in Econometric Methods*. New York: Wiley, pp. 75-91.

Hadley, G. (1961). *Linear Algebra*. Reading, MA: Addison-Wesley.

Hägglund, G. (1982). Factor analysis by instrumental variable methods. *Psychometrika*, **47**:209-222.

Haitovsky, Y. (1968). Missing data in regression analysis. *Royal Statistical Society*, series B, **30**:67-82.

Harman, H. H. (1976). *Modern Factor Analysis*. Chicago: University of Chicago Press.

Hauser, R. M. (1973). Disaggregating a social-psychological model of educational attainment. In A. S. Goldberger and O. D. Duncan, eds., *Structural Equation Models in the Social Sciences*. New York: Academic Press, pp. 255-284.

Hayduk, L. A. (1987). *Structural Equation Modeling with LISREL*. Baltimore: Johns Hopkins University.

Haynam, G. E, Z. Govindarajulu, and F. C. Leone (1973). Tables of the cumulative chi-square distribution. In H. L. Harter and D. B. Owen, eds., *Selected Tables in Mathematical Statistics*. Providence, RI: American Mathematical Society, pp. 1-78.

Heckman, J. T. (1979). Sample selection bias as a specification error. *Econometrica*, **45**:153-161.

Heise, D. R. (1986). Estimating nonlinear models correcting for measurement error. *Sociological Methods and Research*, **14**:447-472.

Heise, D. R. (1970). Causal inferences from panel data. In E. F. Borgatta and G. W. Bohrnstedt, eds., *Sociological Methodology 1970*. San Francisco: Jossey-Bass, pp. 3-27.

Heise, D. R. (1969). Separating reliability and stability in test-retest correlation. *American Sociological Review*, **34**:93-101.

Herting, J. R., and H. L. Costner (1985). Respecification in multiple indicator models. In H. M. Blalock, ed., *Causal Models in the Social Sciences*. 2nd ed. New York: Aldine, pp. 321-393.

Hill, K. Q. (1982). Retest reliability for trust in government and governmental responsiveness measures: A research note. *Political Methodology*, **8**:33-46.

Hoelter, J. W. (1983). The analysis of covariance structures: Goodness-of-fit indices. *Sociological Methods and Research*, **11**:325-344.

Holland, P. W. (1986). Statistics and causal inferences. *Journal of the American Statistical Association*, **81**: 945-960.

Howe, W. G. (1955). Some contributions to factor analysis. Report No. ORNL-1919. Oak Ridge National Laboratory, Oak Ridge, Tennessee.

Huba, G, J., and P. M. Bentler (1983). Test of a drug use causal model using asymptotically distribution free methods. *Journal of Drug Education*, **13**:3-13.

Hume, D. (1977 [1739]). *A Treatise on Human Nature*. New York: Dutton.

Jeffreys, H. (1983). *Scientific Inference*. Cambridge: Cambridge University Press.

Jennrich, R. I., and D. T. Thayer (1973). A note on Lawley's formulas for standard errors in maximum likelihood factor analysis. *Psychometrika*, **38**:571-580.

Johnson, D. R., and J. C. Creech (1983). Ordinal measures in multiple indicators models: A simulation study of categorization error. *American Sociological Review*, **48**:398-407.

Johnston, J. (1984). *Econometric Methods*. New York: McGraw-Hill.

Jöreskog, K. G. (1981). Analysis of covariance structures. *Scandanavian Journal of Statistics*, **8**:65-92.

Jöreskog, K. G. (1979a). Basic ideas of factor and component analysis. In K. G. Jöreskog and D. Sörbom,

Advances in Factor Analysis and Structural Equation Models. Cambridge, MA: Abt, pp. 5-20.

Jöreskog, K. G. (1979b). A general approach to confirmatory maximum likelihood factor analysis with addendum. In K. G. Jöreskog and D. Sörbom, *Advances in Factor Analysis and Structural Equation Models*. Cambridge, MA: Abt, pp. 21-43.

Jöreskog, K. G. (1979c). Analyzing psychological data by structural analysis of covariance matrices. In K. G. Jöreskog and D. Sörbom, *Advances in Factor Analysis and Structural Equation Models*. Cambridge, MA: Abt, pp. 45-100.

Jöreskog, K. G. (1979d). Statistical estimation of structural models in longitudinal-developmental investigation. In J. R. Nesselrode and P. B. Baltes, Eds., *Longitudinal Research in the Study of Behavior and Development*. New York: Academic Press, pp. 303-352.

Jöreskog, K. G. (1978). Structural analysis of covariance and correlation matrices. *Psychometrika*, **43**: 443-477.

Jöreskog, K. G. (1977). Structural equation models in the social sciences: specification, estimation and testing. In P. R. Krishnaiah, ed., *Applications of Statistics*. Amsterdam: North-Holland, pp. 265-287.

Jöreskog, K. G. (1974). Analyzing psychological data by structural analysis of covariance matrices. In R. C. Atkinson, D. H. Krantz, R. D. Luce, and P. Suppes, eds., *Contemporary Developments in Mathematical Psychology*. San Francisco: Freeman, pp. 1-56.

Jöreskog, K. G. (1973). A general method for estimating a linear structural equation system. In A. S. Goldberger and O. D. Duncan, eds., *Siructural Equation Models in the Social Sciences*. New York: Academic Press, pp. 85-112.

Jöreskog, K. G. (1971). Statistical analysis of sets of congeneric tests. *Psychometrika*, **36**:109-133.

Jöreskog, K. G. (1970). A general method for analysis of covariance structures. *Biometrika*, **57**:239-251.

Jöreskog, K. G. (1969). A general approach to confirmatory maximum likelihood factor analysis. *Psychometrika*, **34**:183-202.

Jöreskog, K. G. (1967). Some contributions to maximum likelihood factor analysis. *Psychometrika*, **32**:443-482.

Jöreskog, K. G., and A. S. Goldberger (1975). Estimation of a model with multiple indicators and multiple causes of a single latent variable. *Journal of the American Statistical Association*, **70**:631-639.

Jöreskog, K. G., and A. S. Goldberger (1972). Factor analysis by generalized least squares. *Psychometrika*, **37**:243-260.

Jöreskog, K. G., and D. Sörbom (1986a). *PRELIS: A preprocessor for LISREL*. Mooresville, IN: Scientific Software, Inc.

Jöreskog, K. G., and D. Sörbom (1986b), *LISREL VI: Analysis of Linear Structural Relationships by Maximum Likelihood and Least Square Methods*. Mooresville, IN: Scientific Software, Inc.

Jöreskog, K. G., and D. Sörbom (1988). *LISREL 7: A Guide to the Program and Applications*. Chicago: SPSS, Inc.

Jöreskog, K. G., and H. Wold (1982). *Systems under Indirect Observation, Part I and Part II*. Amsterdam: North-Holland.

Judge, G. G., W. E. Griffiths, R. C. Hill, and T. Lee (1980). *The Theory and Practice of Econometrics*. New York: Wiley.

Keesling, J. W. (1972). Maximum Likelihood Approaches to Causal Analysis. Ph. D. dissertation. Department of Education: University of Chicago.

Kendall, M. G., and A. Stuart (1963). *The Advanced Theory of Statistics, Vol. 1: Distribution and Theory.* London: Griffin.

Kendall, M. G., and A. Stuart (1979). *The Advanced Theory of Statistics, Vol. 3: Inference and Relationship.* London: Griffin.

Kennedy, W. J., and J. E. Gentle (1980). *Statistical Computing.* New York: Marcel Dekker.

Kenny, D. A. (1979). *Correlation and Causality.* New York: Wiley.

Kenny, D. A., and C. M. Judd (1984). Estimating the non-linear and interactive effects of latent variables. *Psychological Bulletin*, **96**:201-210.

Kim, J., and J. Curry (1977). The treatment of missing data in multivariate analysis. *Sociological Methods and Research*, **6**:215-240.

Kluegel, J. R., R. Singleton, Jr., and C. E. Starnes (1977). Subjective class identification: A multiple indicator approach. *American Sociological Review*, **42**:599-611.

Kmenta, J. (1971). *Elements of Econometrics.* New York: Macmillan.

Lave, L. B., and E. P. Seskin (1977). *Air Pollution and Human Health.* Baltimore: Johns Hopkins.

Lave, L, B., and E. P. Seskin (1970). Air pollution and human health. *Science*, **169**:723-733.

Lawley, D. N. (1940). The estimation of factor loadings by the method of maximum likelihood. *Proceedings of the Royal Society of Edinburgh*, **60**:64-82.

Lawley, D. N., and A. E. Maxwell (1971). *Factor Analysis as a Statistical Method.* London: Butterworth.

Lazarsfeld, P. F. (1959). Latent structure analysis. In S. Koch, ed., *Psychology: A Study of Science.* Vol. 3, New York: McGraw-Hill, pp. 476-543.

Lazarsfeld, P. F., and N. W. Henry (1968). *Latent Structure Analysis.* Boston: Houghton Mifflin.

Lee, Sik-Yum (1986). Estimation for structural equation models with missing data. *Psychometrika*, **51**: 93-99.

Lee, S. Y. (1980). Estimation of covariance structure models with parameters subject to functional restraints. *Psychometrika*, **45**:309-324.

Leinhardt, S., and S. S. Wasserman (1978). Exploratory data analysis: An Introduction to selected models. In K. F. Schuessler, ed., *Sociological Methodology 1979.* San Francisco: Jossey-Bass, pp. 311-365.

Levi, M. D. (1973). Errors in the variables bias in the presence of correctly measured variables. *Econometrica*, **41**:985-986.

Lieberson, S. (1985). *Making It Count.* Berkeley: University of California Press.

Ling, R. (1983). Review of correlation and causation by Kenny. *Journal of the American Statistical Association*, **77**:489-491.

Lord, F. M., and M. R. Novick (1968). *Statistical Theories of Mental Test Scores.* Reading, MA: Addison-Wesley.

Lunneborg, C. E., and R. D. Abbott (1983). *Elementary Multivariate Analysis for the Behavioral Sciences: Applications of Basic Structure.* Amsterdam: North-Holland.

MacCallum, R. (1986). Specification searches in covariance structure modeling. *Psychological Bulletin*, **100**:107-120.

Mackie, J. L. (1974). *The Cement of the Universe: A Study of Causation.* Oxford: Oxford University Press.

Madansky, A. (1964). Instrumental variables in factor analysis. *Psychometrika*, **29**:105-113.

Maddala, G. S. (1983). *Limited-Dependent and Qualitative Variables in Econometrics.* Cambridge: Cambridge University Press.

Mardia, K. V. (1985). Mardia's test of multinormality. In S. Kotz and N. L. Johnson, eds., *Encyclopedia of Statistical Sciences*. Vol. 5. New York: Wiley, pp. 217-221.

Mardia, K. V. (1974). Applications of some measures of multivariate skewness and kurtosis in testing normality and robustness studies. *Sankhya*, B, **36**:115-128.

Mardia, K. V. (1970). Measures of multivariate skewness and kurtosis with applications. *Biometrika*, **57**: 519-530.

Mardia, K. V., and K. Foster (1983). Omnibus tests of multinormality based on skewness and kurtosis. *Communication in Statistics*, **12**:207-221.

Marsh, H. W., and D. Hocevar (1985). Application of confirmatory factor analysis to the study of self-concept: First and higher-order factor models and their invariance across groups. *Psychological Bulletin*, **97**: 562-582.

Martin, W. S. (1978). Effects of scaling on the correlation coefficient: Additional considerations. *Journal of Marketing Research*, **15**:304-308.

Matsueda, R. L., and W. T. Bielby (1986). Statistical power in covariance structure models. In N. B. Tuma, ed., *Sociological Methodology 1986*. Washington, D. C.: American Sociological Association, pp. 120-158.

McArdle, J. J., and McDonald, R. P. (1984). Some algebraic properties of the reticular action model for moment structures. *British Journal of Mathematical and Statistical Psychology*, **37**:234-251.

McCallum, B. T. (1972). Relative asymptotic bias from errors of omission and measurement. *Econometrica*, **40**:757-758.

McDonald, J. A., and D. A. Clelland (1984). Textile workers and union sentiment. *Social Forces*, **63**:502-521.

McDonald, R. P. (1982). A note on the investigation of local and global identifiability. *Psychometrika*, **47**: 101-103.

McDonald, R. P. (1980). A simple comprehensive model for the analysis of covariance structures: Some remarks on applications. *British Journal of Mathematical and Statistical Psychology*, **33**:161-83.

McDonald, R. P. (1978). A simple comprehensive model for the analysis of covariance structures. *British Journal of Mathematical and Statistical Psychology*, **31**:59-72.

McDonald, R. P. (1967a). Numerical methods for polynomial models in non-linear factor analysis. *Psychometrika*, **32**:77-112.

McDonald, R. P. (1967b). Nonlinear factor analysis. *Psychometric Monograph*, No. 15.

McDonald, R. P., and E. J. A. Burr (1967). A comparison of four methods of constructing factor scores. *Psychometrika*, **32**:381-401.

McDonald, R. P., and W. R. Krane (1979). A Monte Carlo study of local identifiability and degrees of freedom in the asymptotic likelihood ratio test. *British Journal of Mathematical and Statistical Psychology*, **32**: 121-131.

McFatter, R. M. (1979). The use of structural equation models in interpreting regression equations including suppressor and enhancer variables. *Applied Psychological Measurement*, **3**:123-135.

Miller, A. D. (1971). Logic of causal analysis: From experimental to nonexperimental designs. In H. M. Blalock, ed., *Causal Models in the Social Sciences*. Chicago: Aldine-Atherton, pp. 273-294.

Mooijaart, A., and P. M. Bentler (1986). Random polynomial factor analysis. In E. Diday et al., eds., *Data Analysis and Informatics*. Amsterdam: EIsevier Science, pp. 241-250.

Moran, P. A. P. (1961). Path coefficients reconsidered. *Australian Journal of Statistics*, **3**:87-93.

Mulaik, S. (1972). *The Foundations of Factor Analysis*. New York: McGraw-Hill.

Muthén, B. (1987). *LISCOMP: Analysis of Linear Structural Equations with a Comprehensive Measurement Model*. Mooresville, IN: Scientific Software, Inc.

Muthén, B. (1984). A general structural equation model with dichotomous, ordered categorical and continuous latent variable indicators. *Psychometrika*, **49**:115-132.

Muthén, B. (1983). Latent variable structural equation modeling with categorical data. *Journal of Econometrics*, **22**:43-65.

Muthén, B. (1982). Some categorical response models with continuous latent variables. In K. G. Jöreskog and H. Wold, eds., *Systems under Indirect Observation*. Amsterdam: North-Holland, pp. 65-79.

Muthén, B. (1979). A structural probit model with latent variables. *Journal of the American Statistical Association*, **74**:807-811.

Muthén, B. and K. G. Jöreskog (1983). Seletivity problems in quasi-experimental studies. *Evaluation Review*, **7**:139-174.

Muthén, B., and D. Kaplan (1985). A comparison of some methodologies for the factor analysis of non-normal Likert variables. *British Journal of Mathematical and Statistical Psychology*, **38**:171-189.

Nagel, E. (1965). Types of causal explanations in science. In D. Lerner, ed., *Cause and Effect*. New York: Free Press, pp. 11-26.

Namboordiri, N, K., L. F. Carter, and H. M. Blalock (1975). *Applied Multivariate Analysis and Experimental Designs*. New York: McGraw-Hill.

Olsson, U. (1979a). On the robustness of factor analysis against crude classification of the observations. *Multivariate Behavioral Research*, **14**:485-500.

Olsson, U. (1979b). Maximum likelihood estimation of the polychoric correlation coefficient. *Psychometrika*, **44**:443-460.

Olsson, U., F. Drasgow, and N. J. Dorans (1982). The polyserial correlation coefficient. *Psychometrika*, **47**:337-347.

Pearson, K. (1901). On lines and planes of closest fit to systems of points in space. *Philosophical Magazine*, **6**:559-572.

Pedhazur, E. J. (1982). *Multiple Regression in Behavioral Research*. New York: Holt, Rinehart and Winston.

Popper, K. R. (1968). *The Logic of Scientific Discovery*. New York: Harper.

Rao, C. R. (1973). *Linear Statistical Inference and Its Applications*. 2nd ed. New York: Wiley.

Reisenzein, R. (1986). A structural equation analysis of Weiner's attribution-affect model of helping behavior. *Journal of Personality and Social Psychology*, **50**:1123-1133.

Rindskopf, D. (1984a). Structural equation models: Empirical identification, Heywood cases and related problems. *Sociological Methods and Research*, **13**:109-119.

Rindskopf, D. (1984b). Using phantom and imaginary latent variables to parameterize constraints in linear structural models. *Psychometrika*, **49**:37-47.

Rindskopf, D. (1983). Parameterizing inequality constraints on unique variances in linear structural models. *Psychometrika*, **48**:73-83.

Robinson, P. M. (1974). Identification, estimation, and large sample theory for regressions containing unobservable variables. *International Economic Review*, **15**:680-692.

Rosenthal, R. (1966). *Experimenter effects in Behavioral Research.* New York: Appleton-Century Crofts.

Rothenberg, T. J. (1971). Identification in parametric models. *Econometrica*, **39**:577-591.

Rubin, D. B. (1976). Inference and missing data. *Biometrika*, **63**:581-592.

Russell, B. (1912-1913). On the notion of cause. *Proceedings of the Aristotelian Society*, **13**:1-26.

Sachs, L. (1982). *Applied Statistics: A Handbook of Techniques.* Translated by Zenon Reynarowych. New York: Springer-Verlag.

Saris, W. E., W. M. de Pijper, and J. Mulder (1978). Optimal procedures for estimation of factor scores. *Sociological Methods and Research*, **7**:85-106.

Saris, W. E., W. M. Pijper, and P. Zegwaart (1979). Detection of specification errors in linear structural equation models. In K. F. Schuessler, ed., *Sociological Methodology 1979.* San Francisco: Jossey-Bass, pp. 151-171.

Saris, W. E., A. Satorra, and D. Sörbom (1987). The detection and correction of specification errors in structural equation models. In C. C. Clogg, ed., *Sociological Methodology 1987.* Washington, D. C.: American Sociological Association, pp. 105-130.

Saris, W. E., J. den Ronden, and A. Satorra (forthcoming). Testing structural equation models. In P. F. Cultance and J. R. Ecob, eds., *Structural Modeling.* Cambridge: Cambridge University Press.

Saris, W. E., and L. H. Stronkhorst (1984). *Causal Modelling in Non-Experimental Research.* Amsterdam: Sociometric Research.

Satorra, A., and P. M. Bentler (1986). Robustness properties of ML statistics in covariance structure analysis. Unpublished manuscript.

Satorra, A., and W. E. Saris (1985). Power of the likelihood ratio test in covariance structure analysis. *Psychometrika*, **50**:83-90.

Schneider, B. (1970). Relationships between various criteria of leadership in small groups. *Journal of Social Psychology*, **82**:253-261.

Schoenberg, R. (1987). *LINCS: Linear Covariance Structure Analysis Users Guide.* Kensington, MD: RJS Software.

Schwarz, G. (1978). Estimating the dimensions of a model. *Annals of Statistics*, **6**:461-464.

Schwertman, N. C., and D. M. Allen (1979). Smoothing an indefinite variance-covariance matrix. *Journal of Statistical Computing and Simulation*, **9**:183-194.

Searle, S. R. (1982). *Matrix Algebra Useful for Statistics.* New York: Wiley.

Shapiro, A. (1987). Robustness properties of the MDF analysis of moment structures. *South African Statistical Journal*, **21**:39-62.

Simon, H. A. (1971 [1954]). Spurious correlation: A causal interpretation. In H. M. Blalock, ed., *Causal Models in the Social Sciences.* Chicago: Aldine-Atherton, pp. 5-17.

Simon, J. L. (1969). The effect of income on fertility. *Population Studies*, **23**:327-341.

Simon, J. L. (1968). The effect of income on the suicide rate: A paradox resolved. *American Journal of Sociology*, **74**:302-303.

Sims, C. A. (1972). Money, income, and causality. *American Economic Review*, **62**:540-552.

Sobel, M. (1986). Some new results on indirect effects and their standard errors in covariance structure models. In N. B. Tuma, ed., *Sociological Methodology 1986.* Washington, D. C.: American Sociological Association, pp. 159-186.

Sobel, M. (1982). Asymptotic confidence intervals for indirect effects in structural equation models. In S.

Leinhardt, ed., *Sociological Methodology 1982*. San Francisco: Jossey-Bass, pp. 290-312.

Sobel, M., and G. W. Bohrnstedt (1985). Use of null models in evaluating the fit of covariance structure models. In N. B. Tuma, ed., *Sociological Methodology 1985*. San Francisco; Jossey-Bass, pp. 152-178.

Sörbom, D. (1975). Detection of correlated errors in longitudinal data. *British Journal of Mathematical and Statistical Psychology*, **28**:138-151.

Spearman, C. (1904). General intelligence, objectively determined and measured. *American Journal of Psychology*, **15**:201-293.

Srinivasan, T. N. (1970). Approximations to finite sample moments of estimators whose exact sampling distributions are unknown. *Econometrica*, **38**:533-541.

Srole, L. (1956). Social integration and certain corollaries: An exploratory study. *American Sociological Review*, **21**:709-716.

Stapelton, D. C. (1977). Analyzing political participation data with a MIMIC model. In K. F. Schuessler, ed., *Sociological Methodology 1978*. San Francisco: Jossey-Bass, pp. 52-74.

Steiger, J. H., A. Shapiro, and M. W. Browne (1985). On the multivariate asymptotic distribution of sequential chi-square statistics. *Psychometrika*, **50**:253-264.

Stolzenberg, R. M. (1979). The measurement and decomposition of causal effects in nonlinear and nonadditive models. In K. Schuessler, ed., *Sociological Methodology 1980*. San Francisco: Jossey-Bass, pp. 459-488.

Suppes, P. (1970). *A Probabilistic Theory of Causality*. Amsterdam: North-Holland.

Tanaka, J. S., and P. M. Bentler (1984). Quasi-likelihood estimation in asymptotically efficient covariance structure models. *Proceedings of the Social Statistics Session of the American Statistical Association*, pp. 658-662.

Tanaka, J. S., and G. J. Huba (1985). A fit index for covariance structure models under arbitrary GLS estimation. *British Journal of Mathematical and Statistical Psychology*, **38**:197-201.

Theil, H. (1957). Specification errors and the estimation of economic relationships. *Review of the International Statistical Institute*, **25**:41-51.

Thurstone, L. L. (1947). *Multiple-Factor Analysis*. Chicago: University of Chicago Press.

Timm, N. H. (1970). The estimation of variance-covariance and correlation matrices from incomplete data. *Psychometrika*, **35**:417-437.

Tucker, L. R., and C. Lewis (1973). A reliability coefficient for maximum likelihood factor analysis. *Psychometrika*, **38**:1-10.

Tukey, J. W. (1954). Causation, regression and path analysis. In O. K. Kempthorne, T. A. Bancroft, J. W. Gowen and J. L. Lush, eds., *Statistics and Mathematics in Biology*. Ames: Iowa State University Press, pp. 35-66.

Turner, M. E., and C. D. Stevens (1959). The regression analysis of causal paths. *Biometrics*, **15**:236-258.

Valentine, T. J. (1980). Hypothesis tests and confidence intervals for mean elasticities calculated from linear regression equations. *Economic Letters*, **4**:363-367.

Wald, A. (1950). A note on the identification of economic relations. In T. C. Koopmans, ed., *Statistical Inference in Dynamic Economic Models*. New York: Wiley, pp. 238-244.

Wallace, W. A. (1972). *Causality and Scientific Explanation*. Vol. 1. Ann Arbor: University of Michigan Press.

Weiss, D. J., and M. L. Davison (1981). Test theory and methods. *Annual Review of Psychology*, **32**:629-

658.

Werts, C. E., and R. L. Linn (1970). Path analysis: Psychological examples. *Psychological Bulletin*, **74**: 193-212.

Werts, C. E., D. A. Rock, and J. Grandy. (1979). Confirmatory factor analysis applications: Missing data problems and comparisons of path models between populations. *Multivariate Behavioral Research*, **14**: 199-213.

Wheaton, B., B. Muthén, D. F. Alwin, and G. F. Summers (1977). Assessing reliability and stability in panel models. In D. R. Heise, ed., *Sociological Methodology 1977*. San Francisco: Jossey-Bass, pp. 84-136.

White, Halbert (1984). *Asymptotic Theory for Econometricians*. Orlando, FL: Academic Press.

Wickens, M. R. (1972). A note on the use of proxy variables. *Econometrica*, **40**:759-761.

Wiley, D. E. (1973). The identification problem for structural equation models with unmeasured variables. In A. S. Goldberger and O. D. Duncan, eds., *Structural Equation Models in the Social Sciences*. New York: Academic Press, pp. 69-83.

Wold, H. (1956). Causal inferences from observational data. *Journal of the Royal Statistical Society*, A, **119**:28-60.

Wong, S. K., and J. S. Long (1987). Parameterizing nonlinear constraints in models with latent variables. Technical Report. Washington State University.

Wonnacott, R. J., and T. H. Wonnacott (1979). *Econometrics*. New York: Wiley.

Wright, S. (1960). Path coefficients and path regressions: Alternative or complementary concepts? *Biometrics*, **16**:189-202.

Wright, S. (1954). The interpretation of multivariate systems. In O. K. Kempthorne, T. A. Bancroft, J. W. Gowen and J. L. Lush, eds., *Statistics and Mathematics in Biology*. Ames: Iowa State University Press, pp. 11-33.

Wright, S. (1934). The method of path coefficients. *Annals of Mathematical Statistics*, **5**:161-215.

Wright, S. (1921). Correlation and Causation. *Journal of Agricultural Research*, **20**:557-585.

Wright, S. (1918). On the Nature of Size Factors. *Genetics*, **3**:367-374.

Wylie, P. B. (1976). Effects of coarse grouping and skewed marginal distributions on the Pearson product moment correlation coefficient. *Educational and Psychological Measurement*, **36**:1-7.

Zellner, A. (1984). Causality and econometrics. In A. Zellner, *Basic Issus in Econometrics*. Chicago: University of Chicago Press, pp. 35-74.

索引

2

2SLS 估计量　292,293

I

Ⅰ类错误　240,241,247

A

ANOVA　1,50,51,53,54,89

B

邦费罗尼调整　298
邦费罗尼调整法　262
备择假设　184,185,240-244
被省略的变量　23,32,37
边际消费倾向　18,62,69,78,84
变量的因子复杂性　39
变量转换　17
标准标识符号　265,280,283
标准差　11,20,27,47,74,80,85,86,95,101,104,138,139,158,194,196,197,201,246,248,322,323,328
标准化回归系数　27,47,85,86,109,114,138
标准化解　138,248
标准化三阶矩　295
标准化四阶矩　295
标准回归　13
标准误　40,42,73,77-80,82,83,86-89,102,117,118,120,121,173,174,198,200,201,212,219,237-239,246,248,251,252,263,264,274,275,278,283,285,287,289,292-294,299,301,303,304,306-308,312,313
标准效度　129-131,135,137,143
表达式　15,25,108,110-112,139,140,166,167,169,170,172,174-176,179,180,183-185,187,188,193,205,206,218,220,221,230,267,302,329,331
不等约束　284,285
不可测量　7
不可观测　7,9,11,23,53
不可观测变量　4,7,24
不一致的系数估计　9,216
部分虚假　34,35

C

CFA 模型　171,209,215,220
Cronbach's α　145,149,153
参数　1-5,8,11-14,17,19,25,37-41,43,46,47,49,58-67,69-71,73,74,76,78-80,83,84,87,88,90,93-96,99,100,102-104,117-123,134,137,142,157,163,165,167,168,170-177,179,183,185,187-190,192,193,195,197-203,205,207-214,217-219,221,223,230-233,235,237,238,240-256,261,263,266,276,281,283-289,292-294,299-304,306-308,313,331
参数向量　172,173,185,242,306
残差　1,75,93,179,180,182,183,187,197,203,204,214,215,240,258,259,262
残差分析　1
残差结构　214
残差矩阵　71,75,77,179,181,182,186,187,214
残差绝对值　179,182
操作变量　11,13,24
操作化定义　125,126
测量尺度　13,31,76,106,108,172,189
测量单位　74,80,85,103,106,138,165-169,174,175,178-180,182,183,197-199,210,211,

216-219,221,222,234,235,248-252,260
测量的内在一致性 16
测量的一致性 143,153
测量模型 3-5,7,8,11-14,30,31,33,35,39-41,44,45,55,107,112,125,127-131,133,135-139,141,143,145,147,149,151-156,161,163-165,167-170,187,202,213,220,223,226-229,231-233,235,237,239,241,243,245,247,249,251,253,255,257,259,261,263,265-269,271,273,275-277,279,280,285,286,290-292,305,311
测量值 11,15,45,105,107,113,127-132,135-140,142-154
差值平方和 1
常规检验统计量 263,299
成对删除 262-264,266
成列删除方法 263
乘积指标技术 285
尺度 12,61,73,74,76,78,82-85,105-107,110,111,114,115,120,189,248,257,259,260,291,294,310
尺度不变性 73,74,76,78,82
赤池标准 195
抽样分布均值 189
抽样误差 39,47,87,180,183,302
初始标准变量 130
初始值 94-96,98,99,103,104,123,124,175,177,178,223,289,290
处置 50,52,53

D

代表变量 11
代数余子式 323-325
代数运算 9,59,62,215,230,232,290
单变量分布 18,20
单变量统计 105,122
单独的卡方检验 262
单位矩阵 61,98,100,102,111,165,291,320,321,324,325
单一维度的概念 7
弹性 85,86,248
得分向量 206
等价性 245,248
低聚敛效度 134
递归模型 27,32,33,56,57,64-67,69,78,94,116,118,119,171,235,243,267-271,277,320
典型相关 1
电击 51,52
迭代 73,74,76,93,94,98,99,177,178,289,299
独立 8,12,41,42,52,54,64,68,69,77,86-88,90,91,101,150,166,186,209,212,214,215,239,253,256,262,275,276,286,288,294,330
对称阵 11,17,320,322,325
对角阵 13,64,70,116,122,123,320,322,323
多群体分析 264,266,314
多项式约束 284
多项相关 311-313
多序列相关 311
多元峰度 298,303
多元回归 1,86,93,94,105,110-112,114-116,118,122,137,158
多元相关系数 110,114-117
多元相关系数的平方 81,115-117
多元正态变量的密度 302
多元正态分布 5,54,61,72,74,77,86-88,90-92,118,186,187,263,287,293,294,298,302,310,314
多指标测量 50
多指标模型 1
多重共线性 40,141

E

EQS 6,17,77,79,94,99,102,103,120,122,124,173,175,177,198,212,213,222,224,245,246,248,284,315
二次项 280,285,288,295,314,315
二阶矩 61
二阶因子 222,223,227,267
二指标法则 168-170,172

F

反馈作用 24,26

反正弦函数 228
方差分析 1,89,90
方差估计 1,93,238,307,321,327
方差齐性 10,12
方程误差方差 121,256,259
方形对称矩阵 281
非标准化系数 27,85,86,95,137,226,240,246,248
非标准化效度系数 137,138,162
非对角线元素 13,17,73,76,80,82,123,211,291,308
非负整数幂 323
非奇异阵 10,327
非冗余的 60,119,175,180
非冗余的参数 168
非实验数据 49,50,53
非实验数据分析 4
非线性 2,8,17,49,69,73,93,172,218,285,287,309
非一致估计量 110
非中心卡方分布 190,242,243
非中心性参数 242-247
分布 5,6,17,30,53,54,60,61,73,74,76-78,84,86-88,90,92,94,111,183,185-194,196,197,205-207,228,241-243,256,263,264,276,280,286-288,293-298,300,302-308,310,311,314,330,331
分析单位 29
峰度 77,84,186,187,293-299,302-305,307-309,311
弗莱彻和鲍威尔方法 98
复本信度 145,147,148
复杂模型 25,33,49,51,189,195,215,232,245,277

G

改进模型 188-195
概化 20
概率极限 32,43,109,112,329,330
概率论 30
概念 3,4,7,11,14-16,28,30,33,39,49,53,54,74,106,125-129,131,132,135,138,143,151,153,154,172,209,221-223,267,317,323
干扰变量 1,2,29,33,50,287,288
干扰项 2,3,9,10,12,15,23,24,30-32,37-39,44,53,56,62,64,65,76,80,90,94,100,102-104,226,254,281,284,289,293,295,300,306,327
干扰性非零协方差 38
干扰因素 29,50,52
高度限制的模型 240
高阶积距 5
高阶因子 221-224,267,280
高维数据 20
格拉夫的模型 281
工会情感模型 56,64,65,69,82,83,85,88,89,116-118
工业化 8-13,25,26,157,227-230,235-240,250-252,267,296,310
工业中的劳动力比例 11
公因子方差 158
功效曲线 244
供需平衡 4
共同效度 130
共同原因 32-34,36,37
共线性 40,41,141-143,153,201
估计公式 5,6
估计量 16,28,60,65,73,74,76-78,80,84,87,88,90-92,106,107,109-112,114,115,118,120,121,125,177,180,183,185-187,190,194-196,199-201,205,215,236,242,262-264,266,276,280,287-295,300-307,312,313,315,324,329-331
估计量稳健性 78
孤立 28-31,36,38-40,54
骨骼测量 4
固定的 66,87-89,100,102,104,128,221,250,265,292
关联 3,8,11,16,17,19,23,24,28-32,34,35,38-42,50,60,95,105,125,127,130,131,135,136,156,157,161,162,201,220,226,240,269,285
关联强度 178,239
关联系数 14

观测变量方差　119,145,283
观测的协方差　1
观测矩阵　1
观测值　1,11,16,19,20,23,25,76,77,84,107,132,135,136,150,151,158,182,198,300,321,329
观察间隔　42
观察选择　50
广义最小二乘法　5,72,76
归因　52,141,142
归属感　40,41,142,143,153,260,261
过度识别　60,70,74-76,82,86,118,167,169,176,179,183,221

H

海伍德现象　197-199
函数关系　28,132
恒常的连接　29
恒等式　62,327
横截面　41
回归常数项　61
回归分析　1,8,9,12,17,20,26,30,50,51,53,54,76,88-90,131,143,145,191,201,264,300
回归系数　1,9,12,17,26,65,105,107-116,137,162,185,201,215,300,306,317
汇总数据　18
霍桑(Hawthorne)实验　52

J

机动车致死人数　29
基线　15
基准模型　188-193,204,210,239,240,256,257,283
基准拟合指标　188
极端怀疑主义　29
计量经济学　1,3-5,10,11,31,44,46,51,55,61,78,89,216,226,227,289,292,293,295
加权矩阵　77
加权最小二乘函数　303
假定　2,5,7-15,23-25,27-35,38,39,42,44-46,49,50,52-55,58,60,62,63,66,69,70,72,77,78,86-88,90,105-108,110-116,119,120,122,127,131,136,146-148,159,161,162,165-170,172-174,178,183,186-188,198,201,209,210,215-218,220-222,226-229,232,233,241,242,251-256,259,262-264,266,273,276,277,280,282,285-290,293,294,304-306,310,311,314,315,327
假设分布　241
间接测量　8
间接效应　3,4,23,25-27,32,33,266-277,285
检验层级体系　255
检验的功效　240-245,247,256
检验功效　194,206,240,241,247,248
检验统计量　40,42,80,201,205-207,210,212,241,242,244-247,262,294,296-300,304
简单回归方程　1,306
简单随机子样本　262
简约　41,49,188,189,204,209
简约模型　189,195,204,210
建构效度　129,131,132,135-137,143
渐近方差　73,92,180,200,201,207,243,267,273,274,276,277,289,330,331
渐近分布理论　7,276,329,331
渐近估计　54
渐近无关　262
渐近相关系数矩阵　201,202
渐近协方差矩阵　73,77,88,92,200,207,242-244,276,292-295,300,304,312,314,331
交叉从属变量　50
交叉检验法　194,195,205
交互项　50,85,87-90,280,285-287,315
阶条件　66-70
结构参数　7,9,70,72-74,111,163-165,167,175,229,230,249
结构方程　1-5,7,8,14,17,20,23,27,49,53,59,61,70,72,74,75,78,88,90,94,95,99,125,130,131,133,134,137,143,152-154,163,165,168,177,196,220,226,227,229,230,232,235,249,252,254,257,259,266,270,280,284,293,307,309,317,320,324
结构方程模型　3-7,9-11,13,14,17,26,28,30,42,46,49-61,63,70-72,90,93,94,105,125,172,175,223,226,229,232,235,242,254,255,

264,266,270,276,280,285,292,293,305,306,314,315,327
结构关系　4,8,128,137,153,162,221
截断变量　314
截距　85,89,105,127,128,216-220,223,249-253,259-262,280,314
茎叶图　18-21
净效应　33
局部拟合指标　179,197,202-204,214,239,240,261
局部识别　172-174,234
矩阵标记法　9
矩阵代数　7,25,26,317,319,321,323,325,327
矩阵方程　56,67,82
矩阵运算　4,273,318,319
决定论　30
均方根　322

K

卡方估计值的变化量　212
卡方检验　74,75,78,82,87,90,183,185-187,205,206,240,242-245,247,263,264,300,307,312
卡方检验的功效　187,194,243,245,247,259
可比性检验　254,255
可识别的　38,39,60,62,64-66,68-70,82,119,157,165,168,169,171,230-235,244-246,281,286,287
克罗内克乘法　327,328
空气质量　45,49,209-211,214,290-292

L

LISREL　4-7,17,77,79,81,87,89,94,98-103,120,122,124,135,138,154,173,175,177,201,213,218,220,223,224,246,248,250,266,273,278,283,284,289-292,314,315,327
LM 检验　211-213,247
LR 检验　212,247
拉格朗日　242,308
拉格朗日乘子　205,206
拉格朗日乘子检验　206
离差　15,16,20,61,85,107,127,128,130,161,163,216,217,220,226,248,249,253,259,265,285,286,288-290,300,305
理论知识　48
立法机构的有效性　12
联合显著性检验　258
联合效应　81,88
联立方程模型　5,230
联立方程组　1,11,23
量表　39,51,107-109,132,305
列向量　65,165,290,291,298,317,321,327
临界 N　194
临界比　274,275
零 **B** 规则　63,64,66,69,70
零矩阵　100,102,179
零相关　38,131,132,153
零协方差　102,235,265
路径分析　3-5,7,9,11,13,15,17,19,21,23-27,32,53,55,137,226,266,323,326
路径图　3,4,23-27,32,37,38,51,56-58,78,99,100,102,119,127,128,159,175,180,222,229,231,245,256,267,268,284,285

M

MIMIC 模型　221,227,230,233,234,280-282
米制单位系统　218
面板数据分析　1
模型-真实的一致性　46
模型比较　156,203
模型标记法　7,9,11,13,15,17,19,21,23,25,27
模型参数　1,3-5,23-25,46,58-60,79,90,127,157,165,174,188,197,203,206,213,214,229,230
模型的渐进特征　49
模型估计　58,90,107,124,142,156,159,176,177,188,201,276,306
模型建构　49
模型可比性　253
模型扩展　156,223,280,281,283,285,287,289,291,293,295,297,299,301,303,305,307,309,311,313,315

模型拟合 28,41,48,49,53,58,82,84,90,93,156,178-180,182,185,187,188,191-194,203,204,209-212,214,215,226,247,256,259,263,283
模型设定 55,123,156,161,162,167,178,179,191,194,196,197,199,203,208,210,211,213,214,220,221,223,226,240
模型识别的充分条件 64,66,233
模型条块 101,102
模型误设的诊断 156
模型整体拟合指标 178,179,193,195,197,203,204,219,223
纳入变量 33-35

N

内容效度 129,131,135,143
内生 8-11,32,38,55,56,61,63-65,81,88,100-104,116,226,227,251,267,315,320
内生潜变量 8-10,13,110,220,226,249,267-269
内隐的协方差矩阵 71,72
内隐协方差矩阵 57,58,60,72,84,156,163,165,170,172,177,194,226,229-231,243-246,249,276,291,312,314
拟合度 47,48,71,72,74,81,90,95,256,320
拟合函数 28,72-77,79,83,84,86,87,89,90,93-96,99,122,124,135,173,177,182,185,187-190,194,213,235,236,238,240,256,263,287,289,293,300-304,306,307,312,314,320,324,325
拟合矩量矩阵 246
拟合优度测量指标 248
拟合值 1
逆矩阵 73,98,173,174,200,207,322,324,325
牛顿-拉夫逊算法 98

P

偏散点图 17
偏相关分析 4
平均偏差 15

P

期望值 1,2,8,9,12,15,25,30,65-67,73,77,106,107,132,147,163,173,180,189-191,194,196,216,218,220,226,249,250,259,285,286,290,331
奇异值 1,17-21,23,84,113,181,198,199,218
恰好识别 47,60,78,79,82,86,167,174,179,184,197,205,242,244-246
潜变量 2,4,5,7-17,23-25,27,30,31,35-37,39,40,44-47,50-55,61,103,105-115,118-120,122,125-133,135-143,145,147,149,151-163,165-170,172,174,178,180,181,196-199,201-203,209-211,213,215-223,226-228,231-235,239,240,248-253,255,256,259-261,265,266,270,274,276,281,283-288,290-293,305,306,325
潜变量模型 4,5,7-12,31,111,130,213,223,226-229,231-233,235,237-241,243,245,247,249,251-253,255,257,259,261,263,265,267-269,271,273,275,277,279,285,286,288,295,306,307,319
潜在变量 4,5,315
潜在随机变量 2,7,8
潜在因子 2,4,188
欠识别 60,61,63,67
嵌套模型 205,206,208,210,245,256
区分效度 129,132,133,135,136,143
曲线模式 17
取整 18
权重矩阵 300,302-304,312,314
全局识别 172-174
缺失值 226,262-266,276,278
确定系数 117,121,158,202,203,239,271
群体间模型不变性 260

R

扰动模式 258
人工操纵 28
人均 GNP 239,251,296,297
人均非生物能量消耗量 11

人均国民生产总值 11,228
人均可支配收入 17,18,84
人均能源消费 228,239,251,267,296
人均消费 17,84
人类感知 20
任意分布函数 300,304
冗余 59,61,63,78,87,164,167,168,173,179,185,230,232,312

R

三阶因子 223
三指标法则 168,169,171
散点图 17
删截 314
社会互动 16
社会经济地位 45,57,62,63,67,68,78,99,119,122,220,221,256,257,273
社会团结 8
省略变量 9,32-34,36-38,44,49-53
省略中介变量 32,35
时间序列 41,44
时间滞后期 42-44
识别 4,5,28,38,39,45,55,58-70,76,78,119,120,125,156,157,165-176,198,205,210,211,213,217,218,220,221,226,227,230-235,243-245,249,250,270,276,325
识别准则 232-235
实验 28-30,40,41,45,46,49-53,87,144,178,180
实质想法 283
士气 40,41,142,143,153,260,261
市场研究 3
收敛 32,34,36,77,87,94,98,99,109,115,175,177,178,180,191,199,267-270,294,304,329,330
手工计算 273
受限的观测变量 5
受限模型 205-208,210
数据的一致性 46,47,53,156
双变量关联 36,39
双变量散布图 20
双变量统计 109,122
双尾检验 80
双质双法 133
四阶累积量 290
四项相关 311
似然比 183-185,205,206,240,242,244,259
似然比统计量 184
随机变量 1,2,7,9,13,15,29,31,86,87,90,91,226,264,295,329-331
随机干扰项 2,8
随机化 29,30,45,50-53
随机缺失值 262
随机误差 7,8,55,105,110,115,127,132,137,144

T

t 法则 63,66,69,70,168,169,171,175
探索性因子分析 156,157,159,160,223
特定间接效应 271,272,274,275
特征值 158-160,269-272,325-327
特质-多方法设计 132
梯度 96-98
替代模型 52,243-246,248
统计检验 54,183,186,205,209,212,240-242
统计控制 50,51
统计推论 5
统计学 1,3,4,7,28,50,53,178,298
图示化 3
退化 87,330
椭圆分布 5,294,302,303
椭圆估计量 295,300,302,303

W

W 检验 208-212,215,242,246,247,252
瓦尔德 173,205-207,240,242,243
瓦尔德的秩法则 174
瓦尔德的秩准则 234
瓦尔德检验 206,207,219
外生 8-11,16,31,32,37,38,55,59,64-67,69,87,88,101,102,104,110,111,116,153,226,249,269,283,314
外生潜变量 9-11,13,102,111,260,269,285-287

外生性检验　44
外显(观测)变量向量　55
完美效度　130
完全相关　11,159
完全虚假　34
威沙特分布　72
维数　14,216,283,302,317-320
未标准化的相关矩阵　10
未加权最小二乘法　72
未知参数　3,59,60,62-64,66,67,71-73,76,97,119,168-170,172,174-177,197,230-233,287
伪值　265,266
稳定性条件　272,273
稳健卡方检验　299
稳健性　2,294,305-307,309,315
稳健性研究　306
无尺度估计　84
无量纲　85
无穷和　267,269
无穷集合　68
误差　1,3,4,7-9,11-14,23,24,31,37-39,42,50,55,56,66,70,75,81,84,88,90,95,102,105-125,127,128,130-132,138-140,142,144-148,151-153,157,158,160-163,165,167,172,176,178,186,197-199,202-210,212-214,216,220,222,226-228,233,235,237,238,240,245,247,250,253,255-257,259,261,264,281,285-290,293,303,306-309,320,327
误差协方差矩阵　11,288,292,308

X

系统测量误差　7
系统缺失值　266
显式估计　264
显著度水平　41
显著性水平　183,185,186,194,204,209,211,219,241,262,298
线性　2,3,5,8,15,17,19,27,29,38,40,49,62,74,84,85,88,93,161,171,173,218,284,285,287,304,309,325
线性方程体系　2
线性结构方程　2
线性组合　40,62,67-69,113,221
相等和不等约束　280,283,284,314
相等约束　259,262,284,285,287
相对论　53
相关系数　2,3,11,20,21,24,25,44,95,107-110,112,114,115,130-134,136,137,139,140,142,143,145-150,152-154,158-160,178,180,182,187,188,197,198,201,202,215,240,306,312,323,327
相关系数残差　180,182,183,204
相关系数矩阵　11,86,113,133,134,150,158,186,187,201,202,326
相似性检验　254
响应集偏差　160
向量　1,9,13,16,30,55,60,61,65,66,68,84,88,91,93,97,98,110,115,140,143,151,165,166,172,173,206,207,216,218-220,226,229,230,243,249,250,265,266,276,277,290,291,300,302,305,312,317,321,325-327,330,331
效度　20,54,125,128-144,151-154,248
效度系数　130,131,136,138,139,153
效应　3,5,25,26,29,30,33,39,40,42,44,45,49,52,61,80,85,88,89,112,113,116,120,148,178,189,192,193,226,228,240,266,267,269-276,278,281,285,286,320,323
协方差　1-5,7,9-11,13-17,19-21,23-25,27,58-66,71,73-78,80,87,91-93,95,99,100,102,104-110,115,119,140,143,145,146,156,157,162,164,165,169,170,172-174,176,178,179,182,188,193,198,199,201,205-208,210-212,214,215,217,223,229-232,249-252,255-257,259,260,262-266,277,280,281,283,286,287,289,300,302-306,309,311,314,317,320,322,327,331
协方差代数　14,15,24,25,59,130,134
协方差结构分析　14,263
协方差矩阵　1,2,10,11,13,14,19-21,25,46-48,55,56,58,59,63-65,70-72,74,76,79,81-83,87,90,101,103,104,107,111,112,140,143,157,163,164,166-170,172,174,175,178,179,182,183,186,187,199-202,204,209,214,

219,229-232,234,237,246,248-250,254-257,260,262-266,274,276,285-288,292,300,306,307,311,314,320-322,325,327,331
协方差矩阵的对称性　1
协方差矩阵替代估计量　262,266
新闻出版自由状况　12
信度　5,20,52,108-110,113-118,122,125,128,132,143-154,166,167,199,220,247,248,288
信度未知　116,118,119
信息矩阵　77,92,173-175,200,234
性别　16,28,44,50,125,153
修正指数　211,213,245
虚假孤立　30,31,32,33,34,36-39,41,42,44,46,50,51,53
虚假孤立假定　31,32,37,38,41,50,51
序次变量　5
序列检验　262
选举的公正性　12
选择条块　101

Y

验证性因子分析　1,13,21,45,107,156,157,159-163,165,167,169,171,173,175,177,179,181,183,185,187,189,191,193,195,197,199,201,203,205,207,209,211,213,215,217,219,221,223,225,227,229,230,232,233,235,261,266,292
样本协方差　1,14-17,104,109,174,264,288-290,300,301
样本协方差矩阵　16,17,46-48,65,71,72,84,87,90-92,94,95,177,178,180,182,184,185,194,198,235,236,263,291
一阶矩　61
一阶偏导数　93,211,213
一阶潜变量　221
一致性估计　38-40,54,60,72
依分布收敛　329,330
依概率收敛　329
已知待识别元素　230
异方差　10,40,42,264,293,306
抑制关系　33,35-37,52
因果　2,3,7,24,27-32,34,36,40,42-46,49,51,53,56,58,118,119,213,228,277,284
因果关系　2,7,23,24,26-39,41-49,51-54,137,209
因果模型　8,28,29,31,33,35,37,39,41,43,45-47,49,51,53
因果顺序　42-46,56
因果推论　5,27,31,38,49,53
因果指标　227
因子　2,7,11,12,74,89,102,107,111,128,156-160,162,163,168-174,184,191-195,198-200,209,213-217,222,223,261,294,303,306,307,325
因子得分　215,216
因子分析　2,4,5,12,17,20,39,154,156,161,163,171,188,215,221,226,227,230,289-294,307,326
因子负载　2,158-160,162,169,171,186,199,203,213,222,236,238,253,284,286,290-292,306,307,309,312,313
因子负载的不变性　260
因子复杂度　162,169-171,223
英制单位系统　218
影响的方向　28,46
右乘　66,73,207,290,319,321-324
余子式　323,324
与分布无关　54
预测的协方差　1,76,179
预测矩阵　1
预测值　1,30,182,300
元素　1,2,10,11,13,15,17,20,21,25,58-63,66-72,74-78,87-89,100-102,104,112,114,116,119,123,140,150,162-173,175,179,180,182,183,185,186,188,193,198,200,202,206,207,210,211,214,217-219,222,227,228,230,232,252,254,263,264,267,269,270,272,274,276,277,280,281,283,287,291,292,300,301,304,306,314,317,318,320-324,328
原点　217,218,259,260
原假设　179,183,185-187,197
原始尺度　74,189
原始随机变量　15

原因变量 40,42,43
约束 52,118,149,232,240,245,253-256,259,280,281,283,284,287,313
约束条件 227,245,250,254,281,284
云团覆盖 20

Z

再生 1,47,163,243
遭受歧视 16
增量拟合指标 188,191,192,197,204,283
折半信度 145,147-149
真实的模型 36,37,213
真实零假设 240
真实因果模型 43
真值方差 145
真值模型 131
整体模型拟合 90,238,239,241-244,247,293
正定 11,72,73,77,93,263,300,301,327
正定矩阵 75,77,98,184,302
正态化残差 180,182,183,203,213,214,283
证伪 30,49,53
政治对立的自由状况 12
政治民主 8-12,25,26,131,157-162,164,165,175,176,186,203,205,206,208,212,227-230,235-240,250-252,267,284,296,298,301,304,310-313
直方图 19
直接的因果关系 35
直接效应 3,4,23,25-27,32,33,227,266-271,273,274,276,280,281,283,285,289
指标 2,4,5,7,11-14,16,24,25,30,35,39,40,44-46,52,54,72,86,106-108,114,115,118,119,122,125,127-130,132,135,137,143,146-150,152-154,156-160,162,165,167,169-174,178-184,187-200,202-205,209,213-218,220-223,227,228,231-233,235-240,247-249,252,253,255-264,267,274,280,281,283-288,290,296,298,301,305-307,309-315,320
指标变量 12,55
秩法则 173
秩和阶条件 66,69,70,78
秩条件 68-70
滞后效应 240
中介变量 8,25,32,33,35-37,42,51,52,137
中学生志向 5
种族 16,28,44,125,126,153
重测信度 145-148,150
重复 7,39,41,53,87,98,144,152,169,175,177,194,196,209,211-213,215,223,262,269,270,290,291,300
主成分轴 156
主对角线元素 10,13,61,76,170,320
专属因子 161
转置 65,230,290,304,317,319,320,324
追踪数据 227,229,235-238,250,251
准实验 29,52
自杀 8,41
自相关 10,12,38,40,42,44,76
自由的 60,61,66,70,73,87,100,102,104,162,228,310
自由度 74,75,78,84,87,183,185,187-194,197,203-208,210,211,219,223,242,244,256,258,259,261,266,274,283,294,297,298,308
自由分布估计量 300
自由估计 11,100,185,188,195,199,206,210-213,222,235
总确定系数 240
总体参数 3,39,73,87,173,174,178,197,198,200,201,243,329
总体方差 1,15,59,106,138,250
总体协方差 15,16,109,289,290,300
总体协方差矩阵 1,15,17,58-61,65,70,111,243,245,288,292,306,320
总效应 3,4,23,25-27,32,33,266-271,273,276,277
最大似然法 72,78,103,200-202,206
最大似然估计 5,78,90,173,184,199,205
最佳测量单位 105
最佳拟合 49,189,191
最小二乘法估计 17,34,43
最小化 1,50,51,72,73,75-77,92-95,97-99,178,236,240,256,289,291,294,300
最优权重矩阵 302,303
左乘 64,74,207,269,319,321,323,324

英汉人名对照表

Abbott 阿伯特
Afifi 阿菲菲
Aigner 艾格纳
Akaike 赤池
Allen 艾伦
Allison 艾利森
Althauser 阿尔陶塞
Alwin 阿尔温
Anderson 安德森
Arminger 阿明热
Babakus 巴巴科斯
Baker 贝克
Barb 巴伯
Bard 巴德
Bearden 比尔登
Bekker 贝克
Bentler 本特勒
Berkane 拜尔坎
Bielby 比尔比
Bishop 毕肖普
Blalock 布莱洛克
Bohrnstedt 伯恩斯泰特
Bollen 博伦
Bonett 博内特
Boomsma 邦斯玛
Boudon 布东
Browne 布朗尼
Brown 布朗
Buse 布斯
Busemeyer 布斯迈耶
Byron 拜伦
Campbell 坎贝尔
Cermak 瑟马克
Clelland 克莱兰
Cook 库克
Costner 科斯特纳
Creech 克里奇
Cudeck 屈代克
D'Agostino 达戈斯蒂诺
Davison 戴维森
Dempster 登普斯特
Dhrymes 德米兹
Dijkstra 戴克斯特拉
Dorans 多朗斯
Drasgow 卓斯高
Duncan 邓肯
Elashoff 艾拉肖夫
Engle 恩格尔
Etezadi-Amoli 阿特扎迪-阿莫利
Feber 费伯尔
Ferguson 弗格森
Fienberg 芬伯格
Fisher 费歇尔
Fiske 菲斯克
Folmer 福尔默
Foster 弗斯特
Fox 福克斯
Freedman 弗里德曼
Fulker 富尔克
Fuller 富勒
Gentle 金特
Gerbing 戈冰
Gibbons 吉本斯
Glymour 格利穆尔
Goldfeld 戈德菲尔德
Graff 格拉夫
Grandy 格兰迪
Granger 格兰杰

Graybill 格雷比尔
Haavelmo 哈韦尔莫
Hadley 哈德利
Hägglund 哈格隆德
Haitovsky 哈托夫斯基
Haller 哈勒
Harman 哈曼
Hauser 豪泽
Heberlein 希伯莱因
Heckman 赫克曼
Heise 海斯
Herting 赫廷
Hill 希尔
Hocevar 霍塞伐尔
Hoelter 霍尔特
Holland 霍兰德
Howe 豪
Huba 胡鲍
Hume 休谟
Jackson 杰克逊
Jennrich 延里希
Johnson 约翰逊
Jones 琼斯
Jöreskog 约斯库革
Judd 贾德
Judge 贾吉
Kaplan 卡普兰
Keesing 基辛
Keller 凯勒
Kelly 凯利
Kennedy 肯尼迪
Kenny 肯尼
Kim 金
Kluegel 克吕吉尔
Kmenta 克门特
Kuh 库
Lave 拉维
Lawley 劳利
Lazarsfeld 拉扎斯菲尔德
Lee 李
Levi 列维
Lewis 刘易斯
Liang 梁
Ling 凌
Linn 林
Lord 罗德
Lunneborg 伦内伯格
MacCallum 麦卡勒姆
Madansky 马丹斯基
Mardia 马蒂尔
Marsh 马什
Marwell 马韦尔
Matsueda 松井田
McArdle 麦卡德尔
McDonald 麦克唐纳
McFatter 麦克菲特
Miller 米勒
Mulaik 穆拉伊克
Muthen 穆腾
Nagel 内格尔
Novick 诺维克
Olsson 奥尔森
Pearson 皮尔森
Pollock 波洛克
Popper 波普尔
Portes 波茨
Quandt 匡特
Rao 饶
Reisenzein 莱森泰恩
Rindshopf 林德斯科普夫
Robinson 罗宾逊
Rock 洛克
Rosenthal 罗森塔尔
Rubin 鲁宾
Russell 罗素
Saris 萨力
Satorra 萨托拉
Scheines 蔡尼斯
Schmidt 施密特
Schneider 斯奈德
Schoenberg 舍恩伯格
Schwarz 施瓦兹
Schwing 施温
Searle 瑟尔

Seskin 塞斯金
Simon 西蒙
Sobel 索贝尔
Sörbom 松波
Spearman 斯皮尔曼
Spirtes 斯波特斯
Srole 斯洛尔
Stanley 斯坦利
Steven 史蒂文
Stine 斯泰恩
Stolzenberg 施托尔岑贝格
Tanaka 塔纳卡
Thayer 赛耶
Theil 泰尔
Timm 提姆
Tucker 塔克
Tukey 图基
Wald 瓦尔德
Wallace 华莱士
Weeks 维克斯
Weiss 韦斯
Werts 沃茨
Wickens 威肯斯
Wiley 威利
Wold 沃尔德
Wright 怀特
Zellner 泽尔纳

后　记

这本书的翻译过程较为曲折。2013 年 12 月,在美国福特基金会的资助下,我前往美国北卡罗纳大学教堂山分校社会学系开展为期一年的访学,合作导师是蔡泳博士,他早年本科毕业于北京大学,后来在北卡一直从事人口社会学、健康社会学、比较历史社会学以及中国社会学等方面的研究。他鼓励我按照自己的兴趣去开展研究,并没有给我设定太多任务,因此我有机会去旁听一些课程,这些课程中就包括了博伦(Kenneth A. Bollen)所开设的"结构方程模型"。

我最早接触结构方程模型是在 2007 年,当时我希望在我的博士论文中使用等组检验方法,因此找来有关书籍和软件自学了相关内容,也就在那时,我知道了博伦是这一研究领域内的重量级专家。因此,当我收到博伦同意我旁听"结构方程模型"这一课程的回复时,心中十分高兴,觉得这个机会十分难得,因为他并不是每年都开设这个课程。在上课过程中,我感觉博伦讲授得十分清晰,并且,他讨论的许多问题是国内同类教科书中并没有过多涉及的,而据我的理解,这恰恰才是理解结构方程模型原理的精妙之处。因此,在 2014 年 2 月,我萌生了一个想法,那就是把这本书翻译成中文。

这个想法一提出便得到了博伦的支持,蔡泳博士也特别支持这一计划。不仅如此,我在北大求学期间的导师郭志刚教授也很支持,他以万卷方法丛书编委的身份向重庆大学出版社进行了推荐。很快,重庆大学出版社通过电子邮件联系了我,要求我翻译样章。我用最快的时间翻译了第一章发给重庆大学出版社,并很快收到他们表示认可翻译质量的回复,双方一致决定翻译引进这本书,并约定重庆大学出版社尽快和英文版权所在的出版社(John Wiley 出版社)联系,而我这边则着手准备翻译队伍的搭建以及术语表、人名表的翻译统一工作,当时预计在 2016 年初由重庆大学出版社出版中译本。

然而,好事多磨。由于原书中使用了一个美国统计学会提供的案例,而这个案例当时仅约定在英文版中使用,并没有说明可以翻译为其他语种。因此,英文版权的出版社需要和美国统计学会进行沟通。没想到的是,这一过程十分漫长,一直到我 2014 年 12 月回国时也没有等到明确答复。经过一年多的等待,2015 年 7 月重庆大学出版社正式通知我,版权的问题已彻底解决,可着手组织翻译工作。于是,我按照 2017 年 1 月出版的规划着手准备翻译工作,初步计划是 2015 年 12 月底前交译稿,然后用 2016 年这一整年的时间来做统稿和校对。为了保证这一时间计划,我邀请了中国人民大学巫锡炜、李丁,中央民族大学焦开山,南京大学许琪,中山大学王军等人员共同担任译者,[①]这几位教师在北大和我均师从于郭志刚教授,曾经在郭老师的带领下共同翻译过多本社会学研究方法的

① 均为 2015 年时各位译者的工作单位。

著作,我对他们翻译英文著作的功底和水平十分了解。他们均乐意参加这本书的翻译。

然而,事情总不如愿。各位合作开展翻译的同门早在 2016 年 3 月就将译稿发送给我了,但我却因单位上的各种事务耽误了时间,直到 2017 年 4 月才完成了全书的翻译初稿。此后因为版权、统稿、出版社工作计划、2019 年新冠肺炎等多种原因,出版一再拖延,直至 2020 年 7 月才重启出版进程,目前总算是完成了这项工作。

在翻译这本书的过程中,我们遵循了以下几个基本原则:一是尽量忠实于原文。在翻译过程中可以感知,原书具有浓厚的课堂讲稿风格,这实际上给某几章的翻译带来了不小的困难。我和其他的译者约定,在不影响阅读流畅性的前提下,尽量忠实于原文,并竭力保持作者语言表达的节奏。对于第 4 章和第 5 章中应用 LISREL 和 EQS 作为示例的情况,我们原计划将其改用 Stata 或者 AMOS 来示例,但最终还是决定维持原书内容不变,因为,这有利于读者更好地回到作者所处的年代去理解那个时代的研究。二是将内容的正确性放在翻译的首位。我们认为,作为教材,最重要的是不要有知识性的错误,语言固然重要,但相对于正确性来说,永远是第二位的。由于这本书涉及大量的线性代数表达,公式和数学符号非常多,我们在一次次的校对中不断地发现了各种错误,甚至有些地方是英文原版的错误。三是人名、术语的统一。尽管人名、术语的翻译对实质性的结构方程模型知识的理解影响不大,但对于一本高质量的译作来说,其实是一个起码的要求。为此,在前三次校对中,我们对此进行了专项校对。四是考虑英文原稿索引翻译成中文时可用度较低,经和出版社商议,决定重新制作一个中文索引放在文后。

本书的翻译分工如下:赵联飞负责前言、第 1 章、第 2 章、第 3 章、附录 A 和附录 B,巫锡炜负责第 8 章、第 9 章,焦开山、李丁、王军和许琪分别负责第 4 章、第 5 章、第 6 章、第 7 章。最后由赵联飞对全书进行统稿。

在本书的翻译过程中,我们得到了重庆大学出版社万卷方法丛书林佳木女士的大力支持,从协调版权事务到编辑、校对,她全程参与了本书的出版工作。在此,我代表译者对林佳木女士表示特别的敬意。

尽管本书的译者投入了较多精力来进行这本书的翻译,但由于我们的水平有限,书中难免会存在疏漏之处,恳请广大读者批评指正。

赵联飞
2020 年 9 月于北京